Südlicher Stadtrand 138
Shahr-e Rey 139
Aktiv: Besteigung des Damavand 150

Die Provinz Gilan 154
Rasht 154
Umgebung von Rasht 157
Aktiv: Wanderung zur Burgruine Rudkhan 159

Die Provinzen Mazandaran und Gorgan 164
Über den Elburs an die Küste 164
Zwischen Ramsar und Babolsar 165
Von Amol nach Behshahr 167
Die Provinz Gorgan 168
Aktiv: Ins Vogelschutzgebiet von Miyankaleh 169

Kapitel 2 – Der Nordwesten

Auf einen Blick: Der Nordwesten 178
Von Teheran nach Zanjan 180
Qazvin 181
Aktiv: Ausflug ins Tal von Alamut 184
Zanjan 185
Soltaniyeh 187

Ardabil und Umgebung 188
Ardabil 188
Umgebung von Ardabil 190
Aktiv: Auf den Gipfel des Sabalan 192

Ost- und West-Aserbaidschan 194
Tabriz 194
Aktiv: Zur Babak-Festung 204
Südlich von Tabriz 205
Nordwestlich von Tabriz 205
Rund um den Orumiyeh-See 211
Zum Takht-e Soleyman 216

Die Zagros-Provinzen 220
Provinz Kordestan 220
Hamadan 225
Umgebung von Hamadan 231
Von Hamadan nach Kermanshah 232

Kermanshah 235
Umgebung von Kermanshah 239
Khorramabad 239
Aktiv: Mit dem Zug durchs Zagros-Gebirge 242

Kapitel 3 – Der Süden

Auf einen Blick: Der Süden 246
Khuzestan 248
Ahvaz 248
Chogha Zanbil 251
Haft Tepe 253
Susa (Shush) 253
Shushtar..257
Nach Andimeshk..259
Aktiv: Bootsfahrt auf dem Stausee von Dez
   und Schluchtenwandern 260
Von Ahvaz nordostwärts 262
Nach Khorramshar und Abadan 263

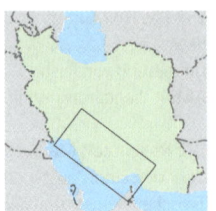

Shiraz 268
Geschichte..268
Nördlich des Khoshk 270
Rund um den Meydan-e Shohada 272
Südliches Stadtzentrum......................................276
Die Gärten von Shiraz 279

Ruinenstätten in der Provinz Fars.......................... 288
Pasargadae 288
Persepolis 290
Naqsh-e Rostam 295
Naqsh-e Rajab 297
Bishapur..298
Nördlich von Bishapur 300
Firuzabad 300

Restliche Provinz Fars 302
Sepidan 302
Aktiv: Tang-e Bostanak – Wandern im »Verlorenen Paradies« 304
Dena-Gebirge..305
Nach Neyriz 306
Der Südosten 308

Die Golfküste 312
Bushehr 312
Umgebung von Bushehr 314
Nach Bandar-e Lengeh 315
Insel Kish 317
Aktiv: Radtour um die Insel Kish 320
Bandar-e Abbas 323
Insel Hormuz 326
Insel Qeshm 329
Aktiv: Delfine und Schildkröten beobachten 335

Kapitel 4 – Isfahan und zentrales Hochland

Auf einen Blick: Isfahan und zentrales Hochland 338
Isfahan und Umgebung 340
Isfahan 340
Südöstlich von Isfahan 373
Aktiv: Sanddünen, Sümpfe und Salzseen 374
Südlich und westlich von Isfahan 377
Nördlich von Isfahan 377
Aktiv: Zum Ursprung des Zayandeh Rud 378

Von Qom über Kashan nach Nain 380
Qom 380
Umgebung von Qom 388
Kashan 391
Aktiv: Wüstenausflug nach Maranjab 400
Umgebung von Kashan 401
Von Kashan nach Nain 403
In die Dasht-e Kavir 410
Von Nain nach Yazd 414

Yazd und Umgebung 416
Yazd 416
Umgebung von Yazd 428

Kerman und der Südosten 434
Kerman 434
Aktiv: Zu den Kaluts in die Wüste Lut 440
Südöstlich von Kerman 443
Von Kerman in Richtung Norden 451
Aktiv: Wandern im Umland von Tabas 454
Sistan und Belutschistan 457

Kapitel 5 – Der Nordosten

Auf einen Blick: Der Nordosten 462
Von Teheran nach Mashhad 464
Durch die Provinz Semnan 464
Aktiv: Sinterterrassen von Badab-e Surt........................... 466
Von Nishapur Richtung Osten 471

Mashhad und Umgebung 474
Mashhad 474
Umgebung von Mashhad 485

Richtung Turkmenistan und Afghanistan 486
Nördlich und östlich von Mashhad................................ 486
Von Mashhad Richtung Süden..................................... 488
Über Taybad nach Torbat-e Heydariyeh 490

Kulinarisches Lexikon 494
Sprachführer 496

Register 498
Abbildungsnachweis/Impressum 504

Themen

Ein Land (ver-)durstet 26
Der Basar – eine Stadt in der Stadt 30
Persien oder Iran? 45
Die Schia – Entstehung und Essenz 50
Ein irdisches Paradies – der persische Garten 59
Der Bilderschatz von Teheran...................................... 129
Kaviar-Krise: Entwarnung für Gourmets? 160
Die Schlacht von Chaldiran.. 209
Irans »schwarzes Gold« – eine ölige Geschichte 266
Hafis – Fixstern am Dichterhimmel................................ 273
Kräftemessen zur Ehre Gottes 370
Von Mullahs und Ayatollahs – der Klerus.......................... 385
Zarathustras Erbe 422
Aschura – Buße tun für alles Unrecht der Welt.................... 482
Safran – Irans »rotes Gold«....................................... 492

Alle Karten auf einen Blick

Teheran und Kaspi-Küste: Überblick 113
Teheran – Historisches Zentrum 118
Modernes Teheran 130
Teherans Norden... 136

Der Nordwesten: Überblick 179
Tabriz... 196
Hamadan.. 226

Der Süden: Überblick 247
Shiraz... 270
Persepolis 291
Sepidan 303
Insel Kish 318
Bandar-e Abbas.. 324
Qeshm 332

Isfahan und zentrales Hochland: Überblick 339
Isfahan 342
Zum Ursprung des Zayandeh Rud 378
Qom.. 382
Kashan 392
Yazd.. 419
Kerman... 436

Der Nordosten: Überblick.................................. 463
Mashhad 478

Iran – ein Kernland der Menschheitsgeschichte

Städtenamen wie Isfahan und Shiraz beschwören Bilder von Märchenstädten aus 1001 Nacht, und Namen wie Hafis, Saadi oder Avicenna ein beispielloses geistiges Erbe. Hinzu kommen grandiose Landschaften, Kunstschätze und archäologische Stätten sonder Zahl. Der Iran feiert nach langen Jahren der politischen Ächtung seine Wiederentdeckung als Herzland des Orients.

Wahrscheinlich gibt es kaum ein Land auf der Welt, bei dem die Außenwahrnehmung und Erwartungshaltung von Neuankömmlingen so krass mit den Eindrücken und Urteilen kontrastiert, die man am Ende einer Reise mit nach Hause nimmt. Was hat man im Laufe der Jahre nicht alles vom Iran gesehen und gehört: unerbittliche Ayatollahs, Fäuste reckende Fanatiker und Frauen in schwarzen, fledermaushaften Tschadors, dazu der Nuklearstreit, Stellvertreterkriege, niedergeknüppelte Studenten, generell mit Füßen getretene Menschenrechte. All das ist nicht falsch, entspricht durchaus der Realität. Aber es ist nur eine Facette davon. Was im medialen Schwarz-Weiß-Bild kaum aufscheint, sind Irans mannigfaltige andere Wirklichkeiten.

Die Islamische Republik ist ungefähr 20-mal größer als Österreich und halb so groß wie Indien. Entsprechend ist sie, allein was die Vielfalt an Landschaften betrifft, ein Kontinent für sich. Ein Kosmos von immenser Vielfalt ist das Land auch in geistiger Hinsicht. Seit mindestens 5000 Jahren gedeihen auf seinem Boden Hochkulturen. Spätestens seit Entstehen der Seidenstraße, nicht lange nachdem Kyros II. mit dem Altpersischen Reich das erste Imperium der Menschheitsgeschichte schuf, spielt es eine bedeutende Rolle als Drehscheibe zwischen Ost und West, über die Handelsgüter, Kulturtechniken, Philosophien und Religionen zirkulierten.

Albert Einstein soll einem seiner Studenten, er kam aus Iran, das launige Kompliment gemacht haben: »Als Ihre Vorfahren schon Gedichte schrieben, hausten meine Landsleute noch in Höhlen«. Tatsächlich ist das Land übersät mit Fund- und Ruinenstätten aus Frühgeschichte und Antike. Das reiche archäologische und architektonische Erbe ist sein größter touristischer Trumpf, Ausgrabungsstätten wie Persepolis, Pasargadae, Susa oder Chogha Zanbil und Städte wie Isfahan, Shiraz, Yazd und Kashan sind aus gutem Grund Pflichtprogramm auf jeder Rundreise. Immer stärker profiliert sich Iran in letzter Zeit aber auch als Destination für Aktivsportler und Naturliebhaber, lädt zur Erkundung grandioser Wüsten, Gebirge und Wälder, zum Wandern und Bergsteigen, Skifahren und Kameltrekking.

So eindrücklich viele Basare, Paläste und Moscheen, Gipfel, Canyons und Sanddünenmeere auch sein mögen: Die eigentliche Attraktion des Landes sind die Menschen. Ihrem Charme und ihrer Gastfreundschaft ist es in erster Linie zu verdanken, dass Irans angeschlagenes Image in der Welt sich in den letzten Jahren deutlich verbessert hat. »Pazira'i« nennen Iraner die Kunst, Gäste zu empfangen. Sie pflegen sie mit Hingabe, jeder mit offenem Herzen durchs Land Reisende wird sie allerorten erleben und für immer in Erinnerung behalten. »Woher kommst Du?«, »Wie gefällt Dir meine Heimat?«, »Fühlst Du

Dich wohl?« – solche Fragen werden einem von Passanten auf Schritt und Tritt gestellt. Dazu werden häufig auch Einladungen zum Tee oder gar zu einem Festessen ausgesprochen. Iraner sind überaus kontaktfreudig, suchen den Dialog mit Fremden. Und nicht selten bitten sie beim Abschied darum, man möge, nach Hause zurückgekehrt, doch berichten, hierzulande seien Ausländer stets gern gesehen.

Dieses Buch ist das Ergebnis von mehr als 25-jährigen Reiseerfahrungen, von unzähligen Streifzügen durch Irans Städte und Dörfer, entlegene Oasen, Bergtäler, Küstenstriche, von bereichernden Gesprächen, Naturerlebnissen und Begegnungen mit Brauchtum, Kunst und einer so alten wie sublimen Spiritualität. Es versteht sich in erster Linie als informativer und praktischer Wegbegleiter bei der Erkundung dieses ungemein vielschichtigen, faszinierenden Landes – insbesondere auch für die rasant wachsende Zahl von Individualreisenden, die Iran abseits der klassischen Hauptrouten kennenlernen möchten. Daneben will es die Widersprüche und quecksilbrigen Facetten im Gottesstaat aufzeigen und begreifbar machen – die Korruption und Intransparenz der Machtstrukturen z. B., das nur sehr langsam erwachende Umweltbewusstsein, die religiöse Unduldsamkeit und Entflammbarkeit mancher nicht eben kleiner Gruppen …

Zugrunde liegt diesem Buch aber vor allem auch der tief empfundene Wunsch des Autors, der von Medien allzu gern praktizierten Simplifizierung entgegenzuwirken. Es soll zur Vermittlung zwischen den Glaubens- und Geisteswelten des Morgen- und Abendlands beitragen, die trotz ihrer jahrtausendealten gemeinsamen Geschichte immer wieder – und heute mehr denn je – als viel zu gegensätzlich beschrieben werden.

Der Autor

Walter M. Weiss
www.wmweiss.com

Walter M. Weiss, in Wien geboren und wohnhaft, kam 1992 erstmals nach Iran. Revolutionsführer Khomeini war gerade drei Jahre tot und die Stimmung noch ziemlich düster. Trotzdem war er sofort verzaubert. Inzwischen empfängt das Land seine Gäste wieder mit offenem Lächeln, was es dem Autor noch mehr ans Herz wachsen ließ als ohnehin schon. Auf unzähligen Reisen hat er Iran, auch als Studienreiseleiter und Fotograf, bis in die abgelegensten Winkel erkundet, und darüber viel publiziert. Mehr als 100 Sach- und Reisebücher umfasst seine Werkliste insgesamt – etwa 30 allein über den Nahen und Mittleren Osten. Für den im Verlag Theiss/WBG erschienenen Titel »Iran. Geschichte und Gegenwart« erhielt er 2016 in Berlin den ITB-BuchAward für die beste Publikation im Bereich Länderinformation.

Iran als Reiseland

Die Islamische Republik war jahrzehntelang Dauergast in den politischen Schlagzeilen. Als Reiseland jedoch lag sie die meiste Zeit hinter einem Schleier verborgen. Seit dieser nun Stück für Stück gelüftet wird, kommt ein wahres Traumziel für Orientliebhaber zum Vorschein: ein Land, viereinhalb Mal so groß wie Deutschland, mit einer vieltausendjährigen Geschichte – faszinierend facettenreich, sowohl was seine Kunstschätze als auch seine Landschaften und Einwohner betrifft.

Reicher Kosmos des Geistes und der Geschichte

Irans Reichtum an Sehenswürdigkeiten ist immens. Sämtliche Regionen sind gespickt mit archäologischen Stätten, von frühgeschichtlichen Siedlungshügeln über die Relikte der achämenidischen Residenzen, allen voran **Persepolis**, bis zu den Palast- und Festungsruinen der Sassaniden. Unerschöpflicher noch ist das Erbe aus islamischer Zeit. Die historischen Zentren von Städten wie **Isfahan** und **Shiraz**, aber auch **Kashan**, **Kerman** oder **Yazd** sind urbanistische Gesamtkunstwerke von ganz besonderem Glanz, ihre Basare Schatztruhen erlesenen Kunsthandwerks.

Doch selbst viele Kleinstädte haben ihre jahrhundertealten Freitagsmoscheen, Kaufmannshäuser, Sufi- und Dichtergräber, und fast jedes Berg- und Oasendorf noch seine Reste authentischer Lehmarchitektur. Als Brennpunkte schiitischer Spiritualität fesseln die heiligen Städte **Qom** und **Mashhad** mit ihren glitzernden Pilgerschreinen. Und unterwegs über Land auf den uralten Fernhandelsrouten stößt man allerorten auf mächtige Karawansereien, nicht wenige davon in romantische Hotels umfunktioniert.

Hinzu kommt – vor allem, aber nicht nur in Teheran – eine ungemein reichhaltige Museumslandschaft, punktuell auch spannende Gegenwartsarchitektur.

Abenteuerspielplatz für Outdoor-Enthusiasten

Mit einer vergleichbaren Vielfalt ist auch Irans Natur gesegnet. Wüsten, Hochtäler, Gebirge mit spektakulären Gipfeln: **Wanderer, Kletterer** und **Mountainbiker** stehen vor der Qual der Wahl. Aktivsportler finden an mehr und mehr Orten auch Gelegenheiten zum **Rafting, Canyoning** und **Gleitschirmfliegen**. Der feuchte, fruchtbare Küstenstreifen am Kaspischen Meer erfrischt mit Gebirgsflüssen und dichten Urwäldern. Für ein paar Tage Strandferien eignen sich die Golfinseln **Qeshm** und **Kish**. Geologiefans können im **Zagros-Gebirge** mit seinen grandiosen Felsformationen im Geschichtsbuch der Erde blättern, und Hobbyastronomen werden vom nächtlichen Sternenhimmel im Hochland verzaubert sein.

Seltene **Tiere** warten zwar nicht am Wegesrand. Aber mit Geduld und Spürsinn kann man in den zahlreichen Natur- und Nationalparks sehr wohl welchen begegnen, besonders der Reichtum an Vogelarten ist immens.

In jüngster Zeit wächst auch so etwas wie **Agrotourismus** heran. Man nächtigt in Ecolodges in Dörfern, genießt die Natur und lebt den ländlichen Alltag mit.

Auf eigene Faust in Iran unterwegs

Dank tadellos ausgebauter Straßen, eines flächendeckend dichten Netzes öffentlicher Verkehrsmittel und einer fast überall passablen Auswahl an Unterkünften kann man Iran relativ problemlos auf eigene Faust bereisen, zumal die Einheimischen, selbst wenn sie kaum oder kein Englisch sprechen, ungemein hilfsbereit sind. Es empfiehlt sich, begehrte Unterkünfte und Touren sowie Tickets für Inlandsflüge oder Züge insbesondere zur Hochsaison bereits vor der Reise zu buchen – am besten über ein Reisebüro vor Ort.

Wer unabhängig sein und unterwegs, etwa für Fotostopps, nach Belieben anhalten will oder Erkundungen in untouristischen Regionen plant, sollte für Fahrten über Land einen Driverguide bzw. ein privates Taxi anheuern. Im Vergleich zu den zwischen Dörfern mäandrierenden Bussen oder Sammeltaxen spart man so auch wertvolle Zeit. Für längere Distanzen zwischen Großstädten ist das Flugzeug oft die bessere Alternative.

Maßgeschneiderte Programme für individuelle Privatreisen, auch in Kombination mit den Nachbarländern Armenien, Georgien oder Turkmenistan, erstellt u. a. der Spezialveranstalter **Orientaltours** in Frankfurt (Tel. 069 548 37 08, www.orientaltours.de).

Pauschale Arrangements

Gruppenreisen empfehlen sich für all jene, die in wenig Zeit viel sehen möchten, Geselligkeit und Erklärungen von Reiseleitern wünschen. Mittlerweile haben im deutschsprachigen Raum Dutzende Veranstalter Iran-Reisen im Programm. Auch iranische Reiseagenturen, die in den Großstädten vor Ort Rundreisen anbieten, gibt es in Hülle und Fülle. Eine Mischlösung kann darin bestehen, die großen Überlandetappen selbstständig zu organisieren, Tagesausflüge oder regionale Touren dann aber bei örtlichen Agenturen zu buchen.

Ein erfahrener Anbieter auf dem deutschen Markt mit einem breit gefächerten Programm an Gruppen- und Eventreisen ist die Teheraner Agentur **Arg-e Jadid** (Tel. 0098 21 8884 4650, www.atc.ir, deutschsprachiger Kontakt: Reza Daneshvar, reza.daneshvar@atc.ir). Sie arbeitet u. a. eng mit **ZEIT REISEN** in Hamburg bzw. Windrose in Berlin zusammen, für die der Autor dieses Bandes regelmäßig klassische Studienreisen leitet (Tel. 040 637 9677 519, www.zeit.de/zeitreisen).

Ganz spezielle Erlebnisreisen bietet der Buchautor **Walter M. Weiss** auch in Kooperation mit iranischen Experten an: Als intimer Kenner von Land und Leuten führt er, u. a. in der geruhsamen Nebensaison, Gruppen »Auf der Suche nach der persischen Seele« auch in spannende, wenig bekannte Regionen. Dabei stehen Lesungen, Vorträge und Begegnungen auf dem Programm (www.wmweiss.com).

WICHTIGE FRAGEN VOR DER REISE

Wie bekomme ich ein **Visum** und wie lange gilt es? s. S. 72

Mit welchen **Verkehrsmitteln** bewege ich mich im Land am zweckmäßigsten fort? s. S. 75

Alkohol, Moscheebesuch, Fotografieren: Welche **Verhaltensregeln** muss ich beachten, um Fettnäpfchen zu vermeiden? s. S. 90, 92, 95

Wie bezahle ich? Kann ich **Bargeld** abheben, sind **Kreditkarten** verwendbar? s. S. 96

Welche Maßnahmen zur **gesundheitlichen Vorsorge** sind erforderlich? s. S. 97

Wie steht es mit dem **Internetzugang?** Kann das **Handy** genutzt werden? s. S. 97, 106

Welche **Kleidung** und **Ausrüstung** gehört in den Koffer? s. S. 98

Wann ist die beste **Reisezeit** für welche Region? s. S. 99

Welches **Budget** muss ich für eine Iran-Reise kalkulieren? s. S. 104

Muss ich mich um meine **Sicherheit** sorgen? Welche Vorkehrungen sind zu treffen? s. S. 105

Planungshilfe für Ihre Reise

Angaben zur Zeitplanung
Bei den folgenden Zeitangaben handelt es sich um Empfehlungswerte für Reisende, die ihr Zeitbudget eher knapp kalkulieren.

1. Teheran und Kaspi-Küste

Die 15-Millionen-Metropole bildet den Auftakt für die meisten Iran-Rundreisen. Ihre Hauptattraktionen, National-, Teppich- und Juwelenmuseum sowie die Schah-Paläste Golestan und Saadabad, muss man natürlich gesehen haben. Doch sollte man zwei, drei zusätzliche Tage für die vielen weiteren Mu-

Die Kapitel in diesem Buch

1. **Teheran und Kaspi-Küste:** S. 111
2. **Der Nordwesten:** S. 177
3. **Der Süden:** S. 245
4. **Isfahan und zentrales Hochland:** S. 337
5. **Der Nordosten:** S. 461

seen, die pulsierende Gastro-, Galerien- und Shoppingszene einplanen. Außerdem lohnt die Erkundung der (Hoch-)Gebirgsnatur des Elburs-Gebirges, mehrere Abstecher an die Kaspi-Küste inklusive.

 *Teheran*   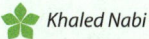 *Khaled Nabi*

Gut zu wissen: Wanderer, Bergsteiger und Skifahrer finden im Elburs-Gebirge ein reiches Betätigungsfeld. Ausgangspunkte für Tagestouren können neben Teheran auch diverse Küstenorte an seiner Nordflanke sein – Rasht beispielsweise, Ramsar, Tonekabon, Chalus und, für den Nordosten, Gorgan. Von den drei Hauptstraßen durch den zentralen Elburs ist die zwischen Karaj und Chalus die landschaftlich spannendste.

Zeitplanung
Teheran:	2–3 Tage
Ausflüge an die Kaspi-Küste:	2–3 Tage

2. Der Nordwesten

Der Großraum im Westen, vom Dreiländereck zu Armenien und der Türkei bis an die Abbrüche des Zagros-Gebirges zum mesopotamischen Tiefland hin, wird, verglichen mit der klassischen Route über das zentrale Hochland, noch wenig bereist. Bedauerlicherweise, denn hier wartet ein faszinierend buntes Spektrum erhabener Landschaften: weite Hochtäler und von Vulkankegeln überragte Hügelgebiete, dramatische Gebirgsketten und Schluchten. Unterwegs zwischen Teheran, Tabriz und Khorramabad nimmt man freilich auch Zeugnissen epochaler Geschichte die Parade ab – Felsreliefs, Feuertempeln und Resten von Residenzstädten des antiken Perserreichs, berühmten Festungen, Gräbern und uralten Handelsmetropolen mit ebensolchen Basaren.

- *Ardabil*
- *Tabriz*
- *Takht-e Soleyman*

Gut zu wissen: Wer es sich zeitlich leisten kann, sollte ein paar zusätzliche Tagestouren einplanen – etwa zu den Assassinenfestungen im Alamut-Tal, zu den Armenierklöstern an der Grenze zur Türkei oder in die kurdischen Berge. Wegen der Weitläufigkeit der Region empfiehlt es sich hier ganz besonders, von öffentlichen Verkehrsmitteln auf eigens angeheuerte Taxis umzusteigen.

Zeitplanung
Klassische Rundreise:	8–10 Tage

3. Der Süden

Die Provinz Fars im südlichen Hochland ist die Kernzone der altpersischen Kultur. Hier harren viele berühmte Ruinenstätten der Besichtigung, allen voran Persepolis und Pasargadae. Die Kulturmetropole Shiraz macht ihrem Ruf als Stadt der Gärten und der Poesie alle Ehre. Die Bergregion weiter nordwestlich, die Heimat der Qashqai-Nomaden, wird hingegen Naturliebhaber begeistern.

Einen reizvollen Kontrapunkt setzt die noch sehr wenig bereiste, auch im Winter wohlig warme Golfküste. Zwei der ihr vorgelagerten Inseln, Qeshm und Kish, haben sich zu Ferienzielen mit einem veritablen Strandtourismus entwickelt. In Irans faszinierende Frühgeschichte lässt sich im westlich angrenzenden Tiefland eintauchen, der feucht-heißen Ölprovinz Khuzestan.

- *Shiraz*
- *Persepolis*
- *Chogha Zanbil*

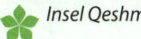 *Insel Qeshm*

Gut zu wissen: Wer zeitlich eng plant, sollte in Khuzestan zur Besichtigung der Highlights für die Tagestour von Ahvaz aus ein Taxi anheuern. Gleiches gilt für den Tagestrip von Shiraz nach Persepolis und Pasargadae. Wer nur Kish und/oder Qeshm ansteuert, kann auch direkt per Flug von Teheran oder Dubai aus anreisen und bekommt bei der Ankunft jeweils für den Inselaufenthalt ein Visum.

Zeitplanung
Shiraz mit Persepolis und Pasargadae: 3 Tage
Ausflüge in die restliche Provinz Fars: 3 Tage
Golfküste: 3–4 Tage
Qeshm, Hormuz und Minab: 3–4 Tage
Khuzestan: 2–3 Tage

4. Isfahan und das zentrale Hochland

Südlich der beiden zentralen Wüsten ballen sich die kulturellen Fünfsterne-Attraktionen: uralte Handelszentren wie Kashan, Yazd und Kerman mit berühmten Basaren und prächtigen Baudenkmälern, dazwischen eine Vielzahl kleinerer Stadtjuwele, Oasen, Bergdörfer, Karawansereien und, in ihrer Fremdheit faszinierend, die heilige Stadt Qom. Auf Abenteurernaturen warten spektakuläre Wüsten- und Gebirgslandschaften. Den alles überstrahlenden Mittelpunkt des zentralen Hochlands markiert die Kunstmetropole Isfahan. Romantiker sollten unbedingt ein paar Tage in den Oasen im Herz der Wüste Dasht-e Lut verbringen.

- *Isfahan*
- *Kashan*
- *Yazd*
- *Kerman*
- *Arg-e Rayen*

Gut zu wissen: Isfahan ist neuerdings von Wien aus per Direktflug erreichbar und mit seinem vielfältigen Umland auch ein lohnendes Ziel für eine längere Städtereise. Für kurze Abstecher in die Wüste bieten in Kashan, Yazd, Kerman und Isfahan immer mehr professionelle Agenturen ihre Dienste an. Wer über mehr Zeit verfügt, sollte sie für Fahrten abseits der Hauptrouten nutzen, nach Saveh oder Abarkuh, Sirjan, Jiroft, Tabas und Birjand.

Zeitplanung
Isfahan: mind. 3 Tage
Ausflüge in die Umgebung: 2–4 Tage
Klassische Hochland-Durchquerung (Qom–Kashan–Yazd): 5–6 Tage
Abstecher in die Dasht-e Kavir (Yazd–Kerman–Tabas–Khur–Nain): mind. 4 Tage
Kerman und Umgebung (mit Mahan, Bam und Ausflug in die Dasht-e Lut): 3–4 Tage

5. Der Nordosten

Der geschichtsträchtige Großraum Khorasan ist landschaftlich nur mäßig attraktiv, kulturell jedoch hochinteressant. Die Millionenmetropole Mashhad allein mit dem Schrein des Achten Imams lohnt die weite Anreise. Von hier lassen sich die meisten anderen Höhepunkte, von Nishapur und den Bergdörfern im Binalud bis Kalat-e Naderi und Sarakhs, bequem in Tagesausflügen erkunden. Besonders reizvoll ist die Schleife Richtung afghanische Grenze. Über Land auf der historischen Seidenstraße, nimmt man uralten Handelsstädten die Parade ab.

 *Mashhad*

Gut zu wissen: Die Fahrzeiten von Teheran nach Mashhad sind beträchtlich. Busse brauchen ca. 14 Std., Züge 7,5–11 Std. Auch vom Süden, aus Yazd oder Kerman, kann man per Bahn anreisen, die Fahrzeit beträgt in diesem Fall 14–16 Std. Wer es eilig hat, bucht von Teheran aus einen Direktflug und unternimmt dann von Mashhad aus strahlenförmig zusätzlich Ausflüge.

Zeitplanung
Mashhad: 1–2 Tage
Teheran–Damghan–Mashhad: 3–4 Tage
Tagesausflüge nach Kalat-e Naderi und Sarakhs: je 1 Tag
Richtung afghanische Grenze (Torbat-e Jam–Taybad–Torbat-e Heydariyeh): 2 Tage

Zusätzliche Exkursionen: Lohnende Unternehmungen für Naturfreunde sind Ausflüge zu den Sinterterrassen von Badab-e Surt und in die Große Wüste zum Khar-Turan-Nationalpark, für die jeweils ein halber bzw. 1 bis 2 Tage einzuplanen sind.

Vorschläge für Rundreisen

— Der Klassiker: Shiraz–Isfahan–Teheran (11 Tage)

1. Tag: Ankunft in Shiraz, Besichtigung des historischen Zentrums mit Basar, Shah-Cheragh-Mausoleum und den Mausoleen der Dichter Saadi und Hafis.

2. Tag: Zu den legendären Ruinenstätten des persischen Großreichs – Persepolis, Pasargadae und Naqsh-e Rostam.

3. Tag: Fahrt zur Palastruine von Sarvestan und weiter durch die Provinz Fars über Sirjan nach Kerman, abends Rundgang durch den stimmungsvollen Basar.

4. Tag: Vormittags Ausflug in Irans Monument Valley, die Wüste Dasht-e Lut. Nach einem Zwischenstopp im Prinzengarten und Sufiheiligtum von Mahan Weiterfahrt nach Yazd.

5. Tag: Auf den Spuren der Zoroastrier zu den Türmen des Schweigens und in den Feuertempel, danach in Yazds Altstadt, die weltweit größte aus Lehm.

6. Tag: Am Rand der Wüste Dasht-e Kavir entlang nach Nain mit seiner uralten Freitagsmoschee und weiter nach Isfahan.

7. Tag: In Isfahan Besichtigung des großen Platzes mit Imam- und Lotfollah-Moschee, Ali-Qapu-, Chehel-Sotun-Palast und Bazar Qaysarieh, Übernachtung.

8. Tag: Freitagsmoschee, Armenierviertel und Spaziergang über die historischen Brücken am Zayandeh Rud.

9. Tag: Nach Kashan, Besichtigung des berühmten Basars, der Händlerhäuser und des Fin-Gartens am südlichen Stadtrand. Weiterfahrt nach Teheran.

10. Tag: Besichtigungen in der Hauptstadt mit Golestan-Palast, National- und Juwelenmuseum.

11. Tag: Rückflug ins Heimatland.

— Der Norden Irans (12 Tage)

1. Tag: Nächtliche Ankunft in Tabriz. Mittags Fahrt in das malerische Höhlendorf Kandovan am Fuße des Sahand. Übernachtung in Maragheh.

2. Tag: Besichtigung der Grabtürme und des Stadtmuseums von Maragheh. Weiterfahrt zum sassanidischen Feuerheiligtum von Takht-e Soleyman. Übernachtung in Takab.

3. Tag: Ausflug unter die Erde, in die historische Höhle von Karaftu, danach einer in die Frühgeschichte zur Ausgrabungsstätte von Hasanlu. Übernachtung in Orumiyeh.

4. Tag: In Orumiyeh Besuch der assyrischen Marienkirche und des quirligen Basars, anschließend Fahrt über Khoy durch herrliche Landschaft zur armenischen St.-Thaddäus-Kirche. Übernachtung in Tabriz.

5. Tag: Stadtbesichtigung mit Blauer Moschee, Ost-Aserbaidschan-Museum, Ali-Shah-Festung und Basar. Weiterfahrt nach Ardabil.

6. Tag: Besichtigung des Sheikh-Safi ad-Din-Mausoleums, dann über Khalkhal hinab an die Kaspi-Küste nach Bandar-e Anzali. Dort

eventuell noch abendliche Bootsfahrt in die Mordab-Lagune.

7. Tag: Frühmorgens Fischmarktbesuch, danach ins Freilichtmuseum bei Rasht. Weiter nach Lahijan mit Teemuseum und Sheikh-Zayed-Mausoleum. Übernachtung in Ramsar.

8. Tag: Entlang der Kaspi-Küste bis Chalus und über die spektakuläre Panoramastraße durch den Elburs nach Teheran.

9. Tag: Höhepunkte in der Hauptstadt – National- und Juwelenmuseum, Besuch des Golestan-Palasts und Spaziergang durch das historische Zentrum.

10. Tag: Entlang der historischen Seidenstraße nach Semnan und weiter nach Damghan mit der ältesten erhaltenen Moschee Irans. Übernachtung in Bastam.

11. Tag: Frühmorgens Besuch des Bayazid-Mausoleums. Danach lange Überlandfahrt nach Nishapur mit Zwischenstopp in der Karawanserei von Miyandasht. In Nishapur Besichtigung der Gräber Attars und Omar Khayyams. Übernachtung in Mashhad.

12. Tag: Vormittags Besuch des Imam-Reza-Heiligtums und seiner Museen. Nachmittags Ausflug zum Ferdowsi-Mausoleum in Tus. Nachts Rückflug ins Heimatland.

▬▬ Der Westen (10 Tage)

1. Tag: Nächtliche Ankunft in Tabriz. Stadtbesichtigung mit Blauer Moschee, Ost-Aserbaidschan-Museum, Ali-Shah-Festung und Basar. Zwei Übernachtungen in der Stadt.

2. Tag: Ausflug an die türkische Grenze, zur Armenierkirche St. Thaddäus. Auf dem Rückweg Stopp an der urartäischen Festungsruine von Bastam.

3. Tag: Frühmorgens zum malerischen Höhlendorf Kandovan, weiter nach Maragheh mit Besichtigung der Grabtürme und des Stadtmuseums. Weiterfahrt nach Takab.

4. Tag: Sassanidisches Feuerheiligtum von Takht-e Soleyman und Spaziergang am Kratersee, danach durch das Hügelland Kordestans nach Sanandaj. Vor dem Hotel-Check-In Besuch des städtischen Museums.

5./6. Tag: Ausflug an den Zarivar-See und in das Uraman-Tal, Rundfahrt durch das kurdi-

sche Grenzgebirge, Übernachtung in Uraman Takht. Am Folgetag über Sanandaj zurück nach Hamadan.

7. Tag: Stadtbesichtigung mit Avicenna-Grab, Hegmataneh, Esther-und-Mordechai-Mausoleum sowie Ganj-Nameh-Tal.

8. Tag: Besichtigung der Felsreliefs von Bisotun und des Anahita-Tempels in Kangavar, anschließend weiter nach Kermanshah. Nachmittags Besichtigung von Taq-e Bostan und Tekiyeh Moaven ol-Molk.

9. Tag: Frühmorgens nach Khorramabad, Besuch des Festungsmuseums Falak-ol-Aflak. Weiterfahrt durch eine grandiose Gebirgskulisse nach Ahvaz, dort abends noch Besuch des Fischmarkts.

10. Tag: Rundfahrt durch Khuzestan zu den Wassermühlen von Shushtar, der Zikkurat von Chogha Zanbil und der legendären Fundstätte von Susa. Nachts Rückflug von Ahvaz über Istanbul bzw. Teheran ins Heimatland.

▬▬ Durch den Süden (10 Tage)

1. Tag: Ankunft in Ahvaz und Rundfahrt durch Khuzestan zu den Wassermühlen von Shushtar, der Zikkurat von Chogha Zanbil und der legendären Fundstätte von Susa. Abends in Ahvaz Bummel über den Fischmarkt.

2. Tag: Lange Fahrt nach Shiraz mit Zwischenstopp bei den Ruinen von Bishapur.

3. Tag: Besichtigungstag in der Stadt der Dichter und Rosen – Bummel durch das historische Zentrum mit dem Basar, den Mausoleen von Saadi und Hafis und dem Shah-Cheragh-Heiligtum.

4. Tag: Altpersische Spurensuche in den Ruinen von Persepolis, Pasargadae und der Nekropole Naqsh-e Rostam.

5. Tag: Fahrt zur sassanidischen Palastruine von Firuzabad und weiter durch grandiose Gebirgslandschaft hinab an die Küste. Besichtigung der Überreste des alten Handelshafens Bandar-e Siraf.

6. Tag: Frühmorgens Start zur langen Fahrt an der Küste entlang nach Osten. Stopp in der Lenj-Werft von Bandar-e Lengeh. Von Bandar-e Pol per Fähre zur Insel Qeshm. Übernachtung in Qeshm City.

7. Tag: Inselrundfahrt – Bootsausflug in die Hara-Mangroven, ein zweiter nach Hengam und zur Delfinbeobachtung; auf dem Rückweg Abstecher ins Tal der Sterne, einen Teil des Qeshm-Geoparks.

8. Tag: Besuch der Portugiesenfestung in Qeshm City, danach per Fähre nach Bandar-e Abbas. Dort Rundgang durch das Museum für Anthropologie. Zum Tagesausklang Bummel über den Fischmarkt.

9. Tag: Zeitig am Morgen Ausflug zum malerischen Wochenmarkt von Minab (nur am Donnerstag!). Nachmittags, zurück in Bandar-e Abbas, Überfahrt mit der Fähre nach Hormuz. Übernachtung auf der Insel.

10. Tag: Umrundung von Hormuz mit seinen farbenprächtigen Felsformationen zu Fuß, zurück aufs Festland und Rückflug von Bandar-e Abbas über Teheran ins Heimatland.

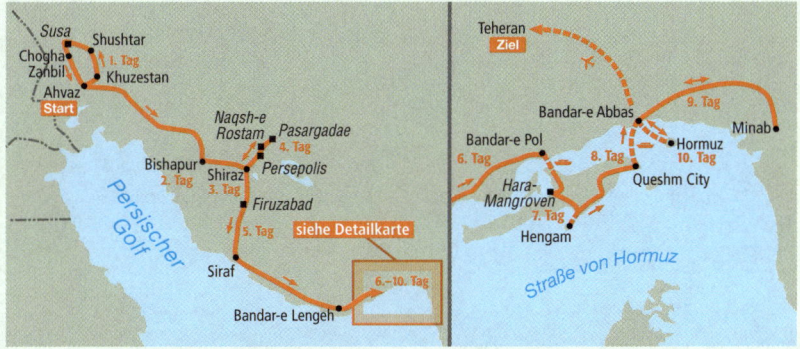

Wissenswertes über Iran

»Eine Linienführung in der Architektur von absoluter
Strenge und Ruhe, doch überall eine wilde Überfülle von
blau und rosenfarben bemalten Kacheln, nicht ein einziges
Mauerstück, das nicht sorgfältigst verkleidet wäre …«
Pierre Loti, »Nach Isfahan«, 1904

Im Wakil-Teehaus in Kerman schlürft man seinen Chai im exotischen Ambiente eines ehemaligen Badehauses

Steckbrief Iran

Daten und Fakten
Name: Islamische Republik Iran
Fläche: 1 648 195 km²
Hauptstadt: Teheran (15,3 Mio. Einw.)
Amtssprache: Persisch/Farsi

Einwohner: 80,3 Mio.
Bevölkerungswachstum: 1,3 %
Lebenserwartung: Männer 69,8 Jahre, Frauen 73,1 Jahre
Analphabetenrate: 13,2 %

Zeitzone: GMT + 3.30 Std.
Währung: Rial (IRR bzw. Rl.)
Landesvorwahl: 0098
Internet-Kennung: ir

Landesflagge: Die seit 1980 gültige Trikolore steht für Islam (grün), Friede und Freundschaft (weiß) sowie Mut, Tapferkeit und vergossenes Blut (rot). Zwischen den drei Streifen steht in zwei Schriftbalken insgesamt 22-mal die Takbir-Formel »Allahu akbar«, »Gott ist am größten«. Die Zahl 22 symbolisiert den 22. Bahman (11. Februar 1979), den Siegestag der Revolution. Das kalligrafische Zeichen im Zentrum besteht aus vier Mondsicheln und einem Schwert. Sie versinnbildlichen die fünf Säulen des Islam, lassen sich aber auch als stilisierter Namenszug Allahs, als Globus lesen, oder als Tulpenblüte, ein in der iranischen Mythologie verwurzeltes Symbol für die Tulpe, die überall wächst, wo Blut im Kampf für das Land, den Glauben floss.

Geografie

Iran liegt in Vorderasien und erstreckt sich, im Norden vom **Kaspischen Meer**, im Süden vom **Persischen Golf** eingefasst, von 25° bis 40° nördlicher Breite sowie von 44° bis 63° östlicher Länge. Etwa viereinhalbmal so groß wie Deutschland, grenzt er an sieben Staaten: im Nordwesten an die Türkei, Aserbaidschan und Armenien, im Nordosten an Turkmenistan, im Osten an Afghanistan und Pakistan. Die mit 1609 km längste gemeinsame Grenze teilt er im Westen mit dem Irak. Ebenfalls Teil seines Territoriums sind mehrere **Golfinseln**, deren größte **Qeshm** ist.

Den überwiegenden Teil seiner Fläche nimmt das iranische Hochland ein. Auf diesem abflusslosen, im Durchschnitt 1200 m hohen Plateau herrscht ausgeprägtes Kontinentalklima. Es wird in seinem zentralen und östlichen Teil von zwei riesigen Wüsten dominiert: **Dasht-e Kavir** und **Dasht-e Lut** sind Salz- und Geröllwüsten und besitzen nur wenige Oasen. An ihrem Nordrand bildet das **Elburs-Gebirge**, das mit dem **Damavand** (5671m) die höchste Erhebung des Landes aufweist, eine natürliche Schranke zum Kaspischen Meer. Dessen schmaler Küstensaum ist infolge der Steigungsregen subtropisch-feucht und waldreich-grün. Grün und dank der drei ganzjährig Wasser führenden Flüsse **Dez, Karkheh** und **Karun** sehr fruchtbar ist auch die Provinz Khuzestan im Südwesten, durch die Iran Anteil am mesopotamischen Tiefland hat, trocken und weitgehend wüstenhaft hingegen sind die nur punktuell gebirgigen Provinzen Khorasan und Sistan-Belutschistan im Osten. Eine zweite Bergkette, die Irans Topografie großräumig prägt, ist der **Zagros.** Sie verläuft, in einer Breite von 200 km in mehrere Gebirgszüge gestaffelt und stellenweise bis über 4500 m hoch, vom Ararat-Hochland 1200 km weit diagonal in südöstlicher Richtung bis zum Golf von Oman.

Geschichte

Die mehrtausendjährige Zivilisationsgeschichte ihrer Heimat und der Stolz, einem der ältesten Kulturvölker der Erde anzugehören, spielen im Selbstverständnis der Iraner bis heute eine zentrale Rolle. Am Anfang steht, sieht man von den frühen Hochkulturen der **Elamiter** und **Meder** ab, das als erstes Weltreich der Menschheit um 550 v. Chr. von **Kyros II.** begründete und durch den Feldzug **Alexanders des Großen** beendete der Achämeniden. **Parther** und **Sassaniden,** die beiden späteren Dynastien der vorislamischen Zeit, regierten weitere 800 Jahre über bedeutende Reiche. Eine Zäsur, die **Islamisierung,** brachte im 7. Jh. die Eroberung durch die Araber. Machtpolitisch und kulturell bestimmende Invasoren waren in der Folge auch die turkstämmigen **Seldschuken** und die **Mongolen.** Den ersten Nationalstaat der islamischen Zeit schufen um 1500 die **Safawiden,** die das Schiitentum zur Staatsreligion erklärten. Im 19. und 20. Jh. hatten die **Qadscharen** und später die **Pahlevi** den Thron inne, jedoch Briten, Russen und zuletzt die USA prägenden Einfluss. Das Ende der Monarchie brachte 1978/79 die von **Khomeini** angeführte Revolution.

Staat und Politik

Iran ist seit 1979 eine **Islamische Republik,** deren System theokratische und republikanische Elemente verbindet. Staatsoberhaupt mit dem Titel »**Revolutionsführer**« ist seit 1989 Ali Khamenei. Sein Amt beruht auf dem Konzept der »**Statthalterschaft des Rechtsgelehrten**« *(Welayat-e faqih),* demgemäß ein herausragender Religionsgelehrter die Regierung führen solle, bis sich dereinst der Zwölfte Imam, die eschatologische Erlösergestalt des Schiitentums, auf Erden zeigt und endgültig für Friede und Gerechtigkeit sorgt. Parallel existieren ein **Staatspräsident** (seit 2013 Hassan Rouhani) und ein **Parlament,** beide vom Volk gewählt, sowie mehrere zwecks gegenseitiger Kontrolle und Stabilisierung der Verhältnisse geschaffene Gremien.

Wirtschaft und Tourismus

Irans Wirtschaft ist in hohem Maße zentralisiert, vom Staat kontrolliert und von der Produktion von **Erdöl** und **Erdgas** abhängig. Über vier Fünftel der Staatseinnahmen stammen aus dem Verkauf fossiler Energieträger. Das Land verfügt außerdem über enorme Mengen verschiedener anderer Bodenschätze (u. a. Kohle, Eisen- und Buntmetallerze) sowie eine diversifizierte **Industrie.** Dank seiner entwickelten **Agrarwirtschaft** ist es bezüglich Nahrungsmitteln überwiegend autark.

Der Tourismus lag infolge der vielen politischen Krisen und Irans schlechter Reputation lange Jahre darnieder, birgt jedoch immenses Potenzial. Seit 2014/15 erlebt er einen starken Aufschwung, wird die einschlägige Infrastruktur zeitgemäßen Erfordernissen und der steigenden Nachfrage angepasst.

Bevölkerung und Religion

Iran ist ein Vielvölkerstaat. Nur etwa 51 % seiner rund 80 Mio. Einwohner sind **Perser.** Zu den wichtigsten weiteren Volksgruppen gehören die turkstämmigen **Azeris** (24 %), die **Gilakis** und **Mazanderanis** (8 %), **Kurden** (7 %) und **Araber** (3 %).

99 % sind **Muslime,** davon 90 % Schiiten, der Rest Sunniten. Daneben leben im Land **jüdische, christliche** und **zoroastrische** Minderheiten. Sie sind per Verfassung anerkannt und mit Sitzen im Parlament vertreten.

Natur und Umwelt

Die landschaftlichen Gegensätze, die Iran auf seinem rund 1,65 Mio km² großen Staatsgebiet vereint, könnten extremer und kurzweiliger kaum sein. Immense Flächen sind Steppen und Wüsten mit Salzseen, stellenweise hohen Sanddünen und sattgrünen Oasen. Das Land besitzt Dutzende Viertausender, endlose Meeresstrände, subtropische Bergwälder, Hochtäler, Almen, Tee-, Reis- und Zuckerrohrplantagen …

Naturräume

Hochland

Etwa zwei Drittel der Landesfläche nimmt das zentraliranische Hochland ein, das seinerseits aus einer Reihe verschieden großer Becken besteht. Diese liegen zwischen 300 m (etwa in den Kaluts östlich von Kerman) und 1500 m (z. B. in Shiraz) über dem Meeresspiegel und sind durch unterschiedlich hohe Schwellen voneinander getrennt. In abflachender Form setzen sich einige nach Osten in Pakistan und Afghanistan fort.

Die bestimmende Landschaftsform sind **Wüsten,** vorrangig Kies- und Salzwüsten. Letztere können sich im Winterhalbjahr, wenn es regnet, in gefährliche Sümpfe verwandeln. Die größte Wüste ist mit einer West-Ost-Ausdehnung von 800 km und einer Nord-Süd-Ausdehung zwischen 150 und 400 km die **Dasht-e Kavir.** Sie ist mit ihren Salzpfannen weitgehend öde, Tiere und Pflanzen finden hier keine Lebensgrundlage. Von den wenigen Oasen im Raum zwischen Tabas und Nain abgesehen, gibt es keine menschlichen Siedlungen.

Geringfügig kleiner, aber nicht minder lebensfeindlich ist die südöstlich angrenzende **Dasht-e Lut** – das Farsi-Wort *dasht* bedeutet »Wüste«, *lut* steht für »nackt« und »leer«. Sie wird von drei Bergmassiven eingefasst, die in etwa das Städtedreieck Kerman–Birjand–Zahedan markieren. Die Lut besitzt über längere Strecken mächtige Sanddünenfelder und in einem etwa 150 x 80 km großen Gebiet östlich von Kerman eine spektakuläre Ansammlung sogenannter **Kaluts.** Diese bizarren Gesteinsformationen werden durch Windschliff

Naturräume

gebildet. Das Innere der beiden Wüsten wird wegen der großen Hitze und extremen Trockenheit von Menschen gemieden. An ihren Rändern aber verlaufen seit jeher von bedeutenden Handelsstädten gesäumte Fernstraßen: im Norden von Teheran über Semnan und Sabzevar Richtung Zentralasien, im Südwesten von Qom über Kashan, Yazd, Kerman und Bam Richtung Pakistan und Indien.

Gebirge

Im Norden des Landes spannt sich vom armenisch-aserbaidschanischen Gebirgsknoten im äußersten Nordwesten bis in die Region Khorasan im Nordosten eine ganze Reihe von Bergketten. Sie sind ein Element des von den Alpen bis zum Pamir und Himalaya reichenden euro-asiatischen Hochgebirgsgürtels und gipfeln im **Elburs-Gebirge.**

Der Elburs, der auf einer Länge von 1200 km leicht gekrümmt das Kaspische Meer im Süden umrahmt, umfasst das **Talysch-Gebirge** in der nordwestlichen Provinz Gilan ebenso wie das **Kopet-Dag-Gebirge** an der Grenze zu Turkmenistan. In seinem zentralen Abschnitt östlich von Teheran ragt der **Damavand** auf, der mit 5671 m höchste Gipfel Irans.

Irans zweite gewaltige Bergkette, das **Zagros-Gebirge,** umschließt das Hochland im (Süd-)Westen. Ebenfalls vom Ararat-Hochland ausgehend, das auch das Becken des Orumiyeh-Sees einschließt, erstreckt es sich 1500 km weit bis nach Sistan-Belutschistan. Es begeistert Reisende, vor allem auch Fotografen, vielerorts durch seine ungemein schroffen Gipfel, Grate, Schrunde, Schluchten und oft sehr farbenreichen und von ungeheuren tektonischen Verwerfungen durchzogenen Felswände.

Knorrige Bäume vor kahlen Hügeln nahe Tabriz: eine typische Landschaft des Nordwestens

Natur und Umwelt

Der Zagros ist auf einem Streifen von 200 bis 300 km Breite in mehrere parallel verlaufende Gebirgszüge aufgefächert. Er umfasst prominente, oft über 4000 m hohe Massive wie das **Dena-Gebirge** bei Shiraz oder Oshtoran Kuh und Zard Kuh westlich von Isfahan. Auch die mächtigen Bergzüge Kordestans, Lorestans und Kermanshahs sind ihm zuzuordnen.

Das weiter landeinwärts entlang der Linie Qom–Bam über 1000 km verlaufende **Kuhrud-Gebirge** definieren manche Geologen als eigenständigen Gebirgszug, andere als Teil des Zagros. Zu ihm gehören unter anderem die bergtouristisch spannenden Massive Kuh-e Karkas bei Natanz, Shir Kuh bei Yazd sowie Kuh-e Lalezar und Kuh-e Hezar südlich von Kerman.

Ein markantes Merkmal der Landschaften im Norden und Westen sind mächtige **Vulkane** und Basaltformationen. Kolossale Kegel wie der auf türkischem Territorium stehende, aber von Iran aus zum Greifen nahe Ararat (5137 m), **Sabalan** (4811 m), **Sahand** (3710 m), aber auch **Kuh-e Hezar** (4465 m) und **Taftan** (3941 m) im fernen Südosten sind Zeichen einer noch nicht abgeschlossenen Gebirgsbildung entlang der Bruchlinien zwischen Eurasischer und Arabischer Platte.

Seismisch sehr aktiv ist die Verwerfungslinie entlang des Zagros. Hier und entlang des Iranischen Halbmonds, eines Bogens, der sich vom Raum Tabriz bis an die Nordostgrenze spannt, bebt die Erde häufig und leider sehr stark. Die verheerendsten **Erdbeben** der vergangenen Jahrzehnte ereigneten sich in Tabas (1978), im Raum von Rasht (1990), in Bam (2003) und im Gebiet westlich von Kermanshah (2017).

Tiefland

Nördlich des Elburs-Gebirges zieht sich hufeisenförmig am Ufer des **Kaspischen Meeres** entlang ein flacher Küstensaum. Ein zweites Tiefland erstreckt sich im Südwesten: die geografisch als Schwemmland zum irakischen Zwischenstromland gehörige **Ebene von Khuzestan**. Naturgemäß niedrige Seehöhen weist auch die Uferzone am **Persischen Golf** auf. Sie ist mehrheitlich schmal, weil sich unmittelbar dahinter steile Küstengebirge türmen, und weitet sich nur im Bereich nördlich von Bushehr und östlich von Bandar-e Abbas nach Chabahar, Richtung Pakistan hin. Die ihr vorgelagerten **Inseln** – von Ost nach West: Hormuz in der gleichnamigen Meeresstraße, Larak, Hengam, Qeshm, Kish, Lavan und die Ölverladeinsel Khark – sind felsig und weitgehend vegetationslos. Um die völkerrechtliche Zugehörigkeit der weiter draußen im Golf gelegenen Eilande Abu Musa, Kleine und Große Tunb wurde wegen ihrer Bedeutung für die Öl- und Gasförderung zwischen Iran und den Emiraten viele Jahre lang gestritten.

Ein Wort noch zu den **Flüssen:** Während die wenigen, die ins Landesinnere, das Hochland, entwässern, in dessen Wüsten versickern und teilweise saisonal austrocknen, weisen die Kaspi-Provinzen Gilan und Mazanderan zahlreiche kurze, aber wasserreiche Gebirgsflüsse auf. Auch Khuzestan verfügt über Wasser in Hülle und Fülle. Seine drei Hauptflüsse, **Dez, Karkheh** und **Karun,** führen nicht nur ganzjährig Wasser, der Karun ist sogar bis hinauf nach Ahvaz schiffbar. Er mündet, zuvor Dez und Karkheh in sich aufnehmend, in den Shatt al-Arab bzw. Arvand Rud (die Iraner pochen auf die persische anstatt der arabischen Bezeichnung), und ist damit Teil des von Euphrat und Tigris geformten mesopotamischen Flusssystems.

Klima

Die so extreme wie faszinierende Gegensätzlichkeit der iranischen Landschaften zeigt sich auch beim Blick auf die dort herrschenden Witterungsverhältnisse. Das Klima im wüstenhaften Hochland könnte kontinentaler nicht sein. Nordöstlich von Kerman, an einem Ort namens Gandom Beriyan, wurde im Jahr 2005 mit 70,7 °C die höchste jemals auf der Erdoberfläche gemessene Temperatur verzeichnet. Im Winter hingegen kann es in großen Teilen des Landes schneien, in den Bergen des Westens oft meterhoch, und die Temperaturen können bis auf −20 °C und tiefer absacken.

Mild, ja nahezu subtropisch-feucht ist das Klima dank der ausgleichenden Wirkung des Kaspischen Meeres und Jahresregenmengen von bis zu 2000 mm in den beiden Nordprovinzen Gilan und Mazanderan. Die Ebene von Khuzestan hingegen ist nur im Winterhalbjahr wohlig warm, im Sommer hingegen höllisch heiß und schwül. Mit 50 °C nur schwer erträglich sind im Sommer auch die Temperaturen am Persischen Golf. Von etwa November bis März aber sinken sie an dessen Küste und auf den Inseln auf ferientaugliche 25 bis 30 °C. Dann bekommen auch diese sonst knochentrockenen Gebiete und ihr Hinterland dringend nötigen Regen ab.

Flora

Nachdem schon in der Antike die meisten Wälder Vorderasiens abgeholzt wurden, sind weite Teile Irans heute versteppt oder ganz ohne Humus, mehr als die Hälfte völlige Wüste. Die Vegetation ist dort äußerst karg, besteht, so auf dem Kies und Sand überhaupt etwas gedeiht, vorwiegend aus salzresistenten Kräutern, Sträuchern und Dornengewächsen. In den wenigen Oasen dominieren, abgesehen von den Nutzpflanzen auf den Feldern, Palmen.

Ein interessantes Phänomen, auf das man, so markant wie nirgendwo sonst in der Welt, in der Lut-Wüste stößt, sind die **Nebkhas:** ein Gemenge aus Sand, Schlick und Lehm, das sich im Wurzelwerk vor allem von Tamarisken und Saxaul verfängt und über die Jahre zu regelrechten Hügeln hochwächst, während auf den Kuppen die silbriggrünen Bäume in Gruppen weiter gedeihen.

Sehr wohl bewachsen, wenn auch über weite Strecken nur schütter, sind die Täler und Hänge des Zagros-Gebirges. Hier dominieren **Trockenwälder** mit wildem Ahorn, Pistazien, Wacholder, Mandel- und Walnussbäumen sowie Eichen, die, sich an steile Felshänge klammernd, bis in erstaunliche Höhen wachsen.

In den Tallandschaften des Nordwestens hingegen, aber auch an den südlichen Ausläufern des Elburs und in **Flussoasen** wie der des Zayandeh Rud prägen Pappeln, Weiden, Ulmen, Erlen und Eschen das Bild. Eine als biologische Pufferzone besonders kostbare botanische Besonderheit bilden die **Mangroven,** die in manchen Flachzonen entlang der Golfküste noch gedeihen und auf Qeshm erkundet werden können.

Stark überstrapaziert, vor allem infolge der Ausbreitung der Landwirtschaft und der Überweidung durch Schaf- und Ziegenherden, sind vielerorts, von den kurdischen Bergen bis zu den Hügelkuppen an der turkmenischen Grenze, die **Grasfluren.** In den flachen Steppengebieten Khorasans, die sie einst ebenfalls bedeckten, sind sie schon lange weitgehend verschwunden. Die Regierung versucht mit ambitionierten Wiederaufforstungsprogrammen gegenzusteuern – zumindest punktuell mit Erfolg.

Denkbar konträr, nämlich sehr üppig, präsentiert sich die Vegetation in der Küstenregion am Kaspischen Meer. Von den mehr als 8000 Pflanzenarten, die Botaniker insgesamt in Iran ausgemacht haben, sind überproportional viele hier anzutreffen. Bestimmendes Element sind die dichten, hochgewachsenen **Laubwälder.**

Im meeresnahen, feucht-warmen Tiefland haben sich zwischen Teeplantagen, Reis-, Baumwolle- und Gemüsefeldern noch Inseln eines **subtropischen Urwalds** mit Eichen, Ulmen, Feigen-, Granatapfel- und persischen Eisenholzbäumen erhalten. Letztere gedeihen nur in Iran und im Kaukasus.

Landeinwärts, ab etwa 500 Höhenmetern, beginnen großflächigere **Bergwälder,** zusammengesetzt aus verschiedenen Eichen- und Buchen-, Linden- und Ahornarten, aber auch Buchs- und Wildobstbäumen. Nicht zufällig sprachen schon die alten Perser von dieser Gegend als *djangal,* wovon sich das deutsche Wort »Dschungel« ableitet. Fachleute bezeichnen den außergewöhnlichen Bewuchs als hyrkanischen Urwald und sehen darin Restbestände jenes ursprünglich gigantischen Waldgürtels, der im Tertiär Europa und den Norden Asiens bedeckte und hier, durch keine Eiszeit zum Rückzug gezwungen, die Zeitläufte überdauert hat.

Ein Land (ver-)durstet

Die Zeichen stehen auf Alarm: Den Iranern droht eine katastrophale Wasserknappheit. Die Probleme sind vielfältig, aber allesamt vom Menschen verursacht. Schon warnen Fachleute, die Existenz des Landes stehe auf dem Spiel. Kolossale Pläne werden gewälzt, um das Ruder noch herumzureißen.

Etwa 20 % der verfügbaren Ressourcen an erneuerbarem Wasser soll, so lautet die Empfehlung der UN, ein Land im Normalfall nutzen. Die rote Linie liegt bei 40 %. 60 % bedeuten Versorgungsstress, 80 % markieren den Punkt, ab dem eine Krise droht. Iran jedoch verbraucht jährlich 110 % des Gesamtvolumens, das ihm im selben Zeitraum durch Niederschlag oder Zufluss erreicht. Für diese haarsträubende Dimension des Raubbaus ist im internationalen Klassifizierungssystem keine Kategorie vorgesehen.

Wie schlimm es um die Wasserversorgung schon steht, können Besucher Isfahans seit etlichen Jahren mit eigenen Augen sehen: Immer wieder, manchmal über Monate, liegt dort der Zayandeh Rud, die legendäre Lebensader der Stadt, komplett trocken. Dann stehen die Tretboote, mit denen sonst Ausflügler zwischen den historischen Brücken umherschippern, auf Schotter geparkt. Im staubigen Flussbett spielen Jungen Fußball. Viel dramatischer aber: Flussabwärts müssen Abertausende Bauern ein weiteres Mal ihre Ernte abschreiben. Und die Gavkhuni-Sümpfe, in die sich der »lebensspendende« Fluss normalerweise ergießt, rücken ihrem endgültigen Dürretod wieder ein Stück näher. All dies, weil das Wasser wieder einmal anderswo noch dringender benötigt und deshalb schon am Oberlauf abgeleitet wurde.

Das schockierende Austrocknen des Zayandeh Rud ist nur eines von vielen Indizien für die desaströse Situation. In der südlichen Provinz Kerman hat bereits ein Drittel aller Pistazienbauern vor der Trockenheit resigniert. Vielerorts schmeckt das Grundwasser schon salzig. Die Ergiebigkeit selbst der tiefsten Brunnen sinkt. Im besonders betroffenen Süden und Osten wurden bereits ganze Dörfer aufgegeben, drohen ganze Regionen zu veröden. Und auch die Aussichten für viele Großstädte sind nicht gerade rosig.

Die Ursachen sind komplex. Von Natur aus verzeichnet Iran mit 250 mm Niederschlag nur ein Drittel des weltweit üblichen Jahresmittels. Doch im Laufe der langen Geschichte verstanden es die Bewohner stets perfekt, mit einem ausgeklügelten System von Wasserrechten und Zuteilungsmengen die Versorgung sicherzustellen. Dabei halfen ihnen sogenannte Qanate – Abertausende unterirdische Kanäle, mit denen das Wasser schon seit der Antike aus den Bergen, dem natürlichen Gefälle folgend, bis zu 100 km weit ohne Verdunstungsverluste und Energieaufwand in die Dörfer und auf die Felder geleitet wird. Inzwischen sind diese ingenieurstechnischen Wunderwerke fast alle trockengefallen. Dafür knattern allerorts Dieselpumpen, zapfen landesweit an die 800 000 Brunnen, häufig illegal, die letzten Quellen an.

Der globale Klimawandel hat in Iran die Jahresmenge an Niederschlägen bereits um 20 % sinken, dafür die Durchschnittstemperatur um 1,5 °C bis 2° C besonders stark steigen lassen. Doch im Wesentlichen ist die Krise hausgemacht. 100 Mrd. m^3 Wasser regnen, schneien und fließen dem Land insgesamt jährlich zu. Davon verbraucht die Landwirtschaft 90 %. Der Rest geht in die Industrie und Haushalte. Und auch die Begrünung der Städte, allen voran Teherans, verschlingt, so schön für

Land-Art als Protest gegen akuten Wassermangel: der »Steingarten« unweit von Sirjan

das Auge und gut für das Mikroklima sie sein mag, Wasser ohne Ende. Als Menetekel erscheint das Schicksal des Orumiyeh-Sees im äußersten Nordwesten. Dieses ehemals größte Binnengewässer des Landes ist – ähnlich wie der Aralsee in Usbekistan, , aber weit weniger beachtet – innerhalb eines Jahrzehnts um 95 % zu einer Schlamm- und Salzwüste geschrumpft (s. S. 213).

Irans Einwohnerzahl hat sich seit der Revolution mehr als verdoppelt, die agrarische Nutzfläche gar vervierfacht. Der Wasserverbrauch pro Kopf beträgt das Doppelte des globalen Schnitts. Zugleich ist der Anreiz zu sparen gleich null, denn Wasser kostet praktisch nichts. Anlagen zur Wiederaufbereitung existieren kaum. Felder und Plantagen werden traditionell über offene Kanäle versorgt. Bisher haben nur einige wenige Pionierbetriebe computergesteuerte Systeme für Tröpfchenbewässerung installiert. Großen Anteil an der Misere hat die sogenannte Widerstandsökonomie. Seit der Revolution und mehr noch unter dem Druck der Sanktionen hat die Regierung, gerade im Bereich Lebensmittelversorgung, auf größtmögliche Autarkie gesetzt. Die Folge: Man dehnte Anbauflächen aus, führte, auch für den devisenbringenden Export, neue, durstigere Kulturpflanzen ein. Und man baute Staudämme gleich dutzendweise. Als der Schah abdankte, besaß Iran 18 dieser Anlagen, inzwischen sind es an die 700. Fast noch einmal so viele sind in Planung oder im Bau. Die fatale Folge: Immer mehr Wasser verdunstet und Flüsse versiegen.

Um das Absehbare doch noch zu verhindern, hat Präsident Rouhani einen »Nationalen Wasserplan« iniitiert. Dieser sieht den baldigen Baubeginn für eine Pipeline vor, durch die man entsalztes Meerwasser von der Kaspi-Küste 460 km weit und 2000 m hoch über den Elburs bis in die dürstenden Städte Qom, Kashan und Isfahan und auch in die Ostprovinz Khorasan pumpen will. Eine zweite Leitung soll aus dem Golf von Oman den Süden und Osten des Landes dauerhaft mit Trinkwasser versorgen. Umweltschützer warnen eindringlich. Doch letztlich ahnen auch sie: Um zu retten, was zu retten ist, muss geklotzt, nicht gekleckert werden.

Natur und Umwelt

Der Gepard – Tier der Nation

Asiatische Geparde sind etwas kleiner und auch langsamer als ihre berühmteren Vettern in Afrika. Dafür wächst ihnen gegen die Kälte ein warmes Winterfell. Noch vor 100 Jahren lebten, von der Arabischen Halbinsel über Syrien, Afghanistan und den Osten Indiens über ganz Vorderasien verstreut, mindestens 100 000 Tiere dieser Unterart. Heute beträgt die Gesamtpopulation, deren Lebensraum sich ausschließlich auf die ostiranische Steppe beschränkt, gerade noch etwa ein Dutzend. Immerhin scheint die Zahl dank eines aufwendigen Schutzprogramms seit etlichen Jahren stabil.

Dieses weltweit als **Conservation of the Asiatic Cheetah Project (CACP)** bekannte Programm wurde 1998 von einer iranischen NGO ins Leben gerufen. In Zusammenarbeit mit einer UN-Unterabteilung und anderen internationalen Naturschutzbehörden wurden insgesamt zehn Schutzgebiete ausgewiesen. Eigens ausgebildete Ranger gehen zum Schutz der Gazellen, die die Nahrungsgrundlage der Geparde bilden, gegen Wilderer vor, überwachen mit Fotofallen die Bestände und suchen den Schulterschluss mit der lokalen Bevölkerung, ohne deren Unterstützung sämtliche Bemühungen letztlich vergebens wären.

Inzwischen sind die verbliebenen Geparde bei den Iranern als Symboltiere für die Notwendigkeit des Naturschutzes im Bewusstsein verankert. Jährlich am 31. August, dem **National Cheetah Day,** wird ihrer landesweit mit verschiedenen Veranstaltungen gedacht. Selbst der iranische Fußballverband zeigt sich engagiert: Bei der Fußball-Weltmeisterschaft 2014 in Brasilien waren auf den Trikots der Nationalspieler die Umrisse eines Gepardenkopfes aufgedruckt.

Nähere Auskünfte über das Projekt bekommt man bei der **Iranian Cheetah Society (ICS)** in Teheran, Tel. 021 4465 2551, www.wildlife.ir. Man erfährt dort auch, auf welche Weise man sich als Privatperson für den Asiatischen Geparden engagieren kann.

Fauna

Ähnlich vielfältig wie die Flora ist auch die Fauna: In den Wäldern des Elburs tummeln sich noch **Rotwild, Mufflons** und **Wildschweine.** Auch **Wölfe, Bären** und **Luchse** sind hier, wie übrigens auch in den Bergregionen anderer Provinzen, heimisch. Die weiten Wüsten bieten, neben vielerlei Kleintieren, **Gazellen, Schakalen, Wildschafen** und **Onagern** Lebensraum, den einst von Persiens Dichtern als Sinnbild heißblütiger Liebe gepriesenen und mit Vorliebe von Königen gejagten Asiatischen Wildeseln.

Je weiter man in den (Süd-)Osten fährt, desto öfter begegnet man außerdem Kamelen, genauer gesagt: den einhöckrigen, zwar frei grasenden, aber domestizierten **Dromedaren.**

Einigen Großsäugern hat der Mensch in den letzten Jahrzehnten – zumindest beinahe – den Garaus gemacht: Vom **Persischen Leoparden** sollen auf iranischem Boden immerhin noch geschätzte 500 bis 800 Exemplare leben, von denen Ranger hie und da einzelne mittels Kamerafallen sichten. Die Bestände an **Asiatischen Geparden** hingegen sind auf wenige Tiere geschrumpft (s. links). Der letzte Löwe wurde in den 1940er-Jahren in Khuzestan gesehen.

Ungleich bunter ist schließlich die **Vogelwelt.** An die 500 einheimische Arten haben Ornithologen gelistet, darunter etliche weltweit bedrohte. Sie auch nur beispielhaft aufzuzählen, würde hier den Rahmen sprengen. Unter Hobbyvogelkundlern gilt Iran inzwischen jedenfalls als überaus lohnende Destination. Vor allem in den Feuchtgebieten des Nordens, den Lagunen von Miyankaleh und Bandar-e Anzali beispielsweise, machen Unmengen verschiedener Zugvögel Rast, im Winter auch am Persischen Golf, bevorzugt im Raum Bandar-e Abbas/Qeshm. Auch für Laien faszinierend ist die Dichte an Raubvögeln, von verschiedenen Falkenarten über Bart- und Lämmergeier bis hin zu Steinadlern, die man, unterwegs in den Wüsten und Bergen, oft sogar vom Auto aus am Himmel kreisen sehen kann.

Wirtschaft, Staatsstruktur und aktuelle Politik

Obwohl Iran immens reich an Rohstoffen ist und auch über eine große Zahl gut ausgebildeter Fachkräfte verfügt, hängt seine Ökonomie bis heute am Tropf des Erdöls. Voller Widersprüche ist auch das politische System – eine Kombination aus Parlamentarismus, Scharia und dem weltweit einzigartigen Prinzip der »Statthalterschaft des Rechtsgelehrten«.

Wirtschaftsfaktoren

Energiesektor

Seit 1908 in Masjed-e Soleyman am Südrand des Zagros erstmals in kommerziell nennenswerter Menge Erdöl aus dem Boden sprudelte und die Briten wenig später in Abadan ihre riesige Raffinerie bauten, ist das »Schwarze Gold« für Irans Wirtschaft – und Politik – ein bestimmendes Thema. Dies gilt auch für die Gegenwart. Denn allen Bemühungen um Diversifizierung zum Trotz stammen die Einnahmen des Staates weiterhin zu mehr als vier Fünftel aus dem Verkauf von **Erdöl** und **Erdgas.** Das Gedeihen des Landes, der Lebensstandard vieler Iraner hängen entsprechend vom volatilen Preis für die beiden Rohstoffe ab.

Irans aktuell bekannte Ölvorkommen sind mit geschätzten 140 Mrd. Barrel, nach Staaten gelistet, die viertgrößten der Welt, ihr Anteil an den Gesamtreserven beträgt 10 %. Beim Erdgas belegt das Land mit über 18 % Platz eins. Die Förderung liegt monopolistisch in den Händen der **National Iranian Oil Company.** Das Potenzial wird wegen veralteter Produktions- und Transportanlagen zurzeit nicht ausgeschöpft; ihrer Modernisierung räumt man höchste Priorität ein (s. Thema S. 266).

Im Bereich Energieversorgung setzt das Land neben fossilen Trägern auch verstärkt auf Gaskraftwerke, auf **Wasserkraft** – etwa durch den Ausbau einer Kette von Staustufen entlang dem Karun – und auf **Nuklearenergie.** Das 2011 ans Netz gegangene Atomkraftwerk in Bushehr (s. S. 312) soll mittelfristig mit russischer Hilfe um mehrere Blöcke ausgebaut werden. Etliche weitere AKWs sind in Planung.

Industrie und Landwirtschaft

Iran verfügt aber auch über weitere bedeutende **Bodenschätze,** etwa Kupfer, Eisenerz, Chrom, Zink, Mangan, Blei, Bauxit, Kohle, Schwefel, Phosphate, Gold und Uran. Fast 50 % seines Bruttoinlandprodukts erwirtschaftet das Land im Bereich **Industrie,** neben der Petrochemie in erster Linie mit der Herstellung von Zement, Baustoffen, Textilien und Stahl. Verstärktes Augenmerk wird, auch aus sicherheitspolitischen Erwägungen, auf die Rüstungsindustrie gelegt. Sie untersteht den Revolutionsgarden, profitiert von einem steten Fluss an Staatsaufträgen und produziert mittlerweile sogar U-Boote, Drohnen, Kampfflugzeuge und Raketen (fast) aller Reichweiten.

Ein starkes Standbein bildet die Automobilindustrie. Sie startete 1967 mit dem auf Basis des Modells »Hillman Hunter« im Joint Venture mit dessen britischer Mutterfirma gebauten »Paykan« (pers. für »Pfeil«), der bis vor wenigen Jahren noch auf Irans Straßen allgegenwärtig war. Heute werden, hauptsächlich von den beiden Firmen Iran Khodro und Saipa, rund 1,2 Mio. Fahrzeuge produziert.

Der Basar – eine Stadt in der Stadt

Malerische Gassenlabyrinthe, getränkt von exotischen Düften, Farben, Lauten, und gesäumt von kleinen Werkstätten und Läden, in denen man sich mit Wonne verirrt, um daraus nach Stunden, mit Souvenirs bepackt, wieder aufzutauchen … Davon pflegen Reisende aus dem Westen für gewöhnlich zu schwärmen, wenn sie an ihre Besuche in orientalischen Basaren denken.

Was sie nicht wissen: Hinter den fotogenen Fassaden verbirgt sich in Wahrheit ein hochkomplexes, in Jahrhunderten gewachsenes Sozial- und Raumgefüge. Diese »Stadt in der Stadt« umfasste schon im frühen Mittelalter neben Läden, Werkstätten und Lagern für Handwerk und Gewerbe spezielle Einrichtungen für den Groß- und Einzelhandel: unter anderem Karawansereien, Herbergen für die Fernhändler und ihre Tiere, Qaysarien, gemauerte Kaufhallen, in denen man wertvollen Goldschmuck, Tuche und Teppiche feilbot, und Schatzhäuser, hinter deren schweren Toren und vergitterten Fenstern Geld und Dokumente aufbewahrt wurden. Hinzu kamen Brunnen und Bäder, Tee- und Krankenhäuser, Herbergen, Koranschulen und Moscheen.

In gewisser Weise sind die großen, alten Basare, wie man sie in Iran besonders eindrucksvoll in Isfahan, Shiraz, Kashan, Kerman, Yazd und Tabriz findet, enge Verwandte der modernen Geschäfts- und Einkaufszentren. Auf den ersten Blick mag der Vergleich zwar konstruiert erscheinen. Denn was haben computerisierte Großraumbüros mit den mittelalterlichen, noch vor zwei Generationen von Maultieren belieferten Karawansereien gemein? Was die Fast-Food-Restaurants mit Garküchen, die Video-Center mit Teehäusern, und ein Hightech-Fitnessstudio mit einem Hamam? Außerdem leidet die traditionelle Basar-Ökonomie unter chronischem Mangel an Information. Sie kennt weder Massenmedien noch Werbung, weder Marktforschung noch Konsumentenschutz. Die hauptsächliche Möglichkeit zur Kommunikation ist die mündliche, beim Feilschen.

Anders betrachtet, sind die Parallelen allerdings verblüffend: Hier wie dort finden sich auf engstem Raum Büros und Banken, gastronomische Betriebe, Dienstleistungs- und Reparaturgewerbe. Und was im multifunktionalen Wolkenkratzer die Shoppingmalls, sind im Basar die Marktgassen – das Revier der Einzelhändler. Hier wie dort wandelt man beim Einkaufen durch überdachte und klimageschützte Passagen, stößt man auf ein verführerisch vielfältiges Warenangebot. Und hier wie dort wohnt niemand, weshalb nach Geschäftsschluss vielerorts die Eingänge versperrt oder zumindest bewacht werden.

Zwei gravierende Unterschiede sind freilich festzuhalten. Zum einen die spirituelle Komponente: Seit frühislamischer Zeit bildet die Religion im Basar eine bestimmende Kraft und die Moschee einen geografischen und geistigen Mittelpunkt. Wobei der »Ort, an dem man zum Gebet niederfällt« die längste Zeit über nicht nur als Gebets-, sondern auch als Lehrstätte, Ort für Gerichtsverhandlungen und Gesetzesverkündungen, Obdachlosenheim und sogar Spital diente.

Der zweite drastische Unterschied liegt in der Präsenz von Frauen. Zwar ist gerade in Iran im Zuge der Modernisierung des Alltags der Anteil weiblicher Marktgänger rapide gestiegen. Der traditionelle Basar ist jedoch – einmal abgesehen von speziellen Frauenmärkten für Kleider, Schmuck, Kosmetik etc. – in der Regel immer noch eine Domäne der Männer. Sie sind es, die im althergebrachten Wirtschaftsleben das Sagen haben.

Basare wie dieser in Zanjan bilden im Orient seit jeher die Kernzone urbanen Lebens

Im Basar wird allerdings nicht nur mit Waren, sondern auch mit Meinungen gemakelt. Als direkter Abkömmling der griechischen Agora und des römischen Forums war er, und ist es in gewissem Sinne immer noch, eine maßgebliche Instanz in der Politik. Sieht man die – insgeheim oft steinreichen – Großhändler in ihren Lagerkontoren sitzen, über sich eine kahle Neonröhre, vor sich auf dem Schreibtisch lediglich einen Taschenrechner, ein zerschlissenes Notizbuch und ein altertümliches Bakelittelefon, käme man kaum auf diese Idee. Doch aus Furcht vor der Steuerbehörde tiefstapeln (und dabei leider, leider die Buchführung vergessen) ist eine Sache, im Hintergrund die Schalthebel der Macht bedienen eine andere.

Herrscher mögen kommen und gehen, die Basaris jedoch bleiben und bilden – in Iran wie im gesamten Orient – seit jeher eine einflussreiche Elite. Im Normalfall genügt ihnen, um ihre Interessen zu wahren, eine Erwähnung gegenüber den Rechtsgelehrten, die daraufhin die Machthaber informieren. Scheint ihnen, was jedoch sehr selten vorkommt, scharfer Protest unumgänglich, schließen sie demonstrativ ihre Läden. Dann befindet sich der Basar, wie es auf Persisch heißt, »in Unordnung«. Überall wird erregt diskutiert. Gerüchte brodeln. Und die Möglichkeit eines Ausbruchs von Gewalttätigkeiten liegt in der Luft.

Ein eindrucksvolles Beispiel für die Macht streikender Basaris war der Umsturz 1979. Schon in den 1950er-Jahren hatte der Schah seinen Günstlingen ermöglicht, den Großhändlern die Aufsicht über den Getreideex- und Import zu entreißen. Anfang der 1970er-Jahre unterstützte er sie beim Aufbau einer modernen Industrie. Sein Ziel: die »veralteten« Strukturen des traditionellen Gewerbes zu ersetzen. Für die Basaris wurde das westliche Fortschrittsdenken existenzbedrohend. Sie schlossen sich den Mullahs und Ayatollahs an und wurden zu den wichtigsten Finanziers der Islamischen Revolution. In der Zeit vor Khomeinis Rückkehr aus dem Exil blieb etwa der Basar von Teheran fünf Monate lang gesperrt.

Insgesamt ist etwa ein Drittel aller Erwerbstätigen in der Industrie beschäftigt, in der **Landwirtschaft** ein Viertel. Und das, obwohl der Agrarsektor nur 10 % des BIP erwirtschaftet. Angebaut werden neben Getreide, Gemüse und Obst, Tee, Tabak, Reis, Baumwolle und Datteln auch zwei Klassiker: Pistazien und Safran. Bedeutsam ist die **Viehzucht** – in modernen Großfarmen, aber mehr noch, und kulturgeschichtlich tief verwurzelt, durch die Nomaden auf den Weiden des Berglandes. Die berühmten **Perserteppiche** hingegen machen heute nur noch 0,5 % der Exporte aus.

Verstaatlichung versus Privatwirtschaft

Durch die Revolution wurde aus dem ehemals liberalen ein weitgehend vom Staat dirigiertes Wirtschaftssystem. Die meisten großen Unternehmen bekommen ökonomische und politische Zielvorgaben. Zudem erschweren regelmäßig Eingriffe von staatlicher Seite über Subventionen, Preisregulierungen und auch die massive Korruption und geringe Rechtssicherheit den Aufbau privatwirtschaftlicher Strukturen. Für viele Erfordernisse der globalisierten Wirtschaft, etwa die Aufnahme von Krediten auf dem internationalen Kapitalmarkt, ließen sich bislang keine praktikablen ›islamischen‹ Lösungen finden. Bis heute sind etwa Banken- und Versicherungswesen komplett und die Großindustrie zu etwa 80 % in staatlicher Hand. Auf privater Basis agieren traditionell die Basarhändler, heute auch viele Landwirte und große Teile des Dienstleistungsgewerbes. Immerhin signalisiert die bereits 2001 erfolgte Gründung einer **»Organisation für Privatisierungen«** den politischen Willen zu vermehrten Anstrengungen in dieser Richtung.

Tourismus

Große Hoffnungen werden in den **Tourismus** gesetzt. Sein Beitrag zum BIP beträgt aktuell rund 9 %. In Zukunft soll er vermehrt für Arbeitsplätze und Devisen sorgen. Angestrebt ist eine Vervierfachung der Zahl ausländischer Gäste von 5 Mio. (2016) auf 20 Mio. bis 2025; in den nächsten fünf Jahren sollen zudem 300 neue Vier- und Fünfsternehotels eröffnen. Eine Verbesserung der Infrastruktur wäre in der Tat dringend nötig. Weil sich internationale Investoren bislang zurückhielten, herrscht vor allem an touristischen Hotspots wie Isfahan und Shiraz ein akuter Mangel an gehobenen Hotels, und auch sonst ist die Qualität von Infrastruktur und Servicedienstleistungen vielerorts noch ausbaufähig.

Verfassung und Staatsstruktur

Das Fundament des Gottesstaates

Die Machtstrukturen in der Führungsebene der **Islamischen Republik** können Außenstehenden komplex und undurchsichtig erscheinen. Um sie zumindest ansatzweise zu verstehen, ist ein Blick auf Form und Aufbau des Staates, seiner Organe und auch die Rolle informeller Gruppen innerhalb des Machtapparats unumgänglich. Zugrunde liegt dem seit der Revolution 1979 herrschenden politischen System die Überzeugung, dass Religion und Staat eine untrennbare Einheit bilden. Die Verfassung der Islamischen Republik Iran strebt, so steht es in der Präambel zur Verfassung geschrieben, »eine Gestaltung der kulturellen, sozialen, politischen und ökonomischen Institutionen der iranischen Gesellschaft nach den Grundsätzen und Regeln des Islam an«. Soll heißen: Gesetze sind nicht Ausdruck des Volkswillens, sondern werden allein aus dem Koran und den islamischen Prinzipien hergeleitet. Diese stehen, weil göttlichen Ursprungs, über von Menschen gemachten Gesetzen. Mit einem Wort: Alle Macht geht ausschließlich von Allah aus.

Schon während seines Exils in den 1960er-Jahren in der irakischen Stadt Najaf hatte der spätere Staatsgründer **Ayatollah Ruhollah Khomeini** ein auf dieser Grundannahme beruhendes Konzept entwickelt: Welayat-e

Verfassung und Staatsstruktur

Faqih, die »**Statthalterschaft des Rechtsgelehrten«,** fußt auf dem Glauben der Zwölfer-Schiiten an die Rückkehr des Zwölften Imams. Demnach wird der im 9. Jh. auf wundersame Weise der sichtbaren Welt entrückte Muhammad ibn Hasan al-Mahdi sich eines Tages wieder den Menschen zeigen und sie von aller irdischen Mühsal erlösen, indem er ein göttliches Reich der Gerechtigkeit errichtet (s. Thema S. 50). Die Verfassung legt fest, dass während seiner Abwesenheit in Iran die Befugnis zur Führung in allen Angelegenheiten der Gemeinschaft »dem gerechten, gottesfürchtigen, über die Erfordernisse der Zeit informierten, tapferen, zur Führung befähigten Rechtsgelehrten« zukommt.

Vor dem Hintergrund dieser Idee schuf Khomeini das Amt des Rahbar, des **Revolutionsführers.** Es handelte sich um ein reines Verfassungsamt, das nicht in gewachsenen religiösen Traditionen wurzelte. Vielmehr diente es einzig dem realpolitischen Zweck, ihm und seinen künftigen Nachfolgern eine exklusive, unanfechtbare Autorität zu verleihen.

Rahbar, Räte und Parlament

Die Verfassung, deren tragende Säule dieses Amt darstellt, ließ Khomeini noch im Revolutionsjahr 1979 per Referendum absegnen. Sie ist im Wesentlichen bis heute gültig. In ihr sind sowohl die **Herrschaft des Klerus** über die staatlichen Institutionen als auch die **Scharia** als Fundament des Rechtswesens festgeschrieben. Nur recht vage spiegelt ihr Text jedoch die ungeheure Macht wider, die der Rahbar – seit Khomeinis Tod 1989 hat **Ali Khamenei** dieses Amt inne – im Land ausübt. Auf dem Papier besitzt er die politische Richtlinienkompetenz und hat bei allen entsprechenden Fragen das letzte Wort. Er ernennt den Chef der Justiz, die Kommandeure sowohl der Streit- und Sicherheitskräfte als auch der Revolutionsgarden, zudem den Chef von Radio und Fernsehen und zwei zentrale Räte, von denen im Folgenden die Rede sein wird. In der Praxis heißt dies: Sein Einfluss reicht in alle Instanzen der Republik, auch in Ministerien, Gerichte, Stiftungen.

Ruhollah Khomeini wacht, wie hier in Isfahan, vielerorts über den öffentlichen Raum

Wirtschaft, Staatsstruktur und aktuelle Politik

Als ein in gewissem Sinne republikanisch-demokratisches Gegengewicht zu dieser uneingeschränkten Machtposition fungiert das **Parlament** (pers. Majlis). Es wird alle vier Jahre direkt vom Volk gewählt und hat 290 Sitze. Seine Hauptaufgabe besteht darin, von der Regierung veranlasste Gesetze auszuarbeiten oder selbst die Initiative für neue zu ergreifen. Seine Abgeordneten sind nicht, wie im Westen üblich, in Parteien organisiert, sondern sprechen de facto nur für sich selbst. Allerdings sind sie in Fraktionsgemeinschaften zusammengeschlossen. Diese firmieren unter den Kategorien »Prinzipientreue«, »kritische Konservative« und »Reformer«. Zudem existieren parteiähnliche Bündnisse. Die größten heißen »Islamische Gesellschaft der Ingenieure« (traditionalistische Rechte, gegründet 1988), »Partizipationsfront des islamischen Iran« (Reformlager, seit 1997), »Partei des nationalen Vertrauens« (reformistisch, 2005 von Mehdi Karroubi gegründet) und »Partei des Wiederaufbaus« (konservativ-pragmatisch, seit 1996). Keine stellt die Verfassung, das islamische Fundament des Staates prinzipiell infrage.

Das Volk wählt neben dem Parlament ebenfalls alle vier Jahre auch den Staatspräsidenten (der maximal zwei Perioden amtieren darf), und alle acht Jahre den **Expertenrat**. Letzterer besteht aus 86 Geistlichen, die unter anderem den Revolutionsführer auf Lebenszeit wählen, kontrollieren und (theoretisch) auch seines Amtes entheben können, wenn er die Voraussetzungen dafür nicht mehr erfüllt.

Der **Präsident,** seit 2013 Hassan Rouhani, steht der Regierung vor, deren Kabinett er ernennt. Er leitet die Exekutive, repräsentiert den Staat nach außen und unterzeichnet internationale Verträge. Seine faktische Macht ist dennoch beschränkt, da der Rahbar in allem die finale Entscheidung trifft.

Das Parlament hat ein Grundsatzproblem: Es kann nach den Gesetzen des Gottesstaates letzten Endes nicht die Gesamtheit des Volkes repräsentieren. Denn nicht das Volk, die Nation, sondern nur Gott ist souverän. Deshalb stellte man dem Parlament ein weiteres, nur durch sich selbst ermächtigtes Gremium zur Seite, das diese von Menschen geschaffene und von unterschiedlichen Interessen und Ideologien beeinflusste Volksvertretung kontrolliert. Der **Wächterrat** setzt sich aus 12 Personen zusammen – sechs geistlichen, vom Obersten Führer berufenen Rechtsgelehrten, und sechs weltlichen Juristen. Gemeinsam bestimmen sie, welche Kandidaten für die Parlaments- und Präsidentschaftswahlen eine Zulassung erhalten. 2017, im Vorfeld zu Rouhanis Wiederwahl, erklärten sie 1494 der über 1500 angemeldeten Bewerber für nicht glaubens- und verfassungskonform und somit ungeeignet, woraufhin diese ausschieden.

Und schließlich gibt es noch den 35-köpfigen, vom Rahbar ernannten Feststellungs- oder **Schlichtungsrat**. Er vermittelt im Streitfall zwischen Regierungsinstitutionen und sorgt dafür, dass die langfristigen »Interessen des Systems« bei jeder Entscheidung unter allen Umständen gewahrt bleiben.

Religiöse Stiftungen

Etwa ein Drittel des volkswirtschaftlichen Volumens verwalten die **Bonyads,** halbstaatliche religiöse Stiftungen. Ein Teil davon wurde schon vor Jahrhunderten zum Erhalt von Moscheen und angeschlossenen gemeinnützigen Einrichtungen wie Koranschulen, Spitälern, Armenküchen und -herbergen gegründet. Andere entstanden erst nach der Revolution, meist durch Zusammenlegung von enteignetem Großgrundbesitz oder Industriebetrieben. Auch in der Pahlevi-Ära wurden etliche Bonyads geschaffen, die teils als schwarze Kassen der Eliten fungierten. Bekannt war etwa die Bonyad-e Farhang-e Iran, eine von Farah Diba ins Leben gerufene Stiftung zur Förderung der persischen Sprache, Kunst und Kultur.

Unabhängig von ihrer Genese dienen die religiösen Stiftungen vorrangig der allgemeinen Wohlfahrt und karitativen Zwecken. Mittlerweile haben sie sich jedoch längst auch zu wirtschaftlichen und politischen Machtfaktoren entwickelt. Zum Teil handelt es sich dabei um riesige Firmenkonglomerate, die in Industrie, Tourismus und Landwirtschaft tätig sind und Schlüsselbranchen wie Petrochemie, Baugeschäft, Transportwesen dominieren.

Bonyad-e Mostazafan etwa, die aus der Pahlevi-Stiftung und anderem konfiszierten Privatvermögen hervorgegangene »Stiftung der Entrechteten und Kriegsveteranen«, umfasst Aberhunderte Firmen und Fabriken. Sie steht hinter der National Iranian Oil Company und, wie das Gros der insgesamt 120 Bonyads, den Revolutionswächtern nahe. Aus ihren Reihen stammen viele hohe Beamte.

Die Stiftung **Astan-e Qods-e Razavi** wiederum, seit mehr als 1000 Jahren für die Verwaltung des Schreins in Mashhad zuständig und durch Spenden finanziert, ist größter Grundbesitzer des Landes, unterhält aber auch unzählige Betriebe, Banken, Ladenketten, Hotels, Medienhäuser, Museen sowie die Teheraner Busgesellschaft. In den frühen 1990er-Jahren gehörte ihr, bis der US-Senat dem Getränkemulti aus Atlanta das Joint Venture verbot, die einzige Abfüllanlage für Coca-Cola im Land. Diese stand ausgerechnet auf dem geweihten Boden der Pilgerstadt Mashhad. In jener Zeit tauchte die Holding sogar in der berühmten Liste der 500 weltweit umsatzstärksten Firmen des US-amerikanischen »Forbes Magazine« auf. Gegenwärtig beschäftigt sie etwa 200 000 Menschen und verzeichnet einen Jahresumsatz von geschätzten 14 Mrd. Dollar – rund 5 % des Staatsbudgets.

Diese beiden Großkonzerne sind jeglicher Kontrolle durch die Öffentlichkeit entzogen. Sie unterstehen direkt dem Obersten Geistigen Führer. Ihre Gelder sind frei verfügbare Manövriermasse im politischen Spiel.

Entwicklungen in jüngerer Zeit

Aufbruchstimmung nach Khomeinis Tod

Die oft gestellte Frage, wohin solch quecksilbrige Umstände Iran mittelfristig politisch und wirtschaftlich führen, ist seriös kaum zu beantworten. Ein Land von der Einwohnerzahl Deutschlands, mit enormem Potenzial an Rohstoffen und kompetenten Köpfen – »das derzeitige Filetstück der Weltwirtschaft« nannte es, von einer Erkundungsmission zurückgekehrt, 2016 ein deutscher Konzernchef. Er hatte wohl auch den hohen Nachholbedarf im Blick und die Tatsache, dass die Marktanteile im Land völlig neu zu verteilen sind.

Andererseits warten die Iraner nun schon seit Jahrzehnten auf einen nachhaltigen Aufschwung. Die Wirtschaft schwächelte schon vor den Sanktionen: Eine verkrustete Bürokratie, Korruption, die starke Abhängigkeit vom Ölexport lähmen sie seit Jahrzehnten. Durch die Revolution verlor das Land seine Eliten, Hunderttausende emigrierten in die USA, nach Kanada, Deutschland, Schweden … Dann kam die Katastrophe des Irak-Krieges.

Nach seinem Ende und Khomeinis Tod 1989 ging es unter Präsident **Akbar Hashemi Rafsandjani** zunächst um die möglichst rasche Reduktion des hohen Bevölkerungszuwachses von fast 4 % pro Jahr sowie den (Wieder-)Aufbau der Infrastruktur. Beides gelang erstaunlich gut. Die Geburtenrate liegt mittlerweile bei mitteleuropäischen 1,3 % und das Land ist fast flächendeckend mit Elektrizität, Wasserleitungen, Telefonanschlüssen und asphaltierten Straßen versorgt. Auch die medizinische Basisbetreuung und die schulische Bildung sind gesichert. Unter den jungen Leuten gibt es so gut wie keine Analphabeten mehr. 60 % aller Studenten an den Universitäten sind weiblich. Fast 22 % aller Staatsausgaben wendet Iran für den Bildungssektor auf, womit er im einschlägigen Ranking unter allen UN-Mitgliedsstaaten Rang fünf einnimmt … Fakten, die zumindest das plumpe Klischee vom »mittelalterlichen Mullah-Staat« Lügen strafen.

Als dann 1997 überraschend **Mohammad Khatami** mit fast 70 % der Stimmen zum Präsidenten gewählt wurde, schien der ersehnte Moment des Aufbruchs gekommen. Der Geistliche, für iranische Verhältnisse ein Liberaler, sprach, bis dato unerhört, von Rechtsstaatlichkeit und Demokratisierung, Gedankenfreiheit, Menschenrechten, der Gleichheit der Geschlechter. Er baute Brücken, vor allem auch Richtung Westen, öffnete die Fenster zur Welt und die Herzen der Menschen.

Wirtschaft, Staatsstruktur und aktuelle Politik

Enttäuschte Hoffnungen

Doch der Rückschlag folgte auf dem Fuß. Zwar wurde Khatami 2001 wiedergewählt. Doch seine Widersacher, Hardliner, kämpften gegen alles an, was in ihren Augen kulturelle Verwestlichung bedeutete. Sie hintertrieben Khatamis Vorhaben, ließen Zeitungen schließen, Gesetzespläne abschmettern, Oppositionelle und Intellektuelle verprügeln, inhaftieren, ermorden.

2004 wurde, auch weil viele enttäuschte Iraner den Urnen fernblieben, **Mahmud Ahmadinejad** Präsident, Teherans bisheriger Bürgermeister. Seine Wahlversprechen, Kampf gegen Armut, Korruption und Arbeitslosigkeit sowie für eine gerechtere Verteilung der Erdöleinnahmen, klangen verführerisch, waren aber unfinanzierbar. In Ahmadinejads Amtszeit stagnierte das Wirtschaftswachstum, stieg die Inflation auf 40 %, sank der Wert der Währung weiter dramatisch. Nur die Vetternwirtschaft erreichte eine neue Blüte.

Zugleich gefiel sich Ahmadinejad, ein Bauingenieur, aus einfachen Verhältnissen stammend, als Mitglied der Revolutionsgarden im Irak-Krieg sozialisiert, auf dem internationalen Parkett in der Rolle des rüpelhaften Provokateurs. Er moralisierte vor den Vereinten Nationen, verunglimpfte Israel noch vehementer als ohnedies üblich, solidarisierte sich mit Holocaust-Leugnern und spaltete das eigene Volk, das sich in zunehmendem Maß für seinen Präsidenten fremdschämte.

Als 2009 Massenkundgebungen gegen seine vermutlich gefälschte Wiederwahl stattfanden, wurden die Anhänger dieser »Grünen Bewegung« brutal niedergeknüppelt und ihre Protagonisten unter Hausarrest gestellt. Zugleich befeuerte man unter Missachtung völkerrechtlicher Verpflichtungen das Atomprogramm. Mit dem Resultat, dass die internationale Staatengemeinschaft Iran, auch aus Sorge vor einem nuklearen Wettrüsten im ohnedies instabilen Mittleren Osten, mit Sanktionen belegte und das Land, weitgehend isoliert, an den Rand des Ruins schlitterte.

Die Obrigkeit lässt keine Gelegenheit ungenutzt, das Volk zur Loyalität zu mahnen

Entwicklungen in jüngerer Zeit

Die Ära Rouhani

2013 schwang dann das Pendel der Wählergunst ein weiteres Mal in die Gegenrichtung, wurde **Hassan Rouhani** Präsident. Mit Ahmadinejad als Galionsfigur hatte die zweite Generation der Revolution, vor allem aus den Reihen der Pasdaran (Revolutionsgarde), die Herrschaft ergriffen und sich dabei sehr machtbewusst mit der alten Elite, den Klerikern, und sogar mit Khamenei selbst überworfen. Für ihre radikale Politik mobilisierten sie insbesondere die Hezbollahis, islamistische Extremisten aus der untersten urbanen Schicht, die, über Jahrzehnte von Scharfmachern aus dem Sicherheitsapparat gefördert, fanatisch gegen alles »Westliche« agitieren, für das Regime die Schmutzarbeit verrichten und viele Menschenrechtsverletzungen zu verantworten haben.

Auf Rouhani hingegen ruhten nun die Hoffnungen vor allem der Jugend und Frauen, der urbanen Mittelschicht, die eine offene Gesellschaft und Normalisierung im Verhältnis zur Außenwelt herbeisehnen. Rouhani, der als schiitischer Rechtsgelehrter und Weggefährte Khomeinis selbst dem innersten Kreis des Systems entstammt, gilt aus iranischer Sicht als moderater Reformer. Während seine innenpolitischen Gegner in der Führung des Staates ein fortgesetztes revolutionär-islamisches Projekt sehen, ist Rouhani bestrebt, Iran Schritt für Schritt zu einem Rechtsstaat zu reformieren. Demokratisierung und Stärkung der Rechtsstaatlichkeit hatte er denn auch schon vor seiner Wahl als zentrales Vorhaben eigens in einer »Bürgerrechtscharta« dargelegt.

Rouhanis mit Abstand größter Erfolg in der ersten Amtszeit war die Lösung im lähmenden Streit um die Atomfrage – der im Juli 2015 in Wien zwischen Vertretern der ständigen Mitglieder im UN-Sicherheitsrat und der EU geschlossene **Atomdeal**. Schon gleich nach seiner Wahl war es ihm und seinem Team gelungen, dem Land mit einer Charmeoffensive nach außen ein freundlicheres, verbindlicheres Gesicht zu verleihen. Durch das Abkommen, das Einlenken auf einen Kompromiss, befreite er Iran nun weitgehend von dem beschämenden Status eines Paria-Staates, gab seinen Landsleuten Stolz und Selbstachtung zurück. Zusätzlich stieg das Ansehen des Landes in jener Zeit dank seiner Rolle im Kampf gegen die dschihadistische Terrororganisation »Islamischer Staat«, den IS/Daesh – als starker Nationalstaat und Anker der Stabilität in einer von Syrien und dem Irak bis Afghanistan in Chaos versinkenden Region.

Die Hoffnung auf einen wirtschaftlichen Aufschwung infolge des Atomdeals erfüllte sich in den folgenden Jahren aber kaum. Zwar gelang es, die Inflation zu drosseln und mit einigen westlichen Konzernen, Ölmultis, Flugzeug- und Autoherstellern vor allem, Verträge zu unterzeichnen. Doch bei der breiten Bevölkerung kam davon bislang wenig an. Arbeitslosigkeit und Armut (und übrigens auch die horrend hohe Zahl an Hinrichtungen) sind nicht gesunken. Auch blieb die ökonomische Macht der Revolutionsgarden unangetastet.

Zudem zögern europäische Investoren aufgrund nach wie vor bestehender rechtlicher Grauzonen größere Engagements hinaus, hapert es aufgrund von Blockierungen durch die US-amerikanische Bankenaufsicht weiterhin bei Kredithaftungen und im Geldverkehr. Zudem droht neues Ungemach in Person von US-Präsident Donald Trump, der im Herbst 2017 an den Grundfesten des Atomdeals zu rütteln begann.

Und schließlich zeigt sich Iran auch unverändert in den mittelöstlichen Knäuel divergierender Ideologien und Interessen verstrickt. Im Ringen mit dem sunnitischen Erzrivalen Saudi-Arabien um die religiöse Deutungshoheit und, mehr noch, um die machtpolitische Hegemonie in der Region sind Irans Soldaten und Militärberater weiterhin stellvertretend an etlichen Fronten aktiv, zuvorderst in Syrien, dem Irak und wohl auch im Jemen.

All diesen ernüchternden Fakten zum Trotz konnten die Pragmatiker und Reformer auch bei der Parlamentswahl 2016 massiv an Stimmen zulegen. Bei den Präsidentenwahlen im Mai 2017 wurde Hassan Rouhani im Amt bestätigt. Die Situation scheint, wie so oft im Iran, nicht einfach, doch die Chance auf allmählichen Wandel und eine hellere Zukunft ist greifbarer denn je.

Geschichte im Überblick

Als Drehscheibe zwischen Ost und West durchlebte Iran in seiner vieltausendjährigen Geschichte viele Höhen und Tiefen. Frühe Hochkulturen und antike Großreiche, machtvolle Dynastien in Mittelalter und Neuzeit schufen einen glanzvollen Geisteskosmos. Invasoren, innere Konflikte und nicht zuletzt Einmischungen aus dem Westen hinterließen tiefe Narben. Das Ergebnis: ein Erbe, so widersprüchlich wie reich – jedenfalls ungemein faszinierend.

Vor- und Frühgeschichte

Die ältesten bekannten Siedlungsreste auf dem Gebiet des heutigen Iran reichen ins 8. Jt. v. Chr. zurück, als die Menschen im Zuge der neolithischen Revolution im »Fruchtbaren Halbmond« von Nomaden zu sesshaften Bauern wurden.

Als ab dem frühen 4. Jt. in ganz Mesopotamien ein Prozess der Urbanisierung einsetzte, bildete sich bald auch in der Provinz Khuzestan eine städtische Hochkultur heraus. Treibende Kraft war das Volk der **Elamiter,** deren Hauptstadt **Susa** sich alsbald zum überregionalen Handelsknotenpunkt entwickelte und Kontakte über Dilmun (heute Bahrain) und Magan (Oman) bis an den Indus und in die Gegenrichtung bis nach Zentralanatolien und an die levantinische Mittelmeerküste unterhielt. **Elam** war spätestens ab 2700 v. Chr. ein kompaktes, von einer Erbdynastie regiertes Reich. Über die fruchtbare Tiefebene hinaus umfasste es auch weite Teile des angrenzenden Gebirgsplateaus, genannt Elymais. Dieses Reich hatte in peripheren Zonen bis Mitte des 6. Jhs. v. Chr. Bestand und erlebt seine höchste Blüte ab dem 18. Jh. unter der Dynastie der Epartiten, die der Nachwelt unter anderem die Zikkurat von Chogha Zanbil hinterließ.

Das Verhältnis der Elamiter zu ihren Nachbarn am Unterlauf von Euphrat und Tigris, allen voran den **Sumerern,** Babyloniern und später den Assyrern, war gespalten. Einerseits übernahmen sie von ihnen wichtige kulturelle Errungenschaften wie die Keilschrift, die Sprache, Götterbilder und Tempelarchitektur. Andererseits führten sie mit ihnen häufig Kriege. Der Erzfeind waren die **Babylonier,** deren König Nebukadnezar I. Susa um 1100 zerstörte. Endgültig ausgelöscht wurde der zwischendurch nochmals auferstandene, neuelamitische Staat 646 v. Chr. durch die gefürchtete, weil berittene Armee der **Assyrer.**

Inzwischen waren jedoch aus den Weiten Zentralasiens zwei Reitervölker indogermanischen Ursprungs in das iranische Hochland eingedrungen, die in dessen weiterer Geschichte eine zentrale Rolle spielen sollten.

Das Alte Persien

Das Weltreich der Achämeniden

Meder und Perser ließen sich anfänglich im Gebiet südlich des Orumiyeh-Sees nieder. Bald jedoch wichen sie dem assyrischen Druck Richtung Südosten aus. Während sich die medischen Stämme im nördlichen Zagros-Gebirge im Laufe des 7. Jhs. zu einem Staat zusammenschlossen und nach dem Sieg über die Assyrer in **Ekbatana,** dem heutigen Hamadan, eine glanzvolle Metropole schufen, verblieben die **Perser** in ihrer neuen Heimat, der Parsa (heutige Provinz Fars) in der Position von Vasallen. Das Blatt wendete sich freilich binnen weniger

Das Alte Persien

Jahrzehnte. Bald organisierten auch sie sich zu einem größeren Verband und begannen sich aus der Vormundschaft zu lösen. Um 559 v. Chr. bestieg mit **Kyros II.** (auch Kyros der Große, um 590–530) jener König den persischen Thron, der in kürzester Zeit das erste Weltreich der Menschheitsgeschichte formen sollte. Mit den Babyloniern als Bündnispartnern schlug er 550 v. Chr. in der Schlacht bei Pasargadae das Heer des Mederkönigs Astyages, besetzte dessen Territorien, nahm Ekbatana ein und installierte ein Doppelkönigtum mit den ehemaligen, nun unterworfenen Herren als zweitem Staatsvolk. Kyros erweiterte sein Herrschaftsgebiet rasant, unterwarf zunächst in Kleinasien die Lyder und auch die griechischen Küstenstädte. Im Anschluss eroberte er das ehemals verbündete Neubabylonische Reich, ließ sich auch zu dessen König krönen, und herrschte nunmehr in Personalunion über drei Reiche. Indem er die von Nebukadnezar aus Jerusalem an den Euphrat verschleppten Juden aus ihrer »Babylonischen Gefangenschaft« befreite, machte er sich für alle Zeiten zum Helden auch des jüdischen Volkes.

Schließlich wandte sich Kyros dem Nordosten zu. Von dort bedrohten latent Steppennomaden – Saken, Skythen und Massageten – das Reich. Es gelang ihm, die Grenze bis an den Jaxartes, den heutigen Syrdarya in Usbekistan, zu verschieben und durch eine Festungskette zu sichern. Allerdings fiel er um 530 im Kampf. Rückblickend besticht vielleicht mehr noch als sein militärstrategisches Genie seine Weitsicht als ziviler Führer. Kyros behandelte unterworfene Völker mehrheitlich milde, plünderte ihre Städte nicht, ließ einheimische Strukturen in Justiz und Verwaltung bestehen und zeigte sich anderen Religionen gegenüber tolerant.

Iraner verweisen in diesem Zusammenhang stolz auf den **Kyros-Zylinder.** In den Ton dieses als »erste Charta der Menschenrechte« gerühmten, heute im Londoner British Museum aufbewahrten Keilschrift-Dokuments ließ der König nach seinem Einzug in Babylon jenen bahnbrechenden Erlass einritzen, mit dem er die Befreiung der Sklaven, die Gleichheit der Rassen und das Recht aller Untertanen auf freie Religionsausübung festschrieb.

Kyros' Sohn und Nachfolger, **Kambyses II.** (um 558–522), fügte dem jungen Riesenreich Ägypten hinzu. Nach seinem Tod 522 v. Chr. brachen Erbfolgestreitigkeiten aus, die ein entfernter Verwandter, **Darius I.** (549–486), für sich entschied. Unter ihm, der die eigentliche Dynastie der Achämeniden begründete, erreichte das Persische Imperium seine größte Ausdehnung. Nach Abschluss diverser Militäraktionen erstreckte es sich, zentral über 20 Satrapien, Provinzen, verwaltet, vom Indus bis an die Donau und vom Kaukasus bis nach Äthiopien. Seine Wirtschaft blühte dank Intensivierung von Landwirtschaft und Handelsverkehr. Berühmt war das ausgeklügelte Verkehrs- und Nachrichtenwesen mit der 2100 km langen »Königsstraße« von Sardes nach Susa als Nabelschnur. Auch unter Darius herrschten Glaubensfreiheit und Multikulturalität. Prägend war der damalige Dauerkonflikt mit den Griechen. Die »Perserkriege« endeten, nachdem **Xerxes I.** (519–465) seinen Vater auf dem Thron beerbt hatte, nach einem 50-jährigen Auf und Ab von Siegen und Niederlagen – in Marathon, Salamis, am Thermopylen-Pass, in Athen – in einem Patt. Damit war die Expansion der Perser Richtung Westen dauerhaft gestoppt, zugleich aber auch ein folgenreiches Klischee geboren: Europa hatte die »demokratische Freiheit« gegen die »asiatische Despotie« verteidigt – ein Grundmotiv des abendländischen Denkens, das bis heute fortwirkt.

Alexander der Große

Das Ende des Achämenidenreichs besiegelte ein anderer »Grieche«: der junge mazedonische König **Alexander** (356–323). Vorgeblich um Rache für Xerxes' Griechenlandfeldzug zu nehmen und Kleinasien vom Perserjoch zu befreien, führte er seine Armee gen Osten, siegte am Granikos, bei Issos und 331 v. Chr. in der Hauptschlacht gegen Darius III. bei Gaugamela und zog anschließend bis nach Nordindien weiter. Insgesamt acht Jahre dauerte sein beispielloser Feldzug. Er bedeutete für ganz Vorder- und Zentralasien nicht nur eine machtpolitische, sondern auch geistesgeschichtliche Zäsur. Denn in seinem Gefolge, durch die Stadtgründungen und den Zuzug seiner Landsleute, wurde die griechische Kultur weit nach Osten getragen. Hellenische Lebensart infiltrierte die bis dahin persisch geprägten Völker. Zugleich rückte das iranische Hochland aus dem Scheinwerferlicht der Weltgeschichte, das künftig vorrangig den Mittelmeerraum von Pergamon über Alexandria bis Rom illuminierte.

Parther und Sassaniden

Nach Alexanders Tod 323 v. Chr. teilten drei seiner Feldherren, die Diadochen, das Reich unter sich auf. Persiens Satrapien fielen nach heftigen Kämpfen für 50 Jahre an Seleukos Nikator und dessen Nachfahren, die **Seleukiden.**

Ab etwa 250 v. Chr. änderte sich die politische Großwetterlage erneut: Das iranischstämmige Reitervolk der **Parther,** ursprünglich zwischen Kaspischem Meer und Aralsee beheimatet, begründete ein Königreich. Von seiner am Euphrat errichteten Hauptstadt **Ktesiphon** aus erkämpfte es sich rasch ein Imperium. Es reichte von Syrien bis fast an den Indus, vom Schwarzen bis zum Arabischen Meer und bestand fast 500 Jahre lang. In die Geschichte ging es vor allem als Garant für den großräumigen Austausch von Gütern und geistigen Inhalten zwischen Asien und Europa über die damals entstehende Seidenstraße ein. Für die Römer war es der Rivale und Angstgegner im Osten, mit dem man permanent Kriege um die Vorherrschaft über Vorderasien ausfocht.

In den urbanen Zentren des Partherreichs lebte der Hellenismus fort. Seine Eliten pflegten das als fortschrittlich empfundene »europäische« Erbe. Anders die verarmten Massen auf dem Land: Sie blieben von allen Neuerungen unberührt, fühlten sich abgehängt. In einer Phase besonderer Bedrängnis von außen durch Rom und, im Nordosten, durch das Reich von Kuschan, kam es zur Rebellion. Die Aufständischen forderten Rückbesinnung auf die eigenen, altpersischen Wurzeln und Widerstand gegen den Einfluss des Westens. Ihr Anführer **Ardashir,** ein Fürst aus der Persis, besiegte 224 n. Chr. den letzten Partherkönig und begründete die Dynastie der **Sassaniden.**

Investitur in Taq-e Bostan: Ahura Mazda überreicht Ardashir II. den Ring der Macht

Auch deren Imperium existierte mehr als 400 Jahre und war immens. Mit seinen Nachbarn im Westen – erst Rom, dann Byzanz – lag es im Dauerclinch. Zugleich musste es seine Nordostgrenze gegen einen neuen, aggressiven Gegner verteidigen: die Hephthaliten.

Das Neupersische Reich erwies sich als sehr stabil und wirtschaftlich potent. Daran änderten auch die heftigen Erschütterungen nichts, die die religiös-revolutionären Volksbewegungen der Sozialrebellen Mani und Mazdak auslösten. Seine Herrscher inszenierten sich als Verwalter des achaimenidischen Erbes. Persien wieder zu alter Größe zu führen und den eigenen dynastischen Machtanspruch zu festigen: Diesem Ziel dienten die vielen Felsreliefs und Inschriften, die Stadtgründungen und die Erhebung des Zoroastrismus zu einer Art Staatsreligion, durch die sie sich göttlich legitimierten. Zugleich sorgten eine straffe, zentralistische Verwaltung, die starke Armee und der – mithilfe römischer Kriegsgefangener vorangetriebene – Ausbau der Infrastruktur für das Prosperieren des Staates.

Eine Blütezeit erlebte das Sassanidenreich unter **Chosrau I.** (531–579), dem großen Gegenspieler des in Konstantinopel residierenden Kaisers Justinian. Unter ihm war Ktesiphon geistige Hauptstadt der Welt. Doch nur 50 Jahre später führten der Kräfteverschleiß durch die Römerkriege und die soziale Erstarrung durch ein hierarchisches Kastensystem zum Ende. Arabische Beduinen besiegten, befeuert durch einen neuen Glauben, 637 bei Qadisiya und endgültig 642 bei Nehawend die Truppen **Yazdegerds III.** und übernahmen die Macht.

Persien im Mittelalter

Islamisierung

Das Eindringen des Islam führte zu starken Verwerfungen im Sozialgefüge. Die vielen Privilegien, die sich die arabischen Eroberer als schmale Herrenschicht herausnahmen, die harsche Besteuerung der nicht-muslimischen Untertanen und deren Gefühl, die eigene, iranische kulturelle Identität sei durch die Zweiklassengesellschaft bedroht, provozierten immer wieder Aufstände. Ganz abgesehen davon, dass die brutale (Religions-)Politik der neuen Erbmonarchen, der **Omajjaden** in Damaskus (661–750), unumkehrbar die Weichen für die künftige Spaltung der Muslime in Sunniten und Schiiten stellte (s. Thema S. 50). Immerhin beließen die Araber die bewährten einheimischen Verwalter im Amt. Auch ihre Sprache durften die Perser behalten. Die Islamisierung vollzog sich nur allmählich und weitgehend ohne Feuer und Schwert.

Als dann 750 die Omajjaden gestürzt wurden und die Dynastie der **Abbasiden** (750–1258) das Ruder übernahm, erhielt das riesige Reich ein straffes juristisches und administratives Korsett. Es wurde zum zentralistisch gelenkten Staat, in dem das urislamische Postulat der Gleichheit aller Gläubigen und altiranische Traditionen verstärkt Geltung hatten. Die Verlegung des Kalifats Richtung Osten, nach Bagdad, signalisierte auch äußerlich: Der Islam wurde von einer arabischen zur universalen Religion, offen auch gegenüber geistigen Einflüssen aus Zentralasien, Indien und China.

Seldschuken und Mongolen

Eine unter anderen Vorzeichen ähnliche dramatische Zäsur bedeutete, rund 300 Jahre später, die Übernahme der Herrschaft über Persien durch die **Seldschuken** (1040–1197). In der Zwischenzeit hatte Vorderasien turbulente Zeiten durchlebt. Bürgerkriegsähnliche Zustände in Bagdad hatten das Kalifat derart geschwächt, dass zunehmend regionale Dynastien das Vakuum füllten. So machten sich schon im 9. Jh. im Südosten die **Saffariden** (861–1003) de facto unabhängig. Weit im Nordosten regierten die **Samaniden** (819–1005), deren Hauptstadt Buchara rasch zum Epizentrum persischer Geistigkeit aufstieg, wo Universalgelehrte wie Avicenna, al-Biruni oder der Dichter Firdausi wirkten und die »neupersische Renaissance« ihren Anfang nahm. Im heutigen Afghanistan errichteten gleichzeitig die **Ghaznawiden** (977–1186) ein Reich. Und im Nord-

Geschichte im Überblick

westen rafften, von ihrer Bergheimat nahe der Kaspi-Küste ausgehend, die schiitischen **Buyiden** (930–1062) ein Großreich zusammen, um schließlich sogar Bagdad einzunehmen.

Die turkstämmigen, schon in ihrer Heimat Turkestan islamisierten Seldschuken räumten dann mit der Zersplitterung auf. Auch wenn ihr Großreich schon ab 1092 wieder sukzessive zerfiel, bewirkten sie doch Entscheidendes: Zum einen befreiten sie den Kalifen in Bagdad von den »ketzerischen« Buyiden und wiesen das expandierende Schiitentum so für Jahrhunderte in die Schranken. Zum anderen sicherten sich ihre Herrscher, indem sie den Titel eines Sultans annahmen, als Gegenpol zum Kalifen die weltliche Befehlsgewalt. Dadurch führten sie in der sunnitischen Welt dauerhaft die Zweiteilung der Machtsphären ein. Außerdem leiteten sie nach ihrem triumphalen Sieg über die Byzantiner (1071 bei Manzikert) die türkische Besiedlung Anatoliens ein.

Äußerst zwiespältig fällt die Bilanz für die Eroberer aus, die das Gebiet des heutigen Iran im 13. und 14. Jh. heimsuchten: Die **Mongolen** unter **Dschingis Khan** (um 1162–1227) und unter seinem Enkel **Hülägü** (1218–1265) brachten Tod und Zerstörung, ebenso wie **Timur** alias Tamerlan (1336–1405). Uralte Kulturstädte wurden dem Erdboden gleichgemacht, ganze Regionen entvölkert. Paradoxerweise verwandelten sich die Schlächter jedoch, betört von der überlegenen Kultur der Besiegten, rasch in kunstsinnige Mäzene.

So schufen die mongolischen **Ilkhaniden** in Tabriz, Maragheh und Soltaniyeh prachtvolle Residenzstädte. Zugleich sorgten sie mit eiserner Hand asienweit für stabile politische Verhältnisse. Die »Pax Mongolica« garantierte den Fernkarawanen zwischen China, Orient und dem Mittelmeer sicheres Geleit. Und Dschingis Khan war es, der die berühmt-berüchtigten Assassinen in ihren Adlerhorsten im Elburs-Gebirge endlich dingfest machte.

Auch Timur hinterließ auf seinen Eroberungszügen eine Blutspur, die Welt verdankt ihm aber das Stadtjuwel Samarkand. Und seine Abkömmlinge führten als Großmogul in Nordindien, in Delhi, Agra und Lahore, die Künste in neue, lichte Höhen.

Die Neuzeit

Safawiden

Eine folgenreiche Kehrtwendung vollzog das Land Anfang des 16. Jhs. Den geistigen Grundstein dafür legte schon 200 Jahre zuvor in der entlegenen Stadt Ardebil ein gewisser **Scheich Safi ad-Din** mit der Gründung einer mystischen Bruderschaft. Die Safawiya verstand sich, den egalitären Prinzipien des Urislam verpflichtet, zunächst als rein sozial-religiöse Bewegung. Nach und nach griff sie aber auch ins politische Geschehen ein und vertrat dabei vehement die schiitische Sache.

Als sich kurz nach 1500 ein junger, charismatischer Führer an ihre Spitze stellte, hatte sie sich längst in einen straff organisierten Militärorden verwandelt und bereits ein Jahrhundert des »Heiligen Krieges« gegen die sunnitischen Fürsten der Region hinter sich. Schah **Ismail I.** (1487–1524), das neue Oberhaupt, eroberte südlich des Kaukasus ein stattliches Gebiet inklusive der ehemaligen Mongolenresidenz Tabriz und begründet die Dynastie der Safawiden. Als »König der Könige« brachte er ganz Persien, Mesopotamien und im Osten den Großraum Khorasan unter seine Kontrolle. Die Niederlage bei **Chaldiran** gegen die Osmanen setzte zwar seinem Expansionsdrang Grenzen. Doch deutete er die Schlacht propagandistisch geschickt zu einem für die junge Nation identitätsstiftenden Ereignis um (s. Thema S. 209). In dieselbe Richtung – Abgrenzung nach außen und Gruppenbildung nach innen – zielte auch sein Entschluss, die **Zwölfer-Schia** (s. Thema S. 50) zur **Staatsreligion** des neuen Großreichs zu erheben. Er setzte ihn mit massenhaften Zwangsbekehrungen durch.

Als Lichtgestalt der Safawiden ging Schah **Abbas I.** in die Geschichtsbücher ein. In seiner 42-jährigen Regentschaft entriss er mit einer von Grund auf reorganisierten Armee den Osmanen wie auch Usbeken beträchtliche Gebiete, vertrieb die Portugiesen von Hormuz und knüpfte parallel Kontakte zu den Habsburgern und Zaren. Abbas förderte Wissenschaften, Gewerbe und durch den Bau von Straßen und Hunderten Karawansereien den

Fernhandel. Seine Glanzleistung war die Verwandlung Isfahans in die betörend schöne Metropole, die es noch heute ist.

Afscharen und Zand-Dynastie

Den Sturz der Safawiden bewirkte nach langem, durch Machtkämpfe und inkompetente Könige verursachten Niedergang ein Überfall afghanischer Aufständischer. Sie wurden zwar schon wenige Jahre später von dem Turkmenen-General **Nadir Shah** (1688–1747) vertrieben. Doch auch der von ihm etablierten Dynastie der **Afscharen** (1736–1796) war kein langes Leben beschieden. Während die Nordhälfte des Landes für Jahrzehnte in blutigen Nachfolgekämpfen versank, errichtete im Osten der paschtunische Stamm der Durrani ein unabhängiges Reich, einen Vorläufer Afghanistans.

Der Süden konnte sich, regiert von Shiraz aus durch **Karim Khan Zand** (um 1705–1779), einen Menschenfreund kurdischer Herkunft, wenigstens zweier Jahrzehnte des Friedens und Wohlstands erfreuen.

Qadscharen

Die neuerliche Vereinigung aller Landesteile gelang – mit äußerst brachialen Methoden – erst 1794 **Agha Mohammad** (1742–1797). Er machte Teheran zur Hauptstadt und begründete die Dynastie der Qadscharen, die bis 1925 an der Macht bleiben sollte. Doch fiel er schon kurz danach einem Attentat zum Opfer. So musste er zumindest nicht mitansehen, wie das Land in den Strudel des »Great Game« zwischen Briten und Russen geriet und rasch zum Spielball der beiden Kolonialmächte verkam.

Sein Neffe und Nachfolger, **Fath Ali Shah** (1771–1834), hielt sich zwar 37 Jahre auf dem Thron, verlor jedoch in zwei Kriegen große Gebiete im Nordwesten an Moskau. Obendrein wurde Persien mittels Kapitulationsverträgen in einen unerfüllbaren Schuldendienst gezwungen. Eine heillos inkompetente Staatsführung lähmte das Land im Inneren. Persiens Monarchen des 19. Jhs. erwiesen sich allesamt als lethargisch, nur am Luxusleben interessiert, zugleich despotisch und in höchstem Grade korrupt. Überfällige Reformen etwa von Staats- und Rechtsstrukturen, Finanz- und Bildungswesen wurden konsequent blockiert. Daran vermochte auch ein beherzter Modernisierer wie **Amir Kabir** (1807–1852), der um 1850 erste Ausbilder, moderne Technologien, Unternehmergeist als Europa ins Land holte, letztlich wenig zu ändern. Man enthob ihn seines Amtes und ermordete ihn schließlich.

Als in der Ära **Nasir ad-Dins** (1831–1896) das Volksvermögen in Form von Konzessionen immer schamloser vor allem an die Briten verscherbelt wurden, wuchsen der Hass auf das Herrscherhaus und der Widerstand vonseiten fortschrittlicher Kräfte. 1890 protestierten im Rahmen der »Tabakrevolte« erstmals breite Kreise gegen die untragbaren Feudalverhältnisse, für mehr soziale Gerechtigkeit. In der **Konstitutionellen Revolution** (1905/06) erzwangen sie die Einrichtung eines Parlaments und Verabschiedung einer Verfassung mit bürgerlichen Grundrechten. Doch die Koalition aus Händlern, Geistlichen und Liberalen zerbrach rasch an ihren inneren Widersprüchen. Das Land versank in Anarchie. Briten und Russen teilten es in zwei Einflusssphären. Die Entdeckung erster Erdölquellen weckte zusätzlich Begehrlichkeiten. Im Ersten Weltkrieg war Persien neutral, dennoch fanden auf seinem Staatsgebiet Kampfhandlungen statt, die das Land noch stärker zerrissen und wirtschaftlich ruiniert hinterließen.

Pahlevi-Ära und Revolution

Anfang der 1920er-Jahre übernahm **Reza Khan** (1887–1944) als Kommandeur einer Kosakenbrigade nach einem Staatsstreich in Teheran die Macht. 1925 setzte er die Qadscharen ab, bestieg als **Reza Shah** den Thron und begründet die **Dynastie der Pahlevi**. In der Folge leitete er auf zahlreichen Gebieten tiefgreifende Reformen ein. Er modernisierte das Straf-, Zivil- und Wirtschaftsrecht, führte Grundsteuern, eine medizinische Basisversor-

Geschichte im Überblick

gung, flächendeckende Schulpflicht, auch für Mädchen, ein, förderte Industrie und Handel. Eine Universität wurde gegründet, Schienen und Straßen gebaut und die finanzielle Abhängigkeit vom Ausland vermindert. Viele der zweifellos dringlichen Maßnahmen wurden allerdings autoritär, parteilich und wenig durchdacht forciert. Die radikale Verwestlichung stieß auf Gegenwehr – vor allem beim Klerus, der um Einfluss und Pfründe fürchtete. Zumal Reza Schah, neben der Korruption, den Islam als Hemmschuh der Entwicklung brandmarkte. Für besondere Empörung in konservativen Kreisen sorgte das 1936 erlassene Schleierverbot für Frauen. Die Polarisierung innerhalb der Gesellschaft wuchs, während der Monarch sich als gieriger Autokrat erwies, der sich hemmungslos bereicherte und jeden Widerstand gegen seinen Kurs unerbittlich erstickte.

Im Zweiten Weltkrieg brach ihm seine – angesichts des britischen Imperialismus nicht unverständliche – Sympathie für Deutschland das Genick. Für die Alliierten waren Irans Öl und die Möglichkeit, über sein Territorium die Sowjetarmee mit Waffen zu versorgen, essenziell. Als der Schah die Kooperation verweigerte, zwangen sie ihn, zugunsten seines Sohnes **Mohammad Reza** abzudanken.

Der steuerte das Land auf Westkurs – umso mehr, nachdem die USA die bisherige Rolle der Briten als Hegemonialmacht im Mittleren Osten übernommen hatten. Die **Mossadegh-Krise** um die Frage der Nationalisierung der Ölindustrie (s. Thema S. 266) überstand der Schah nur mithilfe der CIA. Als er Anfang der 1960er-Jahre mit der **»Weißen Revolution«** den Kampf gegen das Analphabetentum und eine Bodenreform gegen den Agrarfeudalismus in Angriff nahm, gelang ihm Letztere nur sehr unzureichend. Die wachsende Opposition gegen sein Regime ließ er von der Geheimpolizei Savak brutal niederhalten.

In den 1970er-Jahren spitzte sich die Lage, geschürt durch die ölpreisbedingte Überhitzung der Wirtschaft und das rapide Anwachsen der sozialen Gegensätze, dramatisch zu. Unter maßgeblichem Einfluss **Ayatollah Khomeinis,** der im französischen Exil lebte, lösten 1978 fundamentalistisch-islamische und sozialrevolutionäre Gruppen Massendemonstrationen aus. Letztere rekrutierten sich vor allem aus Anhängern der sowjetgestützten, kommunistischen Tudeh-Partei. Die Situation eskalierte und führte im Januar 1979 zur Revolution.

Islamische Republik

Der Schah verließ das Land, Khomeini feierte triumphale Rückkehr. Am 1. April wurde die Islamische Republik proklamiert, noch Ende des Jahres eine neue Verfassung verabschiedet. Zwei Jahre lang ging die nunmehr klerikale politische Führung mit größter Härte gegen religiöse und ethnische Minderheiten sowie alle oppositionellen Strömungen vor. Mittlerweile hatte die **»Geiselaffäre«,** die Besetzung der US-Botschaft in Teheran und 444-tägige Geiselnahme ihres Personals, zu einem Tiefpunkt in den Beziehungen zu den USA geführt. Und Saddam Hussein hatte einen Angriff auf Irans ölreichen Südwesten gestartet. Der **Iran-Irak-Krieg** sollte rund 1 Mio. Menschenleben, mehrheitlich iranische, fordern und erst nach acht Jahren in einem Patt enden.

In den 1980er-Jahren verstand sich Iran, so Khomeinis Maxime, als revolutionäres Staatswesen, das der übrigen islamischen Welt im Kampf gegen die Werte und politische Dominanz des Westens den Weg wies. Europa, insbesondere Deutschland, war indessen bemüht, mit dem Regime im Gespräch zu bleiben. Im Rahmen eines »Kritischen Dialogs« versuchte man das Land wieder in die internationale Politik zu integrieren. Das Konzept des Revolutionsexports wurde de facto durch die Vereinbarung eines Waffenstillstands mit dem Irak im August 1988 zu den Akten gelegt. Die vehemente Propaganda gegen die Politik der USA und Israel blieb aber weiterhin unverzichtbarer Bestandteil der ideologischen Selbstdarstellung nach außen und vor allem innen. Die erste, besonders hitzige Phase der postrevolutionären Zeit endete am 3. Juni 1989 mit dem Tod des damals 87-jährigen Revolutionsführers und Republikgründers.

Informationen zur politischen Entwicklung seit den 1990er-Jahren s. S. 35.

Persien oder Iran?

Die Frage stiftet immer noch Verwirrung. In deutschen Landen umso mehr, wenn der als Unwort diskreditierte Begriff »Arier« mit ins Spiel kommt. Dabei lässt sich relativ leicht Licht ins Begriffsdunkel bringen.

Beginnen wir mit dem Wort »Persien«: Es wurzelt im Begriff »Parsa«, mit dem schon in ferner Vergangenheit jenes Gebiet im Südwesten des Hochlands bezeichnet wurde, in dem die Stämme der Parsua zu Hause waren. Die Griechen machten daraus die Persis und Perser und die Araber, die kein »p« kennen, Fars und Farsi – bis heute die Bezeichnungen für die Provinz und die von ihren Bewohnern verbreitete Sprache. Die Europäer tauften später den gesamten von den Persern kulturell und politisch geprägten Großraum Persien oder Persia. Sie übernahmen damit die Perspektive der alten Griechen, für die östlich ihres eigenen Territoriums – auch als Feinde – nur die Perser zählten.

»Iran« hingegen: Dieses Wort steckt in dem archaischen Namen »Aryanam-« oder »Eranshahr«, was so viel wie »Land der Arier«, der »Edlen«, bedeutet. Als »edel« bezeichneten sich Nomaden aus Zentralasien, die vermutlich schon vor 4000 Jahren im Nordwesten des Subkontinents bzw. im Hochland südlich des Kaspischen Meeres einwanderten, nachdem sie sich in zwei Zweige, einen indo- und einen irano-arischen, geteilt hatten.

Mit dem anfänglich also aristokratischen Attribut »arisch« belegten dann viel, viel später Sprachforscher in Europa alle Völker, deren Sprache von der dieser nomadischen Ur-Arier abstammt. Im 19. Jh. deuteten Anthropologen, in Anlehnung an die fatale, vom Iran-Kenner Arthur de Gobineau propagierte Theorie von einer zur Herrschaft berufenen Eliterasse der Arier, den Begriff zu »Angehörigen der nordischen Rasse« um. Bis ihn die Rassenideologen der Nazis schließlich – in abstruser Verkennung seiner eigentlichen Dimension – willkürlich und ruchlos auf die Bedeutung »Nichtjuden« reduzierten. Kein Wunde, dass Linguisten nach dem Krieg das missbrauchte Wort schnellstens durch »indoeuropäisch« ersetzten.

Auf iranischem Boden schien das Wort prominent bereits in der Grabinschrift von Darius I. auf, der sich darin brüstet, »ariya«, »arischer Abstammung«, zu sein. Dem Landesnamen Eran, einem mittelpersischen Wort, verliehen dann die Sassaniden Bedeutung. Sie nutzten ihn als zugleich staatspolitischen, religiösen und ethnischen Begriff, um sich in eine Reihe mit den legendären Vorgängern, den Achämeniden, zu stellen und von den turkstämmigen Bewohnern des Tieflands von Turan im heutigen Nordwestchina abzugrenzen. »König der Könige von Eran und Nicht-Eran« lautete einer ihrer Titel. Nach ihnen verschwand er in der Rumpelkammer der Geschichte, aus der ihn erst Reza Schah wieder hervorholte. Der befahl 1935, dass die Welt ab sofort anstatt des missverständlichen »Persia« auch hochoffiziell, etwa in der Diplomatie, wieder den neuen, uralten Namen Iran zu benutzen habe. Die Maßnahme passte ideal zum nationalistischen Zeitgeist, knüpfte an das vorislamische Erbe an und unterstrich zudem, dass in seinem Staat eben nicht nur Perser, sondern viele Völker ihre Heimat haben.

Zeittafel

3. Jt.	Entstehung des Staates Elam; frühe städtische Zentren wie Susa.
um 2200	Eindringen erster arischer Stämme aus Zentralasien.
um 670	Gründung des Medischen Reiches mit der Hauptstadt Ekbatana.
559–529	Regentschaft von Kyros II., der das altpersische Weltreich begründet.
spätes 6.Jh.	Weitere Expansion und Blüte unter Kambyses II. und Darius I.
500–448	Regierungszeit von Xerxes I.; Krieg zwischen Persern und Griechen.
um 330	Alexander der Große erobert das persische Großreich.
3. Jh.	Hellenisierung Persiens unter den Seleukiden.
247 v.–224 n. Chr.	Reich der Parther; fortwährende Kriege mit Rom.
224–651 n. Chr.	Reich der Sassaniden; Hauptstadt wird Ktesiphon.
636/641	Siege der Araber bei Qadisiya bzw. Nahawand; Iran ist islamisch.
656	Ali wird Vierter Kalif; die Religionsspaltung bahnt sich an.
661	Ermordung Alis; Begründung der Omajjaden-Dynastie in Damaskus.
680	Ermordung von Alis Sohn Hussein bei Kerbela.
749/750	Machtübernahme durch die Abbasiden; Bagdad wird Residenz.
9.–12. Jh.	Diverse Regionaldynastien herrschen über Teile des Iran.
1064–1092	Blütezeit der turkstämmigen Seldschuken.
13. Jh.	Verwüstung durch Dschingis Khan; mongolisches Ilkhaniden-Reich.
1369	Einfall Timurs in Persien; Begründung der Timuriden-Dynastie.
1501–1722	Dynastie der Safawiden; die Zwölfer-Schia wird Staatsreligion.
1587–1629	Regentschaft von Schah Abbas I.; glanzvoller Ausbau von Isfahan.
1736	Nadir vom Stamm der Afschar wird Schah; Indien-Kriegszug.
1750–1794	Von Shiraz aus regiert die Zand-Dynastie über Zentral- und Südiran.

Gründung der Qadscharen-Dynastie; Teheran wird Hauptstadt.	**1794**
Unter Fath Ali Gebietsverluste im Kaukasus an Russland.	**1797–1834**
Unter Nasir ad-Din Abhängigkeit von Russland und Großbritannien.	**1848–1896**
Konstitutionelle Revolution.	**1905/06**
Erste Erdölfunde auf iranischem Boden.	**1908**
Erster Weltkrieg: Besetzung durch russische und britische Truppen.	**1914–1918**
Ende der Qadscharen-Dynastie; Reza Khan besteigt als Reza Shah Pahlevi den Thron; radikale Modernisierungsmaßnahmen.	**1925**
Neuerliche Besetzung Irans; Absetzung von Reza Shah Pahlevi zugunsten seines Sohnes Mohammad Reza Pahlevi.	**1941**
Mossadegh wird Premierminister, verstaatlicht die Ölindustrie und wird gestürzt. Die USA lösen Großbritannien als Schutzmacht ab.	**1951–1953**
»Weiße Revolution«: Widerstand bei Klerus, Liberalen und Linken.	**1963**
Krönung von Mohammad Reza und seiner Frau Farah Diba.	**1967**
Ausbruch von Khomeini aus dem Pariser Exil geschürter Unruhen.	**Anfang 1978**
Intensivierung der Proteste, Flucht des Schah; triumphale Rückkehr Khomeinis; Ausrufung der Islamischen Republik; US-Geiselaffäre.	**1979**
Angriff durch irakische Truppen; Beginn eines achtjährigen Krieges.	**1980**
Endgültige Ausschaltung der inneren Opposition.	**1982**
Am 3. Juni stirbt Khomeini; neuer religiöser Führer wird Ali Khamenei.	**1989**
Wahl Mohammad Khatamis zum Präsidenten.	**Mai 1997**
Mahmud Ahmadinejad wird zum Präsidenten gewählt.	**2005**
Die »Grüne Bewegung« gegen seine Wiederwahl wird brutal erstickt.	**2009**
Einigung im Streit um Irans Nuklearpolitik.	**Juni 2015**
Der 2013 gewählte Präsident Rouhani wird im Amt bestätigt.	**Mai 2017**

Gesellschaft und Alltagskultur

Ein Blick auf die innerhalb seiner Grenzen existierenden Ethnien, Sprachen und Religionen weist Iran als Vielvölkerstaat aus. Facettenreich, jedoch auch sehr widersprüchlich zeigt sich das Land in Hinblick auf die Unterschiede zwischen Stadt- und Landbewohnern, Mann und Frau.

Vielvölkerstaat Iran

Ethnien

Persien, die alte, informell manchmal noch heute gebräuchliche Bezeichnung für das Land, könnte glauben machen, es sei ethnisch homogen. Dem ist ganz und gar nicht so. Zwar stellen die namensgebenden **Perser**, also die Nachfahren der sogenannten Arier indogermanischen Ursprungs, etwa die Hälfte, genau: 51 %, der iranischen Bevölkerung. Das Hochland ist weitgehend von ihnen besiedelt.

Doch die andere Hälfte formt, überwiegend in den grenz- und küstennahen Randzonen zu Hause, eine Art ethnischen Flickenteppich, der Iran zu einem Vielvölkerstaat macht. Die größte Minderheit bilden mit etwa 24 % die im Nordwesten des Landes beheimateten, turkstämmigen **Azeris**, Aserbaidschaner.

Hinzu kommen Volksgruppen wie im Westen die **Kurden** (ca. 7 %) und **Luren** (6 %), an der Golfküste und in Khuzestan die **Araber** (3 %), im Nord- bzw. Südosten die **Turkmenen** und **Belutschen** (jeweils 2 %) und als Anrainer der Kaspi-Küste die **Mazanderanis** und **Gilakis** (zusammen 8 %). Wobei die verfügbaren Zahlen wegen vieler Mischehen und des Mangels an statistisch exakten Daten stark variieren.

Beachtenswert ist, auch als humanitäre Leistung der iranischen Gesellschaft, die hohe Zahl der im Land aufgenommenen Flüchtlinge, vor allem aus dem Irak und aus Afghanistan.

Nomaden

Kenner schätzen, dass etwa 9 Mio. der heutigen Iraner nomadischen Ursprungs sind. Noch unter Reza Schah lag der Anteil der Nomaden an der Gesamtbevölkerung bei etwa einem Viertel. Seither hat der auf Kontrolle und Steuern erpichte Zentralstaat alles Erdenkliche zu ihrer Sesshaftmachung unternommen. Die meisten Nomaden leben inzwischen in Städten. Nur noch knapp 1 Mio. pflegt nach wie vor die ererbte, beschwerliche, aber selbstbestimmte Lebensweise – wandert saisonal zwischen Winterquartieren und Sommerweiden, verdient sich den Lebensunterhalt mit dem Hüten und Verkaufen von Schafen und Ziegen, ein wenig Landwirtschaft und dem Knüpfen von Teppichen, wohnt in der warmen Jahreszeit in den charakteristischen schwarzen Zelten aus wasserabweisendem Ziegenhaar, in der kalten jedoch vielfach schon unter festen Dächern in den Dörfern, und wird jeweils von einem Khan angeführt, der interne Streitigkeiten schlichtet und die Gemeinschaft gegenüber staatlichen Behörden vertritt.

Ihr Alltag ist durch das Eindringen der Moderne – Asphaltstraßen, Medienkonsum, staatliche Subventionierung mittels Lebensmittelkarten und ambulanten Schulunterrichts für die Kinder – etwas komfortabler geworden. Aber auch schwieriger: Der Siedlungsdruck, die Ausbreitung von Städten, Gärten, Agrarland, Verkehrsinfrastruktur schränkt ihren Lebensraum dramatisch ein. Nomaden müssen für Passagen und Zeltplätze zahlen, büßen, mehr und mehr in der Geldwirtschaft verfangen, zunehmend ihre Freiheit ein.

Insgesamt existieren noch knapp 100 größere und 500 kleinere Stammesgemeinschaften. Zu den bekannteren zählen die im Südosten beheimateten Belutschen, die Schahsawan aus dem Grenzgebiet zu Aserbaidschan, die in den Provinzen Luristan und Ilam lebenden Luren und Mamasani, die kurdischen Zafaranlu in Nord-Khorasan und die über verschiedene Regionen verstreuten Afscharen.

Eine der größten und bedeutendsten sind die **Bakthiaren**, deren Stammeskrieger im späten 19. Jh. als Gegner der Qadscharen innenpolitisch über beträchtlichen Einfluss verfügten. Man begegnet ihnen im Spätfrühling oder Herbst im südwestlichen Zagros, wenn sie von den Winterlagern in Khuzestan hinauf zu den Bergweiden westlich von Isfahan, der Provinz Chaqharmahal-va-Bakhtiari, ziehen.

Den zweiten Großverband stellen die turkstämmigen und -sprachigen **Qashqai**. Von ihnen pendeln noch einige Zehntausend zwischen ihren Winterquartieren im Großraum Firuzabad–Kazerun–Dogon Bagan und dem Bergland nordwestlich von Shiraz.

Sprachen

Offizielle, alleinige Amtssprache ist **Neupersisch**. Es wird von ungefähr 58 % der Iraner als Muttersprache gesprochen, allerdings von über 90 % beherrscht oder zumindest verstanden, weil jedes Kind es in der Schule lernt. **Farsi**, so die Eigenbezeichnung, ist eine indogermanische Sprache, die als Dari, gemeinsam mit Paschto, auch im benachbarten Afghanistan sowie, kyrillisch geschrieben, in Tadschikistan Amtssprache ist. In Iran wird es seit der Islamisierung in einer modifizierten, um vier Buchstaben erweiterten Form des arabischen Alphabets geschrieben. Über Lehnwortbildungen ist es stark vom Arabischen beeinflusst.

Neupersisch blickt auf eine mehr als 1000-jährige und somit ungewöhnlich lange Tradition zurück. Als Hochsprache wurde es wesentlich von Firdausi kraft seines »Königsbuches« in eine dauerhafte Form gegossen. Im Mittelalter entwickelte es sich zur bedeutendsten Gelehrten- und Literatursprache der östlichen islamischen Welt, in der auch die großen mystischen Dichter wie Hafis, Saadi und Rumi ihre Werke verfassten. Zudem fand es über Jahrhunderte hinweg als Amts- und Bildungssprache Verwendung, etwa im nordindischen Mogulreich und am Hof der Osmanensultane in Konstantinopel.

Seine Vorgängersprachen sind das **Altpersische**, das, in einer eigenen Form der Keilschrift verfasst, erstmals durch die Felsinschriften der Achämeniden bezeugt ist (s. S. 232), und das **Avestische**, die Sprache des heiligen Buches der Zoroastrier. Aus dem Altpersischen ging in parthischer Zeit das früher ungenau auch als Pahlevi bezeichnete, im Reich der Sassaniden als Amts- und Verkehrssprache gebräuchliche **Mittelpersisch** hervor, und aus diesem nach der Islamisierung das Neupersische. Dieses ist als indogermanische Sprache u. a. mit den Sprachen der Kurden, Bakhtiaren und Luren, der Talyschen, Belutschen, Paschtunen und Anrainer der Kaspi-Küste (Gilaki und Mazandarani) verwandt.

Knapp 30 %, neben den Azeris vor allem die Turkmenen und Qashqai-Nomaden, sprechen **Turksprachen**. **Arabisch** ist im Alltag nur bei den arabischstämmigen Bewohnern des Süd(west)ens in Gebrauch (ca. 2 %), muss aber als geheiligte Sprache des Korans, dies schreibt die Verfassung vor, von allen Kindern in der Schule gelernt werden.

Viele junge und gebildete Iraner, vor allem in den Städten, haben inzwischen zumindest Grundkenntnisse des Englischen.

Die angeführten Zahlen weichen, weil Mehrsprachigkeit für die Iraner selbstverständlich ist und die Zuordnung einzelner Gruppen zu Sprachen Überlappungen ergibt, stark voneinander ab.

Religionen

Iran ist per Verfassung ein islamischer Staat und der **Zwölfer-Schiismus** (s. Thema S. 50) Staatsreligion. Letzterem gehören 90 % der Iraner an. Rund 9 % der Bevölkerung, vor allem Kurden, Turkmenen, Araber und Belutschen, sind **sunnitische Muslime**. Sie gelten offiziell als gleichgestellt, be-

Die Schia – Entstehung und Essenz

Die Schiiten, deren Glaube in Iran seit dem frühen 16. Jh. als Staatsreligion gilt, bilden neben der großen Mehrheit der orthodoxen Sunniten die bedeutsamste Gruppierung innerhalb des Islam. Die Trennung zwischen beiden erfolgte recht unmittelbar nach dem Tod des Propheten und zeitigt bis heute dramatische Konsequenzen.

Die Gründe für die frühe Abspaltung liegen nicht so sehr in unterschiedlichen theologisch-dogmatischen Positionen. Denn auch die Schiiten, die gegenwärtig rund 10 % aller Muslime auf Erden und 90 % aller Iraner stellen, erkennen den Koran als Quelle der göttlichen Offenbarung und die Sunna, die Überlieferung vom Leben und Wirken Mohammeds, als vorbildlich und daher verbindlich an. Auch erachten sie die fünf Säulen des Islam – Glaubensbekenntnis, Gebet, Almosensteuer, Fasten und die Wallfahrt nach Mekka – als heilige Pflicht. Der Konflikt entzündete sich vielmehr daran, welcher Person innerhalb der muslimischen Gemeinde die höchste Autorität zukommen soll.

Während die Sunniten grundsätzlich jeden als Chalifa, Nachfolger oder »Vertreter des Gesandten Gottes«, akzeptierten, sofern er dem Stamm des Propheten angehörte, fromm genug war und die politische Eignung sowie die Kenntnis der religiösen Quellen besaß, halten die Schiiten bis heute ausschließlich Mohammeds Vetter Ali und die leiblichen Nachkommen aus dessen Ehe mit der Prophetentochter Fatima für berechtigt, die Gesamtgemeinde zu leiten. Deshalb bezichtigen die Anhänger der »Partei Alis«, der Schiat Ali, die drei ersten Kalifen und auch die folgenden Herrscher der Omajjaden- und Abbasiden-Dynastie, widerrechtlich die Macht ergriffen bzw. einander vererbt zu haben.

Ihre »Anführer« hingegen, die Imame (nicht zu verwechseln mit dem sunnitischen Verständnis des Imams als Leiter des Gebets und Führer der Moscheegemeinde), verehren sie als unfehlbare Inhaber jenes göttlichen Lichts, welches, so ihr Glaube, durch die Prophetenkette von Adam über Abraham, Moses, Jesus und Mohammed auf diese übertragen worden sei. Die Überzeugung, dass diese Imame direkt von Gott erwählt sind, geht vielfach Hand in Hand mit dem Glauben an einen Mahdi, einen Erlöser, der am Ende der Zeiten auf Erden ein göttliches Reich der Gerechtigkeit errichten wird.

Dieser endzeitliche Messias, in Iran auch Vali-e Asr, »Prinz der Zeit«, genannt, soll in Person des letzten aus der bisherigen Reihe der Imame herniederkommen und hält sich, so die Vorstellung, bis dahin auf geheimnisumwitterte Weise in der Welt verborgen. In Erwartung solcher Errettung zogen die Schiiten die längste Zeit grundsätzlich die Rechtmäßigkeit jedes irdischen Regimes in Zweifel, ja erklärten jegliche Machtausübung für Tyrannei. Weshalb sie immer wieder großen Zulauf von sozial Unzufriedenen und Revolutionären erhielten.

Auf dem Gebiet des heutigen Iran erlebten die Schiiten ihre erste goldene Zeit im 10. und frühen 11. Jh. Damals übernahm im westlichen und zentralen Landesteil und auch in Bagdad der von der Kaspi-Küste stammende Clan der Buyiden de facto die Macht und degradierte den Kalifen zur Marionette. Doch als die türkischen, streng sunnitischen Seldschuken 1055 Bagdad eroberten, endete diese Blüte. Eine neue sollten erst 450 Jahre später die Safawiden einleiten, indem sie den Schiismus zur Staatsreligion erhoben.

Eine Kalligrafie sublimen Gehalts: Imam Ali lenkt die Geschicke des Islam

Anderswo freilich stellten sich Schiiten an die Spitze revolutionärer Bewegungen. Eine von ihnen, die Zaiditen, schafften es sogar, im Jemen einen Staat zu gründen, der, von Imamen regiert, bis 1962 existierte. Aus ihnen ging die im aktuellen jemenitischen Bürgerkrieg dominierende Bewegung der Huthi hervor.

Bereits nach dem Tod Dschafar-e Sadeqs, des Sechsten Imams und Gründers der im heutigen Iran zentralen dschafaritischen Rechtsschule, spalteten sich die Schiiten in weitere Gruppen auf. Sadeqs ältesten, als Nachfolger designierten, aber noch vor seinem Vater verstorbenen Sohn verehren die Siebener-Schiiten oder Ismailiten, deren Linie bis zum gegenwärtigen 49. Imam, dem Aga Khan, weitergeht. Deren Vorfahren waren die für ihre Meuchelmorde berüchtigten Assassinen. Andere gründeten 969 als Dynastie der Fatimiden Kairo und regierten bis zum ausgehenden 12. Jh. als Gegenkalifen über Ägypten und große Teile Syriens. Die mit Abstand größte Gruppe, deren Anhänger vor allem in Iran, im Südirak und Südlibanon leben, bilden die Zwölfer-Schiiten. Sie erkennen zwölf Imame als rechtmäßig an und erachten deren letzten, den 873 verstorbenen Muhammad al-Mahdi, als in die »Große Abwesenheit« entrückt.

Zu den entfernteren Ablegern vom schiitischen Zweig des Islam zählen die Drusen und die Alawiten. Erstere gelten als Ketzer der Ismailiten und sind heute noch in Syrien, Nordisrael und dem Libanon zu Hause. Letztere, auch Nusairier genannt (und nicht zu verwechseln mit den sehr entfernt auch mit den Schiiten verwandten Aleviten in der Türkei), sind extreme Abkömmlinge der Zwölfer-Schiiten und seit der Kreuzfahrerzeit im nordsyrischen Küstengebirge, dem damaligen Grenzgebiet zwischen Byzanz und dem Kalifenreich, beheimatet. Ihnen gehört auch die Familie von Präsident Assad in Syrien an – einer der Gründe für die verhängnisvolle Polit-Achse zwischen den Regimen in Damaskus und Teheran, die den seit 2011 tobenden blutigen Stellvertreterkrieg zwischen sunnitischer und schiitischer Welt auf syrischem Boden maßgeblich prägt.

Gesellschaft und Alltagskultur

klagen jedoch, in der Praxis, etwa beim Zugang zu Posten im öffentlichen Dienst oder bei Bauberechtigungen für Moscheen, als Bürger zweiter Klasse benachteiligt zu sein.

Bahai und Sufis

Massiven Verfolgungen ausgesetzt sind die Anhänger des **Bahaismus,** der im 19. Jh. als eigenständige Offenbarungsreligion aus dem schiitischen Islam hervorgegangen ist. Sein Stifter, genannt der Bab (arab. für »Tor«), nahm für sich in Anspruch, als Auserwählter mit dem Zwölften Imam in geheimer Verbindung zu stehen und die göttliche Wahrheit zu verkörpern. Als Sozialrevolutionär und religiöser Führer einer rasant wachsenden Bewegung, des Babismus, wurde er von weltlichen und geistlichen Autoritäten gleichermaßen gefürchtet und 1850 hingerichtet. **Baha'ullah** (»Glanz Gottes«), eine auf ihn folgende, zweite Stiftergestalt, entwickelte im Exil den Babismus zur eigenständigen Universallehre weiter. Sie betont, dass alle religiösen Botschaften über ein und denselben mystischen Kern verfügen, und spricht Gewaltlosigkeit und Gleichheit sowie der gegenseitigen Liebe aller Menschen ohne Ansehen von Geschlecht, Rasse und Nation das Wort. Die noch etwa 300 000 in der Islamischen Republik lebenden Bahai gelten als »vom rechten Glauben abgefallen«, viele Menschen- und Bürgerrechte werden ihnen verwehrt.

Von Behördenseite stark unter Druck steht auch der **Sufismus,** eine spirituelle Denktradition, in der statt striktem Gehorsam gegenüber Gott im Rahmen der äußerlichen Gesetze der Scharia die verinnerlichte Gottesschau und geistig-seelische Schulung der Selbsterkenntnis im Vordergrund steht. Sie ist in Iran, wie in der ganzen islamischen Welt, weit verbreitet. Ihre geistigen Wurzeln reichen tief in früh-, ja vorislamische Zeiten zurück. Viele der großen Dichter, Rumi, Saadi, Hafis, fühlten sich ihr eng verbunden. Die Zahl ihrer Anhänger geht noch heute allein in Iran in die Millionen. Sie sind in verschiedenen Orden (Tariqas) organisiert, von denen hierzulande die Qadiriya, Dhahabiya und die Nematollahi mit ihrem Zweig, dem Gonabadi-Orden, die bekanntesten sind. Striktgläubige Hardliner in der Regierung haben solche Mystiker, die man früher gemeinhin als Derwische (pers. für Armer, Bettler) oder Qalandar (Wandermönche) bezeichnete, seit der Revolution verleumdet, bedrängt, auch vielfach verhaftet und ins Exil gezwungen. In der Ära Ahmadinejad wurden zudem ihre Khaniqas, Versammlungshäuser, in denen sie ihre Gebets- und Meditationsübungen praktizieren, verstärkt demoliert.

Juden und Christen

Im Großen und Ganzen wohlgelitten sind die jüdischen, christlichen und zoroastrischen Minderheiten. Als Angehörige von Offenbarungs- oder Buchreligionen, die wie der Islam eine Heilige Schrift besitzen und größtenteils dieselben Propheten verehren, genießen sie per se den Respekt aller Muslime. Sie betreiben in etlichen Städten weitgehend unbehelligt ihre Kirchen, Synagogen und Feuertempel, sind zudem auch verfassungsmäßig anerkannt und, jede für sich, durch Abgeordnete im Parlament vertreten.

Juden sind mindestens seit der Zeit der Achämeniden auf iranischem Boden heimisch und blicken auch hierzulande auf eine wechselvolle Geschichte zurück. Noch im 18. und 19. Jh. gab es finstere Zeiten mit Morden, Vertreibungen, Zwangsbekehrungen. Einem systematischen, theologisch basierten Antisemitismus wie in Europa waren die Juden über die Jahrhunderte aber nicht ausgesetzt.

Tradition hat hingegen die radikale Gegnerschaft Irans zum Staat Israel. Diese ist jedoch stärker politisch-zeitgeschichtlich als religiös begründet und hat viel mit dem Hass des Klerus auf Israels enge Bande zum Schah-Regime zu tun. Die unsägliche Bezeichnung des Holocaust als »Mythos« und Ausrichtung von Karikaturwettbewerben zum Thema in der Ära Ahmadinejad fand zwar den Beifall der Hardliner, viele iranische Politiker distanzierten sich aber auch davon. Khomeini selbst beteuerte nach der Revolution mehrmals, seine Angriffe richteten sich ausschließlich gegen den »gottlosen« zionistischen Staat, nicht gegen iranische Staatsbürger jüdischen Glaubens.

Auf dem Friedhof in Süd-Teheran steht, von iranischen Flaggen umweht, ein Mahnmal, das auf Hebräisch und Farsi der vor allem im Irak-Krieg für das Vaterland gefallenen jüdischen Iraner gedenkt. Dennoch sind seit der Revolution rund 70 000 von ihnen ausgewandert, verunsichert durch die staatliche Propaganda. Die ca. 10 000 Verbliebenen bilden immer noch die größte jüdische Gemeinde in einem mehrheitlich muslimischen Land.

Von den heute etwa 300 000 **Christen** Irans sind die meisten orthodoxe Armenier. Sie stammen von jenen Glaubensbrüdern ab, die Schah Abbas I. um 1600 aus ihrem Stammland nach Isfahan und in mehrere andere Städte deportierte. Anteil an der christlichen Minderheit haben auch die etwa 20 000 hauptsächlich im Raum von Orumiyeh beheimateten Assyrer sowie kleinere Gemeinden von Chaldäern, Katholiken, Protestanten und Anglikanern.

Eine sehr spezielle Rolle spielt in der iranischen Geschichte – und auch heute noch – als ehemalige Staatsreligion der alten Perser der **Zoroastrismus** (s. Thema S. 422).

Die Rolle der Familie

Den Kern der Gesellschaft bilden, auch wenn sich die Bande bei der großstädtischen Jugend ein wenig zu lockern beginnen, bis heute Familie und Verwandtschaft. Um sie pflegt das Alltagsleben zu kreisen. Sie fungiert in einem Staat, der seinen Bürgern, verglichen mit europäischen Staaten, nur sehr eingeschränkt soziale Absicherung bietet, auch als **Solidargemeinschaft.** Die Generationen sind in Krisensituationen füreinander da, leben häufig noch in einem Haushalt und verbringen auch die Freizeit gemeinsam. In der Regel kümmern sich Junge um die Senioren und diese, während die Eltern arbeiten, um die Enkel. Altersheime sind sehr selten und verpönt, auch Kindergärten bislang nur in der städtischen Mittel- und Oberschicht üblich.

Iraner sind, wie alle Orientalen, extrem gesellig. Ein-Personen-Haushalte kann man mit der Lupe suchen. Wer kinderlos ist oder alleine lebt, wird bemitleidet, als Single-Frau auch aus vermeintlich moralischen Gründen immer noch sehr skeptisch beäugt. Nur in der Anonymität der Metropolen, vor allem Teherans, lässt sich bei der jüngeren Generation eine wachsende Selbstbestimmtheit in der Wahl der Lebensform feststellen, können etwa Paare unverheiratet zusammenleben.

Homosexualität ist jedoch weiterhin tabu und wird per Gesetz streng, zuweilen sogar mit der Todesstrafe, geahndet. Transsexualität hingegen genießt, obgleich in der Bevölkerung stigmatisiert, staatliche Akzeptanz. Operationen zur Geschlechtsumwandlung sind kraft einer von Khomeini persönlich erlassenen Fatwa explizit erlaubt. Sie werden von öffentlichen Kassen mitfinanziert, so häufig durchgeführt wie sonst nur noch in Thailand (Filmtipp zum Thema:»Be Like Others«, von Tanaz Eshaghian, 2008). Apropos Chirurgie: Auch kosmetische Operationen sind, die vielen verpflasterten Nasen im Straßenbild sind ein klares Indiz, enorm in Mode.

Ehe und Partnerschaft

Der Standard-Status für Erwachsene ist und bleibt das Verheiratetsein. Ehe und Familiengründung sind Kernelemente fast jedes Lebensentwurfs. Wobei auch dabei ein markanter Wandel zu verzeichnen ist. So ist das durchschnittliche Heiratsalter binnen einer Generation bei Frauen (unter anderem, weil viele zuvor eine Ausbildung abschließen wollen) von 20 auf 25 gestiegen, bei Männern von 24 auf 29. Immer mehr junge Männer scheuen zudem die finanzielle Verantwortung, die ihnen das exorbitant hohe Brautgeld aufbürdet.

Nach alter Tradition von den Eltern der Brautleute arrangiert werden nur noch etwa 15 % aller Ehen, und dies vorwiegend auf dem Land oder in sehr konservativen städtischen Kreisen. Jungen, ledigen Frauen von Elternseite einen Kandidaten ›vorzuschlagen‹, ist hingegen durchaus Usus, ihn abzulehnen aber möglich. Im urbanen Milieu der Mittel- und Oberschicht werden Beziehungen inzwischen selbstständig angebahnt.

Gesellschaft und Alltagskultur

Eine beliebte Methode der Kontaktanbahnung besteht darin, im Verkehrsstau durch die offenen Autofenster Handynummern auszutauschen. Im Anschluss trifft man sich auf privaten Partys, wo heftig geflirtet wird – oft auch mehr als das. Die Promiskuität feiert, durchaus unabhängig vom Familienstand, fröhliche Urständ. Auch die Prostitution, die nie gänzlich verschwunden war, wird nach dem Ende der Ära Ahmadinejad wieder offener betrieben.

Die Tugendwächter verlieren merklich an Autorität. Es scheint, als würde nach Jahrzehnten extremer staatlich-religiöser Rigidität auch in Fragen der Sexualmoral das Pendel in die andere Richtung schwingen und ein Teil der jungen Generation nach neuen Orientierungsmarken suchen. Die Scheidungsrate liegt inzwischen bei über 25 %. Dennoch bemühen sich die Brautleute, wenn es zur Heirat kommt, um das Einverständnis der Familien. Und Jungfräulichkeit bei Mädchen zum Zeitpunkt der Hochzeit – zumindest nach außen hin – gilt nach wie vor als hohes Gut, wird notfalls durch Ärzte wiederhergestellt.

Ein Kind auf die Welt zu bringen, ohne verheiratet zu sein, ist jedoch per Gesetz verboten, ebenso wie Abtreibung. Auch den Verkauf von Antibabypillen hat die Regierung 2015 – mit Blick auf die mittelfristig drohende Überalterung der Gesellschaft – wieder verboten. Was letzlich allerdings nur ihre Beschaffung verteuert hat.

Zeitehe

Von modernen Iranern als antiquiert bespöttelt wird die Einrichtung der Zeitehe (pers. *sigeh*). Sie wurde vermutlich schon im spätantiken Arabien praktiziert, später auch vom Propheten Mohammed empfohlen, und sollte Pilgern, Kriegern und Karawanenhändlern die Chance geben, ihre sexuellen Bedürfnisse auch fern der Heimat innerhalb eines legalen Rahmens zu stillen. Die Zeitehe existiert unter der arabischen Bezeichnung *mut'a* als Randphänomen auch in einigen sunnitischen Gesellschaften. Breitenwirksam als zulässig erachtet wird sie heute jedoch nur von den

Immer mehr junge Iranerinnen suchen Mittel und Wege, den Sittenwächtern ein Schnippchen zu schlagen

Die Rolle der Familie

Zwölfer-Schiiten. Sie ermöglicht unverheirateten Männern und Frauen ein durch religiöses Recht gebilligtes intimes Beisammensein und kann, je nach Verlangen der beiden Vertragspartner, für beliebige Dauer, zwischen einer halben Stunde und 99 Jahren, geschlossen werden. Innerhalb dieser Frist muss der Mann für die Frau sorgen, für eventuell daraus hervorgehende Kinder auch darüber hinaus. Bei der Unterzeichnung eines solchen Heiratsvertrags muss ein Geistlicher anwesend sein. Er gibt seinen Segen und kassiert von dem Geldbetrag, den der Mann der Frau zu zahlen hat, einen Teil als Gebühr.

Die Ehe auf Zeit wird kontrovers diskutiert. Manche sehen sie angesichts langer Studienzeiten und prekärer wirtschaftlicher Verhältnisse als »pragmatische, vorläufige Lösung für junge Menschen«. Tatsächlich münden nicht wenige Zeit- in Dauerehen. Andere lehnen sie als ›legalisierte Prostitution‹ ab. Fakt ist, dass speziell in den Pilgerzentren Mashhad und Qom ein reger Markt für ›Zeitfrauen‹ besteht. Als subtiles Kennzeichen ihrer Zunft tragen sie den Tschador mit der Naht nach außen. Fakt ist aber auch, dass sich viele Frauen zeitlich begrenzt binden, um nach einer gescheiterten Ehe wieder Fuß zu fassen oder sich, ihres ›guten Rufes‹ verlustig, gegen schamlose Angebote von Männern aus ihrem Umfeld zu wehren, sprich: ihr soziales Stigma loszuwerden. Problematisch ist, dass man temporäre Ehen heimlich vollziehen kann. Es besteht keine Verpflichtung, den permanenten Ehepartner davon in Kenntnis zu setzen. Außerdem dürfen Männer, während die Zahl ihrer dauerhaften Ehefrauen per Gesetz auf vier beschränkt ist, zeitlich befristet so viele Frauen ehelichen, wie sie wollen.

Situation der Frau

Augenfällig ist die Ungleichbehandlung der Geschlechter auch im Zivil- und Strafrecht. So wurde nach der Revolution nicht nur die Verschleierung als verpflichtend vorgeschrieben, sondern auch die in den 1960er- und 1970er-Jahren recht progressive Familiengesetzgebung rückabgewickelt. Seither gelten Frauen etwa bei Erbschaften, der Gewichtung von Zeugenaussagen oder als Opfer von Kapitalverbrechen nur halb so viel wie Männer. Mädchen dürfen nun schon ab neun Jahren verheiratet werden und keine Ehe ohne Einverständnis ihres Vaters eingehen. Einmal vermählt, können Frauen, so sie im Vorfeld nicht Gegenteiliges in einem Zusatzvertrag festhalten ließen, von ihrem Gatten etwa am Verlassen des Landes oder der Ausübung eines Berufes gehindert werden. Grundsätzlich sind sie ihm per Gesetz zu Gehorsam verpflichtet. Hinzu kommt, dass das Scheidungsrecht Frauen viel höhere Hürden als den Männern errichtet. Die viel zitierte Steinigung von Ehebrecherinnen wurde zwar seit vielen Jahren nicht mehr vollstreckt, im Gesetzesbuch ist sie aber nach wie vor als Strafe vorgesehen, ebenso wie die Auspeitschung.

Andererseits werden in den letzten Jahren delikate Fragen rund um Treue, wilde (pers.: »weiße«) Ehen oder Prostitution wie auch um die theoretisch weiterhin strikte Geschlechtertrennung im öffentlichen Raum oft sehr viel pragmatischer und diskreter gehandhabt, als es das Gesetz und das im Westen kolportierte Klischee wollen.

Vor diesem Hintergrund ist auch aufschlussreich zu sehen, dass die Stellung der Iranerinnen de facto sehr viel besser ist als in den meisten anderen Ländern der islamischen Welt. Vier Fünftel von ihnen, so gut wie alle jüngeren, können lesen und schreiben. Sie stellen ein Drittel der Arbeitskräfte, unter anderem der Ärzte, und an den Universitäten 60 % aller Studierenden. Iranische Frauen lenken Autos, leiten Firmen, dürfen wählen, Grund und Boden besitzen und bekleiden hohe politische Ämter. Ihr markant gestiegener Bildungsgrad ließ im Verbund mit der zunehmenden Verstädterung die Geburtenzahlen drastisch sinken. Und das Wichtigste: Sie kämpfen, in vielerlei feministischen Bewegungen organisiert, selbstbewusster und beherzter denn je und mit stetig wachsendem Erfolg weiter für ihre Gleichstellung und gegen die Dominanz religiös-konservativer, patriarchaler Denkmuster.

Architektur und Kunst

Iran ist ein geistiger Kosmos von enormer Tiefe und Eigenständigkeit. Dies zeigt sich besonders eindrücklich im Bereich der Bildenden Künste sowie auf den Feldern der Musik, Literatur und Filmkunst. Die Kreativität ist auch heute groß. Und ungebrochen. Trotz Repression und Zensur. In gewisser Weise vielleicht sogar deswegen.

Eine kleine Chronik der Baukunst

Befasst man sich mit dem Wesen iranischer Architektur, ist zunächst beachtenswert, dass sie während ihrer jahrtausendelangen Entwicklung weit über die Grenzen des heutigen Nationalstaates ausstrahlte und Anwendung fand. Wie bei der persischen Sprache und Kultur überhaupt umfasste auch ihr Wirkbereich große Teile Mesopotamiens, Zentralasiens und zeitweise des nordwestlichen Indien. Selbst die Mehrheit ehemals persischer Hauptstädte liegt auf mittlerweile fremdem Staatsgebiet – Buchara und Samarkand z. B. in Usbekistan, Merw in Turkmenistan, Herat und Ghazni in Afghanistan und Seleukia-Ktesiphon im Irak. Die Weite dieses Kulturraums ist mit zu berücksichtigen, denn in ihm waren Menschen und Kunststile phasenweise viel mobiler als in den heutigen, politisch enger begrenzten Verhältnissen. Die wechselweise Beeinflussung von Kernland und Peripherie kann in ihrer Bedeutung kaum überschätzt werden.

Zikkurat und Apadana

Die frühesten Belege für eine Bautätigkeit auf iranischem Boden, nämlich einräumige Behausungen aus klumpigen Stampfziegeln, haben Archäologen vornehmlich in den westlichen Tälern des Zagros-Gebirges aus der Zeit um 6000 v. Chr. zutage gefördert. Echte Backsteinarchitektur aus rechteckigen, mittels Modeln geformten Ziegeln trat erstmals im 4. Jt. v. Chr. im flachen Schwemmland des äußersten Südwestens auf. Dort existierte damals schon die vom benachbarten Niedermesopotamien inspirierte urbane Hochkultur der Elamiter. In derselben Region hat sich in der Tempelstadt Dur Untash aus dem 13. Jh. v. Chr., mittelelamitischer Zeit, auch der älteste Monumentalbau Irans erhalten – die ursprünglich fünfstufige, über 50 m hohe **Zikkurat** von Chogha Zanbil (s. S. 251), eine Stufenpyramide, die den Bewohnern des brettflachen Landes den zur Verehrung göttlicher Himmelsbewohner benötigten heiligen Berg ersetzte.

Gegen Ende des 2. Jts. breiteten sich iranische Stämme, unter ihnen die Meder und Perser, im Hochland aus und verdrängten oder absorbierten die einheimischen. Architektur und Handwerk aus dieser Eisenzeit und der darauffolgenden protoiranischen Periode (9.–7. Jh.) wurden in Grabungen nahe Kangavar (Godin und Babajan Tepe), Hamadan (Tepe Nush-e Jan, s. S. 232) sowie auf dem Zendan-e Soleyman und in Hasanlu im Nordwestiran ans Licht gebracht. Diese Stätten offenbarten die ersten **Säulenkonstruktionen.** Die Säulen waren aus Holz, ruhten aber auf Steinbasen. Die Mauern bestanden aus Lehmziegeln und unbehauenem Stein. Treppen und Terrassen bildeten die Prototypen für die kommenden Entwicklungen unter der Ägide der altpersischen Großkönige.

Einen entscheidenden Sprung vorwärts brachte auch in der Baukunst die Ära der Achämeniden. Aus der Zeit Kyros des Großen,

Eine kleine Chronik der Baukunst

dem mittleren 6. Jh., blieb vor allem dessen aus Quadern gefügtes Grabmal mit seinem vermutlich von nordischen Eindringlingen übernommenen Giebeldach in Pasargadae (s. S. 288) erhalten.

In Susa fanden sich aus der Regierungszeit Darius I. die Reste eines mächtigen **Apadana,** eines Thronsaales mit 36 Steinsäulen. Für jene Epoche charakteristisch sind auch die tief in den Fels getriebenen, mit kreuzförmigen Fassaden versehenen Grablegen der Könige, wie sie in Naqsh-e Rostam (s. S. 295) zu finden sind. Die Behausungen der einfachen Bevölkerung hingegen wurden weiterhin aus luftgetrockneten Lehmziegeln errichtet.

Ihre höchste Ausdruckskraft erlangte die achaimenidische Baukunst in der Palastanlage von Persepolis (s. S. 290). Deren Architektur zeigt Einflüsse aller künstlerisch hoch entwickelten Zivilisationen, die von den Persern unterworfen wurden: Säulenhallen und Tore mit Hohlkehlen wie in Ägypten, assyrisch-babylonische Flachreliefs und Säulen ionischen Ursprungs, die mit selbst in der griechischen Baukunst kaum wieder erreichter Anmut und Freiheit himmelwärts streben … Und doch ist sie in ihrer Leichtigkeit und Beschwingtheit hochgradig originell und unverwechselbar.

Iwane und der Einfluss Roms

Nach der abrupten Zäsur durch Alexander den Großen bestimmen unter den Seleukiden hellenistische Elemente den Baustil. Aus dem wenigen Erhaltenen ist der Artemis geweihte Tempel von Kangavar hervorzuheben (s. S. 232). In der anschließenden parthischen Periode verliert die Säule ihre Rolle als Hauptelement. An ihre Stelle rückt die Backsteinwölbung. Formal wichtigste Errungenschaft jener Zeit ist der **Iwan,** jene nach einer Seite hin offene Halle über rechteckigem Grundriss, die von einem Tonnengewölbe überspannt

Das Grab von Kyros II. in Pasargadae ist eine Architekturikone des alten Persien

Architektur und Kunst

wird und sich später als ein Grundmerkmal der persischen Moscheebauten durchsetzen wird. Ebenfalls Pioniere waren die Parther in der Entwicklung figürlicher **Bauplastik** und der großflächigen Verzierung von Außenfassaden mit **Stuckdekor**.

In sassanidischer Zeit schließlich nehmen die Bauten stark an Größe, Wuchtigkeit und Komplexität zu. Von römischen Traditionen beeinflusst, entstehen zahlreiche Brücken, Staudämme, Karawansereien, vor allem aber mächtige Palastanlagen, deren Überreste etwa in Bishapur, Firuzabad oder Savestan zu bewundern sind. Deren markantes Kennzeichen sind die monumentalen Gewölbe und Kuppeln aus Ziegeln, bei denen vielfältige, völlig neuartige **Zwickellösungen** für den Übergang von viereckigen Grundrissen zur runden Bedachung ersonnen und ausgeführt wurden.

Iranische Moscheen

Nachdem die Araber das iranische Hochland erobert hatten, führten sie zunächst westislamische Bautraditionen in Form des sogenannten omajjadischen, aus einem weiträumigen Arkadenhof und oft vielsäuligen Gebetssaal bestehenden Moscheetyps ein. Eindrückliches Beispiel: die in Damghan erhaltene Tarikhaneh-Moschee (s. S. 467).

Doch mit dem Aufstieg der ersten lokalen Dynastie, der Buyiden (10. Jh.), erwachte ein neues Nationalbewusstsein. Und das bereitete, im Verbund mit neuen Ideen und Stilformen, die mit den turkstämmigen Invasoren aus Zentralasien ins Land kamen, den geistigen Boden für die Entstehung der monumentalen Bauwerke des 11. und 12. Jhs. Insbesondere in der Ära der Seldschuken nahmen die ersten spezifisch iranischen Neuerungen Gestalt an, die nunmehr von einheimischen Baumeistern und Handwerkern entworfen und ausgeführt wurden: zylindrische Minarette, kunstvolle Ziegelornamente in einer Vielzahl von geometrischen Mustern, der aus vier um einen Innenhof gruppierten Iwanen bestehende Grundriss für Moscheen und Medresen sowie die Einbeziehung großer, überkuppelter Räume.

Fliesenkunst als Fassadenschmuck

Das Eindringen Dschingis Khans und seiner Erben im 13. Jh. vermochte die architektonische Entwicklung trotz der mit dem Mongolensturm einhergehenden Verheerungen kaum zu stören. Im Gegenteil: Sobald die Mongolen ihre Herrschaft gefestigt hatten, bewirkten sie eine deutliche Verfeinerung. Vor allem farbiges Dekor, das bislang nur mit großer Zurückhaltung eingesetzt wurde, fand nun um vieles reichlicher Verwendung. Ein besonders prachtvolles Beispiel dafür ist das Mausoleum Oldschaitus in Soltaniyeh (s. S. 187), dessen riesige Kuppel einst mit Fliesenmosaiken in drei verschiedenen Blautönen verkleidet war.

Unter den Timuriden (14./15. Jh.) verstärkte sich diese Tendenz in einem solchen Maße, dass die optische Betonung der Baustruktur mehr und mehr zugunsten der effektvollen Oberflächenverzierung in den Hintergrund trat. Timur und seine Nachfolger hinterließen – von Yazd über Mashhad bis Herat, gar nicht zu reden von der Reichshauptstadt Samarkand – zahlreiche ungemein prunkvolle Moscheen und Grabbauten.

Ihren Höhepunkt erreichte die Prachtentfaltung unter den Safawiden. Schah Abbas I. gestaltete seine neue Hauptstadt Isfahan mit beispielloser Baufreude grundlegend um. Die dabei entstehenden Repräsentationsbauten bekamen auf sein Geheiß bzw. das seiner Nachfolger ein Kleid aus Keramikschmuck von bis dahin ungekanntem Farbenglanz. Die atemberaubendsten dieser Schöpfungen sind die Lotfollah- (s. S. 349) und die Imam-Moschee (s. S. 351). Doch auch in Qazvin, Mashhad und anderen Städten erinnern bis heute Gebäude an diese Blütezeit des guten Geschmacks.

Die Sitte, Portalfassaden, Iwane, Minarette, Kuppeln, ja überhaupt alle Arten von Innen- und Außenwänden überschwänglich mit farbigen Fliesen zu überziehen, fand ihre – wenn auch vergleichsweise epigonenhafte – Fortsetzung im 18. und 19. Jh. unter den Dynastien der Zand und Qadscharen.

Ein irdisches Paradies – der persische Garten

Eine der klassischen Schöpfungen der iranischen Kultur sind ihre großzügig gestalteten Gärten. Vordergründig dienen sie dem Wohlgefühl im Diesseits. Doch Gläubige sehen darin einen Vorgeschmack auf das ewige Leben.

In einem Land, das über weite Strecken so wüst und staubig-braun erscheint, muss der Traum von üppigem Grün naturgemäß tief im kollektiven Bewusstsein der Menschen verankert sein. Nicht zufällig stammt der Begriff »Paradies« von hier. Als »Pairidaeza« bezeichneten die alten Perser ummauerte, sorgsam bepflanzte und bewässerte Gehege – eine Kombination aus Wildpark und Ziergarten, in denen ihre Könige zu jagen pflegten. Herodot, Xenophon und Co. machten aus dem avestischen Wort das griechische »Paradeisoi«. Die älteste solche heute bekannte Anlage ließ 546 v. Chr. Kyros der Große in seiner Residenz Pasargadae errichten. Bereits dort begegnet man dem Konzept des Chahar Bagh (»vier Gärten«) mit seinen später für den persisch-islamischen Garten bestimmenden Elementen: ein Kreuz aus zwei rechtwinklig zueinander verlaufenden Kanälen, an ihrem Schnittpunkt ein Wasserbassin, und in den durch die symmetrische Viertelung entstandenen Quadranten Blumen und Bäume.

Was den Achämeniden und Sassaniden ein diesseitiges Paradies bedeutete, das während der Sommerhitze Kühle und Schatten spendete, wurde in den Köpfen gläubiger Moslems zum irdischen Abbild einer religiösen Verheißung. Die Vorstellung vom Jenseits als Garten Eden war bereits ein Archetypus in manchen frühen Kulturen des Nahen und Mittleren Ostens. Doch erst im Koran findet sich Jannah (arab. für »Paradies«) anschaulich als ein Ort beschrieben, wo Bäche von Milch, Honig, Wein und Quellwasser fließen, himmlischer Friede herrscht und auf fromme Männerseelen holde Huris, Jungfrauen, warten.

Das alte Vier-Garten-Modell, das sich im Koran auch im Bild der vier »Flüsse des Paradieses« widerspiegelt, und der vier Tore, durch das man es aus allen Himmelsrichtungen betritt, erfuhr in der Folge eine Verfeinerung. Die Zahl der Karrees wurde durch weitere Wasserläufe auf ein Vielfaches von vier erhöht. Platanen, Zypressen, Reb- und Rosenstöcke, in den Obsthainen Feigen-, Pfirsich- und Granatapfelbäume wurden gepflanzt und in der Mitte, symbolisch für das Zentrum der Welt, ein Kiosk (pers. *kushk*) oder Pavillon gebaut, von dessen Balkon sich die ganze Pracht in der gebührenden Muße genießen ließ.

Das Ideal findet sich in Teppiche gewoben, auf Miniaturen gemalt und in unsterblichen Werken der Dichtkunst wie Saadis »Bustan« (»Obstgarten«) und »Golestan« (»Rosengarten«) literarisch erhöht. Die originalen Vorbilder jedoch sind im Lauf der Zeit größtenteils verwildert oder verschwunden. Neun verbliebene adelte die UNESCO 2011 zu Welterbestätten – darunter berühmte wie den Eram-Garten in Shiraz (s. S. 280), Chehel Sotun in Isfahan (s. S. 355), den Fin-Garten in Kashan (s. S. 397) und den Shahzadeh-Garten in Mahan (s. S. 444), aber auch wenig bekannte wie den Pahlavanpour-Garten in Mehriz (s. S. 432) und den Akbariyeh-Garten in Birjand (s. S. 453).

Architektur und Kunst

Bauen im 20. und 21. Jahrhundert

Im 20. Jh. gab die iranische Architektur ein sehr komplexes Bild ab. In der Zwischenkriegszeit zeigte sie zunächst große innere Zerrissenheit. Teils wurden unkritisch verschiedene historistische Baustile aus Europa nachgeahmt, dann wieder im Rahmen eines **Nationalstils** explizit eigene, vor allem altpersische Traditionen betont.

Nach dem Zweiten Weltkrieg, unter Mohammed Reza Schah, suchte die öffentliche Hand als Bauherr zunehmend den Anschluss an die **westliche Moderne**. Infolge der zunehmenden Amerikanisierung und der Sturzflut an Petrodollars hielt funktionale Sachlichkeit im Verbund mit zeitgemäßen Materialien, Sichtbeton vor allem, Einzug. Typische Ergebnisse dieser Investorenarchitektur im westlichen Stil sind die wenig ansprechenden Büro- und Hotelhochhäuser, die Teherans Stadtbild bis heute mitprägen.

In Reaktion darauf versuchten junge einheimische Architekten, der Baukunst ihre nationale Identität zurückzugeben. Indem sie das traditionelle Formvokabular – Gewölbe, Bögen, Kuppeln – neu interpretierten, leiteten sie ein goldenes Zeitalter der **iranischen Moderne** ein. Symbolbauten dieser Phase waren in der Hauptstadt der Azadi-Turm (s. S. 128) und das Shahr-Theater (s. S. 148).

Die Revolution 1979 erwies sich dann auch als Zäsur in der (Bau-)Kunst. Das Gros der arrivierten Architekten wie auch Uni-Professoren verließ das Land. Krieg und Wiederaufbau ließen kaum Zeit und Energie für grundsätzlich neue Ideen. Erst ganz allmählich verlangte die neue, postrevolutionäre Elite nach neuen Architekturmoden. Die Antwort bestand weitgehend in einem Rückgriff auf regionale Traditionen. Erst im Laufe der 1990er-Jahre machten sich wieder wirklich innovative Tendenzen bemerkbar. Seither hat sich dank der stark gewachsenen Zahl an Aufträgen von privater wie öffentlicher Seite landesweit eine rege Bautätigkeit entfaltet. Bibliotheken, Brücken, Bahnhöfe, Flughäfen, Shoppingmalls, Villen, Wohn-, Kultur- und Gebetshäuser ... Das Spektrum an Stilen ist unübersehbar bunt. Auch Irans diplomatische Vertretungen im Ausland (in Deutschland speziell das Generalkonsulat in Frankfurt/Main) spiegeln den Willen zu innovativer Gestaltung wider. Einen beeindruckenden Überblick auf das gegenwärtige Schaffen bietet die Website www.caoi.ir/en.

Eishäuser, Zisternen und Windtürme

Zum Abschluss sollen noch einige traditionelle **Sonderformen** der iranischen Gebrauchsarchitektur Erwähnung finden. Im Hochland wird man als Reisender unweigerlich auf sie stoßen und vielleicht über ihre Funktion rätseln. Da wären zum einen die **Eishäuser** (Yakhdan). Unter ihren riesigen Lehmkuppeln bewahrte man vor Einführung des Kühlschranks in der heißen Jahreszeit verderbliche Lebensmittel auf. Man hob tiefe Erdgruben aus und legte im Winter fabrizierte Eisblöcke hinein, die dort, mit Stroh bedeckt, über viele Monate für Kühle sorgten.

Von außen sehr ähnlich sehen die **Zisternen** (Ab Anbar) aus, die mancherorts gleich zu mehreren in der Landschaft stehen. In diesen Kuppelbauten wird traditionell das über die Qanate, unterirdische Kanäle, zugeleitete Wasser gespeichert und mithilfe von direkt angebauten **Windtürmen** (Badgir) gekühlt. Letztere zieren in südlichen Städten und Dörfern auch häufig die Dächer von Wohnhäusern. Ihre Aufgabe ist es, nachts jede auch noch so leise Brise einzufangen, durch dünne Schlitze ins Gebäudeinnere zu leiten und es tagsüber zu kühlen.

Eishäuser, Wasserspeicher und Windtürme dienen im heißen Wüstenklima in erster Linie funktionalen Zwecken. Doch sie zeugen auch von einer genuinen Freude an harmonischer Formgebung und von einer über viele Jahrhunderte antrainierten Meisterschaft, mit natürlichen Materialien, Lehm, Holz und Stein, Baukörper von frappierend moderner Ästhetik zu schaffen.

Ein Vorläufer moderner Kühlhäuser:
das Eishaus von Meybod

Architektur und Kunst

Musik

Iranische Musik offenbart, wie jede Kunstform in diesem so vielgesichtigen Land, zwei Seiten – eine uralte, traditionelle und eine moderne. Die klassische Musik mit ihren seelenvollen, in westlichen Ohren oft melancholisch-düster klingenden Melodien eignet sich kaum für große Konzerthallen. Sie entfaltet als integraler Bestandteil der – auch religiösen – Alltagskultur ihr inneres Wesen am besten in intimem Rahmen. Gleichwohl füllen Stars wie **Shahram Nazeri, Hossein Alizadeh,** der noch junge **Salar Aghili** oder **Mohammad Reza Shajarian** als Doyen der Zunft mühelos Riesensäle.

Die Wurzeln der **Musiqi-e assil,** der »reinen«, »noblen« Musik, reichen bis in sassanidische Zeit zurück. Konkret zurückverfolgen lassen sich ihre Ursprünge bis ins islamische Mittelalter. Schon damals fand sie in vielen sufischen Bruderschaften zur Intensivierung der Trance und Kontemplation Verwendung. Der klagend-nasale Klang der Schilfrohrflöte **Nay,** gedeutet als Sinnbild für die menschliche Seele, die sich, vom Urgrund getrennt, nach der Wiedervereinigung mit dem göttlichen All-Eins sehnt, ist für Mystiker ein Gleichnis für ihr essenziellstes Streben. Eine andere in diesem Zusammenhang häufig verwendete Metapher: Die Nachtigall (gemeint ist wiederum der Mensch) betet mit ihrer unvergleichlich schönen Stimme die dornige Rose an, das Symbol mystischer Liebe – mit bedingungsloser Hingabe, jedoch unerwidert.

Auch die traditionellen Saiteninstrumente **Tanbur, Tar, Setar** und die geigenartige **Kamancheh** oder Schlagtrommeln wie **Daf, Zarb** und **Tombak** dienen der geistigen Inspiration und aus sufischer Sicht der universalen Harmonie. So spielen Trommelrhythmen bei den gymnastischen Ritualen im Zurkhaneh wie auch bei Taziyeh, dem schiitischen Passionstheater, eine wichtige Rolle.

Die Solostimme eines Sängers kann mit wehmütigen Untertönen den meditativen Charakter des Stückes unterstreichen. Manchmal schraubt sie sich aber auch in Form koloraturhafter Arabesken, genannt **Tahrir,** in virtuose Höhen. Ekstase pur. Solche Musik geht von jeher Hand in Hand mit der Poesie. Ungezählt sind die Vertonungen von Versen eines Hafis oder Rumi.

Klassik

Das theoretische Fundament persischer Musik ist für tonale Harmonien gewohnte Abendländer nicht leicht nachzuvollziehen. Es beruht auf sogenannten **Dastgahs** – einem modalen System aus zwölf Tonleitern und einer Vielzahl von Ableitungen. Die Dastgahs sind wesensverwandt mit den Maqams der arabischen und türkischen Musik und definieren sich durch ihre jeweiligen Grundmelodien, **Gushehs.**

Diese Gushehs wiederum, von denen es mehrere Hundert gibt, zeichnen melodische Linien mit bestimmten Motiven und Rhythmen vor und werden innerhalb eines Dastgah einer strengen Ordnung folgend gespielt. Eine solche Sammlung melodischer Figuren heißt in ihrer Gesamtheit **Radif.**

Insgesamt existieren etwa 300 Radifs. Sie wurden traditionell von ihren Schöpfern, den Meistern **(Ostad),** mündlich über Generationen an Schüler weitergegeben, im 19. Jh. dann in einer Art kanonischem Register ein für alle Mal festgeschrieben und 2009 von der UNESCO in die Liste des immateriellen Kulturerbes aufgenommen.

Auf der Basis einer Melodie aus dem vorhandenen Repertoire an Radifs entfaltet der Musiker seine Improvisation. Wobei er mittels Ganz- und Halbtönen sowie unzähligen variablen Mikrointervallen beliebig modulieren und Verzierungen anbringen kann. Gushehs und Dastgahs tragen jeweils individuelle Namen.

Dastgahs werden bestimmten Seelenlagen zugeordnet. In der Musiktheorie des Mittelalters setzte man sie auch mit den vier Grundelementen sowie, in Analogie dazu, mit den Sternbildern des Tierkreises in Beziehung. Diese Alchemie der Gefühle und ihre innere Dramaturgie prägen, so die Überzeugung, maßgeblich die Stimmungen mit, die sich im Laufe eines Konzertes zwischen Musikern und Publikum entfalten.

Rock und Pop

Nach der Revolution untersagte Khomeini seinen Landsleuten jegliche Musik. In seinen Augen erregte sie auf unziemliche und jedenfalls unislamische Weise die Sinne. Die Religionspolizei zerstörte, ja verbrannte damals massenhaft Instrumente. Das vollständige Verbot wurde nach einigen Jahren aufgehoben. Doch bis heute unterliegen Musiker in Iran vielen Beschränkungen, riskieren bei Zuwiderhandlung Verhaftungen oder Berufsverbot.

Besonders betroffen sind Popmusiker. Manche blieben in Teheran und betreiben hier Studios im Untergrund. In diesem Zusammenhang sehenswert sind drei Dokumentarfilme: »Raving Iran« schildert das lähmende Versteckspiel der Technoszene mit den Behörden am Beispiel zweier leidenschaftlicher DJs (Regie: Susanne Regina Meures, 2016); »No Land's Song« thematisierte den Kampf einer Frau um ihr Recht auf – behördlicherseits bis heute verbotene – Solo-Konzertauftritte (Ayat Najafi, 2016) und »Perserkatzen kennt doch keiner« beschäftigt sich mit der verborgenen Rockszene des Landes (Bahman Ghobadi, 2009).

Andere entschieden sich für das Exil, so auch Googosh, die legendäre Chansonnière und Filmschauspielerin der Schah-Zeit, die nach langem Schweigen im Jahr 2000 das Land verließ, danach auf Welttournee ging und in Übersee seither wieder in vollen Stadien singt. Ein großer Teil der iranischen Pop-, Techno- oder Hip-Hop-Musik wird heute in Los Angeles aufgenommen. Dort lebt mit etwa 800 000 Emigranten die weltweit größte iranische Auslandsgemeinde – was der kalifornischen Metropole den Beinamen »Tehrangeles« eingebracht hat.

Die nonkonformen Klänge erreichen ihr Zielpublikum über ebenfalls mehrheitlich in Kalifornien auf Farsi produzierte TV-Kanäle via Satellitenübertragung. Live pflegen die Stars aus dem Exil in Städten wie Dubai, Istanbul, Tiflis oder Jerewan zu konzertieren, wohin ihre jugendlichen Fans aus Iran dann scharenweise pilgern.

Sehr wohl geduldet wird von den Theokraten in ihrer Heimat die Existenz eines klassischen Orchesters westlichen Zuschnitts. Das Tehran Symphony Orchestra wurde 1933 gegründet und begleitete in seiner Glanzzeit Legenden wie Isaac Stern und Yehudi Menuhin. In der bleiernen Ära Ahmadinejad wurde es aufgelöst. 2015, nach der Wahl Präsident Rouhanis, erstand es wieder auf, mit einer Aufführung in seiner Heimstatt, der Vahdat-Halle, von Beethovens 9. Sinfonie.

(Miniatur-)malerei

Eine aus dem Selbstverständnis traditionsbewusster Iraner nicht wegzudenkende Kunstgattung ist die Miniaturmalerei. In der Vergangenheit mögen auch andere Genres sehr populär gewesen sein. Zur Zeit der Safawiden z. B. das der **Leinwandmaler**. Sie pflegten die auf öffentlichen Plätzen von Erzählern zum Besten gegebenen Geschichten unmittelbar vor Ort, unter freiem Himmel, zur Veranschaulichung auf Leinwände zu pinseln und waren bei den meist ungebildeten Zuhörern entsprechend beliebt.

Im späten 19. und frühen 20. Jh. kam die **Teehausmalerei** in Mode. Ihre für gewöhnlich mittellosen Vertreter ignorierten geflissentlich alle aus Europa längst bekannten Regeln von Naturtreue und Perspektive und schmückten, was man ganz vereinzelt in Teheraner Chaikhanehs noch heute bewundern kann, die Wände solcher Etablissements mit naiven, aber fantasievollen Szenen aus der schiitischen Passionsgeschichte und altpersischen Mythologie.

Solche Gepflogenheiten verblassen freilich vor dem Hintergrund der jahrtausendealten Geschichte bildlicher Darstellungen. Schon sämtliche vorislamischen Dynastien haben Flachreliefs und Malereien hinterlassen. Auch nach der Islamisierung waren etwa die Manuskripte großer Forscher, astronomische oder medizinische Abhandlungen, reich illustriert. Auch Keramiken zierten figurative Szenen. Denn das **Bilderverbot** des neuen Glaubens, das die Darstellung lebender Wesen als Verstoß gegen das Primat des göttlichen Schöpfers untersagt, bezog sich nur auf religiöse Kunst und den öffentlichen Raum. Ansichten von Mensch und Tier im profanen Kontext waren weitgehend geduldet.

Auch deshalb konnten die Mongolen nach ihrer Invasion im 13. Jh. die persische Malerei rasch und mühelos zu ungeahnten Höhen führen. Der von ihnen importierte Stil war, deutlich erkennbar an den Formen der Berge und Wolken und an den Gesichtszügen, chinesisch beeinflusst. Doch zu den bevorzugten Motiven wurden alsbald Szenen aus der persischen Literatur.

Am Hof der Timuriden in Samarkand und in der Folge in Shiraz, Tabriz, Bagdad und Herat entstanden berühmte Schulen, deren **Miniaturmaler** prunkvoll illustrierte Manuskripte schufen. Bevorzugte Werke waren dabei Firdausis »Königsbuch« und Nizamis »Khamseh«. Unter den Malern erlangte der in Herat tätige **Kamaleddin Behzad** (zwischen 1460 und 1466–1535/36) größte Berühmtheit. In seiner Bibliothek waren zu manchen Zeiten mehr als 100 Künstler beschäftigt.

Eine nochmalige Verfeinerung gelang diesen Schulen unter dem Mäzenatentum der Safawiden im 16. Jh., als ihre Meister die Kollegen an den Höfen der Osmanen in Istanbul und der Moguln im moslemischen Nordindien maßgeblich inspirierten. Zu extremer Könnerschaft gelangte wenig später noch **Reza Abbasi** (ca. 1570–1636), ehe der wachsende Einfluss des europäischen Naturalismus den Niedergang der klassischen Miniaturmalerei herbeiführte.

Den Künstlern der Qadscharen-Zeit gerieten ihre Werke mehrheitlich zu süßlich-sentimentalen Manierismen. Sie applizierten ihre Blumen, Vögel und oft sinnlichen Porträts anstatt auf Papier mit Vorliebe auf Schachteln und Schatullen, die anschließend lackiert wurden. Zugleich reproduzierte man eifrig von alten Vorlagen.

Erfahrungsaustausch im Garten des Hauses der Künstler in Teheran

Eine Wiederbelebung erfuhr das Genre im 20. Jh. Als großer Neuerer trat **Hossein Behzad** (1894–1968) in Erscheinung, der westliche Techniken und eine neue Plastizität in der Perspektive einbrachte. Noch progressivere Wege schlug nach ihm **Mahmoud Farshchian** (geb. 1930) ein. Er verschmolz, durchaus auch zur Verbildlichung von Motiven der schiitischen Spiritualität, Elemente traditionell-persischer Ästhetik und der europäischen Moderne zu einer neuen, völlig eigenständigen Synthese. Besonders deutlich sind in seinem Werk Anleihen beim Impressionismus und Symbolismus. Nicht zufällig ist dem vielfach preisgekrönten und in unzähligen Ausstellungen rund um den Erdball gezeigten Werk dieses Großmeisters der Gegenwart im Palastgelände von Saadabad in Teheran ein eigenes Museum gewidmet (s. S. 135). Auch das 2005 eröffnete Internationale Kulturzentrum in Isfahan trägt seinen Namen.

Zugleich halten aber, man muss sich nur in den Ateliers rund um Isfahans Großen Platz umsehen, bis heute zahlreiche Meister ihres Faches die traditionelle Form der Miniaturmalerei hoch. Mit feinstem Katzenhaarpinsel hauchen sie vor allem Derwisch- und Liebesszenen aus den Epen der unsterblichen Dichter auf Kamelknochen, Kunststoff oder Papier. Und erfreuen damit vor allem auch Reisende auf der Suche nach einem kunstvollen Souvenir.

Zeitgenössische Kunstszene

Weitgehend die Fesseln der Vergangenheit gesprengt hat hingegen, zumindest was den Individualismus und die technischen Mittel betrifft, die sonstige zeitgenössische Kunstszene. Noch bis nach dem Zweiten Weltkrieg – einen ersten Wendepunkt markierte der Tod von **Kamal ol-Molk**, dem »Vater der iranischen Moderne« (1847–1940) – war man ganz dem Realismus verpflichtet. Erst in den 1950er-Jahren begann eine Zeit des Experimentierens und in den 1960er-Jahren brach sich die Moderne vehement Bahn. Als Brennpunkt künftiger kreativer Auseinandersetzung war das 1977 eröffnete **Tehran Museum of Contemporary Art (TMoCA)** konzipiert, doch kappte die Revolution solche Pläne (s. Thema S. 129). Aufhalten ließ sich die Weitung des Horizonts und Internationalisierung dennoch nicht.

In der Provinz, in Städten wie Isfahan, Shiraz, Kermanshah oder gar Mashhad, mag die Handvoll Künstlerinitiativen und Galerien noch mit dem Aufbau von Grundstrukturen beschäftigt sein, mit finanziellen und sozialen Hemmnissen hadern. In der Hauptstadt jedoch pulsiert die Szene und brummt das Geschäft. Es wird weitgehend von privaten Galerien dominiert. Ein gar nicht kleiner Zirkel der urbanen Elite sei sachkundig und sehr kaufkräftig, konstatiert die Kunsthistorikerin Hannah Jacobi, die für ihren lesenswerten, im Herbst 2017 erschienenen Interview-Bildband »Stimmen aus Teheran« (Edition Faust, Frankfurt/Main) zahlreiche Gespräche mit Kunstschaffenden, Theoretikern und Galeristen führte. Allerdings gehe der Trend, weil viel neues Geld involviert sei, weg vom kritischen Diskurs um Kunst und Politik hin zu neuen Galerien in renommierträchtiger Hochglanz-Optik.

Das gefragteste und lukrativste Medium ist nach wie vor die Malerei. Doch ein Streifzug durch die hauptstädtische Galerieszene (kleine Auswahl s. S. 146) offenbart die ganze Bandbreite künstlerischer Formensprache und Medien – von narrativen zu abstrakten Bildern, von Malerei und Zeichnung über Fotografie und Videoarbeiten bis hin zu Bildhauerei und Installationen.

Zwar lebt die große Mehrheit der international anerkannten Künstler, Stars wie **Farhad Moshiri** oder **Reza Derakshani,** deren Werke auf Auktionen längst siebenstellige Dollar-Preise erzielen, seit Langem im Westen. Auch **Shirin Neshat**, die mit Fotografien und Videoarbeiten Weltruhm erlangte, kehrte nach einem Intermezzo in Iran in ihre Wahlheimat New York zurück. Andere aber, wie **Golnaz Fathi** oder **Monir Shahroudy Farmanfarmaian,** die Grande Dame der Szene, haben zumindest zeitweise in Teheran ihren Wohnsitz.

Architektur und Kunst

Literatur

Man stelle sich vor: ein Land, in dem Jung und Alt, alle Generationen einer Familie, ein Kreis von Freunden, abends beisammensitzen und einander Dichterverse oder Selbstgeschriebenes vortragen. Ein Land, dessen Bewohner, vielleicht zahlreicher noch als Koran oder Nahj al-Balagha, die Sammlung von Texten Imam Alis, das Hauptwerk ihres liebsten Dichters auf dem Nachttisch liegen haben – den »Diwan« des Hafis. Ein Land, dessen Menschen für jede Lebenssituation ein Gedicht oder zumindest einen Vers auswendig zu rezitieren vermögen und den Grabstätten ihrer großen Poeten regelmäßig Besuche abstatten, als wären es enge Familienangehörige, die man schmerzlich vermisst. Iran wärmt ohne Zweifel das Herz jedes Literaturfreundes. Seine Dichtkunst zählt zu den kostbarsten Geschenken, die er der Menschheit vermacht hat.

Blütezeit der Poesie

Literarisches hinterlassen haben der Nachwelt schon die Achämeniden: Ihre **Königsinschriften,** die sie vor 2500 Jahren, wie etwa in Bisotun, Naqsh-e Rostam oder Hamadan, in Keilschrift auf Felswände meißeln ließen, waren auf Altpersisch abgefasst und kündeten vorrangig von ihren Herrschaftsprinzipien und kühnen Taten. Noch älter sind die erhaltenen Bruchstücke der **Gathas,** auf Avestisch verfasste Sakralgesänge, die den Kern der heiligen Schrift der Zoroastrier, der Avesta, bilden und aus dem 7. Jh. stammen sollen. Auch von der auf Mittelpersisch verfassten Buchliteratur der Anhänger Zarathustras, hauptsächlich theologische Enzyklopädien aus sassanidischer Zeit, hat wenig überdauert.

Umso reichhaltiger ist das Erbe neupersischer Literatur, die erst in Anlehnung, bald aber in Überwindung der durch die islamischen Eroberer ins Land gebrachten arabischen Traditionen entstanden ist. Ihre Blüte erlebte diese überaus poetische Literatur zwischen dem 10. und 15. Jh., als die größten Dichter persischer Zunge wirkten. Die meisten von ihnen schrieben ihre wichtigen Werke in epischer Form, verwoben darin aber auch Elemente von Dramatik und Lyrik zu einem poetischen Gesamtkunstwerk. Daneben entstanden auch zahlreiche didaktische Werke. Wegweisend in diesem Genre war das »Buch der Staatskunst« (»Siysatnameh«), verfasst von **Nizam al-Molk** (1018–1092). Mit ihm schuf der legendäre Großwesir mehrerer Seldschuken-Sultane einen Ratgeber für mustergültiges Regieren und Verwalten, der als Prototyp der literarischen Gattung des Fürstenspiegels und Vorläufer von Machiavellis Traktat »Il Principe« gilt.

Als Vater der neupersischen Sprache und zugleich Pionier der Kasside, einer ursprünglich altarabischen Hauptform der persischen Lyrik, gilt **Rudaki** (858–941). Er war Hofdichter des samanidischen Emirs in Buchara und hinterließ als sein Meisterwerk die im Orient lange Zeit sehr populäre Fabelsammlung »Kalila und Dimna«, die er aus dem Sanskrit übertrug. Sie diente La Fontaine später als Hauptquelle für seine Fabeln.

Einer der strahlendsten Fixsterne am iranischen Dichterhimmel ist **Firdausi,** der »Paradiesische« (um 940–1020). Mit dem »Buch der Könige« schuf er das wohl gewaltigste Epos, das je ein einzelner Mensch verfasst hat. Mit fast 60 000 Versen ist es rund viermal umfangreicher als Homers »Ilias« und »Odyssee« zusammen. Die Sagen rund um die mythischen Helden Djamshid, Rostam, Kaveh oder Fereydun kennt jedes iranische Kind. Epochal ist das »Shahnameh« aus mehreren Gründen: zum einen, weil sein Schöpfer den Iranern, nachdem das Mittelpersische durch das Eindringen des Arabischen zum Alltagsjargon von Bauern und Händlern herabgesunken war, wieder eine eigene Hoch- und Literatursprache schenkte. Insofern war er sprachhistorisch für sie, was Dante für die Italiener und Luther für die Deutschen war. Zum anderen erfüllte Firdausi, indem er die Entstehung der iranischen Zivilisation beschrieb, seine Landsleute mit neuem Stolz auf ihre frühe, zoroastrisch geprägte Vergangenheit. Selbst gläubiger Muslim, wollte er keineswegs den Wert des Islam schmälern, vielmehr die vorarabischen Traditionen als schätzenswerte Vorstufen zur Gegenwart begreifbar machen.

Auf diesen Giganten folgten weitere, durchwegs sufisch gesinnte: das Universalgenie **Omar Khayyam** (1048–1131), Philosoph, Mathematiker, Astronom, berühmt für seine oft freigeistig-frivolen, »Rubayat« genannten Vierzeiler; **Attar** (ca. 1145–1220), in Europa bekannt als Autor der »Vogelgespräche«; **Nizami** (ca. 1141–1202), dessen Hauptwerk, das »Khamseh« (»Fünf«), überragende Versionen von klassischen Liebesepen wie »Laila und Madschnun« oder »Chosrau und Shirin«, aber auch das »Alexanderbuch« und »Die sieben Schönheiten« umfasst. **Saadi** (ca. 1210–1292), ein Großmeister des doppelversigen Liebesgedichts (Ghasel) und Schöpfer der Gedichtsammlungen »Bustan« (»Obstgarten«) und »Golestan« (»Rosengarten«), bevölkert Irans Dichterpantheon ebenso wie **Sanai** (ca. 1087–1130), ein früher und wichtiger Vertreter des mystischen Lehrgedichts (Masnawi). Der bis heute wahrscheinlich bekannteste und populärste Vertreter der Sufi-Dichtkunst ist **Rumi** (1207–1273). Der in Balkh geborene und in Konya begrabene Gründer des Ordens der Tanzenden Derwische schuf die wegweisenden Werke »Diwan« und »Mathnawi«. Nicht zu vergessen schließlich: **Hafis** (ca. 1320–1390), dem zu Ehren Goethe mit 65 Persisch lernte und den »West-östlichen Divan« schrieb (s. Thema S. 273).

Die Moderne

Die Safawiden förderten die Literatur nicht sonderlich. Im Gegenteil: Indem sie ihr junges, theokratisches Reich zentralisierten, das heißt die regionalen Fürstenhöfe auflösten, erlitt das Mäzenatentum bleibenden Schaden, er-

Zum Grab von Hafis in Shiraz pilgern auch viele junge Verehrer seiner Verskunst

Architektur und Kunst

loschen jene jahrhundertealten Brennpunkte des literarischen Schaffens und mit ihnen das Interesse für höfische Poesie. Viele Dichter emigrierten daraufhin Richtung Subkontinent und entwickelten dort den sogenannten **indischen Stil**. Ihn kennzeichnet eine Vorliebe für Konventionen und überladene Ausdrucksformen, komplizierte Wortspiele und schwülstige Metaphern. Er sollte die persische Literatur viele Generationen lang prägen. Erst im späteren 19. Jh. lösten in Europa erzogene, von aufklärerischen Ideen durchdrungene, um 1900 auch mehr und mehr journalistisch arbeitende Schriftsteller diese stark vergangenheitsorientierten Traditionalisten ab.

In der Zwischenkriegszeit betrat dann, stark beeinflusst auch von den damals schon zahlreichen Übersetzungen zeitgenössischer europäischer Autoren ins Persische, eine junge Generation von **Romanciers und Novellisten** die literarische Bühne. Ihre Hauptvertreter: der gerne als iranischer Kafka bezeichnete **Sadeq Hedayat** (1903–1951, u. a. »Die blinde Eule«) und **Mohammad-Ali Djamalzadeh** (1892–1997). Zur jüngeren Generation zählen **Djalal Al-e Ahmad** (1923–1969), **Bozorg Alavi** (1904–1997), **Sadeq Chubak** (1916–1998, »Der Herr, dessen Herr gestorben war«), **Huschang Golschiri** (1937–2000, »Prinz Ehtedschab«) und **Simin Daneshwar** (1921–2012, »Frag doch die Zugvögel«, »Drama der Trauer«). Internationale Bekanntheit unter den heute Lebenden erlangten **Shahrnush Parsipur** (geb. 1946; »Tuba«, »Frauen ohne Männer«, 2009 verfilmt von Shirin Neshat), **Amir Hassan Cheheltan** (geb. 1957; »Teheran, Stadt ohne Himmel«, »Der Kalligraph von Isfahan«), **Abbas Maroufi** (geb. 1957; »Symphonie der Toten«, »Jahr des Aufruhrs«) und Irans berühmtester, seit Jahren als nobelpreisverdächtig gehandelter Volksepiker, **Mahmud Doulatabadi** (geb. 1940; »Kelidar«, »Nilufar«, »Der Colonel« u. a.).

Auch auf dem Feld der **Lyrik** wehte ab den 1920er-,1930er-Jahren ein frischer, individualistischerer Geist, verkörpert etwa durch **Nima Yushij** (1897–1960), **Ahmad Shamlu** (1925–2000), **Parvin Etesami** (1906–1942) und **Forough Farrokhzad** (1934–1967).

Filmnation Iran

Zu den großen Passionen der Iraner gehört, in gewisser Weise vergleichbar mit dem Picknicken oder Fußball, das Kino. Seit den späten 1980er-Jahren machten bei Filmfestivals zwischen Berlin, Cannes und Venedig die feinsinnig und allegorisch erzählenden Kunstfilme eines **Abbas Kiarostami** (1940–2106) oder **Mohsen Makhmalbaf** (geb. 1957) regelmäßig Furore und begeisterten anschließend in Europas Arthouse-Kinos die Cineasten. Wie sehr iranisches Filmschaffen in seinem Herkunftsland ein Massenphänomen ist, das große Bevölkerungskreise begeistert, ist im Westen jedoch kaum bekannt. An den Kassen der mehr als 100 Kinos der Hauptstadt, die, von privater Hand betrieben, im Durchschnitt 1000 Besucher fassen, stehen die Menschen oft Schlange. Auch das alljährlich im Spätwinter veranstaltete **Fajr Film Festival**, eine längst auch international viel beachtete Leistungsschau, ist ein Publikumsmagnet (www.fajriff.com).

Die kollektive Begeisterung reicht weit in die Frühzeit der Kinokultur zurück. Schon 1904 eröffnete in Teheran das erste Lichtspieltheater, in dem man ausländische Produktionen zeigte. Kurz nach dem Zweiten Weltkrieg wurde das erste iranische Filmstudio gegründet. Wenig später boomte die Branche. In 40 Studios wurden jährlich bis zu 90 Filme hergestellt. Bald bildete sich mit **Filmfarsi** ein spezifisch iranisches Genre heraus, das Elemente aus amerikanischen, italienischen und indischen Produktionen zu einer Mischung aus Musical, Melodram und Actionkomödie verschmolz. Anfang der 1970er-Jahre entstand dann ein mit der französischen Nouvelle Vague vergleichbares Autorenkino, **Moje No** mit Namen. Seine Schöpfer waren größtenteils linke Intellektuelle, die, von der stark politischen Gegenwartsliteratur geprägt, abseits allen Kommerzes sozialkritische Themen behandelten. Konflikte mit der staatlichen Zensur waren vorprogrammiert.

Die Islamische Revolution zwang das iranische Kino vorerst in die Knie. Mehr als 180 Kinos wurden von Radikalen, die darin Brutstätten moralischer Korruption und Instrumente des westlichen Imperialismus sahen, verwüstet und teilweise niedergebrannt – berühmt-berüchtigt: der Brandanschlag auf das Cinema Rex im August 1978 in Abadan mit 430 Toten. Parallel entstand binnen kürzester Zeit eine Vielzahl revolutionär-islamischer **Agitprop-Filme,** die an Schulen und Universitäten, in Fabriken und sogar Moscheen vorgeführt wurden. Bald formulierten die neuen Machthaber die Idee einer islamischen Filmpolitik. Diese sah den Ersatz importierter Filme durch eigenproduzierte vor. Die Einfuhr ausländischer Streifen durch private Verleiher wurde rigoros untersagt und im Gegenzug die halbstaatliche **Farabi Cinema Foundation** gegründet. Sie zeichnete fortan nicht nur für den Import, sondern auch für die Präsenz iranischer Produktionen im Ausland verantwortlich. Tatsächlich gelang mittels gezielter staatlicher Förderung binnen weniger Jahre der Aufbau einer nationalen Kinematografie. Dabei bekamen vor allem junge Talente ihre Chance. Während viele arrivierte Regisseure wie **Abbas Kiarostami, Bahram Bayzai** (geb. 1938), **Amir Naderi** (geb. 1946) oder **Dariush Mehrjui** (geb. 1939) als »sittlich zweifelhaft« eingestuft und mit Berufsverbot belegt wurden, eroberten Dutzende Nachwuchskünstler den Markt. Für einige Jahre schien sich das Ideal der Verschmelzung von Kunst und Kommerz, durch das anspruchsvolle Filme ein großes Publikum finden, zu verwirklichen.

Die Kehrseite der Medaille bildete die Zensur. Natürlich hatten bereits die Behörden des Schahs maßgeblich bestimmt, was dem Kinopublikum vorgesetzt werden durfte, und vor allem auf Gesellschaftskritik, das Aufzeigen sozialer Missstände überaus empfindlich reagiert. Unter Khomeini hingegen urteilten die Kontrolleure vorrangig nach moralisch-religiösen Kriterien. Wobei sie vor allem brandmarkten, was sich auch nur im Entferntesten auf die Themen Sexualität und Geschlechterbeziehung bezog. So wurden unmittelbar nach der Revolution sämtliche 2200 jemals in Iran gezeigten in- und ausländischen Filme einer Revision unterzogen. Gerade 200 bestanden die Tauglichkeitsprüfung. Doch selbst von ihnen mussten viele weitreichende Schnitte über sich ergehen lassen.

Im Laufe der 1990er-Jahre wurden die Zensurbestimmungen merklich gemildert. Einziges nach wie vor eisernes Tabu war und ist bis heute, neben expliziter Erotik, die Hinterfragung des Islam, seiner Rolle als geistiges Fundament der Gesellschaft und seiner obersten Repräsentanten. Ein vielsagendes Signal erhielt 1990 **Behrouz Afkhami** (geb. 1956), der in seinem Streifen »Arus«,»Die Braut«, als erster postrevolutionärer Regisseur ein unverhülltes Frauengesicht als Close-Up zeigen durfte und damit binnen Wochen den größten Kassenschlager der iranischen Kinogeschichte landete. Ein Hauptgrund für die Lockerung: Offiziell Verbotenes war damals auf dem Video-Schwarzmarkt ohnehin problemlos erhältlich. Heute wird es kurzerhand per Internet ins Land geladen.

In den letzten zwei Jahrzehnten hat sich die Filmlandschaft stark verändert. Irans heutige, mehrheitlich junge Kinogänger begeistern sich vor allem für Komödien, Melodramen, Kriminal- oder Kriegsfilme. Ein Riesenerfolg war etwa der ironisch-subversive Streifen »Marmoulak« (»Eidechse«, 2004), in dem ein als Mullah verkleideter Dieb die fragwürdigen Verhaltensmuster von Geistlichen bloßstellt. Im Zuge der starken Kommerzialisierung ist sogar wieder ein Starkult entstanden, wie er bis zur Revolution stark ausgeprägt, danach aber lange Zeit verpönt war – mit männlichen und weiblichen Stars à la Hollywood, hohen Gagen, hysterischen Fans und Klatschmagazinen, die das Privatleben der Leinwandhelden ausleuchten.

Zugleich drehen Regisseur/innen wie **Majid Majidi** (geb. 1959, »Kinder des Himmels«, »Lied der Sperlinge«), **Rafi Pitts** (geb. 1967, »Zeit des Zorns«), **Jafar Panahi** (geb. 1960, »Taxi Teheran«), **Asghar Farhadi** (geb. 1972, »Le Passé«, »The Salesman«) oder **Samira Makhmalbaf** (geb. 1980, »Two-legged horse«) weiterhin sehr kritisch-subtile, auch vom europäischen Publikum hoch geschätzte Filme. Farhadi erhielt für sein ungemein vielschichtiges Familiendrama »Nader und Simin – Eine Trennung«, das übrigens mit großem Erfolg auch in iranischen Kinos lief, in einer Saison (2011/12) über 40 Preise, darunter Goldener Bär, César, Oscar und Golden Globe Award.

Wissenswertes für die Reise

Anreise und Verkehr
Übernachten
Essen und Trinken
Outdoor
Feste und Veranstaltungen
Reiseinfos von A bis Z

Ein Musterbeispiel architektonischer Harmonie: Moschee und Medrese Agha Bozorg in Kashan

Ein Merkmal der Bandari-Frauen an der Golfküste sind ihre bestickten Boregheh-Masken

Dass es sich bei Anarak um eine alte Bergbaustadt handelt, erkennt man auch am verschiedenfarbigen Gestein des umliegenden Damakil-Gebirges

Anreise und Verkehr

Einreisedokumente und -bestimmungen

EU-Bürger und Schweizer benötigen ein **Visum**. Voraussetzung für dessen Erteilung ist die Vorlage eines ab dem Einreisedatum noch sechs Monate gültigen **Reisepasses**, der keinen israelischen Einreisestempel enthält. Kinder benötigen unabhängig vom Alter ein eigenes Reisedokument.

Über die genauen aktuellen Bedingungen zum Visaerhalt sowie zur vorab nötigen Einholung einer Genehmigung beim Teheraner Außenministerium, der **Visumreferenznummer**, informieren Irans Botschaften in Berlin, Wien und Bern bzw. die Generalkonsulate in Hamburg, Frankfurt/Main und München (s. S. 91). Der übliche Weg der Visabeschaffung – die in der Hauptsaison drei und auch mehr Wochen dauern kann – führte bisher über die iranischen Vertretungen im jeweiligen Heimatland. Wobei diese Individualreisende häufig an geeignete Reiseagenturen verweisen, welche zunächst die Referenznummer besorgen, anhand derer dann die Konsularstelle das eigentliche Visum ausstellt. Bei organisierten Reisen übernimmt die Besorgung in der Regel der Veranstalter. Für Eilige besteht gegen Aufzahlung die Möglichkeit eines **Expressantrags.** Die Einreise muss ab Datum der Ausstellung innerhalb von 90 Tagen erfolgen.

E-Visa

Seit Sommer 2017 haben Individualreisende auch die Möglichkeit, über die englischsprachige Website http://e_visa.mfa.ir/en die Visumreferenznummer auf elektronischem Weg zu beantragen. Dieses Verfahren ersetzt die bisherige anfängliche Einreichung vor Ort in einer diplomatischen Vertretung und klappt erfahrungsgemäß einwandfrei. Die nötige Vorgangsweise wird auf besagter Website in allen Detailschritten leicht nachvollziehbar erläutert. Nach Erhalt der Nummer muss man mit dieser und dem originalen Reisepass aber weiterhin in der Konsularabteilung der iranischen Vertretung das eigentliche Visum beantragen.

Visa on Arrival

Wer auf dem Luftweg anreist, kann auch direkt bei Landung ein 30-tägiges **Touristenvisum** bekommen. Dies gilt für die internationalen Flughäfen, also Isfahan, Shiraz, Mashhad, Tabriz, Ahvaz, Kish, Qeshm, Bushehr, Bandar-e Abbas, Chabahar und natürlich Teherans Imam Khomeini Airport (für EU-Bürger 75 €). Voraussetzung ist die Vorlage von Belegen über den Abschluss einer Reiseversicherung (für 16 US-$/Monat auch vor Ort möglich) und eine Hotelbuchung oder Einladung (möglichst mit Name, Adresse und Telefonnummer des Gastgebers) für die Aufenthaltsdauer, sowie eines Rückflugtickets und eines Passfotos.

Um den Prozess der Ausstellung nach Ankunft zu beschleunigen, sollte man spätestens zwei Tage vor Abflug auf elektronischem Weg ein Antragsformular für ein **Visa on Arrival** (http://e_visa.mfa.ir/en, Link ›Electronic Visa‹) ausfüllen und absenden. Ein Ausdruck ist dann im Ankunftsflughafen am zuständigen Schalter vorzulegen. Wohlgemerkt besteht auf ein solches Visum kein Rechtsanspruch, es ist auch oft mit ein- bis zweistündigen Wartezeiten verbunden. Wer sichergehen will, besorgt sich das Visum jedenfalls vor dem Flug. An Grenzübergängen über Land werden offiziell keine Visa ausgestellt.

Visaverlängerung

Die Aufenthaltsdauer variiert in der Regel zwischen 14 und 30 Tagen. Eine **Verlängerung** ist meist problemlos möglich, und zwar, so die Faustregel, zumindest zweimal um die jeweilige Dauer des ursprünglichen Visums. Die Verlängerung gilt nicht ab dem letzten Tag des Erstvisums, sondern bereits ab dem der Einreichung für die Verlängerung. Um die volle Folgeperiode ausschöpfen zu können, sollte man deshalb erst gegen Ende der Aufenthaltsfrist einreichen. Benötigt werden u. a. zwei Passfotos, Frauen müssen darauf den Hijab tragen.

Am einfachsten erhält man die Verlängerung in den Touristenstädten Isfahan, Shiraz, Yazd und Teheran, möglich ist sie u. a. auch in Tabriz, Mashhad, Kerman und manchen kleineren Städten. In letzteren kann die Prozedur zwei und mehr Tage in Anspruch nehmen. Generell gilt: Zuständig sind die **Ausländerbüros** oder **Passbüros** *(edareh gozarnameh)*, in kleineren Städten auch das zentrale Polizeiquartier. Bei der Klärung der Adressen, Öffnungszeiten etc. ist das Hotelpersonal in der Regel gerne behilflich. Die Begleitung beim Behördengang durch einen Einheimischen ist allein aus Verständigungsgründen ratsam.

Die Gesamtaufenthaltsdauer für Touristen ist innerhalb von zwölf Monaten grundsätzlich auf 90 Tage begrenzt. Der Ablauf eines Visums vor der Ausreise wie auch der Verlust des Reisepasses verursacht erhebliche Schwierigkeiten mit den Behörden und wird mit empfindlichen Strafen geahndet.

Ein- und Ausfuhr von Waren

Gegenstände für den persönlichen Bedarf können prinzipiell zollfrei eingeführt werden. Die **Einfuhr** von Schweinefleisch und Produkten, die solches enthalten, von Alkohol und Waffen jeglicher Art sowie Publikationen, die die offiziell strengen iranischen Moralvorstellungen verletzten könnten, ist strikt verboten. Bücher, Bild- und Tonträger, Speicherplatten und auch Handys sollten keine heiklen Daten enthalten. Sie werden unter Umständen – bei Touristen aber wenig wahrscheinlich – auf ihre Vereinbarkeit mit besagten Normen überprüft. Wer ganz sichergehen will, löscht zuvor auch eventuell kompromittierende Fotos von seinem Facebook- oder einem ähnlichen Account. Die Einfuhr von Smartphone, Laptop, Kamera etc. ist, so es sich nicht um eine hochprofessionelle Filmausrüstung handelt, kein Problem. Höherwertige Geräte sollte man, wie auch Sportausrüstungen, bei der Einreise deklarieren; ebenso Barbeträge von über 1000 US-Dollar. In der Praxis schert sich allerdings kein Grenzer darum. Wie überhaupt ausländische Touristen die Zollkontrolle meistens unbehelligt passieren.

Die **Ausfuhr** von Antiquitäten einschließlich ›antiker‹ Teppiche bedarf der Genehmigung durch die Kulturbehörde. Pro Person darf *ein* maximal 6 m² großer und 30 Jahre alter Teppich ausgeführt werden. Für größere bzw. ältere Stücke wird eine Exportbewilligung verlangt. Zu warnen ist vor der Ausfuhr von Tieren jedweder Art sowie von Kaviar in nicht staatlich autorisierten Verpackungen. Verstöße gegen das Artenschutzabkommen ziehen harsche Strafen, eventuell sogar Haft nach sich.

Anreise

Mit dem Flugzeug

Die meisten Gäste reisen auf dem Luftweg an. Lufthansa (www.lufthansa.com) fliegt von Frankfurt/Main und München, Swiss von Zürich direkt nach Teheran, Austrian (www.austrian.com) von Wien nach Teheran sowie direkt nach Isfahan und weiter nach Shiraz, Iran Air (www.iranair.com) von Frankfurt/Main, Hamburg, Köln, Wien und Zürich, Mahan Air (www.mahan.aero) von Düsseldorf und München und Germania (www.flygermania.com) von Berlin direkt nach Teheran. Turkish Airlines (www.turkishairlines.com) verbinden Istanbul direkt mit Teheran, Isfahan, Shiraz, Ahvaz, Mashhad und Tabriz. Auch die Anreise via Dubai mit Emirates (www.emirates.com) oder Flydubai (www.flydubai.com) bzw. via Doha mit Qatar Airways (www.qatarairways.com) macht Sinn.

Details zum **Transfer vom Flughafen** ins Stadtzentrum in den Info-Teilen der jeweiligen Städte unter der Rubrik ›Verkehr‹.

Mit der Bahn

Derzeit verkehren zwischen Iran und seinen Nachbarländern nur zwei internationale Züge: der Trans-Asia-Express zwischen Teheran und Ankara (2400 km, ca. 70 Std., 2 Mio. Rl.) und ein weiterer zwischen Tabriz und Van (332 km, 480 000 Rl.), Infos: www.raja.ir.

Mit dem Schiff

2- bis 3-mal wöchentlich verkehren Roll-on-Roll-off-Fährschiffe zwischen Sharjah und Bandar-e Abbas (Fahrzeit 21 Std.) sowie Dubai und Bandar-e Lengeh (Fahrzeit 10 Std.), Detailinfos über Valfajr Shipping Company (www.valfajr.ir) bzw. auf S. 326 (Bandar-e Abbas) und S. 317 (Bandar-e Lengeh).

Mit Bus, Pkw oder Motorrad

Bei Anreise auf dem Landweg ist vorbehaltlich kurzfristiger Änderungen der (sicherheits)politischen Lage die Ein- und Ausreise über folgende **Grenzübergänge** problemlos möglich:

Zur Türkei: Gurbulak–Bazargan an der Strecke zwischen den Städten Tabriz und Dogubeyazit bzw. Erzurum/Ankara, geöffnet 7 Tage/24 Std. (s. auch S. 210/Maku); Esendere–Sero: Fernbusse zwischen Orumiyeh und Van, nur tagsüber geöffnet; Kapikoy–Razi: beliebt bei Selbstfahrern.

Zum Irak: Grenzen zu **Irakisch-Kurdistan** sind offen und gefahrlos, namentlich Piranshahr–Haj Omran: Busse zwischen Tabriz bzw. Orumiyeh und Erbil; Bashmaq–Panjwin: Busse zwischen Marivan und Suleymaniyeh; die Übergänge in den eigentlichen Irak, Salamcheh–Chazzabeh und bei Mehran sind für Iraner offen, für internationale Reisende, auch wegen der Sicherheitslage im Irak, mit Fragezeichen versehen.

Nach Armenien: Norduz–Agarak, Busse zwischen Tabriz und Jerewan, Zubringer auf armenischer Seite von Kapan und Karajan schwierig.

Nach Aserbaidschan: Astara–Astara, Grenze verläuft durch die Stadt und ist einfach zu Fuß zu überqueren; alternativ: weiter nördlich bei Bilasuvar; in die Enklave Nachitschevan: Jolfa–Julfa, für internationale Reisende offen; Poldasht–Shahtakhti nur für Azeris und Iraner.

Nach Turkmenistan: Bajgiran–Gaudan, nach Sperre 2016 wieder offen, allerdings nur bis 15.30 Uhr, Bus von Quchan/Mashhad, drüben Taxis nach Ashgabat; Lotfabad–Artyk, praktikabel vor allem für Selbstfahrer.

Nach Afghanistan: Dogharun/Taybad bzw. Islam Qala, zur Weiterfahrt nach Herat s. S. 485/Mashhad; Milak–Zaranj, offiziell geöffnet, aber aus Sicherheitsgründen zu meiden.

Nach Pakistan: Mirjaveh–Taftan, Busse zwischen Zahedan und Quetta, 2- bis 3-tägige Unternehmung, auf iranischer Seite (Sistan-Belutschistan) besteht eine Reisewarnung, Begleitschutz durch Militär zur Grenze optional, auf pakistanischer Seite Begleitschutz mit 15 x wechselnden Fahrzeugen verpflichtend, 20 Std. Fahrzeit bis Quetta, sehr mühsam; Mand–Pishin geschlossen.

Detaillierte, häufig aktualisierte Infos auf Englisch unter **www.caravanistan.com/border-crossings/iran**.

So nicht anders angegeben, sind sämtliche Grenzübergänge tagsüber, eventuell mit Mittagspause, geöffnet. Für Busreisende ist es generell ratsamer, Busse bis zur Grenze bzw. Zubringer-Minibusse von der nächsten größeren Stadt zu nehmen und auf der anderen Seite einen neuen zu besteigen. Wer in ein und demselben Bus die Grenze überquert, läuft Gefahr, infolge langwieriger Zollkontrolle aller Passagiere viel Zeit zu verlieren. Ausnahmen bilden die Fernbusse von Teheran (Terminal-e Jonub) nach Ankara bzw. Istanbul.

Achtung: Unbedingt zu beachten ist, dass der Grenzer im Pass einen Einreisevermerk einstempelt. Ohne einen solchen wird nämlich die Ausreise verweigert.

Nötige Dokumente

Für die Einreise mit dem eigenen PKW oder Motorrad benötigt man, abgesehen vom Visum, einen **Internationalen Führerschein** und **Kraftfahrzeugbrief** sowie ein im Heimatland bei ADAC bzw. ÖAMTC oder ACS zu besorgendes **Carnet de Passage;** außerdem eine **Bescheinigung zum Versicherungsschutz** für die gesamte Dauer des Aufenthalts in Iran, die aber auch an der Grenze gegen Gebühr ausgestellt wird. Da die Einreise mit dem eigenen Fahrzeug von den iranischen Behörden bisweilen verweigert wird, sollte man sich unbedingt rechtzeitig bei der zuständigen Auslandsvertretung informieren. Dies umso mehr, wenn man die Reise mit einem Dieselfahrzeug plant. Biker auf schwereren Maschinen sollten sich nicht wundern, wenn sie damit große Aufmerksamkeit erregen. Da in Iran ausschließlich die Polizei Motorräder mit mehr als 150 cm^3 fahren darf, sind sie in privaten Händen ein bewundertes Kuriosum.

Verkehrsmittel im Land

Inlandsflüge

Noch sind die Flotten veraltet. Doch mehrere Hundert neue Maschinen sind bei Airbus und Boeing bereits geordert. Dicht ist das Streckennetz allerdings schon jetzt. Und man kann ja sicherheitshalber bei den verlässlichsten Airlines buchen – **Iran Air, Mahan Air** und **Iran Aseman.** Immerhin sind die Tickets noch äußerst preiswert, kosten im Schnitt um 2 Mio. Rl., maximal 2,8–3,2 Mio. Rl. In Kauf nehmen muss man dafür leider häufig mehrstündige Verspätungen. Vor Ort kann man in den Büros der Fluggesellschaften oder über Reiseveranstalter problemlos Tickets kaufen. Aus dem Ausland ist das sanktionsbedingt schwierig. Am besten beauftragt man auch in diesem Fall damit ein Reisebüro in Iran.

Neben Iran Air und Mahan Air (s. S. 73) bevölkern Flieger folgender Gesellschaften den inländischen Luftraum: **Kish Air** (www.kishairlines.ir), **Qeshm Airlines** (u. a. Teheran, Qeshm, Kish; Tel. 021 47 999, 021 4273 8888, www.qeshm-air.com), **Taban Air** (Tel. 021 4469 2443, www.taban.aero/en), **Zagros Airlines** (u. a. Teheran, Ahwaz, Tel. 021 4401 3581-83, www.zagrosairlines.com), **Caspian Airlines** (www.caspian.aero, nur Farsi), **Iran Aseman** (www.iaa.ir, nur Farsi).

Bahn

Irans Bahnnetz umfasst mehr als 6500 km und wird in jüngster Zeit massiv erweitert. Als schnelle, bequeme, umweltfreundliche und vor allem sichere Alternative zur Straße erlebt das Eisenbahnwesen eine regelrechte Renaissance. Stolz ist man etwa zu Recht auf die erst vor wenigen Jahren eröffnete, ingenieurstechnisch anspruchsvolle Strecke von Isfahan durch das Zagros-Gebirge nach Shiraz. Relativ neu sind auch die Strecken von Qazvin über Rasht nach Astara, von Mashhad über Tabas nach Bafq, von Bam nach Zahedan sowie im Westen nach Orumiyeh, Sanandaj und Kermanshah. Auch zahlreiche neue, hypermoderne Bahnhöfe zeugen von großem Modernisierungswillen. Zentraler Knotenpunkt ist weiterhin Teheran. Von hier führen Verbindungen etwa nach Tabriz, Gorgan, Mashhad, Isfahan, Kerman, Bandar-e Abbas, Zahedan und Ahvaz.

Auf den meisten **Fernstrecken** gibt es neben mehreren Tages- auch Nachtverbindungen. Sie führen Speise- und Letztere auch Liegewagen. Für Frauen sind Uni-Sex-Liegewagen reserviert. **Regionale Verbindungen** über kurze Strecken mit vielen Umsteigemöglichkeiten sind hingegen eine Seltenheit.

Der **Preis** für einen Sitz in der 2. Klasse entspricht in etwa dem in einem regulären, in der 1. Klasse dem in einem VIP-Bus. Ist ein Abteil überfüllt, kann man unterwegs gegen Aufpreis upgraden. Deutlich teurer ist die Fahrt mit dem Luxuszug »Simorgh«, der auf der viel befahrenen Strecke Teheran–Mashhad verkehrt und zusätzlich u. a. über Telefon und TV verfügt.

Infos und Buchung

Tickets kann man bis zu einem Monat im Voraus an jedem Bahnhof oder auch über Reisebüros reservieren und kaufen. Eine fantastische, englischsprachige Übersicht mit Streckennetz, Fahrplänen, Zugtypen, Porträts sämtlicher Stationen und einschlägigen Links ist www.iranrail.net. Über dieses von Johannes Heger, einem gebürtigen Österreicher und profunden Kenner des iranischen Eisenbahnwesens, erstelltes **Webportal** kann man online Plätze reservieren, Fahrkarten kaufen und mit Kreditkarte bezahlen. Speziellere Fachfragen werden auch direkt per Mail beantwortet (Johannes.heger@orientbahn-reisen.de). Heger kooperiert eng mit dem Veranstalter Orientbahn Reisen, der über seinen Travelservice Iran (www.orient

bahn-reisen.de) neben Sonderreisen auch Online-Hotelbuchungen anbietet.

Ebenfalls sehr nützlich und auf Englisch geführt ist die offizielle Website der Iranischen Bahn: www.rai.ir. Websites weiterer Zugbetreiber sind, allerdings nur auf Farsi: www.raja.ir, www.fadaktrains.ir und www.safirrail.ir; für die türkische Seite www.tcdd.gov.tr und www.railturkey.org.

Bus

Das landesweit mit Abstand gebräuchlichste und preiswerteste öffentliche Verkehrsmittel sind **Überlandbusse.** Mit ihnen erreicht man so gut wie jeden Ort. An die zwei Dutzend große Busunternehmen buhlen mit Fahrplänen, die alle großen und mittleren Städte umfassen, um Passagiere. Die meisten sind als **Kooperativen** *(ta'avoni)* organisiert. Inzwischen tragen sie individuelle Namen – Seir-o Safar, Iran Peyma, Hamsafar, ADL, Asia oder Royal Safar etc. Doch immer noch sind sie auch nach dem alten System durchnummeriert und in den Busbahnhöfen bzw. auf jedem Fahrerhaus entsprechend als *ta'avoni* 1, 2, 3 etc. ausgeschrieben. Jede Kooperative betreibt ihr eigenes Liniennetz. Aber in den größeren Städten benutzen alle dieselben, in der Regel am Stadtrand gelegenen **Busbahnhöfe.**

Zu unterscheiden ist zwischen **regulären Überlandbussen** *(mahmooly)* und den luxuriöseren, mit komfortablen Lehnsitzen ausgestatteten **VIP-Bussen.** Mit wenigen Ausnahmen entsprechen alle Busse modernen Technik-Standards. Sie sind mit Klimaanlage und Sicherheitsgurten ausgestattet. Im Ticketpreis inkludierte Snacks und Drinks werden vom Fahrer-Assistenten verteilt. Die Sitze – auf denen Männer und Frauen übrigens, ob verheiratet oder nicht, nebeneinander Platz nehmen dürfen – sind nummeriert. Das Tempolimit beträgt über Land 90 km/h. Die Fahrer müssen regelmäßig bei Polizeistationen halten, wo ihr digitales Fahrtenbuch kontrolliert wird. Auf langen Strecken legt der Fahrer Pausen ein, die Gelegenheit zum WC-Besuch geben. Zu den Essenszeiten tut er dies vor preiswerten, erfahrungsgemäß guten Kalorientankstellen. Sein Hupsignal für die Weiterfahrt sollte man tunlichst nicht überhören.

Die **Preise** für Bustickets sind im Vergleich zu Europa spottbillig. Die Fahrt von Shiraz nach Mashhad z. B. kostet im Normalbus knapp 300 000 Rl., im VIP-Bus nur um etwa die Hälfte mehr.

Infos und Buchung

Tickets kauft man entweder bequem über eine lokale Agentur (die sie dann meist bis ins Hotel liefert) oder selbst am Busbahnhof. Dort spricht zwar kaum ein Angestellter Englisch. Doch Einheimische helfen immer gerne dabei, den richtigen Schalter bzw. zur Abfahrt bereitstehenden Bus zu finden. In größeren Städten betreiben manche Kooperativen im Zentrum eigene Büros, wo man Auskünfte und vorab auch Tickets erhält. Tage im Voraus zu reservieren oder zu kaufen beruhigt zwar die Nerven. In der Praxis kann man aber getrost darauf vertrauen, am Terminal auch noch kurzfristig Tickets zu bekommen. Außerdem verkehren zwischen manchen großen Städten Busse in extrem hoher Frequenz, manchmal mehrere in der Stunde. In kleineren Städten steuern manche Busse auf der Durchfahrt nicht eigens den Terminal an. Stattdessen muss man an einem festgelegten Kreisverkehr an der Umfahrungsstraße zusteigen. Passanten weisen dorthin gerne den Weg oder helfen beim Anheuern eines Zubringertaxis. Will man in entlegenen Regionen oder von kleinen Dörfern mit dem Bus weiterreisen, ist es nicht unüblich, dass der Quartiergeber den Chauffeur telefonisch vorab kontaktiert. Der hält dann am vereinbarten Treffpunkt, um den Gast individuell zusteigen zu lassen.

Mittlerweile gibt es etliche **Webportale,** über die man Bustickets online kaufen kann. Allerdings nur, wenn man Farsi versteht. Ein Pionier ist die Firma **ITTS (Iran Tourists Transportation Service):** Auf ihrer Website www.irantts.com kann man Bahn- und Bustickets und auch Taxis für Überlandfahrten auf Englisch online buchen.

Taxis und Sammeltaxis

Über diese beiden unverzichtbaren Nahversorger der innerstädtischen Mobilität ist im Kapitel Teheran unter der Rubrik ›Verkehr‹ (S. 153) alles Wichtige gesagt. Sammeltaxis *(savari)* sind, vor allem auf Nebenstrecken, auch über Land eine preisgünstige Alternative zu Bussen, und auch Taxis sind, speziell wenn man für Fotostopps oder Besichtigungen flexibel sein will, für Überlandfahrten eine Option. Paradebeispiel: der Ausflug von Shiraz hinaus nach Persepolis. Die höheren Kosten relativieren sich, wenn man sie auf mehrere Mit-Passagiere aufteilt.

Auto

Irans Fernverkehrs- und Hauptstraßen sind sehr gut ausgebaut und in tadellosem Zustand. Manche Zubringer zu kleinen Orten hingegen, Nebenstraßen in Dörfern, peripheren Berg- oder Wüstengegenden sind noch nicht asphaltiert und teilweise nur mit Geländewagen befahrbar. Es gibt etwa 1600 km gebührenpflichtige Autobahnen. Die **Maut** muss bar bezahlt werden. Entlang Überlandstraßen und auch auf den innerstädtischen Hauptverbindungen erfolgt die **Beschilderung** meist auf Farsi und Englisch. Schwierig ist die Orientierung auf dem Land, wo Ortsnamen oft nur auf Farsi angeführt sind und nur gestikulierendes Nach-dem-Weg-Fragen zum Ziel führt. Eine gängige Option in Städten: ein Taxi bezahlen, damit es vorausfahrend den Weg weist. Von Nachtfahrten ist mit Hinblick auf – auch vierbeinige – unbeleuchtete Verkehrsteilnehmer, auf Schlaglöcher und, in ganz entlegenen, grenznahen (Wüsten-)Gebieten, allfällige Wegelagerer abzusehen.

Reparaturwerkstätten finden sich in jedem größeren Ort, allerdings keine regulären Vertragswerkstätten westlicher Hersteller und kaum originale Ersatzteile. Irans Mechaniker dafür aber Meister der Improvisation.

Benzin ist vergleichsweise günstig. Superbenzin kostet pro Liter 10 000 Rl. (Stand 2017), seine Oktanzahl ist jedoch oft motorstrapazierend gering. Im Zweifelsfall fragen. Treibstoff ist nur mit Tankkarte erhältlich. Tankwarte helfen Ausländern in der Regel gegen Barzahlung mit der ihrigen aus. Achtung Selbstfahrer: Von der Einreise mit Dieselfahrzeugen ist abzuraten. Diesel ist kaum erhältlich und, wenn vorhanden, von miserabler Qualität.

Pannenhilfe: Touring and Automobile Club of the Islamic Republic of Iran (TACI), Azadi St. 231,Teheran, Tel. 021 6690 0771-4, info@tac.org.ir, www.tac.org.ir; Pannenhilfe in Teheran Tel. 021 8874 1190-1.

Mietwagen

Als Selbstfahrer einen Wagen zu mieten ist, vor allem im Hinblick auf den Stadtverkehr nur für Hartgesottene ratsam. Der einzige internationale Anbieter – für Leihwagen mit oder ohne Chauffeur – ist **Europcar** mit Filialen in Teheran und Shiraz (jeweils in der Stadt und am Flughafen), Bandar-e Abbas und Mashhad (jeweils am Flughafen) und Isfahan-Stadt, zentrale Reservierung unter Tel. +98 (0)21 8836 6615, www.europcar.ir.

Autos mit Driverguides werden von etlichen Reiseveranstaltern vermittelt. Ein verlässlicher Anbieter ist **Seiro Safar,** 24-Std.-Hotline im Inland Tel. 1833, aus dem Ausland Tel. 0098 (0)21 4466 7236.

Verkehrsregeln

Auf dem Papier gelten im Wesentlichen dieselben **Verkehrsregeln** wie in Europa: Es wird rechts gefahren und die Promille-Grenze liegt, wenig überraschend, bei strikten 0,0. Die erlaubte Höchstgeschwindigkeit ist außerorts und auf Autobahnen 95 km/h, nachts 80 km/h, innerorts 50 bzw. 40 km/h. In der Praxis ist das Fahrverhalten der Iraner allerdings, gelinde gesagt, fragwürdig. Die mangelhafte Wartung vieler Fahrzeuge tut ein Übriges. Vor allem in Großstädten wird auf Teufel komm raus geschnitten, aufgefahren, ausgebremst – erhöhte Vorsicht ist daher geboten, in Teheran zwecks Schonung von Nerven und Karosserie der Umstieg auf Taxi oder Metro empfohlen. Die Unfallstatistik mit jährlich 28 000 Verkehrstoten (zum Vergleich: Deutschland mit ähnlich großer Einwohnerzahl zählt 3500) spricht für sich.

Übernachten

Grundsätzlich bietet Irans Hotellerie die gesamte Palette an möglichen Quartieren – vom allerschlichtesten, manchmal nicht lupenrein sauberen *mosaferkhaneh* über das (halb-)staatliche 0815- und privat geführte Boutiquehotel bis zur Luxusherberge. Wegen der grassierenden Rechtsunsicherheit und wegen sanktionsbedingter Hürden haben ausländische, vor allem westliche Investoren seit 1979 um den iranischen Markt einen großen Bogen gemacht. Das Ergebnis: Internationale Hotelketten sind – Ibis und Novotel am Flughafen Teheran bilden die große Ausnahme – bislang nirgendwo präsent. Vor allem in Touristenhochburgen wie Isfahan oder Shiraz herrscht zur Hochsaison akuter Mangel an Mittelklassehotels. Und bei vielen vorhandenen hapert es an der Qualität, wäre eine Modernisierung bitter nötig. Speziell in diesen Städten empfiehlt es sich deshalb, langfristig im Voraus zu reservieren.

Wichtig zu wissen: In den meisten Hotels muss man den Reisepass für die Dauer des Aufenthalts an der Rezeption abgeben. Keine Sorge, er wird verlässlich zurückgegeben. Aber eine Kopie auch des Visums sollte man für alle Fälle bei sich tragen. Ratsam ist weiterhin die Mitnahme einer Visitenkarte des Hotels. Sie ist meist zweisprachig und verrät jedem Taxifahrer unmissverständlich, wo man zu Hause ist.

Kleines Sterne-ABC

Hotels werden, wie international üblich, von der staatlichen Tourismusbehörde Kategorien von ein bis fünf Sternen zugeordnet. Dies bietet eine gute Erstorientierung über die zu erwartende Qualität. Allerdings sind die Kriterien zur Vergabe der Sterne nur bedingt mit jenen in Europa vergleichbar. Sie beziehen sich vorrangig auf das Vorhandensein einer gewissen Ausstattung, aber nicht auf den Erhaltungszustand oder die Servicequalität. Letztere werden, für Uneingeweihte eher verwirrend, durch eine zusätzliche Unterteilung jeder Kategorie in A und B beurteilt. Mit dem Fazit, dass eine Viersterne-B-Unterkunft in der Praxis viel schlechter als eine Dreisterne-A-Herberge sein kann. Als Faustregel gilt: Die Erwartungshaltung sollte um einen Stern heruntergeschraubt werden.

LAND IM AUFBRUCH

Iran ist ein Land im Auf- und Umbruch, gerade auch im Bereich des Tourismus. Entsprechend ist vieles ständig im Fluss – auch Angaben wie Telefonnummern, Mail- und Webadressen. Neue Hotels, Gastrobetriebe und Attraktionen werden am laufenden Band eröffnet, schließen, die Betreiber wechseln. Manche Angaben im Reiseteil dieses Buches sind daher, obwohl sorgfältig recherchiert, mit Vorbehalt zu sehen. Angesichts der immer noch hohen Inflation und stark schwankenden Wechselkurse gilt Gleiches für die angeführten Preise.

Preisgestaltung

Die Preise und ihre Deckelung werden von der Iranischen Hotelvereinigung nach eingehender Begutachtung jedes Hauses jeweils um Nowruz (iranisches Neujahr) für die kommende Hauptsaison neu festgelegt. In den letzten Jahren sind sie jeweils um 10 bis 25 % gestiegen. Ausgeschrieben sind die Preise, per Gesetz an der Rezeption gut ersichtlich, in gehobenen Häusern manchmal in Dollar oder Euro. Bezahlt werden kann immer auch in Rial. Die Höhe der Preise schwankt nach Saison. Vor allem in der Nebensaison sollte man immer versuchen, einen Nachlass zu erhan-

Ozeanische Gefühle inklusive: Aquarium in der Lobby des Ferdowsi Grand Hotel in Teheran

deln. Er kann durchaus 30, 40 % betragen. Zu den Ferienspitzen, vor allem um Nowruz, zwischen 21. März und 2. April, ist allerdings in den Hochburgen des inländischen Tourismus wie Kish, Qeshm, Isfahan oder der Kaspi-Küste jeder Feilschversuch zum Scheitern verurteilt. Denn dann übersteigt die Nachfrage das Angebot um ein Vielfaches und die Preise schnellen in astronomische Höhen.

Budget- und Mittelklassehotels

Generell gilt: **Ein oder zwei Sterne** bedeuten schlicht möblierte (manchmal Mehrbett-) Zimmer für maximal 1 Mio. Rl. pro Person mit meist gemeinschaftlich genutzten Sanitärräumen, bestehend aus Waschbecken, Hocktoilette und Duschkopf; mit Klimaanlage und Heizung, Fernseher, Kühlschrank und eventuell Telefon darf gerechnet werden. **Mittelklassequartiere,** vom gehobenen Zwei- bis zum Viersternehaus, bieten für 2 bis 3,5 Mio. Rl. für ein Doppelzimmer ein eigenes, oft deutlich gepflegteres Bad/WC, dazu Frühstücksbüfett, ein hauseigenes Restaurant und englischsprachiges Personal. Zu dieser Kategorie zählen die meisten traditionellen Häuser *(hotel sonati)* mit Innenhöfen und familiärer Atmosphäre, wie sie etwa in den historischen Stadtzentren von Yazd und Kashan, Isfahan und Shiraz in rasch wachsender Zahl zu finden sind. Sie werden neuerdings, einen gewissen Schick in der Ausstattung vorausgesetzt, gerne auch mit dem Etikett »Boutiquehotel« versehen.

Tourist Inns

Auch die Häuser der halbstaatlichen ITTIC-Kette fallen in die mittlere Kategorie. 65 davon, als **Tourist Inn** oder Jahangardi-Hotels bezeichnet, mit insgesamt 40 000 Betten gibt es über das Land verstreut. Wer in einem solchen Haus eincheckt, kann sichergehen, in einem sauberen, ordentlich geführten Mittelklassequartier gelandet zu sein und im hauseigenen Restaurant auch tadellos verköstigt zu werden. Außerdem haben Tourist Inns, zumindest außerhalb der Fremdenverkehrszentren und Saisonspitzen, fast durchweg Zimmer frei (www.ittic.com).

UNTERKÜNFTE VORAB BUCHEN

Mittlerweile kann eine wachsende Zahl von Hotels auch online gebucht werden – vorwiegend allerdings gehobene Häuser. Unter anderem folgende englischsprachige Portale stehen dafür zur Auswahl:

www.orientstay.com
www.hotelyar.com
www.persiatravelmart.com
www.booking.com
www.1stquest.com
www.hostelsiniran.com
www.sevenhostels.com
www.eghamat24.com (auf Farsi)

Kleinere, private Hotels, die dort nicht vertreten sind, sollte man direkt anmailen oder anrufen. Als Last-Minute-Lösung bleibt noch, sich nach Ankunft am jeweiligen internationalen Flughafen vor Ort an einem der Schalter, die etliche Qualitätshotel dort betreiben, ein Zimmer zu organisieren.

Ecolodges

Etwas missverständlich ist die immer häufiger gebräuchliche Bezeichnung **Ecolodge**. Dabei handelt es sich um noch junge, aber in altem Stein- oder Lehmgemäuer und oft auf dem Land, in kleinen Dörfern eingerichtete Privatpensionen. In ihren oft sehr charmant traditionell gestylten Räumen wird manchmal in Betten, öfter aber auf über Teppichen am Boden ausgerollten Matratzen geschlafen. Man bekommt herzhafte, regionaltypische Kost kredenzt und nicht selten themenspezifische Exkursionen oder Begegnungen mit der lokalen Bevölkerung geboten. Aber ökologisch im engeren, europäischen Sinn werden die wenigsten betrieben.

Luxushotels

Generell rar, aber in Teheran und für zahlungskräftige Pilger auch in Mashhad recht zahlreich vorhanden sind schließlich **Luxushotels** mit allem erdenklichen Komfort und perfektem Service. Zu ihnen zählen die aus vorrevolutionärer Zeit stammenden Homa-Hotels mit ihrem manchmal etwas angegrauten 1970er-Jahre-Retroschick, in Teheran auch das Esteqhlal oder Laleh und in Isfahan das legendäre Abbasi, ebenso einige neue Business-Adressen, die beiden Espinas-Hotels z. B., die ebenso gut in westlichen Metropolen stehen könnten.

Alternativen zu Hotels

Für jüngere und junggebliebene Budgetreisende sind auch **Hostels** eine Option. Umso mehr, als in letzter Zeit an den Hotspots des Individual- und Backpacker-Tourismus wie Yazd, Shiraz und Teheran mehrere sehr weltläufig-hippe Adressen eröffnet haben. Eine Übersicht findet man unter der Webadresse www.hostelsiniran.com.

Für Familien oder Freundesgruppen ist die Buchung einer Suite, eines **Apartments,** wie es sie mittlerweile in vielen Hotels gibt, vorteilhaft. Sie sind geräumiger und, pro Kopf gerechnet, preisgünstiger, auch weil man sich in der meist zugehörigen Küche selbst versorgen kann.

Camping genießt bei jungen Iranern große Popularität. Es existieren jedoch nur sehr wenige offizielle Plätze. Für Ausländer ist das Zelten nur beim Trekking in den Bergen oder Wüsten ratsam. Und dort hat man am besten einen offiziell registrierten Fremdenführer mit dabei.

Couchsurfing ist, weil es sich aus Sicht der Regierung nur schwer kontrollieren lässt, offiziell verboten. Dennoch wird es eifrig praktiziert. Die Community wächst und mit ihr die Möglichkeit, als Gast auf diesem ungezwungenen Weg mit Irans weltoffener Jugend in näheren Kontakt zu treten (www.couchsurfing.com). Wer couchsurft, sollte dies aber nie Behörden gegenüber bekannt geben.

Essen und Trinken

Iran ist auch in kulinarischer Hinsicht ein Kosmos für sich. Seine Küche zählt zu den großen dieser Welt. In ihr feiern Traditionen aus Indien, Arabien und Europa, aus dem Nahen und Fernen Osten, Russland und dem Kaukasus kulinarische Hochzeit. Zugleich spiegelt sie in ihrer Gesamtheit die ethnische Vielfalt der iranischen Nation wider.

Iranische Spezialitäten

Für Neugierige wird eine Rundfahrt durch die Regionen stets auch zu einer kulinarischen Abenteuertour. Unbedingt probieren sollte man das für Isfahan typische **Beriani**, gegrilltes Lamm mit Zimt, in Brot gewickelt, **Ash-e Kashk**, die aus Reis, Molke und Kichererbsen, Koriander, Walnüssen und Bohnenkraut bestehende Suppe der Kurden, oder **Qeimeh Nesar**, eine in Qazvin populäre Reisplatte mit Rindfleisch, Granatapfelkernen, Pistazien und Mandeln. Lecker sind auch Garnelen, Shrimps oder **Ghalieh Mahi**, Löwenfisch, aus dem Persischen Golf, **Mahi Sefid**, Weißfisch, oder Stör aus dem Kaspischen Meer. Die aserbaidschanische Hauptstadt ist für **Köfte Tabrizi** bekannt, kolossale Hackfleischbällchen, in den Wüstenoasen mundet mit Datteln garniertes Kamelfleisch am Spieß. Ein Highlight der Gilani-Küche sind **Zeytun Parvardeh**, marinierte Oliven in Granatapfelsauce mit Nüssen.

Kebabs, aber nicht nur

Voraussetzung ist allerdings, dass man sich nicht mit Standardgerichten abspeisen lässt. Als Einzelreisender mit beschränktem Budget, aber auch in der Gruppe, die sich vorwiegend in Restaurants typischer Touristenhotels verköstigt, ist man nämlich oft mit eher eintönigen Menükarten konfrontiert. Die Suppe des Tages, ein Standardsalat, zum Dessert Wassermelone, und als Hauptgang Hühnchen, ein, zwei Versionen von **Khoresht** vielleicht, dem auf so wunderbar vielfältige Weise zubereitbaren Schmorgericht, und **Kebab** natürlich – Fleisch vom Rind, Hammel oder Huhn am Spieß. Dazu gibt es plattenweise Reis, Reis und nochmals Reis.

Kein Missverständnis: **Chelo Kebab,** das Nationalgericht, kann höchst lecker sein – fettarm, mit Sumach oder Advieh bestreut, einer aus diversen Gewürzen gemixten Art persischem Masala, und über Holzkohle gegrillt, mundet es vorzüglich. Umso mehr, wenn es mit Joghurt, Grilltomaten und gebuttertem Safran- oder Berberitzenreis serviert wird. Außerdem gibt es originelle Varianten – das süß-saure, mit einer Granatapfel-Walnuss-Paste marinierte **Kebab-e Torsh** z. B., Fisch- oder Leber-Kebab oder Kebab auf Bakhtiarenart, eine Kombi aus Lamm- und Hühnerstückchen.

Doch selbst eingefleischte Karnivoren brauchen Abwechslung. So sollte man unbedingt in einem Teehaus, einer traditionellen Gaststätte **Abgusht** probieren, den Arme-Leute-Suppeneintopf aus Schaf- oder Kalbfleisch, Tomaten, Hülsenfrüchten und Kartoffeln. Bei der **Dizi** genannten, im Tontopf zubereiteten Variante werden zunächst die festen Zutaten zerstampft und mit Brot gegessen, anschließend löffelt man die separat servierte Brühe.

Vorspeisen

Um die ganze Bandbreite und Raffinesse der persischen Küche kennenzulernen, ist jedoch ein Ausflug in die gehobene Gastronomie notwendig. Oder man hat Gelegenheit, bei einer Familie daheim zu schlemmen. Da wie dort lernt man, was ein echt iranisches Vorspeisen-Potpourri bedeutet: Kaltes und Warmes in einem Dutzend Tellerchen und Schälchen, von **Hummus** und **Dolmeh**, gefüllten Weinblättern, bis zu **Lubia**, Bohneneintopf, und **Kuku-ye Sabzi**, einer Art Omelett mit Spinat und Kräutern. Dazu gibt es **Torshi**, eingelegtes Gemüse, und **Sabzi Khordan**, frische Blätter und Kräuter, die man mit Fetakäse und Brot, Lavash-, Barbari- oder Sangak-Fladen, isst.

Teegenuss auf iranische Art: Der Zucker wird auf die Zunge gelegt

Granatäpfel lässt man in Iran bei Hochzeiten auf den Boden fallen und platzen

Auch in der Gastroszene des Landes weht neuerdings ein frischer Wind

Apropos: Vegetarier kommen in Iran aller Dominanz des Fleischlichen zum Trotz passabel über die Runden. Dafür sorgen auch Köstlichkeiten wie das herrlich rauchige Auberginenpüree **Mirza Ghasemi** oder die vielfältigen **Khoresht**, deren gulaschartige Gemüsesaucen man auch ohne Fleischbeilage ordern und mit Reis oder Brot essen kann.

Hauptspeisen

Die meisten Hauptspeisen enthalten allerdings Fleisch (wenn auch selbstredend nicht vom Schwein). Landesweit populär sind **Ghorm-e Sabzi** – »Grüner Eintopf« aus Bohnen, Kräutern und Lamm, **Tahchin Morg** – eine Art Reiskuchen aus Kartoffelscheiben, Eiern, Joghurt, Huhn und goldgelb gebackener Reiskruste, oder **Shirin Polo** – mit Orangenschale, Pistazien und Safran versetzter Reis plus gekochtem Huhn. Bei Reis übrigens verwenden Iraner bevorzugt den langkörnigen, im eigenen Land an der Kaspi-Küste gepflanzten Basmati. Die Topsorte heißt Sadri. Unterschieden wird zwischen **Chelo**, schlichtem weißem, gedämpftem Reis, und **Polo,** mit Zutaten, Nüssen, Früchten, Fleisch etc. angereicherten Reisgerichten.

Gemeinsam genießen

Essen ist in Iran immer auch ein soziales Ereignis. Man geht mit der ganzen Familie ins Restaurant oder lädt Freunde und Verwandte privat zu sich. Und die Mahlzeiten selbst werden, wo möglich, immer noch mit Muße zelebriert (mittags zwischen zwölf und eins, abends kaum vor 20 Uhr, eher später). Was nicht heißt, dass nicht auch Iraner zwischendurch in Fast-Food-Lokalen Pizzas und Burger verdrücken.

»Mehman habib-e chodast« – »Der Gast ist Gottes Freund«. Dieser großherzige Spruch stammt, so heißt es, von Imam Ali höchstpersönlich. Iraner haben ihn zutiefst verinnerlicht. Sitzen Gäste in der Runde, wird doppelt aufgetischt, ist der übervollen Schüsseln und Teller kein Ende. Empfangen werden sie nach alter Sitte vom Gastgeber mit kleinen Leckereien, Nüssen, Obst. Haben alle Platz genommen, werden sämtliche Gerichte, Vorspeisen, die Suppe, Hauptgänge und Beilagen, gleichzeitig aufgetragen. Im traditionellen Milieu sitzt man wie früher um das *sofreh,* das Tischtuch, auf dem Boden. Nur in Haushalten der verwestlichten Mittel- und Oberschicht tafelt man an Tischen auf Stühlen sitzend. In vielen Lokalen kann man wählen: zwischen europäischem Mobiliar und *takhts*, niedrigen, mit Teppichen ausgelegten Holzbetten, auf denen, an Rückenpolster gelehnt, barfuß und mit verschränkten Beinen, hauptsächlich Einheimische essen. Und zwar nur mit Löffel und Gabel. Messer sind generell nicht in Gebrauch (in Lokalen, in denen Ausländer verkehren, aber meist verfügbar).

Getränke

Alkohol ist in der Islamischen Republik offiziell tabu. Und welcher weitsichtige Reisende riskiert schon wegen ein paar Schlucken Scherereien mit Uniformierten, die den Reisegenuss nachhaltig trüben könnten? Außerdem schmeckt das alkoholfreie Bier, das man allerorten in Dosen serviert, gar nicht übel. Authentischer jedoch ist **Dough,** ein mit dem türkischen Ayran verwandtes, ebenfalls überall erhältliches Mischgetränk aus Joghurt, Molke und Wasser, das mit Pfeffer oder Minze gewürzt wird. Nicht entgehen lassen sollte man sich, wenn es sie denn gibt, **Sharbat** – frische, gerne mit Rosenwasser oder -sirup zubereitete Obst- und Kräutersäfte.

Und zum Abschluss? Nun, in Khuzestan und an der Golfküste kredenzt man unter dem Einfluss des Arabischen schon mal Kaffee *(qahve)* – ein pechschwarzes bitteres Gebräu, das man aus Porzellanschälchen schlürft. Im Rest des Landes schließt man jedoch den Magen mit Tee *(chai)* – in der Regel schwarzem, im Samowar zubereitet, aber jedenfalls ungesüßt. Denn bei der traditionell iranischen Art des Teegenusses legt man sich zunächst ein Stück Würfelzucker auf die Zunge. Dann leert man den brühheißen Tee aus dem Glas in die Untertasse. Anschließend wird das nun merklich abgekühlte Getränk geschlürft und gewinnt dabei durch den sich auflösenden Zucker die gewünschte Süße.

Outdoor

Hochgebirge, Almwiesen, Wälder, Sandwüsten, Skipisten und Meeresstrände mit ganzjährig warmem Wasser: Das Potenzial für intensives Naturerleben und sportliche Aktivitäten unter freiem Himmel ist in Iran schier unerschöpflich. Mit dem rapide wachsenden Interesse daran aus dem In- und Ausland steigt auch die Zahl einschlägiger Reiseveranstalter. Zu den erfahrensten und verlässlichsten Anbietern im Bereich Natur-, Öko- und Abenteuerreisen zählen im Land Iran Exploration (www.iranexploration.com), Allventure/Alvand Tour (österreichische Leitung, www.allventure.at), Cyrus Sahra (www.cyrussahra.com), Dornagasht (www.dornagasht.com), Iran Doostan (www.irandoostan.com), Hermes (www.seeirannow.com), Iran Eco Adventure (www.iranecoadventure.com), Kalout (www.kalouttour.com) und Marco Polo Iran (www.iranmarcopolo.com). Daneben gibt es natürlich die bekannten Namen auf dem deutschsprachigen Markt wie Nomad, Hauser, Studiosus, WeltWeitWandern, Diamir u. v. m.

Bergsteigen und Klettern

Auf Gipfelstürmer warten an die 150 Viertausender. Während für die Besteigung mancher, etwa des **Sahand** und **Sabalan** im Nordwesten, des **Oshtoran** im Zagros oder des Gipfelkaisers **Damavand** (5671 m), nur Höhenfestigkeit und eine gute Grundkondition erforderlich ist, sind andere Berge technisch sehr anspruchsvoll. Hierzu zählen der **Zard Kuh** westlich von Isfahan und das **Dena-Massiv** auf halbem Weg von dort nach Shiraz.

Die mächtigsten Vertikalen für Kletterprofis sind der **Alam Kuh** mit seiner 800-Meter-Granitwand, östlich von Kermanshah der **Bisotun-Fels** und am Nordrand Teherans **Band-e Yakhchal,** schöne Herausforderungen auch der **Kuh-e Karkas** bei Kashan, der **Shir Kuh** nahe Yazd und der **Kuh-e Hezar** bei Kerman.

Einschlägige Infos über Gipfel, Felswände, die besten Routen und die Infrastruktur rundherum erhält man online unter www.iranclimbingguide.com bzw. über Iran Mountainzone

Kontrastprogramm zum Großstadtgetriebe: Trekking, hier in der Alam-Kuh-Region

(Tel. 021 8820 8087, info@mountainzone.ir) oder die **Iranische Bergsteiger- und Kletter-Föderation** (Tel. 021 2276 4500, www.msfi.ir). Spezialist für die Vermittlung von Bergführern: www.mountainguide.ir; zum Thema Damavand auf Deutsch: www.damawand.de.

Bergwandern

Das Land hält in Hülle und Fülle bereit, wovon Wanderer träumen: herrliche Hochtäler wie die von **Kelardasht, Takht-e Soleyman** oder **Alamut,** Almen und Höhenrücken, dichte Wälder, Sand- und Felswüste, Canyons, mal mit, mal ohne Wasser, Bergpfade, die, wie auf dem **Tochal,** Panoramablicke auf eine Weltmetropole eröffnen, und mehrtägige Routen durch verschiedene Klimazonen wie die von Alamut über den Elburs-Hauptkamm bis ans Kaspi-Ufer bei Tonekabon oder von Khalkhal bis hinab nach Asalem. Die mancherorts großen Höhen von 3000 m und mehr erfordern eine angemessene Akklimatisierung. Trekking auf eigene Faust ist prinzipiell möglich, aber Vorabinformation schwierig und Beschilderung kaum vorhanden. Wer nicht orientierungssicher ist, sollte einen Guide anheuern, der dann auch als Übersetzer helfen kann. Ausreichend Proviant nicht vergessen, es gibt nur wenige bewirtschaftete Hütten. Ungemütlich können Begegnungen mit auf Abwehr trainierten Hirten- oder streunenden Hunden sein (Tollwut!).

Fitness

Natürlich gibt es in allen größeren Städte professionell ausgestattete Fitnessstudios und Kraftkammern zum Eisenpumpen. Praktikabler für den Reisealltag sind aber wohl die **Outdoor-Fitnessparcours,** die von den Behörden landesweit in vielen Orten, auch kleinen Dörfern, auf Plätzen und entlang Hauptstraßen errichtet wurden. An den Geräten kann man spontan und kostenfrei in Alltagskleidung Muskel und Sehnen stärken und dehnen. Also, keine falsche Müdigkeit vortäuschen!

Kameltrekking

Die Rede ist hier nicht von den mit bunten Troddeln behangenen Dromedaren, auf denen man an Stränden oder vor Museumseingängen eine halbe Stunde lang im Kreis trottet. Vielmehr von ein- oder mehrtägigen Ritten durch unwirklich schöne Dünenlandschaften in der Kleingruppe, angeführt von Profi-Guides. Übernachtung im Eine-Million-Sternenzelt inklusive. Ideale Ausgangspunkte für solch unvergessliche Wüstenabenteuer sind die Oasen **Garmeh** (www.ateshooni.com) und **Mesr** (www.mesr.info, www.teeda-hotel.com) in der Dasht-e Kavir, **Fahraj** (www.farvardinn.com) östlich von Yazd und das **Eco-Camp Matinabad** (www.matinabad.com) bei Natanz.

Paragliding und Fallschirmspringen

In die Lüfte erheben dürfen sich Zivilisten in einem behördlicherseits so rigiden Land wie Iran nicht überall nach Lust und Laune. Doch auch hier ist Bewegung in den Markt geraten: An ausgesuchten Orten, etwa den Stränden an der Südküste von **Qeshm,** ist z. B. Paragliding möglich, Infos über ali_esna@gingliders.ir oder soheilbarikani2001@gmail.com. Panoramarundflüge über die Ruinen von **Persepolis** sind neuerdings ebenso buchbar (s. Tipp S. 292) wie in **Teheran** Tandem-Fallschirmsprünge, und zwar jeweils mit Instruktor(inn)en für Männer oder Frauen (www.paaviation.com).

Radfahren

Etliche Städte haben in jüngster Zeit ein System für kostenlose Leihfahrräder installiert. Solche **Citybike-Angebote** gibt es unter anderem in **Teheran, Isfahan** und auch **Tabas.** Auch Quartiergeber vermieten mancherorts an Gäste Räder. Der Wermutstropfen: Verleiher agieren dabei in einer rechtlichen Grauzone. Denn radelnde Frauen sind orthodoxen Sittenwächtern ein Dorn im Auge. Bei Touristinnen wird jedoch meist ein Auge zugedrückt. Hinderlicher beim entspannten Dahinrollen sind der unberechenbare Verkehr und oft auch die schlechte Luft. Zwei Ausnahmen: die Radwege rund um die Ferieninsel Kish (s. Aktiv unterwegs S. 320) und entlang dem Zayandeh Rud in Isfahan.

Ob auf Nomadenpfaden, Dünenpisten oder Bergtrails im Zagros- und Elburs-Gebirge: Die Möglichkeiten zum Mountainbiken sind fast so vielfältig wie die zum Wandern. Inzwischen offerieren in Europa und vor Ort auch Spezialveranstalter Touren. Ein sehr erfahrener Guide beim Biken (und Hiken) ist Yaghoob Afshariani (www.mtb2r.ir).

Rafting und Canyoning

Auch Wildwassersport findet mehr und mehr Freunde. Ein Pionier für Raftingtouren auf den Gebirgsflüssen westlich von Isfahan, vor allem auf dem **Armand** und **Zayandeh Rud,** ist Julfa Rafting (www.123rafting.com).

Unter den vielen zum Durchwandern und -klettern attraktiven Flussschluchten des Landes sind der **Reghez-Canyon** (s. Tipp S. 310) nahe Darab im Süden von Fars und, im Hinterland der Kaspi-Küste, die **Canyons von Eshkevar** bei Ramsar sowie **Ghazak** und **Koly Ak** nahe Nowshahr besonders spektakulär. Sicherheitsausrüstung stellen die Veranstalter bereit.

Reiten

Der Pferdetourimus ist noch wenig entwickelt. Sehr erfahrene Anbieter von Reittouren im **Zagros-Gebirge** (Provinzen Lorestan, Khuzestan) sind die Betreiber der Shapourkhast-Reitfarm, das deutsch-iranische Ehepaar Gottstein-Ghalavand (tiam_kg@yahoo.com, www.iranridingtours.com). Pferdetrekking fernab der Zivilisation ist auch im **Golestan-Nationalpark** (www.turkmenecolodge.com) und, mit wandernden Nomaden, im Gebiet von **Kuhrang** (info@koohrang.com) möglich. Infos zu Mehrtagestouren im Gebiet von Sepidan bzw. Damavand unter www.iranexploration.com.

Skifahren

Der Alpin-Skisport erfreut sich bei jüngeren Städtern großer Beliebtheit und ist vor allem im Umland von Teheran auch für Europäer durchaus attraktiv. Zentrum ist das Elburs-Gebirge. Hier liegt mindestens drei Wintermonate lang durchgehend Schnee. *Der* Hotspot für Pistenfreuden, auch bezüglich Après-Ski, aber 125 km entfernt ist **Dizin**, erreichbar über Karaj und die Chalus-Straße, mit etlichen Seilbahnen und Liften bis 3400 m (www.dizinskiresort.com). Etwa 50 km von Teheran entfernt liegen **Shemshak,** mit ähnlich forderndem Steilgelände, jedoch ›nur‹ auf 3050 m Höhe führenden Sessel- und Schleppliften (www.shemshakskiresort.ir), und das kleinere Resort **Darbandsar** mit moderateren Pisten bis auf 3150 m. In allen drei Orten sind Skischulen und Ausrüstungsverleih vorhanden. Teheran am nächsten und mit 3700 m höchstes, aber pistentechnisch wenig forderndes ist das Skiresort auf dem Hausberg **Tochal** (Zugang via Seilbahn nur 6.30–13.30 Uhr). Auch in Hamadan (Alvand), Tabriz (Sahand), nördlich von Shiraz (Sepidan) und westlich von Isfahan (Chelgerd) warten Skipisten, allerdings in deutlich bescheidenerem Format. Die 1979 eingeführte Geschlechtertrennung auf den Pisten wurde vor einigen Jahren aufgehoben.

Tauchen

Der Unterwassertourismus steckt noch in den Kinderschuhen. Und, offen gesagt: Weltklassereviere wie den Malediven oder dem Roten Meer können weder Unterwasserfauna noch Infrastruktur an Irans Südküste das Wasser reichen. Doch rund um **Qeshm, Hengam** und die Nachbarinsel **Larak** sind die Riffe durchaus bunt bevölkert, gibt es sogar zwei, drei Wracks. Auf Hengam bietet Dive Persia, ein PADI-authorisierter Profi-Veranstalter, seine Dienste an (www.divepersia.com). Lohnend sind auch Tauchgänge auf **Kish** (Geräteverleih und Kurse: www.kishdiving.com). Das Kaspische Meer ist für Tauchabenteuer zu flach und trüb. Tauchen dürfen Mann und Frau übrigens gemeinsam.

Unterwegs in der Namakdan-Salzhöhle auf Qeshm

Abheben an der Südküste von Qeshm nahe Suza

Aufstieg an der Südflanke des Damavand von Pollur in Richtung Gipfel

Feste und Veranstaltungen

In Zusammenhang mit Festterminen muss man wissen, dass in Iran drei verschiedene **Kalender** in Gebrauch sind. Im internationalen Austausch – Wirtschaft, Tourismus etc. – wird der westliche, gregorianische Kalender benutzt. Auch der offiziell im iranischen Alltag verwendete ist solar, umfasst also, auf zwölf Monate aufgeteilt, 365 Tage. Die Zählung der Jahre beginnt jedoch mit 622 n. Chr. In der religiösen Sphäre wiederum, in der die meisten Feiertage wurzeln, gilt der Mondkalender, der nur 354 Tage hat. In diesem Bezugssystem haben Anlässe keine fixen Daten, sondern wandern Jahr für Jahr um etwa elf Tage nach vorne. Rechenbeispiel: 2018 entspricht im säkularen Alltagskalender Irans, mit dem 21. März beginnend, dem Jahr 1397. Im islamischen Mondkalender hingegen entspricht 2018 ab dem 22. Sept. dem Jahr 1439. In speziellen Fällen sind im Jahreslauf umrechnungsbedingt Abweichungen um einen Tag möglich. Einen wiederum eigenen Kalender haben übrigens die Zoroastrier des Landes in Gebrauch.

Wichtige religiöse Feiertage

Ramadan

Der **Fastenmonat Ramadan,** dessen Daten von Jahr zu Jahr variieren, ist eine der fünf Säulen des Islam. In diesen vier Wochen der spirituellen Besinnung sind Muslime angehalten, zwischen Sonnenauf- und -untergang auf Speisen, Getränke, Rauchen und alle anderen sinnlichen Genüsse zu verzichten. Nichtmuslime sollten dieser für gläubige Muslime verpflichtenden Willensübung mit Respekt begegnen und in der Öffentlichkeit nicht essen und trinken. Im Alltag ist in dieser Zeit mit Einschränkungen zu rechnen, z. B. tagsüber geschlossenen Restaurants, reduzierten Arbeitszeiten bei Behörden und verkürzten Öffnungszeiten in Museen. Allgemein ist die Atmosphäre in diesen Tagen von erhöhter Sensibilität geprägt.

Das Ende des Ramadan wird mit dem drei- bis viertägigen **Fest des Fastenbrechens** (Eid al-Fitr) begangen. Dabei dankt man Gott für seine Unterstützung während der Mühsal der Enthaltsamkeit. Nach dem gemeinsamen Gebet besucht man, neu eingekleidet, Freunde, Bekannte und, auf dem Friedhof, verstorbene Angehörige. Man tauscht Geschenke aus, begräbt alte Zwistigkeiten und spendet Bedürftigen Almosen.

Opferfest

Das zweite kanonische Fest im muslimischen Mondkalender ist das ebenfalls dreitägige **Opferfest** (Eid al-Adha). Es findet zeitgleich mit der Haddsch, der Pilgerfahrt nach Mekka, statt. Im Zentrum steht, neben Gebeten, die Schlachtung eines Opfertiers – meist Schaf, Kamel oder Rind. Damit bezeugen die Gläubigen, dass sie, wie seinerzeit Abraham, der auf obersten Befehl sogar zur Tötung seines Sohnes bereit war, aus Gottesliebe zu großen Opfern bereit sind. Wichtig ist, dass man das Fleisch mit Verwandten, Freunden und Armen teilt.

Aschura

Ein zentrales Ereignis im religiösen Jahr der Schiiten ist das große Trauerfest, das sie jeweils rund um **Aschura,** den 10. Tag des Monats Muharram, begehen. Dabei gedenken sie hingebungsvoll ihres größten Märtyrers, des 680 n. Chr. in der Schlacht von Kerbela getöteten Imams Hussein (s. Thema S. 482).

Gesamtübersicht der Feiertage s. S. 95

Feste & Festivals

Januar

Fajr International Theater Festival (2. Januarhälfte): Spannende Inszenierungen aus dem In- und Ausland, zu sehen auf mehreren Bühnen der Hauptstadt. Zeitgleich läuft, eben-

falls in Teheran und international besetzt, das Fajr Music Festival. Programm unter www.fajrmusicfestival.com.
Jashn-e Sadeh (29./30. Jan.): Das altiranische Mittwinterfest wird 50 Tage vor Nowruz, dem iranischen Neujahrsfest, mit großen Freudenfeuern begangen.

Februar
Fajr Film Festival (10-tägig, erste Monatshälfte): Weltweit renommierte Leistungsschau des iranischen Kinos, abgehalten in Teheran, aber mit Vorführungen im ganzen Land. Ableger für internationale Filme Ende April. Programm für beide unter www.fajriff.com.

März
Chaharsanbe-Suri: In der letzten Dienstagnacht des Jahres, also vor dem 21. März, wird gesungen und gelärmt; Jung und Alt springen über große Feuer, die man zwecks Vertreibung der Wintergeister entzündet.
Nowruz (21.–24. März): Das wichtigste nicht-religiöse Fest im Jahreslauf markiert den Beginn des Frühlings und des neuen Jahres. Nowruz hat altiranische Wurzeln und wird konfessionsübergreifend von zahlreichen Völkern und Glaubensgruppen begangen – insgesamt geschätzt mehr als 300 Mio. Menschen zwischen Balkan und Zentralasien, Schwarzmeerküste, Kaukasus und Nahem Osten.

Zu den wichtigsten Bräuchen rund um Nowruz gehört das Entzünden des sog. Mittwochfeuers *(Shanb-e Suri),* bei dem Jung und Alt magische Formeln rufend über die Flammen springen. Häufig wird auch getanzt und gesungen. Am Festtag statten die Jüngeren den Älteren Besuche ab. Es ist ein Tag der Freude und des Friedens, an dem man Geschenke tauscht, sich neu einkleidet und alte Feindschaften begräbt. Am Vorabend des 21. März arrangiert jede Familie daheim, ganz ähnlich übrigens wie gläubige Juden am Sederabend vor dem Pessach-Fest, auf einem Tischtuch die »Sieben S« *(Haft Sin)* – allerlei Nahrungsmittel und Objekte, vom Apfel, Knoblauch und Getreidekeimling bis zu Spiegeln, Münzen, Kerzen, Eiern etc., deren Bezeichnung auf Farsi mit »S« beginnt, und die den Beginn eines neuen Abschnitts im Lebenszyklus symbolisieren.

Nowruz ist ein Fest der Familie und die Zeit für längere Urlaube. Bis zu zwei Wochen lang nimmt das ganze Land eine Auszeit. Viele Behörden, Läden, Restaurants – nicht aber touristische Sehenswürdigkeiten – sind dann geschlossen. Das Ende der Feierlichkeiten *(Sizdah Bedar,* am 13. Tag des Monats Farwarin) zelebrieren die Familien wenn irgendmöglich außer Haus, am besten mit einem gemeinsamen Picknick im Grünen.

Mai
Rosenwasser-Festival: Von Anfang Mai bis Mitte Juni werden in den berühmten ›Rosendörfern‹ Qamsar, Niyasar und Barzak die wertvollen Blüten tonnenweise geerntet und destilliert. In der 2. Maihälfte, zum Höhepunkt der Saison, stehen die Region und ihre Hauptstadt, Kashan, ganz im Zeichen der duftenden Tradition.

August
Mobarak International Puppet Theater Festival (2. Augusthälfte): In- und ausländische Spitzenensembles zeigen im Rahmen von Gastspielen in Teheran ihre Kunst.

Oktober
Nomadenzüge: Wenn der Herbst naht, kann man, unterwegs vor allem im Zagros-Bergland, Nomaden begegnen, die mit ihren riesigen Tierherden zum Überwintern in den Süden ziehen. Im März/April wandern sie in die Gegenrichtung.
Mehregan (9./10. Okt.): Fest des Erntedanks, bei dem man sich der gegenseitigen Verbundenheit erinnert.

Dezember
Wintersonnenwende/Shab-e Yalda (20./21. oder 21./22. Dez.): Die längste Nacht des Jahres. Freunde und Verwandte feiern gemeinsam den Triumph des Lichts über die Finsternis, entzünden Feuer, lesen gemeinsam Hafis-Verse und weissagen einander die Zukunft.

Reiseinfos von A bis Z

Alkohol

Der Besitz von Alkohol ist streng verboten und wird auch bei Ausländern mit hohen Bußgeldern und im Wiederholungsfall mit Peitschenhieben geahndet. Auf dem Schwarzmarkt sind zwar Bier, Wein und auch Härteres recht einfach zu bekommen. Doch Touristen ist Enthaltsamkeit dringend anzuraten. Bier und Prosecco iranischer Provenienz, mit nullkommanull Prozent, schmecken gar nicht schlecht.

Auskunft

Iran betreibt im Ausland weder Fremdenverkehrsämter noch touristische Informationsstellen. Formal zuständig für Tourismus sind die Kulturabteilungen der Botschaften, in Deutschland: Drakestr. 3, 12205 Berlin, Tel. 030 7407 1540-0, www.berlin.icro.ir, in Österreich und der Schweiz s. S. 91. Sie bieten vielerlei kulturelle, jedoch kaum reisepraktische Informationen. Auch in Iran sind die staatlichen Infostellen wenig ergiebig. Hier und in den **Büros der Kulturbehörde Miras Farhangi** werden vorrangig bunte Hochglanzbroschüren, Landkarten und PR-Mappen verteilt. **Infoschalter** auf Bahnhöfen und Flughäfen können in erster Linie mit Fahrplanauskünften und Stadtplänen aushelfen. Ein Handicap ist da wie dort die Sprachbarriere. Ungleich hilfreicher sind in manchen Stadtzentren (halb-)privat betriebene Infobüros, deren Mitarbeiter gut englisch sprechen und u. a. Guides und Besichtigungstouren vermitteln. Als kundige Wissensquellen und Organisationshelfer agieren auch viele Hotelrezeptionisten.

In Ermangelung staatlicher Touristeninformationen haben manche iranische Agenturen auf ihren Websites neben Tourangeboten auch umfangreiche Hintergrundinformationen zusammengestellt. Auch wenn die meisten davon englischsprachig sind, gibt ein Blick darauf für die Reiseplanung vielleicht den einen oder anderen Zusatzimpuls: www.letsgotoiran.com, www.worldtraveliran.com, www.toiran.com, www.orujtravel.com, www.behinburg.com

Baden

Weder am Strand noch im Pool dürfen Männer und Frauen gemeinsam sonnenbaden oder schwimmen. In touristischen Gegenden bleibt Frauen mancherorts wenigstens der durch Sichtschutzwände abgeschirmte Frauenstrand. An freien Seeufern dürfen in Ermangelung solcher Gettos überhaupt nur Männer ins kühle Nass. Hotelpools wie auch Thermalbäder sind zeitverschoben jeweils nur einem Geschlecht vorbehalten.

Angesichts dieser Umstände finden Europäer für Badeferien sicherlich geeignetere Ziele. Iraner verbringen ihren Urlaub gern an den Stränden der Inseln **Kish** und **Qeshm** im Persischen Golf, beliebt sind auch **Babolsar**, **Chalus** und **Ramsar** an der Kaspi-Küste.

Barrierefrei reisen

Mit Handicap reisen ist im Iran beschwerlich. Der öffentliche Raum und Sehenswürdigkeiten sind in den seltensten Fällen barrierefrei. Auch das Gros der Hotels und öffentlichen Verkehrsmittel sind nicht für Rollstuhlfahrer geeignet. Im chaotischen Stadtverkehr Straßen zu überqueren, gleicht einem Hasardspiel. Akustische Signale für Sehbehinderte sind Mangelware. Die **Iranian Handicapped Society** liefert auf ihrer Website nur Basisinformationen und Links zu anderen Hilfsorganisationen (http://en.iransdp.com). Mittelfristig ist im Zuge der Herausbildung der Zivilgesellschaft auf eine schrittweise Verbesserung der Lage zu hoffen.

Botschaften und Konsulate

... in Deutschland
Botschaft der Islamischen Republik Iran
Podbielskiallee 65–67, 14195 Berlin
Tel. 030 84 35 30
www.de.berlin.mfa.ir
Mo–Fr 8.30–12 Uhr, telefonische Beratung
Mo–Fr 14–16 Uhr

Generalkonsulat Hamburg
Bebelallee 18, 22299 Hamburg
Tel. 040 5144 060
Iranconsulate.ham@mfa.gov.ir
Mo–Fr, Visumsangelegenheiten nur Di, Do 8.30–13 Uhr, telefonische Beratung Mo–Fr 14.30–16.30 Uhr

Generalkonsulat Frankfurt
Raimundstr. 90, 60320 Frankfurt/Main
Tel. 069 5600 0739
Visaabteilung Tel. 069 5600 0734
info@irangk.de
Mo–Fr 8.30–12 Uhr, telefonische Beratung
Mo–Fr 14.30–16.30 Uhr

Generalkonsulat München
Mauerkircherstr. 59, 81679 München
Tel. 089 452 39 69-0
info@irangkm.de
Visumanträge nur postalisch, telefonische Beratung Mo–Fr 14–15 Uhr

... in Österreich
Botschaft der Islamischen Republik Iran
Jauresg. 9, 1030 Wien
Tel. 01 712 26 50
www.vienna.mfa.ir
Mo–Fr 9–12 Uhr, telefonische Beratung
Mo–Fr 14–16 Uhr

... in der Schweiz
Botschaft der Islamischen Republik Iran
Thunstr. 68, 3006 Bern
Tel. 031 351 08 01
www.iranembassy.ch
Mo–Fr 9–12 Uhr, telefonische Beratung
Mo–Fr 14–16 Uhr

... in Iran
Deutsche Botschaft
324 Ferdowsi St.
P. O. Box 11365-179 Teheran
Tel. 021 3999-000
Für (wirkliche!) **Notfälle** außerhalb der Bürozeiten: Tel. 0912 1131 007
www.teheran.diplo.de
Jan.–Juni, Sept.–Dez. So, Mi, Do 7–15.30, Mo, Di bis 16 Uhr, Juli, Aug. So–Do. 7–14.30 Uhr

Österreichische Botschaft
6–8 Mirvali Alley, Niavaran
19796-33755 Teheran
Tel. 021 2275 0040
www.bmeia.gv.at/botschaft/teheran
So–Do 9–12 Uhr
Konsulat: Tel. 021 2275 0046
So–Do 9–12, 13.30–15 Uhr

Schweizer Botschaft
2 Yasaman St., Sharif Manesh Ave., Elahieh
P. O. Box 19395-4683 Teheran
Tel. 021 2200 8333
www.eda.admin.ch/tehran
So–Do 8–12 Uhr

Dos and Don'ts

Taarof
Diese besondere, ritualisierte Form der Höflichkeit ist im Wesen der Iraner tief verwurzelt und prägt bis heute ihr Sozialverhalten. Sie hat viel Charme, weil sie die zwischenmenschlichen Beziehungen angenehmer gestaltet. Vordergründig etwa, indem man einander die Tür öffnet, den Vortritt lässt oder wortreich die gegenseitige Wertschätzung bekundet. Sie hat aber auch viele Tücken, weil sie den offenen, ergebnisorientierten Ausgleich von Meinungen und Interessen verhindert. Nicht »Nein« sagen können, den eigenen Willen verleugnen, um dem Gegenüber zu gefallen, übertriebene Komplimente machen und Angebote, die man nicht ehrlich meint: Kein Wunder, dass mehr und mehr junge, moderne Iraner Taarof als altmodische, den Alltag unnötig verkompli-

zierende Denkungsart ablehnen. Doch dieser Kanon subtiler Regeln, von Kritikern als ›zeremonielle Unaufrichtigkeit‹ bezeichnet, wirkt weiter, führt häufig zu Missverständnissen und kann ahnungslose Ausländer in unangenehme Situationen bringen. Einige Beispiele:

Private Einladungen werden, die iranische Gastfreundschaft ist überbordend, am laufenden Band ausgesprochen, sind zunächst jedoch dankend abzulehnen. Erst nach mehrmaliger Wiederholung kann man sichergehen, dass sie keine Höflichkeitsfloskel, sondern ernst gemeint sind.

Ein Ladenbesitzer im Basar antwortet, nach dem Preis einer Ware befragt, »Für dich kostet es nichts« oder »Sie ist wertlos«. In Wahrheit erwartet er natürlich Bezahlung. Im Subtext bedeuten seine Worte nur, dass ihm der Kunde wichtiger ist als die Ware.

Oder: Man fragt einen Passanten nach der Straße und dieser gibt trotz Unwissens, nur um sein Gegenüber nicht zu enttäuschen, vor, sich auszukennen und weist einen fiktiven Weg.

Was daraus folgt? Es lauern viele Fettnäpfe. Feingefühl und ein Schuss wohlmeinende Skepsis sind angebracht.

Verhaltenstipps

Wenn man von Iranern eine private Einladung erhält, sollte man ein kleines **Gastgeschenk** mitbringen – Blumen für die Dame des Hauses z. B. oder eine Näscherei für die Kinder.

Beim Betreten der Wohnung sollte man, wie vor dem Gebetssaal in der Moschee, unaufgefordert die **Schuhe ausziehen.**

In der Öffentlichkeit ist es für Mann und Frau unschicklich, einander die **Hand zu reichen.** Im privaten Rahmen hängt das Verhalten von der offensichtlichen Einstellung der Familie bzw. Frau ab. In religiösem Milieu wahrt man auch hier Distanz. Weltlicher gesinnte Frauen strecken auch männlichen Gästen sehr wohl die Hand entgegen. Bei fortgeschrittener Vertrautheit wird durchaus auch umarmt und wangengeküsst. Bei der **Reihenfolge der Begrüßung** gilt nach wie vor das Primat des Alters – also Großeltern, dann Eltern vor jüngeren Angehörigen.

Nie sollte man sich in der Nähe anderer ungeniert die **Nase schnäuzen.** Bei Tisch wendet man sich diskret zur Seite und tupft sie ab oder steht auf und entfernt sich ein paar Meter.

Apropos Mahlzeit: Gegessen wird, ob mit den Fingern oder Besteck, immer mit der rechten Hand. **Die Linke gilt als unrein,** wird beim Toilettengang benutzt, und bei Tisch nur notfalls, um Brot oder Fleisch zu zerteilen. Beim Essen oder Teetrinken auf Teppichen, ob auf dem Boden oder auf Takhts, sind die Schuhe auszuziehen. In Thermalbädern oder Hamams sollte man, auch unter der Dusche, stets die Badehose anbehalten.

Der demonstrative **Austausch von Zärtlichkeiten** in der Öffentlichkeit ist immer noch weitgehend verpönt. Händchen halten – ja, eventuell auch eingehängt gehen, aber innig umarmen, heftig turteln oder gar innig küssen – nur innerhalb der eigenen vier Wände.

Ein Klassiker krassen Missverstehens und unter aufgeklärten Iranern fast schon ein Kalauer: Der **gestreckte Daumen,** in Europa ein Signal der Zustimmung, guten Laune oder Freude über einen Erfolg, meint im Iran das Gegenteil, vergleichbar unserem Stinkefinger. Inzwischen wissen viele Iraner, was Westler damit meinen. Trotzdem – besser lassen.

Weitere Tipps finden sich unter den Stichwörtern Fotografieren (s. S. 95), Frauen (s. S. 95) und Toiletten (s. S. 106).

Drogen

Der Konsum und Besitz von Drogen, egal ob hart oder weich, in großen oder geringen Mengen, wird ausnahmslos mit langjährigen Haftstrafen geahndet. Auf schwere Drogendelikte steht die Todesstrafe. Das ändert nichts daran, dass Iran, bedingt durch die schwierige soziale Lage vieler Jugendlicher und auch die Nähe zum Hauptproduzenten Afghanistan, ein massives Drogenproblem hat. 2,2 Mio. Süchtige zählt die offizielle Statistik. Das Land wird vor allem mit Heroin, aber auch Amphetaminen, Crystal Meth etc. überflutet. Verglichen damit wirkt das in der Landestradition verankerte

Rauschmittel Opium, wenn es nach alter Sitte genossen wird, harmlos. Es heißt, vor allem im (Süd-)Osten des Landes gehöre unter alten Iranern privat ein gepflegtes, Gesellichkeit förderndes Pfeifchen nach dem Abendessen vielerorts bis heute zum guten Ton. Als Reisender sollte man um jegliche Versuchung dieser Art einen weiten Bogen machen, um nicht in Teufels Küche zu geraten.

Einkaufen

Basar

Bleibende Shopping-Erlebnisse versprechen die Basare. Die schönsten besitzen Isfahan, Shiraz, Yazd, Kerman, Tabriz und Teheran. Aber auch in Provinzstädten wie Zanjan, Arak, Qazvin oder Orumiyeh verströmen diese altehrwürdigen Zentren des Handels eine Atmosphäre wie aus 1001 Nacht. Das Schöne: Im Unterschied zu anderen Ländern des Orients lassen iranische Händler potenzielle Kunden in Ruhe flanieren. Beim Handeln gilt: Dinge des alltäglichen Gebrauchs wie Lebensmittel, Haushaltswaren etc. haben Fixpreise. Gefeilscht werden darf und soll um gehobene Souvenirs, Kunsthandwerk, Antiquitäten – jedoch keinesfalls auf Teufel komm raus. **Feilschen** ist ein spielerisches Ritual, bei dem beide Seiten das Gesicht wahren sollen. Die zu verhandelnden Preisspannen betragen in Iran zehn, maximal 15 %.

Einkaufszentren

Immer größer und luxuriöser werden, inzwischen beileibe nicht nur in Teheran, die an den Stadträndern reihenweise entstehenden modernen Einkaufszentren. Klimatisiert, mit **Food-Courts** und **Multiplex-Kinos** ausgestattet und schick designt, fungieren sie auch in Iran längst als Konsum- und Vergnügungstempel. Natürlich kann man sich in diesen Malls mit CDs, Designerklamotten oder Elektronikgeräten eindecken. Interessant ist der Besuch aber vor allem als Fenster in die schöne neue Welt der sehr konsumorientierten iranischen Mittel- und Oberschicht.

Kunsthandwerk

Iran ist ein Eldorado für Freunde traditionellen Kunsthandwerks. Ob Seidenbrokate oder handbedruckte Baumwolltücher, ob Fliesen, Keramikmosaike, Email-, Leder-, Kupfer- oder Silberarbeiten: Nur das eigene Budget oder das Gewichtslimit beim Fluggepäck setzen dem Kaufrausch Grenzen.

Als Souvenir besonders gefragt sind **Kalligrafien** und **Miniaturmalereien** – mit feinstem Pinsel auf Kamelknochen (Plastik ist pfui!) gemalte Szenen von Liebespaaren, Derwischen oder Kamelkarawanen.

Und natürlich **Teppiche:** Sie sind untrennbar mit der iranischen Kulturgeschichte verwoben. Herkunft und Qualität – ob von Nomaden oder in städtischen Manufakturen geknüpft, ob aus grober Wolle oder feinster Seide – sind so verschieden wie die Farben und Muster. Und die Preisspanne ist dementsprechend groß. Ein zentrales Kriterium ist die Anzahl der Knoten: Schlichte Stücke zählen 15 000 bis 50 000 pro Quadratmeter, kostbare 400 000 und mehr. Läden finden sich in den meisten Basaren, die größte Auswahl hat man in Teheran, Tabriz, Shiraz und den Passagen rund um den Isfahaner Imam-Platz. Zu den Ausfuhrbestimmungen für Teppiche s. S. 73.

Für sämtliche Sparten des Kunsthandwerks gibt es in den großen Basaren jeweils gesonderte Bereiche und auch in vielen Einkaufsstraßen der Neustädte spezialisierte Läden und Galerien.

Kulinarisches

Als Mitbringsel beliebt sind **Süßigkeiten,** von denen fast jede größere Stadt ihre eigene herstellt: Isfahan etwa sein Nougat *(Gaz),* Kerman mit Dattelmus gefüllte Küchlein *(Kolompeh),* Qom Krokant *(Sohan)* und die Region von Rasht ihr Rundgebäck mit Walnussfüllung *(Kulucheh).*

Populär sind **Pistazien** in diversen Geschmacksschattierungen, **Rosenwasser** aus dem Raum Kashan und natürlich die beiden kostbaren Klassiker **Kaviar** und **Safran** (s. Themen s. S. 160 und s. S. 492).

»Ya Zahra« steht auf dem Stirnband – Ausdruck der Verehrung für die Gattin Alis und Mutter Husseins

Wenn die Qashqai-Nomaden feiern, kann die Kleidung gar nicht bunt genug sein

Elektrizität

Die Stromversorgung ist flächendeckend und inzwischen auch auf dem Land stabil, Ausfälle sind äußerst selten. Die Netzspannung beträgt 220 Volt Wechselstrom. Für Normalstecker ist kein Adapter nötig. Schukostecker hingegen passen selten.

Feiertage

Religiöse Feiertage
In der Islamischen Republik werden außergewöhnlich viele religiöse Feste begangen. Sie verschieben sich gemäß dem islamischen Mondkalender jedes Jahr um elf Tage nach vorn. Der Übersichtlichkeit halber sind im Folgenden nur die wichtigsten angeführt, an denen keine – bzw. nur eine sehr eingeschränkte – Besichtigung von Sehenswürdigkeiten möglich ist.

Todestag Fatimas (19. Febr. 2018, 9. Febr. 2019)
Geburtstag von Imam Ali und **Etekaf,** Tage der meditativen Zurückgezogenheit (29. März–1. April 2018, 19.–22. März 2019; nur Moscheen sind geschlossen)
Todestag von Imam Ali (5. Juni 2018, 26. Mai 2019)
Todestag von Imam Sadegh (9. Juli 2918, 29. Juni 2019)
Tassua und Aschura, das Gedenken an den Tod Imam Husseins in der Schlacht von Kerbela (19./20. Sept. 2018, 9./10. Sept. 2019)
Arbain, der 40. Tag nach Aschura (31. Okt. 2018, 20. Okt. 2019)
Todestag des Propheten Mohammed (8. Nov. 2018, 28. Okt. 2019)
Todestag von Imam Reza (9. Nov. 2018, 29. Okt. 2019)
Während des Fastenmonats **Ramadan,** der mit dem **Opferfest** (Eid al-Fitr) endet, läuft der Alltag in vielen Bereichen merklich verlangsamt ab. Zwar sind alle Sehenswürdigkeiten und Museen zugänglich, die Öffnungszeiten aber teilweise verkürzt (16. Mai–14. Juni 2018, 6. Mai–5. Juni 2019).

Nicht-religiöse Feiertage
11. Febr.: Siegestag der Islamischen Revolution
20. März: Tag der Nationalisierung des Erdöls
21.–24. März: Neujahr (Nowruz)
1. April: Gründung der Islamischen Republik
2. April: Tag der Natur (Sizdah Bedar) *
4. Juni: Todestag Imam Khomeinis *

* An diesen Tagen sind keine oder nur eingeschränkte Besichtigungen von Sehenswürdigkeiten möglich
Bei sämtlichen Daten kann es zu Abweichungen von ein bis drei Tagen kommen.

Fotografieren

Iraner lieben es, vor Kameras zu posieren oder gemeinsam mit Ausländern Selfies zu schießen. Ältere Personen auf dem Land, vor allem Frauen, sind hingegen tendenziell fotoscheu. Rücksichtnahme und vorherige Abklärung des Einverständnisses verstehen sich in jedem Fall von selbst. Zu Problemen mit den Behörden kann es führen, wenn auf Fotografien militärische oder polizeiliche Anlagen, Kraftwerke, Flughäfen, Botschaften, Gefängnisse oder die Staatsgrenze zu erkennen sind. Wird man von Uniformierten angesprochen oder gar festgenommen, ist es ratsam, den ahnungslosen Touristen zu mimen. **Fotografierverbot** herrscht in manchen Museen und den meisten religiösen Stätten.

Frauen

Als Frau alleine den Iran zu bereisen, ist entgegen landläufiger Vorstellung im Westen weitgehend sicher. Gewalt gegen ausländische Frauen ist so gut wie unbekannt und auch gröbere Belästigung sehr selten. Der Grund: nicht etwa generelle Sanftmut iranischer Männer, vielmehr die islamisch geprägte, rigide Moral. Sich vor aller Augen dem anderen Geschlecht zu nähern, ist durch Sitte und Gesetz verpönt.

Einige Tipps, um Missverständnisse oder unnötige Risiken zu vermeiden: in Metro und Stadtbus den Frauensektor benutzen, im Sammeltaxi und Überlandbus Frauen als Sitznachbarn wählen, in Lokalen, so vorhanden, im Bereich für Familien Platz nehmen und iranische Männer statt mit Handschlag lieber begrüßen, indem man die Hand zum eigenen Herzen führt. Vorschriften zur Bekleidung s. S. 98.

Geld

Landeswährung ist der **Iranische Rial** (IRR, in diesem Buch mit Rl. abgekürzt). Im Umlauf sind Banknoten in Höhe von 100, 200, 500, 1000, 2000, 5000, 10-, 20-, 50- und 100 000 Rial. Mit den praktisch wertlosen Münzen kommt man kaum in Berührung. Um nicht mit dicken Notenbündeln hantieren zu müssen, kann man sich die ebenfalls als Bargeld gehandelten ›Bankschecks‹ über 500 000 oder 1 Mio. Rl. aushändigen lassen. Im Winter 2017 lag der Wechselkurs bei 40 750 Rl. für 1 € und 34 900 Rl. für 1 SFR (aktueller Tageskurs unter www.oanda.com).

SPERRUNG VON BANK- UND KREDITKARTEN

bei Verlust oder Diebstahl*:

0049-116 116
oder 0049-30 4050 4050
(* Gilt nur, wenn das ausstellende Geldinstitut angeschlossen ist, Übersicht: www.sperr-notruf.de)
Weitere Sperrnummern:
– MasterCard: 0049 800 819 1040
– VISA: 0049 800 811 8440
– American Express: 0049 69 9797 1000
– Diner's Club: 0049 69 900 150 135
Bitte halten Sie Ihre Kreditkartennummer, Kontonummer und Bankleitzahl bereit!

Verwirrend ist die Verwendung arabischer und persischer Ziffern bei Preisangaben und, mehr noch, einer Art Parallelwährung namens **Toman.** 700 000 Rial beispielsweise heißen im Alltag 70 000 oder auch nur 70 Toman. Einheimische verstehen intuitiv, welcher Wert gemeint ist. Als Reisender sollte man sich die Summe im Zweifelsfall ausdrücklich in Rial definiert aufschreiben lassen.

Bank- und Kreditkarten

Irans infolge der Sanktionen lange Jahre isolierte Banken sind zwar seit Anfang 2016 wieder an das internationale Zahlungsverkehrssystem SWIFT angeschlossen. Dennoch gibt es weiterhin (Stand Winter 2017/18) keinen verlässlichen Weg, im privaten Geldverkehr Überweisungen zu tätigen. Die in großer Zahl vorhandenen Geldautomaten sind nur mit iranischen Bankkarten zu nutzen. **Geldabhebungen** und **Zahlungen mit ausländischen Bank- und Kreditkarten** sowie Reiseschecks sind **nicht möglich.** Seltene Ausnahmen: gehobene Hotels, Reiseagenturen, Teppich- und Souvenirläden, die Visa-Karten akzeptieren und hohe Gebühren in Kauf nehmend über außeriranische Konten abrechnen. Eine kaum bekannte Möglichkeit, sich Geld per PayPal transferieren zu lassen, bietet die SevenHostels Group (Infos: http://hostelsiniran.com/iran-travel-guide/how-to-transfer-money-to-iran-no-visa-no-master-no-atm), die Gebühr beträgt allerdings 15 %. Dennoch gilt: Reisende sollten, da sich im Land generell kein Geld aus dem Ausland beschaffen lässt, unbedingt **ausreichend Bargeld mitbringen.**

Geldwechsel

In Reiseagenturen und Kunsthandwerksläden nimmt man gerne Devisen – auch Euro und Franken. Überall sonst bezahlt man mit Rial. Es empfiehlt sich, Geld in offiziellen Wechselstuben *(Sarrafi)* zu tauschen. Hotels und Banken, insbesondere solche auf Flughäfen, zahlen schlechtere Kurse, Straßenhändler sind illegal und wenig vertrauenswürdig. Restbestände an Rial kann man bei der Ausreise auf Flughäfen, freilich mit Kursverlust, zurückwechseln.

Gesundheit

Impfungen

Es sind keine speziellen Impfungen vorgeschrieben. Empfohlen wird die Überprüfung und ggf. Auffrischung der Standardprophylaxe, weiterhin die Impfung gegen Hepatitis A und bei längeren Aufenthalten, vor allem in ländlichen Gegenden, auch gegen Hepatitis B, Typhus und, nach Abklärung mit einem Arzt, eventuell Tollwut. Letztere, meist von Hunden übertragen, kommt ebenso landesweit vor wie HIV/Aids, Tuberkulose und die von Sandfliegen übertragene Leishmaniose. Die Gefahr, mit Malaria infiziert zu werden, ist gering, existiert jedoch – ganzjährig vor allem im Südosten, entlang der Golfküste, in Khuzistan, im Sommer an der Kaspi-Küste. In diesen Regionen gilt es, sich vor allem abends und nachts vor Mückenstichen zu schützen. Die Mitnahme von Stand-by-Medikamenten ist dort eventuell ratsam.

Ärzte und Apotheken

Die Qualität der **medizinischen Versorgung** ist, über das Land betrachtet, unterschiedlich. Größere Städte, allen voran Isfahan, Shiraz und natürlich Teheran, verfügen über gute, teilweise ausgezeichnete Ärzte und Spitäler. Die Deutsche Botschaft in Teheran (s. S. 91) verfügt über eine Adressliste von Vertrauensärzten und Krankenhäusern, ist in (wirklichen!) Notfällen zudem rund um die Uhr über eine Mobilnummer erreichbar. Im Großteil des übrigen Landes ist eine Basisversorgung durch Ambulanzen gewährleistet, für Notfälle ist man allerdings, auch in den Rettungswagen, wenig gerüstet.

Apotheken hingegen sind zahlreich, ihre Betreiber gut ausgebildet. Gängige Medikamente bekommt man problemlos zu oft recht günstigen Preisen, regelmäßig benötigte Arzneimittel sollten mitgebracht werden.

Krankenversicherung

Eine Behandlung durch iranische Ärzte oder Krankenhäuser muss immer bar bezahlt werden, die gesetzlichen Kassen erstatten die Kosten nicht. Unbedingt zu empfehlen ist daher der Abschluss einer privaten Reisekrankenversicherung, die ggf. auch den Rücktransport ins Heimatland einschließt.

Vorsorge in Iran

Relativ weit verbreitet sind Durchfallerkrankungen. Um ihnen vorzubeugen, sollte man nur originalverpackte Getränke aus Flaschen oder Dosen konsumieren. Die Lebensmittelhygiene ist in iranischen Küchen und Läden zwar im Unterschied zu vielen anderen Ländern Vorderasiens hoch. Dennoch sollte man, um sich keine Urlaubstage zu verderben, vor allem im Sommer und Süden die üblichen Regeln beherzigen: keine rohen, ungekochten, ungeschälten Produkte, Fleisch nur durchgebraten, häufiges Händewaschen etc. Bei Bergtouren in größere Höhen sollte man sich, um das Risiko einer Höhenkrankheit auszuschließen, behutsam akklimatisieren. Gerne unterschätzt wird im Hochland und Süden die Kraft der UV-Strahlung. Sonnencreme mit hohem Lichtschutzfaktor und eine Kopfbedeckung helfen schmerzhafte Folgen zu vermeiden.

Internetzugang

Iraner, vor allem der jungen, urbanen Generation, sind begeisterte User von **Internet und sozialen Medien.** Als Messenger-Dienste nutzen sie bevorzugt WhatsApp, Instagram und Telegram. Facebook, Twitter und YouTube hingegen sind staatlicherseits blockiert, viele andere zumindest zensuriert. Gleiches gilt auch für viele News-Seiten, etwa die von BBC und Spiegel. Um die Zugriffsbeschränkungen zu umgehen, können Laptop-Benützer VPN aktivieren, User von Tablets und Smartphones eine Open-Door-App. WLAN ist mittlerweile in Hotels, Restaurants, Kaffee- und Teehäusern gang und gäbe, sodass man sich mit dem eigenen Gerät problemlos einwählen kann. Es ist meistens, wenn auch nicht immer, gratis, mancherorts jedoch noch eher langsam. Wegen seiner weiten Verbreitung sind die vor einigen Jahren noch häufigen Internetcafés ein Auslaufmodell.

Karten

Platzhirsch unter den Herstellern ist unbestritten das in Teheran ansässige Kartografische Institut **Gita Shenasi**. In dessen Programm finden sich neben Gesamtkarten des Landes auch viele Regionalkarten und Stadtpläne wichtiger Städte, insbesondere von Teheran. Zentraler Laden für den Verkauf an Endkunden: 15 Ostad Shahriyar St., Razi St., Valiasr/Ecke Enghelab Ave., Tel. 021 6670 9335, www.gitashenasi.com. Hilfreiches, weil konzises Kartenmaterial bietet weiterhin Freytag & Berndt (1 : 1 500 000).

Mit Kindern unterwegs

Iraner lieben Kinder, auch fremde, und rollen vor ihnen, wo möglich, den roten Zauberteppich aus. Für ganz Kleine ist Iran aber wohl trotzdem nicht das ideale Reiseziel. Als allzu hektisch werden sie das Menschen- und Verkehrsgewühl in den Großstädten empfinden, und monoton die langen Fahrten durch gleichförmige Landschaften und Besichtigungen steinerner Kulturschätze. Größere Kinder reagieren deutlich fasziniert. Für sie mutieren Basare zu Wundertruhen und Sanddünen, Palmenoasen, Meeresstrände zu Abenteuerspielplätzen. Schafherden, Ziegen und Kamele, umso mehr, wenn man auf ihnen reiten kann, entzücken. Und immer mal wieder bietet sich Gelegenheit zu einer kurzweiligen Wanderung, Spritztour auf dem Leihrad oder Bootspartie, Vogel- oder Delfinbeobachtung eventuell inklusive.

Leider gibt es wenige kinderspezifische touristische Einrichtungen und Angebote. Stadterkundungen mit Kinderwagen werden schnell zum stressigen Hindernislauf. In Taxis sind Sicherheitsgurte auf den Rücksitzen oder gar Kindersitze ebenso Mangelware wie in Restaurants erhöhte Stühle, Spielecken, kindgerechte Speisen, Portionen oder Bestecke. Ein Pluspunkt immerhin: Das Essen ist in der Regel nicht scharf gewürzt. Die saucigen Khoresht, der häufig zu Hauptgerichten servierte Reis etc. kommen dem Geschmack der Kleinen entgegen.

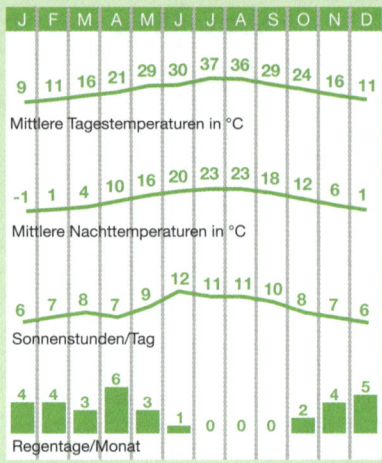

Klimadaten Teheran

Babynahrung und Windeln sind in den Städten problemlos zu bekommen. Auch familienfreundliche Apartments mit Zusatzbetten oder zwei Zimmern mit Verbindungstür finden sich meist. Besonderes Augenmerk sollte man auf ausreichenden Sonnenschutz im Hochland und im heißen Süden legen.

Kleidung und Ausrüstung

Folgende islamische Bekleidungsvorschriften sind von Frauen einzuhalten: Arme und Beine müssen bis zu den Handgelenken bzw. Fußknöcheln bedeckt sein. Zudem ist ein theoretisch knielanger Mantel zu tragen, der die weiblichen Körperformen verhüllt. Haare und Nacken müssen durch ein Kopftuch, den Hijab, bedeckt sein. Dies gilt schon bei der Einreise, d. h. nach der Landung im Flugzeug, und auch im Hotelrestaurant und Reisebus. In der Praxis bieten vor allem jüngere, urbane Frauen in den letzten Jahren allen Vorschriften und Appellen immer offensiver die Stirn, tragen den Hijab auf den Hinterkopf gerutscht, kleiden sich freizügiger und farben-

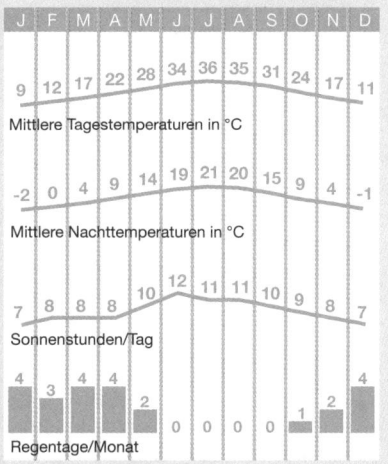

Klimadaten Isfahan

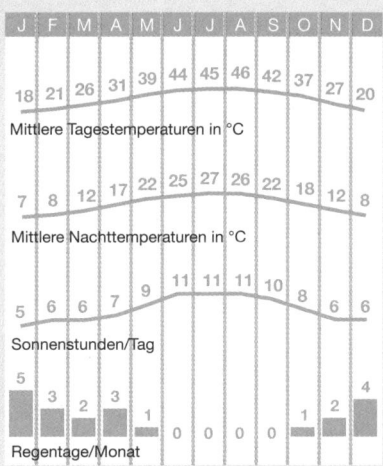

Klimadaten Ahvaz

froher. Parallel hat sich die Situation auch für Touristinnen deutlich gelockert. Lange Hosen oder Röcke in Kombination mit Blusen oder Jacken, die die Hüfte bedecken, reichen. Der Kopf ist locker mit einem Tuch zu bedecken, Haare dürfen sichtbar sein.

Männer sollten keine kurzen Hosen oder ärmellose T-Shirts tragen. An religiösen Orten ist für Männer langärmelige Oberkleidung und für Frauen vielerorts ein den Körper von Kopf bis Fuß bedeckender Tschador obligat. Dieser wird, jeweils frisch gewaschen, an den Eingängen der Sehenswürdigkeiten verteilt. Im Trauer- und Fastenmonat ist es angemessen, gedecktere Farben zu tragen.

Sandalen ohne Socken sind ein No-Go, bei häufigen Moscheebesuchen erweisen sich Schuhe als hilfreich, aus denen man schnell herausschlüpfen kann.

Bei der Auswahl der sonstigen Kleidung gilt es, die vor allem im Hochland und den Wüsten oft beträchtlichen Unterschiede zwischen Tages- und Nachttemperaturen zu berücksichtigen. Dass sie auch jahreszeitengemäß erfolgt, das heißt im winterlichen Tabriz bei –20 °C anders als im Juli an der Golfküste bei +45 °C und 90 % Luftfeuchtigkeit, versteht sich von selbst.

Klima und Reisezeit

Iran weist infolge seiner enormen Ausdehnung und des vielfältigen Höhenprofils sehr verschiedene Klimate auf. Temperaturen und Luftfeuchtigkeit variieren enorm. Abhängig von Region und Jahreszeit kann es sehr heiß, sehr kalt, trocken und sogar feucht werden. In der Wüste Lut mit ihrem extremen Kontinentalklima hat man mit die bislang höchsten Temperaturen (70,7 °C) auf der Erdoberfläche gemessen. Auch an der Golfküste steigen die Werte im Sommer auf über 50 °C, während die Winter im Hochland sehr streng und vor allem im Nordwesten auch schneereich ausfallen. Jedenfalls gibt es vier klar unterscheidbare Jahreszeiten.

Ideale Reisezeiten festzuschreiben ist schwierig. Die Definition hängt ganz davon ab, was man wo zu tun gedenkt. Unbestritten am angenehmsten und deshalb Hauptsaison sind die Monate März bis Mai und Mitte September bis Anfang November. Dann sind die Temperaturen moderat, die Luft ist, abgesehen von der menschengemachten Verschmutzung, meist klar. Im Frühling blüht und duftet das Land, im Herbst erglänzt es in Goldlicht. Allerdings kann es in den Bergregionen Aserbaidschans und Kordestans noch bis in den April hinein schneien und im Okt./Nov. herrscht an der Küste des Kaspischen Meeres Regenzeit.

Sehr wohl gut reisen lässt sich auch im Sommer. Dann braten zwar die Städte am Rand der Wüste, von Teheran und Isfahan bis Kerman und Shiraz, in der Sonne. Doch die Hitze ist trocken und ganz gut aushaltbar. Khuzestan und die Golfküste dagegen glühen nicht nur, sondern die Luft ist zudem unerträglich feucht Auch an der Kaspi-Küste ist die Schwüle oft drückend. Im westlichen Zagros- und Elburs-Gebirge hingegen herrschen Temperaturen wie im mitteleuropäischen Sommer, hier atmet man frisch durch. Und im Winter, wenn Kälte und Wind im zentralen Hochland und in den Bergen beißen und man dorthin höchstens zum Skifahren reist, ist es am Persischen Golf immer noch wohlig warm.

Links

www.auswaertiges-amt.de: Offizielle Seite des Auswärtigen Amtes in Berlin mit aktuellen und grundsätzlichen Iran-Hinweisen zu Sicherheit, Einreise und Impfungen etc.
www.bmeia.gv.at: Portal des österreichischen Außenministeriums mit Iran-Infos, die denen des Auswärtigen Amtes ähneln.
www.bpb.de/internationales/asien/iran: Dossier Iran der Bundeszentrale für politische Bildung mit Beiträgen zu diversen politischen, sozialen und historischen Aspekten.
www.iranjournal.org: Online-Magazin mit vielfältigen Berichten und Analysen unabhängiger, landeskundlicher Journalisten zu allen Themen.
www.boell.de/de/iran-report: Monatlich neu: die aktuelle Ausgabe des Iran-Reports, herausgegeben von der Heinrich-Böll-Stiftung zwecks zivilgesellschaftlich-kritischen Austauschs zwischen Iran und Deutschland, dazu: das gesamte Archiv zum Downloaden.
www.reisedepeschen.de/asien/iran: Reportagen aus Ländern rund um den Globus mit reichem Reservoir an spannenden Geschichten auch aus Iran.
de.wikiloc.com/routen/wandern/iran: Nur auf Farsi, als Orientierungshilfe dennoch nützlich: unzählige Routen für Wanderer, Bergsteiger, Mountainbiker, von einfach bis schwierig, im Detail auf Google Maps dargestellt.
http://german.irib.ir/food: Eine Fundgrube für Hobbyköche zum Thema persische Spezialitätenküche: jede Menge Rezepte zum Nachkochen mit ausführlichen Anweisungen, zusammengemischt von Mitarbeitern des deutschsprachigen Programms von IRIB, dem staatlichen Rundfunk.
www.moviepilot.de/filme/beste/land-iran: Die 150 wichtigsten Werke der iranischen Filmgeschichte von den 1930er-Jahren bis in die Gegenwart, mit Trailern, Inhaltsangaben und flankierenden Blogs.
www.last.fm/de/tag/iran: Musik vom klassischen Sitar- und Tar-Solisten bis zum Rap- und Pop-Hit frisch aus dem Studio.
www.iranicaonline.org: Englischsprachige Seite, vermutlich das weltweit beste Online-Lexikon in Sachen iranische Geschichte und Kultur – wissenschaftlich äußerst fundiert, thematisch uferlos. Grandios.
www.parstimes.com/arts: Ebenfalls ein Muss für alle näher Interessierten: ein (englischsprachiges) Verzeichnis mit Aberhunderten Links zu allen nur erdenklichen Facetten iranischer Kunst in Geschichte und Gegenwart, darunter Websites vieler prominenter Musiker, Schauspieler, Regisseure, Bildender Künstler, Galerien undundund, geordnet auch nach Themen von Architektur, Film und Gartenkunst bis Tanz und Teppiche.

Literatur und Filme

Klassiker

Ferdausi: Schahname. Die Rostam-Legende, Ditzingen 2016. Ein zentraler Abschnitt des »Königsbuches«, des legendären persischen Heldenepos. Gesamtausgaben sind aktuell nur auf Englisch verfügbar.
J. W. Goethe: West-östlicher Divan, Berlin 2013. Der literarisch-interkulturelle Brückenschlag schlechthin – die berühmte, von Hafis

inspirierte Gedichtsammlung des Meisters aus Weimar.
Nizami: Die sieben Prinzessinnen, Zürich 2012. Die märchenhaft-fantastische Novellen-Sammlung des großen Liebesepikers aus dem 12. Jh.
Rumi, Hafis, Omar Chajjam: Die schönsten Gedichte aus dem klassischen Persien, München 2015. Übersetzt und herausgegeben von Cyrus Atabay.

Belletristik & Lyrik
Kader Abdolah: Das Haus an der Moschee, Berlin 2008. Packend erzählte Saga einer Großfamilie zur Zeit der islamischen Revolution.
Nicolas Bouvier: Die Erfahrung der Welt, Basel 2017. Bezaubernder, hochliterarischer Bericht von einer Autofahrt durch den Iran der 1950er-Jahre nach Indien.
Amir Hassan Cheheltan: Amerikaner töten in Teheran, München 2011. Ein Roman über den Hass in sechs Episoden, bedrückend und aufschlussreich zugleich.
Mahmud Doulatabadi: Kelidar, Zürich 1999. Der Schlüsselroman des Nestors der iranischen Gegenwartsliteratur – eine Sinfonie über die Liebe und Natur, angesiedelt in der Welt der Nomaden.
Sadeq Hedayat: Die blinde Eule, Bonn 2017. Der düstere Meisterroman des Hauptvertreters der frühen literarischen Moderne in Teheran.
Kurt Scharf (Hrsg. & Übersetzer): Der Wind wird uns entführen, München 2005. Moderne persische Lyrik – rund 100 Gedichte, verfasst von den bedeutendsten zeitgenössischen Dichtern Irans.

Hintergrundinformation
Shirin Ebadi: Mein Iran – Ein Leben zwischen Hoffnung und Revolution, München 2016. Packend, authentisch und politisch aufschlussreich: die Autobiografie der Friedensnobelpreisträgerin und ersten Richterin Irans.
Georg Gerster: Irans Erbe, Mainz 2009. Famoser Bildband mit Luftbildern von archäologischen Stätten und Baudenkmälern, mit Texten von ausgewiesenen Kennern der Landesgeschichte.

Pryce, Lois: Im Iran dürfen Frauen nicht Motorrad fahren, Ostfildern 2017. Eine Frau, ein Motorrad und die wagemutigste Reise ihres Lebens. 5000 km mit Helm und Hidschab – und zahllosen unvergesslichen Begegnungen.
Gerhard Schweizer: Islam verstehen, Stuttgart 2016. Eine so fundierte wie einfühlsame Beschreibung und Reflexion über den Jahrtausendkonflikt zwischen Orient und Okzident (in derselben Reihe, jeweils 600- bis 700-seitig, auch aktuelle Bände über die Türkei, Syrien und Iran).
Walter M. Weiss: Iran. Sachbuch Wissen kompakt, Darmstadt 2017. Konziser Überblick über die Polit- und Religions- und Mentalitätsgeschichte des Landes vom Großpersischen Reich bis in die Gegenwart. Ideal zur Vor- und Nachbereitung jeder Studienreise.
Walter M. Weiss: Iran, Würzburg 2017/18. Zwei repräsentative Text-Bild-Bände, einer davon im Luxus-Großformat im Schuber, mit insgesamt über 500 Farbfotos.
Walter M. Weiss: Iran. Eine literarische Anthologie, Klagenfurt 2003. An die 100 Texte iranischer und europäischer Autoren über Land und Leute; bibliophiler Begleiter für unterwegs oder auf Kopfreisen im Lesesessel.
Charlotte Wiedemann: Der neue Iran. Eine Gesellschaft tritt aus dem Schatten, München 2017. Reportagen aus allen Winkeln des Landes, die intime Einblicke in Wesen und Weltbild der heutigen Iraner vermitteln.

Hör-CDs
Parvis Mamnun: Leila und Madschnun, Scheherezade, Schirin und Farhad ... Ein Sufi-Geschichtenerzähler aus Isfahan lässt die legendären Liebesmärchen der persischen Weltliteratur auf Deutsch auferstehen. Authentisch, stimmungsvoll, zum Träumen. Infos und Kauf: www.parvismamnun.at.

Filmtipps
Asghar Farhadi: Nader und Simin, 2012. Der mit mehr als 40 Festivalpreisen überhäufte Welterfolg – ein Scheidungsdrama als Fenster in die Seele des heutigen Iran. Von demselben Regisseur: The Salesman und Le Passé.

Sudabeh Mortezai: Im Basar der Geschlechter, 2009. Sehr authentischer Dokumentarfilm über die schiitische Institution der Zeitehe. Außerdem: Children of the Prophet, 2006 (engl.). Eine Doku über Aschura.

Marjane Satrapi: Persepolis – Eine Kindheit im Iran, 2008. Künstlerisch kongeniale Verfilmung des Animations-Bestsellers.

Medien

Auf Papier gedruckt bekommt man westliche **Zeitungen** zensurbedingt kaum in die Hand. Viele kann man online lesen, manche, wie etwa den »Spiegel«, dessen Website blockiert wird, nicht. Auch die Möglichkeit, westliches **Fernsehen** zu schauen, ist sehr eingeschränkt. Manche Oberklassehotels bieten Euronews und Deutsche Welle, einige sogar CNN, BBC, Rai und TV5. Von den iranischen Nachrichtensendern ist das staatliche englischsprachige PressTV erwähnens- und für politisch Interessierte durchaus auch sehenswert. Der Staatssender »Stimme der Islamischen Republik Iran« betreibt in 30 Sprachen, u. a. auch Deutsch, das Online-Nachrichtenportal Pars Today (www.parstoday.com). Eine Alternative auf Englisch ist das aus Teheran auf Arabisch sendende Network Al-Alam (www.en.alalam.ir). Ebenfalls ganz auf Regierungslinie liegen die englisch publizierenden Tageszeitungen »Iran News« (www.irannewsdaily.com), »Kayhan« (www.kayhan.ir), »Tehran Times« (www.tehrantimes.com) und die Wirtschaftstageszeitung »Financial Tribune« (www.financialtribune.com).

Nachtleben

Ein Nachtleben im westlichen Sinne mit Bars, Diskotheken oder gar Night Clubs ist in der Islamischen Republik nicht existent. Auch das Angebot an Konzerten ist mini-

Moderne Cafés und Eissalons sind in Teheran bevorzugte Treffpunkte der Jugend

mal, beschränkt sich meist auf traditionelle Musik in klassischem Rahmen. Manchmal treten Gesangsstars vor großem Publikum auf. Weibliche Solisten aber sind in der Öffentlichkeit tabu. Westliche, angeblich die Sitten verderbende Musik wie Pop, Jazz oder gar heiße rhythmische, technoide Klänge haben auf Bühnen nichts verloren. Ihnen lauscht die Jugend zwar über Tonträger in Massen, live aber nur im Verborgenen.

Bevorzugte öffentliche Orte säkularer Geselligkeit sind zwangsläufig Restaurants, Teehäuser und für die Jugend die neuerdings überall wie Pilze aus dem Boden sprießenden schicken Cafés. Umso ausgelassener wird auf privaten Partys gefeiert.

Notfälle

Polizei (landesweit): Tel. 110 (bei Verkehrsunfällen 197)
Krankenwagen (landesweit): 115
Feuerwehr (landesweit): 125

Öffnungszeiten

Der arbeitsfreie Tag ist der Freitag, die offizielle Arbeitswoche dauert von Samstag bis Donnerstagmittag. Staatliche Behörden, Banken, Postämter und große Firmen, auch Reisebüros, arbeiten Samstag bis Mittwoch von ca. 8/9 bis 16/17 Uhr, teilweise auch Donnerstagvormittag. Kleinere Läden, auch in den Basaren, haben in der Regel Samstag bis Donnerstag von ca. 9 bis 20 Uhr, manchmal auch Freitag nach dem Hauptgebet geöffnet. Es gibt keine gesetzlichen Ladenöffnungszeiten. Letztlich entscheidet der Ladenbetreiber nach Lust und Laune. Viele lassen über Mittag den Rollbalken herunter, umso länger, je weiter in den Süden man kommt. In der Sommerhitze etwa am Golf verlagern sich alle Aktivitäten, auch die geschäftlichen, in den Abend. Dann ist bis 16/17 Uhr Siestazeit. Moderne Einkaufszentren sind sieben Tage die Woche extra lange, von 9/10 bis 22/23 oder 24 Uhr offen, Museen, wie überall auf der Welt, auch in Iran meist (aber nicht immer!) an Montagen geschlossen. Hauptferienzeiten sind, vergleichbar mit Weihnachten/Neujahr im Westen, die Tage um Nowruz sowie der Hochsommer. In den ein bis zwei Wochen vor Nowruz fahren viele wohlhabendere Iraner in Urlaub.

An den zahlreichen religiösen und staatlichen Feiertagen im Jahreslauf sind die Öffnungszeiten höchst unterschiedlich. Schließtage touristischer Sehenswürdigkeiten s. S. 95. Die Angaben Winter/Sommer in diesem Buch meinen in der Regel vor/nach Nowruz, dem 21. März, bzw. ab ca. Ende Sept./Mitte Okt.

Post

Das iranische Postwesen ist im Grunde verlässlich, wenn auch oft langsam. Es hat die meisten international üblichen Dienste im Angebot. Die Dichte an Postämtern wie auch an den gelben Briefkästen (nicht zu verwechseln mit den allgegenwärtigen blauen Spendenboxen) ist gering. Ansichtskarten und normale Briefe gibt man am besten an der Hotelrezeption ab. Dort kann man bisweilen, wenn der Weg zum Postamt zu weit ist, auch **Briefmarken** kaufen. Pakete gibt man unter Vorlage des Reisepasses in Postämtern ab, wo auch Verpackungskartons erhältlich sind. In lateinischen Lettern adressierte Sendungen finden ihren Weg aus dem Land und, in die Gegenrichtung verschickt, auch ihren iranischen Empfänger. Nur komplizierte Adressen oder solche in Dörfern sollten auf Farsi geschrieben sein.

Das **Porto** beträgt für Postkarten nach Europa 30 000 Rl., für Luftpostbriefe bis 20 g 50 000 Rl. (Stand Herbst 2017). Das Tempo der Beförderung ist unkalkulierbar, aus Großstädten aber erfahrungsgemäß höher. Postkarten und Briefe können schon nach einer Woche, aber auch erst nach zwei Monaten im europäischen Briefkasten landen. Der Express-Paketdienst DHL betreibt in Teheran ein Büro (www.dhl.co.ir).Englischsprachige Website der Iranischen Post (I.R.I.P.C.): www.post.ir.

Prostitution

Offiziell ist Prostitution strikt untersagt und steht unter schwerer Strafe. Sie grassiert aufgrund der sich verschärfenden sozialen Misere trotzdem. Es bedarf wohl keiner näheren Begründung für den dringenden Rat, gerade als Ausländer zu diesem Phänomen größtmöglichen Abstand zu halten.

Reisekasse

Das monatliche Durchschnittseinkommen beträgt in Iran 410 €. Und auch wenn Einheimische im Alltag damit, vor allem in Großstädten, kaum über die Runden kommen: Die Summe ist doch ein Indiz für das Preisniveau, zumindest was Grundnahrungsmittel, Mobilität etc. betrifft. Entsprechend günstig lässt es sich in Iran leben und, wenn man es darauf anlegt, auch reisen.

Wer öffentliche Verkehrsmittel benutzt, sich in einfachen Kneipen oder Teehäusern verköstigt und auch beim Quartier keine hohen Ansprüche stellt, sollte ohne Sonderausgaben mit 30–50 € pro Tag auskommen können. Auf dem Land und in kleineren Städten kann man in bescheidenen, aber zumutbaren *mosaferkha-nehs* oder Privatpensionen noch sehr preiswert, für 15 bis 30 €, übernachten. In den touristischen Zentren bekommt man für diesen Betrag höchstens noch ein Bett im Schlafsaal.

Die Preisspanne ist bei Gastronomie und Hotellerie naturgemäß denkbar groß – Näheres dazu in den Kapiteln Unterkunft (s. S. 78) bzw. Essen und Trinken (s. S. 81). Standard-Kebabs mit Reis bekommt man schon für weniger als 3 €. Spottbillig sind, auch in Restaurants, Getränke. Mineralwasser, Softdrinks oder Dough kosten dort gerade einmal 0,25 €. In Nord-Teheran kann man hingegen für 150 € und mehr pro Person tafeln und sein Haupt im Luxushotelturm für Aberhunderte Euro zur Ruhe betten.

Ziemlich drastisch sind in den letzten Jahren, parallel zur wachsenden Touristenzahl, die Eintrittspreise für Sehenswürdigkeiten nach oben geschnellt. Als Ausländer zahlt man oft für iranische Verhältnisse üppige 5 €, mancherorts, etwa im Teheraner Nationalmuseum, noch mehr. Ermäßigungen für Senioren, Studenten etc. gibt es kaum.

Spartipps

Preiswert, aber schmackhaft verköstigen kann man sich tagsüber auch auf dem Lebensmittelbasar. Knuspriges Brot, frisches Obst und Gemüse, Nüsse, Trockenfrüchte u. v. m. finden sich in riesiger Auswahl auf Schritt und Tritt. Doppelzimmer kosten zwar deutlich mehr als Einzelzimmer. Doch in vielen Hotelzimmern stehen drei oder vier Betten, deren Belegung für einen geringen Aufpreis oft möglich ist. Weit verbreitet und pro Kopf umgerechnet günstig sind Suiten, Apartments und Ferienwohnungen für Kleingruppen. Auch Couchsurfing ist, obwohl im Grunde illegal, möglich. Sehr günstig sind lokale wie internationale Telefongespräche vom Mobiltelefon aus mit einheimischen SIM-Karten. Und für die Anreise im Flugzeug gilt: Last-Minute-Schnäppchen werden zwar in den Iran noch kaum angeboten. Wer aber Umsteigen und lange Transitzeiten nicht scheut, kommt mit Airlines wie Pegasus, Ukraine International, Aeroflot u. a. besonders günstig nach Teheran.

WAS IST PREISWERT, WAS IST TEUER?

Sehr preiswert: Stadt- und Überlandbusse, Metro, Benzin, einfache Quartiere, vor allem auf dem Land, Mittagsmenüs, Getränke, Lebensmittel, SIM-Karten, kleine Reparaturen beim Schuster, Schneider …

Preiswert: Inlandsflüge, Taxis, Tabak, einheimische Kleidung, Drogerieartikel, Medikamente in Apotheken

(Eher) teuer: Quartiere in Touristenstädten, Eintritte zu bedeutenden Sehenswürdigkeiten, Mietwagen mit Fahrer, Markenkleidung, Qualitätskaffee in Cafés

Reiseleiter

Infolge des touristischen Wiederaufschwungs der jüngsten Zeit bieten mittlerweile landesweit viele freiberufliche Reiseleiter/innen ihre Dienste an, darunter auch deutschsprachige. Die Tagessätze variieren, je nach organisatorischer Erfahrung, Fach- und Sprachkenntnissen, Konkurrenz und Lebenshaltungskosten vor Ort erheblich. Die Spanne reicht von der Stadtführung zu Fuß für 60–80 € bis zur Begleitung als Driverguide, also mit Auto, für 140 € pro Tag und mehr.

Da die professionell ausgebildeten Fachkräfte in der Hauptsaison mehrheitlich mit Gruppenreisen beschäftigt sind, empfiehlt es sich, den Kandidaten seiner Wahl zwecks Terminfindung möglichst frühzeitig zu kontaktieren. Im Reiseteil dieses Buches sind bei etlichen Städten am Beginn des Adressteils bewährte örtliche Guides angeführt. Einige sehr gute, vorzüglich Deutsch sprechende Guides, die in Teheran leben, Gäste aber vor allem auch auf Rundreisen durch das ganze Land begleiten, und die der Autor aus langjähriger persönlicher Zusammenarbeit empfehlen kann, sind: Hamid Mahmoudnia, Tel. 0(098) 912 296 9365, mahmoudnia31@hotmail.com; Babak Behruzgohar, Tel. 0(098) 912 183 6189, behruzgohar@yahoo.com; Reza Shandermani, Tel. 0(098)9 12 198 8694, reza_shandermani@yahoo.com); Alireza Ahadi, Tel. 0(098) 912 407 1715, alireza.ahadi1979@gmail.com) und Kaveh Tajvidi, Tel. 0(098) 912 323 1500, info@manoiran.net.

Inzwischen gibt es auch mehrere englischsprachige Online-Portale, auf denen sich Guides mit ihren jeweiligen Spezialisierungen präsentieren und auch gleich gebucht werden können. Empfehlenswert: www.nosytourist.com und www.persiaport.com/en/iran-tour-guides-7.

Sinnvoll ist auch die Kontaktaufnahme mit dem **Verband Iranischer Reiseleiter und Tourguides** (Jameye Rahnamayan-e Iran Gardi va Jahangardi) in Teheran: Tel. 021 8849 4368, www.itga.ir. Dessen englischsprachiger Leiter, Mir Ali Sadrnia, Mobil-Tel. 0912 3041 695, ist gerne auch persönlich bei der Vermittlung geeigneter Mitglieder behilflich.

Schwule und Lesben

Homosexualität bei Männern wie Frauen ist in weiten Bevölkerungskreisen ein Tabu und offiziell ein schweres Delikt. Die Einreise für gleichgeschlechtliche Paare ist kein Problem, unauffälliges Gebaren im Alltag aber dringend empfohlen. Homosexuelle Beziehungen wie überhaupt außerhalb des ehelichen Rahmens vollzogene sexuelle Handlungen gelten als unzüchtiges Verhalten und werden vom Gesetz streng geahndet. Ertappten Einheimischen droht in gewissen Fällen die Todesstrafe.

Sicherheit

Iran ist, einmal abgesehen vom Straßenverkehr, ein sicheres Reiseland. Gewiss, Taschendiebereien im Basargedränge kommen vor, und die Zahl der Fälle, bei denen Touristen vom Motorrad aus Handtasche oder Kamera entrissen werden, nimmt speziell in Teheran leider zu. Daher sollte man Reisepässe und größere Bargeldmengen vorsichtshalber im Hotel(safe) lassen. Dringend anzuraten ist, auch für den Verlustfall, eine Kopie von Pass und Visum getrennt im Koffer aufzubewahren. In jüngster Zeit wird, vor allem in Teheran, vor Trickbetrügern gewarnt, die Ausländer nachts auf der Straße vom Auto aus als vorgebliche Zivilpolizisten ›kontrollieren‹. In solchen Fällen besteht man am besten darauf, mit den Männern ins Hotel oder zur nächsten Polizeistation zu gehen.

Durch die politische Dauerkrise und Repression ist seit vielen Jahren kein einziger Tourist physisch zu Schaden gekommen. Unbedingt meiden sollte man jedoch, insbesondere als Individualreisender, wegen Entführungsgefahr die südöstliche Doppelprovinz Sistan-Belutschistan. Ein gewisses Restrisiko, das jedoch Reisen dorthin keineswegs grundsätzlich ausschließt, herrscht in den Grenzregionen zum Irak, zu Kurdistan und Afghanistan. Zu beachten sind die aktuellen Sicherheitshinweise des Auswärtigen Amts (www.auswaertiges-amt.de) sowie die Hinweise für Fotografen (s. S. 95) und allein reisende Frauen (s. S. 95).

Sprache

Viele, vor allem junge Iraner in den Städten, die in Schulen, auf Universitäten oder auch in Privatkursen Englisch lernen, können sich darin leidlich bis gut verständigen. Nicht selten wird man in den Touristenzentren von älteren, aus Europa Heimgekehrten auch auf Deutsch angesprochen. In Kleinstädten und auf dem flachen Land hingegen sprechen die meisten Menschen nur Farsi bzw. die Sprache der regionalen Minderheit. Hier bleibt oft nur die nonverbale Verständigung mit Gesten, die jedoch dank der großen Hilfsbereitschaft und Kontaktfreude der Iraner in der Regel zum Ziel führt.

Wer in Iran Farsi lernen möchte: Das Dehkhoda International Center for Persian Studies bietet in Kooperation mit der Universität Teheran seit 1989 erfolgreich Sprachkurse verschiedener Grade und Intensitäten an. Details: https://icps.ut.ac.ir.

Telefonieren

Irans Telekom-Systeme sind technisch auf dem Stand der Zeit. Das Telefon-Festnetz ist flächendeckend, das Mobilnetz in den Städten gut ausgebaut, auf dem Land allerdings vielerorts ›löchrig‹. Sämtliche im deutschsprachigen Raum aktiven Mobilfunkbetreiber haben Roamingpartner in Iran. Die Gebühren sind jedoch – insbesondere für via Smartphone verschickte Datenpakete – extrem hoch, sodass Dienste wie WhatsApp, Instagram, die gute alte SMS oder, wenn zugänglich, Skype willkommene Alternativen darstellen. Erstaunlich preisgünstig sind Anrufe nach Europa, sei es aus dem inländischen Mobilnetz oder auch, etwa vom Hotelzimmer, mit dem Festnetztelefon. Mit einer **SIM-Karte** kann man in alle Welt telefonieren. Man kauft sie am besten gleich im Ankunftsbereich des jeweiligen Flughafens, am Teheraner Khomeini Airport z. B. an den Kiosken unmittelbar nach Verlassen des Gepäckbereichs. Bei allen drei wichtigen Anbietern – Irancell, RighTel und MCI – bekommt man Codes, mit denen man sein aktuelles Guthaben ablesen kann. **Prepaid-Karten** sind auch in vielen Geschäften und an Kiosken erhältlich. Man kann sie problemlos elektronisch aufladen. Dabei ist man allerdings, weil die Anleitung via Display auf Farsi erfolgt, auf die Hilfe Einheimischer angewiesen. Inlandsgespräche sind so billig, dass Hotelrezeptionisten, Ladenbesitzer und sogar Passanten auf der Straße einen, wenn man nett fragt, dafür gratis ihr Telefon benutzen lassen.

Internationale Vorwahlen

Deutschland 0049, Österreich 0043, Schweiz 0041, Iran 0098. Wie weltweit üblich, ist bei Anrufen aus dem Ausland in den Iran die »0« der Ortsvorwahl wegzulassen. Die Vorwahlen aller wichtigen Orte sind in diesem Buch in den jeweiligen Adressteilen ablesbar.

Toiletten

Bei Iranern zu Hause und auch im öffentlichen Raum ist freies Hocken angesagt. Papier muss in der Regel mitgebracht werden. Viele bessere Hotels und vereinzelt auch gehobene Restaurants bieten, zumindest ergänzend, westliche Sitzthrone. Um die Kanalisation nicht zu verstopfen, sollte man das WC-Papier nicht in die Toiletten, sondern in die bereitgestellten Eimer werfen. In Privatwohnungen und auch Hotelzimmern betritt man den Sanitärbereich nur mit eigens vorbereiteten Badeschuhen. An den meisten (Bus-)Bahnhöfen, Tankstellen und Moscheen sind WCs zwar für gewöhnlich vorhanden, aber eine hygienische Zumutung.

Trinkgeld

In Iran herrscht, anders als etwa im arabischen Raum, keine ausgeprägte Bakschisch-Kultur. Trinkgeld wird nicht generell erwartet, ist im Dienstleistungsgewerbe aber sehr wohl üblich – etwa für Kofferträger und Zimmermädchen (ca. 50 000 Rl. pro Dienst/Nacht), für Taxifahrer und Kellner (5–10 % der

Rechnungssumme), und auch für Reiseleiter/Guides und Busfahrer (pro Person und Tag ca. 200 000 bzw. 120 000 Rl.). Auch wenn jemand den Zutritt zu sonst versperrten Gebäuden oder Arealen ermöglicht, ist es angebracht, sich mit einem Obolus erkenntlich zu zeigen. Taarof, die traditionelle Höflichkeit, gebietet den Iranern, Gegebenes zunächst abzulehnen. Bei Trinkgeld sollte man bis zu dreimal versuchen, es loszuwerden, ehe man aufgibt.

Zeit

Um trotz der enormen Längenausdehnung des Landes von fast 3000 km überall ein und dieselbe Zeit zu haben, wurde für Iran eine eigene Zeitzone geschaffen. Der Unterschied zur mitteleuropäischen Zeit (MEZ) beträgt im Winterhalbjahr + 2,5 Std. Ist es in Berlin, Wien oder Zürich 12 Uhr mittags, stehen die Uhrzeiger in Teheran also auf 14.30 Uhr. Anders tickt die Uhr am Beginn und Ende des Sommers: Da man in Iran die Uhr schon zu Frühlingsbeginn am 21. März um 1 Std. vor- und zum Herbstbeginn am 21. September wieder zurückstellt, beträgt der Unterschied ab diesen beiden Daten bis zum jeweiligen Beginn bzw. Ende der Sommerzeit in Mitteleuropa 1,5 bzw. 3,5 Std.

Zuschauersport

Iran ist eine fußballverrückte Nation, der Besuch eines Matches, etwa im Teheraner Azadi-Stadion, ein Erlebnis. Per Gesetz ist dieses Vergnügen allerdings Männern vorbehalten.

Beiderlei Geschlechts ist das Publikum in den Zurkhaneh, den »Krafthäusern«. Solche Arenen, in denen traditionsbewusste Männer den Nationalsport der alten Perser (s. Thema S. 370) pflegen, gibt es noch in fast allen großen Städten. Die schönsten, auch für Touristen geöffneten befinden sich in Yazd, Isfahan, Shiraz und Teheran (Adressen dort unter ›Aktiv‹).

Zur Trainingsstunde im Zurkhaneh sind Zuschauer herzlich willkommen

Unterwegs in Iran

»Das iranische Volk ist das poetischste der Welt, und die Bettler
von Tabriz können die Verse von Hafis und Nizami zu Hunderten
auswendig. Je nach Laune pflegten sie sie zu rezitieren,
laut hinauszubrüllen oder vor sich hinzusingen …«.
Nicolas Bouvier, »Die Erfahrung der Welt«, 1963

Langsam kommt man auch ans Ziel: Bei diesen beiden kurdischen Bikern verhindern schon die bauschigen Beinkleider Geschwindigkeitsexzesse

Kapitel 1

Teheran und Kaspi-Küste

In Teheran starten die meisten Besucher aus Europa ihre Iran-Rundreise. Allzu oft beschränkt sich das Besichtigungsprogramm auf ein paar museale Highlights. Schade, denn die Hauptstadt lohnt durchaus einen längeren Aufenthalt. Ähnliches gilt für die Küstenprovinzen Gilan, Mazandaran und Golestan im Norden: Ein Badeurlaub am Kaspischen Meer mag für die hitzegeplagten Teheranis verlockender als für Europäer sein. Entlang der Küste warten jedoch auch interessante Orte und Kulturdenkmäler und im Elburs eine atemberaubende Gebirgsnatur.

Ein schier endloses Häusermeer, häufig Smog, Verkehrschaos: Teheran kann auf den ersten Blick ziemlich verstören. Doch hinter der wenig attraktiven Fassade verbirgt sich eine vor Dynamik strotzende Weltmetropole. Neben Pflichtstationen wie National- und Teppichmuseum, Kronjuwelen, dem Golestan-Komplex und den Schah-Palästen in Saadabad und Niavaran locken an die 60 weitere Museen, aufregende Gegenwartsarchitektur und, allen offiziellen Einschränkungen zum Trotz, eine lebenspralle Galerie- und Ausgehszene.

Machtvolle Kontrapunkte zum großstädtischen Getriebe setzen das Elburs-Gebirge, das unmittelbar hinter der Stadt steil aufragt, und der Küstensaum am Kaspi-Meer. Auf der Hochebene von Kelardasht, auf Teherans Hausberg Tochal oder, weiter nordöstlich, in den Wäldern des Golestan-Nationalparks, finden Naturliebhaber herrliche Wanderreviere, lohnende Ziele für Gipfelstürmer sind Alam Kuh und Damavand. Vogelfreunde gehen im Schutzgebiet von Miyankaleh oder in der Lagune bei Bandar-e Anzali auf Fotopirsch.

Zu den Höhepunkten im Sinne klassischen Sightseeings zählen Rasht, das Gebirgsdorf Masuleh und die Burgruine Rudkhan, weiterhin entlang der Küste die Orte Lahijan, Ramsar und Sari und, im nordöstlichen Hinterland, Gorgan und Gonbad-e Qabus.

Teheran ist eine Stadt, in der Tradition und Moderne unvermittelt aufeinandertreffen

Auf einen Blick: Teheran und Kaspi-Küste

Sehenswert

Teheran: Irans Hauptstadt ist gespickt mit hochkarätigen Sammlungen, in denen man Tage zubringen könnte – ganz oben in der Besuchergunst stehen National-, Juwelen- und Teppichmuseum. Sehenswerte Baudenkmäler sind der Golestan-Palast als ehemaliger Regierungssitz der Qadscharen und die Saadabad-Palastanlage als Sommerresidenz der Pahlevi-Schahs (s. S. 114).

Masuleh: In dem fotogenen Bergdorf schmiegen sich aus Lehmziegeln erbaute Häuser terrassenförmig an die steilen Hänge. Türen, Fenster und Erker sind teils recht aufwendig mit Holzschnitzereien verziert (s. S. 158).

Khaled Nabi: Das eindrucksvoll gelegene Heiligtum bietet einen unvergesslichen Blick auf die Hügelketten der turkmenischen Steppe. Ganz in der Nähe gibt ein Friedhof mit ungewöhnlich geformten Grabsteinen Rätsel auf (s. S. 175).

Schöne Route

Panoramafahrt durchs Elburs-Gebirge: Von den drei Hauptrouten, die aus dem Großraum Teheran an die Kaspi-Küste führen, ist die von Karaj nach Chalus die spektakulärste. Haarnadelkurven, schroffe Gipfel, schwindelerregende Abgründe – die Straße bietet ein Landschaftserlebnis der Extraklasse (s. S. 164).

Meine Tipps

Moghadam-Museum in Teheran: Ein verwunschener Garten mit plätscherndem Brunnen bildet das Herzstück dieses prächtigen Wohnhauses aus qadscharischer Zeit, in dem Keramik, Gemälde und archäologische Fundstücke ausgestellt werden (s. S. 121).

Milad-Turm: Teherans Fernsehturm zählt zu den höchsten der Welt. Von der Aussichtsplattform auf 276 m Höhe schweift der Blick über die in alle Richtungen ausufernde Metropole bis zum Elburs-Gebirge (s. S. 131).

Grabturm Gonbad-e Qabus: Der zylindrische Bau mit seinem spitzen Kegeldach ist über 1000 Jahre alt, wirkt in seiner Schmucklosigkeit und monumentalen Strenge aber fast schon modern (s. S. 172).

Aktiv

Parkspaziergang zur Tabiat-Brücke: Die futuristische Fußgängerbrücke ist Teherans neues Wahrzeichen. Sie verbindet über eine Stadtautobahn hinweg zwei Parks und dient zugleich als Aussichtsplattform (s. S. 132).

Besteigung des Damavand: Schwefeldämpfe begleiten den Aufstieg zum Gipfel des majestätischen Vulkanriesen, der sich auf der Südroute auch von konditionsstarken Anfängern erklimmen lässt (s. S. 150).

Wanderung zur Burgruine Rudkhan: Schweißtreibend, doch sehr lohnend ist im Hinterland von Rasht der Aufstieg zu dem in dichtem Wald verborgenen Festungsgemäuer aus dem Mittelalter (s. S. 159).

Ins Vogelschutzgebiet von Miyankaleh: Auf der Halbinsel im Südosten des Kaspischen Meeres können sich Hobbyornithologen als Pioniere fühlen und bekommen viele seltene Arten vor die Linse (s. S. 169).

 Teheran

Teheran ist eine für iranische Verhältnisse junge Stadt und mit mindestens 14 Mio. Einwohnern ein Moloch – freilich ein faszinierender. Denn als Sitz der Regierung, aller wichtigen Behörden und einer potenten Industrie ist die Metropole das politische und wirtschaftliche Zentrum des Landes. Die vielen Hochschulen und erstklassigen Museen sowie eine dynamische Kunstszene machen sie auch zur unbestrittenen Kulturhauptstadt.

Es gibt nicht viele Hauptstädte auf der Welt, die ein so ausgeprägtes Nord-Süd-Gefälle aufweisen wie **Teheran**. Und zwar sowohl in topografischer wie auch sozialer Hinsicht. Irans knapp 720 m² große Metropole erstreckt sich auf einer riesigen schiefen Ebene, die von den Abhängen des Elburs-Gebirges (auf fast 2000 m Seehöhe) gleichmäßig bis an den Rand der großen Salzwüste Dasht-e Kavir auf kaum mehr als 1000 m abfällt.

An ihrem heutigen Nordrand, zu Füßen des Hausbergs Tochal, erstreckten sich noch vor 250 Jahren vorwiegend Viehweiden. Doch nachdem Agha Mohammed Khan, der erste Qadscharen-Schah, die bis dahin zweitrangige Siedlung Ende des 18. Jhs. zur Residenz erkoren hatte, entwickelte sich das gebirgsnahe, mit reichlich Quellwasser und kühler Bergluft gesegnete Gebiet im Nu zur bevorzugten **Wohngegend der privilegierten Schichten.** Angehörige der Königsfamilie, Adelige und ausländische Gesandte schufen sich dort als Refugien für die heißen Sommer von weitläufigen Gärten eingefasste Anwesen. Wenig später zogen ihnen betuchte Bürger nach. Und alsbald wurden Dörfer wie Shemiran, Niavaran, Punak, Vanak oder Evin zu eleganten, ganzjährig besiedelten Villenvierteln.

Weiter talwärts wuchs in der Folge nach und nach das hauptstädtische **Geschäfts- und Verwaltungszentrum** mit dem Großen Basar. Im ungleich stickigeren, staubigen Süden hingegen ließen sich die Armen und Landflüchtlinge nieder.

Seit der von Petrodollars befeuerten Boomzeit der 1960er- und 1970er-Jahre und mehr noch nach der Islamischen Revolution haben sich durch die **unkontrollierte Zuwanderung aus den Provinzen,** durch den Bau Aberhunderter Hochhäuser und gigantischer Satellitensiedlungen, aber auch infolge von Konfiszierungen Bausubstanz und soziale Struktur stark verändert.

Doch blickt man etwa aus einer Kabine der Seilbahn, die zum Gipfel des Hausbergs Tochal hinaufführt, auf die Megalopolis hinab, kann man das urbane Grundschema immer noch gut erkennen: In den nördlichen, den bis heute prestigeträchtigsten und deshalb teuersten, sehr westlich anmutenden Bezirken stehen im Schatten neuer, pompöser Apartmentanlagen nach wie vor viele stattliche Villen aus monarchischer Zeit und der Anteil der Grünflächen ist immer noch verhältnismäßig hoch.

Im Westen, in Richtung der benachbarten Drei-Millionen-Einwohner-Stadt Karaj, prägen **Industrieanlagen** und die immer weiter wuchernden Schlafsilos für die Arbeiterschaft das Stadtbild. Gegen Süden hin verebbt das von einem Netz aus breiten Alleen und Stelzenautobahnen zerschnittene Häusermeer, je nach Dichte des Smogs, nach 20, 30 km gen Wüstenhorizont. Nur an klaren Tagen erkennt man dort weit draußen den minarettbestückten Megakomplex des Khomeini-Mausoleums und, ein Stück östlich, die riesige **Raffinerie** bei Rey mit ihrer vom abgefackelten Gas gespeisten ewigen Flamme.

Geschichte

Der Großraum der Hauptstadt ist uraltes Siedlungsgebiet. Prähistorische Funde belegen, dass hier bereits vor 7000 Jahren Menschen lebten. Die Stadt Shahr-e Rey, heute de facto ein südlicher Randbezirk der Metropole, war unter dem Namen Rhages schon in der Antike als wichtige **Handelsstation an der Seidenstraße** weithin bekannt. Als die Mongolen es 1220 zerstörten, suchten Tausende Bewohner in dem damaligen Dorf Teheran Zuflucht. Dieses, bis dahin als Räubernest eher übel beleumundet, mausert sich alsbald zum Marktplatz und in frühsafawidischer Zeit zu einer veritablen Stadt. Um 1550 umgab Schah Tahmasp I. sie mit einem Mauerring aus Lehmziegeln samt Toren, Dutzenden Türmen und einer ersten Zitadelle.

Die zentrale Lage an der West-Ost-Handelsroute des Reiches im Schutz des mächtigen Felsriegels des Elburs, dazu die guten Böden, das milde Klima und viel Wasser – solch ideale Bedingungen fördern das Wachstum: Anfang des 17. Jhs. umfasste Teheran schon an die 3000 Häuser. Mitte des 18. Jhs. ließ Karim Khan Zand die Wehranlagen verstärken, einen ersten Basar samt Karawansereien errichten und die nördlich angrenzende Burg erweitern, die Keimzelle des späteren Golestan-Palastes. Doch letztlich brach der Zand-Fürst das Vorhaben ab, den Regierungssitz auf Dauer hierherzuverlegen, und blieb seiner alten Residenz Shiraz treu.

Endgültig und offiziell zur **Hauptstadt** wurde Teheran, das damals nur 15 000 Einwohner zählte, erst 1789 unter Karim Khans großem Widersacher und Nachfolger, dem Begründer der Qadscharen-Dynastie Agha Mohammad Khan. Unter dessen Erben im höchsten Amte, Fath Ali und mehr noch Nasir ad-Din, wuchs die Stadt infolge der Zentralisierung des Landes rapide. Um 1870 wurde eine neue, 16 km lange Mauer gebaut, die ein fünfmal größeres Gebiet als ihre Vorgängerin umschloss.

Irans Hauptstadt ist kein Idyll, fasziniert aber durch ihre unbändige Dynamik

Weit radikaler noch veränderte sich die Stadtstruktur in der Ära Reza Schah Pahlevis. Ab den mittleren 1920er-Jahren wurden viele Befestigungen geschleift und breite Straßenschneisen in die historische Bausubstanz geschlagen. Im Rahmen eines ersten urbanistischen Gesamtkonzepts entstand eine Vielzahl monumentaler Neubauten. Ihre Architektur kombinierte oft Formen eines europäisch geprägten Neoklassizismus mit solchen eines kolossalen neo-achämenidischen, mit qadscharischen Elementen gewürzten Nationalstils.

Nach dem Zweiten Weltkrieg setzte sich der Wachstums- und Modernisierungsprozess stark beschleunigt fort. Die Einwohnerzahl verdreifacht sich durch extreme Landflucht allein in den Jahren 1956–1976 von 1,5 auf 4,5 Mio. Um Wohnraum und Arbeitsplätze zu schaffen, wurden massenweise Industriebetriebe angesiedelt und riesige Wohnsiedlungen wie Shahrak Ekbatan aus dem Boden gestampft. Und um die alles überrollende Autolawine in wenigstens einigermaßen kontrollierte Bahnen zu lenken, legte man ein dichtes Netz vielspuriger Autobahnen über die Stadt.

1996 zählte Teheran 6,8 Mio. Einwohner. Und 2015 lebten im administrativen Stadtgebiet knapp 14, in der Metropolregion insgesamt geschätzt an die 20 Mio. Menschen. Doch unübersehbar ist: Dieser Stadtmoloch funktioniert. Seine Bewohner klagen zwar über die täglichen Mega-Staus und miserable Luftqualität. Der Alltag der meisten ist, bedingt auch durch die hohe Bevölkerungsdichte und den harschen Konkurrenzkampf auf dem Arbeitsmarkt, äußerst stressig. Doch der Strom fällt nicht aus. Die Müllabfuhr tut ihren Dienst. Metro und Busse verkehren pünktlich. Die Rohrleitungen aus drei riesigen Stauseen im Hinterland sorgen für eine verlässliche Wasserzufuhr. Gewiss, manche Viertel im Süden sind heruntergekommen, ihre Bewohner arm. Aber Slums sehen anders aus. Teheran ist eine recht grüne, saubere und vor allem sichere Stadt. Und es besitzt durchaus idyllische Ecken – ältere, intime Wohnviertel, weitläufige Parks, Alleen, Flanierstraßen, Gärten mit Open-Air-Cafés, kurz: Rückzugsorte, wo man durchatmen und das Leben genießen kann.

Historisches Zentrum

Cityplan: S. 119

Fast alle Neuankömmlinge starten ihre Stadterkundung in Teherans altem Kern. Aus gutem Grund: Rund um den Großen Basar, Stadtpark, Imam-Khomeini-Platz und das Regierungsviertel aus der Zeit Reza Schahs warten mit dem Golestan-Palast, dem National- und dem Juwelenmuseum drei touristische Highlights. Zudem gibt es in der Gegend, die man auch bequem mit der Metro (Linien 1, 2) erreicht, etliche weitere Sehenswürdigkeiten – kleinere Museen, idyllische Gärten, Ladenzeilen. Ein Besichtigungstag vergeht hier im Nu.

Iranisches Nationalmuseum [1]

Imam Khomeini Ave., 30 Tir St., Metro 1, 2 Imam Khomeini, tgl. 9–19, im Winter bis 18 Uhr, vorislamische Abteilung 300 000 Rl., islamische Abteilung 200 000 Rl.

Das **Muzeh-ye Melli-ye Iran** موزه ملی ایران ist das älteste und bedeutendste des Landes. Es besteht aus zwei Abteilungen: einem Neubau mit der Sammlung islamischer Kunst und einem historischen Gebäude mit Artefakten aus vorislamischer Zeit. Der jüngere Bau wurde – nach dem Vorbild des Palastes von Bishapur über achteckigem Grundriss – erst 1996 errichtet, war ab 2006 für fast ein Jahrzehnt zwecks Restrukturierung gesperrt und ist nun seit 2015 wieder voll zugänglich.

Das unmittelbar westlich gelegene Hauptgebäude stammt aus den späten 1930er-Jahren. Sein Architekt war der französische Archäologe und Bauhistoriker André Godard, der von 1928 fast durchgehend bis 1960 die Iranische Antikenverwaltung leitete und auch als erster Direktor des Museums amtierte. Godard griff bei Formgebung und Materialwahl auf die Traditionen der parthisch-sassanidischen Baukunst zurück. So erinnert die Portalfront zum Süden hin mit ihrem riesigen, ovalen Iwan-Bogen und der kunstvollen Ziegelornamentik an die berühmte Ruine Taq-e Kisra in Ktesiphon bei Bagdad, aber auch an den Palast Ardeshirs in Firuzabad südlich von Shiraz.

Historisches Zentrum

Das Museum ist, was die Fülle seiner Bestände betrifft, kein Louvre oder British Museum. Dafür hat auch die koloniale Raffer-Attitüde der französischen und britischen Archäologen im 19. und frühen 20. Jh. gesorgt. Zudem wirkt die Präsentation nicht sonderlich inspiriert und die englischen Kommentare lassen zu wünschen übrig. Immerhin bekommt man beim Ticketkauf auf Anfrage englischsprachige Flyer für die vorislamische und islamische Sammlung ausgehändigt. Der Besuch beider Abteilungen des Museums ist dennoch ein Muss – zur Orientierung am Beginn oder als Nachklang am Ende einer Kultur-Rundreise.

Museum für islamische Kunst

Das didaktisch ansprechend gestaltete **Muze-ye Honarha-ye Islami** هنرهای اسلامی موزه deckt auf zwei weiträumigen, hellen Stockwerken einen Zeitraum von mehr als 1200 Jahren ab. Textilien, Teppiche, Gläser, Metall- und Stuck-, Schnitz- und Einlegearbeiten, Keramiken, Kalligrafien, Münzen, vergoldete Koranexemplare: Beginnt man den Rundgang in der oberen Etage gegen den Uhrzeigersinn, nimmt man der überaus kostbaren Sammlung chronologisch der Kunstgeschichte folgend die Parade ab – von den Anfängen im 8./9. Jh. über die Ära der Seldschuken, der mongolischen Ilkhaniden und, im Stockwerk darunter weiter, der Timuriden, Safawiden und Qadscharen.

Museum des antiken Iran

Das **Muze-ye Iran-e Bastan** موزه ایران باستان wurde um zwei quadratische Innenhöfe herum angelegt. Ein Streifzug durch die beiden Geschosse des Hauses schafft schlagartig Distanz zur lärmigen grauen Gegenwart draußen und ruft die ungeheure Tiefe der Geschichte Irans und den Reichtum seines kulturellen Erbes eindrücklich ins Gedächtnis. 7000 und mehr Jahre sowie unzählige Völker und Dynastien defilieren da am staunenden Betrachter vorbei – von den Protoiraniern, deren Keramiken und Schmuck aus legendären Grabungshügeln wie in Jiroft, Hissar, Sialk und Susa die Vitrinen füllen, bis zu den Achämeniden, Seleukiden, Parthern und Sassaniden, von deren großartiger Steinmetzkunst zahlreiche Reliefs und Rundplastiken zeugen.

Zu den spektakulärsten Exponaten zählen, in der Reihenfolge des Rundgangs, wiederum gegen den Uhrzeigersinn, die Stierplastik aus gebranntem Ton vom Stufentempel in Chogha Zanbil, die Kopie der Gesetzesstele des Hammurabi aus dem Babylon des 18. Jhs., aus Persepolis der Wächterhund und die Säule samt Kapitell plus das Audienzrelief des Darius aus dem Schatzhaus, aus dem achämenidischen Susa eine – leider kopflose – Statue des Großkönigs in der Pose eines ägyptischen Pharao, außerdem das überlebensgroße, in Shami entdeckte Bronzestandbild eines parthischen Fürsten sowie diverse Mosaiken und Stuckarbeiten aus sassanidischen Palästen.

Nicht versäumen sollte man auch den zweiten Stock, wo Artefakte und 3-D-Installationen Alltag und Kult des prähistorischen Menschen auf iranischem Boden dokumentieren.

Technologiemuseum [2]

30 Tir St., Imam Khomeini Square, www.irstm.ir, Sa–Mi 8.30–16, Do, Fr 9–17 Uhr, 100 000 Rl.

Unmittelbar nördlich des Nationalmuseums ist in der ebenfalls von André Godard entworfenen, ehemaligen Nationalbibliothek das bislang nur wenig besuchte **Muze-ye Olum va Fanavari** موزه علوم و فناوری zu Hause. Es vermittelt, durchaus zeitgemäß und mit animatorischen Methoden, moderne Errungenschaften von der Energiegewinnung bis zur digitalen Revolution. Auch den originalen Raumanzug von Aidin Salsabili, dem ersten Iraner im All, kann man bewundern. Faszinierend sind aber vor allem die Hintergrundinformationen zur reichen Forschungsgeschichte des Landes, zu unsterblichen Größen des Mittelalters wie dem Mediziner Ibn Sina alias Avicenna oder den Mathematikern und Astronomen Nasir al-Din al-Tusi und Ali al-Qushji. Eine charmante Abteilung zur Geschichte des Schrift- und Druckereiwesens stellt alte Pressen, Kameras, Schreibmaschinen, Kalligrafien, Manuskripte und Zeitungen aus.

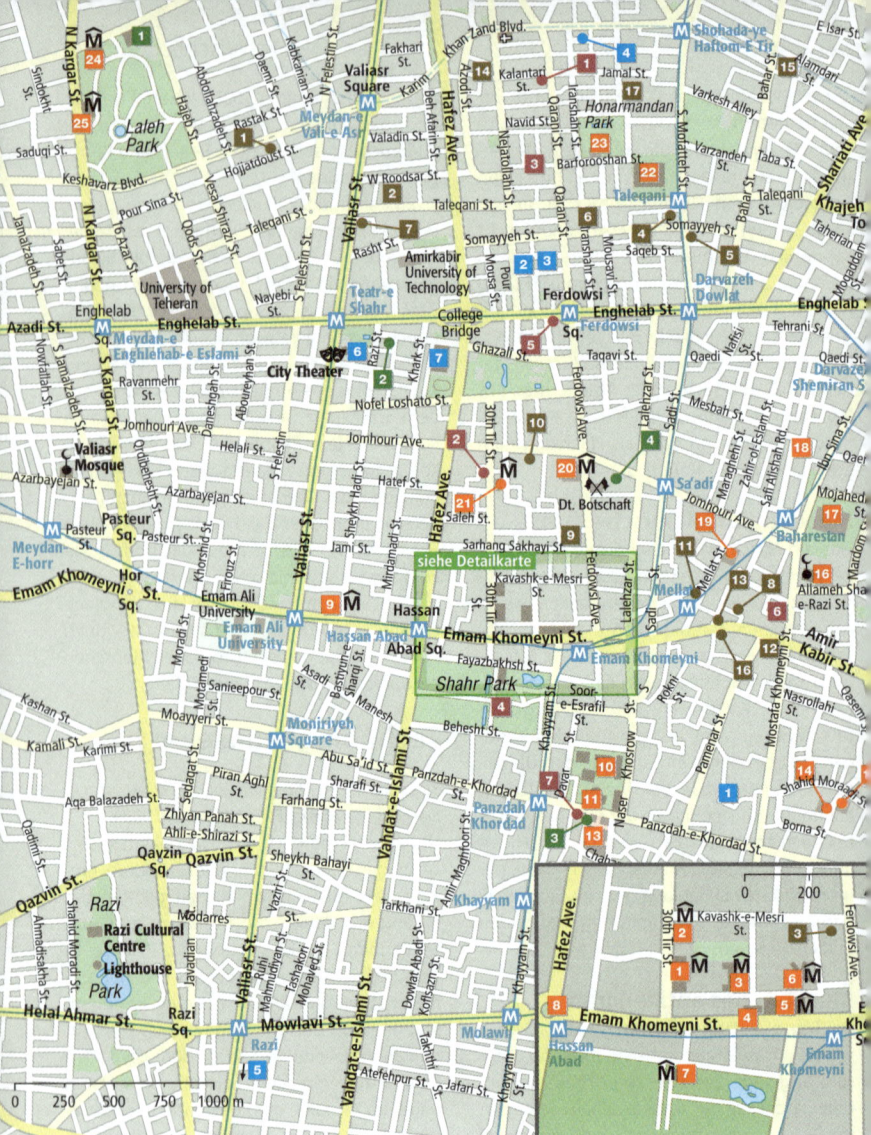

Altes Regierungsviertel

Über die Koushk-e Mesri St. und von dieser rechts abbiegend gelangt man in den historischen Regierungsbezirk aus den 1930er-Jahren. Dessen breite, verkehrsbefreite Hauptachse, die Melal-e Mottahed, führt von der ehemaligen **Garnison der Kosakenbrigade** (Imarat-e Qazaq Khaneh), in der sich die Teheraner Kunsthochschule einquartiert hat, zunächst zum früheren **Polizeihauptquartier,** das heute zum Außenministerium gehört. Es ist mit seiner pompösen, exakt der Apadana von Persepolis nachempfundenen Fassade ein Paradebeispiel für den Nationalstil, der Anfang der 1930er-Jahre en vogue war.

Teheran – Historisches Zentrum

Sehenswert
1. Iranisches Nationalmuseum
2. Technologiemuseum
3. Malek-Museum
4. Tor zum Nationalgarten
5. Museum für Post und Kommunikation
6. Ebrat-Museum
7. Friedensmuseum
8. Hassan-Abad-Platz
9. Moghadam-Museum
10. Golestan-Palast
11. Melli-Bank
12. Dar al-Funun
13. Großer Basar
14. Saray-e Kazemi
15. Imamzadeh Yahya
16. Motahhari-Moschee
17. Parlament
18. Negarestan-Garten
19. Masoudieh-Palast
20. Juwelenmuseum
21. Glas- und Keramikmuseum
22. Ehemalige US-Botschaft
23. Haus der Künstler
24. Teppichmuseum
25. TMoCA
26. – 31. s. Cityplan S. 131
32. – 37. s. Cityplan S. 136

Übernachten
1. Espinas
2. Parsian Enghelab
3. Ferdowsi
4. Mashad
5. Marlik
6. Amir
7. Jahan
8. Khayyam
9. Hafez
10. Naderi
11. Asia
12. Seven Hostel
13. Persian Hostel
14. Iran Cozy Hostel
15. HI Tehran Hostel
16. Mashhad Hostel
17. See You in Iran Hostel
18. – 22. s. Cityplan S. 131

Essen & Trinken
1. Dizi Sara
2. Golrezaei
3. Farid
4. Sangelaj
5. Ayaran
6. Baharestan
7. Moslem
8. – 13. s. Cityplan S. 131
14. , 15. s. Cityplan S. 136

Einkaufen
1. Evin Bookshop
2. Gita Shenasi
3. Iran Termeh House
4. Jomeh Bazaar
5. – 12. s. Cityplan S. 131
13. – 18. s. Cityplan S. 136

Abends & Nachts
1. Timcheh Akbariyan
2. Diamond Café
3. Ajman
4. Café Nazdik
5. Azari Traditional Tea House
6. Stadttheater
7. Vahdat-Halle
8. – 10. s. Cityplan S. 131
11. – 15. s. Cityplan S. 136

Aktiv
1. – 3. s. Cityplan S. 131
4. – 8. s. Cityplan S. 136

Malek-Museum 3
Fr–Mi 8.30–16.15, Do 8.30–15.15 Uhr, 3000 Rl.
Schräg gegenüber erhebt sich der mit Fliesen prunkvoll dekorierte Eingang zum **Muze-ye Melli-ye Malek** موزه ملی ملک. In dem erst 1996 eröffneten Komplex, der auch eine berühmte Bibliothek umfasst, werden kostbare Kunstobjekte aus der qadscharischen Ära gezeigt, darunter ein Dutzend Gemälde des Hofmalers Kamal ol-Molk (s. S. 65).

Tor zum Nationalgarten 4
Den Schlusspunkt der Melal-e Mottahed bildet das letzte erhaltene der monumentalen Stadttore, **Sardar-e Bagh-e Melli.** Es wurde 1921 auf Geheiß Reza Khans erbaut, der damals Kriegsminister war. Sein martialischer Fliesenschmuck ist ein Hinweis darauf, dass sich hier damals ein Exerzierplatz befand.

Museum für Post und Kommunikation 5
Sa–Mi 8–16.15 Uhr, 10 000 Rl.
Links vom Stadttor liegt der Eingang zum **Muze-ye Post va Mokhaberat** موزه پست و مخابرات. Die Ausstellung mag, obwohl reichhaltig und sehr liebevoll aufbereitet, nur speziell Interessierte locken. Das ehemalige Hauptpostamt, ein halb persisch, halb europäisch geprägter Backsteinbau von 1934, verdient aber schon seiner Architektur wegen nähere Betrachtung.

Teheran

Ebrat-Museum 6

Eingang 11 Martyr Yarjani St., www.ebrat museum.ir, tgl. 9–13, 14–17, im Winter 9–12, 13–16 Uhr, 100 000 Rl.

Nichts für Zartbesaitete, aber aufschlussreich, wenn man sich für Polit-Geschichte interessiert, ist das unmittelbar nordöstlich gelegene **Ebrat-Museum** موزه عبرت. Untergebracht in einem ehemaligen Gefängnis des Savak, einem Rundbau mit radial abgehenden Zellentrakten, soll es die Erinnerung an die brutalen Foltermethoden der Geheimpolizei vor 1979 wachhalten. Die Drastik der Bilder und nachgestellten Folterszenen geht unter die Haut. Zwar ist die propagandistische, strikt prorevolutionäre Perspektive unübersehbar, vom vergleichbaren Horror in heutigen Gefängnissen naturgemäß nicht die Rede. Das ändert jedoch nichts an der Ruchlosigkeit der Schergen des Schah-Regimes. Bei jedem Besuch obligatorisch ist eine 90-minütige Führung durch ehemalige Insassen in englischer Sprache.

Friedensmuseum und Shahr-Park

www.tehranpeacemuseum.org, Sa–Do 9–17.30 Uhr, Eintritt frei

Einigermaßen versöhnlich stimmt der Besuch des **Peace Museum** 7 موزه صلح, das einer Initiative der Teheraner Stadtverwaltung entspringt. Anhand ausführlicher Foto- und Textdokumentationen, Kunstausstellungen, Zeugenberichten von Veteranen und Zivilopfern beschwört es die Gräuel des Krieges und will so, im Verbund mit wissenschaftlicher Arbeit hinter den Kulissen, aktive Friedensarbeit leisten.

Untergebracht ist das Museum in einem Pavillon am Nordeingang des **Park-e Shahr,** der gepflegten grünen Lunge des historischen Zentrums. Hier kann man im Anschluss an den Museumsbesuch spazieren gehen, dem kleinen **Vogelzoo** einen Besuch abstatten oder eine Bootspartie auf dem Teich in der Nordostecke unternehmen. Für Stärkung sorgt das gemütliche, von altem Baumbestand umgebene Restaurant **Sangelaj** 4 .

Hassan-Abad-Platz 8

Wer sich für Städtebau interessiert, wird eventuell auch zum wenige Gehminuten westwärts gelegenen **Hassan-Abad-Platz** spazieren. Das weite Rund markierte einst den Mittelpunkt eines traditionsreichen Handelsviertels und ist, neuerdings sorgsam renoviert, mit seinen vier symmetrischen, bogenförmigen Gebäuden im neoklassizistischen Stil eines der wenigen weitgehend intakten Ensembles aus den 1930er-Jahren.

Historisches Zentrum

Moghadam-Museum [9]

249 Imam Khomeini St./Sheykh Hadi St., So–Fr 9–16.30 Uhr, 100 000 Rl.

Noch 500 m weiter westlich wartet in der Imam-Khomeini-Straße noch ein echtes Juwel traditioneller Architektur: Das **Muze-ye Moghadam** موزه مقدم ist das perfekt renovierte, ehemalige Wohnhaus eines Archäologieprofessors, komplett mit verträumtem Garten und lauschigem Café. Perfekt für eine Pause mit ästhetischem Mehrwert.

Golestan-Palast [10]

Panzdah-e Khordad St., Metro 1, Panzdah-e Khordad, tgl. 9–18, im Winter bis 17 Uhr, www.golestanpalace.ir, Grundeintritt (inkl. Infobroschüre auf Engl.) 150 000 Rl., jeder weitere Teilbereich 80 000 Rl., Empfangspalast 50 000 Rl.

Den Park-e Shahr auf der Ostseite verlassend, gelangt man zu einer weiteren Top-Attraktion. Wo Mitte des 16. Jhs. der Safawiden-Schah Tahmasp I. eine erste befestigte Zitadelle (Arg) und wenig später Abbas I. einen Regierungspa-

Einst Sitz der Macht: der berühmte Marmorthron im Golestan-Palast

Teheran

last samt Park errichten ließ, erstreckt sich heute der **Kakh-e Golestan** کاخ گلستان, seit 2013 UNESCO-Welterbe. In seiner gegenwärtigen Gestalt, mit den beiden ineinander übergehenden, rundum von Gebäudetrakten gesäumten Gärten, ist der »Palast des Rosengartens« das Ergebnis von mehr als 400 Jahre währenden Um- und Ausbauten. Er diente sämtlichen Königen der Qadscharen-Ära als offizieller Amts- und Wohnsitz. Die Pahlevi jedoch, die ja in Saadabad und später Niavaran in Nordteheran residierten, nutzten ihn nur noch für Empfänge und festliche Zeremonien.

Marmorthronpalast

Wenn man vom Haupteingang geradeaus dem langen Wasserbassin folgt, steuert man direkt auf den **Emarat-e Takht-e Marmar** zu. Er ist das älteste erhaltene und in seiner historischen und politischen Bedeutung wohl auch wichtigste Gebäude auf dem weitläufigen Gelände. Karim Khan Zand legte den Grundstein für seine Erbauung im Jahr 1759. Aus dem Talar, der zentralen, zur Gartenseite hin offenen Halle, leuchtet einem, umrahmt von Spiegelmosaiken, farbigem Glas und Ölbildern, das berühmte namengebende Möbel entgegen. Der von Frauenfiguren und Fabelwesen gestützte **Marmorthron** wurde 1806 von Fath Ali Shah als Ersatz für den legendären, verschollenen Pfauenthron in Auftrag gegeben und aus 65 Einzelblöcken des leicht gelblichen Yazder Marmors gemeißelt. Auf ihm ließ sich zuletzt 1925 Reza Khan zum Monarchen krönen.

Östlich schließt sich eine kleinere, von Bögen überwölbte Terrasse an, genannt **Khalvat-e Karim Khani.** Der »einsame Winkel«, so die Bedeutung von *khalvat*, birgt einen kleineren Thron und den fein gearbeiteten Marmorgrabstein Nasir ad-Dins.

Empfangspalast

Eben jener Langzeitherrscher (1848–96) war es auch, der die umfassendsten Veränderungen initiierte. Er ließ in den 1870er-Jahren an der Nordwestseite des Areals eine Reihe von Bauten aus der Zeit Fath Ali Schahs abreißen und an ihrer Stelle den lang gestreckten **Emarat-e Salam** errichten, hinter dessen durchgehend zweistöckiger, neoklassischer Fassade sich mehrere spektakuläre Säle befinden.

Zentraler Bereich dieser Anlage, die man durch einen von vier Doppelsäulenpaaren getragenen Portikus betritt, ist im ersten Stock der riesige, über und über mit Spiegelmosaiken verkleidete **Audienzsaal** (Talar-e Salam). Er war von Anfang an als Museum konzipiert, das erste überhaupt in Iran, und beherbergte unter anderem die Kronjuwelen. Seit man diesen 1981 ein eigenes Museum im Keller der Zentralbank widmete, werden hier sowie im **Muze-ye Makhsus** im Erdgeschoss Kunstgegenstände gezeigt, vor allem Gastgeschenke an den persischen Hof. An der Stirnseite des Saals steht eine Kopie des **Sonnenthrons.**

Der wohl berühmteste Saal, der **Spiegelsaal** (Talar-e Aineh), ist mittig in der Zentralachse gelegen. Hier fand 1967 die Krönung von Mohammad Reza und Farah Diba statt. Der Hofmaler Kamal ol-Molk hielt das Ambiente mit exquisiten Kronleuchtern und Spiegeln in einem berühmten Ölgemälde fest. Im westlich angrenzenden **Neggar Khaneh** ist eine Galerie mit Werken iranischer Maler des 19. Jhs. untergebracht. Östlich des Empfangspalasts werden im **Howz Khaneh,** dem Brunnenraum, Gemälde europäischer Maler aus derselben Epoche gezeigt.

Weißer Palast

Ebenfalls auf eine Initiative Nasir ad-Dins ging der Bau des **Kakh-e Abyaz** in der Südwestecke des großen Gartens zurück. Er beherbergt heute das **Ethnologische Museum,** das anhand von Trachten, Haushaltsgegenständen, Musikinstrumenten etc. die unterschiedlichen Volksgruppen Irans darstellt.

Sonnenpalast

Und auch der **Shams ol-Emareh,** der einen Großteil der Ostseite einnimmt, wurde auf seinen Befehl hin errichtet. Der markante, fünfgeschossige Bau mit seinen beiden turmartigen Seitenflügeln ist in mehrerer Hinsicht ein Unikum: als Symbol für die Herrschaft der Qadscharen und Ausdruck eines

Historisches Zentrum

gewissen Willens zur Modernität war er Teherans erstes ›Hochhaus‹. Vom Belvedere aus konnte der Monarch seine Hauptstadt überblicken. Zugleich mischt der Bau auf spannende Weise iranische und europäische Stileinflüsse – bei der Gestaltung der Fassade etwa mit ihren Rundfenstern, Bögen und Stützen lässt Palladio grüßen.

Windfängerpalast und Halle der Diamanten

Aus dem frühen 19. Jh. stammen die beiden innen gleichfalls grandios dekorierten Gebäude der Südseite: der **Emarat-e Badgir** und, westlich benachbart, der **Talar-e Almas**. Ersterer beherbergt in seinem einst von Wasserbecken gekühlten Untergeschoss eine Fotogalerie mit Bildern aus der Qadscharen-Zeit. Nebenan lädt ein stimmungsvolles Teehaus zur Einkehr.

Rund um den Golestan-Palast

Panzdah-e-Khordad-Straße

Um die Aura des alten Teheran zu erschnuppern, sollte man im Nahbereich der früheren Residenz durch die Straßen streunen. Am besten, indem man den Komplex gegen den Uhrzeigersinn umrundet. Da steht, einmal um die Ecke, an der Straße **Panzdah-e Khordad** die Basarfiliale der **Melli-Bank** 11 . Der unmittelbar nach dem Zweiten Weltkrieg errichtete Bau ist in seiner Kombination moderner Monumentalität mit persischen Elementen, den Kolonnaden und dem mit Fayencen verkleideten Vierkant-Iwan, an sich schon sehenswert. Spannender noch ist die Geschichte des Standorts. Denn 1868 ließ Nasir ad-Din hier die Tekiyeh-ye Dowlat errichten, das erst 1947 abgerissene Königliche Theater der Stadt. Der Backsteinbau war eine Art überdimensionierte Royal Albert Hall – der Schah hatte diese in London besichtigt. Er stellte die größten Opernhäuser Europas an Größe und Prunk in den Schatten. 20 000 Besucher pflegten hier im Schein von mehr als 5000 Kerzen vor allem den schiitischen Passionsspielen beizuwohnen.

Naser-Khosrow-Straße

Eine der ältesten Straßen im Zentrum ist die **Khiyaban-e Naser Khosrow**. Auf ihr zeugt, ca. 200 m nördlich des Sonnenpalasts auf der östlichen Straßenseite, der 1932 erbaute **Saray-e Roshan** سرای روشن, eines der ersten Einkaufszentren der Stadt, mit seiner durch Statuen, Friese und Firsttürmchen fein gegliederten Fassade vom früheren Wunsch nach verspielter Pracht.

Einen Block weiter stößt man an der Westseite auf ein für Irans frühe Moderne wegweisendes Gebäude: **Dar al-Funun** 12 دارالفنون, das 1851 auf Betreiben des reformfreudigen Premierministers Amir Kabir gegründete Polytechnikum. 800 Jahre nach den legendären Nizamiya-Lehranstalten des seldschukischen Großwesirs Nizam al-Molk war es die erste säkulare Hochschule auf persischem Boden und Vorläuferin der 1935 gegründeten Universität Teheran.

»Mächtig ist der Wissende und Weisheit hält das Herz eines Alten jung.« So lautet die Inschrift aus Firdausis »Königsbuch«, die das von Fliesenornamenten und zwei Säulen umrahmte Portal schmückt. Dahinter lehrten zwei Dutzend Professoren aus Europa Irans junge geistige Elite Medizin und Militärtechnik, Natur-, Ingenieurs- und Geisteswissenschaften und indirekt sicher auch westliche Ideen von Gesellschaft und Politik.

Lalehzar-Straße

Die **Khiyaban-e Lalehzar**, die Tulpenstraße, die jenseits des Imam-Khomeini-Platzes und des monströsen Hauptquartiers der staatlichen Telekom weiter nach Norden führt, war um 1900 die Schaumeile des mondänen Teheran. Auf ihr verkehrte die erste Straßenbahn, stand mit dem Grand Hotel die erste moderne Luxusherberge, reihten sich Modesalons, Theater, Kabaretts, Cafés, Restaurants, später auch Kinos, in denen die ersten Stumm- und später Tonfilme uraufgeführt wurden. Der Glanz von einst ist völlig verblasst, doch zwischen den kleinen Läden und Straßenständen kann man noch Spuren der glorreichen Zeit in Form von altem Fliesen- und Stuckdekor entdecken.

Weltgrößter Umschlagplatz für »Perser«: Teherans Teppichbasar

Großer Basar 13

Panzdah-e Khordad, Metro 1, Panzdah-e Khordad, Haupteingang Sabzeh Meydan, Läden ca. 9–19 Uhr, Do nachmittags und Fr geschl.
Zurück auf dem Sabzeh Meydan taucht man ein in das Gewusel des **Bazar-e Bozorg.** Teherans Basar kann sich in puncto Schönheit und Charme nicht mit seinen älteren Verwandten in Tabriz, Kashan, Shiraz oder Isfahan messen. Dafür ist er mit seinen rund 30 000 Läden und über 100 000 Beschäftigten immer noch der vitale Brennpunkt in Irans traditionellem Wirtschaftsgefüge – zentraler Umschlagplatz für die landesweit agierenden Zwischenhändler und Einkaufsrevier vor allem für die Unter- und Mittelschichten der südlichen Bezirke.

Die Basaris, schon zur Zeit der Revolution maßgebliche Unterstützer Khomeinis und des Klerus, sind nach wie vor erzkonservativ – stets vom Argwohn getrieben, die fortschreitende Industrialisierung und Globalisierung der Warenströme und die in den modernen Wohnbezirken in wachsender Zahl eröffnenden Shoppingmalls könnten ihre Umsätze noch mehr einbrechen lassen als ohnehin schon der Fall. Es ist kein Zufall, dass das verzweigte Gassengeflecht auch wichtige Moscheen und Heiligtümer birgt.

Ladengassen

Mit seinen insgesamt etwa 10 km langen Gassen gilt der Bazar-e Bozorg – nach Zerstörung des Basars im syrischen Aleppo – als größter überdachter Basar der Welt. Nach wie vor ist die Mehrheit der Läden der alten Sitte folgend nach Waren sortiert. Nur in manchen Hauptgassen hat eine Vermischung eingesetzt. Vertreten sind (fast) alle Branchen: Textil-, Metall-, Haushalts- und Elektrowaren ebenso wie Lebensmittel, Schmuck, Kosmetika und Teppiche.

Am besten lässt man sich einfach ziellos durch das Labyrinth treiben. Ernsthaft verloren ist darin noch niemand gegangen. Notfalls weisen immer hilfreiche Passanten oder Händler den Weg. Unbedingt durchfragen sollte man sich in die besonders fotogenen und alle Sinne ansprechenden Reviere der Gewürz-, Trockenfrüchte- und Teppichhändler.

Historisches Zentrum

Ratsam ist es übrigens, den Basar vormittags aufzusuchen. Ab Mittag steigt die Fußgängerdichte stark und damit die Gefahr, den – meist älteren – Lastenträgern mit ihren heillos überladenen Transportwägelchen in die Quere zu kommen.

Imamzadeh Zeyd

Nicht versäumen sollte man auch das **Imamzadeh Zeyd** امامزاده زید, ein aus dem 17. Jh. stammendes Heiligtum. Es erhebt sich in gerader Linie etwa 200 m südlich des Haupteingangs und ehrt den Nachfahren eines Imams. Im Hof befindet sich das Grab von Lotf Ali Khan, dem letzten Schah der Zand-Dynastie.

Imam-Khomeini-Moschee

Ein zweites Highlight ist, in östlicher Richtung wenige Ecken weiter, die **Masjed-e Emam Khomeini** مسجد امام خمینی. Die Gebetsräume dieser im frühen 19. Jh. fertiggestellten Moschee sind reich dekoriert. Im weiträumigen Hof lässt sich gut durchatmen und dabei den entspannten Alltag der Gläubigen beobachten.

Ganz in der Nähe, direkt neben der Abdollah-Khan-Medrese, gibt es ein nettes Kuriosum zu entdecken: Teherans kleinstes **Teehaus**. Haj Kazem, der leutselige Betreiber, kredenzt in seiner kaum 2 m² großen Nische köstlichen Schwarztee im Tulpenglas – im Stehen, versteht sich.

Pamenar und Oudlajan

Touristische Terra incognita, ja selbst vielen Teheranern unbekannt sind die beiden Bezirke **Pamenar** پامنار und **Oudlajan** عودلاجان nordöstlich des Basars. Bedauerlich, denn als zwei der ältesten Viertel der Stadt sind sie getränkt mit Geschichte und gespickt mit kleinen, kostbaren Baudenkmälern. Manche engen Gassen verströmen noch das Flair der qadscharischen Zeit, als die Gegend ein bevorzugtes Wohnrevier der oberen Zehntausend war. Schon in der Pahlevi-Ära verlor sie den privilegierten Status, nach der Revolution verkam ihre Bausubstanz, sanken viele der ehemals stolzen Häuser zu Notquartieren für Drogensüchtige und Lagerräumen für Basarhändler herab. Seit einigen Jahren erlebt das von den Straßen Naser Khosrow, Mostafa Khomeini und Amir Kabir eingefasste Gebiet jedoch eine Renaissance. Fahrbahnen und Gehsteige werden neu gepflastert, Häuser restauriert und teilweise öffentlich zugänglich gemacht. Schon gibt es geführte Spaziergänge, doch von einer Gentrifizierung zu sprechen wäre verfrüht.

Indizien für ein Erwachen aus dem Dornröschenschlaf sind die kürzlich erfolgte Umwandlung der Panzdah-e-Khordad-Straße in eine verkehrsbefreite Flaniermeile und die Restaurierung jener wunderschönen Passage, die 100 m östlich der Pamenar Straße von ihr nach Norden führt.

Ein Schild weist dort den Weg zur **Timcheh Akbariyan** [1], einem lauschigen Teehaus, in dessen Mauern um 1770 Irans erste Bank ihre Pforten öffnete (tgl. 10–23 Uhr, mittags köstliches Dizi).

Gleich um die Ecke befindet sich auch der im alten Stil gestaltete **Kunsthandwerksmarkt** von Oudlajan. Von dort aus, oder auch von der Rückseite des Golestan ostwärts durch den schmalen Marvi-Basar, sollte man tiefer in das Gassengewirr vordringen. Vor allem östlich der Mostafa-Khomeini-Straße warten etliche schöne Überraschungen – renovierte Händlerhäuser z. B., alte Bäder und mehrere Synagogen. Oudlajan war das bevorzugte Wohnviertel von Teherans Juden. Hervorzuheben sind das **Saray-e Kazemi** [14] سرای کاظمی, ein qadscharisches Wohnhaus (tgl. 9–17 Uhr), und das **Imamzadeh Yahya** [15] امامزاده یحیی, ein auf die Mongolenzeit zurückgehendes Mausoleum.

Motahhari-Moschee [16]

Wandert man die Mostafa-Khomeini-Straße in nördlicher Richtung über die Amir-Kabir-Straße hinaus, passiert man die früher auch als Sepahsalar-Moschee bekannte **Masjed-e Shahid Motahhari** مسجد شهید مطهری. Zwischen 1878 und 1890 erbaut, stellt diese Vier-Iwan-Anlage mit ihren acht Minaretten, den enormen Gebetssälen und dem reichen Fliesenschmuck das wohl imposanteste Beispiel persischer Sakralarchitektur aus qadscharischer Zeit dar. Da sie nach wie vor als Medrese fungiert, ist sie nicht öffentlich zugänglich, auch besteht Fotografierverbot. Höchstens der Hof ist ausnahmsweise und nur für Männer in Begleitung eines einheimischen Überredungskünstlers kurz zu besichtigen.

Parlament und Negarestan-Garten

Shariat Mader St., nahe Baharestan Sq., Metro 2 Baharestan, http://negarestan.ut.ac.ir, Garten und Café Di–So 9–20 Uhr, Kamal-ol-Molk-Museum bis 21 Uhr, 40 000 Rl.

Ein paar Schritte weiter erhebt sich rechter Hand das iranische **Parlament** [17] (Majlis) mit seinem pyramidenförmigen Sitzungsgebäude.

Von hier sind es nur wenige Gehminuten in eine grüne Oase der Ruhe, den **Bagh-e Negarestan** [18] باغ نگارستان (Eingang auf der Nordseite). In diesem Anwesen eröffnete Mohammad Ghaffari, besser bekannt unter seinem Ehrentitel **Kamal ol-Molk,** 1910 seine berühmte Malerschule, die Generationen von Künstlern nachhaltig beeinflusste. Ein **Museum** informiert über die Malerei seiner Zeit und besitzt auch einige Originale des Meisters. Zudem gibt es Konzerte, Wechselausstellungen und mit dem Café Tehroon einen einladenden Rastplatz.

Masoudieh-Palast [19]

Eingang Ekbatan St., Metro 2 Mellat, tgl. 10–19 Uhr, zzt. Eintritt frei

Eine weitere Oase inmitten des Großstadtgetriebes bildet der **Emarat-e Masoudieh,** 1879 als Residenz für Masoud Mirza erbaut, den Sohn Nasir ad-Dins und Gouverneur von Isfahan. Das Hauptgebäude, ein Prachtexemplar eines qadscharischen Palasts, war bei Redaktionsschluss (Winter 2017) noch wegen Generalrenovierung geschlossen. Doch diverse Nebengebäude, der zugehörige Garten und das gemütliche Café Masoudieh sind geöffnet und den Besuch wert.

Juwelenmuseum [20]

Ferdowsi St., Metro 1 Saadi, www.cbi.ir, Sa–Di 14–16.30 Uhr, 200 000 Rl.

Noch weit bombastischer wirkt der Reichtum der persischen Herrscher, der etwa 15 Gehminuten entfernt im **Muze-ye Javaherat-e Melli** موزه جواهرات ملی zur Schau gestellt wird. Das Museum, aus Sicherheitsgründen im Kellergeschoss der Zentralbank untergebracht, beherbergt die wahrscheinlich kostbarste Preziosensammlung der Welt – die Kronjuwelen der persischen Regenten. Sein unbeschilderter Eingang liegt in einem Nebengebäude, schräg gegenüber der Deutschen und Türkischen Botschaft, wenige Schritte nördlich des wegen seiner antikisierend-pompösen Fassade ebenfalls sehenswerten Hauptsitzes der Melli-Bank.

Wer den Gedanken an die Methoden verdrängen kann, derer es bedurft haben muss, um einen so immensen Schatz zusammenzuraffen, der wird von ihm – trotz des oft extremen Besucherandrangs – restlos begeistert sein. Denn in den Vitrinen funkeln Herrschaftsinsignien, Schmuckstücke, aber auch ungefasste Edelsteine in geradezu obszöner Menge und Pracht.

Zu den Glanzstücken zählen die aus Tausenden Diamanten, Smaragden, Rubinen und Perlen gefertigten **Kronen** der Qadscharen und Pahlevis, darunter jene des letzten Schahs und seiner Gattin, Shabanu Farah Diba, weiterhin der **Darya-ye Noor,** der »Ozean des Lichts«, mit 182 Karat der angeblich größte rosafarbene Diamant der Welt. Sehr beeindruckend ist auch der 1869 von Schah Nasir ad-Din in Auftrag gegebene **Globus.** Auf dessen Untergrund aus massivem Gold sind mit über 50 000 verschiedenfarbigen Juwelen der Äquator, die Breiten- und Längengrade, Meere, Kontinente, ja sogar einzelne Länder ausgelegt.

Den Kern der Sammlung bildeten die Kronjuwelen der safawidischen Herrscher aus dem 16. bis 18. Jh. Sie wurden zwar in den 1720er-Jahren von afghanischen Eindringlingen nach Indien verschleppt, aber kurz darauf durch Nadir Shah im Zuge der Eroberung Delhis den dortigen Moghul-Herrschern entrungen und in ihre Heimat zurückgebracht.

Historisches Zentrum

Der legendäre, damals ebenfalls heimgeholte **Pfauenthron** ging allerdings wenig später während neuerlicher Kriegswirren verloren. Das Exemplar, das man heute ausgestellt sieht, wurde 1797 für die Krönung Fath Ali Shahs originalgetreu nachgebaut.

Glas- und Keramikmuseum 21

30. Tir St., Metro 1 Saadi, Di–So 9–18, im Winter 9–17 Uhr, 150 000 Rl.

Luftlinie nur 500 m westlich wartet ein weiteres museales Highlight. Die Sammlung des **Muze-ye Abgineh wa Sofalineh** موزه آبگینه و سفالینه umfasst Aberhunderte Exponate, die durch ihre Güte und enorme Bandbreite begeistern. Sie reicht von Tonscherben aus dem 7./6. Jt. v. Chr. über unversehrte Objekte aus elamitischer Zeit bis hin zu Gefäßen und Fayencen aus Gorgan, Kashan, Saveh, Siraf, Ray und Nishapur, also sämtlichen großen Manufakturzentren der islamischen Periode. Bemerkenswert ist auch die Modernität der Gestaltung. Sie erfolgte 1978, also im letzten Jahr vor der Revolution, durch den namhaften Architekten und Pritzker-Preisträger Hans Hollein aus Wien. Und sehenswert ist schließlich auch das Museumsgebäude selbst: die in den 1920er-Jahren in einem Mischstil aus Rokoko, Jugendstil und persischen Elementen erbaute Villa des einflussreichen Staatsmanns Ahmad Qavam os-Saltaneh, die später lange Zeit Ägyptens Botschaft beherbergte.

Ehemalige US-Botschaft 22

Taleghani St., Metro 1 Taleghani, unregelmäßig geöffnet, eventuelle Infos auf Farsi unter Tel. 021 3745 3145, 200 000 Rl.

»Down with USA«, die Freiheitsstatue mit Totenkopf, ein Revolver im Stars-and-Stripes-Design: Die Graffiti an der Außenmauer lassen keine Zweifel an Irans offizieller Haltung gegenüber der einstigen Schutzmacht des Schahs. Die **ehemalige US-Botschaft** سفارت سابق ایالات متحده آمریکا stand im Mittelpunkt der Mossadegh-Krise 1953 und mehr noch des Umsturzes von 1978/79, war Schauplatz der 444-tägigen Geiselnahme von 52 Botschaftsangehörigen durch revolutionäre Studenten – Ereignisse, die der Thriller »Argo«, filmisch zugespitzt, 2012 auf der Leinwand erneut beschwor. Das weitläufige Gelände wird behördlicherseits als ›US-Spionagenest‹ bezeichnet und von der Studentenorganisation der Basij-Miliz verwaltet. Es dient als Ausbildungsstätte für Revolutionswächter. Im Kanzleigebäude ist ein Museum zur Erinnerung an die Untaten des ›Großen Satan‹

Tipp

HAUS DER KÜNSTLER

Ein Forum und populärer Treffpunkt der Teheraner Szene für Gegenwartskunst ist **Khaneh-ye Honarmandan** 23 خانه هنرمندان, das »Haus der Künstler«. In seinen acht Galerien finden, von der Zensurbehörde weitgehend geduldet, bei freiem Eintritt häufig Werkschauen aufstrebender und arrivierter Maler, Bildhauer und Performancekünstler statt. Es gibt einen gut sortierten Kunst- und Buchladen, ein gemütliches Café, in dem sich das kunstaffine Milieu trifft, und im Dachgeschoss mit Open-Air-Bereich ein italienisches Restaurant. An der Ostseite des zugehörigen, gepflegten Parks werden zwei Theater auch als Kinosäle genutzt (Montagabend westliche Art-House-Filme in Originalsprache), angeschlossen ist ein weiteres einladendes Kaffeehaus.

Khaneh-ye Honarmandan: Iranshahr St., Eingang Barforushan St., Tel. 021 8831 0457, tgl. 13–20 Uhr, www.iranartists.org (größtenteils nur auf Farsi); **Café Home** und italienisches Restaurant **Bam-e Khane,** beide Tel. 021 8831 1906, tgl. 11–23 Uhr.

Teheran

eingerichtet. Die anti-imperialistische Propaganda findet im vorgelagerten ›Garten der Anti-Arroganz‹ in Form künstlerisch teils origineller Polit-Poster ihre Fortsetzung. Leider ist der in seiner politischen Eindeutigkeit sehenswerte Ort, der früher als Museum betrieben wurde, neuerdings nur noch sporadisch öffentlich zugänglich.

Laleh-Park

Ein wichtiger Erholungsraum im dicht besiedelten Zentralraum der Stadt ist der **Park-e Laleh** پارک لاله. Er ist gespickt mit künstlerisch teils hochwertigen Denkmälern – hervorragend: die für den Universalgelehrten Al-Biruni und den Poeten Omar Khayyam. Ein Spaziergang auf seinen schattigen Wegen lässt sich gut mit dem Besuch des Kunsthandwerksmarkts in der Nordwestecke sowie zweier Weltklassemuseen kombinieren.

Teppichmuseum 24
Ecke North Kargar Ave./Dr. Fatemi St., Metro 4 Enghelab, Di–So 9–18, im Winter 9–17 Uhr, 200 000 Rl.

Im **Muze-ye Farsh** موزه فرش kann man ›echte Perser‹, wie wohl nirgendwo sonst auf der Welt, in ihrer ganzen Vielfalt und betörenden Pracht bestaunen. Vom robusten Nomaden- bis zum feinsten Seidenteppich, vom Klassiker aus den traditionsreichen Herstellerstädten bis zum Edelstück aus den Hofmanufakturen in Isfahan und diversen Kuriosa wie etwa einem Stammbaum der politischen Führer der Menschheit. Sogar eine Kopie des Pasyryk ist zu sehen, des ältesten Teppichs der Welt, entdeckt in einem Skythengrab des 5./4. Jhs. v. Chr. im Altai-Gebirge. Das Original bewahrt die Petersburger Eremitage.

Die architektonische Hülle für diesen Schatz wurde von Shabanu Farah Diba höchstpersönlich entworfen, einer gelernten Architektin. Die Dachpfeiler, die im Sommer Schatten spenden, sind Kette und Schuss eines Webstuhls nachempfunden. Das Innendesign kann seine Entstehungszeit, die späten 1970er-Jahre, nicht verleugnen und ist in seiner poppigen Antiquiertheit schon wieder sehenswert.

Museum für Zeitgenössische Kunst 25
North Kargar Ave., Metro 4 Enghelab, www.tmoca.com, So–Do 10–18, Fr 15–18 Uhr, der zugehörige, u. a. mit Werken von Rodin, Klee, Brancusi und Calder bestückte Skulpturengarten ist dauerhaft versperrt und deshalb nur von der Straße aus einsehbar, 50 000 Rl.

Die Sammlung des **Muze-ye Honarha-ye Moasser** موزه هنرهای معاصر zählt zu den größten ihrer Art außerhalb von Europa und den Vereinigten Staaten, wird aber leider größtenteils im Depot aufbewahrt (Details s. Thema S. 129).

Modernes Teheran

Cityplan: S. 131

Azadi-Turm 26

Meydan-e Azadi, Metro 4 Meydan-e Azadi, So–Do 9–20.15, Fr ab 7.15 Uhr, Museum So–Fr 9–18 Uhr, 150 000 Rl.

Ein weithin sichtbares Wahrzeichen des modernen Teheran ist der **Borj-e Azadi,** der sich unweit des heutigen Inlandflughafens Mehrabad an der westlichen Stadtausfahrt erhebt. Mohammad Reza ließ das Monument 1971 anlässlich der 2500-Jahr-Feier der iranischen Monarchie errichten. Die Pläne lieferte der damals blutjunge Architekt Hossein Amanat. Ursprünglich dem Gedenken der Schahs gewidmet, wurde er nach der Revolution in »Turm der Freiheit« (auf pers.: *azadi*) umbenannt. Der riesige Platz, auf dessen von vielspurigem Verkehr umtoster Grüninsel er steht, war ein Brennpunkt der Massenproteste sowohl 1978/79 gegen den Schah als auch nach den umstrittenen Wahlen von 2009.

Das Monument ist 45 m hoch, im Kern aus Beton und außen mit 8000 hellen Marmorblöcken verkleidet. In seiner kühn geschwungenen Eleganz mutet es als Gesamtentwurf auch nach fast 50 Jahren futuristisch an. Einzelne Elemente beziehen sich jedoch sehr subtil auf traditionelle Bauformen. So verweist der in Ost-West-Richtung geöffnete

Der Bilderschatz
von Teheran

Im Keller des Museums für Zeitgenössische Kunst schlummert, seit der Revolution vor den Augen der Öffentlichkeit weitgehend verborgen, eine sagenhafte Sammlung: 1500 Werke namhafter westlicher Künstler, von Monet über Picasso bis zu Rothko und Pollock.

Es war einmal eine legendäre Kaiserin aus dem Orient, die sich sehr für Kunst begeisterte. Sie kaufte Gemälde und Plastiken der renommiertesten Künstler des 20. Jhs. und ließ für diese in der Hauptstadt, am Westrand des Laleh-Parks, eine zeitgemäße Bleibe bauen. Als Architekt des eigenwilligen Komplexes aus Naturstein und Sichtbeton und auch als erster Direktor fungierte ihr Cousin, Kamran Diba mit Namen.

Zur Eröffnung des Tehran Museum of Contemporary Art (TMoCA) 1977 reiste der internationale Kunst-Jetset versammelt an. Keine zwei Jahre später aber fegte eine Revolution durch das Land und Farah Diba Pahlevi samt ihrem Gatten, dem Schah, vom Thron. Die neuen, sehr religiösen und stark anti-westlichen Herren goutierten die Kreationen der kritischen Freigeister gar nicht und verbannten sie ins Depot. Dort, im Keller unter der an das New Yorker Guggenheim erinnernden Rampe der zentralen Rotunde, überdauerten sie all die Jahre so gut wie unversehrt. Und fielen der Vergessenheit anheim. Zwar machten im Westen Gerüchte über einen legendären Kunstschatz im Reich der Mullahs die Runde. Sporadisch fanden einzelne Werke als diskrete Leihgaben ihren Weg ins Ausland. Doch von der wahren Dimension und Qualität der Sammlung erfuhr die Welt erst 2005 durch eine Best-of-Schau im Stammhaus am Laleh-Park und vier Jahre später durch Bahman Kiarostamis Dokumentarfilm »Die Schatzhöhle«.

Impressionisten, Kubisten, Op, Pop und Minimal Art: 2000 im Keller lagernde Bilder iranischer Künstler bezeugen, wie enthusiastisch man hierzulande in den 1960er- und 1970er-Jahren aktuelle Strömungen in Europa und den USA verfolgte und mit ihnen in Dialog trat. Das Herzstück der Sammlung, das bei Eingeweihten den Puls in die Höhe schnellen lässt, bilden freilich die 1500 Werke westlicher Künstler. Renoir, Degas, Van Gogh, Whistler, Munch, Nolde, Chagall, Kandinsky, Dalí, Miró, Picasso, Bacon, Hockney, Warhol, Rothko, Pollock, Liechtenstein: Die Inventarliste liest sich wie ein Who's who der klassischen und jüngeren Moderne. Der Versicherungswert der Kunstwerke geht in die Milliarden.

Vielleicht war er ein Mitgrund dafür, dass die 2017 als kunstpolitischer Coup angekündigte Ausstellung von Meisterwerken der Sammlung in Berlin und Rom nach zähen Verhandlungen im letzten Moment abgesagt wurde. Ein Trostpflaster für die verweigerte Ausfuhrgenehmigung immerhin hielten die Verantwortlichen bereit: Im Frühjahr desselben Jahres zeigten sie im TMoCA unter dem vielsagenden Titel »Berlin–Rome Travelers« 60 aufsehenerregende Bilder aus dem Depot. Seither sind freilich sämtliche Werke der Sammlung wieder weggepackt. Gezeigt werden im Museum hauptsächlich Ausstellungen iranischer Gegenwartskunst.

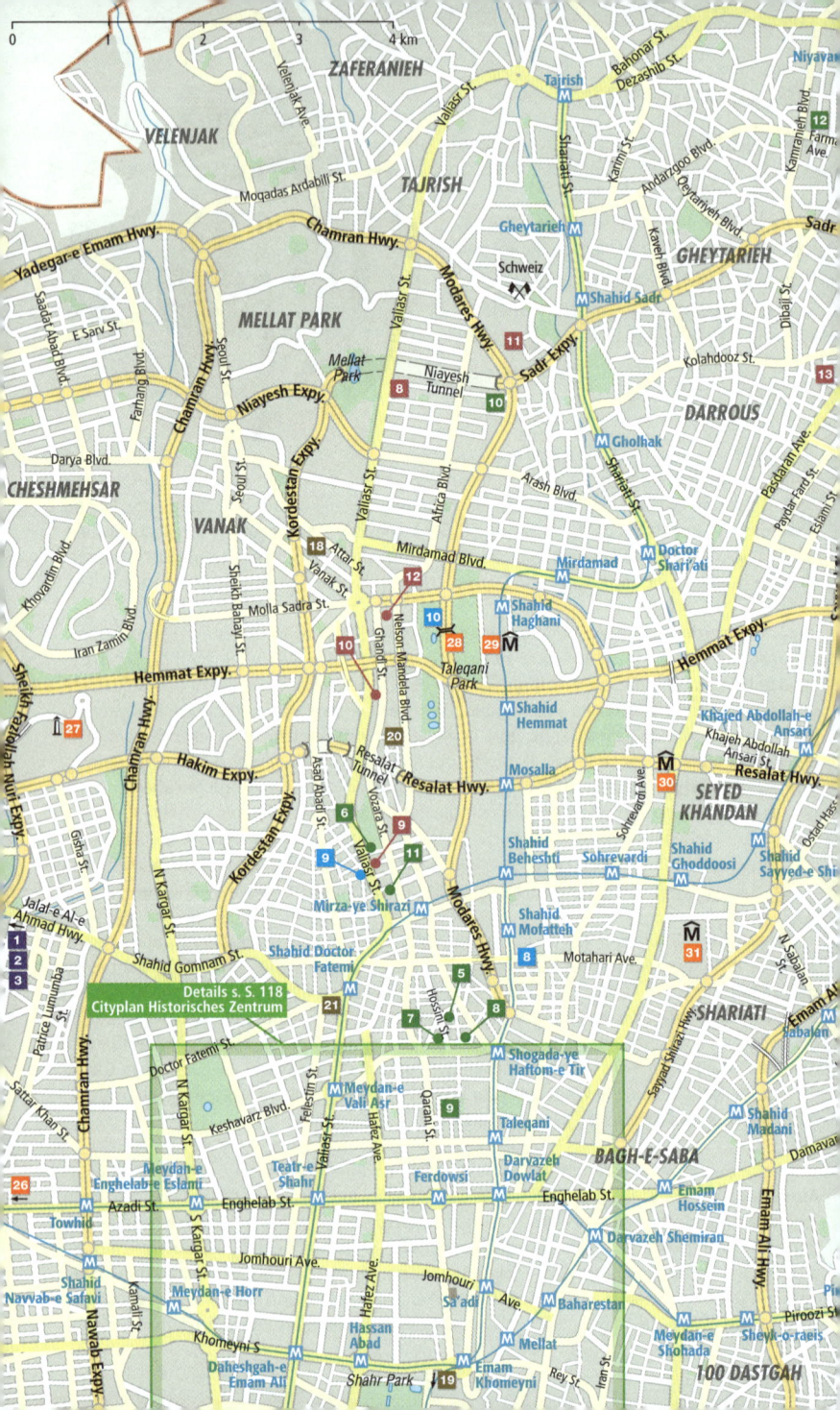

Modernes Teheran

Sehenswert
- 1 – 25 s. Cityplan S. 119
- 26 Azadi-Turm
- 27 Milad-Turm
- 28 Tabiat-Brücke
- 29 Museum der Heiligen Verteidigung
- 30 Reza-Abbasi-Museum
- 31 Qasr-Museum und -Garten
- 32 – 37 s. Cityplan S. 136

Übernachten
- 1 – 17 s. Cityplan S. 119
- 18 Homa
- 19 Ibis
- 20 Eskan Alvand
- 21 Ideal Apartment Hotel
- 22 Shahr

Essen & Trinken
- 1 – 7 s. Cityplan S. 119
- 8 Yas
- 9 Bistango
- 10 Monsoon
- 11 Gilaneh
- 12 Ali Qapu
- 13 Ananda
- 14 , 15 s. Cityplan S. 136

Einkaufen
- 1 – 4 s. Cityplan S. 119
- 5 Beethoven
- 6 Tavazo
- 7 Homa Art
- 8 Aaran
- 9 Assar
- 10 Elahe
- 11 Seyhoun
- 12 Silkroad
- 13 – 18 s. Cityplan S. 136

Abends & Nachts
- 1 – 7 s. Cityplan S. 119
- 8 Paradiso
- 9 Lucky Clover
- 10 Melal Tabiat
- 11 – 15 s. Cityplan S. 136

Aktiv
- 1 Azadi-Fußballstadion
- 2 Zoo
- 3 Chitgar-Park
- 4 – 8 s. Cityplan S. 136

Durchgangsbogen auf die kolossalen Iwane vorislamisch-sassanidischer Architektur, während die Kassetten in seinem Scheitel an das Stalaktitendekor von Moscheegewölben und auch die Nord- und Südseite mit ihren spitzbogigen Durchlässen und der turmförmigen Vertikale an islamische Bauformen erinnern.

Im Souterrain des Monuments ist ein eher nichtssagendes kleines **Museum** mit Exponaten zur Landesgeschichte eingerichtet.

Ungleich lohnender ist die Fahrt im Lift oder der Aufstieg über knapp 300 Stufen zur **Besucherplattform.** Die Aussicht von dort auf Stadt und Gebirge ist famos.

Milad-Turm 27

Stadtteil Gisha, Anfahrt am besten per Taxi über Chamran bzw. Hakim und Sheikh Fazlollah Expressway, www.miladtower.tehran.ir/en, tgl. 9–23, im Winter 10–21.15 Uhr, je nach Aussichtshöhe 120 000–350 000 Rl.

Einen neuen Akzent in der Skyline der Metropole setzt seit seiner Eröffnung 2006 der »Turm der Geburt«, **Borj-e Milad.** Er ragt auf einer Anhöhe zwischen dem Pardisan-Park und dem Großspital Milad in den Himmel, ist mit 435 m der sechsthöchste Fernsehturm der Welt und Teil eines riesigen Kongress- und Handelszentrums, das auch Tagungs- und Ausstellungshallen, Ladenzeilen, Food-Courts und ein Luxushotel umfasst.

Die stählerne Antenne allein misst 120 m. Der zwölfstöckige, gläserne Turmkorb ist mit einer Fläche von 12 000 m^2 der größte der Welt. Besucher haben die Wahl unter mehreren Aussichtsdecks. Einen herrlichen, von keinem Schutzgitter beeinträchtigten 360°-Panoramablick genießt man von der Plattform auf 276 m Höhe. Dort kann man auch, die Stadt vor Augen, in einem Drehrestaurant speisen (Menüs 1–1,5 Mio. Rl.). Bei klarem Wetter ist an den Kassen und Lifts im Erdgeschoss mit längeren Warteschlangen zu rechnen.

Valiasr-Straße

An die 19 km lang führt die **Khiyaban-e Valiasr** vom Bahnhof im Süden bis zum Tajrish-Platz im hohen Norden und teilt die Stadt damit in einen westlichen und einen östlichen Teil. Ihr arabischer Name bedeutet »Prinz der

Teheran

PARKSPAZIERGANG ZUR TABIAT-BRÜCKE

Tour-Infos
Lage/Anfahrt: Bezirk Abbasabad, mit der Metro Linie 1 bis Station Shahid Haqqani
Dauer: mind. 2 Std.
Wichtige Hinweise: Die Brücke ist rund um die Uhr frei zugänglich, die Gastromeile an ihrem westlichen Ende teilweise bis Mitternacht und noch länger, die Metro allerdings nur bis ca. 22.30 Uhr in Betrieb.
Einkehr-Tipp: Melal Tabiat 10 , Café-Restaurant am westlichen Brückenkopf (s. Abends & Nachts S. 148)

Inmitten des uferlosen Häusermeers, im Nordteil des Bezirks **Abbasabad,** haben Städteplaner nach der Maxime »klotzen statt kleckern« binnen zweier Jahrzehnte eine Reihe gewaltiger Großbauten aus dem Boden gestampft. Dazu zählen die neue Nationalbibliothek samt dem futuristischen »Garten der Bücher«, das Museum der Heiligen Verteidigung und die Mosalla-Moschee Imam Khomeini, die, wenn sie denn jemals fertiggestellt werden sollte, mit ihren Gebetshallen und -plätzen für 800 000 Gläubige und den acht 230 m hohen Minaretten auf einer Gesamtfläche von 65 ha von der Größe der Islamischen Republik künden wird.

Das mit Abstand populärste, obgleich sehr diesseitige Projekt ist die Fußgängerbrücke **Pol-e Tabiat** 28 پل طبیعت. Sie verbindet über den tosenden Verkehr auf dem Modares Highway hinweg zwei weitläufige Parks und ist seit ihrer Eröffnung 2014 nicht nur zu einem von Jung und

Modernes Teheran

Alt massenhaft frequentierten Ausflugsziel, sondern auch zu einem Wahrzeichen der modernen Weltstadt Teheran geworden. Die Anfahrt mit der Metro ist so simpel wie der Zugang vom Ausgang der Station Haqqani, um das neue Riesen-Einkaufszentrum herum, in den **Taleghani-Park.** Dort folgt man den gewundenen Pfaden eine knappe halbe Stunde leicht bergauf und zuletzt vorbei an diversen Einkehrlokalen bis zur »Natur«-Brücke.

Die spektakuläre Stahlkonstruktion ist ein Geniestreich der jungen Architektin Leila Araghian, die den Wettbewerb dafür noch als Studentin gewann. Ihre Schöpfung verfügt über zwei durchgehende, gekurvte Stege, die auf drei Säulen ruhen. Unterschiedliche Ebenen sind durch Rampen und Treppen miteinander verbunden und weisen Grünflächen, Sitzbereiche, Restaurants und Cafés auf. Der Blick vom Oberdeck auf den Nordteil der Stadt ist famos.

An der Westseite des Taleinschnitts wandert man weiter durch den **Ab-o-Atash-Park** – entweder nordwärts bis zum Open-Air-Theater und dem großen Teich mit Wasserfontäne, oder in die Gegenrichtung, am Leuchtturm vorbei, zwischen zwei großen Food-Courts mit Bars und Restaurants hindurch über die Abrisham-Brücke zum **Planetarium** (Do, Fr 19.30–22.30 Uhr) und weiter in den **Nowrooz-Park.** Auf dem Rückweg, wieder im Taleghani-Park, kann man in einer Südschleife noch den 150 m hohen **Flaggenturm** aus der Nähe betrachten und im Anschluss das **Museum der Heiligen Verteidigung** 29 besuchen – wenn einem der Sinn nach Schlachtensimulationen in 3D, Hightechwaffen, Großmodellen zerbombter Städte etc. steht. Das Muze-ye Enghelab-e Eslami va Defa'-e Moqqadas موزه انقلاب اسلامی و دفاع مقدس wurde zum Gedenken an den achtjährigen Krieg gegen den Irak errichtet und die Darstellungen folgen, klar, dem offiziellen Polit-Narrativ. Sie sind aber didaktisch beeindruckend gestaltet, und dank reichem Bild- und Filmmaterial auch sehr informativ (www.iranhdm.ir, Mi–Mo 9–17, Fr 11–17 Uhr, 360 000 Rl.).

Zeit« und meint Muhammad al-Mahdi, den verborgenen Zwölften Imam. Früher hieß die legendäre Straße Khiyaban-e Pahlevi. In ihren Anfängen, um 1870, querte sie streckenweise unbebaute Felder. Später wurde sie zur bevorzugten Wohnadresse reicher Basarhändler, und nach ihrem Ausbau unter Reza Shah zum Zentrum des kaiserlichen Distrikts. In den 1950er- und nochmals in den 1970er-Jahren, als sich Teheran die Dörfer Vanak und Shemiran einverleibte, wurde sie nach Norden hin verlängert. Mit ihren mondänen Restaurants, Diskotheken, Bars und Boutiquen war sie damals das Schaufenster des verwestlichten Teheran. Inzwischen sind Bausubstanz und Sozialstruktur merklich aufgemischt. Aber immer noch ist sie über weite Strecken von Platanen und offenen Kanälen gesäumt, durch die mehrmals täglich zwecks Bewässerung der Bäume und Verbesserung des Mikroklimas ein Schwall Frischwasser aus dem Elburs geleitet wird. Und immer noch empfiehlt es sich, sei es zu Fuß oder mit dem Bus, dieser quirligen Hauptschlagader der Stadt einmal die Parade abzunehmen.

Reza-Abbasi-Museum 30

Shariati Ave. 892, Metro 3 Shahid Sayyad-e Shirazi, Di–So 9–17 Uhr, 150 000 Rl.

Obgleich etwas abseits im Nordosten der Neustadt gelegen, ist das **Muze-ye Reza Abbasi** موزه رضا عباسی für Kunstfreunde ein Muss. Benannt nach dem berühmten Maler und Kalligrafen (s. S. 64), lädt es zu einem inspirierenden Streifzug quer durch die iranische Kunstgeschichte. Dieser startet, will man chronologisch vorgehen, im obersten Stock mit vor- und frühgeschichtlichen Keramiken und Bronzen. Es folgen Kleinplastiken, Gefäße, Schmuck der Meder, Achämeniden und Sassaniden. Besonders exquisit und zugleich komplett, mit Erzeugnissen vom 8. bis zum 18. Jh. aus allen wichtigen Manufakturzentren des Landes, ist die Sammlung von Gläsern und Glasurkeramiken im zweiten Stock und nicht minder großartig die zu den Themen Kalligrafie, Miniaturmalerei und Buchkunst aus allen islamischen Epochen im ersten Geschoss.

Teheran

Qasr-Museum und -Garten 31

Eingang Police St., www.qasr.ir, tgl. 9–20 Uhr, 50 000 Rl., regelmäßig Führungen ehemaliger Häftlinge

Knapp 2 km südlich, in unmittelbarer Nähe der Shariati-Straße, liegt der **Bagh Muze-ye Qasr** قصر موزه باغ. Auf seinem weitläufigen Gelände stand seit frühqadscharischer Zeit ein königliches Anwesen. Von den 1930er- bis in die 1950er-Jahre ließen Vater und Sohn Pahlevi hier nach und nach einen riesigen Gefängniskomplex errichten, in dem auch prominente Polit-Häftlinge einsaßen. Er war bis 2008 in Gebrauch.

Seither hat man das Schreckensgemäuer mit großem Aufwand – und unter wohltuendem Verzicht auf die üblichen Folterszenen mit Wachsfiguren – in ein Museum verwandelt und drumherum einen Kulturkomplex geschaffen. Er umfasst, eingebettet in einen Skulpturengarten und durchweg zeitgemäß-schick gestylt, mehrere Cafés, eine Moschee, ein Amphitheater für Freilichtaufführungen, ein kleines Oldtimer- und ein Zurkhaneh-Museum, ja sogar ein Heckenlabyrinth. Besuchenswert!

Teherans Norden

Cityplan: S. 136

Saadabad-Palastanlage 32

Taheri St., Metro 1 Tajrish, von dort Taxi zum Haupteingang (in Zaferanieh) oder zum Nordeingang (via Darband St.), www.sadmu.ir, tgl. 9–19, letzter Einlass 17, im Winter 9–17, letzter Einlass 16 Uhr, Park 150 000 Rl., Weißer und Grüner Palast jeweils 150 000 Rl. (Minibus-Shuttle zu beiden vom südlichen Eingang etwa 10 000 Rl.), alle übrigen 14 Museen jeweils 80 000 Rl., alle Einzeltickets müssen vorab an einem der beiden Eingänge gekauft werden

Ein Besuchermagnet in Teherans Norden ist die weitläufige **Majmue-ye Kakh-e Saadabad** آباد سعد کاخ مجموعه. Sage und schreibe 18 Einzelpaläste sind über das 110 ha große Areal verstreut, das schon den Qadscharen-Herrschern als Sommerresidenz diente. In den 1920er-Jahren von Reza Shah mehrfach erweitert und für Amts- und Wohnzwecke genutzt, wurde es in den 1970er-Jahren auch von Mohammad Reza bewohnt. Schon der Spaziergang durch den schattigen Park in der würzig-frischen Bergluft mit Blick auf die Abhänge des Elburs lohnte die staubedingt mitunter recht zeitraubende Anfahrt. Doch sind zumindest zwei Innenbesichtigungen unumgänglich.

Weißer Palast

Keine fünf Gehminuten vom Haupteingang erhebt sich der **Kakh-e Sefid** سفید کاخ, mit 54 Räumen und einer Gesamtwohnfläche von 5000 m² der größte Palast. 1937 fertiggestellt, diente er beiden Pahlevi-Schahs für Empfänge und zeremonielle Anlässe, Mohammad Reza auch als Sommerresidenz. 1982 widmeten die neuen religiösen Herren den äußerlich nüchtern-modernen Bau, wohl um der Bevölkerung Luxusleben und Dekadenz der Monarchen vor Augen zu führen, in ein **Volksmuseum** ملت موزه um. Die Innenaustattung ist in der Tat von beachtlichem Prunk: riesige Salons mit Spiegelmosaiken, französische Möbel im Stil von Louis XV., Glaslüster aus Böhmen, kostbare Ölgemälde und Teppiche, darunter ein 145 m² großes Prachtstück aus Mashhad. Im Untergeschoss zeigt das **Museum der Kunst der Nationen** ملل هنر موزه Artefakte, Souvenirs und Geschenke an die Herrscherfamilie aus den unterschiedlichsten Weltgegenden.

Grüner Palast

Etwa 20 Gehminuten weiter nördlich und etwas höher oben im Gelände steht der **Kakh-e Sabz** سبز کاخ (bis auf Weiteres wegen Renovierung geschl.). Sein Name rührt von dem zartgrünen Marmor her, mit dem die Fassade verkleidet ist. Die Innenaustattung – wiederum Spiegelmosaike, Stilmöbel, Teppiche, Kunst – zeugt von exquisitem Geschmack. Sehr schön ist der Blick von der südlichen Terrasse auf die Stadt.

Teherans Norden

Museen

Auch eine Reihe weiterer Paläste werden heute als Ausstellungshäuser genutzt, unter denen das **Museum der Schönen Künste** موزه هنرهای زیبا gleich neben dem Haupteingang herausragt. Es zeigt iranische und europäische Malerei 17. bis 20. Jhs. Das **Kalligrafiemuseum** موزه خط و کتابت میر عماد ist dem Meister Mir Emad (1554–1615), das **Museum für Miniaturmalerei** موزه محمود فرشچیان Mahmoud Farshchian (geb. 1930) gewidmet.

Weitere Ausstellungen beschäftigen sich mit Themen wie **Wasserversorgung, Waffen, Trachten** und **Haute Couture,** eine präsentiert die **königlichen Automobile** خودروهای سلطنتی Marke Rolls-Royce, Cadillac und Benz.

Ein charmantes Kuriosum ist die **Sammlung der Brüder Abdullah und Issa Omidvar,** موزه برادران امیدوار, zweier Abenteurer, die ab 1954 zehn Jahre lang im 2CV und per Motorrad die Welt bis in die entlegensten Winkel bereisten und jede Menge Filme, Fotos und Memorabilien mit nach Hause brachten.

Niavaran-Palastanlage 33

Bahonar Sq., Anfang Darabad St., Metro 1 Tajrish, von dort Taxi oder ca. 45 Min. zu Fuß durch die Niavaran St., tgl. 8.30–18, im Winter bis 17 Uhr, Gelände 150 000 Rl., Palast und Jahan-Nama-Museum jeweils 150 000 Rl., übrige Museen jeweils 80 000 Rl., alle Tickets müssen vorab an der Hauptkasse gekauft werden

Auf dem 11 ha großen Areal des Niavaran-Parks verteilen sich etwa 20 Gebäude, einige davon aus der Qadscharen-Zeit und der Pahlevi-Ära. Von einer Stiftung in Museen umgewandelt und für kulturelle Zwecke genutzt, steht die **Majmue-ye Kakh-e Niavaran** der Öffentlichkeit zur Besichtigung offen.

Niavaran-Palast

Man stelle sich vor: das Boudoir von Farah Diba, in dem sich die Shahbanu täglich ihre berühmte Bienenkorbfrisur auftoupieren ließ! Dazu ihre begehbare Garderobe, die Wohn- und Schlafgemächer, die sie mit ihrem Gatten, seiner Hoheit Mohammad Reza Pahlevi teilte! Der Gang durch den

Im Park des Niavaran-Palastes trifft Tradition auf Zeitgeist

Teherans Norden

Sehenswert
- 1 – 25 s. Cityplan S. 119
- 26 – 31 s. Cityplan S. 131
- 32 Saadabad-Palastanlage
- 33 Niavaran-Palastanlage
- 34 Niavaran-Kulturzentrum
- 35 Khomeini-Wohnhaus
- 36 Zeit-Museum
- 37 Filmmuseum

Übernachten
- 1 – 17 s. Cityplan S. 119
- 18 – 22 s. Cityplan S. 131

Essen & Trinken
- 1 – 7 s. Cityplan S. 119
- 8 – 13 s. Cityplan S. 131
- 14 Mestoran
- 15 Koohpaye

Einkaufen
- 1 – 4 s. Cityplan S. 119
- 5 – 12 s. Cityplan S. 131
- 13 Ladan
- 14 Tajrish Bazaar
- 15 Palladium
- 16 Arg
- 17 Megamall
- 18 Charsou

Kakh-e Niavaran کاخ نیاوران ist eine Zeitreise auch ins Allerheiligste der Boulevardpresse. Ursprünglich sollte der 1967 vollendete, äußerlich modernistisch-karge, innen aristokratisch-opulent möblierte Bau als Gästehaus der Regierung dienen. Doch dann nutzte ihn die Schah-Familie selbst als Residenz, ihre letzte. Vom Dach des Palasts expedierte ein Hubschrauber den Herrscher am 16. Januar 1979 zum Flughafen Richtung Exil.

Sahebqaranieh-Palast und Ahmed-Shahi-Pavillon

Das älteste Gebäude auf dem Areal ist der aus der Ära Nasir ad-Dins stammende **Sahebqaranieh-Palast.** In den reich mit Spiegelmosaiken, Stuckdekor und Kristallleuchtern verzierten Räumen arbeitete Mohammad Reza und empfing hohe Gäste.

Anfang des 20. Jhs. wurde der **Ahmed-Shahi-Pavillon** erbaut, das wunderschön filigrane Sommerdomizil des gleichnamigen letzten Qadscharen-Herrschers.

Museen

Unter den übrigen Bauten auf dem Areal ragt neben der **Schah-Bibliothek** und einer **Sammlung königlicher Automobile** das **Jahan-Nama-Museum** hervor. Seine etwas eklektische, aber spannende Kollektion umfasst archäologische Artefakte und Gemälde der klassischen Moderne u. a. von Picasso, Dalí und Miró. Wechselausstellungen präsentieren iranische Kunst der Gegenwart.

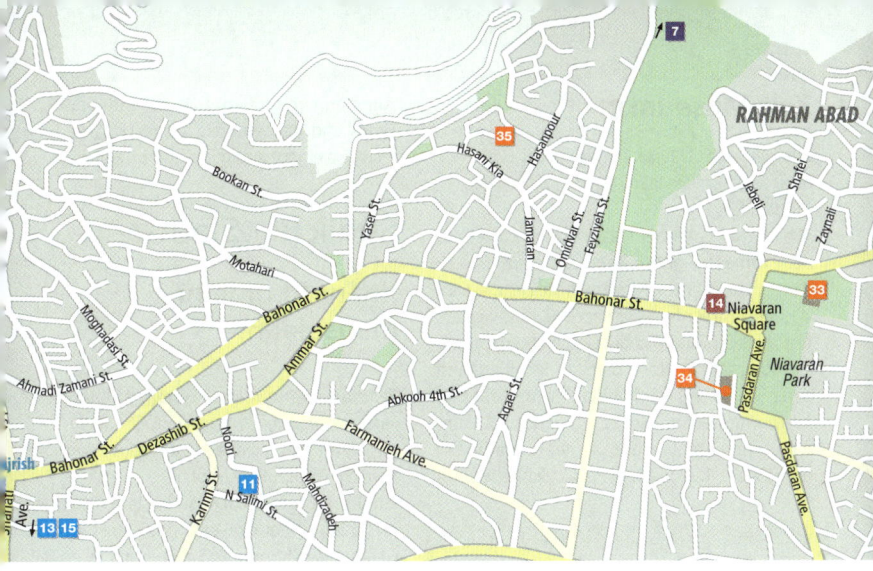

Abends & Nachts

- 1 – 7 s. Cityplan S. 119
- 8 – 10 s. Cityplan S. 131
- 11 Chai Bar
- 12 Gallery Café-Restaurant
- 13 Pardis Gholhak Cinema
- 14 Koroush
- 15 Farhang

Aktiv

- 1 – 3 s. Cityplan S. 131
- 4 Persian Food Tour
- 5 Darband
- 6 Darakeh
- 7 Jamshidiye-Park
- 8 Tochal

Niavaran-Kulturzentrum 34

Farhangsara St., tgl. 10–22 Uhr
Wenige Gehminuten südlich des Palastkomplexes liegt in einem Park das **Farhangsara-ye Niavaran** فرهنگ‌سرای نیاوران. Ein Besuch lohnt der Architektur, der hochwertigen Kulturevents und der Café-Galerie (s. S. 149, Abends & Nachts) wegen.

Khomeini-Wohnhaus 35

Hasani Kia, Metro 1 Tajrish, von dort Taxi oder ca. 45 Min. zu Fuß, tgl. ca. 8–19 Uhr, Eintritt frei
Die Fügung wollte, dass des Schahs größter Gegner, Ayatollah Khomeini, nach der Machtübernahme nur 1,5 km Luftlinie vom Niavaran-Palast entfernt im Bezirk Jamaran wohnte und wirkte. Von der Hasani Kia aus führt eine Fußgängerpassage direkt zum **Khane-ye Seyyed Ruhollah Khomeini** خانه سید روح‌الله خمینی. Das erstaunlich bescheidene, ebenerdige Domizil ist versperrt, aber man blickt von der Veranda in das kleine Zimmer, in dem Khomeini auch Staatsgäste wie den sowjetischen Außenminister Schewardnadse empfing. Vom Balkon der **Hosseiniye** vis-à-vis, einem Theaterbau für die Passionsspiele, sprach er oft zu Gläubigen. In der benachbarten **Jamaran-Galerie** wird anhand von Dokumenten und Fotografien seine Biografie, vor allem sein politischer Kampf im Exil wie nach der triumphalen Rückkehr, vor dem Besucher ausgebreitet.

Zeit-Museum 36

Zaferaniyeh St., Metro 1 Tajrish, www.time museum.ir, Sa–Do 8.30–19.30, Fr ab 10 Uhr, 150 000 Rl.

Am oberen Ende der Valiasr Street wartet mit dem **Tamasha-gah-e Zaman** تماشاگاه زمان eines der charmantesten Spezialmuseen des Landes: Im Ambiente einer liebevoll renovierten, historischen Villa wird die Geschichte der Zeitmessung aufgerollt – im ersten Stock anhand einer Sammlung mechanischer Uhren aus drei Jahrhunderten, im zweiten Geschoss u. a. anhand von Taschen- und Armbanduhren aus dem Besitz historischer Persönlichkeiten. Im zugehörigen großen Garten sind Sonnen-, Sand- und Wasseruhren ausgestellt, die man teilweise eigenhändig in Gang setzen kann.

Südlicher Stadtrand

Imam-Khomeini-Mausoleum

Behesht-e Zahra, Metro 1 Haram-e Motahar, jederzeit zugänglich, auch für Nicht-Muslime, Eintritt frei, im Inneren des Mausoleums herrscht Fotografierverbot

Ein Abstecher an den äußersten Stadtrand im Süden öffnet ein Verständnisfenster in die Glaubenswelt frommer Schiiten mit ihren teils extremen Märtyrer- und Erlöserhoffnungen. Deren Kristallisationspunkt ist das **Aramgah-e Imam Khomeini** آرامگاه امام خمینی. Mit seinem Bau begann man unmittelbar nach dem Tod des Revolutionsführers, an dessen Beisetzung am 6. Juni 1989 fast 10 Mio. untröstliche Anhänger teilgenommen haben sollen – möglicherweise handelte es sich dabei um die größte jemals an einem Ort versammelte Anzahl von Menschen.

Aufgrund der gebotenen Eile anfangs nur eine schnöde Stahlrohrkonstruktion, ist der Komplex inzwischen maßgeblich erweitert und aufwendig verschönert worden, allerdings noch lange nicht vollendet. Schon jetzt beherbergt er Läden, Esslokale und ein Pilgerhotel. Nach seiner Fertigstellung soll er auf einer Fläche von 200 ha zudem eine Islamische Universität, Seminare, eine Shoppingmall und ein Kultur- und Tourismuszentrum umfassen.

Die zentrale, 100 x 100 m große Halle ist von mächtigen Tonnendächern überwölbt. Aberhunderte feiner Teppiche bedecken den Boden, die Verkleidung der Wände besteht aus edlem weißen Marmor. Die goldene Hauptkuppel über Khomeinis von einem metallenen Gittergehäuse (Zarih) geschützten Sarkophag ist mit 68 m die höchste des Landes.

Die vier Minarette sind 91 m hoch, was, in Mondjahren berechnet, dem Alter des Verstorbenen entspricht.

Tipp

FILMMUSEUM

Keine fünf Gehminuten südlich des Zeit-Museums hat man im **Bagh-e Ferdows,** dem »Paradiesgarten«, in einer Sommervilla aus qadscharischer Zeit das **Muze-ye Sinema** 37 موزه سینما eingerichtet. Ein Gang durch dessen weitläufige, mit historischen Fotos, Plakaten, technischen Gerätschaften und vielerlei Memorabilia reich bestückte Säle öffnet die Augen für das ungemein vielfältige und qualitätvolle Werk der einheimischen Filmschaffenden (s. auch S. 68). Für Cineasten besonders spannend ist die International Festival Hall mit ihrer imposanten Kollektion von Trophäen, die iranische Regisseure seit Jahrzehnten bei den großen Wettbewerben der Welt einheimsen. Am Schluss empfiehlt es sich, gleich nebenan ins lauschige **Gartencafé Viuna** einzukehren.
Filmmuseum: Vali Asr St., Metro 1 Tajrish, www.cinemamuseum.ir, So–Do 9–17, Fr, Fei 14–17 Uhr, 200 000 Rl.

Beim Bau des Khomeini-Mausoleums wurde an nichts gespart

Stadtfriedhof

Tgl. 6–19, im Winter 6–18 Uhr

Teherans »Totenstadt« heißt in Anlehnung an den Beinamen Fatimas, der Tochter des Propheten Mohammed, **Behesht-e Zahra** بهشت زهرا »Paradies der Strahlenden«. Sie gilt mit ihrer Fläche von 4,24 km² und mehr als 1,3 Mio. Bestatteten, nach dem Friedhof Wadi as-Salam im irakischen Najaf, als zweitgrößte Begräbnisstätte der Welt. Ein Besuch vermittelt ein zu Herzen gehendes Bild von der Intensität, mit der Schiiten rituell um ihre Verstorbenen trauern, etwa indem sie die Grabsteine mit Rosenwasser waschen, mit Rosenblüten bestreuen und sie, Koransuren rezitierend, mit ihren Fingern berühren.

Man erreicht den Friedhof, wenn man an der Ostseite des Khomeini-Mausoleums, von der Metro-Station Haram-e Motahar, Richtung Osten an der Brunnenanlage entlanggeht, deren Wasser im Trauermonat Muharram blutrot gefärbt wird. Gleich jenseits des breiten Shohada-Boulevards, noch vor den endlosen Grabreihen der zivilen Toten, gelangt man in einen besonders ergreifenden Bereich: die Abteilung der Abertausenden Märtyrer aus dem opferreichen Krieg gegen den Irak in den 1980er-Jahren. Am Kopf jedes Grabes steht eine Glasvitrine, darin eine vergilbte Fotografie und eine Habseligkeit, die an den Gefallenen erinnern. In einer Nebenzone sind jene iranischen Kämpfer zur letzten Ruhe gebettet, die in den jüngsten Jahren als Angehörige schiitischer Milizen an der Front in Syrien und dem Irak gegen radikale Sunniten, vor allem die Daesh/IS, ihr Leben ließen.

Shahr-e Rey

Die heutige Industriestadt **Shahr-e Rey** ist uralter Siedlungsboden. Der Ort findet sich als Raga/Rages schon in der Avesta, dem heiligen Buch der Zoroastrier. Auch im Alten Testament wird er erwähnt und gilt manchen als erste Hauptstadt des Meder-Reiches. Um 763 wurde hier, heißt es, der spätere Bagdader Kalif Harun ar-Raschid, und 100 Jahre danach der berühmte Arzt und Philosoph Al-Razi alias Rhazes geboren. Im 11. und 12. Jh. war Shar-e Rey Residenz der Seldschuken und für seine Keramikmanufakturen weltberühmt. Durch den Mongolensturm weitgehend zerstört, steht es seither im Schatten Teherans, erlangte aber dank seiner Heiligengräber als Pilgerort wieder eine gewisse Bedeutung.

Shahr-e Rey besitzt mehrere Baudenkmäler von Rang und liegt an der Metrolinie 1. Eine Besichtigung lässt sich daher gut mit dem Besuch des Khomeini-Mausoleums und Stadtfriedhofs verbinden. Vor der Metrostation Shahr-e Rey kann man für etwa 500 000 Rl. problemlos ein Taxi für eine zwei-, dreistündige Rundfahrt mieten. Die erste Sehenswürdigkeit wartet freilich direkt vor dem Stationsausgang: eine rostige Dampflok. Sie bediente von 1888 an eine Schmalspurstrecke, die als erste reguläre Eisenbahn Irans Pilger vom Teheraner Basar zum Schrein von Abd ol-Azim transportierte.

Schrein von Abd ol-Azim

Jederzeit zugänglich, www.abdulazim.com, Eintritt frei
Der Schrein **Astan-e Shah Abd ol-Azim** آستان قدس شاه عبدالعظیم ist eine der wichtigsten Pilgerstätten des Landes und bis heute die Hauptattraktion von Shahr-e Rey. Unter der goldenen Kuppel ist ein im 9. Jh. verstorbener Nachfahre von Hasan ibn Ali, dem Sohn des vierten Kalifen Ali bestattet. Sein reich mit Schnitzereien verzierter Sarkophag stammt aus dem 14. Jh. Ebenfalls auf dem Gelände, an dessen Eingang sich Frauen übrigens einen Tschador ausleihen müssen, ruhen weitere Verwandte späterer Imame, aber auch Nasir ad-Din, der 1896 hier ermordet wurde.

Grabturm von Toghrol I.

Sa–Do 9–17 Uhr, ggf. erreicht man unter Tel. 0912 4766 102 den Wächter, 100 000 Rl.
Knapp 2 km nordöstlich steht in einem kleinen Garten das wichtigste Baudenkmal aus vormongolischer Zeit: der **Borj-e Toghrol** برج طغرل. Er wurde für Toghrol I. erbaut, den Begründer der Seldschuken-Dynastie. Der Ziegelbau wurde 1139 auf kreisförmigem Grundriss errichtet und ist 20 m hoch; 24 dreieckig vorkragende Pfeilervorlagen gliedern die Außenfassade. Ihr Schattenwurf verlieh dem Rundturm die zusätzliche Funktion einer Sonnenuhr. Ursprünglich bekrönte ihn ein Kegeldach, das aber schon vor langer Zeit bei einem Erdbeben einstürzte.

Ali-Quelle

Noch ein paar Hundert Meter weiter nördlich füllt die **Cheshmeh Ali** چشمه علی ein natürliches Quellbecken. In ihrem klaren Wasser werden – wenn auch inzwischen viel seltener als früher – Teppiche gewaschen und anschließend am felsigen Ufer getrocknet. Interessant ist das Relief, eine Thronszene, die Fath Ali 1834 nach Manier altpersischer Könige oberhalb des Beckens in den Fels meißeln ließ.

Bibi-Shahrbanu-Mausoleum

Lohnend ist, vorausgesetzt man ist motorisiert, ein Abstecher zum **Jaddeh-ye Bibi Shahrbanu** مقبره بی بی شهربانو. Begraben ist in ihm die Tochter Yazdegerds III., des letzten Sassanidenkönigs, die mit Imam Hussein, dem Prophetenenkel und Märtyrerhelden von Kerbela, verheiratet war. Das viel besuchte Heiligtum steht östlich von Shahr-e Rey an einem steilen Berghang, ist bauhistorisch mäßig sehenswert, spirituell aber bedeutsam. Von seinem Vorplatz bietet sich ein schöner Panoramablick auf die Stadt.

Tepe Mil

Tgl. 9–17 Uhr, 100 000 Rl.
Einen weiteren Blick in die Tiefe der örtlichen Geschichte vermittelt ein Abstecher zum **Tepe Mil** تپه میل. Der Hügel erhebt sich 10 km südöstlich von Shar-e Rey, rechts der Straße Richtung Varamin aus den Feldern und trägt zwei Torbögen aus Ziegeln und Bruchstein – die kolossalen Reste eines sassanidischen Palastes oder Feuertempels.

Adressen

Infos

Gute Guides: Weil die meisten Profis aus der Hauptstadt permanent Gäste betreuend im ganzen Land unterwegs sind, ist es zweckdienlich, die Zentrale des **Verbandes iranischer Reiseführer** zu kontaktieren. Dessen Leiter, Hr. Ali Sadrnia, Tel. 0912 3041 695, hilft auf Englisch gerne bei der Vermittlung (s. auch S. 105, Reiseleiter).

Teheran Sightseeing-Touren und Spaziergänge durch das unbekannte Teheran bieten u. a. www.toursiniran.com (auch Tagestour zum Thema Kunstgalerien), www.iranatour.com und www.de.gaptours.ir.

Übernachten

... im Zentrum

State of the Art – **Espinas 1** : Keshavarz Blvd. 126, M 3 Meydan-e Valiasr, Tel. 021 8384 4021, www.espinashotels.com. Ein Fünfsterne-Businesshotel, wie es genauso gut in Paris, Tokio oder Dubai stehen könnte, hochmodern ausgestattet, elegant designt, absolut professionell geführt, mit zwei Top-Restaurants, praktisch zwischen Laleh-Park und Valiasr-Platz gelegen. Alternative: das 2016 eröffnete, pompösere Schwesterhotel **Espinas Palace** im äußersten Norden mit traumhaftem Blick. DZ ab 6,5 Mio. Rl.

Feine Adresse – **Parsian Enghelab 2** : Taleghani Ave. 341, M 3 Meydan-e Valiasr, Tel. 021 8893 7251-5, http://enghelab.pir.ir. Hier stimmt von der Ausstattung und Gastronomie bis zur Betreuung einfach alles, angenehme Lage in der Stadtmitte, 5 Gehminuten vom Haus der Künstler. DZ 6,5 Mio. Rl.

Zentraler geht's nicht – **Ferdowsi 3** : Kushk-e Mesri St., am Anfang der Ferdowsi St., M 1, 2 Imam Khomeini, Tel. 021 6672 7026-31, www.ferdowsihotel.com. Führendes Qualitätshotel im historischen Zentrum, 5 Gehminuten zu National- und Juwelenmuseum, jüngst auf Hochglanz renoviert, rundum sehr komfortabel, umsichtig gemanagt, vorzügliches Restaurant Zeitoun (s. S. 143). DZ ab 5,2 Mio. Rl.

Gepflegte Mittelklasse – **Mashad 4** : Mofateh Ave., Ecke Taleghani St., M 1 Taleghani, Tel. 021 8883 9888, www.hotelmashad.ir. Angenehmes Quartier, zentral und verkehrsgünstig, gleich neben der Metro, behagliche Lobby, guter Service, Trumpf: Frühstücksraum (auch für Mittag- und Abendessen) im 6. Stock plus begrünter Dachterrasse mit Stadtblick bis zum Elburs. DZ 5 Mio. Rl.

Wohnlich – **Marlik 5** : Mofateh St. 61, Ecke Somayeh St., M 1 Taleghani, Tel. 021 8832 8001, www.marlikhotel.ir. Kein Heuler, aber nette Mittelklasse, hilfsbereites, allerdings wenig fremdsprachenbegabtes Personal, wackeliges WLAN, dafür zentrale Lage mit Metro vor der Tür und überdurchschnittlich vielfältiges und gesundes Frühstücksbüfett. DZ ab 4,8 Mio. Rl.

Heimelig – **Amir 6** : Taleghani Ave. 278, zwischen Iranshahr und Mousavi St., M 1 Taleghani, Tel. 021 8830 4066, www.amirhotel.com. Gehobene Mittelklasse mit hohem Behaglichkeitsfaktor, zu beachten: der Unterschied in Stil und Preis zwischen den zehn eleganten, mit kalligrafischen Sufi-Versen dekorierten VIP-Zimmern im 1. Stock und den übrigen eher rustikalen, holzverschalten; erfreuliches Restaurant. DZ ab 4 Mio. Rl.

Mit orientalischem Einschlag – **Jahan 7** : Valiasr St., Ecke Taleghani St., M 3 Meydan-e Valiasr, Tel. 021 6646 5596. Gemütlich altmodisch im guten Sinne, Lobby mit Café im Patina-Glitzerdesign, auch viele Zimmer ›subkontinental‹, sprich: farbintensiv mit Hang zum Ornament, Ausstattungsqualität stark variierend, Lokalaugenschein vor Fixbuchung empfohlen, nettes Personal, gutes indisches Restaurant mit großer Auswahl für Vegetarier. DZ 2,8 Mio. Rl.

Zentral und still – **Khayyam 8** : Navidi Alley, Amir Kabir St., M 2 Mellat, Tel. 021 3392 0218, www.hotelkhayyam.com. In Gehdistanz zu Nationalmuseum und Basar, sehr ruhig am Ende eines Sackgässchens an der Amir Kabir Street, karg, aber kürzlich ordentlich renoviert; Zusatzplus: sicherer Privatparkplatz im Hof. EZ 1,5 Mio. Rl., DZ 2,4 Mio. Rl.

Freundlich und unkompliziert – **Hafez 9** : Bank Alley 18, Ferdowsi St. nahe Imam Khomeini Sq., M 1 Saadi oder Imam Khomeini, Tel. 021 6670 5331, www.hafezhotel.net. Einfach, aber sauber und mit allem Erforderlichen ausgestattet, Zimmer in sehr unterschiedlicher

Teheran

Größe, äußerst hilfsbereites Personal, tolle Lage zwischen Juwelen- und Nationalmuseum in ruhiger Seitengasse. DZ 1,9 Mio. Rl.

Ehemalige Legende – **Naderi 10** : Jomhouri Ave., M 1 Saadi, Tel. 021 6670 8610, hotelna deri@yahoo.com. Nach dem Grand Hotel in der Lalehzar Street war dieses in den späten 1920er-Jahren das zweite moderne Hotel Teherans, sein Café der Intellektuellen-Treff der Stadt (s. S. 147). Der Glanz ist verblasst, objektiv verdient die Ausstattung nur einen Stern. Doch für Nostalgiker mit Faible für hohe Räume, Uraltmöbel, Linoleumböden und Bakelittelefone auf Spartrip goldrichtig; Zusatzplus: die zahlreichen Restaurants, etwa das volkstümliche »Khatoon«, in nächster Nähe. Wegen des Straßenlärms rückwärtige Zimmer buchen! DZ 1,5 Mio. Rl.; komfortablere Alternative gleichen Namens: **Hotel Naderi No** (neu), 2 Gehminuten nördlich, in der Goharshad St.

Sympathisch – **Asia 11** : Mellat Ave., M 2 Mellat, Tel. 021 3311 8320, http://asiahotel.biz. Schlicht, aber sehr sauber, äußerst verkehrsgünstig direkt gegenüber der Metro-Station, von Akbar Pourahmadian und seinem Sohn Said, beide englischsprachig, freundlich und hilfsbereit geführt; Wasser und Drinks zur Gratis-Entnahme, Zimmer nach hinten verlangen. EZ 800 000 Rl., DZ 1,2 Mio. Rl.

Die besten Hostels – **Seven Hostel 12** : Pamenar St., Amir Kabir St., M 1, 2 Imam Khomeini oder Mellat, Tel. 0919 1993 463, www.sevenhostels.com. Professionell, sauber, jedes Zimmer mit eigener Dusche/WC, Dachterrasse als Gemeinschaftsraum, Wäsche-Service, eigener Airport-Nacht-Taxishuttle ab IKA um 24 und 3.30 Uhr (570 000 Rl.), Bus-, Bahn- und Flugtickets (Website auch als Online-Plattform für Hostels in Isfahan, Shiraz, Kashan und Dizin); **Persian Hostel 13** : Mofatteh St. North 362, Ecke 4th St., M 1 Shahid Mofateh, Tel. 0903 6272 975, www.persianhostel.com; **Iran Cozy Hostel 14** : Zamani Alley 14, zwischen Aarshad und Labaf St., M 3, 4 Valiasr, Tel. 021 8880 1329, irancozyhostel@gmail.com; **HI Tehran Hostel 15** : Tabatabaei Alley, Bahar Shomali St., M 1 Haft-e Tir, Tel. 0912 0530 663, www.hitehranhostel.com; **Mashhad Hostel 16** : Amir Kabir St. nahe Amini St., M 2 Mellat, Tel. 021 3311 3062, nicht verwechseln mit dem gleichnamigem Hotel! Preise für alle: im Mehrbettzimmer ca. 600 000 Rl. pro Pers., DZ 1,6–1,8 Mio. Rl.

Vorzeigeherberge – **See You in Iran Hostel 17** : 2 Vahdati-Manesh, 3rd Dead End, Kheradmand St. Jenoub (Süd), Karim Khan Zand Ave., M 1 Haft-e Tir, Tel. 021 8883 2266, www.seeyouiniran.org. Das derzeit vermutlich hippste Hostel in Teheran: 2017 eröffnet und von einer Gruppe junger, weltoffener Teheraner betrieben. Moderne, helle, fröhlich-farbige Zimmer, Gemeinschaftsküche, Dachterrasse, individuell versperrbare Spinde, karitativer Shop für Handwerksprodukte, schattiger Garten; im 1. Stock Event-Café **Kojeen** als Treff und Ideenbörse auch für Gäste von der Straße (S. Tipp S. 147), 24-Std.-Empfang durch englischsprachige Mitarbeiter, im Mehrbettzimmer 500 000 Rl. pro Pers, DZ 1,2–2,4 Mio. Rl.

… im modernen Teheran

Seventies revisited – **Homa 18** : Shahid Khoddami St. 51, M 1 Shahid Haqqani, von dort kurze Taxifahrt, Tel. 021 8877 3021, www.homahotels.com. Zur Schah-Zeit das Flaggschiff der Sheraton-Kette in Iran, zählt das Hotelhochhaus auch heute zu den führenden Adressen. Nicht ganz zentral, aber in Gehdistanz zu Valiasr St., Tabiat-Brücke und Mellat-Park, offeriert es echten Fünfsterneluxus, inkl. ausgezeichnetes Panoramarestaurant, Indoorpool, Gym, Sauna, Massage, Tennisplatz, Zimmer sehr unterschiedlich groß. DZ 7,5 Mio. Rl.

Direkt am Flughafen – **Ibis 19** : Persian Gulf Highway, gegenüber Terminal 1, M 1 IKA Airport, Tel. 021 5567 7900, www.ibis.com. Dieses Haus hat (gemeinsam mit dem direkt benachbarten der gehobenen Schwesterkette **Novotel,** www.novotel.com) ein Alleinstellungsmerkmal: die Lage direkt am Imam-Khomeini-Airport – ideal für Tagesrandflieger. Ausstattung und Service sind dem internationalen Standard der Kette entsprechend tadellos. DZ 5 Mio. Rl.

Gediegen – **Eskan Alvand 20** : Esfarayen Alley 10, Alvand St., Argentina Sq., M 1 Mosalla, Tel. 021 4276-0, www.eskanhotel.com. Rundum ansprechendes Wohnerlebnis in ele-

Adressen

gant-zeitgemäßem Ambiente mit viel Holz, Leder, feinen Textilien, dazu erstklassige Verköstigung, Betreuung und technische Ausstattung, u. a. mit Pool, Gym, nicht ganz zentral, dafür ruhig gelegen, von den oberen Etagen schöner Blick. DZ ab 4,5 Mio. Rl.

Für Familien oder Freunde – **Ideal Apartment Hotel** 21 : 10 Kamran Alley, Fatemi Sq., M 3 Meydan-e Jahad/ Dr. Fatemi, Tel. 021 8892 0841-50, www.hotelideal.ir. Gepflegt, geräumig, mit versiertem, freundlichem Personal. Apartments ab 4,5 Mio. Rl.

Empfehlung am Ostrand – **Shahr** 22 : Damavand St., Kreuzung Abbas Doran Hwy., gegenüber Bus-Terminal Ost, 10 Gehminuten von M 2 Tehran Pars, Tel. 021 7770 0041-6, www.shahr-hotel.com. Im östlichen Bezirk Pars, ideal, wenn man der Stadt morgens ohne Stau Richtung Damavand bzw. Mazandaran/Gorgan entfliehen will. Originelle, indisch angehauchte Architektur, gepflegt, zuvorkommendes Personal, sehr gutes Preis-Leistungs-Verhältnis. EZ 1,9 Mio. Rl., DZ 2,9 Mio. Rl.

Essen & Trinken

… im Zentrum:

Zentrale Kalorientankstelle – **Zeitoun** 3 : im Hotel Ferdowsi, Kushk-e Mesri St., am Anfang der Ferdowsi St., M 1 Imam Khomeini, Tel. 021 6672 7026-31, www.ferdowsihotel.com, tgl. 11–16, 19–23 Uhr. Hervorragendes Büfett im Kellergeschoss des Viersternehotels, tolle Auswahl an Appetizern, Salaten, Hauptspeisen (u. a. Lammkeule, Wachteleier) und Desserts, gepflegtes Ambiente, ideal zwischen und nach den Museumsbesuchen. All-you-can-eat-Büfett ca. 700 000 Rl. pro Pers.

Perfekter Eintopf – **Dizi Sara** 1 : Kalantari St. 52, M 1 Haft-e Tir, tgl. nur 12–16 (!) Uhr, Tel. 021 8881 0008. Nomen est omen: Authentischer bekommt man das iranische ›Gulasch‹ kaum irgendwo kredenzt – wie es sich gehört, mit frischen Kräutern als Beilage, knusprigem Sangak-Brot, einem Glas Dough und zum klebrig-süßen Finale ein paar Zoolbia-Bamieh … Leckerissimo! Einziger Wermutstropfen: die oft langen Wartezeiten, daher am besten gleich um 12 Uhr da sein. Ca. 450 000 Rl. pro Mahlzeit.

Vorrevolutionäres Bohème-Flair – **Golrezaei** 2 : 30th Tir St., gegenüber dem Glas- und Keramikmuseum, M 2 Hassan Abad oder M 4 Ferdowsi, Tel. 021 6670 7290, Sa–Do 7.30–10, 12.30–16, 18–21 Uhr. Als hätte jemand in den 1960ern/1970ern den Schalter ausgeknipst: alte Filmposter, Zeitungsseiten, Schwarz-Weiß-Fotos von Dichtern und Bühnenstars an den Wänden, dazu Vollholzmobiliar und persische Spezialitätenküche wie Koresht, Suppen, Shishlik etc., kurz: ein Intellektuellen- und Künstlertreff als Institution, in Gehdistanz zu vielen Sehenswürdigkeiten, meist (über)voll, daher Reservierung ratsam, andernfalls längere Wartezeit. Menü ca. 350 000 Rl.

Gutbürgerlich – **Farid** 3 : Saremi St., M 1 Taleghani, Tel. 021 8890 4104, 0912 2236 450, tgl. 8–22.30 Uhr. Gepflegt speisen in geselligem Umfeld, Steaks, Filets, Kebabs, Huhn, nettes, jedoch nicht englischsprachiges Personal. Hauptspeisen 180 000–350 000 Rl.

Grün- und Ruhelage – **Sangelaj** 4 : Park-e Shahr, M 1 Imam Khomeini, Tel. 021 5569 3505, tgl. 9–23 Uhr. Beschauliches Traditionslokal im Herzen des Stadtparks, persische Küche, mittags manchmal mit traditioneller Livemusik. Hauptspeisen 180 000–320 000 Rl.

Klassiker im Souterrain – **Ayaran** 5 : Enghelab St., Westseite Ferdowsi Sq., M 4 Ferdowsi, Tel. 021 667 603 76, tgl. 11.30–23.30 Uhr. Traditionslokal wie aus dem Bilderbuch, geflieste Gewölbe, historische Wandbilder, Lautenmusik aus den Lautsprechern, melancholischer Oberkellner mit schlohweißem Haar, an der Theke ein Riesen-Samowar, einwandfreie Küche, Kebab, Fisch, Salabüfett, Spezialität: Eintop Dizi (Tipp: die festen Zutaten vom Personal zermörsern lassen!), um 170 000 Rl.

Guter Standard – **Baharestan** 6 : Mostafa Khomeyn St. 824, nahe Motahari-Moschee, M 2 Mellat, Tel. 021 339 374 66, tgl. 11–14, 18–21 Uhr. Etwas steril, aber proper, mit Persepolis-Reliefs dekoriert, tadellose Kebabs, Grillhähnchen, Lamm, Gheimeh, panierte Forelle etc. Hauptgerichte 140 000–350 000 Rl.

Volkstümlich und lecker – **Moslem** 7 : Haj Rahim Khan Alley, Westseite Sabzeh Meydan, neben Eingang zum Großen Basar, M 1 Imam Khomeini, Tel. 021 5560 2275, tgl. 11–18 Uhr.

Teheran

Bessere Kantine für Basarhändler und deren Kunden, oft heißt es ein Weilchen warten, doch bekommt man letztlich bald einen Tisch; saftige Kebabs und als Spezialität Tahchin (Reis-Hähnchen-Auflauf) plus viel Lokalkolorit machen Gedränge und Lärmpegel mehr als wett, äußerst preiswert. 100 000–350 000 Rl.

… im modernen Teheran:

Gourmettempel mit Tradition – **Yas** 8 : Valiasr St. auf Höhe Mellat-Park, M 1 Shahid Sadr, von dort weiter per Taxi, Tel. 021 2201 1020, tgl. 11–23 Uhr. Seit 150 Jahren kredenzt die Familie Nasserian Klassiker der persischen Küche, seit 1965 in diesem gerne von Diplomaten, Medien- und Bühnen-Prominenz frequentierten, mit moderner Eleganz möblierten Luxuslokal. Tipp: Auberginen-Eintopf (Halim Badenjan) in der Brotschüssel. Hauptspeisen 600 000–900 000 Rl.

Fine Dining – **Bistango** 9 : Valiasr St. südl. Saei-Park, im Hotel Ramtin, M 3 Mirza-ye Shirazi, Tel. 021 8855 4409, www.bistangorestaurant.com, Sa–Do 12–15, 19–23 Uhr. Definitiv nichts für den schnellen Hunger zwischendurch. Hervorragende internationale Küche, top-professioneller Service, intimer Rahmen im – fensterlosen – Souterrain des Hotel Ramtin. Hauptspeisen 500 000–800 000 Rl.

Bisher gab es Mash Donald's, Pizza Hat und Subways – nach dem Ende der Sanktionen hoffen junge Fast-Food-Fans nun auf die Originale

Adressen

Feines aus Fernost – **Monsoon** 10 : 4th St., Gandhi Ave., im Gandhi Shoppingcenter, M 1 Shahid Hemmat, Tel. 021 8879 1982, www.monsoon-restaurants.ir. Sushi oder Reisnudeln statt Kebab gefällig? Hier lädt man seit über 20 Jahren zur kulinarischen Reise nach China, Japan, Thailand. Modernistisches Schwarz-Weiß-Ambiente, schwankende Servicequalität, das Niveau in der Küche durchwegs hoch, das der Preise allerdings auch, ausgezeichnete Limonaden und Cocktails. Hauptgänge 350 000–700 000 Rl.

Kaspi-Spezialitäten – **Gilaneh** 11 : Saba Alley, nahe Mandela = Afriqa Blvd., M 1 Gholhak, von dort Taxi, Tel. 021 2205 5335, tgl. 12.30–16, 20–23.30 Uhr. Authentische Feinschmeckerküche aus der Nordprovinz Gilan, tolle Fischgerichte, Ente mit Granatapfelkernen, Zitronen-Kebab u. v. m. Fantastische Speisenqualität, gepflegtes Ambiente mit Holzbänken im Gilaki-Stil und Profi-Service rechtfertigen das gehobene Preisniveau. Hauptgerichte 300 000–600 000 Rl.

Volkstümlich gut – **Ali Qapu** 12 : Ghandi St. 55, Vanak Sq., M 1 Mosalla, Tel. 021 8877 7803, www.alighapoo.com. Sehr heiter-lebendige Atmosphäre, traditionelles Ambiente mit Holzbalkonen, Stuck, Spiegeln, Lüstern, herzliche Bedienung, auf dem Teller: leckere Standards, tgl. ab 21 Uhr traditionelle persische Livemusik. Hauptspeisen 250 000–450 000 Rl.

Führende Vegetarier-Adresse – **Ananda** 13 : South Ekhtiyariyeh St. 18, nahe Pasdaran Ave., M 3 Nobonyad, von dort ca. 20 Gehminuten, Tel. 021 2255 6767, www.anandaveg.com, tgl. 12–23 Uhr. Im 1. Stock des Sitzes der Iranischen Gesellschaft für Vegetarier: fleischlose und vegane Speisen, auch Salate und Pizzas, sehr variantenreich, gehalt- und geschmackvoll, vielfältige Frühstückskarte, entspannendes Ambiente, hübscher grüner Innenhof. Hauptgerichte 200 000–290 000 Rl.

… im Norden:

Traditionsküche auf Top-Niveau – **Mestoran** 14 : Bahonar St., Niavaran Sq., M 1 Tajrish, von dort weiter per Taxi, Tel. 021 2615 1421, tgl. 11.30–24 Uhr. Nostalgisches Ambiente mit Fliesenboden und Buntglasfenstern, knusperfrisches Brot aus dem Lehmofen, ideal für ein Schlemmermahl nach dem Besuch des Niavaran-Palasts. Hauptspeisen 400 000–750 000 Rl.

Gediegenes Ausflugslokal – **Koohpaye** 15 : Darband, Shemiran, Koohpaye Sq., M 1 Tajrish, von dort weiter per Taxi, Tel. 021 2270 7201, www.koohpaye.com, tgl. 11–24 Uhr. Flagship-Adresse im hochpopulären Sommerfrischler-Vorort Darband, hoch oben am schon felsigen Nordrand der Stadt, sinnvoll zu kombinieren mit dem Besuch der nahen Schah-Paläste von Saadabad. Für heiße Tage weitläufiger, schattiger Outdoorbereich, vorrangig Kebabs, Hühnchen, Forelle. 300 000–600 000 Rl.

Teheran

Einkaufen

... im Zentrum:

Bücher – **Evin Bookshop** 1 : Dr. Fatemi St., im Laleh Hotel, hintere Ladenpassage, M 3 Dr. Fatemi, Tel. 021 8897 0719, 0912 2090 602, evinbookshop@yahoo.com, tgl. 10–21 Uhr (unregelmäßige Mittagspausen). Eine bibliophile Schatztruhe, wie es sie in ganz Iran kein zweites Mal gibt, winzig, aber prall gefüllt mit Originalen und Nachdrucken, neu und antiquarisch, zu Irans Geschichte und Kultur, viele Raritäten, auch auf Deutsch, Englisch und Französisch. Schaufenster nahe der Rezeption beachten!

Landkarten und Stadtpläne – **Gita Shenasi** 2 : Shahriar St., nahe Danesju-Park, M 1, 3 Valiasr/Theatr-e Shahr, Tel. 021 8834 2378-82, www.gitashenasi.com. Führender Kartenhersteller des Landes, tolle, faltbare Begleiter für alle Regionen Irans und viele kleine und große Städte.

Termeh – **Iran Termeh House** 3 : Großer Basar, Mahdieh Timcheh/Kafash ha Bazaar, 22, M 1 Panzdah-e Khordad, www.irantermeh.com, Sa–Mi 8.30–16, Do 8.30–16 Uhr. Unweit des Haupteingangs, enorme Auswahl der mit Paisley-Mustern bestickten Baumwoll-Seidenstoffe, im 2. Stock: sehenswerte Werkstatt, auch ohne Kaufabsicht besichtigbar.

Trödel und Antikes – **Jomeh Bazaar** 4 : Jomhouri Ave., Südseite zwischen Ferdowsi und Lalehzar St., ca. 250 m westlich von M 1 Saadi, Fr ca. 9–16 Uhr. Extrem reichhaltiger Floh- und Antikmarkt, früh kommen ratsam.

Antiquitäten – Besonders viele Antiquitätenläden reihen sich in der **Manucheri-Straße,** östlich der Ferdowsi St. nahe dem Juwelenmuseum, M 4 Ferdowsi.

Traditionelle Musikinstrumente – Große Auswahl hat man rund um den **Baharestan-Platz** und in den südlich angrenzenden Gassen, M 2 Baharestan.

Kunsthandwerk – Gute Einkaufsreviere sind die **Nejatollahi St.,** nahe der St.-Sarkis-Kirche, M 3 Meydan-e Valiasr, der **Laleh-Bazar** in der Nordwestecke des gleichnamigen Parks, M 4 Enghelab, und der **Safawidische Markt** in der Valiasr St. auf Höhe Mellat-Park, M 1 Haqqan.

Teppiche – Teppichabteilung im **Großen Basar,** im südwestlichen Bereich, an der Khayyam St. M 1 Imam Khomeini.

Elektroartikel – **Jomhouri Avenue** im Bereich Hafez Avenue, M 3, 4 Valiasr.

Lederwaren – Obere **Ferdowsi Street,** M 4 Ferdowsi.

Mobiltelefone – **Iran Mobile Center,** obere Hafez Ave., Ecke Jomhoury Ave., und **Aladdin Mobile Market,** obere Hafez Ave., beide M 4 Ferdowsi.

... im modernen Teheran:

Tonträger – **Beethoven** 5 : Sanaee St., Ecke 9th Alley, Hossini St., M 1 Haft-e Tir, Tel. 021 8834 0199, Sa–Do 9–21, Fr 17–21 Uhr. Teherans Mekka für Musikfans seit über 50 Jahren. CDs und Schallplatten zu sämtlichen Stilrichtungen iranischer und westlicher Klangwelten, kundige Beratung.

Nüsse und Trockenfrüchte – **Tavazo** 6 : Valiasr 2258, an der Südecke des Saei-Park, M 1, 3 Beheshti, Tel. 021 8871 7094, www.tavazo.com, Sa–Do 9–20.30, Fr 9–19 Uhr.

Kunstgalerien – Die zeitgenössische Szene boomt, Vernissagen sind In-Treffs. Eine Mini-Auswahl spannender Galerien: **Homa Art** 7 : 4th Alley West 8, Sanaei St., Karimkhan St., M 1 Mofateh, www.homaartgallery.com; **Aaran** 8 : Dey St. 12, M 1 Mofateh, www.aarangallery.com; **Assar** 9 : Barforushan St. 16, M 1 Taleghani, www.assarartgallery.com; **Elahe** 10 : Amini Alley 3, Golfam St., M 1 Gholhak, www.elahe.net; **Seyhoun** 11 : 4th St. 11, nahe Vozara Ave., M3 Mirza-ye Shirazi, www.seyhounartgallery.com; **Silkroad** 12 : Lavasani Ave. 103, M1 Tajrish, www.silkroadartgallery.com. Fotokunst.

... im Norden:

Konditoreilegende – **Ladan** 13 : Valiasr, 100 m westlich des Tajrish Sq., M 1 Tajrish, Tel. 021 2271 555, tgl. 9–23 Uhr. Torten, Kuchen, Bonbons, Petits Fours u. v. m. – ein Paradies für Naschkatzen.

Lebensmittel – **Tajrish Bazaar** 14 : östlich vom Tajrish Sq., M 1 Tajrish, Sa–Do 9–21 Uhr. Stimmungsvoller Markt, speziell für Gewürze, Nüsse, Süßes, aber auch Frischware.

Shoppingmalls – Sie wachsen in jüngster Zeit wie Pilze aus dem Boden. Zu den schicksten

COOLER KULTURTREFF

Die **Kulturinitiative See You in Iran** eröffnet neue Sphären für kosmopolitische Zeitgenossen: 2017 von einer Gruppe junger, freigeistiger Teheraner ins Leben gerufen, soll sie als Antidot gegen Vorurteile und iranophobe Projektionen wirken und den kulturellen Austausch mit dem Rest der Welt intensivieren helfen. In ihrem **Café Kojeen,** einem ›Wohnzimmer für Reisende‹ im ersten Stock des Szenehostels **See You in Iran** 17 (s. S. 142), sorgen sie für einen bunten Reigen von Veranstaltungen – Filmabende, Gesprächsrunden, Jamsessions, Kunstausstellungen, Kochevents, Workshops, Buchklub, Themenexkursionen in der Stadt u. v. m. Das Café liegt nur wenige Gehminuten nördlich vom **Haus der Künstler** 23 . Auf jeden Fall vorbeischauen!
Café-Kulturhaus Kojeen: 2 Vahdati-Manesh, 3rd Dead End, Kheradmand St. Jenoub (Süd), Karim Khan Zand Ave., M 1 Haft-e Tir, Tel. 021 8883 2266, 0922 4394 957, www.seeyouiniran.org, tgl. 9–23 Uhr, Fr 11–16 Uhr Brunch (vorab reservieren!).

---

und bestsortierten zählen **Palladium** 15 : Moqadas Ardabili St., Alef Sq., M 1 Tajrish, www.palladiummall.com, tgl. 9–23 Uhr; sehr guter Italiener und Restaurant Dijon im obersten Stock; **Arg** 16 : Tajrish Sq., M 1 Tajrish, tgl. 10–23 Uhr; **Megamall** 17 : Ekbatan, Sattari Hwy., tgl. 10–24 Uhr; und, sehr zentral, **Charsou** 18 : Hafez St., Ecke Jomhouri Ave., M 4 Ferdowsi, www.charsou.com, tgl. 10–23 Uhr; alle mit Food-Courts.

Abends & Nachts
... im Zentrum:
Nach dem Basarbesuch – **Timcheh Akbariyan** 1 : Panzdah-e Khordad St., Teehaus und Dizi, s. S. 125.
Szenelokal – **Diamond Café** 2 : Fallahpour St. 33, M 4 Ferdowsi, Tel. 021 8892 0354, tgl. 7.30–23 Uhr. Zwanglos gemütlicher Studenten- und Hipstertreff, mit viel Holz und Backstein hell und schnörkellos designt, variantenreiches, üppiges Frühstück in diversen Varianten, Salate, Pasta, kreative Smoothies, Shakes, feine Kaffees, im Sommer netter, begrünter Hinterhof mit Korbstühlen. In derselben Straße ein paar Häuser östlich: **Ajman** 3 : tgl. 8–24 Uhr, schniekes Klub-Café für Wasserpfeifenfans, großes Sortiment exotischer Tabakaromen, nur für Männer.
Künstlertreff – **Café Home** 23 : Iranshahr St., Eingang Barforushan St., im Haus der Künstler (s. Tipp S. 127).
Gesellig verschnaufen – **Café Nazdik** 4 : Karim Khan Zand St. 134, M 1 Haft-e Tir, Tel. 021 8849 0726, tgl. 10–23 Uhr. Ein weiteres der mittlerweile recht zahlreichen Kaffeehäuser nach europäischem Vorbild, in denen sich vorwiegend Studenten, Künstler und Intellektuelle treffen. Hippes Ambiente, begrünter Außenhof-Bereich, gute Kuchen, Snacks, Kaffees und Kräutertees.
Legendäres Literatencafé – **Café Naderi** 10 : im Hotel Naderi, Jomhouri Ave., M 1 Saadi, Tel. 021 6675 8293, Sa–Do 10–23.30 Uhr. Hier machten von den 1930er- bis zu den 1950er-Jahren Sadeq Hedayat und seine Dichterkollegen diskutierend die Nacht zum Tag. Ein Hauch von Intellektuellentreff schwebt, obwohl hier längst

Teheran

alle möglichen Leute verkehren, nach wie vor in dem immer vollen Raum. Vielleicht, weil sich am Dekor, den grünen Vorhängen und roten Wänden, den Holzstühlen und -tischen, Tassen, dem Besteck seit der Zwischenkriegszeit kaum was geändert hat. Leicht arrogante Bedienung inklusive. Im Café und neuerdings auch im Garten serviert man nur Kaffee und Kuchen, im Hinterzimmer mittags schmackhafte Menüs (500 000–700 000 Rl.).

Authentischer geht's nicht – **Azari Traditional Tea House** 5 : Anfang Valiasr St., keine 200 m vom Hauptbahnhof, M 3 Rahahan, Tel. 021 5539 0710, tgl. 6–23.45 Uhr. Eine Institution als verlängertes Wohnzimmer für Jung und Alt. Herzhafte Küche mit Klassikern von Dizi bis Kebab und Koresht, dazu Hektoliter an Tee, Wasserpfeifen bis zum Abwinken, die Wände voll mit Kitschbildern, Aschura- und Derwisch-Utensilien, zum Sitzen wahlweise Takhts oder Tisch – Gesellschaft pur, die den Abstecher in den tiefen Süden absolut lohnt. Hauptspeisen 120 000–160 000 Rl.

Sprechbühne – **Stadttheater** 6 : Valiasr, Ecke Enghelab St., M 3, 4 Valiasr/Teatr-e Shahr, Tel. 021 664 605 92 (Programminfo auf Engl.), www.teatreshahr.com. Das 1973 eröffnete Shahr-Theater, ein formschöner Rundbau, ist Heimat des renommiertesten Theaterensembles des Landes, Aufführungen auf Farsi.

Klassische Musik – **Vahdat-Halle** 7 : Shariar St., Hafez St., M 3, 4 Valiasr/Teatr-e Shahr, Tel. 021 6670 5101-7, www.bonyadroudaki.com. Die »Halle der Einheit« (Talar-e Vahdat), Teherans führendes Konzert- und Opernhaus, ist Sitz des Teheraner Sinfonieorchesters und älteren Musikliebhabern unter dem Namen Rudaki-Saal bekannt.

… im modernen Teheran:

Rock-Café – **Paradiso** 8 : Mehrdad St. 12, Motahari Ave., M 1, Shahid Mofateh, Tel. 021 8884 8022, tgl. 7.30–23 Uhr. Hier dreht sich alles um heißen Rock 'n' Roll und Kaffee. An den knallroten Wänden: E-Gitarren und Porträts von Musikern in fetziger Konzertpose, hinterm Tresen ein cooles Team und eine exquisite Barista-Maschine Made in Italy, auf den Tellern: verschiedene Burger und kreative Kleinigkeiten. Ein Hit. Und immer voll. Speisen 150 000–260 000 Rl.

Hipster-Treff – **Lucky Clover** 9 : Akbari St., M 1, Mosalla, von dort weiter per Taxi, Tel. 021 8871 9121, Mo–Fr 8–23, Sa, So 9–22.30 Uhr. Ein Wohnzimmer für Freigeister, bunt zusammengewürfelte Möbel, feine Kaffees und – klar, nichtalkoholische – Drinks, gesellige Stimmung, gemeinsames Film- und Fußball-Schauen und, Sittenwächter aufgepasst!, wöchentlich **Live-Gigs** für Teheraner Nachwuchsbands, Infos: www.instagram.com/luckyclovercafe.

Ausflugslokal mit Stil – **Melal Tabiat** 10 : Westseite der Pol-e Tabiat, Park Ab-o-Atash, Tel. 021 8819 4700-5, M 1 Shahid Haqqani, tgl. 8–24.30, im Winter bis 23.30 Uhr, indoor mit Büfett-Self-Service, outdoor in Korbstühlen unter Sonnensegeln mit Bedienung und tollem Blick auf die »Natur«-Brücke (s. Aktiv unterwegs S. 132), gute, vielfältige Küche, Ofenkartoffeln, Salate, Pasta, Pizza, Lasagne, Panini, Hühnchen, Mocktails, Shakes, Desserts. Hauptgerichte um 300 000 Rl.

… im Norden:

Pause im Grünen – **Chai Bar** 11 : Karimi St., M 1 Tajrish, Tel. 021 2221 0313, tgl. 10–23.45 Uhr. Geschmackvolles Garten-Kaffee-/Teehaus in 100-jährigem Herrenhaus der Kalligrafen-Gesellschaft, kleine Küche für Frühstück, Brunch, Salate, Suppen, Sandwiches; zugehörig: **Art Center** für Kunstevents, www.art-center.ir. Speisen 200 000–280 000 Rl.

Ruheoase mit Kulinarik und Kunst – **Gallery Café-Restaurant** 12 : Dr. Hesabi St., M 1 Tajrish, Tel. 021 2645 8053, www.cafeshemroon.com, tgl. 8–23 Uhr. Stilvoller Pavillon mit Outdoorbereich um Pool, Frühstück und Brunch, auch gutes Mittag- und Abendessen, dazu Kaffee, Tee, Kuchen, Eiscrème; im umgebenden, schattigen Garten (Bagh-e Honare Irani, Eintritt 10 000 Rl.) warten Kanäle mit Wasserspielen, zeitgenössische Skulpturen und zahlreiche liebevoll gefertigte Modelle berühmter Baudenkmäler aus dem ganzen Land.

Zeitgenössische Kunst – **Niavaran Kulturzentrum** 34 : Farhangsara St., M 1 Tajrish, von dort weiter per Taxi, Tel. 021 2228 7081, www.fniavaran.ir (nur Farsi), tgl. 10–22 Uhr, vom Ni-

Adressen

avaran-Palast zu Fuß südwärts über den Kreisverkehr und die Pasdaran Ave., in der Linkskurve rechts, erreichbar. Das 1978 von Farah Diba initiierte und ihrem Cousin Kamran Diba architektonisch spannend gestaltete Center präsentiert regelmäßig auf hohem Niveau in zwei Galerien Bildende Kunst, außerdem Theater, Musik, Literatur und Film aus dem In- und Ausland. Ebenfalls besuchenswert: die zugehörige Buchhandlung und die **Café-Galerie.** Sie bietet neben guten Pastagerichten, Salaten, Snacks und Kuchen Verkaufsausstellungen iranischer Maler der Gegenwart, Tel. 021 2611 4346, tgl. 10–23 Uhr.

Fremdsprachiges Kino – **Pardis Gholhak Cinema** 13 : Yakhchal St., Shariati St., M 1 Shariati, Tel. 021 2264 3553, regelmäßig englische Qualitätsfilme, Monatsprogramm unter www.pardis-gholhak.com; **Kourosh** 14 : Kourosh Complex, Sattari Expressway, Payambar St. 57, M 2, 5 Sadeghieh, von dort Taxi, Tel. 021 4400 0010, hochmodernes Cineplex-Center mit 14 Sälen, häufig auch Filme in Originalversion mit Farsi-Untertiteln; **Farhang** 15 : State St., Shariati St., M 1 Gholhak, Tel. 021 2200 9891, www.cinemafarhang.com. Traditionsreiches Arthouse-Kino, Filme nur auf Farsi, aber die Atmosphäre zählt, zudem reich sortierter DVD-Shop für iranische Filme.

Aktiv

… im modernen Teheran:

Kicker-Hexenkessel – **Azadi-Fußballstadion** 1 : Azadi Stadium Blvd., M 5 Azadi Stadium, www.azadisportcomplex.com. Heimstatt der Traditionsklubs FC Persepoli und Esteghlal, Kapazität für 78 000 Fans, Matches meist Do und Fr, Tickets am besten über Hotelrezeption organisieren.

Familientauglich – **Zoo** 2 : im Eram Park unweit des Azadi-Turms, M 5 Azadi Stadium, tgl. 10–17 Uhr. Als Ausflugsziel gut kombinierbar mit einem Spaziergang durch den Chitgar-Park (s. unten) bzw. den westlich angrenzenden Botanischen Garten, tgl. 9–18 Uhr.

Radfahren und Skaten – **Chitgar-Park** 3 : Die beste Freizeitzone für entspanntes Radeln: ein fast 15 km² großer Wald an der westlichen Stadtgrenze (s. S. 180), erreichbar mit M 5, Fahrradverleih sowie Rampen und Halfpipes für Skater vorhanden.

… im Norden:

Instant-Kochkurs – **Persian Food Tour** 4 : im Nordbezirk Tajrish, M1 Tajrish, tgl. außer Fr 9.30–15.30 Uhr, mind. 2 bis max. 10 Teilnehmer, Sprache: Englisch, 80 € pro Pers., mind. 2 Wochen vorab buchen, www.persianfoodtours.com. Shirin und Matin, zwei charmante junge, koch- und reisebegeisterte Damen, laden zur kulinarischen Halbtagesexkursion: Zum Start eine Schnuppertour durch den Tajrish-Basar mit Erläuterung und Kauf landestypischer Zutaten und Gewürze, anschließend kochen die Teilnehmer unter Anleitung der kundigen Köchinnen ein klassisch-persisches Fünfgangmenü, das man zum Schluss gemeinsam verspeist.

Ausflüge – Lust auf eine Auszeit vom städtischen Getriebe? Am Nordrand der Stadt, an den Abhängen des Elburs, kann man wunderbar durchatmen, sich die Beine vertreten, schlemmen und dabei das Stadtpanorama genießen: Als kühles Refugium in heißen Sommertagen am populärsten ist **Darband** 5 دربند, ein Vorort nördlich des Palastgeländes von Saadabad, der in ein schmales, autofreies Felsental übergeht, das gesäumt ist von Gärten und (mindestens) zwei Dutzend gemütlichen Teehäusern und Restaurants; erreichbar: M 1 Tajrish, dann Taxi. Vergleichbar, was das gastronomische Angebot betrifft, aber merklich grüner, nicht gar so überfüllt und mit weniger steilen Wegen präsentiert sich der weiter westlich gelegene Vorort **Darakeh** 6 درکه, Anfahrt wie nach Darband oder per Linienbus aus Zaferaniye, Station Moghaddas Ardebili. Über das steile Gelände des weit im Osten, oberhalb von Jamaran und dem Niavaran-Palast gelegenen **Jamshidiyeh-Park** 7 پارک جمشیدیه sind vier Aussichtsrestaurants verteilt, zwei mit persischer und je eines mit kurdischer und turkmenischer Küche; Anfahrt: M 1 Tajrish, danach Taxi bis ans Ende der Omidvar St.

Bergwandern – **Tochal** 8 : Zufahrt zur Talstation der Seilbahn auf Teherans Hausberg توچال، ایستگاه یکم یا بام تهران über Velenjak Ave. per Taxi oder Linienbus ab M 1 Taj-

BESTEIGUNG DES DAMAVAND

Tour-Infos

Lage/Anfahrt: von Teheran Richtung Firuzkuh/Sari, bei Rudehen (ca. km 40) links Richtung Amol bis Pollur
Dauer: 3–5 Tage inkl. Akklimatisierung
Schwierigkeit: im Sommer über die Südroute technisch einfach, aber konditionell wegen der großen Höhe gerne unterschätzt; die West-, Nord- und die landschaftlich besonders reizvolle Nordostroute sind schwieriger, Winterbegehungen (auch Skiabfahrten) möglich, aber nur für sehr Geübte ratsam.
Unterkünfte: Basiscamp in Pollur, Tel. 011 4334 2802-3, 6-Bett-Zimmer 1 Mio. Rl., plus neue Bargah-Sevom-Hütte/Camp 3. Zimmerbuchung für Ausländer zzt. schwierig, am besten vorab über Veranstalter in Europa; Online-Registrierungsportal geplant; für Schlafsäle ohne Buchung Vergabe in Reihenfolge der Ankunft, zur Hauptsaison oft überfüllt. Aus Hygienegründen meiden: alte Camps von Gosfandsara und Bargah Sevom. Für die Nordostroute: Basiscamp im Dorf Nandal, Höhencamp am Takht-e Fereidoun auf 4350 m (zu buchen über den Betreiber und Tourveranstalter, www.damavandcamp.com); generell zu bevorzugen: Mitnahme von eigenem Zelt.
Organisation: Infos zur Planung in Hülle und Fülle, auch Buchung von Guides unter www.damavand.de sowie dem zugehörigem Webblog www.damavandmt.blogspot.co.at (engl.); Iranische Bergsteiger- und Sportkletterer-Föderation: http://msfi.ir
Wichtige Hinweise: Die beste, weil wettersicherste Zeit ist Mitte Juli–Sept., unverzichtbar sind 1–2 Tage zur Akklimatisierung. Gebühr für die Besteigung: 50 US-$, zu entrichten im Basecamp Pollur.

Der **Damavand,** rund 70 km ost-nordöstlich von Teheran gelegen, ist mit 5671 m nicht nur der höchste Berg Irans, sondern auch ein nationales Symbol, das in der Literatur und Mythologie des Landes von jeher eine zentrale Rolle spielt. Seine Besteigung ist sehr populär und auf der meistbegangenen, im Folgenden beschriebenen Route über die Südflanke auch für wenig Geübte weitgehend problemlos zu schaffen. Eine gewisse Erfahrung in alpinem Gelände, Trittsicherheit und Höhentauglichkeit sind aber erforderlich.

Vom Ausgangspunkt in **Pollur** erfolgt die Anfahrt im Jeep zunächst Richtung **Reyneh,** wo es eine Reihe von Privatquartieren gibt, und links über holprige Piste bis zur goldkuppeligen Moschee von **Gosfandsara** auf 3040 m. Von dort geht es zu Fuß, im Sommer teilweise über rot blühende Mohnfelder, hinauf zum **Camp 3** auf 4200 m. Für diese Etappe kann man in Gosfandsara Tragtiere für das Gepäck mieten. Auch wenn nicht alle Veranstalter dies vorsehen: Im Camp 3 empfiehlt es sich, um die Gefahr einer Höhenkrankheit zu minimieren, einen Tag zur Akklimatisierung mit leichten Wanderungen einzuplanen. Selbst im Sommer kann hier nachts und im Gipfelbereich auch tagsüber strenger Frost herrschen. Also bitte entsprechend kleiden!

Am Tag des Gipfelsturms bricht man sehr früh auf, denn die Gehzeit beträgt 8 bis 10 Std. Man steigt – tunlichst langsamen und steten Schrittes – über Geröllfelder, Lavafelsen und an Altschnee-

Adressen

zungen entlang bergan. Ab etwa 5200 m umwehen erste Schwefeldämpfe die Nase – ein Indiz dafür, dass man auf einem Vulkan unterwegs ist. Doch keine Sorge: Er ruht, ist das letzte Mal um 5300 v. Chr. ausgebrochen. Nach 5 bis 6 Std. ist der Aufstieg geschafft, der schmale, bis in den Hochsommer eisige und oft windumtoste Gipfelkrater erreicht. Ein grandioser Blick, bei klarer Sicht bis nach Teheran, zum Kaspischen Meer und im Idealfall 250 km weit, entschädigt für die Mühe. Doch wegen des Schwefeldunstes sollte man eher früher als später die Gipfelzone wieder verlassen.

rish, Betrieb ganzjährig, gestaffelte Zeiten zu Stationen 2, 5 oder 7, werktags ab 8.30, Fr ab 7 Uhr, in der Skisaison für die Flutlichtpiste länger; alternativ: Sessellift bis Cheshmeh. Ausgangspunkte für Wanderungen sehr unterschiedlicher Anforderungsprofile sind auch die genannten Orte **Darakeh**, **Darband** (auch hier gibt es einen Sessellift) und **Jamshidiyeh**. Alle drei plus die Talstation der Tochal-Seilbahn sind auch durch horizontale ergo weniger schweißtreibende Wandersteige verbunden.

Skifahren – Drei bis vier Monate lang herrscht im Elburs-Gebirge fast garantierte Schneesicherheit. Mit **Dizin, Shemshak** und **Darbandsar** verheißen drei Skiresorts alpine Pistenfreuden. Details: s. S. 86. Auf Kurzentschlossene wartet das kleine, jedoch auch preiswertere und rascher erreichbare Resort am Hausberg **Tochal** (s. S. 149).

Termine
Siehe Wissenswertes über Iran, Feste und Veranstaltungen, S. 88.

Verkehr
Flug: Der im Jahr 2004 eröffnete **Imam Khomeini International Airport (IKA)** فرودگاه بین‌المللی امام خمینی liegt 35 km südwestlich der Stadtgrenze an der Autobahn Teheran–Qom. Er ist hell, modern und gut ausgestattet und, da viele Flüge nachts starten und ankommen, 24 Std. geöffnet. Die Einreiseformalitäten dauern ihre Zeit, verlaufen aber mit korrekten Dokumenten stressfrei. Touristenvisa sind auch direkt bei Ankunft erhältlich (s. S. 72, Visa on Arrival). Das Gepäck wird vor dem Ausgang durchleuchtet, Touristen werden von den Zollbeamten für gewöhnlich durchgewunken. Flug-Auskunft: Tel. 021 5100 7010-2; Kioske für Telefon-SIM-Karten gleich nach Verlassen des Gepäckbereiches; Geldwechsel: an den Schaltern der Ankunftshalle zu deutlich schlechteren Kursen als in Wechselstuben in der Stadt. Bei der Ausreise kann man übrige Rial im Bereich vor der Gepäckkontrolle in Euro zurückwechseln, keine Ausreisesteuer.

Fluglinien: Lufthansa, Austrian und **Swiss,** Valiasr St. 2208, Tel. 021 833 88, www.lufthansa.com, www.austrian.com, www.swiss.com, Mo–Mi, Sa, So 8–16 Uhr, Airport-Büro: Tel. 021 5567 8337, tgl. 22–5 Uhr; **Turkish Airlines,** Valiasr St., Vanak Sq., Negar Tower, 2nd Floor, Tel. 021 235 46, www.turkishairlines.com; zentrale Verkaufsbüros von **Iran Air,** Ferdowsi Sq., Tel. 021 8832 5810, IKA Tel. 021 5100 7483, Mehrabad Tel. 021 4662 8082, www.iranair.com; von **Mahan Air,** Valiasr St., Ecke Mardoukhi Alley, nahe Saei-Park, Tel. 021 8867 5810, IKA Tel. 021 5100 7558, Mehrabad 021 4466 3090, www.mahan.aero.

Transfer: Die lange überfällige Verlängerung der **Metro** Linie 1 (rot) bis zum Flughafen ist seit August 2017 in Betrieb, und zwar bis zur Verteilerstation Darvazeh Dowlat im Stadtzentrum (mit Linie 4; Ausweitung des Nachtbetriebs geplant). Abfahrten von IKA zzt. alle 80 Min., kein Gepäcklimit, Fahrdauer bis zu 2 Std.! Alternative, freilich mit Staurisiko: **Airport-Taxis,** z. B. **Seiro Safar,** 24-Std.-Schalter im Ankunftsbereich mit englischsprachigem Personal, verlässlicher Service, gute, ortskundige Fahrer, Pauschalpreis in die Stadt 800 000 Rl., Wagen auch für Fahrten zum Airport bzw. in andere Städte und für mehrere Tage bestellbar, Transfer ab Airport z. B. nach Qom 1,5 Mio. Rl., Isfahan 4 Mio. Rl. und Tabriz 7 Mio. Rl., 24-Std.-Hotline im Inland Tel. 1833, aus dem Ausland 0098 (0)21 4466

Teheran

7236; **IranTTS,** 24-Std.-Service, Pauschale Airport–Stadt 950 000 Rl., Hotline Tel. 0919 7250 739, http://irantts.com. Normale **Taxis** warten vor der Ankunftshalle, Preis in die Stadt 750 000–1 Mio. Rl., aus Süd- und Nord-Teheran zum Airport 600 000–900 000 Rl., Fahrzeit 45–100 Min.; **Mietwagen:** Autos mit Fahrer kann man über Reiseveranstalter bzw. Firmen wie Seiro Safar (s. S. 151) mieten; der bisher einzige Anbieter für Selbstfahrer ist Europcar (s. S. 77, Mietwagen).

Inlandsflughafen Mehrabad (THR): Von hier tgl. Direktflüge in fast alle größeren Städte des Landes; seit 2016 Metro-Direktverbindung aus der Stadt mit Linie 4; http://mehrabad.airport.ir; neben Iran Air und Mahan Air bedienen u. a. Kish Air (www.kishairlines.ir), Qeshm Air (www.qeshm-air.com), Zagros Airline (www.zagrosairlines.com), Iran Aseman, Caspian und Taftan Air Strecken in verschiedene Landesteile. Einfache Tickets kosten zwischen 1,5 und 3 Mio. Rl.

Bahn: Teheran ist ein zentraler Knotenpunkt des dichten iranischen Schienennetzes. Von hier gelangt man in die meisten größeren Städte sämtlicher Landesteile. Der Hauptbahnhof befindet sich am südlichen Ende der Valiasr St., dem Rah-Ahan Sq., und ist mit der Metrolinie 3, Station Rahahan, erreichbar. Fahrpläne auch auf Englisch. Die Züge fahren in der Regel pünktlich ab. Detailinfos: www.iranrail.net und, auf Farsi, www.raja.ir. Mehr zum Thema Bahn s. S. 75.

Metro: Die Metro mit ihren derzeit 6 Linien (zwei weitere sind im Bau) ist in vielen Fällen eine gute Alternative zu den oberirdischen Dauerstaus. Sie verkehrt tgl. von 5.30 bis 22.30 Uhr in hoher Frequenz, ist sauber, sicher und nach Geschlechtern getrennt. Der jeweils erste und letzte Waggon ist für Frauen reserviert, doch können diese durchaus auch die Männer-/Familienwaggons benutzen. Zur Rushhour herrscht oft extremes Gedränge. Netzpläne sind auch mit englischen Stationsnamen versehen und hängen in allen Stationen und Waggons aus. Überhaupt ist die Orientierung nicht schwierig: Die Abgänge sind am schwarzen Logo auf gelbem

Teherans Jugend nutzt das Auto nicht nur zur Fortbewegung, sondern auch zur Kontaktanbahnung: Ein Flirt entzieht sich hier jeglicher Kontrolle

Adressen

Grund erkennbar. Auf den Bahnsteigen informieren Leuchtanzeigen über Fahrziel und aktuelle Position des nächsten Zuges. Im Zug selbst wird die Position durch ein blinkendes LED-Display signalisiert. Einzel-/Doppeltickets kosten 7000/11 000 Rl., bei längerem Aufenthalt ist ein auch in Bussen gültiges individuell aufladbares E-Ticket praktisch, die Metro Card (für 2, 3 Tage sollten 50 000 Rl. reichen), erhältlich in den Stationen, Infos unter http://metro.tehran.ir.

Überlandbusse: Per Bus ist von Teheran aus so gut wie jede etwas größere Ortschaft im Land erreichbar. Es gibt vier Busbahnhöfe, die Destinationen in den vier Himmelsrichtungen bedienen. Allerdings gibt es bei den Fahrtzielen Überschneidungen. Im Zweifelsfall von der Hotelrezeption aus anrufen (lassen). Tickets am Terminal kaufen. Infos auf Farsi: http://terminals.tehran.ir.

Terminal-e Otobus-e Beihaghi bzw. Arzhantin ترمینال اتوبوس آرژانتین یا بیهقی: Zentraler Busterminal, Meydan-e Arzhantin, kurze (Sammel-)Taxifahrt von M 1 Mosalla; von hier das breiteste Angebot, auch viele VIP-Busse und internationale Buslinien.

Terminal-e Gharb ترمینال غرب: Busterminal West, nordwestlich vom Azadi Sq. (Meydan-e Azadi), M 2, 4 Azadi; vorwiegend Verbindungen in den Westen und die Kaspi-Region, auch in die Türkei, nach Armenien und Baku.

Terminal-e Shargh ترمینال شرق: Busterminal Ost, Damavand St., M 2 Shahid Bagheri, von da ca. 1 km südlich; Verbindungen in den (Nord-) Ostiran und die östliche Kaspi-Küste.

Terminal-e Jonub ترمینال جنوب: Busterminal Süd, Abbasi St., ca. 2 km südöstlich vom Hauptbahnhof, M 1 Terminal-e Jonub, Verbindungen in den Süden und Südwesten.

Mehr zum Thema Fernbusse s. S. 76

Städtische Busse: Das reguläre Busnetz ist dicht, aber seine Benutzung für sprachunkundige Ausländer schwierig, zumal die Busse langsam und überfüllt sind. Tickets kosten minimal und sind in den Busterminals, teils auch an Kiosken nahe Busstationen erhältlich. Sehr wohl empfehlenswert auch für Touristen sind die roten **B.R.T.-Busse** (Bus Rapid Transport). Sie haben eine eigene Fahrspur, stecken daher nicht im Stau und verkehren 7 Tage/24 Std. auf den großen Transversalen, u. a. der Valiasr St. zwischen Bahnhof und Tajrish, aber auch zum Großen Basar und zu den Saadabad-Palästen. Auch hier gilt, sehr praktisch, die Metro Card.

Taxis: Taxis sind generell preiswert, allgegenwärtig und meist problemlos vom Straßenrand aus zu bekommen, Taxameter und englischsprachige Fahrer freilich Mangelware. Das Stichwort für Einzelfahrten, während derer kein anderer Fahrgast aufgenommen wird, lautet *darbast* (»geschlossene Türen«). Ratsam ist es, den Preis vor Fahrtantritt zu vereinbaren und Wechselgeld dabeizuhaben. Gelbe Fahrzeuge kreisen auf gut Glück im Stadtverkehr, grüne haben – theoretisch – Taxameter. **Sammeltaxis** (Savari) verkehren meist zwischen großen Plätzen auf definierten Routen, haben Fixpreise und nehmen bis zu vier Passagiere auf. Zu- und Aussteigen ist nach Belieben möglich. Auch die Zahl inoffizieller Taxis in Form unmarkierter Privat-PKWs ist groß, ihre Benutzung prinzipiell kein Problem. Vom Hotel, Restaurant etc. aus kann man Taxis telefonisch ordern, z. B. unter Tel. 133 oder, als Frau, spezielle Frauentaxis, Tel. 1814. Unter Einheimischen populär sind die App **Snapp,** eine iranische Variante von Uber, https://snapp.ir, sowie die zwei Konkurrenzanbieter Tap30 und Carpino, alle drei arbeiten auf IOS oder Android.

Stadtrundfahrten/Hop-on-Hop-off: Was man von europäischen Metropolen seit Langem kennt, bietet neuerdings auch Teheran: die Möglichkeit, die Stadt und ihre wichtigsten Sehenswürdigkeiten bequem von einem Linienbus aus kennenzulernen. Im Open-Air-Doppeldecker oder im Oldtimer-Bus entweder auf Nostalgietour durch das Stadtzentrum oder mit der Grand Tour bis hinauf zu den Schah-Palästen. Jeweils 12 Haltestellen werden ganzjährig zwischen 10 und 18 Uhr im Halbstunden-Takt angefahren. Aus- und Einstieg ist jederzeit möglich. Tickets für 24 bzw. 72 Std. (ca. 20 bzw. 40 US-$) können an Bord oder online per Visa oder Mastercard gekauft werden. Info-Tel. 021 8847 6760, www.sightseeingiran.com.

Die Provinz Gilan

Im Westen der iranischen Kaspi-Küste warten an den Nordhängen des Elburs dichte Laubwälder und gischtende Flüsse und in der Ebene unten Reisfelder, Teeplantagen, vogelreiche Lagunen und lange Sandstrände. Im Hinterland locken Ausflugsziele wie die Burgruine Rudkhan, ein bäuerliches Freilichtmuseum und das Vorzeigedorf Masuleh. Auch die Hauptstadt Rasht birgt mehr Reize, als man auf den ersten Blick vermuten würde.

Der am weitesten westlich verlaufende Weg vom Landesinneren durch das Elburs-Gebirge ans Kaspische Meer schwenkt bei **Qazvin** von der Hauptstraße Teheran–Tabriz rechts ab. Bei **Lowshan** (ungefähr Km 80) passiert man eine sehr malerische, alte Steinbrücke, etwa 10 km weiter, bei der fast immer windumtosten Ortschaft **Manjil**, eine ganze Staffel riesiger, Strom erzeugender Windräder und gleich danach, am Zusammenfluss von Taleqan und Sefid Rud, einen Stausee. Neben dessen gewaltigem Damm führt zunächst eine gute Straße, dann links abzweigend eine holprige, nur mit Allradantrieb bewältigbare Piste westwärts durch ein trockenes Flussbett. An ihrem Ende stehen, selbst den wenigsten Einheimischen bekannt, die über 1000 Jahre alten Relikte von **Shamiran**, der Hauptstadt eines Dailam genannten Regionalreiches der Buyiden – eine Burgruine, Wälle, zwei Grabruinen.

Die tadellose Hauptstraße jedoch – übrigens die einzige auch im Winter stets problemlos befahrbare zwischen Teheran und dem Kaspischen Meer – führt hinter Manjil durch einen Tunnel und eine kleine Schlucht hinab in die **Provinz Gilan**. Hier wird man von einer erquickenden Gegenwelt empfangen, in der dank des häufigen Stauregens statt der bisherigen braunen und gelblichen Farbtöne des wüsten Hochlands üppiges, geradezu subtropisches Grün vorherrscht. Die Bauernhöfe trugen hier traditionell statt der landesweit üblichen flachen Dächer steile, noch vor einer Generation vielerorts mit Stroh oder Schilf gedeckte, und die Frauen selbst in der strengen postrevolutionären Zeit statt des obligatorischen schwarzen Tschadors häufig farbenfrohe Röcke und Pluderhosen. Der Islam setzte sich in dieser peripheren Region erst äußerst spät endgültig durch. Bevor die Safawiden im frühen 16. Jh. ihre brutalen Schiitisierungskampagnen starteten, waren in den schwer zugänglichen Tälern des Elburs noch heterodoxe, ja sogar zoroastrische Glaubensvorstellungen verwurzelt gewesen.

In den oberen Talabschnitten stößt man vielerorts auf Olivenhaine (in **Rudbar**, ca. 20 km nach Manjil, bieten Straßenhändler flaschenweise das goldgelbe Olivenöl feil). Tiefer im Tal, in Meeresnähe, werden dank milder Winter weitflächig Gemüse, Tee und sogar Reis angebaut. Das Klima ist allerdings sehr feucht, die Luft oft dunstig, der Himmel grau. Im Sommer kann Reisenden aus Europa die schwüle Hitze zu schaffen machen.

Rasht ▶ G 5

Das Wirtschafts- und Verwaltungszentrum der Provinz Gilan ist **Rasht**, die mit rund 650 000 Einwohnern größte Stadt des gesamten südkaspischen Tieflands und zugleich Irans regenreichste. 324 km von Teheran und 20 km vom Meer entfernt, ist sie vollkommen flach und eher gesichtslos. Sie besitzt zwar eine bedeutende Universität und gut entwickelte Lebensmittel-, Textil- und Chemieindustrie, aufgrund mehrmaliger, mit Verwüstungen einhergehender Okkupationen durch russische bzw. sowjetische Truppen jedoch kaum historischen Baubestand. 1990 richtete ein Erdbeben weitere Verheerungen an. Trotzdem lohnt ein Rundgang.

Rund um den Rathausplatz

Erster Anlaufpunkt im Stadtzentrum ist der **Meydan-e Shahrdari**, der Rathausplatz. Man erreicht ihn über die ausgedehnte, für iranische Verhältnisse äußerst schmucke, mit elektrisch betriebenen Buswägelchen, Palmen und allerlei vergnüglichen Kleinplastiken bestückte Fußgängerzone. Blickfang am Platz ist das hellgetünchte **Rathaus** (Shardari) mit seinem Glockenturm. An dieses grenzt im Westen eine der ersten öffentlichen **Bibliotheken** Irans, gegründet 1927. Gegenüber, an der Ostseite, von wo man mit nur wenigen Schritten in Rashts großen, quirligen **Basar** eintaucht, wacht ein bronzener Reiter über den weiten Platz. Es handelt sich um eine Schlüsselfigur der regionalen Geschichte: **Mirza Kuchek Khan,** ein heute offiziell als Held verehrter Rebell, der Anfang des 20. Jhs. als Anführer der sogenannten Jangali-Bewegung gegen die feudalen Missstände kämpfte. Nachdem er sich 1920 im Zuge der Ausrufung der Sozialistischen Sowjetrepublik Gilan mit den Kommunisten zusammengetan hatte, wurde er von den königstreuen Truppen Reza Khans, des späteren Pahlevi-Schahs, bekämpft, gefangen genommen und 1921 geköpft. Sein **Mausoleum** آرامگاه میرزا کوچک خان im Südwesten der Stadt ist für viele Anti-Monarchisten mehr denn je ein Pilgerort.

Reisernte in Gilan: Die hier angebaute Sorte Sadri gilt als eine der weltbesten

Rasht-Museum

Taleqani St., Tel. 013 3324 6362, Sa–Do 9–18 Uhr, 50 000 Rl.

Etwa 15 Gehminuten vom Rathausplatz entfernt steht westlich des baumbestandenen Sabz-e Meydan das regionalgeschichtliche **Muze-ye Rasht** موزه رشت. Es ist in einem Gebäude untergebracht, das einem Kampfgenossen von Mirza Kuchek Khan gehört haben soll. Hinsichtlich der Didaktik seiner Präsentation mag es noch Verbesserungsbedarf haben. Die Sammlung jedoch – vor- und frühgeschichtliche Keramiken, Gold- und Metallgefäße, gilakisches Kunsthandwerk, Trachten und Architekturmodelle, darunter eines der Rudkhan-Festung – ist sehr wohl sehenswert. Außerdem hat die unzeitgemäße Vollgepropftheit durchaus ihren Charme.

Infos

Gute Guides: Sara Ashtari, engl., Tel. 0911 2385 226, Sara.Ashtariy@gmail.com

Übernachten

Außen hui, Zimmer passabel – **Kadus:** Manzarieh Blvd., Tel. 013 3336 5070-8, www.kadus-hotel.ir. Die Zimmer halten nicht, was die Fassade und die glitzerig-luxuriöse Lobby erwarten lassen, insgesamt logiert man in diesem ›Grand Hotel‹ aber tadellos. Großer Pool, sehr gutes Restaurant. DZ 3,7 Mio. Rl.

Mittelmaß – **Pardis:** Imam Khomeini Blvd., Tel. 013 3333 1101. Funktional, mäßiger Service, aber sauber, mit gutem Kebab-Restaurant, kurzweilige Lokal-Infrastruktur in der Umgebung. DZ 2,4 Mio. Rl.

In Ordnung – **Olympic:** Azadi St., Tel. 013 3369 429. Untere Mittelklasse, aber angenehm und sorgsam geführt, mehrheitlich junges Publikum. DZ 1 Mio. Rl.

Essen & Trinken

Zahlreiche schicke Restaurants und Cafés finden sich in **Golsar**, dem modernen Wohnbezirk der wohlhabenden Rashti im Norden, vor allem entlang dem Golsar Blvd.

Traditioneller Bauernhof im Museumsdorf Gilan

Edelitaliener – **Napoli:** Hafez St., Tel. 013 3333 4715, tgl. 11–15, 19–24 Uhr. Salate, Pastagerichte und Pizzas (160 000–270 000 Rl.) in großer Auswahl, auch Steaks (ca. 400 000 Rl.).

Bürgerlich – **Tak:** Manzarieh Blvd., schräg vis-à-vis Kadus-Hotel, Tel. 0911 1321 567, tgl. 12–23 Uhr. Behagliche Gaststätte mit Holzstühlen und Tischtüchern, über drei Etagen, ausgezeichnete Shishliks und Kebabs. Hauptgerichte 200 000–300 000 Rl.

Erfrischendes Ambiente – **Manzarieh:** Azadi St., Tel. 013 3332 4431, tgl. 12–1 Uhr. Moderner Glaspavillon mit Naturholz, feine Gilaki-Spezialitäten wie Mirza Ghasemi und Zeitoun Parvardeh, in Granatapfel-Walnuss-Paste eingelegte Oliven. Hauptspeisen 160 000–400 000 Rl.

Verkehr

Flug: Von Rashts **Airport** (RAS), 4 km nordöstlich des Zentrums, tgl. Flüge nach Teheran und mehrmals wöchentl. u. a. nach Mashhad, Isfahan, Shiraz, Tabriz, Ahvaz, Kish.

Bus: Vom Terminal am südöstlichen Stadtrand regelmäßige Verbindungen u. a. nach Teheran (6 Std.), Mashhad (18 Std.), Isfahan (12 Std.), Hamadan, Tabriz (9 Std.).

Umgebung von Rasht

Museum des bäuerlichen Erbes von Gilan ▶ G 5

Eingang an der Straße Saravan–Shaft, erreichbar von der Schnellstraße Richtung Qazvin, www.gecomuseum.com, im Sommer tgl. 9–19, im Winter 9–16.30, im Frühjahr und Herbst 9–18 Uhr, 200 000 Rl.

18 km südlich von Rasht liegt, eingebettet in den Forst von Saravan, das **Muze-ye Miras-e Rustaie Gilan** موزه میراث روستایی گیلان. Drei Dutzend Originalgebäude aus unterschiedlichen Regionen, vom Bauernhof bis zur Köhlerhütte und Reisscheune, hat man auf einem 45 ha großen Gelände mit viel Liebe zum Detail wiederaufgebaut. Vor allem an Frei- und Feiertagen werden Folkloreaufführungen und lebendes Kunsthandwerk geboten.

Die Provinz Gilan

Masuleh ▶ F 5

Touristenmagnet Nummer eins im Umland von Rasht ist **Masuleh**. Der etwa 60 km westlich und über 1000 m hoch gelegene Ort ist im Winter wegen meterhohen Schnees oft von der Umwelt abgeschnitten, im Sommer dafür wohltuend kühl. Er gilt zu Recht als Bilderbuchdorf der Region und findet sich dementsprechend oft auf Werbebroschüren und Plakaten abgebildet. Seine aus Stein gebauten und mit Lehm verputzten Häuser schmiegen sich, ähnlich wie in Abyaneh südlich von Kashan (s. S. 403), dicht an dicht pueblohaft an den steilen Berghang. Seine Bevölkerung ist mehrheitlich kurdisch. Ein großer Teil siedelte sich hier vor 800 Jahren auf der Flucht vor den Mongolen an. Ende der 1990er-Jahre hat ein gewaltiger Erdrutsch mehr als 30 der ungefähr 1000 Bewohner das Leben gekostet und eine Bresche in das Dorfensemble gerissen. Der malerische Gesamteindruck lohnt aber nach wie vor die etwa 45-minütige, kurvenreiche Anfahrt. Allerdings nicht an Freitagen und zur Ferienzeit, denn dann fallen Ausflügler in Heerscharen in Masuleh ein.

Übernachten

Luxuriös – **Moein:** Masuleh Road, ca. 5 km westl. Fuman, Tel. 013 3473 4458, www.hotelmoein.ir. Neue, äußerst gediegene Adresse, Ruhelage inmitten von Teeplantagen, Gym, Spa, Billard, zwei Restaurants, in der Lobby verkauft man Tee in Päckchen. DZ 3,6 Mio. Rl.
Behagliche Mittelklasse – **Aram:** Maklavan, an der Masuleh Road 10 km westlich von Fuman, Tel. 013 3475 3176, www.hotelaram.ir. Netter Dreisternestandard, von außen kunterbunt, Frühstück und Restaurant im 4. Stock mit schönem Blick auf Reisfelder, in der Lobby Riesenaquarium, dort auch WLAN. EZ 2,2 Mio. Rl., DZ 3 Mio. Rl.
Warnung: Das Hotel **Masuleh** an der Ortseinfahrt rechts ist zwar spottbillig, aber miserabel geführt und desolat. Besser: in privaten Ferienwohnungen einquartieren, z. B. **Masouleh Villa,** Tel. 0911 9331 766, www.masoulehvilla.ir.

Essen & Trinken
… in Masuleh:
Auf der zentralen Terrasse – **Bamdad:** Masuleh, Tel. 0911 4323 639, tgl. 13–24 Uhr. Gemütlich-rustikales Spezialitätenlokal im Ortskern, Wasserpfeifen, von der Holzterrasse schöne Aussicht. Hauptspeisen ab 180 000 Rl.
… in Fuman:
Für Fleischesser – **Haj Hossein:** Kashani St., Tel. 013 3472 5661, tgl. 11.30–1.30 Uhr. Wenig Auswahl, aber famose Kebabs, z. B. Torsh, in Zitronen eingelegt. Pro Portion ab 150 000 Rl.
Gilaki-Küche – **Monavari:** Abuzar Blvd., Tel. 0911 7229 800, tgl. 11–24 Uhr. Herzhafte Spezialitäten wie Mirza Ghasemi, Torshi Tareh oder Baqala Qatoq. 100 000–300 000 Rl.

Einkaufen
Kekse – Bei der Anfahrt sollte man in **Fuman** einen Stopp bei einem der vielen Straßenstände einlegen, um ofenfrische *Koluche* zu probieren, Kekse mit Haselnuss- und Walnussfüllung.

Verkehr
Bei der Ortseinfahrt wird eine Gebühr in Höhe von 40 000 Rl. pro PKW erhoben. (Sammel-)Taxis von/nach Rasht bzw. Fuman.

Bandar-e Anzali ▶ G 4

Die 40 km entfernte Küstenstadt **Bandar-e Anzali** bildet den kommerziell mit Abstand wichtigsten Hafen Irans an der Kaspi-Küste, von dem aus fast der gesamte Handel mit den früher sowjetischen Anrainerrepubliken abgewickelt wird. Ab dem späten 19. Jh. bis zum Aufkommen des Flugverkehrs diente sie außerdem den meisten Reisenden aus Europa als Tor nach Persien. Die klassische Route verlief damals per Bahn bis Odessa, von dort übers Schwarze Meer nach Batumi, dann wiederum per Bahn via Tiflis nach Baku und, erneut per Schiff, hierher. Seit Langem ist Bandar-e Anzali aber auch als Sitz der staatlichen Fischereibehörde Shilat, die den Störfang kontrolliert, neben Astrachan an der Wolga-Mündung die inoffizielle Welthauptstadt des Kaviars (s. Thema S. 160). Besich-

Umgebung von Rasht

WANDERUNG ZUR BURGRUINE RUDKHAN

Tour-Infos
Lage/Anfahrt: Im Sammeltaxi von Rasht nach Fuman, von der Gabelung der Straßen nach Masuleh und Rudkhan in einem zweiten Savari 20 km in südwestlicher Richtung über Gurabpas in den Ort Qaleh Rudkhan und 7 km weiter bis zum Parkplatz; für die Rückfahrt rufen die Parkplatzwächter notfalls telefonisch ein Taxi.
Dauer: Auf- und Abstieg jeweils 1,5–2 Std.
Schwierigkeitsgrad: an trockenen Tagen problemlos, aber konditionsfordernd

Öffnungszeiten und Preise: Burgruine 8–18.30 Uhr, Eintritt 150 000 Rl., Parkplatz-Zufahrt pro PKW 40 000 Rl.
Wichtige Hinweise: Wegen der Besuchermassen sollte man diesen Ausflug nicht an einem Freitag oder an Feiertagen unternehmen. Bei Regen- oder Schneewetter besteht auf den Steinstufen Rutschgefahr. Der Aufstieg zur Burgruine lässt sich in einem Tagesausflug gut mit Masuleh kombinieren.
Unterkunft: In Rudkhan sind an der Straße private Ferienwohnungen ausgeschildert.

Die **Qaleh-ye Rudkhan** قلعه رودخان wurde im 11./12. Jh. anstelle einer vorislamischen Festung erbaut und diente zunächst den Ismaeliten als Rückzugsort, später regionalen Fürsten, die den Zentralregierungen die Stirn boten. Bei akuter Gefahr zogen sich auch die Bewohner der umliegenden Täler hierher zurück. Der Pfad führt vom Parkplatz anfangs durch ein Spalier des Kommerzes in Form von Imbiss- und Souvenirläden. Bald aber ist man im Wald und ahnt rasch, weshalb der Volksmund die Ruine »Tausend-Treppen-Burg« nennt. Der Weg führt aus dem Talschluss in langen Windungen, anfangs an moosigen Felsen und Bachbetten entlang, von dichtem Wald beschattet bergan. Man kommt rasch ins Schwitzen, streckenweise warten lange, steile Stufen, aber immer wieder laden am Wegesrand einfache Teebuden zur Rast. Am Ziel versteht man, dass sich in dieser unzugänglichen Berggegend auch Rebellen und Räuber verborgen hielten. Man staunt über die Mächtigkeit der Ruinenanlage und ihren verhältnismäßig guten Erhaltungszustand. Massive Mauern mit zwei Toren, mehreren Festungs- und etlichen Wachtürmen, eine Zisterne … Kein Wunder, dass die Festung über viele Jahrhunderte, bis Touristen sie stürmten, als weitgehend uneinnehmbar galt. Bis heute gut zu erkennen ist die Zweiteilung der Anlage – in einen Bereich zum Wohnen für die Burgherren, und einen anderen, militärischen mit den Unterkünften für die (Wach-)Soldaten.

tigungen der Stör-Zuchtfarmen sind leider kaum mehr möglich. Die zuständigen Behörden lehnen diesbezügliche Anfragen, anders als früher, in der Regel ab.

Durch die Mündung des Sefid Rud, des Weißen Flusses, ist die Stadt zweigeteilt. Im Ostteil lohnt ein kurzer Bummel über die Uferpromenade mit Blick auf die Verladeanlagen, die infolge der Wirtschaftssanktionen sichtlich ramponiert und verwaist sind. Im Stadtkern kann man über die zwei Brücken spazieren, zu deren Füßen lange Reihen von

Kaviar-Krise: Entwarnung für Gourmets?

Feinschmecker rühmen an den Kaspi-Provinzen neben ihrem Reis und Tee vor allem den Kaviar. Sein Lieferant, der Stör, ist in freier Wildbahn allerdings akut vom Aussterben bedroht. Neuerdings wird der begehrte Fisch jedoch in privaten Aquafarmen gezüchtet. Entsprechend sollte man auch seinen Rogen künftig wieder vermehrt kaufen und mit gutem Gewissen genießen können.

Er findet in der persischen Küche kaum Verwendung und wird hierzulande entsprechend selten in Restaurants kredenzt. Doch in Westeuropa und mehr noch in Russland ist *khaviyar* – ein Farsi-Wort – von jeher der Inbegriff von schwelgerischem Luxus. Die Eier des Störs, die übrigens im Naturzustand glasig-hell sind und erst durch das Salzen schwarz werden, gelten als heilkräftige Energiespender, als »Perlen der Lust«. Dass sie leicht verderben – sie einzufrieren ist verpönt –, steigert ihren Preis zusätzlich, ebenso die Tatsache, dass die Weibchen erst sehr spät, mit 15 bis 20 Jahren, ihre Geschlechtsreife erreichen.

Vier Arten dieses urweltlichen, mit Knorpelkorsetten ausgestatteten Fisches, dessen Ahnenkette sich 250 Mio. Jahre zurückverfolgen lässt, sind im Kaspischen Meer heimisch. Die begehrteste ist der Beluga, wegen seiner rötlichen Schuppenhaut auch »roter Fisch« genannt. Er kann bis zu 4 m lang werden, ein Weibchen bis zu einem Zehntel seines Körpergewichts an Kaviar enthalten, also 15 kg und mehr. Die besonders großen, wie Perlmutt schimmernden Körner, die besonders weich am Gaumen zerplatzen und unter dem Markennamen »Iranischer Diamant« gehandelt werden, sind betuchten Kunden in Moskau, Zürich oder Abu Dhabi etliche Tausend Euro pro Kilo wert. Sie sind das teuerste Lebensmittel der Welt.

Noch in den 1980er-Jahren wimmelte es in dem abflusslosen Meer geradezu von Stören. Zwar hatte schon 20 Jahre davor der Bau eines riesigen Staudamms am Unterlauf der Wolga die alljährlichen Laichwanderungen aus dem salzigen Lebensraum Richtung Süßwasser unterbunden. Auch die Verschmutzung durch das andere, das schwarze Gold, das die Anrainerstaaten on- und offshore rücksichtslos aus dem Boden pumpten, setzte den Beständen zu. Doch die Sowjets sorgten mit groß angelegten, staatlichen Zuchtprogrammen dafür, dass jährlich Abermillionen Fingerlinge genannte Jungtiere ausgesetzt und die Populationen einigermaßen stabil gehalten wurden.

Nach dem Ende der UdSSR aber witterte die Fischerei-Mafia dann ihre große Chance. Vor allem Wilderer aus der russischen Teilrepublik Dagestan plünderten das Meer mit wüsten Methoden, Treibjagden z. B. von Motorbooten aus und Unterwassersprengungen. Was sich für sie umso mehr rechnete, als auch das Fleisch der Störe, insbesondere von Jungtieren und in geräucherter Form, als Delikatesse gesucht und hoch bezahlt ist. Der Schmuggel jedenfalls florierte.

Um die Jahrtausendwende war der Welt größtes Binnenmeer praktisch leergefischt. Selbst der kleine Shop im Abflugterminal des Teheraner Flughafens, der die charakteristischen silbrig-blauen Dosen zuvor immer – gegen harte Devisen – verkauft hatte, war damals geschlossen. »No caviar available!«. 2006 erließ die Moskauer Regierung schließlich ein Verbot jeglichen kommerziellen Fangs. Die Hüter des Washingtoner Artenschutzabkommens (CITES) erklärten den Stör als akut vom Aussterben bedroht und setzten den Handel mit Produkten von Wild-

Im Pool vor dem Palastmuseum von Ramsar tummeln sich einige Beluga-Störe

fängen komplett aus. Als einziger Anrainerstaat des Kaspi-Meeres von den Exportbeschränkungen ausgenommen blieb Iran, wo das Kaviar-Business stets dem Monopol des Staates unterlag. Und der schützte es mit drakonischen Strafen, ahndete etwa Wilderei mit dem Abschneiden von Fingern.

Dass allerdings gewilderter Stör-Rogen aus den Nachbarländern mit lizensiertem iranischen Kaviar vermengt und verpackt wurde, konnten auch Teherans Kontrollbehörden nicht verhindern. Und auch nicht, dass die Schmuggelrouten seither maßgeblich über iranisches Territorium verlaufen. Dennoch: Wer in einem der staatlichen Spezialläden, etwa im Khomeini Airport und in Luxushotels wie dem »Laleh« in Teheran oder dem »Abbasi« in Isfahan, eines der üblichen, mit dem ungebrochenen CITES-Siegel versehenen 50-Gramm-Döschen kauft (aktueller Preis: 120–150 US-Dollar), kann einigermaßen sicher sein, dass es bei der Herstellung mit rechten Dingen zuging, sprich: ihr Inhalt im Rahmen legaler Fangquoten gewonnen wurde und noch zwei, drei Monate halt- und genießbar ist.

Die Wildbestände im Kaspischen Meer gelten zwar unverändert als gefährdet. Im Geschäft mit der sündteuren Delikatesse jedoch hat ein grundsätzlicher Wandel eingesetzt. In jüngsten Jahren wurden entlang der Küste zwischen Bandar-e Anzali und Bandar-e Torkaman, den beiden traditionellen Umschlaghäfen für die herkömmliche Ware, mehrere private Farmen gegründet, wo man Störe, wie anderswo den Lachs, massenhaft in modernen Aquakulturen züchtet. Auch haben Experten Techniken entwickelt, die Tiere mehrmals zu ›melken‹, das heißt ihnen Eier zu entnehmen, ohne sie zu töten. Bald schon sollte also das Angebot an – erschwinglicherem – Zuchtkaviar merklich wachsen, damit die Gewinnmarge für kriminelle Schwarzfischer drastisch reduziert und die Überlebenschance für die verbliebenen Bestände frei lebender Störe nachhaltig erhöht werden.

Die Provinz Gilan

BOOTSFAHRT IN DIE ANZALI-LAGUNE

Im Hinterland von Bandar-e Anzali liegt, durch eine gut 30 km lange Nehrung vom Kaspischen Meer getrennt, eine Süßwasserlagune – **Mordab-e Anzali** مرداب انزلی. Das von etlichen Flüsschen aus dem nahen Gebirge gespeiste Gewässer ist ein international unter Schutz gestelltes Naturreservat – eine wichtige Zwischenstation für Hunderttausende Zugvögel auf ihren jährlichen Wanderrouten, deren ökologisches Gleichgewicht in den letzten Jahren leider zunehmend durch Wildwuchs von Algen bedroht ist.

Eine halb- bis zweistündige Bootsfahrt bietet Gelegenheit, diesen für unzählige Vogel-, Amphibien- und Insektenarten kostbaren, teilweise sumpfigen und von Schilfdickicht bewachsenen Lebensraum zumindest oberflächlich kennenzulernen. Entlang der Hafenmole finden sich mehrere Bootsverleihstellen (und an den Hauptstraßen private Anbieter). Die Preise variieren zwischen 50 000 und 250 000 Rl. Leider sind sämtliche Boote mit extrem PS-starken Außenbordmotoren bestückt. Dadurch ist zwar vielleicht die Fahrt recht spaßig, eine ernsthafte Beobachtung der zauberhaften Natur jedoch erschwert und nur möglich, wenn man den Bootsmann dazu bringt, den Diesel abzustellen und sein Gefährt lautlos auf dem Wasser treiben zu lassen.

Fischerhäusern einen Hauch von Venedig oder Südostasien verströmen – nicht zuletzt wegen der stickig-feuchten Meeresluft. Nicht versäumen sollte man auch eine Bootsfahrt über die nahe, unter Naturschutz gestellte Lagune (s. Tipp oben).

Militärmuseum
Takavaran Blvd., tgl. 8.30–13.30, 14.30–20.30 Uhr, im Winter bis Sonnenuntergang, 45 000 Rl.
Wichtigste Sehenswürdigkeit der Stadt ist das **Muze-ye Nezami** موزه نظامی. Im Zentrum der Ausstellung stehen Geschichte und Gegenwart der iranischen Marine im Kaspischen Meer. Den architektonischen Rahmen liefert der Mianposhteh-Palast, ein prunkvoll möblierter Sommersitz der Pahlevi-Schahs. Auf dem zugehörigen Gartengelände wird allerlei Kriegsgerät zur Schau gestellt, u. a. Panzer, Boote und Lafetten.

Übernachten
Ferienhotel – **Sefid Kenar:** Astara Road, Tel. 013 4450 3001-8, www.kosarhotels.com. Freundlich helle Anlage mit entspannter Atmosphäre direkt am Sandstrand, 5 km westlich der Stadt, leutseliges, professionelles Personal, Zimmer mit Meerblick buchen! EZ je nach Saison 2,3–3 Rl., DZ 3,3 Mio. Rl.
Strandhotel – **Anzali Tourist Inn:** Pasdaran St., westlich der Stadt neben dem Asia-Markt, direkter Strandzugang, Tel. 013 4450 2511. Ansprechendes Haus der staatlichen Jahangardi-Kette, tadellose Mitteklasse, Zimmer mit Meerblick buchen, bei Wellengeräusch einschlafen! DZ 1,9 Mio. Rl.
Für Nostalgiker – **Hemat:** Khomeini Sq., Tel. 013 4454 3844. Knorriger Kasten im Stadtzentrum nahe Gemüse- und Fischmarkt, arg in die Jahre gekommen, aber nicht ohne Charme, mit verspiegelter Lobby, knarzenden Ventilatoren, niedrigpreisig, im Erdge-

schoss gutes Fisch- und Kebab-Restaurant. EZ 900 000 Rl., DZ 1,4 Mio. Rl.
Funktional – **Nazekhazar:** Bandar Blvd., Tel. 013 4444 4220-30. Eines von zahlreichen Strandhotels an der östlichen und westlichen Ausfallstraße, schlicht, sauber, das Meer vor jedem Fenster und zum Greifen nah, in Ordnung auch als Transitquartier. Vergleichbare Häuser in der Nähe und ebenfalls am Wasser gelegen sind z. B. die Hotels **Erfam, Diamond, Barnick** und, deutlich gehoben, **Dolphin.** DZ 1–1,5 Mio. Rl.

Essen & Trinken

Vergnüglich schlemmen – **Shamshiri:** Khomeini Sq., Tel. 0911 3812 874, tgl. 9–24 Uhr. Ausgezeichnete Gilaki-Spezialitäten, empfehlenswert sind auch die Fischgerichte. Hauptspeisen 300 000–400 000 Rl.
Authentisch – **Gilan:** Hafez St., nahe Khomeini Sq., Tel. 013 4454 2984. Eine kulinarische Institution seit über 90 Jahren. Auch schon sehr lange schwingt der Armenier Arminak Gilanian den Kochlöffel. Das Ergebnis: herzhafte Regionalküche, vor allem toller Fisch. Probieren: Mahi Sefid. Hauptspeisen 250 000–400 000 Rl.

Lahijan ▶ G 5

Östlich von Rasht erstreckt sich das Hauptanbaugebiet für iranischen Tee. Sein Zentrum bildet die Kleinstadt **Lahijan.** Sie wartet mit etlichen gut erhaltenen Holzhäusern samt Veranden und Ziegeldächern sowie mehreren Teefabriken auf, von denen manche für Besucher Führungen veranstalten. Außerdem besitzt sie zwei Sehenswürdigkeiten von überregionaler Bedeutung.

Teemuseum

Kashef St., tgl. 8–18, im Winter 8–16 Uhr, 80 000 Rl.
Kurz vor 1900 gelang es einem iranischen Diplomaten namens Kashef os-Sultaneh, aus Indien Setzlinge und ein paar Boxen voll Samen des neuen Landsleuten bis dahin unbekannten Teestrauchs mit nach Hause zu bringen. In der Folge ließ er erste Plantagen pflanzen, die mittlerweile große Flächen von Tonekabon bis hinauf nach Rezvanshahr im Gebiet von Talesh bedecken, und initiierte auch den Bau einer ersten Fabrik zur Verarbeitung der aromatischen Blätter. Diesem Vater des »Grünen Goldes« in Iran erbaute man 1929 nach seinem jähen Unfalltod in seiner Wahlheimat Lahijan ein Mausoleum. In einem Gebäude zu Füßen des Ziegelturms hat man das **Muze-ye Tarich-e Chay-e Iran** آرامگاه کاشف السلطنه یا موزه تاریخ چای ایران eingerichtet, in dem eine Dauerausstellung über den Anbau dieses längst für alle Iraner unverzichtbaren Lebenselixiers informiert und die Methoden, es zu genießen.

Sheikh-Zahed-Gilani-Mausoleum

Imam Reza Blvd., tagsüber geöffnet, Eintritt frei, Spende willkommen
Knapp 3 km östlich des malerischen Stadtsees – von dessen Ostufer sich übrigens ein schöner Spaziergang auf den Aussichtsberg **Sheitan Kuh** unternehmen lässt – lohnt das **Boqeh-ye Sheikh Zahed-e Gilani** بقعه شیخ زاهد گیلانی einen Besuch. In seinen mehr als 500 Jahre alten Mauern liegt der religiöse Berater von Scheich Safi ad-Din, dem Sufimeister und geistigen Vater der Safawiden (s. S. 189), bestattet. Sein ungewöhnliches, mit blauen und gelben Fliesen verkleidetes Pyramidendach sucht im ganzen Land seinesgleichen.

Grabmal der vier Könige und historisches Badehaus

Von Reiz ist auch im Westen der Stadt das für vier örtliche Würdenträger erbaute **Boqey-e Chahar Padeshah** بقعه چهار پادشاه mit wunderschönen, wahrscheinlich aus dem 13. Jh. stammenden Holzschnitzarbeiten.
Das **Hamam-e Golshan** حمام گلشن schräg gegenüber soll in ein Restaurant umfunktioniert werden.

Übernachten, Essen & Trinken

Mit Seeblick – **Tourist Inn:** Sepah Sq., Tel. 013 4223 3051-2. Gepflegtes, freundlich-luftiges Haus im Stil der 1970er-Jahre, schöne Lage am städtischen See, gutes Essen im achteckigen Restaurant-Pavillon. DZ 1,9 Mio. Rl.

Die Provinzen Mazandaran und Gorgan

Der zentrale Abschnitt der Kaspi-Küste gilt Millionen hitzegeplagten Hochlandbewohnern als Urlaubsparadies. Entsprechend dicht reihen sich Feriensiedlungen, Freizeitparks, Hotels, Restaurants, Einkaufszentren. In den waldreichen Tälern und Hochebenen des Elburs hingegen kann man wandernd herrlich durchatmen. Auf Natur pur und dazu spannende Zeugnisse tief zurückreichender Geschichte trifft man auch weiter östlich, in Gorgan.

Über den Elburs an die Küste

Im Nahbereich von Teheran bieten sich drei Möglichkeiten, das Elburs-Gebirge zu queren, um an die Küste des Kaspischen Meeres zu gelangen. Die östlichste, bestens ausgebaute Route führt in weitem Bogen über **Firuzkuh**, **Pol-e Sefid** und **Qaem Shahr** nach **Babol** bzw. **Sari**. Sie ist die Diretissima in den Osten der Küstenprovinz Mazandaran und weiter nach Gorgan.

Eine spektakuläre Sehenswürdigkeit stellt hier, knapp 30 km nordöstlich von Firuzkuh, die berühmte **Brücke von Veresk** dar. Sie überspannt östlich des gleichnamigen Dorfes, auch von der Straße gut sichtbar, eine fast 120 m tiefe Schlucht und war bei ihrer Eröffnung 1937 als Teil des damals vom Golf bis an die Kaspi-Küste entstehenden, transiranischen Schienenstrangs die höchste Bahnbrücke der Welt.

Ein attraktives Ausflugsziel in der Region ist die Schlucht **Tang-e Washi** unweit von **Jelisjand**, 10 km nördlich von Firuzkuh. Hier kann man, entsprechendes Schuhwerk vorausgesetzt, durch das steinige Bachbett wandern. Am Ende des Weges erreicht man einen Wasserfall.

Einen zweiten Weg durch das Elburs-Gebirge gibt die sogenannte **Haraz Road** vor. Sie führt, deutlich näher an Teheran und direkt am Damavand vorbei, über **Pollur** (s. Aktiv unterwegs S. 150) nach **Amol**. Hier empfiehlt sich, 20 km nach dem Abzweiger Rudehen in einer scharfen Linkskurve auf einer Anhöhe, ein Stop zwecks Besichtigung des mit einer Goldkuppel bekrönten, außen basaltschwarzen, innen von Spiegeln glitzernden **Imamzadeh Hashem.**

Die dritte, am weitesten westlich verlaufende Route beginnt kurz vor der Stadt **Karaj** und führt zunächst am gleichnamigen Fluss, dann am **Amir-Kabir-Stausee** entlang bis auf 1900 m Seehöhe. Durch den Kandovan-Tunnel und an den beiden Siah-Bisheh-Staudämmen vorbei geht es anschließend über **Marzanabad** hinunter zum Küstenort **Chalus.**

Anfangs ein idyllisch-grünes, mit Ausflugslokalen durchsetztes Tal, höher oben an Schroffheit kaum zu überbietende Bergformationen, haarnadelige Serpentinen, Felsdurchbrüche, schwindelerregende Blicke in Abgründe ... Alle paar Kurven wechselt das Szenario dramatisch. Die deutschen Ingenieure, die in den 1930er-Jahren beim Bau dieser 130 km langen Panoramastraße federführend beteiligt waren, haben ganze Arbeit geleistet. Die Fahrt ist ein Landschaftserlebnis der Extraklasse und sollte deshalb, wenn irgend möglich, in jedes Rundreiseprogramm eingebaut werden.

Zwischen Ramsar und Babolsar

Persische Riviera nannten die Iraner vor der Islamischen Revolution den mittleren Abschnitt der Kaspi-Küste. Am Fuß der dicht bewaldeten Berghänge, die stellenweise bis auf wenige Hundert Meter ans Meer heranreichen, hatten sich im Laufe des 20. Jhs. etliche Fischerdörfer in mondäne Badeorte mit Palmenalleen, Kasinos, Luxusvillen und schön herausgeputzten Stränden verwandelt. An ihnen pflegte sich der in- und ausländische Jetset zu räkeln – allen voran die Schahfamilie samt hocharistokratischem Anhang. Mittlerweile hat der Küstenstreifen infolge fortschreitender Zersiedelung und mangelnder Pflege an Charme verloren. Auch das oft feuchtheiße Wetter und das eher bräunlich-trübe Meer sind wenig dazu angetan, europäische Gäste zu einem längeren Strandurlaub zu animieren. Hinzu kommt der Umstand, dass Männer und Frauen dem Strandleben nur getrennt frönen können. Vor diesem Hintergrund wird der eigentliche Küstensaum im Folgenden vergleichsweise kurz und bündig abgehandelt.

Ramsar ▶ H 5

Erste Station auf dem Boden Mazandarans ist, ganz im Westen, **Ramsar.** Der sehr grüne Kurort ist Ökologen in aller Welt als jener Konferenzort ein Begriff, in dem Anfang der 1970er-Jahre die Ramsar-Konvention unterzeichnet wurde, ein internationales Abkommen zum Schutz von Feuchtgebieten als Lebensraum für Wat- und Wasservögel. Ramsar gilt als attraktivstes Baderesort an der ganzen Küste, besitzt mit dem Grand Hotel auch das geschichtsträchtigste Luxusquartier und außerdem im Umland etliche als heilkräftig geltende Mineralquellen. Einheimische erzählen gern, Fereydun, jener mythische König aus dem ersten arischen Herrschergeschlecht, der das Land mithilfe des Schmiedes Kaveh vom Drachenkönig Zahak befreite, habe hier seine letzten Tage zugebracht. Fakt ist, dass Ramsar nie erobert wurde, weder von Alexander dem Großen noch von den Arabern oder Mongolen. Die Ruine der **Burg Markouh** aus sassanidischer Zeit im Hinterland zeugt von der hier offenbar tief verwurzelten Wehrhaftigkeit.

Marmorpalast
Rajaei St., tgl. 9–20, im Winter 8–18 Uhr, 40 000 Rl.

Längst geschlossen sind die Discos und Bars und vorbei die Zeiten der Charter-Direktflüge von hier an die Côte d'Azur. Doch ein Rest des feudalen Geistes jener Ära, in der die Pahlevis hier residierten, ist in dem 1937 erbauten **Kakh-e Marmar** کاخ مرمر noch spürbar. Was in erster Linie an der opulenten Originalausstattung liegt. Schautafeln an der Ostseite des

HOCHTAL VON KELARDASHT

Ein viel frequentiertes Ziel für Ausflügler und Alpinisten, aber auch Angler und im Winter Skilangläufer, ist das **Hochtal von Kelardasht.** Man erreicht es von Marzanabad an der Chalus-Straße aus. In **Rudbakar,** 5 km südwestlich des Hauptortes **Hasankif,** betreibt Irans Bergsteiger-Föderation eine Zweigstelle (Tohid St., Tel. 011 3264 2626, http://msfi.ir). Hier kann man übernachten, bekommt einschlägige Informationen und bezahlt, so man die Besteigung des **Alam Kuh,** des Paradeberges im nahen Massiv Takht-e Soleyman, plant, die fälligen Gipfelgebühren. Von der Zufahrtsstraße hinauf nach Kelardasht zweigt etwa auf halbem Weg, bei **Kaleno,** ein nur teilweise asphaltiertes und deshalb am besten mit Geländewagen zu befahrendes Sträßchen zum malerischen, immer noch recht unberührten **Valasht-See** ab.

zugehörigen, 6 ha großen Parks informieren über die Ramsar-Konvention. Und Grüße bitte an die Beluga-Störe, die sich im Pool vor der Eingangstreppe tummeln!

Übernachten, Essen & Trinken

Nostalgie und Luxus – **Ramsar Parsian:** Rajaei St., Tel. 011 5522 3593-5, www.parsianramsar.pih.ir. Grandseigneur unter den Küstenhotels, alter Trakt von 1933 mit dem feudalen Flair der Schah-Zeit, neuer Trakt aus den Sechzigern im Stil schicker Sachlichkeit, beide gut in Schuss, angenehmes Restaurant, erfahrenes Personal, Zimmer wahlweise mit Blick Richtung Küste oder in den hoteleigenen Park. DZ ab 4 Mio. Rl.

Auf Tuchfühlung mit der Natur – **Khoonegeli:** ca. 15 km südwestlich von Tonekabon, Tel. 0911 2910 700, www.caspiantrek.com. Farzin Malaki bietet in seinem stimmungsvollen Landhaus als ortskundiger Gastgeber und Guide, perfekt englischsprachig, Logis und köstliche Kost, und organisiert ein- und mehrtägige Trekking- und Gipfeltouren. DZ mit VP ab 2 Mio. Rl. pro Pers.

Vorzeige-Ecolodge – **Gileboom:** Chaboksar, Ghasemabad Sofla, Shohada St., Abrisham Alley 1, Tel. 0919 6396 185, www.gileboom.info. Von jungen Teheranern 16 km nordwestlich von Ramsar im hügeligen Hinterland eröffneter Musterbetrieb in Sachen nachhaltiger Agro-Tourismus. Kunsthandwerk-Workshops, Musikabende, Mithilfe bei Reis-, Tee- und Obsternte, geführte Exkursionen, Trekkingtouren in den hyrkanischen ›Dschungel‹, alles in enger Kooperation mit Einheimischen. Gilakische Bio-Küche, propere, farbenfrohe Zimmer, WC/Bad europäisch, alles äußerst sauber, wahlweise Betten/Bodenmatratzen. DZ 1,8 Mio. Rl., im Mehrbettzimmer ab 1 Mio. Rl. pro Pers., mehrtägiger Aufenthalt empfohlen!

Essen & Trinken

Kurios und gut – **Keshti:** Ramsar, Darya Poshteh, 3 km östlich der Seilbahn-Talstation, Tel. 011 5525 7343, tgl. 10–24 Uhr. Ein Restaurant in Form eines Schiffes mit Bullaugen und Bedienungen in Steward-Uniform, große Auswahl tadelloser Fisch- und Fleischspeisen. 190 000–325 000 Rl.

Kaffeepause mit Meerblick – **Khazar Parsian Azadi Hotel:** Namakabrud. Das ehemalige Caspian Hyatt ist das Aushängeschild der Küstenhotellerie, mehr seines modernistischen Designs aus den späten 1950er-Jahren als seiner heutigen, nur mehr mäßigen Qualität wegen. Zumindest eine Kaffeepause auf der Terrasse sollte man hier einlegen, trotz der Zufahrtsgebühr von 100 000 Rl. pro PKW.

Aktiv

Wandern – Von mehreren Küstenorten führen **Seilbahnen** auf Gipfel im Hinterland, u. a. in Lahijan, Ramsar, Namakabrud und Chalus. Oben warten jeweils frische Luft, schöne Ausblicke und Wandermöglichkeiten. Ein perfektes Ziel, um einen Tag lang zu wandern und Frischluft zu tanken, ist der eine knappe Autostunde und fast 2000 Höhenmeter oberhalb von Ramsar inmitten ausgedehnter Wälder gelegene Ort **Javaher-Deh.** Längere Spaziergänge in schöner Natur lassen sich auch im **Waldpark Chaldareh** پارک جنگلی چالدره 8 km landeinwärts von **Tonekabon** unternehmen oder in jenem von **Sisangan** پارک جنگلی سی سنگان, 30 km östlich der für die Wirtschaft der Region wichtigen Hafenstadt Now Shahr.

Strände – Chalakrud, Tonekabon, Salman Shahr, Kelarabad und Namakabrud, Sisangan, Nur, Mahmudabad, Sorkhrud, Fereydun Kenar und Babolsar heißen einige der bei Iranern für ihre langen, schönen Strände besonders beliebten Ferienorte. Alle genannten Strände, hier aufgelistet von West nach Ost, sind allgemein zugänglich, verfügen über eine Basis-Infrastruktur wie Duschen, Imbissstände und, in Iran unumgänglich, für Frauen reservierte, sichtgeschützte Abschnitte.

Verkehr

Flug: Von Teheran-Mehrabad 3 x wöchentlich Verbindungen nach Ramsar (RZR) und Nowshahr (NSH) bei Chalus.

Bus: Häufige Verbindungen von/nach Teheran und in beide Richtungen die Küste entlang; tgl. Verbindungen u. a. mit Qazvin, Tabriz, Ardebil, Mashhad, Qom, Kermanshah sowie, auch über Nacht, mit Isfahan.

Von Amol nach Behshahr

Die Städte in der Küstenebene Mazandarans warten nicht mit sonderlich viel Sehenswertem auf. In **Amol**, im 9. Jh. eine Zeit lang Hauptstadt der historischen Provinz Tabarestan, verdienen einige **Grabdenkmäler** Beachtung – das in seldschukischer Zeit (17. Jh.) erbaute Mausoleum **Mashhad-e Mir Bozorg** مقبره مشهد میر بزرگ, das **Imamzadeh Ibrahim** امامزاده ابراهیم, ein rund 100 Jahre älterer Ziegelturm, eventuell auch der achteckige, im Kern aus dem 12. Jh. datierende **Boqeh-ye Mir Heydar** بقعه میر حیدر.

Auch **Babol** (30 km östlich) besitzt einen mittelalterlichen **Grabturm,** sonst aber keine nennenswerten Attraktionen.

Sari ▶L 6

Lohnend ist hingegen ein Zwischenstopp in **Sari,** Mazandarans dynamischer, inzwischen mehr als 300 000 Einwohner zählender Hauptstadt. Touristisch ist sie als Endpunkt der landschaftlich grandiosen Bahnstrecke über Firuzkuh nach Teheran von Bedeutung, weiterhin als Startpunkt für reizvolle Tagesausflüge zu den Sinterterrassen von Badab-e Surt (s. Aktiv unterwegs S. 466), ins Vogelschutzgebiet von Miyankaleh (s. Aktiv unterwegs S. 169) oder zum 1000 Jahre alten, inmitten herrlicher Wälder gelegenen **Grabturm von Lajim** برج لاجیم (Anfahrt über Qaemshahr Richtung Firuzabad bis Zirab, 15 km vor Pol-e Sefid, von dort 30 km ostwärts über Atu).

Grabtürme

In Sari stehen gleich drei sehenswerte **Grabtürme** aus dem 15. Jh. Das **Imamzadeh Yahya** امامزاده یحیی und das achteckige **Imamzadeh des Sultans Zayn al-Abedin,** برج آرامگاهی سلطان زین العابدین, eines örtlichen Würdenträgers, erheben sich ein paar Schritte westlich des Basars; das **Imamzadeh Abbas** امامزاده عباس ca. 750 m östlich des Flusses Tajan.

Kolbadi-Haus
Sa–Do 8–14 Uhr, 80 000 Rl.

Besuchenswert ist auch das **Khaneh-ye Kolbadi** خانه کلبادی, ein paar Schritte nur östlich des dank seines Uhrturms, des Wahrzeichens aus der Zeit Reza Schahs, nicht zu verfehlenden Meydan-e Saat. Es wurde um 1800 im qadscharischen Stil mit viel Holz, Stuck und Buntglasfenstern erbaut und beherbergt heute das **Museum für Stadtgeschichte und Kunsthandwerk.**

Khazarabad ▶L 5

Sehr geschichtsträchtig ist der 25 km nördlich von Sari gelegene Küstenort **Khazarabad.** Er markierte im 17. Jh. – damals hieß er **Farahabad** – den Endpunkt der safawidischen Königsstraße, die, durchgehend gepflastert, von Isfahan über Kashan und auf dem berühmten Steindamm Sangfarsh durch die Salzsümpfe der Dasht-e Kavir bis hierher führte.

Palastanlage
Tgl. 10–16 Uhr, 100 000 Rl.

In Farahabad ließ sich Schah Abbas I. seine Winterresidenz bauen. Hier soll er 1629 auch gestorben sein. Um den **Ghasr-e Shah Abbas Bozorg** قصر شاه عباس بزرگ entstand eine Stadt, die jedoch wegen des damals ungesunden, Malaria fördernden Mikroklimas bald verödete. Geblieben ist von der prächtigen Palastanlage nur eine in ihrer monumentalen Ziegelarchitektur sehenswerte Vier-Iwan-Moschee.

Behshahr ▶L 6

Ebenfalls auf Betreiben von Abbas I. hin entstanden in **Behshahr,** der letzten größeren Stadt vor der Grenze zu Golestan, ein königlicher Garten, der heutige **Volkspark** (Bagh-e Mellat), weiterhin, westlich in Sichtweite auf einem waldigen Hügel thronend, ein anmutiger Pavillon, der **Safiabad-Palast** کاخ صفی آباد. Längst zu Ruinen zerfallen ist der **Palast von Abbasabad** کاخ عباس آباد, 6 km südwestlich an einem heute als Ausflugsziel beliebten See gelegen.

Übernachten

... in Sari:

Gepflegt nächtigen – **Badeleh:** Imam Reza Blvd. (Schnellstraße Sari-Neka), 15 km vom Stadtzentrum rechts, Tel. 011 3388 4497-99, www.hotelbadeleh.ir. Gehobenes Mittelklasse-Hotel, freundliche Atmosphäre, kompetente Rezeptionisten, Billard, Indoorpool, nach Möglichkeit eines der nach hinten gehenden Zimmer buchen! DZ 2,6 Mio. Rl.

... nahe Neka/Zaghmarz:

Schönes Strandhotel – **Morvarid:** 35 km von Zaghmarz an der Kraftwerksstraße, Anfahrt über Neka, Tel. 0939 1545 525, www.morvaridhotelsadra.com. Großer Mittelklasse-Ferienkasten, merklich in die Jahre gekommen, aber sympathisch geführt, mit eigenem Strand. Gut für ein, zwei Tage zum Verschnaufen, auch als Ausgangspunkt für Exkursionen nach Miyankaleh (s. Aktiv unterwegs S. 169). DZ 1,6 Mio. Rl.

Essen & Trinken

... in Sari:

Ausgezeichnetes Restaurant – **Hajj Hassan:** Imam Reza Blvd. (Schnellstraße Sari-Neka), 7 km vom Stadtzentrum rechts, Tel. 011 3328 4585-82, tgl. 12–16, 19–23 Uhr. Vergnüglich schlemmen im 3. Stock eines stylishen Neubaus, köstliche Kebabs, Fischgerichte, Kaspi-Spezialitäten und Salatbüfett. Hauptspeisen ab 220 000 Rl.

Verkehr

Flug: Vom **Sari Airport** (SRY), 23 km nordöstlich der Stadt, tgl. Flüge nach Teheran und Mashhad, außerdem u. a. nach Isfahan, Shiraz, Kish

Bahn: Vom **Bahnhof** im südlichen Stadtzentrum Verbindungen nach Gorgan bzw. Garmsar/Teheran.

Busse: Überlandbusse zu diversen Städten in nah und fern starten vom **Dolat Terminal** an der Vali-e Asr Rd. im Nordosten.

Sammeltaxis: Nach Badab-e Surt und Damghan vom **Semnan Terminal** am Keshavarz Blvd., 1 km südlich des Bahnhofs, nach Gorgan am Savari-Stand nahe dem Imam Reza Blvd., gut 1,5 km östlich der Brücke.

Die Provinz Gorgan

Gorgan ▶ M 5

Von der fruchtbaren Ebene im Osten Mazandarans gelangt man in kurzer Fahrt in das ebenfalls vom kaspisch-mediterranen Klima geprägte, allerdings merklich niederschlagsärmere Tiefland von Gorgan. Es ist uraltes Kulturland, wovon zahlreiche Siedlungshügel wie der **Turang Tepe** zeugen.

Administratives Zentrum der erst seit gut zwei Jahrzehnten eigenständigen Provinz ist **Gorgan.** Die 330 000-Einwohner-Stadt war Geburtsort Agha Mohammad Khans, des berühmt-berüchtigten ersten Qadscharen-Schahs, und hieß bis in die 1930er-Jahre offiziell Astarabad. In ihrem Zentrum verdienen mehrere Baudenkmäler Beachtung.

Freitagsmoschee

Den Rundgang beginnt man am besten am Vahdat Square. Etwas westlich davon ist die **Freitagsmoschee** مسجد جامع گرگان das Ergebnis diverser, über die Jahrhunderte getätigter Um- und Ausbauten. Aus seldschukischer Zeit stammt das schön ornamentierte Ziegelminarett mit seinem Holzdach.

Kunsthandwerkmuseum

Tgl. 9–17 Uhr, 80 000 Rl.

Einen kurzen Umweg wert ist, unmittelbar neben dem zentralen Parkhaus, das **Amir-Latifi-Haus** خانه امیر لطیفی گرگان, das seit seiner aufwendigen Restaurierung vor einigen Jahren als **Kunsthandwerkmuseum** fungiert. In Trachten gekleidete Wachsfiguren demonstrieren lokale Handwerke und Gebräuche.

Imamzadeh Ishaq

Der eigentliche Weg führt aber in Richtung Westen, an historischen Häusern mit Holzerkern vorbei durch den Basar. An dessen Ende zieht auf einem gepflasterten Platz das **Imamzadeh Ishaq** امامزاده اسحاق گرگان den Blick auf sich, ein achteckiger Ziegelbau aus dem 15. Jh., in dem ein enger Verwandter des Siebten Imams bestattet wurde.

Die Provinz Gorgan

INS VOGELSCHUTZGEBIET VON MIYANKALEH

Tour-Infos
Lage/Anfahrt: per Bus von Teheran (Busterminal Ost im Stadtteil Pars) nach Sari bzw. Neka oder Gorgan, von dort nordwärts nach Zaghmarz; Taxi-Shuttle auf Wunsch von Hor Mansuri (s. rechts) organisiert.
Dauer: 1–2 Tage
Unterkunft: Gästehaus im Dorf **Zeynavand** زینوند, etwa 1 km außerhalb von **Zaghmarz** زاغمرز, Tel. 0911 1548 985, schlicht mit zwei Mehrbettzimmern, Halbpension mit traditioneller Mazandaran-Küche.

Geführte Touren: Hor Mansuri, erfan-green @yahoo.com (engl. und deutsch), Pauschalpreis für zweitägige Vogelbeobachtung inkl. Taxi-Shuttle, Kost und einer Übernachtung, Guide und Leihausrüstung, Tarnjacke, Gummistiefel, Fernglas und -rohr, von der Teilnehmerzahl abhängig, ca. 100 € pro Pers. für Einzel- und ca. 50 € für Gruppenreisende; Touren auch pauschal buchbar über Agenturen, etwa **Hermes** in Isfahan, Kontakt: Majid Orafa, www.seeirannow.com, und **Khaneh Safar,** Kontakt: Mahdi Eshraghi, www.surfiran.com

Sie ist jeweils im Herbst und Winter für Hunderttausende Zugvögel aus Sibirien ein erster Rast- und lebenswichtiger Futterplatz auf ihrem Weg gen Süden und als solcher ein Paradies für Hobbyornithologen: Die **Bucht von Gorgan,** in der südöstlichen Ecke des Kaspischen Meeres gelegen und von diesem durch die **Halbinsel Miyankaleh** weitgehend getrennt, bildet gemeinsam mit einer Reihe angrenzender kleiner Süßwasserlagunen einen Naturraum von ökologisch unschätzbarem Wert. Das insgesamt 680 km² große Gebiet steht als Biosphärenreservat gemäß Ramsar-Konvention unter strengem Schutz. Man kann es besuchen, die touristische Infrastruktur ist aber noch kaum entwickelt. Das verleiht der Unternehmung den Charme der Improvisation und schont die Umwelt. Für den Erhalt des fragilen Status quo sorgt bislang mit Erfolg die örtliche NGO Dideban-e Miyankaleh. Ihr Gründer und seit 13 Jahren auch Hauptbetreiber ist Hor Mansuri. Für sein Engagement als Ökopionier und Schutzengel des Reservats inzwischen mit etlichen internationalen Preisen bedacht, organisiert und führt er persönlich die Besichtigungstouren und betreibt mit zwei Dutzend Gleichgesinnten auch ein einfaches Gästehaus.

Die Touren starten von dort im Minibus. Nach 14 km, am Eingang zum Reservat, steigt man auf die Ladefläche eines Pick-ups um und rollt über die knapp 70 km lange, 1 bis 5 km breite und sandige, weitflächig von wilden Granatapfelhainen bewachsene Halbinsel. Zu beobachten gibt es über das Jahr verteilt mehr als 260 verschiedene Vogelarten, darunter in Spitzenzeiten Abertausende Flamingos. Sie bevölkern drei klar unterscheidbare Lebensräume: im Westen der Bucht, ideal zum Nisten, seichtes Frischwasser, im mittleren Bereich die Brackwasserzone und ganz im Osten, nahe der nur 2,7 km schmalen Meerenge (Chopoqli), den salzigen Tiefwasserbereich.

Auch wenn die Annäherung an das Paradies von Miyankaleh von Westen über Land die schönere ist: Eilige können als Gruppe über Hor Mansuri Bootstouren buchen, bei denen man von **Bandar-e Torkaman** aus den Nahbereich der an Miyankaleh grenzenden **Insel Ashuradeh** erkundet.

Taqavi-Haus

Sa–Do 8–14 Uhr, www.golestanchto.ir, freier Eintritt zu den Bürozeiten

Rechter Hand steht das schmucke **Taqavi-Haus** خانه تقوی‌های گرگان, ein um zwei Höfe gruppierter, sorgsam restaurierter Komplex aus qadscharischer Zeit, in dem heute die regionale **Tourismusbehörde** ihren Sitz hat.

Palastmuseum

Tgl. 8–18 Uhr, 80 000 Rl.

Etwa 500 m südlich vom Vahdat Square, in der Pasdaran Street, wurde in der örtlichen Residenz Reza Shah Pahlevis das **Kakh Muze-ye Gorgan** کاخ موزه گرگان eingerichtet. Zu sehen ist neben Originalmobiliar aus dem Besitz der Pahlevi-Familie eine Reihe historischer Grabsteine.

Gorgan-Museum

Tgl. 9–18 Uhr, 100 000 Rl., bei Redaktionsschluss im Herbst 2017 wegen Umbau geschl.

Das vor allem für Hobbyarchäologen interessante **Gorgan-Museum** موزه گرگان am Nordende der Shohada Street besitzt neben volkskundlichen Exponaten zahlreiche Fundstücke vom Turang Tepe und aus der 85 km weiter östlich am Stadtrand von Gonbad-e Qabus gelegenen Stadt Jurjan. Die Vorgängerin von Gorgan war im Mittelalter als Geistes- und Handelszentrum hoch bedeutsam.

Übernachten

Durchatmen im Grünen – **Nahar Khoran Tourism Hotel:** Naharkhoran Blvd., Tel. 017 3254 0034, www.ittic.com. Das Haus der Jahangardi-Kette steht 8 km südlich der Stadt inmitten unberührter Natur. Hauptgebäude im sachlichen Seventies-Stil mit renovierten Zimmern, die Holzchalets sind rustikal möbliert, romantischer, aber etwas renovierungsbedürftig. Tadelloses Restaurant, gemütliches Teehaus nebenan. DZ bzw. Bungalow 1,7–2,2 Mio. Rl.

In der Altstadt – **Khayam:** Aftab St., nahe Imam Khomeini St., Tel. 0911 1752 694. Funktionales Standardquartier mit kleinen, aber sauberen Zimmern, großes Plus: die zentrale Lage direkt vis-à-vis dem Basar. Achtung: fensterlose ›Kammern‹ meiden! DZ 1 Mio. Rl.

Einkaufen

Stimmungsvoll – **Bagheria-Haus:** Sa–Do 9–13, 17–21 Uhr. Kunsthandwerkateliers unter anderem für Termeh, Holz-, Leder-, Kupfer- und Silberarbeiten, um einen lauschigen Innenhof gruppiert; im zugehörigen Teehaus werden im Schatten von Orangenbäumen regionaltypische Gerichte serviert.

Verkehr

Flug: Vom **Airport** (GBT) 6 km nördlich der Stadt tgl. Flüge nach Teheran, gelegentlich auch nach Mashhad, Isfahan, Rasht und Kish.

Bahn: Vom **Bahnhof** verkehren Nachtzüge nach Teheran (11 Std.); zu bevorzugen sind allerdings wegen des Landschaftserlebnisses im Elburs-Gebirge Fahrten bei Tageslicht.

Busse: Vom **Busbahnhof** am Enqelab Square Direktverbindungen nach Teheran (8 Std.), Isfahan (16 Std.) und Rasht (9 Std.).

Umgebung von Gorgan

▶ M 5

Zum Bergdorf Ziarat

Im Nahbereich von Gorgan locken mehrere Ausflugsziele: nur ein paar Autominuten südlich etwa die **Waldparks Alang Darreh** und **Nahar Khoran.** Von Letzterem sind es nur 7 km nach **Ziarat** روستای زیارت, das, angesichts der vielen gesichtslosen Neubauten etwas unverständlich, zu Irans Vorzeigedörfern zählt. Eine nette kleine Wanderung (3 km) führt von dort zu einem Zwillingswasserfall.

Grabturm von Radkan

Das Städtchen **Kordkuy** ist Ausgangspunkt für die auch landschaftlich lohnende Fahrt zum **Mil-e Radkan** برج یا میل رادکان. Den ziemlich genau 1000 Jahre alten, zylindrischen Ziegelbau mit Kegeldach zieren Inschriften auf Mittelpersisch – Indiz dafür, wie lange in diesem peripheren Gebiet noch nach der arabischen Eroberung vorislamisches Kulturgut wirksam war. Der Turm steht am Ende eines steilen, holprigen Forststräßchens, für dessen 44 km man etwa 1,5 Std. einplanen muss. Am besten heuert man einen Geländewagen mit Fahrer an (erprobt und auch Quartiergeber im Dorf Radkan, 3 km nördlich des Turmes: Hr. Fakhoury, Tel. 0936 6911 988). Der Ausflug lässt sich gut mit einer Wanderung auf der **Jahan Nama** دشت جهان نما verbinden, einer 25 km nordöstlich gelegenen grünen Hochebene.

Übernachten
... in Kordkuy:
Netter Durchschnitt – **Bahman:** Imam Reza Blvd., westlich des Shahrdari Sq., Tel. 017 3434 1501-7, irg.bahmanhotel@yahoo.com. Properes Mittelklasse mit gutem Restaurant, sehr hilfsbereiter Manager, die Zimmer zur Straße hin sind laut. EZ 1,1 Mio. Rl., DZ 1,9 Mio. Rl.

Bandar-e Torkaman ▶ M 5

Spätestens in der Hafenstadt **Bandar-e Torkaman** wird klar, dass man sich im Land der Turkmenen befindet. Zentralasiatisch-mongolische Physiognomien, die Frauen kaum verschleiert und farbig gekleidet, die Männer mit Telpeks, wuscheligen Lammfellhüten, auf dem Kopf: Von den knapp 50 000 Einwohnern der Stadt haben offensichtlich viele oghusische, also turkstämmige Wurzeln. In den Läden werden die typischen Teppiche mit dem medaillonartigen Gul-Muster auf rotem Grund verkauft und es gibt eine berühmte Rennbahn für Turkmenenpferde.

Ein Turkmene in der für sein Volk typischen Tracht: Keteni-Mantel plus Telpek-Kappe

Der Hafen war dank der Transiranischen Eisenbahn im Zweiten Weltkrieg ein wichtiger Umschlagplatz entlang des ›Persischen Korridors‹, über den die Westalliierten vom Golf her die Rote Armee für deren Westfront gegen die Hitler-Truppen mit überlebensnotwendigen Rüstungsgütern versorgten. Vor dem Pier sind noch Reste alter, ironischerweise vor dem Krieg von Deutschen gebauten Ölverladestellen zu sehen. Auf dem Kai lädt ein Beach-Restaurant zur Einkehr. Es gibt Souvenir- und Handwerksläden, teils in Jurten untergebracht, und etwas landeinwärts eine große Basarhalle für Waren aller Art.

Insel Ashuradeh

Vom Pier kann man in kleinen Außenbordern nach **Ashuradeh** übersetzen (pro Boot hin und zurück 400 000 Rl.), wo Reste einer orthodoxen Kirche und eines Palastes von Reza Shah Pahlevi von der bewegten Geschichte dieser vorgelagerten Insel zeugen. Sie war vom 19. Jh. bis zum Beginn der Sowjetzeit ein Stützpunkt der russischen Flotte, die von hier aus auf Bitten Teherans turkmenische Piraten bekämpfte. Heute lockt dort das beliebte Fischrestaurant Balik zur Einkehr (Tel. 0939 5794 679, Zeiten variabel, vorher anrufen).

Umgebung von Bandar-e Torkaman ▶ M 5

Ein sonderbares Naturphänomen stellen in der Region die **Naft Lijeh** نفت ليجه dar. Geysiren ähnlich, bilden diese Schlammquellen regelmäßig Blasen, die mit lautem Blubbern platzen. Ein – freilich nur im Sommerhalbjahr aktives – Exemplar findet man 15 km nördlich von **Gomishan,** bei der Station der Umwelt-Ranger, noch vor der Shrimpsfarm, von der Uferstraße rechts abzweigend nach etwa 3 km. Ein ungleich größerer **Gelfeshan** گل فشان, ein Schlammvulkan mit mehr als 500 m großer Caldera, liegt unweit des für seinen bunten Donnerstagmarkt bekannten Städtchens **Aq Qala** (Zufahrt: 14 km nach Norden, dann links Richtung Altin Tokhmaq, nach 7 km nochmals links über einen Feldweg weitere 3 km).

Große Mauer von Gorgan
▶ M 5

Da die Bewohner dieser entlegenen Ecke von jeher unter den Raubzügen der Steppenvölker Zentralasiens zu leiden hatten, bauten die Parther kurz vor Christi Geburt eine gewaltige Ziegelmauer. Die **Divar-e Bozorg-e Gorgan,** auch unter dem Namen Sadd-e Iskandar سد اسكندر (»Alexanders Damm«) bekannt, erstreckte sich vom Ufer des Kaspi-Meeres fast 200 km weit, parallel zur gegenwärtigen Staatsgrenze mit Turkmenistan, bis ins Bergland um die heutige Stadt **Kalaleh.** Sie war 6 m hoch und von einem Erdwall und tiefen Graben gesäumt. Heute ist sie so gut wie verschwunden. Doch fährt man von Gomishan nach Osten über die Orte Altin Tokhmaq und Anbarolum Richtung Gonbad-e Qabus, begegnet man nicht nur immer öfter Kamelen. Das fruchtbare Tiefland geht hier zum Nordosten hin allmählich in die turkmenische Steppe über. Parallel zur Straße sieht man im Abstand von 200 m auch immer wieder kleine rosafarbene Pyramiden. Sie wurden von der Tourismusbehörde aufgestellt, um den Verlauf dieses persischen Hadrianswalls zu markieren. Ganz im Osten, nördlich von Kalaleh im Umland der Ortschaft **Kokjeh,** liegen noch zwei, drei von Archäologen gesicherte Mauerstellen offen zutage. Wer sie inspizieren will, sollte in Kokjeh nach **Qareh Deyb** (es liegt 9 km östlich, hinter den Dörfern Faraqi und Kasro) und **Sarisou** (am gleichnamigen Fluss) fragen.

Grabturm Gonbad-e Qabus
▶ N 5

Imam Blvd., www.gonbad-eqabus-whb.ir, tgl. 7.30–20, im Winter 7.30–18 Uhr, 200 000 Rl.
Die mehrheitlich von Turkmenen bevölkerte Stadt **Gonbad-e Qabus** mit ihren knapp 150 000 Einwohnern wäre nach touristischen Kriterien nicht weiter erwähnenswert, ragte nicht in ihrer Mitte auf einem Hügel ein einzigartiges Monument in den Himmel: ein fast 55 m hoher **Grabturm** aus Ziegeln, 14 m im Durchmesser, und bis auf zwei schlichte Schriftbänder bar jeden Schmucks. Errich-

Die Provinz Gorgan

GOLESTAN-NATIONALPARK

Das Gebiet steht seit 1957 unter Naturschutz, war lange bevorzugtes Jagdrevier der Schahs und wurde 1970 als landesweit erstes zum Nationalpark erklärt. Im äußersten Osten der Provinz gelegen, misst der **Park-e Melli-ye Golestan** پارک ملی گلستان zwar nur 92 km². Doch sein Höhenprofil reicht von 380 bis auf mehr als 2400 m und seine Landschaften sind von faszinierender Vielfalt. Während im Westen ondulierende Hügel das Bild bestimmen, steigt das Gelände Richtung Grenze mit der Nachbarprovinz Khorasan-Nord zu dem von schroffen Kalkfelsen durchsetzten Beyli-Hochplateau an. Entsprechend verschiedenartig sind hier, wo die Jahresniederschlagsmenge nur mehr 400 bis 600 mm beträgt und die Temperaturen zwischen −25 °C und +35 °C schwanken, auch Flora und Flora. Wie in einem Musterkasten der Natur finden sich gemäßigter Regenwald mit Buchen, Eichen, Ulmen, Erlen, Eschen und Eisenholzbäumen ebenso wie schütter mit Buschwerk und Gräsern bewachsene Steppen und Hochalmen. Streng geschützt, und leider dennoch von Wilderern bedrängt, leben in diesem kostbaren Ökosystem neben mehr als 150 Vogelarten auch Wildkatzen, Braunbären, seltene Bergziegen, Wildschafe, Gazellen und sogar ein paar letzte Exemplare des extrem scheuen Persischen Leoparden.

Um den Nationalpark zu erkunden, bedarf es einer offiziellen Genehmigung, deren Beschaffung langwierig sein kann. Abhilfe schaffen Kamran Anvari und Forough Vahabzadeh. Das junge, bestens Englisch sprechende Paar verfügt als einziger Anbieter vor Ort über ein Kontingent an Zutrittsgenehmigungen und organisiert sowohl Trekkingtouren und Reitausflüge als auch naturkundliche Exkursionen, u. a. für Hobbybotaniker und Vogelkundler. Als Ausgangspunkt und Quartier dient die von den beiden am Westrand des Parks, in einem Dorf namens **Tutli Tamak** توتلی تمک betriebene **Turkmen Ecolodge**. Es handelt sich um ein in Eigenregie ausgebautes, nach lokalen Traditionen charmant designtes Bauernhaus aus Stampflehm. Als Gast genießt man hier nicht nur die köstliche Gesundheitsküche auf Basis von Rezepten der lokalen, turkmenischen Bevölkerung. Man erlebt auch hautnah, mit welchem – mehrfach preisgekrönten – Engagement das Gastgeberpaar bei den Einheimischen ein Bewusstsein für die Umwelt zu schaffen versucht. Dies geschieht mittels einer eigens gegründeten Naturschule für die Kinder, durch Unterstützung des Kunsthandwerks der Frauen und durch die Beschäftigung von mehr als 50 Dorfbewohnern aus dem Umland im eigenen Betrieb.

Boomkolbeh Turkmen Ecolodge: Tutli Tamak, 35 km nordwestlich von Kalaleh, Tel. 0912 7206 741, www.turkmenecolodge.com. Traditionell mit Matratze auf Teppichboden im Mehrbettzimmer 1,2 Mio. Rl. pro Pers. und Nacht, Mindestaufenthalt 2 Tage, Reservierung mind. 3 Wochen im Voraus. Der Weg in dieses kleine Paradies ist nicht ganz einfach zu finden. Kamran mailt vorab die Route und organisiert auch Transfers vom Busbahnhof in Gonbad-e Qabus (1,5 Std.) bzw. Flughafen in Gorgan (3 Std.) oder zum wesentlich näheren Kalaleh Airport (KLM), von wo neuerdings ebenfalls zweimal pro Woche Flieger Richtung Teheran abheben.

tet wurde dieser emblematische Bau im Jahr 1006, und zwar über rundem, mit zehn Dreieckpfeilern versehenen Grundriss. Er diente als Vorbild für all jene grandiosen Grabtürme, die die Seldschuken dann im späteren 11. und 12. Jh. in Iran wie auch in Anatolien, Mesopotamien und Syrien schufen.

Erbauen ließ ihn Shams el-Mali Qabus ibn-e Wushmgir, ein kunstsinniger Fürst aus der lokalen Dynastie der Ziyariden, der unter anderem Avicenna und al-Biruni gefördert haben soll. Eine Legende besagt, der Fürst habe sich posthum jeder profanen Annäherung entzogen, indem er seinen Leichnam in einem gläsernen Sarg bestatten und diesen hoch oben unter dem Dach des Grabturms an Ketten aufhängen ließ. Heute ist das seit jeher treppenlose Innere komplett leer. Was die UNESCO nicht daran hinderte, den spektakulären Grabturm 2012 zum Weltkulturerbe zu adeln.

Übernachten, Essen & Trinken
... in Gonbad-e Qabus:
Einfach, aber in Ordnung – **Qabus:** Yas St., Imam Ali Sq., Tel. 0173 3345 404-6. Freundlich und passabel sauber, im Souterrain ordentliches Restaurant. EZ 700 000 Rl., DZ 1 Mio. Rl.

Eine grandiose Erosionslandschaft umgibt das Mausoleum von Khaled Nabi

Die Provinz Gorgan

... in Azadshahr:
Tadellos – **Ajam:** 19 km südlich von Gonbad, Bojnord Rd., Tel. 017 3573 1840 , www.hotel ajam.ir. Neues und sehr gepflegtes Dreisternehaus mit zuvorkommendem Service und gutem Restaurant. DZ 2,1 Mio. Rl.

Aktiv

Pferderennen – Dass in den Turkmenen Nomadenblut fließt, zeigt sich an ihrer Liebe zu Pferden. Hautnah erleben lässt sich diese auf Gonbads moderner **Rennbahn:** Auf der Majmue-ye Sawarkari مجموعه سوارکاری laufen von Nov. bis Juni (außer zu Nowruz und Ramadan) edle Pferde, meist Achal-Tekkiner, in Serie um die Wette. Saisonhöhepunkt ist Anfang März, Rennen finden jeweils Do und Fr statt, erster Start meist um 13 Uhr, letzter gegen Sonnenuntergang, Tickets kosten 50 000 Rl. Auch Frauen dürfen zusehen, und es wird sogar um kleine Geldsummen gewettet. Infos (auf Farsi): www.asbdavani.com bzw. bei Hakim Igdiri, dem Chefkoordinator, Tel. 0911 1722 347.

❀ Khaled Nabi ▶ O 4

Eine unvergessliche Aussicht auf das Grenzgebiet zu Turkmenistan eröffnet ein Ausflug nach **Khaled Nabi.** Der Ort liegt knapp 100 km nordöstlich von Gonbad-e Qabus, ist allerdings nur per Pkw zu erreichen – auf durchgehend asphaltierter, aber schlecht beschilderter Straße. Von Kalaleh fährt man zunächst nordwärts Richtung Faraghi. Nach 13 km, bei Kokjeh, und nochmals nach 10 km weisen jeweils grüne Schilder den Weg nach links. Nach weiteren 31 km Fahrt durch eine eigentümliche Landschaft grasüberwachsener Hügel erreicht man Gachisu-e Payin. In dem Weiler kann man in einer netten, privat geführten Jurtenpension (Tel. 0911 1707 230) übernachten. Zuvor zweigt man jedoch ein letztes Mal nach links ab, um nach 7,5 km zum Ziel zu gelangen, dem **Ziaratgah-e Khaled Nabi** زیارتگاه خالد نبی. Dieses Mausoleum eines vorislamischen Propheten liegt auf einer Anhöhe, und der Panoramablick über die bis zum Horizont gefalteten Hügelrippen der Turkmansahra ist ein Traum.

Auf andere Art wundersam ist die Aura des Friedhofs **Gurestan-e Khaled Nabi** گورستان خالد نبی, den man in einer etwa halbstündigen, harmlosen Gratwanderung Richtung Osten erreicht. Die Bedeutung seiner ungewöhnlich geformten Grabsteine ist bislang nicht eindeutig geklärt. Es gibt zwei Typen von Stelen: Beim ersten handelt es sich schamhaften Einheimischen zufolge um stilisierte Krieger. Ein phallischer Bezug ist jedoch nicht zu leugnen, während sich beim zweiten, kleineren und ›breithüftigen‹ Typus mancher an weibliche Formen erinnert fühlt.

Kapitel 2

Der Nordwesten

Der an die 1000 km weite Großraum zwischen dem Aras, dem Grenzfluss zur Kaukasus-Region, im Norden und den Rändern des mesopotamischen Tieflands im Süden umspannt naturgemäß eine Vielzahl sehr unterschiedlicher landschaftlicher und kultureller Attraktionen. Seine Reize stehen touristisch noch im Schatten der Wüsten und glanzvollen Städte des zentralen Hochlands. Allerdings spricht sich allmählich herum, dass auch hier ein überaus spannender Erlebnismix der Entdeckung harrt.

Von den baumlosen Hochtälern des Dreiländerecks mit Armenien und der Türkei bis zu den Viertausender-Gipfeln des Zagros-Gebirges und den dramatischen Schluchten, mit denen dieses zum Tiefland von Khuzestan hin abbricht; von den salzigen Gestaden des Orumiyeh-Sees über das südlich angrenzende, sanft gewellte Hügelland Zentralkordestans bis zu den tiefen Tälern nahe der Grenze zum Irak mit ihren oft malerischen Terrassendörfern – der landschaftliche Bogen ist weit gespannt.

Zum Vergnügen einer Reise durch Irans westliche Provinzen trägt maßgeblich auch das bunte Gemisch an Völkern bei, die hier ihre Heimat haben und sich an Gastfreundschaft überbieten. Im Norden sind es die turkstämmigen Azeri, im zentralen Raum, erkennbar an ihren Turbanen und Pluderhosen, die freiheitsliebenden Kurden und, ihnen benachbart, die nicht minder stolzen Luren. Nicht wenige von ihnen leben noch als Nomaden, die man im Frühjahr und Herbst mit ihren Schafherden zu neuen Weiden ziehen sehen kann.

Es wäre nicht Iran, fänden sich nicht auch hier jede Menge hochkarätige Zeugnisse menschheitsalter Kultur – legendäre Städte wie Qazvin, Tabriz, Orumiyeh oder Hamadan, bedeutsame archäologische Stätten wie in Hasanlu, Kangavar und Ziwiyeh oder Felsreliefs wie in Bisotun und Kermanshah. Groß ist schließlich auch die Zahl singulärer Baudenkmäler, seien es mächtige Festungen wie Babak oder Falak-ol-Aflak in Khorramabad, seien es armenische Klöster und Kirchen, Reste von Burgen vergessener Völker wie der Mannäer und Urartäer, oder atemberaubende Mausoleen wie die in Soltaniyeh und Ardabil.

Von der Außengalerie des Oljaitu-Mausoleums schweift der Blick ins Umland von Soltaniyeh

Auf einen Blick: Der Nordwesten

Sehenswert

⭐ **Ardabil**: An der Wiege der Safawiden-Dynastie – das Mausoleum vom Scheich Safi ad-Din, ihrem Namensgeber, beeindruckt durch prächtige Architektur, aber auch durch seine mystische Aura (s. S. 188).

⭐ **Tabriz**: Die Hauptstadt der Provinz Ost-Aserbaidschan, auf den ersten Blick nicht unbedingt eine Schönheit, fasziniert durch ihre ungemein reiche Geschichte. Lebhaft und gastfreundlich, bietet sie bei näherem Hinsehen auch eine Fülle an Sehenswertem, etwa den atmosphärischen Basar (s. S. 194).

⭐ **Takht-e Soleyman**: Das an einem Kratersee gelegene Feuerheiligtum war ein machtpolitisches und spirituelles Zentrum des Sassaniden-Reichs und lohnt auch wegen der herrlichen Landschaft die lange Anfahrt (s. S. 216).

Schöne Routen

Von Tabriz an die türkische Grenze: Dem am Horizont sichtbaren Berg Ararat entgegen, führt diese Tagesfahrt durch eine erhabene Hügellandschaft zur »Schwarzen Kirche« St. Thaddäus, einem zentralen Pilgerziel der armenischen Christen (s. S. 207).

Durchs wilde Kurdistan: Von der Großstadt Sanandaj geht es in die kaum bereiste Bergwelt an der irakischen Grenze – Höhepunkte sind das Uraman-Tal und die Terrassendörfer Paveh und Palangan (s. S. 223).

Meine Tipps

Haus der Verfassung in Tabriz: Wo sich zu Beginn des 20. Jhs. die Anführer der »Konstitutionellen Revolution« trafen, informiert heute ein sehenswertes Museum über den dramatischen Kampf für eine Modernisierung des Landes (s. S. 198).

Orumiyeh: Neben einem reichen frühchristlichen Erbe besitzt die Hauptstadt von West-Aserbaidschan einen quirligen Basar und ein von vor- und frühgeschichtlichen Funden überquellendes Regionalmuseum (s. S. 211).

Festung Falak ol-Aflak in Khorramabad: Mit ihren mächtigen, über 20 m hohen Mauern ist die Festung ein eindrucksvolles Stück Architektur. Sie beherbergt zudem ein Museum mit einer besonders schönen Sammlung von Lorestan-Bronzen (s. S. 240).

Aktiv

Ausflug ins Tal von Alamut: Auf den Spuren der Assassinen besucht man Burgen, die den Mitgliedern des berüchtigten Geheimbunds einst Zuflucht boten, und erwandert dabei eine grandiose Bergwelt (s. S. 184).

Auf den Gipfel des Sabalan: Der 4800 m hohe Vulkan mit seinem tiefblauen Kratersee ist relativ leicht zu besteigen, die Aussicht von oben ein Traum (s. S. 192).

Zur Babak-Festung: Die Bilderbuchburg thront 2600 m hoch auf einem Felsgipfel und war einst Stützpunkt des persischen Nationalhelden Babak Khorramdin (s. S. 204).

Mit dem Zug durchs Zagros-Gebirge: Die Fahrt von Dorud nach Andimeshk offenbart einen ingenieurstechnischen Geniestreich und eine Gebirgskulisse von kaum überbietbarer Dramatik (s. S. 242).

Von Teheran nach Zanjan

Zumindest drei unverzichtbare Attraktionen locken westlich der Hauptstadt als Ziele für Tagesausflüge: das Tal von Alamut mit seinen mächtigen Assassinen-Festungen und der die Seele weitenden Gebirgswelt, die altehrwürdige Handelsstadt Qazvin und, als Höhepunkt in Soltaniyeh, das kolossale Mausoleum des Mongolenherrschers Oldschaitu.

Die Route von Teheran in die nordwestlichen Landesteile führt, stets parallel zu dem imposanten, bis in den Frühsommer schneebedeckten Felsriegel des Elburs-Gebirges auf einer mehrspurigen Autobahn westwärts.

Vom **Freiheitsplatz** (Meydan-e Azadi) kommend, fährt man erst an Teherans früherem internationalen **Flughafen Mehrabad** bzw. den in den 1970er-Jahren erbauten Apartmentblöcken von Ekbatan vorbei. Es folgt rechter Hand der **Chitgar-Park,** ein 14,5 km² großes, per Metro leicht erreichbares Erholungsgebiet mit einem riesigen künstlichen See, ausgedehnten Wäldern und einem dichten Radwegenetz. Anschließend passiert man ausgedehnte Industrieanlagen, gleich zur Linken etwa die Autofabrik Iran Khodro, und gigantische Hochhaus-Satellitensiedlungen.

Unbemerkt überquert man die sich von Jahr zu Jahr weiter in das zersiedelte Umland hinausschiebende Stadtgrenze von Teheran und erreicht nach rund 40 km **Karaj**. Als administrativ völlig eigenständige Stadt und wichtige Station an der Strecke Teheran–Qazvin ist Karaj, das durch ungezügelten Zuzug inzwischen selbst 1,7 Mio. Einwohner zählt, fast schon ein Vorort der Metropole geworden – eine Schlafstadt für viele Pendler, die zwar selbst über wichtige Industrien, nicht aber über nennenswerte Sehenswürdigkeiten verfügt.

Einzige Ausnahme: der **Perlenpalast** (Kakh-e Morvarid), den das Büro von Frank Lloyd Wright in den 1960er-Jahren für Shams Pahlevi, die jüngere Schwester des letzten Schahs, errichtet hat. Der in einen 170 ha großen Garten gebettete Komplex ist mit seinen muschelförmigen, kuppelbekrönten Elementen ein Juwel moderner Formgebung. Doch als Standquartier eines Kommandos der Basij-Miliz verkommt es seit der Revolution mehr und mehr und ist leider nicht öffentlich zugänglich.

Qazvin ▶ G 6

Entweder als Ziel eines Tagesausflugs von Teheran aus oder als Zwischenstation auf der Fahrt nach Tabriz bzw. zur Kaspi-Küste verdient **Qazvin** eingehendere Erkundung. Die 400 000 Einwohner zählende Hauptstadt der gleichnamigen, noch recht jungen Provinz liegt inmitten einer Hochebene am Kreuzungspunkt mehrerer wichtiger Fernhandelsrouten.

Die Gründung der Stadt geht auf Shapur I. zurück, der ihr den Namen Shad Shapur, »Shapurs Freude«, gab. Eine erste Blüte erlebte sie nach der arabischen Eroberung unter den Abbasiden, eine zweite unter den Seldschuken, die im 11. und 12. Jh. eine rege Bautätigkeit entwickelten. Kurz davor hatten die Assassinen von ihren Burgen im bergigen Hinterland rund um Alamut aus (s. Aktiv unterwegs S. 184) die Region destabilisiert. Kurz danach zerstörten Dschingis Khans Truppen die Stadt.

Ins Rampenlicht der Geschichte rückte Qazvin schließlich 1555, als der Safawiden-Schah Tahmasp I. den Hof von Tabriz hierherverlegte und einen prunkvollen königlichen Bezirk anlegen ließ. Gut 40 Jahre später übernahm Isfahan zwar die Rolle der Residenzstadt. Doch aus der kurzen Glanzzeit sind Qazvin zumindest ein paar bauliche Erinnerungsstücke geblieben. Bis heute ist die Stadt ein wirtschaftliches und administratives Zentrum der Region – mehreren Erdbeben, Einfällen der Osmanen und der Besetzung durch russische/sowjetische Truppen im Ersten und Zweiten Weltkrieg zum Trotz.

Im Imamzadeh Hossein in Qazvin ruht ein Sohn des Achten Imams

Von Teheran nach Zanjan

Teheran-Tor
Als Wahrzeichen Qazvins gilt das am südöstlichen Stadtrand recht einsam und verlassen an einem Kreisverkehr stehende **Darvaze-ye Tehran** دروازه تهران. Es ist mit seinem für die Qadscharenzeit typischen gelb-blau-schwarzen Fliesenschmuck ein Überbleibsel der alten Stadtbefestigung.

Freitagsmoschee
Tagsüber geöffnet, Moschee 100 000 Rl., Museum 10 000 Rl.

Kunsthistorisch ungleich interessanter ist die etwa 1 km weiter westlich, an der Shohada-Straße gelegene **Masjed-e Jame Kabir** مسجد جامع کبیر. Der Vier-Iwan-Komplex mit seinem riesigen Innenhof soll um 800 von Harun ar-Rashid gegründet worden sein, stammt jedoch zu großen Teilen aus dem 12. Jh. In safawidischer Zeit erfolgten massive Umbauten, der Fliesenschmuck an der Außenfassade wurde im 17. Jh. angebracht. Highlight ist die seldschukische Gebetshalle hinter dem südlichen Iwan mit ihrer mächtigen Kuppel. Sie ist innen mit Ziegelornamenten, bemaltem Stuckdekor und kufischen Schriftbändern verziert. Ein kleines **Museum** dokumentiert die Baugeschichte und zeigt auch ein Modell der Moschee (Eingang in der südwestlichen Hofecke).

Imamzadeh Hossein
Tagsüber geöffnet

Wenige Schritte Richtung Süden führen in die Salamgah-Straße, zum **Imamzadeh Hossein**. Ein Garten mit Bassins und Fontänen umgibt den Grabbau, unter dessen Kuppel ein Sohn des Achten Imams bestattet liegt. Schah Tahmasp I. ließ ihn im 16. Jh. erbauen, und seine Tochter Zainab Begum setzte sein Werk im 17. Jh. fort. Mit seinen sechs Zierminaretten, den später angebrachten Fassadenfliesen und Spiegelmosaiken wirkt der Bau geradezu barock verspielt.

Einen sinnlichen Kontrapunkt setzt, wer nach der Besichtigung an der Ostseite der Shohada-Straße über den sehr malerischen Lebensmittelmarkt mit seinen prallvollen Fisch- und Gemüseständen bummelt.

Amini-Hosseiniyeh
Tgl. 9–13, 16–18 Uhr, 50 000 Rl.

Westlich der Freitagsmoschee, an der Molavi-Straße, steht das in qadscharischer Zeit erbaute Wohnhaus des Händlers Mohammad Reza Amini, das heute als **Hosseiniyeh Aminiha** حسینیه امینی‌ها, als Bühne für das alljährliche Passionstheater, fungiert. Sehenswert ist hier vor allem die verschwenderische Innenausstattung mit Stuckdekor, farbigem Glas und hölzernen, fein geschnitzten Schiebefenstern.

Safa-Badehaus
Sa–Do 7–19, Fr 7–14 Uhr, 50 000 Rl.

Ein Blick lohnt auch, schräg vis-à-vis, in das immer noch seinem ursprünglichen Zweck dienende Safa-Badehaus oder **Hamam-e Mohammad Rahim**. Schwitzen dürfen hier allerdings nur Männer.

Basar und Al-Nabi-Moschee
Etwa 600 m nördlich lädt der **Basar** zu einem ausgiebigen Bummel ein. Er spiegelt mit seinem Geflecht gedeckter Ladengassen und mehreren stattlichen, penibel restaurierten Karawansereien, allen voran dem Saray-e Vazir, der Qaysariyeh und Saad al-Saltaneh (s. S. 183, Einkaufen), die einstige Bedeutung als Handelsplatz wider.

Auf drei Seiten vom Basar umschlossen wird die **Masjed-e Al-Nabi** مسجد النبی. Anfang des 19. Jh. erbaut, zählt sie zu den größten Vier-Iwan-Anlagen im ganzen Land. Reicher Fliesenschmuck in Blau- und Gelbtönen schmückt die Hoffassaden und Iwane.

Chehel-Sotun-Pavillon
Tgl. 9–17.30 Uhr, 80 000 Rl., Museum Di–So 9–12.30, 17–19.30, im Winter 16–18.30 Uhr, 150 000 Rl.

Auf der Imam-Khomeini-Straße Richtung Osten gehend erreicht man den **Kakh-e Chehel Sotun** کاخ چهل ستون. Der Mitte des 16. Jhs. errichtete luftige Bau steht südlich des Azadi-Platzes in einem hübschen Garten. Mit seiner zentralen Kuppelhalle, den – nur fragmentarisch erhaltenen – Wandmalereien und den Säulen- und Arkadengängen erinnert er an die etwas jüngeren safawidischen Paläste und Gartenpavillons von Isfahan. Im Obergeschoss hat man ein nettes **Kalligrafiemuseum** eingerichtet.

Ali-Qapu-Torpalast

Der zweite unter den Safawiden errichtete Palastbau, **Ali Qapu** عالی قاپو, die »Hohe Pforte«, erhebt sich etwa 400 m südwestlich dort, wo die Helal-Ahmar- auf die Shohada-Straße trifft. Er diente ursprünglich als zentraler Zugang zu den königlichen Regierungs- und Palastanlagen. Heute fungiert er als Polizeihauptquartier, weshalb man das Fotografieren der wunderschönen Fliesenmosaike – die Inschriften stammen vom Meisterkalligrafen Ali Reza Abbasi – besser unterlässt.

Heydariyeh-Medrese

Etwa 250 m südöstlich steht ziemlich versteckt (Zugang über eine Seitengasse der Ahmar-Straße am besten erfragen) die **Madrase-ye Heydar** مدرسه حیدریه. Im Kern seldschukisch, besitzt sie neben schönem Ziegelwerk eine mit reichem Stuckdekor versehene Predigtkanzel aus dem 12. Jh.

Hamdollah-Mostofi-Grabturm

Ein paar Gehminuten weiter östlich ist ein **Grabturm** آرامگاه حمدالله مستوفی aus mongolischer Zeit (14. Jh.) zu bewundern. Er erinnert an **Hamdollah Mostofi,** einen verdienstvollen Historiker und Geografen.

Infos

Touristeninformation: vis-à-vis dem historischen Stadttor Darb-e Kushk, Mir Emad Sq., am nördlichen Ende des Naderi Blvd., Tel. 028 3335 4708, tgl. außer Fei 9–18 Uhr. Karten- und Prospektmaterial, Vermittlung von Guides, englischsprachiges Personal.

Übernachten

Stilvolle Ruheoase – **Behrouzi:** Ansarian Alley, nahe Buali St., Tel. 028 3324 1560-2, behrouzihotel@yahoo.com. Altstadthaus goes Boutiquehotel – mit viel Liebe zum Detail renoviertes Privatquartier, vorzügliche Küche, ganz in der Nähe des Basars. DZ 3,5 Mio. Rl.

Untere Mittelklasse – **Safir:** Saadi St., Ecke Khomeini St., Tel. 0919 384 9604. Mäßig charmant, aber tadellos sauber und funktional, 24-Std.-Room-Service, denkbar zentral, zweimal um die Ecke vom Basar. DZ 1,4 Mio. Rl.

Einfach, aber gut – **Miremad:** Asadabadi Blvd., Tel. 028 3356 0594, 0912 682 5415, www.mehotel.ir. Saubere Zimmer mit europäischem WC, ordentliches Frühstück, freundliches, englischsprachiges Personal. Kleiner Nachteil: die Lage am südwestlichen Stadtrand, 15 Gehminuten vom Zentrum. DZ 900 000 Rl.

Essen & Trinken

Ausgezeichnet – **Eghbali:** Taleghani St., Tel. 028 3322 3347, tgl. 11–16, 19.30–23 Uhr. Familienbetrieb seit über einem halben Jahrhundert, bestens geführt, behaglich, zwei famose Spezialitäten: Gheymeh Nesar – Risotto mit Rindfleisch, Berberitzen und Mandeln, 370 000 Rl., und, leider nur an Freitagen, Shirin Polo – süßer Reis mit Lammkeule, 330 000 Rl.

Ausgezeichnet zum Zweiten – **Nemooneh:** Bou Ali Sina St., Ecke Ferdowsi St., Tel. 028 3333 6556, tgl. 11.30–15.30, 19.30–22 Uhr, www.res-nemoneh.com. Und noch eine exzellente Schlemmeradresse: Lammkeule, Faschiertes, Hühnerschnitzel, verschiedene Kebabs, Steaks, Lachs, Forelle, Shrimps etc. sowie ebenfalls köstliches Gheymeh Nesar, Letzteres schon für 185 000 Rl.

Einkaufen

Shoppingkomplex – **Saad al-Saltaneh:** Weitläufiger überdachter, mit Geschmack auf Hochglanz renovierter Karawansereikomplex im Nordostteil des Basars, nahe der Al-Nabi-Moschee, mit stilvollen Modeboutiquen, Läden für Kunsthandwerk und Antiquitäten, zwei ansprechenden Cafés (Negar al-Saltaneh, Ensan); auch abends sehr einladend.

Verkehr

Flug: Die nächstgelegenen **Flughäfen** sind der Imam Khomeini und der Mehrabad Airport in Teheran, von dort 1,5–2 Std. im Taxi (1,7–1,9 bzw. 1,4–1,6 Mio. Rl.).

Bahn: Qazvins **Bahnhof** liegt am südlichen Stadtrand, mehrmals tgl. Züge nach Teheran

AUSFLUG INS TAL VON ALAMUT

Tour-Infos

Lage/Anfahrt: oberhalb von Gazor Khan, 108 km nordöstlich von Qazvin, am Schluss des Alamut-Tales; Abfahrt aus Qazvin mit dem (Sammel-)Taxi vom Qaribkosh alias Minudar Square 3 km östlich der Stadt, nach Rajaeedasht (1 Std.), Moalem Kalayeh (1,5–2 Std.) bzw. Gazor Khan (ca. 2,5 Std.); Taxis von Qazvin nach Razmiyan: Station nahe dem Sardaran Square; bequemer und flexibler: die Fahrt im privat angeheuerten Ausflugstaxi mit englischsprachigem Driverguide, Buchung über die Touristeninformation oder Hotels in Qazvin bzw. über Guides, s. rechts.
Dauer: als Tagesausflug von Qazvin machbar; zwecks intensiverem Naturgenuss und Wanderungen besser 1 bis 2 Übernachtungen einplanen.
Schwierigkeitsgrad: zu den beiden genannten Burgen kurze, problemlose Aufstiege

Unterkunft: In den Dörfern gibt es diverse lizensierte Privatquartiere, u. a. in **Dikin**, 10 km vor Moalem Kalayeh: **The Eagle Castle,** Tel. 0919 741 8689; in **Gazor Khan: Hotel Farhangian,** Tel. 028 3371 9446 und **Golestan Inn,** Tel. 0912 582 2901, je 400 000–600 000 Rl. pro Pers.; in **Garmarud:** das komfortable **Hotel Navizar,** Tel. 0912 459 6078, www.navizarhotel.com, DZ ab 1,6 Mio. Rl.
Gute Guides (alle engl.): **Rasoul Zarei,** Tel. 0919 190 2485, RasoulZarei93@gmail.com, www.alamutvalley.com (auch zwei eigene Quartiere in Razmiyan); mit eigenem SUV: **Vahid,** Tel. 0912 281 4150, bestoffertours@gmail.com; sehr verlässliche Agentur für ein- oder mehrtägige Ausflüge: **Qazvin Peyma,** Alireza Khaksaran, Tel. 0919 384 9604, und Amir Ghorbani, Tel. 0919 281 5442, www.irantaste.com
Wichtige Hinweise: Sonnenschutz und festes Schuhwerk sind unverzichtbar!

Vom späten 11. bis zum mittleren 13. Jh. dienten die unzugänglichen Täler des westlichen Elburs-Gebirges den Assassinen, einem von den schiitischen Ismailiten abgespaltenen Geheimbund, als Rückzugsgebiet. Die für ihre Selbstmordattentate auf Vertreter des politischen Establishments berüchtigte Sekte, deren Mitglieder von ihren Zeitgenossen als Hashishiyun, Haschischesser, bezeichnet wurden, nannte dort eine ganze Kette von Burgen ihr eigen. Der berühmteste dieser bis zu ihrer Eroberung durch die Mongolen (1256) als uneinnehmbar geltenden Adlerhorste ist **Alamut.** Von der einst Furcht einflößenden Festung haben sich nur einige bröselnde, noch dazu meist eingerüstete Mauern in die Gegenwart gerettet. Doch ihre Aura und mehr noch die Lage inmitten einer herrlichen Bergwelt prädestiniert sie zum Ausflugsziel Nummer eins in dieser als Wandergebiet generell äußerst reizvollen Tallandschaft.
Die Anfahrt von Qazvin erfolgt, stets den Schildern zum »Alamut Castle« folgend, durch das Tal des Shah-Rud-Flusses, an Getreide- und Reisfeldern entlang, über **Rajaeedasht,** den Hauptort **Moalem Kalayeh** alias Alamut sowie **Shahrak** und **Shotorkhan** bis **Gazor Khan.** Vom Parkplatz am oberen Rand dieses schmucklosen Dorfes führt ein Wanderweg in gut 10 Min. recht steil zur **Qaleh-ye Hassan Sabah** hinauf (Eintritt 150 000 Rl.). Dort genießt man nicht nur einen beeindruckenden Panoramablick über das Tal und bis zum Takht-e-Soleyman-Massiv. Man versteht

auch, weshalb um das Jahr 1090 ein gewisser Hassan-e Sabbah, der Gründer der Assassinen-Sekte, den die Nachwelt unter dem Namen »Alter vom Berg« kennt, gerade diesen besonders abgelegenen und einschüchternden Ort zu seinem Hauptstützpunkt erkor.

Darüber hinaus lockt eine Fülle weiterer Ausflugsziele: Häufig besichtigt werden etwa noch zwei andere Burgruinen der Assassinen, nämlich **Maymundiz** قلعه میمون, gelegen 2,5 km nördlich von **Moalem Kalayeh** bei dem Weiler **Shams Kalayeh**, und die ungleich beeindruckendere Festung **Lambsar** دژ لمبسر یا قلعه لمبسر, mit dem Auto von **Razmiyan** über das Sträßchen Richtung **Hir** und nach 2,5 km über einen 20- bis 30-minütigen Anstieg erreichbar. Populäre Ausflüge führen außerdem von **Dikin** aus zum malerischen **Ovan-See** دریاچه اوان und von **Shahrak** 8 km nordwärts in den von senkrechten rötlichen Felsen gesäumten **Andej-Canyon** دره اندج رود.

Eine ausgedehnte, äußerst lohnende Trekkingtour führt von **Garmarud**, 18 km östlich von Gazor Khan, über das Dorf **Pichebon** (2500 m) und den **Salambar-Pass** (3200 m) bis auf die Kaspische Seite nach **Maran**, in den bereits von sattgrüner Vegetation umrahmten Ort **Yuj** und schließlich, im Savari oder Minibus, nach **Tonekabon** an der Küste. Für diese zwei bis drei Tage dauernde Komplett-Querung des Elburs-Hauptkamms heuert man am besten einen Guide an. Auf eigene Faust sollte man der – unasphaltierten – Straße folgen und, neben ausreichend Proviant, ein Zelt mitführen. Mit Sicherheit schneefrei ist diese Route nur von etwa Ende Juni bis Ende Oktober.

(2 Std.) und Zanjan (2,5 Std.), Nachtzüge mit Schlafwagen nach Tabriz und Mashhad (Betten reservieren!).

Bus: Vom **Terminal** am Tehran Ghadim Sq. am südöstlichen Stadtrand regelmäßige Verbindungen u. a. nach Teheran (ca. 2,5 Std.), Rasht (3 Std.), Zanjan (2 Std.), Tabriz (4–5 Std.), Isfahan (6 Std.) und Kermanshah (7 Std.); Busse aus Teheran starten dort am Azadi Sq., Busse aus Rasht auf dem Weg nach Teheran setzen Passagiere an Qazvins Ring Road ab, von wo Taxis ins Zentrum fahren.

Zanjan ▶ E 5

140 km nordwestlich von Qazvin liegt **Zanjan**, die 400 000 Einwohner zählende Hauptstadt der gleichnamigen Provinz. In touristischem Zusammenhang wird sie meist nur als Ausgangspunkt für Tagesausflüge zum knapp 20 km südöstlich gelegenen Oljaitu-Mausoleum in Soltanieyh (s. S. 187) und zum Takht-e Soleyman (140 km Richtung Westen, s. S. 216) genannt. Unverdientermaßen: Vor rund 1800 Jahren von Ardashir I. gegründet und bis weit in die Neuzeit hinein eine wichtige Handelsstadt, besitzt Zanjan aufgrund seiner bewegten Vergangenheit zwar keine spektakulären Baudenkmäler mehr. Sein lang gestreckter **Basar** ist jedoch äußerst stimmungsvoll und lohnt mit seinen fast 1000 Läden, mehreren Karawansereien und historischen Moscheen einen ausgiebigen Bummel. Auffällig ist dabei die Vielzahl an Werkstätten, die qualitativ hochwertige Messer herstellen. Zanjan ist dafür – gewissermaßen ein iranisches Solingen – im ganzen Land bekannt.

Archäologisches Museum

Di–So 9–13, 15.30–17.30, im Sommer bis 20 Uhr, 150 000 Rl.

Ein Herrenhaus aus qadscharischer Zeit an der Zeinabieh-Straße beherbergt heute das **Muze-ye Bastanshenasi** موزه باستان‌شناسی. Beim Besuch könnte es manchen etwas gruseln: In gläsernen Vitrinen zur Schau gestellt sind hier mehrere der sogenannten Salzmänner, 1500 bis 2300 Jahre alte Mumien von Bergleuten, deren Leichname in einem Salzbergwerk der Region mit Haut und Haaren konserviert wurden. Besucher des Teheraner Nationalmuseums haben vielleicht schon Bekanntschaft mit »Saltman I« gemacht, der als erste entdeckten dieser Salzmumien.

Wäschereimuseum

Di–So 9–13, 15.30–17.30, im Sommer bis 20 Uhr, 150 000 Rl.

Keine 400 m östlich stößt man, ebenfalls auf der nördlichen Seite der Zeinabieh-Straße, auf eine ungewöhnliche, mit Ziegelgewölben überdachte und von Wasserkanälen durchflossene Halle. Es handelt sich um eine öffentliche Wäscherei, erbaut im ausgehenden 19. Jh. Heute fungiert sie als **Muze-ye Rakhtshoy Khaneh** رختشوی خانه, in dem Wachsfiguren den Alltag von Hausfrauen in der Prä-AEG- und–Bauknecht-Ära demonstrieren.

Übernachten

Zeitgemäß gediegen – **Grand Hotel:** Basij Square, Tel. 024 3378 8190-5, www.zanjan grandhotel.com. Ausgesprochen angenehmes, großzügig und schick gestaltetes Haus auf reellem Viersterne-Plus-Niveau, exzellente, englischsprachige Rezeptionisten, Qualitätsrestaurant, sehr preisgünstig, in der Lobby Verkauf von Bio-Heilkräutern und in Flaschen abgefüllten Heilessenzen aus der Region. DZ 2,2 Mio. Rl.

Mittelprächtig – **Sepehr:** Gavazang Blvd., Tel. 024 3341 0360. Sechsstöckiger Kasten mit 0815-Ambiente, Ausstattung und Hygiene in Ordnung, freundliches Personal, 10 Autominuten vom Stadtkern. DZ 1,8 Mio. Rl.

Essen & Trinken

Traditionelles Ambiente – **Karvansara Sangi:** Beheshti Blvd., nahe dem Bahnhof, Tel. 024 1326 1266. Stimmungsvoll essen unter den Ziegelgewölben einer 400 Jahre alten, ehemaligen Karawanserei, wahlweise an Tischen oder auf mit Teppichen belegten Takhts, auch Außenbereich, türkische Livemusik, Klassiker: Dizi, Khoreshts und diverse Kebabs, allerdings nur in mittelmäßiger Qualität. Hauptgerichte ab 250 000 Rl.

Verkehr

Bahn: Der **Bahnhof** liegt am südlichen Stadtrand an der Ringstraße Beheshti Blvd. Mehrmals tgl. Züge nach Qazvin (2 Std.) und Teheran (4 Std.) bzw. nach Maragheh (5 Std.) und, auch über Nacht, nach Tabriz (8–9 Std.).
Bus: Vom **Terminal** an der Vali-e Asr Street im Südosten der Stadt Direktbusse u. a. nach Te-

Mit scharfer Klinge: Messerschmiede auf dem Basar von Zanjan

heran, Isfahan und Rasht. Als Stopp für manche Busse und Sammeltaxis, unterwegs auf der Strecke Teheran–Tabriz, fungiert auch die Hauptkreuzung an der südlichen Umfahrung (Beheshti Blvd.) mit der Ferdowsi St. bzw. Zanjan–Bijar Road. Sammeltaxis und Minibusse ins nähere Umland, u. a. nach Soltaniyeh, starten am Honarestan Square.

Soltaniyeh ▶ F 6

Im späten 13. Jh. begann der Ilkhanide Arghun inmitten der fruchtbaren Ebene zwischen Qazvin und Zanjan mit dem Bau einer Stadt, die Tabriz als bisherigen Reichsmittelpunkt ablösen sollte. Arghuns Sohn Oljaitu, vom kühlen Sommerklima und den ergiebigen Weidegründen der Region ebenso angetan, setzte sein Werk fort. In nur vier Jahrzehnten entstand so buchstäblich aus dem Nichts eine großartige Stadt mit prachtvollen Moscheen und Palästen, Wohnvierteln, Universitäten und einer mächtigen Zitadelle. Noch im 14. Jh. wurde **Soltaniyeh**, die »Residenz der Sultane«, von den Timuriden weitgehend zerstört. Der Rest verlor 200 Jahre danach, als Isfahan zur Residenz aufstieg, vollends seine Bedeutung. Von dem einstigen Glanz geblieben ist einzig ein Mausoleum, das heute einen unscheinbaren Ort überragt. Als eines der landesweit größten und künstlerisch bedeutendsten Werke persisch-islamischer Architektur wurde es von der UNESCO zur Weltkulturerbestätte geadelt.

Oljaitu-Mausoleum

Oljaitu, ein Nachfahre Dschingis Khans, war schon in Jugendjahren vom Christentum zum Islam übergetreten und nannte sich fortan Mohammad Khodabande. Anfänglich der sunnitischen Lehre folgend, erklärte er sich nach einem Besuch der heiligen Stätten Najaf und Kerbela zum Schiiten und beschloss den Bau eines Mausoleums, in das er die Gebeine der Imame Ali und Hussein überführen lassen wollte. Doch als das gigantische Grabmal 1313 nach nur elfjähriger Bauzeit fertiggestellt war, wehrten sich die Bewohner der beiden Städte am Euphrat erfolgreich gegen die Herausgabe der kostbaren und einträglichen Reliquien. Also fand Sultan Oljaitu höchstselbst darin seine letzte Ruhe.

Gonbad-e Soltaniyeh, ein achteckiger, aus Ziegeln errichteter Bau, hinterlässt, obwohl seit Jahren außen wie innen eingerüstet, einen unvergesslichen Eindruck. Seine eiförmige Kuppel misst vom Boden bis zum Scheitel 52 m – genau das Doppelte ihres Innendurchmessers. Die Mauern sind fast 7 m dick. 10 000 Mann waren, so ist überliefert, bei der Aushebung der Fundamente für diesen Kolossalbau beschäftigt, 500 Zimmerer und 5000 Steinmetze bei Aufbau und Ausgestaltung.

So wuchtig der Gesamteindruck sein mag, so filigran gestaltet ist der Bau in etlichen Details. Bögen, Nischen und Arkadengängen gliedern die Fassade. Die Stümpfe von acht Rundminaretten geben eine Idee davon, wie sie ursprünglich, mit Fliesen verkleidet, die Kuppel wie eine Krone umkränzten. An der Außenseite der Kuppel selbst haben sich große Flächen der in drei Blautönen gehaltenen Fliesenmosaike erhalten. Sie ist aus Gründen der Statik und des Temperaturausgleichs doppelschalig konstruiert und diente angeblich als Vorbild für die ersten, gut 100 Jahre später in Florenz errichteten Kuppeln dieser Art, ebenso für die des Taj Mahal in Agra.

Auch das Innere besticht durch die Vielfalt der verwendeten Dekorationstechniken – Ziegel-, Fliesen- und Stuckornamente, Wandmalereien, teils frisch restauriert. Der als Grabkammer dienende Anbau an der Südseite enthält eine schön verzierte Mihrab-Nische.

Unbedingt sollte man im großen Kuppelsaal über die Innentreppe zur Galerie hinaufsteigen und den beispiellosen Bau innen umwandern. Bestaunenswert ist hier besonders das rötliche Ziegel- und Stuckdekor in den Gewölben der Arkadengänge.

Verkehr

Die meisten Besucher reisen im **(Sammel-) Taxi** von Zanjan an, Abfahrt dort vom Honarestan Square. Die Fahrer setzen Passagiere etwa 10 Gehminuten vom (nicht zu übersehenden) Mausoleum ab.

Ardabil und Umgebung

Ziemlich versteckt, unweit der Grenze zu Aserbaidschan und der Kaspi-Küste, liegt in kühlem, regenreichem Hochland die Provinzhauptstadt Ardabil. Die lange Anfahrt lohnt wegen des Safi-ad-Din-Mausoleums, eines Höhepunkts auf jeder Rundreise durch den Nordwesten. Auf Gipfelstürmer wartet nahebei der Sabalan-Vulkan, ein Fast-Fünftausender, auf Warmbader der Thermalkurort Sareyn.

Für die **Anfahrt** nach Ardabil aus östlicher Richtung, aus dem Tiefland an der Kaspi-Küste, bieten sich zwei Routen an. Die eine führt von **Astara,** dem für seinen großen Markt für Waren aller Art bekannten Grenzort zu Aserbaidschan, über eine bestens ausgebaute Straße zuerst parallel zur streng bewachten Staatsgrenze und später in langen Serpentinen durch dichte Wälder auf das so karge wie weite Hochtal, in dem Ardabil liegt.

Unterwegs kann man nahe dem populären Sommerfrischeort **Heyran,** in einer Kehre bei **Varabin,** einen Zwischenstopp einlegen, um in der modernen Gondelbahn für zwei, drei Stunden über die hier oft vom Meer her stauenden Wolkenbänke zu entschweben. Zurück im Tal empfiehlt es sich, eine Ash-e Dough zu probieren, die hier überall an Straßenständen verkaufte, aus Kichererbsen und Joghurt zubereitete Suppe.

Die alternative Route schraubt sich vom Küstenort **Asalem,** er liegt 100 km westlich von Rasht und 12 km vor Talesh, auf deutlich gewundenerer, aber nicht minder aussichtsreicher Straße durch waldreiches Gebiet über **Majareh** hinauf nach **Khalkhal** und führt von dort nordwärts nach Ardabil.

Auch für die Annäherung aus dem Westen, von Tabriz, stehen zwei Routen zur Auswahl. Die eine führt zunächst der Hauptstrecke Richtung Zanjan/Teheran folgend und bei **Bostanabad** nach Osten abzweigend über **Sarab** auf breiter Schnellstraße quasi in der Diretissima auf insgesamt 220 km ans Ziel.

Landschaftlich reizvoller, jedoch 70 km länger ist die Strecke nördlich des Sabalan-Gebirges durch das weite Weideland der Shahsavan-Nomaden. In **Meshginshahr,** dessen städtischem Zentrum, steht auf einem von Arkaden umsäumten Platz und mit feinem Ziegeldekor verziert, der **Grabturm von Scheich Haydar,** einem wichtigen Militärführer des Safawiyya-Ordens aus dem mittleren 15. Jh. Nicht versäumen sollte man hier auch einen Spaziergang auf der neuen **Fußgängerbrücke** über das Tal des Khiav-Flusses. 2015 eröffnet, ist sie mit 365 m die längste Hängebrücke ihrer Art in Vorderasien.

Ardabil ▶ E 3

In einer entlegenen Ecke, 80 Straßenkilometer von der Küste entfernt, liegt auf 1300 m Seehöhe die Provinzhauptstadt **Ardabil.** Ab dem 10. Jh. war der Ort für einige Zeit Kapitale ganz Aserbaidschans, im 13. Jh. wurde er jedoch von georgischen Christen heimgesucht und wenig später von den Mongolen zerstört. Mit seinen rund 500 000 Einwohnern wäre er heute nur ein regionales Zentrum von untergeordneter Bedeutung, Umschlagplatz für Schafe, Wolle, Teppiche und andere bäuerliche Produkte aus dem Umland mit einem recht urwüchsigen Basar, und touristisch von nur mäßigem Interesse. Wäre – wenn in seinem Zentrum nicht ein Gebäudekomplex stünde, der den Nimbus eines Nationalheiligtums genießt. Ihm war zu ver-

Ardabil

danken, dass Ardabil im 17. Jh. eine wohlhabende Stadt voll prächtiger Moscheen und Karawansereien war, ein viel besuchtes Pilgerziel, an dem Könige gekrönt und Geistliche in hohe Ämter eingeführt wurden.

Die Rede ist vom Mausoleum **Scheich Safi ad-Dins**, dem geistigen Vater der Safawiden – jenes Herrschergeschlechts, das Anfang des 16. Jhs. Iran geeint, befriedet, zu großer Blüte gebracht und den Zwölfer-Schiismus (s. Thema S. 50) zur Staatsreligion erhoben hat. Safi ad-Din, ein Mystiker von außerordentlichem Charisma, hatte um 1300 in Ardabil einen Derwischorden namens Safawiyya samt Kloster gegründet. Nach seinem Tod (1334) errichteten ihm seine Anhänger ein Grabmal, das über die Jahrhunderte immer wieder erweitert, in Teilen auch erneuert wurde und in seiner heutigen Pracht die weite Anfahrt in diese entlegene Landesecke mehr als lohnt.

Scheich-Safi-ad-Din-Mausoleum

Tgl. 8–19, im Winter 8–17 Uhr, 200 000 Rl.

Man betritt das **Aramgah-e Sheikh Safi ad-Din** آرامگاه شیخ صفی‌الدین اردبیلی صفوی durch ein reizendes, mit Rosen bewachsenes Gärtchen. Im Anschluss führen zwei Portale in den Haupthof, in dem sich rechter Hand der zentrale **Grabturm** erhebt. Der zylindrische, im 16. Jh. unter der Herrschaft von Schah Tahmasp I. errichtete Kuppelbau ist teils mit Ornamenten aus türkis- und ockerfarbenen Ziegeln, teils mit blau-weißen kalligrafischen Fliesenmosaiken verziert.

Ihm gegenüber, an der nordwestlichen Hofseite, steht die sog. **Paradiesmoschee**, ein achteckiger, ursprünglich überkuppelter und von Säulen gestützter Bau, in dem vermutlich einst die Derwische beteten und ihre Tranceriturale abhielten. In ihm lag ursprünglich wohl auch der berühmte Ardabil-Teppich aus dem 16. Jh., der heute im Victoria and Albert Museum in London aufbewahrt wird.

Rechts davon führt unter einem reich mit Fliesen verzierten Iwan-Portal eine schlichte Holztür ins sogenannte **Laternenhaus** (Qandil Khaneh). Im Inneren, das man nur ohne Schuhe betreten darf, herrscht weihevolle Stille. Muqqarna-Nischen und goldfarbene Wandmalereien zieren die Längswände. Als Andachtsstätte für die Verstorbenen war der Bau einst mit feinsten Teppichen, Lampen, Kandelabern und Textilien ausgestattet und enthielt kostbare Exemplare von Koranen.

An der Stirnseite des lang gestreckten Saales schließt die eigentliche **Grabkammer** an. Hier steht, von den Särgen zweier Nachfahren flankiert, der mit kostbaren Einlegearbeiten geschmückte Sarkophag des Ordensgründers. In den zwei angrenzenden Grabräumen ruhen Scheich Safis Frau und Tochter sowie Schah Ismail I., der erste Safawide. Auch seinen Sarkophag zieren kunstvolle Intarsien.

Nebenan wartet ein letzter Höhepunkt: das **Haus des Porzellans** (Chini Khaneh), ein großer, achteckiger Kuppelsaal. Seine Wände wurden, ähnlich wie im Musikzimmer des Ali-Qapu-Palasts in Isfahan (s. S. 353), mit zahlreichen Nischen versehen. In ihnen bewahrte Schah Abbas I. die kostbare Glas- und Porzellan-Kollektion auf, die ihm der Kaiser von China verehrt hatte. Sie wurde von zaristischen Truppen 1928 nach St. Petersburg verschleppt und lagert heute in der Eremitage. Einiges an qualitätvollem Kunstgewerbe immerhin, darunter auch Keramik, beherbergt der in warmes Scheinwerferlicht getauchte Raum heute wieder.

Erneut im Freien, verdient auf dem Weg vom Haupt- zurück zum Gartenhof linker Hand noch ein von Mauerresten eingerahmtes Geviert Beachtung. Hier stand das **Gebäude der Vierzig** (Chehel Khaneh), in dessen Wohnzellen sich die Ordensbrüder zu 40-tägigen Meditationsübungen zurückzuziehen pflegten.

Kalkhoran

Apropos Geistestradition: Noch eine Generation weiter zurück, quasi zum Ursprung der safawidischen Bewegung, führt ein Abstecher in den 3 km nordöstlich des Stadtzentrums gelegenen Vorort **Kalkhoran.**

Dort kann man – allerdings nur von außen – das **Mausoleum von Scheich Djabrail** بقعه شیخ امین‌الدین جبرائیل صفوی besichtigen, dem Vater von Scheich Safi ad-Din. Der vergleichsweise schlichte Bau wurde im 17. Jh. aus Ziegeln errichtet.

Ardabil und Umgebung

Übernachten

Bestes Haus am Platz – **Sabalan:** Sheikh Safi St., gegenüber dem Mausoleum, Tel. 045 3323 2910, info@hotelsabalan.com. 1970er-Jahre-Design, Mittelklassekomfort, nette Betreuung, prima Restaurant, sehr gutes Preis-Leistungs-Verhältnis. EZ 1,3 Mio. Rl., DZ 1,7 Mio. Rl.

Nahe dem Mausoleum – **Negin:** Simetri St., gegenüber Stadtverwaltung, Tel. 045 3323 56713. Auch hier lassen die Siebziger grüßen, angenehme Zimmer, europäische Toiletten, allerdings auf dem Gang, erfreuliches Restaurant. EZ 750 000 Rl., DZ 1,05 Mio. Rl.

Erholsam – **Shorabil:** Shorabil St., hinter Milad Highway, Tel. 045 3351 3096, www.hotelshorabil.ir. Im Grünen am See, mittelmäßige Ausstattung, nettes Personal ohne Englischkenntnisse, keine AC, kein Restaurant. Baden im See verboten, aber am Ufer Joggingstrecke und Vergnügungspark. EZ 680 000 Rl., DZ 910 000 Rl.

Essen & Trinken

Stilvoll – **Shah Abbas:** Moadi St., vor der Jaghout-Brücke, Tel. 0914 353 2306, tgl. 8–24 Uhr. Mit Geschmack adaptiertes Hamam aus qadscharischer Zeit mit schönen Gewölben und Takhts, famose Spezialität: Pichaq Gheimeh aus Lammfleisch, Linsen, getrockneten Zitronen, Reis und weichem Ei mit Safran. Hauptgerichte 180 000–300 000 Rl.

Tadellose Standardkost – **Khatun:** Ismail Bejk St., Querstraße von Sheikh Safi-St., tgl. 8.30–22.30 Uhr, Tel. 045 3326 1630, 0914 535 5229. Schnörkellos, sauber, zur Auswahl stehen Kebabs, Khoreshts, Huhn mit Berberitzenreis etc. Gerichte ab 180 000 Rl.

Solide Verpflegung – **Ali Qapu:** Ali Qapu St., Tel. 0914 529 2601, tgl. 12–18 Uhr à la carte, abends ausschließlich Kebabs. Souterrainlokal, 2 Gehminuten rechts vom Mausoleumseingang, Shishliks, Lammkeulen, Khoreshts, Kebabs, serviert auf Takhts, an den Wänden: Gemälde berühmter Dichter und Mystiker aus der Stadt. Hauptgerichte ab 150 000 Rl.

Nett und sauber – **Mehregan:** Artesh Sq., Tel. 0914 355 0533, tgl. 12–23 Uhr. Properes Lokal im modernen Nordbezirk, Kebabs, Forelle, und, spitze, Bochagh Gheimeh, Lamm-Bohnen-Eintopf mit Mandeln. Ab 130 000 Rl.

Volkstümlich – **Haj Mokhtar:** Besat St., tgl. 10–22 Uhr. Rustikal, was Service und Hygiene betrifft, aber äußerst preisgünstig, lecker und populär, Kebabs vom Huhn, Lamm, Leber oder Innereien – pro Spieß ohne Reis für sage und schreibe 20 000 Rl.

Abends & Nachts

Auf eine Wasserpfeife – **Salar:** Ismail Bejk St., tgl. 9–24 Uhr. Szenelokal im Vorzeigeviertel der Stadt, hier werden in Serie Kalians geschmaucht, mit Nakhla-Tabak aus Ardabil in vielerlei Aromen, dazu Tees, Nescafé, Softdrinks und Mensch-Ärgere-Dich-Nicht-Spiele zum Ausleihen; junges Publikum, junges Betreiber-Team, Manko: leider nur für Männer.

Aktiv

Wintersport – **Alvares Ski Resort:** 23 km westlich von Sareyn, knapp 50 km von Ardabil, lockt auf 3200 m Seehöhe ein Skizirkus mit eher flachen Pisten, aber langem Sessellift und Schneesicherheit von Nov. bis April. Infos (auf Farsi): Tel. 0911 659 9580.

Verkehr

Flug: Vom **Airport** (ADU) 10 km nordwestlich des Stadtzentrums mehrmals tgl. Flüge nach Teheran, regelmäßig auch nach Mashhad.

Bus: Vom großzügig dimensionierten **Terminal** am Moghadase Ardabili Blvd. Verbindungen in viele größere Städte des Nordwestens, u. a. Tabriz, Astara, Rasht und Teheran.

Umgebung von Ardabil

Sareyn ▶ E 3

Das im Sommer erfrischend kühle, im Winter schneereiche und beißend kalte Hochland der Provinz Ardabil bietet rund um den Vulkan Sabalan an mehreren Orten Gelegenheit für ein heißes, heilsames Bad. Den balneologischen Mittelpunkt der Region bildet, 25 km südwestlich von Ardabil, **Sareyn** (Anfahrt am

Die Wiege der Safawiden-Dynastie:
Scheich-Safi-ad-Din-Mausoleum in Ardabil

Aktiv

AUF DEN GIPFEL DES SABALAN

Tour-Infos

Lage/Anfahrt: Von Meshginshahr über Lahrud, von dort ca. 20 km südwärts bis Shabil auf guter Straße. In Shabil evtl. Geländewagen mit Fahrer anmieten. Gotur Shur liegt nur wenige Straßenserpentinen weiter östlich.

Dauer: mit Akklimatisierungsnacht bzw. Aufstieg zu Fuß 2 Tage, mit Anfahrt im Geländewagen 1 Tag

Schwierigkeitsgrad: Die Standardroute ist, Höhenverträglichkeit und gut durchschnittliche Kondition vorausgesetzt, ungefährlich und problemlos bewältigbar.

Unterkunft: Eine Nacht zur Höhenanpassung des Organismus in der auf 3550 m gelegenen Schutzhütte ist empfehlenswert, allerdings ist diese im Sommer oft überfüllt (Qaleh Jough, Tel. 0939 691 9482). Alternative: ein selbst mitgebrachtes Zelt. Einfache Quartiere gibt es weiter talwärts im Weiler Shabil. Stützpunkt in Meshginshahr ist das Hotel Savalan, Tel. 045 3253 2663.

Hinweise: Von Juli bis September ist die Besteigung mit Bergschuhen und Schlechtwetterschutz problemlos, die Orientierung für Erstbegeher aber stellenweise unklar, daher empfiehlt sich der Anschluss an ortskundige Einheimische. Das restliche Jahr über sind Kälteschutz und Spike-Sohlen für Eisfelder unumgänglich. Proviant ist auch im Sommer selbst mitzuführen. Einpacken sollte man zudem Badesachen: Sowohl in Shabil als auch in Gotur Shur kann man – tgl. von 9 bis 20 Uhr – in durchaus modernen Badeanlagen nach der anstrengenden Gipfeltour in wohlig warmes Thermalwasser tauchen.

Umgebung von Ardabil

Der **Kuh-e Sabalan** ist mit 4811 m nach Damavand und Alam Kuh der dritthöchste Gipfel Irans. Das mächtige Vulkanmassiv besitzt in Gipfelnähe etliche kleine Gletscherfelder und ganz oben einen bis in den Sommer hinein zugefrorenen Kratersee. Auf seinen höchsten Punkt führen mehrere Routen: technisch anspruchsvoll vom Süden durch felsiges Gelände, Anfahrt vom Skiresort Alvares in 20 Min. bis Chaygozi, von dort 6–7 Std. steiler Anstieg, phasenweise mit etwas Kletterei. Vom Westen führt ein ebenfalls fordernder Weg durch das Tal zwischen den Nebengipfeln Kasra und Heram. Die mit Abstand einfachste Aufstiegsroute verläuft an der Nordseite.

Zwei Möglichkeiten stehen zur Auswahl: Man heuert einen Fahrer mit Geländewagen an und lässt sich von **Shabil** شابيل auf dem Schottersträßchen bis hinauf zur Schutzhütte kurven. Sie ist schon von Weitem an den beiden mausgrauen Minaretten der zugehörigen Moschee erkennbar. Zu Fuß braucht man für diese Strecke etwa 3 Std. Alternativ steigt man von **Gotur Shur** قوتورسويى durch das gleichnamige, landschaftlich sehr reizvolle Tal und die Shirvan-Schlucht, vorbei an Wasserfällen, in ca. 4–5 Std. zur Schützhütte hinauf. Für die restlichen, trotz einiger felsiger Passagen leicht zu gehenden 1300 Höhenmeter ist mit nochmals 3–4 Std. Gehzeit zu rechnen.

Von etwa Anfang Juni bis Ende August stehen weiter unten im Tal die Chancen gut, auf ein Lager der Shasavan mit ihren charakteristischen Alachiq, halbkugelförmigen Filzzelten, zu treffen. Die Familien dieses nach wie vor nomadisch lebenden Stammesverbandes pflegen im späten Frühjahr aus ihren Winterquartieren in der Moghan-Ebene, die sich weiter nördlich bis zum Grenzfluss Aras erstreckt, auf die dann ungleich üppigeren und auch kühleren Weidegründe an den Hängen des Sabalan und auch des westlich benachbarten Qusheh Dagh zu ziehen. Sie sind, angesichts des Ansturms neugieriger Touristen verständlich, manchmal recht abweisend. Immer unfreundlich gegenüber Fremden – auch Zweibeinern, nicht nur Wölfen – sind ihre auf den kompromisslosen Schutz der Schaf- und Ziegenherden trainierten Hirtenhunde. Also Vorsicht: im Zweifelsfall Distanz halten und einen großen Bogen machen.

besten auf der Hauptstraße Richtung Tabriz und nach 20 km nordwärts abzweigen). Der für seine Thermalquellen berühmte Ort wirkte lange Zeit eher verschlafen, ist mittlerweile aber infolge des Andrangs inländischer Touristen zu einer großen, bis spätabends sehr belebten Kurstadt mit zahlreichen Hotels, Restaurants und Shoppingstraßen angewachsen. Das kommunale, sehr volkstümliche Open-Air-Thermalbad trifft vielleicht nicht jedermanns Geschmack. Ruhiger, hygienischer und eine Spur schicker ausgestattet ist der **Sabalan Hydrotherapy Complex** gegenüber. Außerdem betreiben mehrere Hotels eigene Bäderabteilungen.

Übernachten

Gediegen – **Laleh:** Danesh St., Tel. 045 3222 2750-6, www.lalehhotels.com. Viersterne-Spa-Hotel der renommierten Laleh-Hotelkette. Etwas in die Jahre gekommen, aber in Sareyn die beste Wahl. DZ ab 2,4 Mio. Rl.

Apartmenthotel – **Atrak Complex:** Khaldoran St., Tel. 045 3222 0840-8, www.hotelatrak.com. Dreisternequartier mit hydrotherapeutischem Angebot. DZ 1,9 Mio. Rl.

Essen & Trinken

Solide – Ausgezeichnet essen kann man in den beiden Restaurants **Farzad** und **Adl-e Minaei** in der zentralen Valiasr St.

Shabil und Gotur Shur
▶ E 3

An den Hängen des Sabalan-Massivs laden noch eine Reihe weiterer Thermalquellen zum wohligen Eintauchen. Durchaus besuchenswert sind an der Nordflanke der neue Bäderkomplex von **Shabil** und, nur wenige Straßenserpentinen entfernt, der von **Gotur Shur.** Die Anfahrt erfolgt über **Lahrud,** von dort fährt man auf dem Zubringersträßchen zum Sabalan ca. 20 km Richtung Süden.

Ost- und West-Aserbaidschan

Irans äußerster Nordwesten ist als strategisch wertvolle Landbrücke seit Menschengedenken von Großmächten begehrt und entsprechend von Geschichte getränkt. Zu entdecken gibt es unter anderem armenische Klöster, assyrische Kirchen, urartäische und mannäische Festungsruinen, und mit Takht-e Soleyman ein grandioses Feuerheiligtum. Stützpunkt zur Erkundung der Region ist die so alte wie faszinierende Handelsmetropole Tabriz.

 Tabriz ▶ C 3

Cityplan: S. 197

Tabriz ist die Hauptstadt der Provinz Ost-Aserbaidschan und mit rund 1,7 Mio. mehrheitlich turkstämmigen Einwohnern die größte Stadt Nordwest-Irans. Sie liegt nördlich des 3700 m hohen, erloschenen Vulkans Kuh-e Sahand in einem weiten Hochtal, das in westlicher Richtung bis an das Nordufer des Orumiyeh-Sees reicht. Ihr Klima ist kontinental, das heißt durch heiße, trockene Sommer und sehr kalte, schneereiche Winter geprägt. Ihre Wirtschaft basiert von jeher auf Landwirtschaft und, dank der verkehrsgünstigen Lage, auf dem Fernhandel, auch die Teppichproduktion spielt eine wichtige Rolle. Nach dem Anschluss ans Eisenbahnnetz siedelte sich mannigfaltige Industrie an. Aufgrund seiner bewegten Vergangenheit besitzt Tabriz weniger Baudenkmäler, als man aufgrund seiner Größe und Geschichte vermuten könnte. Ein mehrtägiger Aufenthalt ist dennoch zu empfehlen – vor allem wegen des großen, sehr stimmungsvollen Basars und der interessanten Ausflugsmöglichkeiten.

Geschichte

Die Meinungen über das Alter der Stadt gehen auseinander. Der Überlieferung nach hat eine Gattin des Kalifen Harun ar-Raschids im Jahr 791 den Grundstein gelegt. Plausibler ist die Datierung in die Ära der Sassaniden. Die strategische Lage an der Hauptverkehrsroute zwischen Ostanatolien und dem iranischen Hochland, zwischen Klein- und Zentralasien mag damals wie geschaffen für eine Handels- und Residenzstadt erschienen sein.

Die tektonischen Verhältnisse erwiesen sich jedoch als unheilvoll. Etliche Male wurde Tabriz aus dem Untergrund aufs Heftigste erschüttert. So etwa 1780, als ein Beben, dessen Stärke man im Nachhinein mit dem Wert zehn auf der Richter-Skala schätzt, seine Bausubstanz fast zur Gänze zerstörte und den Erdboden an manchen Stellen bis zu 14 m tief absacken ließ.

Bewegt ist auch die politische Vergangenheit der Stadt. Aufgrund ihrer Lage nahe der Grenzen zu Russland und der Türkei war sie besonders häufig feindlichen Belagerungen ausgesetzt und wurde mehrmals verwüstet – besonders schwer von Timur im Jahr 1392. Gut ein Jahrhundert davor hatten die mongolischen Ilkhane Tabriz zu ihrer Hauptstadt erkoren und Bauvorhaben von kolossaler Maßlosigkeit verwirklicht. Namentlich Arghun Khan und sein Nachfolger Ghazan schufen eine regelrechte Stadt in der Stadt mit theologischen Hochschulen, Studentenheimen, Derwischklöstern, Gärten, Basaren, Dutzenden Karawansereien und einem gigantischen Palast – ein bedeutsames Zentrum islamischer Kunst und Gelehrsamkeit.

Noch zweimal war Tabriz in der Folge Residenzstadt: Mitte des 15. Jhs. unter der turkmenischen Lokaldynastie der Qara Qoyunlu und, kurz nach 1500, unter Ismail I., dem

Tabriz

ersten Safawiden-Schah. Von der damaligen Pracht ist allerdings nur wenig erhalten geblieben. Was auch an den häufigen Angriffen und Besetzungen durch die Osmanen (u. a. 1514 und 1585) und die Russen (u. a. 1722, 1826–28, 1909–14 und während des Zweiten Weltkriegs) lag.

Während der »Konstitutionellen Revolution« von 1905/06 und dem Aufstand gegen Mohammad Ali Shah (1909) war Tabriz – wohl aufgrund der Nähe des russischen Transkaukasien – ein Zentrum der fortschrittlichen Kräfte, und 1945 für kurze Zeit sogar Hauptstadt einer Demokratischen Volksrepublik Aserbaidschan. Im Vorfeld der Revolution von 1979 bildete es einen Brennpunkt der antimonarchischen Bewegung. Während des Iran-Irak-Krieges wurde es Dutzende Male bombardiert, wobei vor allem die Raffinerie und Industrieanlagen am Stadtrand großen Schaden nahmen.

Sehenswertes

Blaue Moschee [1]
Tgl. 8–17.30 Uhr, 150 000 Rl.

Das eindrucksvollste Relikt aus der Blütezeit im 15. Jh. und zugleich die heute wichtigste Sehenswürdigkeit ist die **Masjed-e Kabud** مسجد کبود. Etwa 500 m östlich des Saat-Platzes gelegen und über die Imam-Khomeini-Avenue in wenigen Schritten erreichbar, ist sie unter Irans Moscheen in mehrfacher Hinsicht beispiellos. Zum einen aufgrund ihrer Geschichte: 1465 von einer Tochter Sultan Djahanshahs erbaut, dem obersten Stammesfürsten der Qara Qoyunlu, brachte ein Erdbeben den Bau 300 Jahre später zum Einsturz. Von der Mitte des 20. Jhs. an wurde er jedoch mit großem Aufwand wiederaufgebaut.

Äußerst unkonventionell ist auch der Grundriss des Ziegelbaus: Anstatt des üblichen, von vier Iwanen umstandenen Hofes bildet – wohl aus klimatischen Gründen – ein großer Kuppelraum das Zentrum der insgesamt rechteckigen und sehr wuchtigen Anlage. Er ist an drei Seiten von ebenfalls überkuppelten Umgängen eingefasst, die weiteren Betenden Platz boten. An der Südseite ist ihm ein kleinerer, als Mausoleum bezeichneter Kuppelbau beigestellt.

Neben dem originellen Raumschema ist die Dekoration der Moschee bemerkenswert, die in Iran nicht ohne Grund über Jahrhunderte das Prädikat *firuz-e Islam* (»Türkis des Islam«) trug. Auch wenn von den ursprünglichen Mosaiken nur noch Fragmente am Portal und den Pfeilerwänden erhalten blieben, vermitteln sie doch eine Vorstellung von der Feinheit und Farbenpracht der pflanzlichen, geometrischen und kalligrafischen Motive, die einst in tiefem Türkisblau und Grün den Gläubigen von allen Wänden entgegenleuchteten. Um den Eindruck zu verstärken, haben spezialisierte Restauratoren seit den späten 1990er-Jahren einzelne Flächen in minutiöser Arbeit ergänzt.

Ost-Aserbaidschan-Museum [2]
Tgl. 8–17.30 Uhr, 200 000 Rl.

Unbedingt zu empfehlen ist ein Gang durch das westlich benachbarte **Muze-ye Azerbaijan-e Sharq** موزه آذربایجان شرق. Der Zutritt erfolgt durch das von zwei steinernen Schafen flankierte Holztor an der Hauptstraße. Seine Exponate bieten einen sehr ansprechenden Querschnitt durch mehrere Jahrtausende iranischen Kunsthandwerks. Ausgestellt sind u. a. ein Skelettfund aus der Eisenzeit, prähistorische Grabfunde aus Hasanlu und Jiroft, urartäische Inschriften, mehrere Lorestan-Bronzen, Gefäße aus achämenidischer und sassanidischer Zeit und im ersten Stock Keramik, Holz- und Metallarbeiten aus islamischer Zeit. Keinesfalls versäumen sollte man die hyperrealistischen, aber gerade in ihrer Drastik sehenswerten Bronzeskulpturen des zeitgenössischen Bildhauers Ahad Hosseini im Kellergeschoss.

Rathaus mit Städtischem Museum [3]
Museum Sa–Do 8–18, Fr 9–13 Uhr

Zurück am Saat- alias Shohada-Platz, fällt auf der Südwestseite das historische **Emarat-e Tarikhi Shardari** امارت تاریخی شهرداری ins Auge. Es wurde mitsamt seinem Uhrturm, einem Wahrzeichen des modernen Tabriz, in den 1930er-Jahren errichtet und beherbergt ein nicht uninteressantes, frei zugängliches **Museum zur Stadtgeschichte.**

Tabriz

Sehenswert
1. Blaue Moschee
2. Ost-Aserbaidschan-Museum
3. Rathaus
4. Salmasi-Haus
5. Behnam-Haus
6. Shahriyar-Museum
7. Ali-Shah-Festung
8. Basar
9. Freitagsmoschee
10. Haus der Verfassung
11. Amir-Nezam-Haus
12. Dichtermausoleum
13. Seyyed-Hamzeh-Mausoleum
14. Saheb-ol-Amr-Moschee
15. Golestan-Park
16. El-Goli-Park

Übernachten
1. El-Goli Pars
2. Gostaresh
3. Tabriz International
4. Behboud
5. Sahand
6. Sina
7. Esteghbal
8. Azarbaijan
9. Ark
10. Morvarid
11. Darya

Essen & Trinken
1. Baliq
2. Berkeh
3. Reyhan
4. Delestan
5. Talar Bozorg El-Goli
6. Modern Tabriz
7. Shahriar
8. Hezardastan
9. Haj Ali Chelo Kebab
10. Kam Tak
11. Satrap
12. Tooska
13. Dr. Coffee

Einkaufen
1. Timcheh Mozaffariyeh
2. Ajubi
3. Tavazo

Aktiv
1. Eynali

Salmasi-Haus 4
Museum für Messinstrumente Sa–Do 8–18, Fr 9–13 Uhr, 80 000 Rl.
Ein kleines Stück südlich stößt man in einer Seitengasse namens Maqsoudieh auf das **Khaneh-ye Salmasi** und in dessen wunderschön renovierten Räumen aus dem 19. Jh. auf das mit alten Uhren, Kompassen und meteorologischem Gerät bestückte **Muze-ye Sanjesh** موزه سنجش.

Behnam-Haus 5
Architekturliebhaber statten ein Stück weiter südlich, nahe der Kunstuniversität in der Nobar-Straße, dem ebenfalls mit großem Aufwand restaurierten, von der Fakultät für Architektur verwalteten **Khaneh-ye Behnam** خانه بهنام einen Besuch ab.

Shahriyar-Museum 6
Sa–Do 8–21 Uhr, 50 000 Rl.
An der Nobar-Straße steht auch das Wohnhaus des Dichters Seyyed Mohammad Hossein Behjat-Tabrizi, besser bekannt unter dem Namen **Shahriyar** (1906–1988). Noch original möbliert, ist es heute als **Museum** خانه یا موزه شهریار der Öffentlichkeit zugänglich. Shahriyar schrieb vorrangig in Azeri, dem türkischen Idiom seiner Tabrizer Heimat, und gilt als Begründer der ›neuen‹, formal freien Lyrik. Alljährlich an seinem Todestag wird zu seinen Ehren der »Nationale Tag des Gedichts« begangen. Huldigen kann man dem vielseitig begabten Künstler, der auch ein Meisterkalligraf und Setar-Virtuose war und sich im Iran-Irak-Krieg aufseiten Khomeinis politisch engagierte, auch im Mausoleum der Dichter (s. S. 200).

Ali-Shah-Festung 7
Zurück an der Khomeini-Avenue, erhebt sich wenige Gehminuten westlich der zweite, zumindest in Resten erhaltene Monumentalbau der Stadt. Bei der sogenannten Zitadelle, nach ihrem Bauherrn, dem Wesir des Ilkhaniden-Sultans Oljaitu, **Arg-e Ali Shah** ارگ علی‌شاه benannt, handelt es sich in Wahrheit um eine Moschee – die vermutlich größte, die je auf persischem Boden gebaut wurde. Was von ihr erhalten blieb, der 26 m hohe Rest eines Backsteinbogens, unterstreicht den im frühen 14. Jh. verbreiteten Hang zum Megalomanen:

Ost- und West-Aserbaidschan

Der Iwan war ursprünglich etwa 65 m tief und 35 m breit. Sein Gewölbe ruhte auf 10 m dicken Ziegelmauern und setzte in 35 m Höhe an. Wenig verwunderlich, dass das ehrgeizige Bauprojekt schon beim ersten schwereren Erdbeben, vor 1500, in sich zusammenstürzte. Seit 2017 hat der Kolossalbau jedoch einen würdigen Nachfolger: An der Ostseite der weiten Brachfläche erhebt sich die **Imam-Khomeini-Mosalla,** die gigantische neue Freitagsmoschee von Tabriz.

Basar 8
Sa–Do ca. 8–20 Uhr, frei zugänglich
Auf der Khomeini-Avenue einen langen Häuserblock zurück, zweigt links die **Terbiyet-Straße** nach Norden ab. Die zentrale Flaniermeile der Stadt führt, verkehrsbefreit, teils baumbestanden und von Läden gesäumt, zur Ferdowsi-Straße, die ihrerseits in den Haupteingang des berühmten **Basars** mündet.

Mögen die Basare der heiligen Städte Qom und Mashhad dank der feilgebotenen Devotionalien geweihter sein, mag der Basar von Teheran ökonomisch noch wichtiger, der von Shiraz architektonisch homogener und der von Isfahan größer und für sein erlesenes Kunsthandwerk berühmter sein – der Basar von Tabriz rangiert ohne Zweifel unter den atmosphärisch reizvollsten im Land. Entlang seiner 3,5 km langen, größtenteils überdeckten Gassen reihen sich über 7000 Läden und Werkstätten. Zwei Dutzend Karawansereien, jahrhundertealte Ziegelgewölbe und Kuppelbauten umfasst der Komplex. Noch nach alter Sitte säuberlich in Branchen getrennt, finden sich unter anderem Bezirke für Gold- und Silberschmuck, für Schuhe, Kupfer- und Haushaltswaren, Lebensmittel und Gewürze.

Besonders sehenswert sind, rechter Hand nicht weit vom Haupteingang, der **Saray-e Amir** امیر سرای, und, im zentralen Bereich, die **Timcheh Mozaffariyeh** 1 تیمچه مظفریه, die zweigeschossige Kaufhalle der Teppichhändler. Herstellung und Export der ›echten Perser‹ bescherten der Stadt vor allem im späten 19. und frühen 20. Jh. beträchtlichen Reichtum, und noch heute zählen sie zu ihren wichtigsten Einnahmequellen.

Freitagsmoschee 9
Nur von zweitrangiger Bedeutung, aber sehr wohl eine Stippvisite wert ist die am Westrand des Basars in ein Gässchen geduckte, im Kern aus seldschukischer Zeit stammende **Masjed-e Jame** مسجد جامع mit ihren schönen Ziegelgewölben. Von hier gelangt man über das Gelände der Medrese-ye Talebiyeh und unter deren doppelminarettigem Portal hindurch auf die Motahari-Straße.

Haus der Verfassung 10
Tgl. 9–20 Uhr, 150 000 Rl.
Westlich von dieser erinnert das **Khaneh Mashrouteh** خانه مشروطه an die politisch turbulente Umbruchszeit zu Beginn des 20. Jhs. Damals kämpften fortschrittliche Kräfte von Tabriz aus für eine moderne Rechtsordnung, ein Parlament, Meinungsfreiheit und Menschenrechte. Die Anführer dieser Bewegung gegen den übermächtigen König, die 1905/06 zur »Konstitutionellen Revolution« führte, trafen sich in diesem Bürgerhaus. Seine Räume hat man zum ehrenden Gedenken an diese tapferen Reformer vom Schlage eines Sattar Khan und Bagher Khan in ein **Museum** verwandelt. Dessen Besuch bietet eine – dank der vielen Fotos und englischsprachigen Beschriftung auch für Nicht-Iraner aufschlussreiche – zeitgeschichtliche Lehrstunde.

Amir-Nezam-Haus 11
Tgl. 9–20 Uhr, 150 000 Rl.
Das wohl repräsentativste Stück Feudalarchitektur stellt das im Bezirk Sheshgelan, nordöstlich des Stadtkerns gelegene **Khaneh-ye Amir Nezam** خانه امیر نظام dar. Es wurde um das Jahr 1800 erbaut und fungierte zeitweilig als Residenz der Gouverneure von Aserbaidschan. Heute ist es, von einem Garten klassisch persischer Prägung flankiert, ein **Museum für die qadscharische Epoche,** also im Wesentlichen das 19. Jh., mit reichlich Kunsthandwerk, Trachten, Musikinstrumenten, Waffen, Münzen, Möbeln und Wohnaccessoires.

Eine Kathedrale für den Teppichhandel:
die Timcheh Mozaffariyeh

Ost- und West-Aserbaidschan

Dichtermausoleum 12
Tgl. 9.30–20 Uhr, 200 000 Rl.
Maghbarat al-Shoara مقبره الشعرا, das Mausoleum der Dichter, erhebt sich nur zwei, drei Gehminuten weiter westlich. Die modernistische Konstruktion mit ihren stilisierten Toren aus hellem Beton gedenkt der mehr als 400 prominenten Dichter, Mystiker, Theologen und Wissenschaftler, die auf dem angrenzenden Gelände bestattet wurden – viele Gräber sind allerdings im Lauf der Zeit verschwunden. Im Inneren fand der 1988 verstorbene Dichter Shahriyar seine letzte Ruhe, dem in seinem ehemaligen Wohnhaus auch ein Museum gewidmet wurde (s. S. 197).

Seyyed-Hamzeh-Mausoleum 13
Nördlich des Mausoleums der Dichter steht das **Imamzadeh des Seyyed Hamzeh** امامزاده سید حمزه, eines Bruders oder Abkömmlings des Achten Imams. Der viel besuchte, innen opulent verspiegelte Grabbau stammt aus dem frühen 14. Jh.

Saheb-ol-Amr-Moschee 14
Museum Sa–Do 8–18 Uhr, 150 000 Rl.
Ein weiterer bemerkenswerter Sakralbau steht etwa 500 m Luftlinie westlich, direkt an dem zu einem verbetonierten Rinnsal verkommenen Flüsschen Mehran: die **Masjed Saheb ol-Amr** مسجد صاحب‌الامر. Der wuchtige, aus frühsafawidischer Zeit stammende Zentralkuppelbau beherbergt ein **Museum für Korane und Kalligrafie.**

Golestan-Park 15
Zur Rast im Grünen lädt als Oase der Stille im ansonsten recht trubeligen Zentrum der **Bagh-e Golestan.** Der am Ende der Imam Khomeini Avenue gelegene Park war einst ein Friedhof. Sternförmig angelegte Alleen laufen auf ein zentrales Wasserbecken zu.

El-Goli-Park 16
Am südöstlichen Stadtrand erstreckt sich der **Bagh-e Melli.** Der über 5 ha große, auch unter dem Namen **El Goli** bekannte Park ist seit Neuestem bequem mit der Metro erreichbar, ganzjährig immer frei zugänglich und vor allem an Wochenenden sehr populär. Freitags strömen Familien in Scharen herbei, um zu picknicken, die Ufer des künstlichen Sees entlangzuspazieren oder im Lunapark nebenan Karussell zu fahren. Die Grünoase ist freilich auch, was nur wenige Besucher kümmert, sehr geschichtsträchtig: Sie wurde schon vor 600 Jahren angelegt. Der schmucke, safawidisch anmutende Restaurant-Pavillon in der Mitte des Sees war im 19. Jh. Sommerpalast der qadscharischen Prinzen.

Infos
Tourismus-Infobüro: Ferdowsi St., am Nordende, kurz vor dem Haupteingang in den Basar rechter Hand, Sa–Do 9–14, 16–19 Uhr, Tel. 0914 1160 149, Kontakt: der sehr hilfsbereite Hr. Nasser Khan (engl.).
Zentrale Tourismus-Information: Heidarzadeh-Haus in der gleichnamigen Gasse südlich des historischen Rathauses, Sa–Do 9–15 Uhr.
Guter Guide: Aydin Nezafat, engl., Tel. 0914 836 5175, Aydin.nezafat_industrial@yahoo.com.

Übernachten
Luxus mit Panoramablick – **El-Goli Pars** 1 : El Goli Park, Tel. 041 3380 2020, für Reservierungen 021 8810 6700, www.parshotels.apochi.com. 17-stöckiger Fünfsterne-Renommierkasten in Hügellage am südöstlichen Stadtrand, 3 Gehminuten von der neuen Metro-Station entfernt, bevorzugtes Quartier für Geschäftsleute und Gruppen, rundum exzellenter Service, gehobene, moderne Zimmerausstattung, Top-Infrastruktur vom Indoorpool mit Sauna und Gym bis zur Gastronomie mit mehreren Restaurants. Tolle Aussicht von den Zimmern und, mehr noch, vom Drehrestaurant auf den benachbarten Park, die Stadt und die Berge. EZ 3,8 Mio. Rl., DZ 4,4 Mio. Rl.
Großzügig und gepflegt – **Gostaresh** 2 : Imam Khomeini Ave., Abrezan Sq., Tel. 041 3336 6590-99, www.gostareshhotel.com. Ansprechendes Großhotel in zentraler Lage an einer bei geöffnetem Fenster lärmigen Kreuzung, geräumige, sehr saubere Zimmer, von den Kosmetika im Bad bis zum Wasserkocher tadellos ausgestattet, diverse Läden und gu-

ter Coffeeshop in der Lobby, aufmerksames Personal, üppiges Frühstücks- und Abendbüfett. DZ ab 3,8 Mio. Rl.

Gediegen – **Tabriz International** 3 : Imam Khomeini Ave., nahe Daneshgah Sq., Tel. 041 3334 1081-9, www.tabrizhotel.com. Modern-elegantes Viersternehaus, professioneller Service, Gastronomie von Texas Tornados über Seafood bis Chop Suey, auch abseits des Üblichen, Restaurant mit Außenbereich am Pool, überdurchschnittlich reichhaltiges Frühstücksbüfett. EZ 2,5 Mio. Rl., DZ 3,5 Mio. Rl.

Modern – **Behboud** 4 : Shoar Alley, nahe South Artesh St., westlich des Takhti-Stadions, Tel. 041 3557 6648, www.behboudhotel.com. Sechsstöckiges neues Haus, tadellos in Schuss, Ruhelage unweit des Basars. Geräumige Zimmer und Suiten mit Küchen für Selbstversorger. DZ ab 3,2 Mio. Rl.

Sehr zentral – **Sahand** 5 : Imam Khomeini Ave., Ecke Ferdowsi, vis-à-vis der Zitadelle, Tel. 041 3555 2545. Durchschnitt auf allen Ebenen, Hygiene in Ordnung, Personal nett, Ausstattung und Frühstück schlicht, dafür Räume großzügig bemessen. DZ 2,1 Mio. Rl.

Old Style – **Sina** 6 : Imam Khomeini Ave., Ecke Felestin St., Tel. 0914 864 4315, www.hotelsinatabriz.com. Komfortabel und behaglich, Zimmer sehr sauber und geräumig, gepflegte Holz- und Ledermöbel, angenehmer Service, sehr vernünftiges Preis-Leistungs-Niveau, eigener Parkplatz, zum Füße-Vertreten direkt gegenüber: der Golestan-Park. DZ 1,9 Mio. Rl.

Schmuck und adrett – **Esteghbal** 7 : Sheshgelan, Ostad Sharyar St., Tel. 041 3523 8830, www.esteghbal-hotel.com. Achtstöckiger Kasten mit Interieur in modernistischem 1980er-Jahre-Look, weiße Möbel, luftig-helle Lobby, gutes Restaurant, professionelle Betreuung, Lage im historischen Bezirk Sheshgelan, schöne Aussicht auf das zum Greifen nahe Dichtermausoleum. DZ ab 1,8 Mio. Rl.

Brauchbar – **Azarbaijan** 8 : North Shariati St., nahe Khomeini Ave., Tel. 041 3555 9053, www.azarbaijanhotel.com. Zwei Sterne, nicht mehr und nicht weniger, weitgehend sauber, hilfsbereites Personal, bemerkenswert gute, neue Duschen, sehr zentral, in Gehdistanz zum Basar. DZ 1,4 Mio. Rl.

In Ordnung – **Ark** 9 : Tel. 041 3553 1336, www.hotelarktabriz.com. Basic und eher gesichtslos, aber mit allem, was man braucht, TV, Kühlschrank, europäisches WC, gutes Preis-Leistungs-Verhältnis, ideal für Backpacker, die Privatsphäre suchen. DZ 1,1 Mio. Rl.

Altgedient – **Morvarid** 10 : Imam Khomeini Ave., Ecke Felestin St., Tel. 041 3551 3336. 100 Jahre hat das Haus auf dem Buckel und ist zwar einfach, aber immer noch recht passabel, bescheidenes Frühstück, dafür englischsprachiger Rezeptionist, Hauptsehenswürdigkeiten in Gehdistanz. DZ ab 1,1 Mio. Rl.

Familiär und nett – **Darya** 11 : Mohaqqeqi St., Tel. 041 3554 0008. Ein privates Gästehaus, schlicht, aber sauber und freundlich geführt, Frühstück im Zimmer serviert, 10 Gehminuten vom Basar. DZ 900 000 Rl.

Essen & Trinken

Tafeln mit Aussicht – **El-Goli** 1 : El Goli Park, Drehrestaurant im gleichnamigen Hotel, Tel. 041 3380 2020. Klar, dass man im Vorzeigehotel der Stadt ausgezeichnet isst, und zwar traditionell persisch und auch europäisch. Salat- und Dessertbar sind fein, der Service ist tadellos, aber der große Trumpf ist das Panorama: Beim Essen ziehen Stadt und Berge in Breitwand-Color an einem vorbei. Hauptspeisen 300 000–450 000 Rl.

Originell mit Schwerpunkt Fisch – **Baliq** 1 : Golshahr St., nahe Seyyed Mohammad St., Tel. 041 3385 9294, tgl. 12–23 Uhr. Auch wenn Kenner jüngst eine Tendenz zum Qualitätsverlust erkennen wollen: Das Baliq ist immer noch die erste Adresse der Stadt für Fans fein zubereiteter Fische und die Aquarien, die farbenfrohen Lichtspiele und das aus Holzscheiten geformte Rustikalmobiliar sorgen für visuelle Abwechslung vom Üblichen. Fisch- und Fleischgerichte 260 000–400 000 Rl.

Essen im Grünen – **Berkeh** 2 : Sardroud Ring Road, Tel. 041 3420 9516, tgl. 11–23 Uhr. Etwa 10 Autominuten außerhalb, im Südwesten, aber das originelle Ambiente lohnt die Anfahrt, man genießt an Tischen oder auf Takhts sitzend, umrankt von exotischen Pflanzen unterm Glasdach, umschwärmt von frei fliegenden Singvögeln, sehr sauber, Personal ausnehmend höflich, feine Regionalspezialitäten, an Wochenenden bisweilen überfüllt. Hauptspeisen ab 250 000 Rl.

Für Fleischtiger – **Reyhan** 3: 29 Bahman Blvd., nahe Amir Kabir St., Tel. 041 3332 4342, tgl. 9–22 Uhr. Ob vom Lamm, Rind oder Huhn, ob faschiert oder gegrillt – hier bekommt man Kebabs in allen Varianten exemplarisch gut serviert, dazu körnigen Reis, Joghurt, Zwiebel und Nan-e Sangak, knuspriges Brot vom Steinofen – besser geht's nicht. Heiter-helles Interieur. Hauptgerichte 230 000–350 000 Rl.

Hervorragend schlemmen – **Delestan** 4: Bahman Blvd. 29, vis-à-vis Jam-e Jam St., rechter Eingang, Tel. 041 3333 0034, tgl. 13–23 Uhr. Angenehmes bürgerlich-properes Ambiente, die Küche, vom Ghorm-e Sabzi und Tahchin bis Shishlik und Chelo Mahicheh (Lammkeule), ein bekömmlicher Mix aus herzhaft und raffiniert, große Speisenauswahl. Hauptgerichte ab 210 000 Rl. Linker Eingang: zugehöriges, auch empfehlenswertes Fast-Food-Lokal.

Inselrestaurant – **Talar Bozorg El-Goli** 5: Allein die Lage im Herzen des El-Goli-Parks inmitten des künstlichen Teichs lohnte die Einkehr, doch in dem hübschen qadscharischen Pavillon isst man auch gut – Chelo Kebab, Shishlik, Köfte … Hauptgerichte und sehr gutes Frühstück jeweils für 200 000 Rl.

Einwandfrei – **Modern Tabriz** 6: Imam Khomeini Ave., nahe Shariati Sq., Tel. 041 1556 3841. In dem lichten, zeitgemäß ausgestatteten Speisesaal kredenzt man nicht nur Kebabs, sondern auch köstliche Köfte mit dem richtigen, rauchigen Aroma, Khoreshts, frittierte Forelle, ausgezeichnete Suppen und Salatbar. Hauptgerichte ab 180 000 Rl.

Ehemaliges Bad – **Shahriar** 7: Imam Khomeini St., Ecke Terbiyet St., nahe Saad Sq., Tel. 041 3554 0057, tgl. 11–24 Uhr. In dem 1870 erbauten Hamam wurde bis in die 1990er-Jahre geschwitzt, seit 2009 sind unter den Gewölben ein stimmungsvolles Café und ein Restaurant zu Hause. Im Hinterhof Sitznischen mit Polstern für Lunch und Dinner, auf dem Dach Holzbetten für Tee und Pfeifengeschmauche, Besuch auch ohne Konsumation ausdrücklich erwünscht, gute azeri-türkische Spezialitätenküche. Köfte, Dizi etc. 150 000–170 000 Rl., Kebabs 170 000–350 000 Rl.

In diesem Chaikhaneh am Teich des El-Goli-Parks wird Tee aus dem Samowar ausgeschenkt

Nostalgisch – **Hezardastan** 8 : Abrasan-Kreuzung, oberhalb des Hotels Gostaresh, Tel. 041 3334 3439, tgl. 8–23 Uhr. »1000 Hände« (»Hezardastan«) hieß eine in der Schah-Zeit angesiedelte TV-Soap. Dazu passt das schummrig-romantische Ambiente dieses Souterrain-Lokals mit Schwarz-Weiß-Fotos, Nippes und vergilbten Zeitungsausschnitten, selbst die (auch englische) Speisekarte ist künstlich zerfleddert. In der Küche schwingen die zwei älteren Besitzerinnen den Löffel und zaubern im besten Sinne Traditionelles: Lamm, Huhn- und Bakthiari-Spießchen, Kebab Koobideh, Dizi … Hauptgerichte 150 000–320 000 Rl.

Tolle Kebabs – **Haj Ali Chelo Kebab** 9 : im zentralen Basar, am besten Passanten nach dem Weg fragen, Sa–Do nur 11.30–14.30 Uhr. Seit mehr als 100 Jahren eine führende Adresse für exzellente Kebabs vor allem in der Version Koobideh und Barg. Riesenportionen mit viel Butter 120 000–200 000 Rl.

Gehobenes Fast-Food – **Kam Tak** 10 : Terbiyet St., Ecke Ferdowsi St., Tel. 041 3555 7626, tgl. 8–22.30 Uhr. Pizza, Sandwiches, Cheese Burger, Chicken Nuggets – alles in guter Qualität, sehr sauberes Ambiente, im 1. Stock Tische mit Ausblick auf das städtische Treiben. Portionen 120 000–150 000 Rl.

Basic – **Satrap** 11 : Terbiyet St., Ecke Sangfarsh St., Tel. 0913 382 289, tgl. 9–17 Uhr. Kebab, Hühnchen, Rinder-Abgusht, gebackener Fisch … Kulinarisches Mittelmaß zu günstigen Preisen. Gerichte ab 110 000 Rl.

Schnell und günstig – **Tooska** 12 : El-Goli-St., Tel. 041 3333 9303, Laleh Park Shopping Center, tgl. 9–23 Uhr. Fast-Food, die Einrichtung erinnert an ein knallbuntes Plastik-Kinderzimmer, aber die Pizzas, Suppen, Chicken Nuggets etc. sind gut. 100 000–150 000 Rl.

Nettes Café – **Dr. Coffee** 13 : Azadi Blvd. zwischen Abrasan-Kreuzung und Gostaresh-Hotel, tgl. 8–23.30 Uhr. Kokosmilch, Safran und Kaffee aus indonesischen Bohnen: Jung-Cafetier Sophan Kalan zieht bei der Mixtur seines Spezial-Haustrunks alle Register. Für die vielen anderen Smoothies, Milchshakes, Mocktails verwendet er jede Menge frische Früchte, Eiscremes und natürlich fein Gerösteten, brühheiß aus der Barista-Maschine.

Einkaufen

Teppiche – **Timcheh Mozaffariyeh** 1 : im Herzen des historischen Basars. Die beste Adresse für ›echte Perser‹. Mehr als 50 qualitätvoll bestückte Läden buhlen in der Halle der Teppichhändler um Kunden.

Süße Sünden – **Ajubi** 2 : Azadi Blvd., Tel. 041 3334 6776, tgl. 9–22.30 Uhr. Diese Konditorei ist nicht ohne Grund landesweit berühmt, und das schon seit der Schah-Ära. Köstliche Torten, Petit Fours, Krapfen und Kekse.

Nüsse – **Tavazo** 3 : Imam Khomeini Ave., Ecke Mehregan Alley, nahe Abrezan Sq., tgl. 8–20 Uhr. Legendärer Laden mit enormer Auswahl an feinen Nüssen aller Art.

Aktiv

Wandern – **Eynali** 1 عینعلی: Ob als Ziel einer gut halbstündigen Wanderung, einer kurzen Autotour über ein kurvenreiches Sträßchen oder einer Seilbahnfahrt – der »Rote Berg«, der am nördlichen Stadtrand emporragt, lockt. In den letzten Jahren auf Betreiben der Behörden großflächig wiederaufgeforstet, dient er den hitze- und smoggeplagten Tabrizern als beliebter Fluchtpunkt. Auf seinem 1800 m hohen Gipfel liegt einem, besonders eindrucksvoll bei Dunkelheit, das ganze, enorme Häusermeer der Stadt zu Füßen. Für das leibliche Wohl sorgen Tee- und Imbissstände sowie ein Ausflugsrestaurant.

Verkehr

Flug: Vom **Internationalen Flughafen Tabriz** (TBZ) 11 km nordwestlich der Stadt regelmäßig Inlandsflüge u. a. nach Teheran, Mashhad, Isfahan, Shiraz, Ahvaz und Bandar-e Abbas, auch zahlreiche Direktverbindungen ins Ausland, etwa nach Dubai und Baku (mit Kish Air), Tbilisi, Bagdad (ATA) und Istanbul (Turkish Airlines). Büro von Turkish Airlines: Valiasr, Negin Park St., Tel. 041 3329 6353.

Bahn: Vom **Bahnhof** am westlichen Stadtrand mehrmals tgl. Züge nach Teheran (12 Std.) und Jolfa (3 Std.). Der Betrieb des traditionsreichen »Trans-Asia Express«, der 2 x wöchentlich Tabriz mit Van und Ankara verband, ist wegen der politischen Instabilität in der Region bis auf Weiteres eingestellt.

ZUR BABAK-FESTUNG

Tour-Infos

Lage/Anfahrt: 6 km südwestlich von Kaleybar; per Bus oder Sammeltaxi von Tabriz oder, mit Zwischenstopp in Meshginshahr, Ardabil nach Ahar, von dort 60 km per Sammeltaxi (80 000–100 000 Rl. pro Pers.) nach Kaleybar; machbar auch, eventuell als Tagesausflug, im Taxi von Jolfa aus. Vom Ortskern von Kaleybar aus der beschilderten Straße folgen, bei der Abzweigung rechts, weitere 3 km bis zum gebührenpflichtigen Parkplatz beim Saisonhotel Babak, ab dort zu Fuß.
Dauer: 1,5–2 Std.

Schwierigkeitsgrad: anstrengend, steil, stellenweise Trittsicherheit und Schwindelfreiheit erforderlich
Unterkunft: Anza Hotel in Kaleybar, Tel. 041 4444 4202, DZ ca. 1,4 Mio. Rl., weniger komfortable Alternative: Hotel Kollywood, an der Hauptstraße, Tel. 041 4422 3838, EZ 600 000 Rl., DZ 800 000 Rl., Frühstück extra.
Wichtige Hinweise: Festes Schuhwerk, Sonnenschutz und wegen der Höhenlage auch warme Bekleidung mitnehmen, außerdem Trinkflüssigkeit und Proviant – unterwegs ist nur Tee erhältlich.

Die Gegend rund um das Städtchen **Kaleybar** und nach Norden bis zum Aras, dem Grenzfluss zu Armenien und Aserbaidschan, gilt generell als sehr lohnendes Wanderrevier. Für Naturliebhaber besonders attraktiv ist das von der UNESCO zum Biosphärenreservat erklärte **Schutzgebiet von Arasbaran** منطقه حفاظت شده ارسباران, in dessen dichten Wäldern eine artenreiche Fauna heimisch ist – u. a. Steinböcke, Wildschafe, Braunbären und Persische Leoparden. Das mit Abstand meistbesuchte Ziel ist aber **Qaleh-ye Babak** قلعه بابک.
Die Babak-Festung kennt in Iran fast jedes Kind als Heimstatt des legendären Babak Khorramdin. Der führte im frühen 9. Jh. von hier aus zwei Jahrzehnte lang die Khurramiten an, eine sozialrevolutionäre Widerstandsbewegung gegen die Truppen des Abbasiden-Herrschers und Gründers von Bagdad, Kalif al-Mamun. Eine militante Sekte, befeuert von einer Mischung aus zoroastrischen und schiitischen Idealen, die den arabisch-islamischen Besatzern hartnäckig Paroli bot: Kein Wunder, dass national gesinnte Azeris und auch Perser in Babak (pers. für »junger Vater«) einen nationalen Heroen sehen. Jährlich Ende Juni/Anfang Juli strömen Hunderttausende herbei, um die Erinnerung an den Helden hochzuhalten. Für Touristen ist der Zugang zur Burgruine dann kaum oder nur sehr erschwert möglich.
Den Rest des Jahres hindurch ist die Anlage, trockenes, nebelfreies Wetter vorausgesetzt, frei zugänglich. Allerdings braucht es für den Aufstieg einiges an Willenskraft: Der Weg führt vom Parkplatz weg zunächst über mehrere Hundert Stufen steil bergauf, dann auf einem bequemeren, stellenweise jedoch ausgesetzten Weg einen Bergrücken entlang, ehe er nochmals eine Steintreppe steil nach oben und schließlich durch einen engen Korridor in die Burg hinein führt. Der Blick über die grandiose Bergwelt und hinab in die Tiefe des Tales macht die Mühe mehr als wett. Und auch der Anblick auf die Reste der Festung, die immer noch uneinnehmbar erscheinend über senkrechten Wänden auf dem 2600 m Felsgipfel thront, ist überaus spektakulär.

Bus: Das Terminal liegt südlich der Stadt und ist mit Bus Nr. 104 von der Mohaqqeqi-Straße oder mit dem Taxi (ca. 15 Min.) erreichbar. Fernbusse u. a. nach Teheran (9 Std.), Ardabil und Maku (jeweils 4 Std.), Zanjan (5 Std.), Qazvin und Rasht (jeweils 8 Std.), Kermanshah (12 Std.), Isfahan (16 Std.), Shiraz (22 Std.) und Mashhad (24 Std.). Internationale Verbindungen u. a. nach Istanbul, Eriwan und Baku.

Südlich von Tabriz

Kandovan ▶ C 4

Gebühr bei Ortseinfahrt 25 000 Rl. pro PKW
Ein beliebtes Ziel für eine Halbtagestour ist das 55 km südlich von Tabriz am westlichen Abhang des Kuh-e Sahand gelegene Bergdorf **Kandovan**. Seine Besonderheit sind die in Tuffsteinkegel geschlagenen Höhlen, in denen sich die Ahnen der örtlichen Bauern schon zur Zeit der Mongolenstürme vor 800 Jahren wohnlich eingerichtet haben. Sie erinnern frappant an die weltberühmte Gegend von Göreme in Kappadokien. Heute kann man in der fotogenen Siedlung auf schmalen, steilen Treppenwegen umhersteigen und – nach Einholung der Erlaubnis ihrer Bewohner – in die eine oder andere Höhle spähen. Echte Bergsteigernaturen indes bleiben länger und nehmen von hier den 3700 m hohen Gipfel des **Sahand** in Angriff (Touren organisieren Agenturen in Tabriz, Teheran oder Deutschland).

Übernachten

Höhlenhotel – **Laleh:** vor der Ortseinfahrt links, Tel. 041 3322 4951-7, www.lalehhotels.com. Fünfsternehotel mit Restaurant, Coffeeshop und Gym. DZ ab 4,5 Mio. Rl.
Auf Anfrage sind im Ort auch ungleich günstigere **Privatquartiere** zu finden.

Einkaufen

Souvenirs – Honig, Kräuter und getrocknete Blüten sind in manchen Privathäusern erhältlich oder im **Basar** unten am Fluss, nahe dem Heilbrunnen. Dort warten auch schattige Tee- und Gasthäuser auf Besucher.

Verkehr

Minibusse verkehren vom Bahnhofsplatz (Rah Ahan Sq.) in Tabriz nach Osku, von dort nimmt man für die restlichen – landschaftlich wunderschönen – 20 km ein **Taxi.**

Nordwestlich von Tabriz

Im nordwestlichsten Zipfel des Landes stehen, fernab größerer Siedlungen und für gewöhnlich wenig besucht, zwei der berühmtesten armenischen Baudenkmäler auf iranischem Boden. Jedes der beiden ist von Tabriz in einem Tagesausflug zu erreichen und verspricht neben der bemerkenswerten Architektur auch ein erhebendes Landschaftserlebnis.

Kloster St. Stephanos
▶ B 2

Tgl. 9–19.30, im Winter 9–18 Uhr, 150 000 Rl.
Qelisa-ye San Estepanos, die im Kern ältere der beiden Anlagen, steht etwa 150 km nordwestlich von Tabriz bei **Jolfa,** jener einst wohlhabenden Stadt, aus der Schah Abbas I. seinerzeit Zehntausende Armenier in seine neue Hauptstadt Isfahan holte (s. S. 360). Die Anfahrt erfolgt durch das Industriegebiet westlich von Tabriz über **Sufiyan,** vorbei an einer schön restaurierten Karawanserei, bis nach **Marand** und von dort Richtung Norden durch eine karge, von hohen Bergen gesäumte Ebene. Am Stadtrand von Jolfa geht es links ab am **Aras** entlang – dem Grenzfluss zur von armenischem Staatsgebiet umschlossenen aserbaidschanischen Enklave Nachitschewan. Man folgt, immer in Sichtweite der das Nordufer säumenden Bahnschienen und Wachttürme, der Talschlucht Richtung Westen. Nach 15 km eine Abzweigung, ein paar Serpentinen, vom Parkplatz ein kurzer, recht steiler Anstieg zu Fuß unter Bäumen, dann steht man vor einem mit Turmbastionen versehenen Schutzwall aus Bruchstein – der Klostermauer. Der Legende nach wurde der Grundstein für **Sdepannos Nachawega**
کلیسای سن استپانوس یا کلیسای استفانوس مقدس

Nordwestlich von Tabriz

(so der Ortsname auf Armenisch) im Jahr 62 n. Chr. durch den Apostel Bartholomäus gelegt. Für den Kern des heutigen Komplexes zeichnet als Bauherr angeblich ein armenischer König namens Ashot aus dem 9. Jh. verantwortlich. Die heutige Bausubstanz stammt jedoch zum überwiegenden Teil aus dem 16. Jh. und wurde nach Jahrzehnten des Verfalls in den letzten Jahren aufwendig restauriert, besonders schön die Klosterkirche mit ihrem gefältelten Dach über der Kuppel sowie den figuralen Reliefs und Flechtbändern an deren Tambour und an der Westfassade.

Steigt man den Hang dahinter ein Stück empor, hat man die Anlage vor dem Hintergrund mächtiger Felswände schön fotogerecht unter sich liegen.

Übernachten

Apartmenthotel – **Aras:** nahe Marzbanan Shahid Sq., Fahrtrichtung Jolfa, zweite Querstraße rechts, Tel. 041 4288 3634. Neuer Komplex in einem wenig charmanten Gewerbegebiet, aber praktisch am Stadtrand Richtung Kloster gelegen. Funktional, sauber, Abendrestaurant. EZ 1,6 Mio. Rl., DZ 2,3 Mio. Rl.
Gut brauchbar – **Jolfa Tourist Hotel:** Meydan Beheshti, Imam Khomeini Ave., Tel. 041 4202 2824, www.ittic.com. Dem Standard der staatlichen Jahangardi-Kette entsprechendes Haus, nichts Besonderes, aber ordentlich und praktisch. DZ 1,1 Mio. Rl.

Essen & Trinken

Bei Einheimischen beliebt – **Mega:** Resalat St., neben der Tankstelle, Tel. 041 2302 5358, 0914 898 7179, tgl. 12–22 Uhr. Sauberes Pavillonrestaurant an der Umfahrungsstraße von Jolfa, saftige Shishliks, Kebabs, Lammkeulen und mehr. Speisen ab 170 000 Rl.
Kaffee und Snacks – **Café Shaily:** direkt an der Straße am Ausgang der Aras-Schlucht, 13 km westl. von Jolfa am Freizeitkomplex mit Bootsteich und Lunapark, Tel. 0914 991 0508, tgl. 11–24 Uhr. Kebab, Pizza, Säfte, sehr guter türkischer Kaffee. Speisen 150 000–200 000 Rl.

Dramatisch in einer Schlucht gelegen: das Kloster St. Stephanos

Einkaufen

Zollfrei – Jolfa liegt in der **Freihandelszone von Aras.** In den riesigen Shoppingcentern lassen sich, wenn man denn will, Konsumgüter steuerbegünstigt kaufen.

Verkehr

Bahn: Tgl. Züge von Tabriz nach Jolfa.
Minibus: Sammeltaxis und Minibusse von und nach Marand (1 Std.), seltener auch Tabriz (2,5 Std.); empfehlenswert: die Fahrt mit Bus oder Taxi ostwärts durch das landschaftlich reizvolle Tal des Aras nach **Norduz,** zum Grenzübergang nach Armenien, hier auch Busverbindung nach Eriwan; reizvoll: die Weiterfahrt im Miettaxi bis Kaleybar, zur **Babak-Festung** (s. Aktiv unterwegs S. 204); unterwegs sehenswert: der historische Komplex von **Kordasht** mit seinem **Hamam-Museum.**

St.-Thaddäus-Kirche ▶ A 2

Tgl. 8–20, im Winter 9–18 Uhr, 150 000 Rl.
Die **Kelisa-ye San Tadeus,** der fast noch bedeutsamere der beiden christlichen Sakralbauten, steht noch ein Stück weiter von Tabriz entfernt, näher an der türkischen Grenze. In merkwürdigem Widerspruch zu ihrem cremefarbenen Äußeren, aber dem düsteren Marmor ihres Innenraumes entsprechend wird sie auf Azeri, dem regionalen Turk-Dialekt, als Qareh Kelisa, »Schwarze Kirche«, bezeichnet.

Sie birgt angeblich die geheiligten Gebeine ihres Namenspatrons, der in manchen Schriften als Judas Thaddäus bezeichnet wird und keineswegs eindeutig einer historischen Person zuzuordnen ist. Der Apostel soll der Legende nach, nachdem er vor den Christenverfolgern aus Palästina nach Armenien geflohen war, im Jahr 35 mit bloßer Glaubenskraft den kranken König Abgar von Edessa, der heute südostanatolischen Stadt Urfa, geheilt haben. Worauf der samt Hofstaat zum Christentum übertrat. Nach weiterer erfolgreicher Missionstätigkeit in der Region starb er, angeblich von der Hand heidnischer Priester, den Märtyrertod. Alljährlich Ende Juni/Anfang Juli, 15 Wochen nach dem durch den armenischen Kirchenkalender bestimmten Osterfest, ver-

Ost- und West-Aserbaidschan

sammeln sich noch heute Tausende Armenier aus Iran, ihrem benachbarten Stammland, aber auch aus der Diaspora in aller Welt zu Ehren des Heiligen an diesem entlegenen Ort. Drei Tage lang wird dann, in Zelten übernachtend, gemeinsam gebetet, aber auch ausgelassen gesungen und getanzt. Touristen haben dann keinen Zutritt.

Die »Schwarze Kirche« ist wie ihre enge Verwandte bei Jolfa mit Säulen, Bögen, Friesen und anderem steinernen Zierrat reich ornamentiert. Auch Reliefs von Apostel-, Engel- und Heiligenfiguren, Jagd- und Kampf- und sogar Liebesszenen schmücken ihr Äußeres. Der Bereich um den Altarraum, die Zeltkuppel und das Baptisterium stammen noch aus dem 14. Jh. Der Rest des Komplexes wurde später sukzessive erneuert und ausgebaut.

Eine Erwähnung wert ist der schlichte Steinbau, den man auf der Rückfahrt, 3 km hinter dem Dorf **Qareh Kelisa** قره کلیسا rechterhand auf einem Hügel stehen sieht. Es handelt sich um eine **Kapelle**. Sie markiert den Grabplatz einer Königstochter namens Sandokht, die angeblich gemeinsam mit Thaddäus für ihren Glauben starb und ebenfalls große Verehrung genießt.

Chaldiran ▶ A 2

Historisch Interessierten sei noch ein weiteres Ziel ans Herz gelegt: 30 Straßenkilometer westlich der »Schwarzen Kirche«, in der Gegend um die heutige Kleinstadt **Chaldiran,** auch **Siyah Chesmeh** سیه چشمه genannt, prallten im Jahr 1514 die Armeen des noch jungen Safawidenreiches und der Osmanen aufeinander. Die Schlacht endete in einer vernichtenden Niederlage der Perser und zeitigte in vielerlei Hinsicht weltpolitische Konsequenzen, die den Orient bis heute maßgeblich prägen (s. Thema S. 209).

Zur Erinnerung an das so folgen- wie opferreiche Ereignis hat man 4 km westlich von Siyah Chesmeh, in einer bukolischen Landschaft aus Feldern und Pappelalleen, auf halbem Weg zwischen den Dörfern **Gal Ashaqi** und **Sadal,** eine **Gedenkstätte** errichtet. Der kleine, aber feine Kuppelbau fungiert auch als **Mausoleum für Seyed Sadreddin** مقبره سید صدرالدین, den in der Schlacht gefallenen General und Großwesir von Schah Ismail I. An ihn erinnert vor dem Eingang eine goldfarbene Statue.

Essen & Trinken

Proviant – Wer die Tour von Tabriz aus unternimmt, sollte sich, da es rund um die Kirche und auf der letzten Autostunde dorthin keinerlei Läden gibt, mit Wegzehrung versorgen. Z. B. mit Lavashak, den lecker sauer-süßlichen, gewickelten Scheiben aus Kirschen- oder Pflaumenmus, die entlang der Fernstraße Marand–Maku, in Plastik gehüllt und daher auch länger haltbar, allenthalben an Straßenständen verkauft werden.

Verkehr

Taxi: Zur St.-Thaddäus-Kirche und nach Chaldiran gelangt man von Tabriz oder Maku aus mit dem Taxi. Zwei Routen stehen zur Auswahl: Von Tabriz kommend zweigt man bei **Qareh Ziyaeddin**, 110 km hinter **Marand**, westwärts Richtung Siyah Chesmeh ab, nach nochmals 50 km, kurz vor dem Dorf **Gharak Bolagh**, erneut, diesmal rechts Richtung **Shot**. Gut 2 km später führt links eine Stichstraße ans Ziel. Von Maku führt der Weg in einem Bogen über Shot nach Süden. Auch kann man vom Grenzort **Bazargan** aus in einer etwas längeren Schleife über Avaciq und Siyah Chesmeh hierhergelangen.

Maku ▶ A 1

Die entlang der Fernverkehrsstraße in ein enges Felstal geduckte Kleinstadt **Maku** ist in erster Linie als Zwischenstopp für Durchreisende in Richtung Türkei von Bedeutung. Die Grenze, hinter Bazargan, ist von hier nur 20 km entfernt.

Baghcheh-Jug-Palast

Einzige nennenswerte Sehenswürdigkeit ist der **Baghcheh-Jug-Palast** کاخ باغچه جوق. Der zweistöckige, auf ziemlich eklektische Weise halb-europäische, halb-persisch mit verspiegeltem Eingang ausgestattete und noch origi-

Die Schlacht von Chaldiran

In einem Hochtal hart an der Grenze zu Ostanatolien lieferten sich vor 500 Jahren Safawiden und Osmanen eine folgenreiche Schlacht. Der Triumph für die türkische Seite prägte nicht nur die Entwicklung des persischen Nationalstaates, sondern bis heute die der islamischen Welt insgesamt.

Aufmerksame Besucher des Chehel-Sotun-Palasts in Isfahan (s. S. 355) kennen die Szene: Da finden sich auf einem der monumentalen Wandbilder im Hauptsaal zwei Armeen in wildem Getümmel verkeilt – die Kämpfer der einen mit Pfeil und Bogen sowie Lanzen bewehrt, die der Gegner aber mit pittoresk rauchenden Feuerwaffen. Die dank des Schießpulvers übermächtigen Soldaten kämpften an jenem schicksalsträchtigen 23. August 1514 bei Chaldiran im Sold des osmanischen Sultan Selim I. Ihre Gegner, schiitische Glaubenskämpfer namens Kizilbasch, wurden angeführt von Ismail I., dem Begründer der persischen Safawiden-Dynastie. Dessen forsche Expansion Richtung Westen hatte Konstantinopel auf den Plan gerufen. Zumal sich diese politischen Emporkömmlinge aus osmanischer Sicht nicht nur anschickten, von ihrer ostaserbaidschanischen Heimat aus den gesamten fruchtbaren Halbmond zu erobern, sondern durch schiitische Missionierung den Großraum auch religionspolitisch zu destabilisieren.

Die Schlacht von Chaldiran bestimmte langfristig die Grenzverläufe wie auch die Glaubenslandschaft in ganz Vorderasien. Den Persern half ihre Niederlage paradoxerweise, einen kompakten Nationalstaat zu schaffen. Anstatt ein Riesenreich zu erobern, das über kurz oder lang wohl infolge von Überdehnung wieder zerfallen wäre, konnten sie ihre Kräfte zwecks Konsolidierung im Inneren bündeln. Nach Jahrhunderten von Fragmentierung und Chaos schufen sie auf persischem Boden einen theologisch-juristisch und verwaltungstechnisch fundierten Staat, dessen Umrisse und Selbstbewusstsein seither im Wesentlichen gleich geblieben sind. Indem die Safawiden die Zwölfer-Schia zur Staatsreligion machten, grenzten sie ihr Land zusätzlich von den feindlichen, durchweg sunnitischen Nachbarn ab. Dass sie dabei ihre eigenen, bis dahin mehrheitlich sunnitischen Untertanen mit brutalen Methoden zur Konversion zwangen, steht auf einem anderen Blatt.

Ebenso weitreichend war die Weichenstellung für das Osmanische Reich: Durch den Sieg hatte der Sultan sich die Kontrolle über den ostanatolischen Abschnitt der Seidenstraße und zugleich die gesamte östliche Flanke gesichert. Dies gab ihm freie Hand, schon 1517 das mamelukische Syrien und Ägypten zu erobern, und bald darauf weite Teile der Arabischen Halbinsel inklusive Mekka und Medina. Wodurch er für vier Jahrhunderte zum Schutzherren aller Sunniten aufstieg. Wichtiger aber noch: Weil das Reichsvolk, bis dahin mehrheitlich Christen vom Balkan, nunmehr überwiegend aus Arabern, strenggläubigen, traditionalistischen Muslimen, bestand, nahmen die Einflüsse aus dem damals schon viel innovativeren Europa ab. Und weil Konstantinopel sich um seine arabischen Gebiete, sieht man von der Steuereintreibung ab, wenig kümmerte, kam es dort, verkürzt gesagt, kaum zur Ausbildung staatlicher Strukturen. Die langfristige Folge: Etliche jener einstigen Randgebiete leiden bis heute, im Unterschied zu den soliden Nationalstaaten Türkei und Iran, fortgesetzt unter religiösen, ethnischen und tribalen Zerrissenheiten.

nal möblierte Bau stammt aus der Zeit um 1900 und war Sitz eines qadscharischen Militärgouverneurs. Er steht westlich des Neubaugebiets, 2 km südlich der Hauptstraße, in dem gleichnamigen Dorf und ist normalerweise als Museum zugänglich, zurzeit (2017) aber wegen Renovierung geschlossen.

Marienkapelle von Dzordzor ▶ A 1

Sehr lohnend ist ein Abstecher von Maku südwärts zur **Kelisa-ye Maryam Moqadas** کلیسای مریم مقدس. Die Anfahrt über das Dorf **Qareh Khaj** und die kurvenreiche Straße entlang Felswänden über einen 2400 m hohen Pass mit Blick auf den Ararat und später den **Barun-Stausee** bietet ein Landschaftserlebnis allererster Güte. Der Sakralbau selbst, ein Kreuzkuppelkirchlein, ist über 1000 Jahre alt und war Teil des im Mittelalter bedeutsamen Dzordzor- Klosters, das im Zuge der von Schah Abbas I. veranlassten Deportationen von Armeniern nach Isfahan zerstört wurde. Als man Ende der 1980er-Jahre den Fluss Zangmar, an dem es stand, staute, hat man die Reste Stein um Stein zerlegt und 600 m weiter oben wiederaufgebaut, gewissermaßen als ein kleines, christliches Abu Simbel.

Übernachten, Essen & Trinken

Guter Standard – **Maku Tourist Inn:** Imam Khomeini Str., im Ortszentrum, Tel. 044 3422 3185, www.ittic.com. Im Zweifelsfall, wie überall im Land, so auch hier eine sichere Bank: Die staatliche Jahangardi-Kette gewährleistet tadellose Unterbringung und Verköstigung, meist ohne Service-Feuerwerk, dafür erlebt man aber auch so gut wie nie einen vollständigen Reinfall. DZ 1–1,3 Mio. Rl.

Verkehr

Der **Grenzübertritt** erfolgt in der Regel rund um die Uhr problemlos binnen 1, 2 Std., Einreisebestimmungen s. S. 74. Bei der Ausreise ohne eigenes Fahrzeug fährt man von Maku im Sammeltaxi/Minibus bis zur Grenze (teilweise mit nochmaligem Umsteigen in Bazargan), quert diese zu Fuß und besteigt auf türkischer Seite den Minibus bis **Dogubayazit**. Dort, in 40 km Entfernung, gibt es die nächste Übernachtungsgelegenheit. Geldtausch von Rial in Lira bei ambulanten Wechslern möglich, aber zu miserablen Kursen.

Urartäische Festung bei Bastam ▶ B 2

Auf dem Rückweg Richtung Tabriz zweigt bei **Qareh Ziyaeddin** ein Sträßchen Richtung Westen ab. Nach 6 km stößt man neben einem Dorf namens **Bastam** auf die Überreste der Festung eines Volkes, das im Rückblick von heute allzu selten Beachtung findet. Die Urartäer, vermutlich ferne Nachkommen hurritischer Stämme, schufen gegen Mitte des 9. Jhs. v. Chr. im heutigen Dreiländereck von Türkei, Armenien und Iran, zwischen Van-, Sevan- und Orumiyeh-See, ein ausgedehntes Königreich mit einer hochentwickelten Kultur. Sie besaßen reiche Eisen- und Kupfervorkommen, betrieben mit Erfolg Fernhandel, aber auch Weinbau, Pferdezucht und Metallhandwerk, sie bauten kunstvolle Kanäle und prächtige Burganlagen. Und sie lagen im militärischen Dauerclinch mit den Assyrern.

Neben der Königszitadelle in der am Van-See gelegenen Hauptstadt Tushpa war die **Burg von Bastam** برج کاشانه بسطام شاهرود eine ihrer kolossalsten und diente der Verteidigung der Reichsgrenze gegenüber den aggressiven Nachbarn im Südwesten. Zu sehen sind heute nur noch Grundmauern und Steinwälle. Dennoch lohnt es sich, den Felsrücken, auf dem sie sich terrassenförmig hochziehen, zu besteigen: um die Aura des Ortes – der vermutlich um 590 von Skythen und Kimmeriern überrannt und zerstört wurde – zu erspüren, und wegen des schönen Blickes von der Kuppe auf das malerische Tal des Flusses Aq Chai.

Khoy ▶ A/B 2

Unterwegs im Drei-Städte-Eck Tabriz–Orumiyeh–Maku sollte, speziell wer ein Faible für die Poesie des Sufismus, der islamischen Mystik, hegt, in **Khoy** Station machen. In alter Zeit als Station an der Seidenstraße bedeutsam, wurde die Stadt später wegen ihrer Lage im Grenzraum zum Osmanischen und Russischen Reich zur Festung ausgebaut und immer wieder heftig umkämpft. Noch vor einer Generation zählte sie gerade einmal 60 000 Seelen. Inzwischen hat sich die Einwohnerzahl der Stadt verachtfacht – zu Lasten ihrer Attraktivität. Khoy, der Name bedeutet Salz und rührt von Lagerstätten im Umland her, besitzt einen hübschen, überdeckten **Basar,** eine im Kern über 1500 Jahre alte, dem hl. Serkis geweihte **armenische Kirche,** zwei, drei historische **Moscheen** und ein **stadtgeschichtliches Museum.**

Grab von Shams-e Tabrizi

Größte Sehenswürdigkeit ist aber das im nordwestlichen Bezirk gelegene **Aramgah-e Shams-e Tabrizi** آرامگاه شمس تبریزی. »Die Sonne von Tabriz«, wie ihn die Nachwelt nach seinem Geburtsort nannte, wirkte im frühen 13. Jh. als angesehener Mystiker. Über Irans Grenzen hinaus berühmt wurde er aber vor allem als spiritueller Lehrer und wohl auch persönlicher Freund von Rumi, dem unsterblichen Dichter. Die beiden weisen Männer sollen im zentralanatolischen Konya, der heutigen Partnerstadt Khoys, wo Rumi begraben liegt, für die Dauer von 40 Tagen in völliger Zurückgezogenheit meditiert und studiert haben.

Ungewöhnlich ist der **Turm** auf dem Grabgelände. Er ist, die eingemauerten Schafshörner weisen darauf hin, das Relikt eines von Schah Ismail I. erbauten Jagdpalasts.

Grab von Purya-ye Vali

Was selbst viele Iraner nicht wissen: In Khoy fand auch ein zweiter namhafter Sufi seine letzte Ruhe: **Purya-ye Vali,** auch für seine Kraft als Ringer legendär, lebte zur Zeit der Mongolenherrschaft. Er gilt bis heute vielen seiner Landsleute als Held und war Protagonist von TV-Serien und Filmen. An seinem **Grab** in der Kuchari-Straße خیابان شهید کوچری weisen ihn zwei Keulen, Fitnessgeräte aus den Zurkhaneh-Krafthäusern, post mortem als Mann von außergewöhnlicher Muskel- und Tugendkraft aus.

Übernachten, Essen & Trinken

Durchschnitt für die Durchreise – **Samin:** Ghorubi, Ecke Valiasr Blvd., Tel. 044 3625 3073-6, hotelsamin@yahoo.com. Eher gesichtsloses, aber komfortabel ausgestattetes Mittelklassehaus am südlichen Stadtrand, die Zimmer sind funktional, Lobby und Restaurant weiträumig und in Ordnung, großer Indoorpool, um die Ecke: der städtische Busterminal und mehrere Shoppingmalls. DZ ab 2,9 Mio. Rl.

Rund um den Orumiyeh-See

Orumiyeh ▶ A 4

Anstatt schnurstracks nach Tabriz zurückzukehren, sollte man über die Stadt **Salmas** nach **Orumiyeh** weiterfahren. Die Hauptstadt der Provinz West-Aserbaidschan, die vor 1979 vier Jahrzehnte lang Rezaiyeh hieß, präsentiert sich mit ihren rund 700 000 Einwohnern sehr einnehmend und offen. Als betriebsamer Wirtschaftsstandort profitiert sie von der intensiven Landwirtschaft der Region, vor allem dem intensiven Obstanbau, sowie der nahen Grenze zur Türkei. Die auf 1300 m Seehöhe gelegene Stadt, deren Siedlungsgeschichte bis ins 2. Jt. v. Chr. zurückreicht, besitzt eine Universität und eine beachtliche Nahrungsmittelindustrie. Auch aus touristischer Perspektive ist sie attraktiv.

Zu entdecken gibt es einen ausgedehnten, quirligen **Basar,** der, mehrheitlich aus safawidischer Zeit stammend, auch architektonisch beeindruckt. An seinem östlichen Rand erhebt sich die im Kern seldschukische **Freitagsmoschee** مسجد جامع ارومیه mit einem feinen Stuck-Mihrab aus mongolischer Zeit. Und fünf Gehminuten südlich steht auf einer runden Freifläche zwischen Janbazan- und Rahnemaiy-Straße ein ebenfalls seldschukischer, mit der für dieses turkstämmige Volk typischen Ziegelornamentik versehener Grabturm, genannt **Se Gonbad** برج سه گنبد (tgl. 9–19 Uhr).

Ost- und West-Aserbaidschan

ZU DEN KIRCHEN DER ASSYRER

Die **Assyrische Kirche** führt sich auf das Wirken des Apostels Thaddäus zurück und rechnet sich zu den nach Jerusalem und Antiochia ältesten Kirchen der Welt. Sie wird auch »Kirche des Ostens« genannt, weil sie ab dem 3. Jh. im Sassanidenreich vom Sitz ihres Bischofs in Ktesiphon aus für alle Christen östlich der Grenze des Römischen Reiches zuständig war. Vor Ausbruch des Ersten Weltkriegs lebten im Gebiet des heutigen Nordwestiran, Nordirak und Ostanatolien geschätzt 600 000 Assyrische Christen. Vermutlich fast die Hälfte von ihnen fiel in den Jahren ab 1914, ähnlich wie die Armenier, von der osmanischen Armee begangenen Massakern zum Opfer. Vor der Revolution von 1979 waren in Iran etwa 200 000 »Assyrer« beheimatet. Seither ist ihre Zahl auf ein Zehntel geschrumpft. In Orumiyeh sind es noch rund 5000.

In der gleichnamigen Provinz stehen noch an die 80 ihrer zwischen dem 4. und 7. Jh. erbauten Gotteshäuser. Einige besonders schöne oder bedeutende, darunter die Kirchen der Hll. Georg und Bacchus (Mar Sarkis und Bagos) in **Sir** سير, des Hl. Georg (Gevargis) in **Sopurghan** سپورغان, des Hl. Johannes (Yokhanah) in **Gavilan** گولان oder des Hl. Thomas (Tuma) in **Balulan** بالولان, lassen sich bequem auf einer Tagesfahrt von Orumiyeh aus besichtigen. An frühchristlicher Geschichte und Architektur Interessierte können sich vorab an Reverend **Daryaoush Azizian** wenden. Er hat sein Büro im Komplex der Marienkirche in Orumiyeh, spricht selbst Englisch und vermittelt englischsprachige Guides für einschlägige Exkursionen. **Kontakt:** Tel. 0914 145 1008, gashaeilosh@yahoo.com.

Orumiyeh-Museum
Tgl. 9–19 Uhr, 150 000 Rl.
Eine anregende Stunde verspricht das im Villenviertel gelegene, reich bestückte und didaktisch ansprechend gestaltete **Muze-ye Orumiyeh** موزه ارومیه. Herausragend sind, neben hochkarätigem Kunsthandwerk aus dem 18. und 19. Jh., seine vor- und frühgeschichtlichen Exponate, darunter Keramiken, Rollsiegel, Goldschmuck und, als Highlight, die Kel-i-Schin-Stele, auch bekannt als »Blauer Stein«. Dieser stand, ehe er Anfang der 1980er-Jahre vor den Kampfhandlungen des Golfkriegs hierher in Sicherheit gebracht wurde, etwa 2800 Jahre lang als Markstein auf einem Pass nahe der irakischen Grenze. Seine zweisprachige Inschrift berichtet auf Assyrisch und Urartäisch von der rituellen Reise eines Königs von Urartu und ermöglichte Spezialisten erstmals zumindest in Teilen eine Entzifferung dieser rätselhaften Sprache.

Marienkirche
Tgl. 8 Uhr bis Einbruch der Dunkelheit, 20 000 Rl.
Ein touristisches Alleinstellungsmerkmal Orumiyehs, so würden es Marketingbeauftragte formulieren, liegt in seinem christlichen Erbe. Noch um 1900 stellten Christen fast die Hälfte der Stadtbevölkerung. Neben Armeniern, Nestorianern und Chaldäern waren dies vor allem auch Angehörige der Assyrischen Kirche (s. Tipp oben). Deren Marienkirche, die **Kelisa-ye Hezrat-e Maryam** کلیسای حضرت مریم, steht

Rund um den Orumiyeh-See

in der Khayam-Straße, nahe der Khomeini-Allee. Sie gilt nicht nur als älteste Kirche Irans, sondern als eine der ältesten der Welt überhaupt. Von der Kirchengemeinde abgestellte Guides erklären, sie sei vom Apostel Thomas gegründet worden, und im Boden unter ihr habe einer jener Magi, zoroastrischen Priester, die man im Abendland als Heilige Drei Könige kennt, nach der Rückkehr aus Bethlehem seine letzte Ruhe gefunden. Einiges spricht dafür, dass der Kern ihres Unterbaus, möglicherweise die noch heute gut sichtbaren Gewölbe, tatsächlich aus dem 2. Jh. stammt und über einem Feuertempel errichtet wurde. Der schlichte, kubische Oberbau ist deutlich jünger. Angeblich finanzierte eine chinesische Prinzessin im 7. Jh. die Erweiterung. Das Gotteshaus zur Linken hingegen mitsamt dem Vierkantturm ist ein Neubau aus den 1960er-Jahren.

Infos

Im Internet: www.urmiachto.ir. Ungewöhnlich professionelle, übersichtlich gestaltete, englischsprachige Website zur Stadt Orumiyeh und Provinz West-Aserbaidschan

Übernachten

Ruhig und elegant – **Park:** Imam St., Tel. 044 3224 5926, www.parkhotel.com. Gehoben-repräsentatives Haus in einer ruhigen Sackgasse nahe dem Basar, großzügige Lobby mit integriertem kleinem kulturgeschichtlichem Museum, geräumige Zimmer, professioneller Service, Restaurant und auch italienisches Fast-Food. EZ 2,65 Mio. Rl., DZ 3,3 Mio. Rl.

Geblümter Komfort – **Tourist Inn:** Kashan Ave., Tel. 044 3222 2230, www.ittic.com. Nicht von den grellbunten Sitzgruppen in der Lobby abschrecken lassen: Hier wohnt man tadellos. Parkplatz, Gym, Billardraum, Coffeeshop, traditionelles Restaurant … alles da. EZ 1,9 Mio. Rl., DZ 2,4 Mio. Rl.

Antiquiert, aber sympathisch – **Dariya:** Tarzi St., Tel. 044 3222 9962. Die Zimmerausstattung ist spartanisch, manches Bad renovierungsbedürftig, dafür die Lobby mit Ledersesseln und Aquarium recht wohnlich, das Frühstück im Souterrain okay und die Lage in Gehweite zur Marienkirche praktisch. DZ 1,4 Mio. Rl.

Befriedigend – **Ana:** Kashani St., Tel. 044 3345 3314-7. Sauberes, nettes Zweisternehaus nahe dem Stadtzentrum, nicht zu verwechseln mit dem gleichnamigen 21-stöckigen Fünfsternehaus am südwestlichen Stadtrand. EZ 960 000 Mio. Rl., DZ 1,3 Mio. Rl.

Essen & Trinken

Einladend – **Flamingo:** Kashani St., Tel. 044 3346 1177, tgl. 12–16, 19–24 Uhr. Jede Menge saftiger Kebabs, gute Salatbar und türkische Süßigkeiten, angenehmes Ambiente, an der Wand: Video-Screen mit News von Press-TV. Hauptspeisen 130 000–300 000 Rl.

Bodenständig – **Aftab:** Kashani St., neben Hotel Ana, Tel. 0914 8184 136, tgl. 12–24 Uhr. Souterrainlokal mit gutem Standard für Kebabs, Lammkeule, Forelle, Suppen und Salate. Gerichte ab 130 000 Rl.

Pizzeria – **Pizza 81:** Kashani St., neben Hotel Ana, Tel. 044 3222 2290, tgl. 11–24 Uhr. Nomen est omen: große Auswahl an üppig belegten Pizzas, auch vegetarisch. Ab 120 000 Rl.

Verkehr

Flug: Von Orumiyehs **Airport** (OMH) starten täglich zwei Flüge nach Teheran.
Bus: Vom zentralen **Terminal** am Nordostrand der Stadt verkehren täglich Busse nach Van in der Türkei, Erbil im kurdischen Teil Iraks, nach Tabriz (über die quer durch den See führende Brücke in ca. 1,5 Std.), nach Teheran und in alle großen Städte West-Irans.

Orumiyeh-See ▶ B 3/4

Eine dramatische Entwicklung hat in letzter Zeit jener See genommen, von dessen Westufer Orumiyeh etwa 15 km entfernt liegt, und dem es vermutlich seinen Namen verdankt (*ur* bedeutet auf Aramäisch »Stadt« und *mia* »Wasser«). Extrem salzhaltig und abflusslos, war der **Orumiyeh-See** noch um die Jahrtausendwende mit einer Fläche von etwa 6000 km^2 zehnmal größer als der Bodensee. Inzwischen ist er, obwohl als Biosphärenreservat geschützt, infolge menschlichen Missmanagements auf einen Schatten seiner selbst geschrumpft. Ein Nebeneffekt dieser

Ost- und West-Aserbaidschan

Picknick mit mehr als einer Prise Salz am Ufer des Orumiyeh-Sees

dramatischen Umweltkatastrophe (s. Thema S. 26), die stark an das Schicksal des Aral-Sees in Zentralasien erinnert, ist, dass dieses einzigartige Großbiotop seine ökotouristische Anziehungskraft völlig eingebüßt hat. Wo früher zur Freude von Hobbyornithologen aus der ganzen Welt massenweise Zugvögel im seichten Wasser staksend nach Salinenkrebsen suchten, erstreckt sich heute weiße Salzwüste. Einst populäre Ferienanlagen – markantestes Beispiel: der Hotelkomplex von Bari bei Qushchi – liegen infolge des Zurückweichens der Uferlinie brach oder wurden ganz geschlossen. Und auch die unter Naturschutz gestellten **Inseln** wie **Ashk** oder **Kabudan,** auf denen Kolonien seltener Gazellen, Mufflons und Großvögel leben, sind mit den früher viel frequentierten Ausflugsbooten über den nunmehr versumpften Seeboden kaum mehr erreichbar.

Ein historisch interessantes Detail: Auf der einstigen **Halbinsel Shahi** soll Hülägü, der Enkel Dschingis Khans und Gründer der Ilkhaniden-Dynastie, den Reichsschatz aufbewahrt haben und 1265, dem damaligen erbarmungslosen Brauch gemäß, mitsamt all seinen Frauen begraben worden sein. Durch archäologische Funde belegt hat man die Annahme bislang allerdings nicht.

Hügel von Hasanlu ▶ B 5

Tgl. 9–19 Uhr, 150 000 Rl.

Von Orumiyeh südostwärts fahrend durchquert man, noch am Westufer des Sees, ein Gebiet, das schon in sehr früher Zeit dicht besiedelt war. Als ergiebigster Fundort der hier verbreiteten sogenannten frühtranskaukasischen Kultur entpuppte sich der 5 km nördlich der Ortschaft **Naqadeh** gelegene **Hasanlu Tepe** تپه حسنلو. In seiner Erde bargen iranische und amerikanische Archäologen Belege für eine Besiedlung vor 8000 Jahren. Den Hauptfund bildeten die Relikte einer im 11. Jh. v. Chr. von den Mannäern, einem aus Südrussland stammenden Reitervolk, erbauten Zitadelle. Sie wurde um 800 vermutlich von den Urartäern (s. S. 210) überrannt und fortan als Militärstützpunkt genutzt. Die Reste ihrer mit Wachtürmen bestückten Ring-

Rund um den Orumiyeh-See

mauer hat man mit Lehmverputz vor Wind und Wetter geschützt, ebenso die über das zentrale Plateau verstreuten Gebäudereste aus mannäischer Zeit – u. a. die Grundmauern einer Palast- und einer Tempelanlage sowie mehrere Stelen.

Der 25 m hohe Tepe enthielt eine Reihe kostbarer Schalen und Trinkgefäße aus Glas, Silber und Gold, deren Großteil heute im Teheraner Nationalmuseum zu bewundern ist. Doch auch das an der Ostseite des Grabungsgeländes, unten an der Straße eingerichtete kleine **Museum** – hier kauft man auch die Tickets – birgt sehenswerte Fundstücke.

Verkehr

Anfahrt nur im **eigenen Pkw** bzw. **Miettaxi**, Zufahrt schlecht beschildert. 64 km nach Orumiyeh nach der Tankstelle rechts abbiegen, 5 km nach der großen Zuckerfabrik nach links, von dort sind es noch ca. 4 km.

Nach Maragheh ▶ B/C 4/5

Der Weg führt nun zunächst in Richtung Tabriz, vorbei an **Mahabad**. Die Stadt fungierte 1946 als Hauptstadt einer Republik Kurdistan, die allerdings nur elf Monate lang Bestand hatte. In **Bonab** lohnt die **Freitagsmoschee** مسجد مهرآباد aus safawidischer Zeit einen Stopp. Den flachen Ziegelbau überragt ein Minarett mit türkisblauer Fliesenverkleidung. Innen ziehen die reich mit Schnitzwerk versehenen hölzernen Säulenkapitelle und Deckenbalken die Blicke auf sich.

Eigentliches Ziel dieses Abstechers Richtung Nordosten ist jedoch **Maragheh**: Der Grundstein für dieses südlich des Vulkanriesen Kuh-e Sahand in einer fruchtbaren Ebene gelegene Städtchen wurde vermutlich in sassanidischer oder gar schon parthischer Zeit gelegt. In die Geschichtsbücher ging es in der zweiten Hälfte des 13. Jhs. als Residenz Hülägüs ein, des Enkels von Dschingis Khan. Der Begründer der mongolischen Ilkhaniden-Dynastie plante, nachdem er 1256 Bagdad erobert und zerstört hatte, diesen »Ort der Viehweide« nicht nur zum neuen Zentrum der Macht, sondern auch des Geistes auszubauen. Ein Vorhaben, das seine Nachfolger auf Tabriz und Soltaniyeh übertragen sollten. Bei aller Blutrünstigkeit, die Hülägü als Schlachtenführer an den Tag legte, war er gleichzeitig religiös tolerant und den Wissenschaften gegenüber aufgeschlossen. Unter seiner Herrschaft verlegte der Patriarch der Nestorianer seinen Sitz vom Ufer des Tigris nach Maragheh, erfolgte die Gründung mehrerer Kirchen und Klöster.

Vor allem ließ Hülägü aber das legendäre **Observatorium Rasad-e Khan** erbauen. Dort wirkte, neben islamischen, christlichen und chinesischen Wissenschaftlern, der brillante Nasir ad-Din Tusi als Hofastronom. Er berechnete, Jahrhunderte ehe man in Europa überhaupt erkannte, dass die Erde rund war, mit erstaunlicher Präzision deren Durchmesser und erarbeitete eine Sternkarte, die noch das Werk von Kopernikus beeinflusst haben soll. Von der vierstöckigen Sternwarte, der zugehörigen Akademie und der reich bestückten Bibliothek sind nur noch spärliche Grundmauern erhalten. Sie werden durch eine Plastikkuppel vor Wind und Wetter geschützt. In Fortführung der ehrwürdigen Tradition betreibt die örtliche Universität seit 2003 ein Forschungsinstitut für Astronomie und Astrophysik.

Gonbad-e Sorkh

Nach wie vor zu besichtigen sind hingegen vier Grabtürme aus dem 12. und frühen 14. Jh. Der älteste der von Kunsthistorikern viel gepriesenen Ziegelbauten, die ganztägig frei zugänglich sind, ist der 1147 über quadratischem Grundriss erbaute **Rote Turm** گنبد سرخ. Er steht, heute etwas versteckt zwischen Kashani- und Umfahrungsstraße, im Südosten der Altstadt in einem gepflegten Rosengarten. Die Fassade schmücken wunderschöne, aus Ziegeln und einzelnen farbigen Fayencestücken zusammengesetzte Ornamente. Sein Bauherr, ein aserbaidschanischer Regent, ließ den Grabturm so anlegen, dass seine Achsen exakt in die vier Himmelsrichtungen weisen. Durch das Fenster auf der Südseite das Tambours werden die Sonnenstrahlen an Nowruz, dem 21. März, zur Mittagsstunde genau in die Mitte des Eingangsportals gelenkt.

Ost- und West-Aserbaidschan

Gonbad-e Kabud
Im Herzen des Stadtzentrums, an einer Seitengasse der Ohadi-Straße, findet sich der auf das Jahr 1197 datierte **Blaue Turm**. Der achteckige Bau, der einst ein Kegeldach trug, ist ebenfalls filigran verziert. Mathematisch Interessierte wird faszinieren, dass die Fliesenmosaike an der Fassade eine starke Ähnlichkeit mit sogenannten Penrose-Parkettierungen aufweisen: unendlichen, sich in ihrem Grundschema nicht wiederholenden, lückenlosen Mustern, deren hochkomplexe Konstruktion Künstler der islamischen Welt offensichtlich beherrschten, die aber die moderne ›westliche‹ Wissenschaft erst seit Kurzem auch mathematisch begründen kann.

Borj-e-Modavvar
Äußerlich viel schlichter ist der unmittelbar benachbart stehende **Runde Turm** von 1167, der ursprünglich ebenfalls von einem Kegeldach bekrönt war. Aus türkisblauen Fliesen zusammengesetzte Kufi-Inschriften zieren das Eingangsportal.

Gonbad-e Qafariyeh
Nummer vier, der in mongolischer Zeit (14. Jh.) errichtete, quadratische **Gonbad-e Qafariyeh,** erhebt sich im Westen der Stadt am Flussufer inmitten eines kleinen Parks. Auch hier wurden zum Schmuck der Ziegelfassade leuchtend türkisblaue Fliesen verwendet.

Marageh-Museum
Tgl. 9–18 Uhr, 150 000 Rl.
Unbedingt einen Besuch abstatten sollte man dem **Muze-ye Maragheh** موزه مراغه. Es ist schwerpunktmäßig der Ära der mongolischstämmigen Ilkhaniden gewidmet. In gut ausgeleuchteten Vitrinen unter einem stilisierten Jurtenzelt präsentiert es, didaktisch sehr gelungen, eine beachtliche Sammlung von Keramiken, Fliesen, Metallarbeiten und Dokumenten. Beschriftet sind die Exponate allerdings leider nur auf Farsi.

Die modernistische Betonkonstruktion im Garten dahinter ist das **Grabmal von Ohadi Maraghehi,** einem hochgeschätzten Sufi-Dichter aus dem frühen 14. Jh.

Infos
Büro der Kulturbehörde (Miras Farhangi): im Maragheh-Museum (s. unten). Touristische Informationen und Vermittlung von Guides.

Übernachten
Gepflegt – **Maragheh Grand Hotel:** Shekari Blvd., nahe Gaz Sq., Tel. 041 3745 7650-9, www.maraghehotel.net. Das Attribut »Grand« mag etwas hochtrabend sein, doch hinter der modernistischen Betonfassade, auf der noch der alte Name »Darya« prangt, verbirgt sich ein angenehmes Viersternehaus. Sauberkeit, Service, Restaurant – alles über Durchschnitt. EZ 2,4 Mio. Rl., DZ 3,14 Mio. Rl.

Essen & Trinken
Standardkost – Mehrere namenlose, aber passable Esslokale reihen sich entlang der Khomeini- und der Taleqani-Straße.

Verkehr
Flug: Vom lokalen **Airport** (ACP) starten mehrmals wöchentlich Flüge nach Teheran.
Bahn: Der **Bahnhof** liegt am Südrand des Stadtzentrums; mehrmals tgl. Verbindungen nach Tabriz bzw. Zanjan/Teheran.
Bus: Vom **Terminal** 4 km südwestlich der Stadt verkehren regelmäßig (Mini-)Busse nach Bonab (dort umsteigen nach Takht-e Soleyman), Tabriz, Miyandoab und Teheran.

Zum Takht-e Soleyman

Eine der imponierendsten archäologischen Stätten des Nordwestens liegt fernab aller größeren Städte ca. 230 km südöstlich von Maragheh: Takht-e Soleyman, der »Thron des Salomon«. Von Maragheh zurück in **Bonab**, folgt man der Hauptstraße über Miyandoab Richtung Bijar und Hamadan. In **Miyandoab** passiert man linker Hand ein riesiges Armeegelände mit Bunkern und massenhaft schweren Waffen. Die Imam-Reza-Kaserne war eine zentrale Ausbildungsstätte für Rekruten während des Irak-Krieges und nimmt in der militärischen Infrastruktur Irans bis heute eine Schlüsselposition ein.

Zum Takht-e Soleyman

Bald darauf führt die Route durch ausgedehnte Rebflächen. Es ist das ursprüngliche Anbaugebiet der Shiraz-Traube, ehe man sie, sehr früh schon, weiter südlich, in die Provinz Fars verpflanzte. Einen spektakulären Blickfang markiert in **Shahin Dez** ein mächtiger Adler, der über einem Kreisverkehr seine goldenen Schwingen erhebt. Die Region, deren Bewohner übrigens ein spezielles Idiom namens Azadi sprechen, einen Mix aus Azeri-Türkisch und Kurdisch, bildete zur Zeit der Sassaniden immer wieder, etwa in den Kriegen gegen die Römer, einen Brennpunkt des Geschehens. Das Denkmal ist als Reverenz an deren Wappentier, den König der Lüfte, zu verstehen.

In der bereits vorwiegend von Kurden bewohnten Kleinstadt **Takab** schließlich, in der man sein Nachtquartier aufschlägt, biegt man nach Norden ab. Eine gute halbe Autostunde später rollt man durch herrliche Vulkanlandschaft. Am Ende eines über 2000 m hohen, von Sinterhügeln und Quellseen durchsetzten Tales führt die Asphaltstraße direkt auf eine von einer mächtigen Bruchsteinmauer umgebene Anhöhe zu: die UNESCO-Welterbestätte **Takht-e Soleyman** تخت سلیمان.

⭐ Feuerheiligtum  ▶ D 5

Tgl. 8–20, im Winter 8–18 Uhr, 200 000 Rl.

Schon zur Zeit der Achämeniden gab es auf dem Kalkplateau, in dessen Mitte ein 60 m tiefer, türkisfarbener, von einer 21 °C warmen, artesischen Quelle gespeister **Kratersee** liegt, eine Siedlung.

Die Sassaniden unterhielten hier ab dem 5. Jh. eines ihrer vier zentralen **Feuerheiligtümer.** Adur Gushnasp, das »Feuer der Könige und Krieger«, wurde durch eine ovale, über 10 m hohe und mit 38 Türmen verstärkte Festungsmauer geschützt. Man nimmt an, dass die Sassaniden-Schahs nach ihrer Krönung in Ktesiphon am Tigris hierherkamen, um die Weihe der Götter zu empfangen und sich dem Ritteradel zu präsentieren.

Der Ort hat noch heute eine herrlich archaische Aura. Man betritt ihn durch ein Tor an der Südseite. Das dahinter gelegene Ruinengelände umfasst neben den Grundmauern etlicher Wohn- und Vorratsgebäude, Archive und Schatzkammern die Fragmente des eigentlichen **Tempelbereichs.** Dieser war in zwei Bezirke gegliedert – einen größe-

In Sichtweite von »Salomons Thron« erhebt sich der Bergkegel Zendan-e Soleyman

ren, für das Volk zugänglichen im Osten, und einen kleineren, der Königsfamilie und den engsten Angehörigen des Hofes vorbehaltenen im Westen. Eindrucksvoll sind die Reste, massive Ziegelmauern, des zentralen **Feuertempels,** eines ursprünglich überkuppelten Vierbogenbaus (Chahartaq).

Im späteren 13. Jh. ließ der Ilkhaniden-Herrscher Abaqa Khan über der weitgehend verlassenen und zerstörten Anlage einen **Jagdpalast** errichten, wobei man einige Restelemente des sassanidischen Heiligtums, etwa dessen monumentale Iwane, in den Bau miteinbezog. Der opulente Dekor, metallisch schimmernde Fliesen in Blau- und Türkistönen, mit einer Goldschicht und floralen Ornamenten, Tier- und Fabelwesen versehen, wurde vor Ort in einer seinerzeit weithin berühmten Keramikmanufaktur hergestellt. Im Zentrum der Palastanlage lag der Quellsee, den weitläufige Arkadengänge umschlossen.

Doch von der ganzen Pracht, der vorislamischen wie der mittelalterlichen, blieben nur Mauer-, Pfeiler- und Gewölbereste erhalten – Ruinen, die in den 1960er- und 1970er-Jahren von deutschen Archäologen minutiös erforscht und dokumentiert wurden. Einige Fundstücke sind, gemeinsam mit großformatigen Fotos der Stätte, in einem zum **Museum** umfunktionierten Gebäude an der Westseite des Quellsees zu sehen.

Zendan-e Soleyman ▶ D 5

In Sichtweite der Ruinenstätte, gut 3 km westlich, ragt über 100 m hoch der **Zendan-e Soleyman** (»Salomons Gefängnis«) aus dem im Herbst und Winter weitgehend kahlen, im Frühjahr jedoch wunderschön zartgrünen Hochland. Die Spitze dieses aus mineralischen Ablagerungen gebildeten Bergkegels ist von Gebäuderesten umkränzt. Sie dürften, so vermutet man, bereits vor mehr als zweieinhalb Jahrtausenden bestanden haben, zur Zeit der Meder bzw. der Mannäer, eines damals in der Region sesshaftens, bis heute recht rätselhaften Volkes mit eigenem Königreich. Vermutlich handelt es sich um ein Heiligtum, das später zu einer Wehrsiedlung umfunktioniert wurde. Der markante Gipfel, zu dessen Füßen ein hübsches, kurdisches Dorf liegt, kann, festes Schuhwerk vorausgesetzt, erklommen werden. Insbesondere im nachmittäglichen Schräglicht eröffnet er eine ideale Fotoperspektive auf Takht-e Soleyman.

Übernachten

... in Takab:

Neu und ganz nett – **Takht-e Soleyman:** Imam Khomeini St., nahe Imam Ali Sq., Tel. 044 455 36 753-6, 0914 382 3127. Kein Ausbund an Gemütlichkeit, aber doch eine ernst zu nehmende Konkurrenz für das Ranji, den langjährigen Platzhirschen. Seit der Eröffnung im Winter 2016 sorgt der Besitzer, Hr. Abadi, für aufmerksame Betreuung und sauberen Service, auch ein Restaurant und sogar ein kleines Kino sind vorhanden. DZ 1,45 Mio. Rl.

Für eine Nacht okay – **Ranji:** Enghelab St., nahe Ghaem Sq., Tel. 0482 522 3179, 0914 181 2432. Lange Jahre die einzige Möglichkeit zur Übernachtung, ruhten sich die Betreiber offenbar auf dem Monopol aus und ließen ihr Haus ziemlich verkommen. Entsprechend freudlos ist die Ausstattung. Immerhin: die Preise sind fair, die Bedienung nett und die Küche des zugehörigen Restaurants sehr in Ordnung. EZ 830 000 Rl., DZ 1,2 Mio. Rl.

Essen & Trinken

... in Bonab:

Kebab vom Feinsten – **Rahgozar:** Imam St., Basij Sq, gegenüber dem Autogeschäft Iran Khodro, Tel. 0914 420 02 00, tgl. 10–21 Uhr. Das Städtchen Bonab wird von zweibeinigen Karnivoren weithin für seine besonders guten Kebabs gerühmt. Dutzende Lokale haben sich auf die Spießchen gegarten Lammfleischs spezialisiert. Eine Spitzenadresse für den Geschmackssinn ist z. B. dieses unscheinbare Lokal gleich an der Ortseinfahrt. Kebabs ca. 150 000–200 000 Rl.

... in Takab:

Schmuck und gut – **Yas:** Takht-e Soleyman Blvd., vis-à-vis der Imani-Tankstelle, Tel. 0914 984 4853, tgl. 11–23 Uhr. Feine Kebabs, Forelle, Ghorm-e Sabzi, verschiedene Khoreshts. Hauptgerichte ab 150 000 Rl.

Zum Takht-e Soleyman

ZIWIYEH-FESTUNG UND KARAFTU-HÖHLE

Etwa 65 km südwestlich von Takab, 55 km östlich von Saqqez und 160 km nördlich von Sanandaj befindet sich ein sagenhafter archäologischer Fundort: Viel wurde spekuliert über die **Festung von Ziwiyeh** تپه قلعه زيويه, die hier in 1850 m Seehöhe auf einer Felskuppe über dem gleichnamigen Dorf thront. Umso mehr, nachdem kurz nach 1945 in unmittelbarer Nähe – manche Quellen sagen, durch Raubgrabungen, andere, durch einen Zufallsfund von Hirten und wieder andere, infolge eines Unwetters, das Erdreich abtrug – ein Schatz ans Tageslicht kam. Er umfasste einen bronzenen Wannensarkophag und eine Vielzahl kostbarer, in verschiedenerlei Stiltraditionen gefertigter Objekte aus Gold, Silber, Elfenbein und Eisen, die – auf welche Weise auch immer – rasch ihren Weg in diverse europäische Spitzenmuseen fanden. Einen beträchtlichen Teil zumindest konnten die iranischen Behörden für ihr Nationalmuseum in Teheran sicherstellen.
Bei der Burg dürfte es sich, so viel scheint festzustehen, um eine Anlage aus mannäischer Zeit, also dem 8. bis 7. Jh. v. Chr. handeln, die später eventuell von den Skythen übernommen wurde. Wie an so vielen Grabungsorten, würde es der sachverständigen Fantasie eines Archäologen bedürfen, um sich das einstige Aussehen der Anlagen etwas konkreter vorstellen zu können. Andererseits macht genau das Offene, Unorganisierte des Ortes seinen Charme aus. Man parkt an der Landstraße, folgt einem kleinen Wegweiser auf schmalem Wiesenweg hügelan. Oben dann: steinerne Treppen, die spärlichen Reste des Eingangsportals, die Grundmauern aus Lehm des in drei Etagen angelegten Palasts – alles frei zugänglich, ohne jegliche touristische Infrastruktur, dafür untrüglich mit der Aura eines geschichtsträchtigen Ortes und einen herrlichen Rundblick auf das weitgehend menschenleere Hügelland bietend.
Ein weiteres Highlight der Gegend ist, 25 km weiter östlich und frei zugänglich, **Ghar-e Karaftu** غار كرفتو, eine 500 m lange Abfolge mehrheitlich von Menschenhand in den weichen Felsen getriebener Kammern und Korridore. In der frühen Antike fanden sie, so lassen griechische Inschriften vermuten, als Kulträume Verwendung.
Verpflegung und Unterkunft in Saqqez, der nächsten größeren Stadt: **Pershang,** Divandarreh St., an der Einfahrt von Sanandaj kommend rechter Hand vis-à-vis dem Pasdaran-Gelände, Tel. 087 3625 0955, tgl. 9–24 Uhr. Kebabs, Khoreshts, Hühnchen mit Reis, serviert auf Takhts, sehr preiswert und schmackhaft. Ab 140 000 Rl. 2100 m weiter stadteinwärts: das passable **Hotel Maad,** Tel. 087 3624 3692. EZ 1 Mio. Rl., DZ 1,2 Mio. Rl.

… nahe Takht-e Soleyman:
Herzhaft und alternativlos – **Omid:** Tel. 044 4544 4455, tgl. 7.30–21 Uhr. Einen Preis für Eleganz oder Kuscheligkeit bekommt diese Kalorientankstelle nicht. Wozu auch? Sie ist die einzige im Nahbereich (6 km) von Takht-e Soleyman und das Essen schlicht, aber gut. Ein Indiz dafür: Auf den Stahlrohrstühlen unter Neonleuchten genießen die Arbeiter der nahen Zarshouran-Goldmine werktags ihre Kebabs oder Grillhühner, täglich andere Spezialitäten. Hauptgerichte 120 000–160 000 Rl.

Die Zagros-Provinzen

Irans mittlerer Westen, ein naturbelassenes Berg- und Hügelland, ist die Heimat stolzer Völker wie der Kurden und Luren. Obwohl uraltes Siedlungsgebiet und daher eine Schatztruhe für Archäologen, ist es touristisch über weite Strecken noch wenig erschlossen. Mit den Felsreliefs von Taq-e Bostan und Bisotun, der Festung von Khorramabad oder Hamadan, der einstigen Hauptstadt der Meder und Perser, warten jedoch spektakuläre Höhepunkte.

Provinz Kordestan

Der Weg aus dem westlichen Aserbaidschan Richtung Süden führt in ein fruchtbares, in seiner Weite beeindruckendes Berg- und Hügelland – die **Provinz Kordestan.** Grandiose Paläste, Moscheen oder Residenzstädte sucht man hier vergebens. Die Region ist ein Stammesland, geprägt von rauem Klima, bis in die jüngsten Jahrzehnte von seiner Unzugänglichkeit, und seit jeher vom Unabhängigkeitswillen seiner Bewohner. Die sind mehrheitlich kurdischer Abstammung und Sunniten. Die Männer tragen noch die traditionellen weiten Pumphosen samt zugehörigem Kummerbund und dem fransigen Turban, ihre Frauen die farbenfrohen Kleider, Schals und Überwürfe. Und auffallend selten schwarze Tschadore.

In der Provinz lebt etwa ein Drittel der insgesamt ca. 5 Mio. iranischen Kurden. Sie halten zur staatlichen Zentralgewalt in Teheran aus Gewohnheit und gutem Grund immer schon skeptische Distanz. Denn ihr Streben nach Autonomie wurde spätestens seit safawidischer Zeit immer wieder unterbunden – besonders brachial nach dem Ersten Weltkrieg durch Reza Shah, aber auch nach der Revolution von 1979. Gleichwohl wissen die Kurden der Islamischen Republik sehr gut, dass sie im Vergleich zu ihren Brüdern in Syrien, dem Irak, der Türkei heute ein friedliches Dasein führen und es ihnen wirtschaftlich verhältnismäßig gut geht.

Mit architektonischen Attraktionen kann diese Randregion kaum aufwarten. Umso größer sind ihre landschaftlichen Reize. Die Fahrt etwa von Takht-e Soleyman in die Provinzhauptstadt Sanandaj und weiter nach Süden führt durch malerische Flusstäler, deren Talsoh-

Provinz Kordestan

len und Hügelflanken im Frühjahr und Sommer von Obstgärten, Gemüse- und Getreidefeldern herrlich grün sind. Vielfach sind die Äcker bis hoch die Berghänge hinauf gepflügt. In den durchweg schmucken Dörfern, auf deren flachen Hausdächern schon im Spätsommer mächtige Heuballen von der Länge und Härte der Winter künden, trifft man noch auf Esel und Sensen. Traktoren und Erntemaschinen waren noch bis vor Kurzem fast so selten wie Sehenswürdigkeiten, die Touristen in nennenswerter Zahl anlocken könnten. Auf Letztere stößt man erst wieder in den südlich angrenzenden Provinzen von Hamadan bzw. Kermanshah.

Sanandaj ▶ C 7

Als Ausgangspunkt für Ausflüge in die kurdische Provinz bietet sich deren Hauptstadt an. Aber auch ein Tag in **Sanandaj** selbst lohnt, um einen Eindruck vom Lebensalltag dieser so stolzen und freiheitsliebenden, besonders offenherzigen und gastfreundlichen Minderheit zu bekommen, und vom Wohlstand, der Modernität und aufgeräumten Stimmung in der 400 000-Einwohner-Stadt. Außerdem kann man sich in zwei Museen ein gutes Bild von der Geschichte der Kurden und ihrem reichen Brauchtum verschaffen.

Der Boden, auf dem Sanandaj steht, ist, wie im Jahr 2009 am Fuße des Hausbergs Abidar entdeckte Gräber aus der Eisenzeit belegen, uraltes Siedlungsgebiet. Die **Burg Hassanabad,** deren Ruinen in der Nähe dieses Friedhofs, 5 km außerhalb, noch heute zu besichtigen sind, diente den Parthern und Sassaniden während der jahrhundertelangen Kriege gegen die Römer als Kommandozentrale. Die heutige Stadt wurde allerdings erst im 17. Jh. auf Betreiben der Safawiden gegründet, die damals das in der Region seit dem Mittelalter existierende kurdische Fürstentum von Ardalan ih-

Auf dem Basar von Sanandaj sind Touristen noch eine Ausnahmeerscheinung

Die Zagros-Provinzen

rem noch jungen Reich einverleibten und zur Grenzsicherung gegenüber den Osmanen verpflichteten. Aus jener Zeit stammen der Kern des quirligen **Basars,** aber auch die vom Militär in Beschlag genommene **Festung.**

Die erhaltenen historischen Baudenkmäler stammen fast alle aus dem 19. Jh. Qadscharisch sind der **Hamam-e Khan** حمام خان, heute ein sehenswertes **Museum für Badekultur** (ziemlich versteckt im Nordbereich des Basars; zzt. wegen Renovierung geschl.), und die **Freitagsmoschee** مسجد جامع mit ihrem schönen, von zwei üppig mit Fliesen geschmückten Iwanen und Minaretten eingerahmten Hof. Und qadscharisch sind auch die diversen Residenzen, wie das **Vakil-,** das **Moshir-** oder das **Khosrowabad-Haus.**

Sanandaj-Museum

Habibi St., nahe Kordestan Blvd., tgl. 9–13, 15.30–20 Uhr, 150 000 Rl.

Die wohl prächtigste Residenz wurde für einen gewissen Molla Lutfollah Sheikh-ol Eslam erbaut und firmiert unter dem Namen **Salar-Said-Haus.** Sie wurde verschwenderisch mit Stuckdekor und farbigen, aus unglaublichen 42 000 Einzelelementen zusammengesetzten Fenstern ausgestattet. Heute beherbergt sie, mit großem Aufwand renoviert, das **Muze-ye Sanandaj** موزه سنندج. Zu sehen sind neben vielerlei Kunsthandwerk und Alltagsgerät aus islamischer Zeit vor allem archäologische Funde aus der Provinz, darunter Beigaben aus den erwähnten eisenzeitlichen Gräbern.

Volkskundliches Museum

Imam St., tgl. 8–13, 16–19 Uhr, 80 000 Rl.

Aus safawidischer Zeit stammt das **Asef-Vaziri-Haus** عمارت آصف وزیری یا خانه کُرد, ein Herrschaftssitz, in dem eine sehenswerte **ethnologische Sammlung** untergebracht ist. Gezeigt werden anhand mit Wachsfiguren gestalteter Szenen kurdische Trachten, Gegenstände des täglichen Lebens und kunstgewerbliche Erzeugnisse. Spezielle Beachtung verdienen, in einem gesonderten Raum präsentiert, die Holzintarsien des Meisters Ali Akbar Behzadian und im Gästetrakt der schöne historische Hamam.

Infos

Büro der Kulturbehörde (Miras-e Farhangi): im Komplex des Sanandaj-Museum, geöffnet wie dieses. Touristische Auskünfte und Prospektmaterial.

Übernachten

Beste Option der Stadt – **Shadi:** Pasdaran Blvd., Tel. 087 3362 5112-4, www.shadihotel.com. Eine Übernachtung in diesem formal an eine Stufenpyramide erinnernden Kasten lässt kaum Wünsche offen, stilvoll gestaltet, gepflegt, professionell gemanagt, mit mehreren guten Restaurants. Wermutstropfen: die Lage an der südlichen Stadteinfahrt, aber der Taxishuttle funktioniert rasch und dafür gibt's freie Sicht ins Umland. DZ 3,1 Mio. Rl.

Gewohnt gut – **Tourist Inn:** Pasdaran Blvd., Tel. 087 3362 3675, www.ittic.com. Wie die meisten Häuser der staatlichen Jahangardi-Kette einwandfrei in Schuss, freundlich-helle Räume, drei Restaurants. DZ 2,5 Mio. Rl.

Essen & Trinken

Behagliches Schmausen – **Jahan Nama:** Taleghani St., Meydan Enghelab, Tel. 087 3317 0740, tgl. 12–16, 20–23 Uhr. Sorgsam und liebevoll geführter Familienbetrieb, gemütlich fast wie in Omas Wohnzimmer, mit viel Krimskrams, alten Radios, Porzellan, Gewehren, Wasserpfeifen, Samowaren in Vitrinen und auf Stellagen. Ausgezeichnete Traditionsküche mit vielen vegetarischen Optionen, tolle Pizzas. Gerichte 140 000–320 000 Rl.

Kurdisch-traditionell – **Khansalar:** Pasdaran St., Tel. 087 3662 351, tgl. 11.30–15, 17.30–22 Uhr. Hier serviert man zu regionalen Spezialitäten auch gleich Folklore, sprich: Live-Volksmusik und in kurdische Tracht gekleidete Kellner. Die Qualität schwankt, die Küche ist aber originell – probierenswert: Dokhwa (Gerstensuppe) und diverse Köfte. Gerichte 100 000–250 000 Rl.

Angenehme Sättigung – **Olympic:** Hassan Abad St., nahe Azadi Meydan, Tel. 087 3332 0280, tgl. 11–16, 20–23 Uhr. Recht gepflegtes Lokal, auf zwei Etagen verteilt, Lammkeule, Kebabs, Khoresht-e Sabzi, Fisch. Hauptgerichte 90 000–270 000 Rl.

Einkaufen

Kunsthandwerk – Authentische Erzeugnisse kann man in den gut sortierten Läden im Hof des Volkskundemuseums finden.

Abends & Nachts

Fast französisch – **Olive:** am Anfang der Hassan Abad St., gegenüber der Keshavarzi Bank, Tel. 087 323 5436, Sa–Do 9–24 Uhr. Bistroartiges Café-Restaurant, bohemienhaft mit weißen Ziegeln, Holzmobiliar, rustikalen Fauteuils, Buchregalen, Schwarz-Weiß-Fotos. Schöne Auswahl an Shakes, Smoothies, Mocktails, Eis, auch Kaffee/Tee und Kuchen, Salate, Burger, Pizzas, Nudelgerichte. Speisen 120 000–200 000 Rl.

Aktiv

Wandern – Der 2300 m hohe Aussichtsberg **Kuh-e Abidar** im Westen der Stadt lädt zum ausgedehnten Wandern und anschließend zur Einkehr in die vor allem im Sommer populären Ausflugslokale.

Verkehr

Flug: Vom **Airport** (SDG) am südlichen Stadtrand mehrmals wöchentl. nach Teheran.
Bus: Vom **Busterminal,** 3 km östlich des Stadtzentrums an der Hauptstraße nach Hamadan gelegen, verkehren (Mini-)Busse u. a. nach Kamyaran/Kermanshah, Qorveh/Hamadan, Saqqez und Marivan.

Uraman-Tal ▶ B/C 7

Etwa zwei Autostunden westlich von Sanandaj erstreckt sich hart an der Grenze zum Irak eine Bergregion, die auf der touristischen Landkarte noch einen weißen Fleck darstellt. Und das, obwohl sie alle Zutaten für einen spannenden Ausflug enthält: hohe Gebirgsketten – bis auf ein paar unverwüstliche Steineichen baumlos und schrundig, zu ihren Füßen tiefe, herrlich grüne Täler, über die Hänge und Grate mäandrierende Passstraßen, und zwischendrin Terrassendörfer, so fotogen wie im hintersten Apennin vor 50 Jahren, mit überaus gastfreundlichen Bewohnern, Kurden.

Es ist ein Land der Schmuggler, und seine Grenze zur Autonomen Region Kurdistan auf irakischer Seite für ihre Anrainer praktisch offen. Über die schmalen Bergsträßchen rollen nach Einbruch der Dunkelheit Konvois von Pick-ups, beladen mit Konsumgütern aller Art, die Vertrauensleute zuvor auf verschwiegenen Pfaden zu Fuß von drüben nach hüben geschleppt haben. Die Importsteuer, die es zu umgehen gilt, ist hoch, und entsprechend hoch wohl auch die Bereitschaft örtlicher Uniformträger, sich im Wegschauen zu üben. Für ausländische Touristen jedenfalls ist eine Tour durch dieses Grenzgebiet völlig gefahrlos.

Über Uraman Takht nach Paveh

Trotzdem sollte man sich über die aktuelle Lage informieren, bevor man in Sanandaj losfährt Richtung **Marivan,** nach knapp 100 km, nahe dem Dorf **Biyakara,** von der Hauptstrecke nach Süden abzweigt, sich an dem Ort **Dezli** دزلی یا سروآباد vorbei einen ersten Pass hochschraubt und dort unversehens an einem schwer gesicherten Posten von der Grenzpolizei nach seinen Papieren gefragt wird. Hier gabelt sich die Route. Links schlängelt sich eine Straße hinab ins **Tal von Uraman** (oder Owraman). Sein Hauptort, **Uraman Takht** اورامان یا هورامان تخت, den man nach 10 km erreicht, gilt mit seinen am steilen Berghang gestaffelten Terrassenhäusern als Vorzeigedorf der Region. Hier steht auch das weit und breit beste Hotel (s. S. 224), und hier endet der Asphalt. Für die Weiterfahrt ins 70 km entfernte Städtchen **Paveh** پاوه hat man 4 bis 5 Std. Stunden zu veranschlagen. Die Landschaft ist grandios, aber die Lehmpiste mit ihren bei Regen und Schnee unpassierbaren Haarnadelkurven nur etwas für starke Nerven.

Alternativroute über Nowsud

Problemlos hingegen und von der Gebirgskulisse her noch spektakulärer ist die Alternativroute. Sie führt, durchgehend asphaltiert, in Sichtweite der Grenze über Bergkämme nach **Nowsud** نوسود und weiter nach **Paveh.** Unterwegs empfiehlt sich, vorbei an dem imposanten Daryan-Staudamm, ein Abstecher zu

Die Zagros-Provinzen

Bilderbuchdorf in den kurdischen Bergen: Uraman Takht

dem ähnlich malerischen Ort **Nowdesheh** نودشه. Oben in den Bergen sollte man in einer der Kebabbuden einkehren und bei einem Tee den Fernblick hinab ins Tiefland auf sich wirken lassen. Der Ort am westlichen Horizont ist jene Kleinstadt Halabdscha, die 1988 bei dem berühmt-berüchtigten Giftgasangriff von Saddam Husseins Armee auf die kurdische Minderheit als Hauptziel herhalten musste.

Zarivar-See ▶ B 7

Wem nach veritablen Ferienfeeling zumute ist, der quartiere sich für ein, zwei Erholungstage im Tourist Hotel (s. rechts) am Ufer des **Zarivar-Sees** ein. Auf dem etliche Kilometer großen, von üppigem Grün umwachsenen Gewässer nahe der Stadt Marivan kann man Bootspartien unternehmen, auch Hobbyornithologen kommen auf ihre Kosten.

Palangan ▶ C 8

Und wer, unterwegs im Raum Kermanshah, zumindest eine Kurztour ins ›wilde‹ Kordestan unternehmen will, sollte **Palangan** پالنگان ansteuern, ein weiteres Parade-Bergdorf. Es liegt 48 km nordwestlich der Kleinstadt **Kamyaran** und ist mit normalem PKW problemlos erreichbar, hat deshalb allerdings seine touristische Jungfräulichkeit schon vor geraumer Zeit verloren.

Übernachten, Essen & Trinken
... in Uraman Takht:
Zimmer mit Talblick – **Uraman Hotel:** Uraman Takht, Tel. 0918 977 6207. Rustikale, aber tadellos saubere, komfortable und auch winterfeste Bleibe, gutes Essen. DZ ohne/mit Frühstück 700 000/1 Mio. Rl., Suiten bis 2,5 Mio. Rl.

... am Zarivar-See:
Urlaubsgefühl – **Marivan Tourist Hotel:** Marivan, oberhalb des Seeufers, Tel. 087 3453 2010, www.ittic.com. Geräumige Pavillons mit Seeblick, großer luftiger Speisesaal, 2 Gehminuten zum Badeplatz. Am Fuß des Hügels gutes Fischrestaurant. DZ 2,25 Mio. Rl.

Funktional – **Qasr:** 5 Autominuten von Marivans Ortskern an der Straße zum See, Tel. 087 3452 5614. Schlicht, aber akzeptabel für eine Überbrückungsnacht auf dem Sprung in die kurdischen Berge. DZ 750 000 Rl.

Verkehr

Nach Uraman Takht und Paveh gelangt man am besten per **Miettaxi** von Sanandaj oder Marivan aus. Zwischen Biyakara und Uraman Takht verkehren unregelmäßig **Sammeltaxis**.

Hamadan ▶ E 8

Cityplan: S. 227

Fährt man von Sanandaj Richtung Südosten, erreicht man nach Passieren mehrerer stark bewehrter Polizeiposten, die auf kurdische Alkoholschmuggler lauern, nach 165 km **Hamadan** (Entfernung von Teheran: 330 km), die etwa 530 000 Einwohner zählende Hauptstadt der gleichnamigen Provinz. Sie liegt über 1800 m hoch am Nordhang des Berges Alvand, eines Dreieinhalbtausenders, daher sind die Winter hart, schneereich und lang, die Sommer dafür wohltuend frisch. Über Schmelz- und Quellwasser und dementsprechend fruchtbare Gärten verfügt sie in ihrer Umgebung reichlich, über Industrie hingegen kaum. Allerdings schürft man in der Region erfolgreich nach Metallen, finden sich Steinbrüche für Granit und Kalk. Weithin geschätzt werden seit jeher die örtlichen Teppiche sowie Keramik-, Kupfer- und Lederwaren. Seine Lage an der Haupthandelsroute zwischen mesopotamischem Tief- und iranischem Hochland prädestinierte Hamadan in der Vergangenheit zu einem Warenumschlagplatz ersten Ranges, weckte aber auch die Begehrlichkeiten wechselnder Eroberer. Heute positioniert es sich mit Erfolg als Magnet für einheimische Touristen mit Sommerfrische und Skigebiet.

Geschichte

Firdausi schreibt in seinem »Königsbuch«, der mythische König Djamshid habe den Grundstein für die Siedlung gelegt. Archäologen vermuten ihre Ursprünge im 3. Jt. v. Chr. Faktum ist, dass Deiokes, der die zahlreichen medischen Stämme einte und sich zu deren erstem König wählen ließ, bereits um 700 v. Chr. von hier aus sein junges Reich regierte. Nach dem Sieg Kyros' des Großen über Astyages, den letzten medischen Herrscher (550), mutierte Hagmatana, der »Ort der Versammlung«, den die Griechen später Ekbatana nennen sollten, zu dem neben Susa und Persepolis dritten Verwaltungszentrum des achaimenidischen Großreiches. Nimmt man Herodots Beschreibung für bare Münze, war die Stadt, in der zeitweise sogar der Staatsschatz aufbewahrt wurde, damals von sieben Mauerringen geschützt, deren zwei innerste man mit Platten aus Silber und Gold verkleidet hatte. Den Parthern und auch den Sassaniden diente der luftige und angenehm kühle Platz als Sommerresidenz.

Nach der Eroberung durch die Araber (644), die Ekbatana in Hamadan umbenannten, entsprach das Geschick der Stadt dem für Städte des Hochlandes üblichen Muster: Die anfängliche Blüte fand bereits im 10. Jh. durch erste Massaker und ein schlimmes Erdbeben ein abruptes Ende. Es folgten Verheerungen durch die Mongolen und Timur, durch die Rivalitäten zwischen Aq und Qara Qoyunlu und später durch den osmanisch-safawidischen Konflikt. Letzterer führte Anfang des 18. Jhs. sogar dazu, dass die Stadt – allerdings nur für acht Jahre – dem Osmanischen Reich einverleibt wurde. Immerhin: Unter seldschukischer Herrschaft, im 12. Jh., war Hamadan zwei Generationen lang regionale Hauptstadt. Und auch vom späten 15. bis ins späte 17. Jh. waren ihr relative Ruhe und Wohlstand vergönnt.

Sehenswertes

Das Zentrum des neuzeitlichen Hamadan wurde in den 1920er-Jahren grundlegend neu gestaltet. Der dafür zuständige Architekt, ein Deutscher namens Karl Fritsch, hat Ortsunkundigen die Orientierung denkbar leicht gemacht: Von einem zentralen Platz, dem **Meydan-e Imam Khomeini,** an dessen Gebäudefassaden silbern schimmernde Kuppeltürmchen auf spätqadscharische Entstehungszeit deuten, gehen strahlenförmig und streng symmetrisch sechs breite Straßen ab. Sie sind durch eine Reihe von Boulevards untereinander ringförmig verbunden. Die wenigen Sehenswürdigkeiten liegen mehrheitlich innerhalb dieses konzentrischen Stadtkerns.

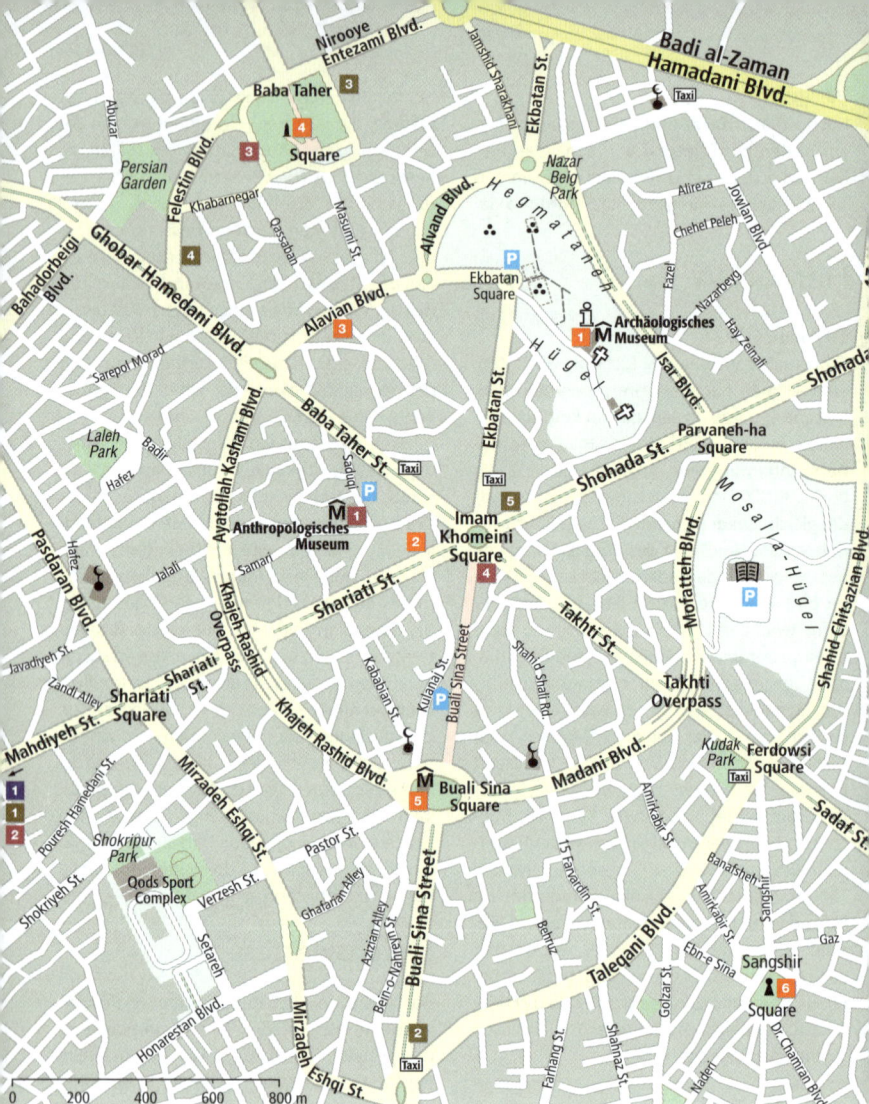

Hegmataneh-Hügel 1

Tgl. 8–20, im Winter 8–17 Uhr bzw. Sonnenuntergang, 200 000 Rl.

Angesichts der stürmischen Vergangenheit verwundert es nicht, dass von der antiken Stadt nur wenige Spuren erhalten sind. Die Lage des ehemaligen Palastbezirks hatten Archäologen bereits vor längere Zeit zweifelsfrei ausgemacht. Doch waren seine Fundamente größtenteils von der Innenstadt des neuzeitlichen Hamadan bedeckt, was eine systematische Untersuchung des Bodens stets verhinderte. Immerhin hatten Zufallsfunde aus Kellern heutiger Häuser, mit Inschriften versehene Fragmente von Bauteilen z. B., schon seit Längerem erahnen lassen, dass hier einst eine Residenzstadt stand. Planmäßig grabend wird der Frühgeschichte freilich erst seit Mitte der

Hamadan

Sehenswert
1. Hegmataneh-Hügel
2. Mausoleum von Esther und Mordechai
3. Alavian-Grabbau
4. Baba-Taher-Mausoleum
5. Avicenna-Grab
6. Steinerner Löwe

Übernachten
1. Parsian Azadi
2. Bu Ali
3. Baba Taher
4. Khatam
5. Yas

Essen & Trinken
1. Hama-e Qaleh
2. Royal
3. Dareta SarDashi
4. Shamshiri

Aktiv
1. Alvand-Berg

1990er-Jahre auf den Grund gegangen. Das wichtigste Ergebnis kam auf dem **Tepe Hegmataneh** تپه هگمتانه zutage. Das 35 ha große Ruinengelände befindet sich am Nordrand der Innenstadt und lässt so gut wie nichts vom einstigen Glanz der Stadt erahnen. Zumal aus medischer Zeit praktisch keine Funde vorhanden sind und die aus achämenidischer Zeit mehrheitlich in diversen in- und ausländischen Museen verteilt liegen. Sehr wohl zu sehen sind, im Kernbereich von einer riesigen Wellblechkonstruktion überdacht, die Grundmauern und Gassenzüge einer parthischen Stadtanlage. Das angrenzende **Archäologische Museum** präsentiert, ansprechend gestaltet, einen Querschnitt von aus Hamadans Boden geborgenen Artefakten aus frühgeschichtlicher Zeit.

Mausoleum von Esther und Mordechai 2
Sa–Do 9–13, 16–19 Uhr, 50 000 Rl.
Nahe dem Nabel der Stadt, in einer Nebengasse am Anfang der Shariati-Straße, erhebt sich ein schlichter Ziegelbau – das **Boqe-ye Ester va Mordkhay** بقعه استر و مردخای. Dass die beiden mit Samt drapierten Sarkophage aus Ebenholz in der zentralen Grabkammer tatsächlich die Überreste der alttestamentarischen Helden enthalten, darf bezweifelt werden. Zumal der Bau aus dem 13. Jh. und die Särge gar erst aus dem 17. Jh. stammen. Möglicherweise handelt es sich um das Grab von Shushandokht, der jüdischen Gattin des Sassaniden Yazdegerd I., die ihrem Gemahl um 400 n. Chr. die Zustimmung zur Neugründung einer jüdischen Gemeinde in Hamadan abgerungen haben soll. Das ändert jedoch nichts daran, dass der von einer Ziegelkuppel überwölbte Grabbau eine landesweit wichtige und bis heute viel besuchte jüdische Pilgerstätte darstellt. Denn als Königin soll Esther, so die ursprüngliche, nach wie vor kolportierte Geschichte, ihre Glaubensgenossen seinerzeit, indem sie sich beim Großkönig für sie einsetzte, vor der kollektiven Vernichtung bewahrt haben – eine zur Abwechslung einmal glückliche Begebenheit, derer sich Juden rund um die Welt alljährlich zu Purim ausgelassen feiernd erinnern.

Alavian-Grabbau 3
Tgl. 9–19, im Winter 9–17 Uhr, 150 000 Rl.
Architektonisch ungleich attraktiver ist der gerade zehn Gehminuten nordwestlich des Khomeini-Platzes gelegene **Gonbad-e Alavian** گنبد علویان. Man folgt der Baba-Taher-Straße, biegt an ihrem Ende rechts auf den Alavian Blvd. und gleich nochmal rechts in die Saadati-Straße ab. Nach wenigen Schritten steht man vor dem über quadratischem Grundriss errichteten, mit vier sechseckigen Ecktürmen versehenen Grabbau. Er wurde in spätseldschukischer oder frühilkhanidischer Zeit errichtet, also zwischen dem 12. und frühen 14. Jh. Die Familie Alavian, deren Angehörige in der hiesigen Krypta ihre letzte Ruhe fanden, war offenkundig alles andere als arm. Der reiche Ziegel- und Stuckdekor lässt, im Gegenteil, auf ein ebensolches Budget der Bauherren schließen. Besonders verschwenderisch sind die floralen Verzierungen über dem Eingangsportal und, mehr noch, das filigrane Flechtwerk im Bogenfeld darüber.

Die Zagros-Provinzen

Baba-Taher-Mausoleum 4
Tgl. 9–20.30, im Winter bis 18 Uhr, 150 000 Rl.
Ein kleiner Abstecher führt weiter über den Alavian Blvd. und beim nächsten Platz links über die nach Ayatollah Masumi benannte Straße in einen kleinen, hübschen Park. In dessen Mitte erhebt sich das **Mausoleum von Baba Taher** آرامگاه بابا طاهر, einem Sufi-Poeten. Der um 1970 errichtete Bau mit seinem zylindrischen, von kantigen Stützpfeilern umstellten Kern ist nur mäßig interessant. Umso tiefer darf man sich vor dem darin Bestatteten verbeugen: 1019 verstorben, ist er einer der frühesten der vielen Dichter Irans, die im Wissen um das letztliche Nicht-Wissen über »Gott« zu Mystikern wurden und ihn und die Schöpfung fernab jeder orthodoxen Buchstabenfrömmigkeit mit schwelgerischen Gedichten priesen. Taher ist bis heute hoch verehrt und sein Grab viel besucht. In dessen Inneren gibt es freilich außer einer Reihe mit kalligrafischen Versen versehener Steintafeln nicht viel zu sehen.

Avicenna-Grab 5
Tgl. 9–20, im Winter 9–16 Uhr, 200 000 Rl.
Ein weiterer, kaum älterer Grabbau ragt am Südrand des Stadtkerns auf einem begrünten Platz in den Himmel. Er birgt die sterbliche Hülle des unsterblichen, im Westen unter dem Namen Avicenna berühmten Universalgenies Abu Ali Sina (um 980–1037). Die Grundform des aus dünnen Betonträgern und einem Kegeldach zusammengesetzten **Aramgah-e Abu Ali Sina** erinnert eindeutig an den berühmten, zu Lebzeiten Avicennas vor fast 1000 Jahren nahe der Grenze zur heutigen Republik Turkmenistan errichteten Gonbad-e Qabus (s. S. 172). Er wurde 1954 von dem damals erst 28-jährigen Houshang Seyhoun entworfen, der später neben Aberhunderten anderen Werken unter anderem die Gräber für Ferdausi, Omar Khayyam und Nadir Schah gestaltet hat.

Im Inneren werden in einem kleinen **Museum** einige Werke des wegweisenden Philosophen gezeigt, der insgesamt mehr als 100 Bücher über Alchemie und Astronomie, Geologie, Geometrie, Mathematik, Musik, Logik, Metaphysik und Koranauslegung verfasst hat. Ein Schwerpunkt der Ausstellung gilt seinen Erkenntnissen auf dem Gebiet der Heilkunde. Immerhin diente sein enzyklopädischer »Kanon der Medizin«, in dem er unter anderem als Erster Krankheitssymptome psychosomatisch deutete und in Ansätzen sogar Sigmund Freuds Lehre vom Unbewussten vorwegnahm, später in der lateinischen Übersetzung der europäischen Heilkunde als wissenschaftliche Grundlage. Es war an den medizinischen Fakultäten zwischen Paris, Salamanca und Bologna bis ins 17. Jh. das Lehrbuch schlechthin.

Steinerner Löwe 6
Das abseits des Hegmataneh-Hügels einzige erhaltene Denkmal aus vorislamischer Zeit findet sich am südöstlichen Stadtrand auf einer kleinen Anhöhe: **Sang-e Shir** سنگ شیر. Den bis zur Unkenntlichkeit verwitterten steinernen Löwen hat angeblich Alexander der Große, der Ekbatana im Jahr 331 eroberte, aufstellen lassen – zum Gedenken an seinen an dieser Stelle verstorbenen Freund und Mitregenten, den General Hephaistion. Es gibt aber auch Stimmen, die das seltsame Tier auf seleukidische oder parthische Zeit datieren.

Übernachten
Führendes Haus am Platz – **Parsian Azadi** 1 : Eram Blvd., Ghaem Sq., Tel. 081 3838 0001-4, www.hpah.ir. Relativ betrachtet der Rolls-Royce unter Hamadans Herbergen. Business-Ambiente, großzügig, gepflegt, gehobene Gastronomie, bewachter Gratis-Parkplatz, EZ 2,6 Mio. Rl., DZ 3,3 Mio. Rl.

Großzügig und schick – **Bu Ali** 2 : Buali St., Tel. 081 3825 2822, www.buali.pih.ir. Der ebenerdige Backsteinbau in seiner hellen Geräumigkeit wirkt wie ein amerikanisches Motel der 1950er-Jahre. Der Eindruck trügt nicht: Er ist ein Relikt aus jenen fashionablen, vorrevolutionären Jahren und knüpft erfolgreich an jene Zeit der weitläufigen Viersternegepflegtheit und rundum aufmerksam-professionellen Gästebetreuung an. Stilvolles Mobiliar, netter Garten, Zusatztrümpfe sind das feine Restaurant und der hauseigene 20-Meter-Freiluftpool, der noch dazu im Juli/Aug. tgl. 12–18 Uhr auch für

Hamadan

Männer und Kinder, die nicht im Hotel wohnen, benützbar ist. EZ 2,3 Mio. Rl., DZ 3,3 Mio. Rl.

Gehobene Klasse – **Baba Taher 3 :** Baba Taher Sq., Tel. 081 3422 6517. Großes, frisch auf Hochglanz renoviertes Businesshotel, moderne Ausstattung, einwandfreier Service, gutes, wenngleich nicht gerade gemütliches Restaurant, Schwimmbad, Spa, Gym, vom 3./4. Stock schöne Aussicht auf das gleichnamige Mausoleum und den Park. DZ 2,8 Mio. Rl.

Apartmenthotel – **Khatam 4 :** Felestin Sq., Tel. 081 3424 4410. Modernes Haus mit 25 Apartments und 10 Zimmern, tadelloses Ambiente mit Restaurant, Businesscenter, bewachtem Gratis-Parkplatz. DZ 1,6 Mio. Rl., 6- bis 10-Bett-Apartment 5,2–6,3 Mio. Rl.

Budgetschonend – **Yas 5 :** Imam Khomeini Sq., Ecke Shohada St., Tel. 081 3252 3464. Zentraler geht's nicht und billiger auch kaum. Das Schöne ist: bei aller Preisgünstigkeit wirkt dieses Haus mit seinem seltsam erbsengrünen 1970er-Jahre-Schick durchaus einladend. Zu bevorzugende DZ mit Bad/WC 500 000 Rl., DZ mit gemeinschaftlichen Sanitärräumen 400 000 Rl.

Essen & Trinken

Historisches Ambiente – **Hamam-e Qaleh 1 :** Mozaffariyeh-Viertel, Saduqi St., Tel. 0918 904 6214, tgl. 8–23 Uhr. 2016 in einem 170 Jahre alten, aufwendig restaurierten Hamam eröffneter Mix aus Museum für Badekultur und Restaurant, zweimal um die Ecke vom Esther- und-Mordechai-Mausoleum. Vorzügliche persische Küche, mittags und abends traditionelle Livemusik. Hauptgerichte ab 180 000 Rl.

Stilvoll – **Royal 2 :** Mahdi St., Ecke Pajuhesh St., Tel. 081 3837 2001, tgl. 12.30–16.30, 20.30–24 Uhr, am Weg vom Avicenna-Grab hinaus ins Ganjnameh-Tal. Schniekes Styling, betont smarte Bedienung, Speisekarte weit jenseits des Üblichen mit Lammfilet, grilltem Tilapia, Chicken Stroganoff etc. Toll: die Safran-, Minz- und Rosenwassersäfte. Hauptgerichte 160 000–380 000 Rl.

Preiswert & originell – **Dareta SarDashi 3 :** Meydan Baba Taher, westliche Seite des Baba-Taher-Mausoleums, Tel. 081 3423 6740, Küche tgl. 12–17, 19–23 Uhr. Anheimelndes Ambiente mit viel Holz, farbigen Fenstern, Tischen mit Fliesenmosaiken, Speichelfluss

Am Grab Avicennas stehen allerlei Memorabilien als Souvenirs zum Verkauf

Die Zagros-Provinzen

TROPFSTEINHÖHLEN UND TÖPFERDORF

75 km nördlich von Hamadan, nahe dem Dorf **Ali Sadr,** lockt ein spektakuläres Naturdenkmal das ganze Jahr über Besucherscharen an: **Ghar-e Ali Sadr** غار علی صدر, eine weit verzweigte Tropfsteinhöhle, gespickt mit mächtigen Stalagmiten und Stalaktiten und durchflossen von einem an manchen Stellen bis zu 14 m tiefen Fluss. Der Eintrittspreis beinhaltet neben dem ca. 1 km langen Fußmarsch über Treppen und Stege eine halbstündige Bootsfahrt über den großen unterirdischen See. Vor dem Eingang in die Höhle, die in den 1950er-Jahren zufällig von einem Hirten entdeckt wurde, herrscht Jahrmarktatmosphäre mit Souvenirläden, Kinderspielplätzen und einem Teehaus.

Fans unterirdischer Welten finden 105 km weiter nördlich und knapp zwei Autostunden südlich von Soltaniyeh bzw. Zanjan einen zweiten, ähnlich spektakulären, jedoch deutlich weniger besuchten Schatz: **Ghar-e Katalehkhour** غار کتله خور nahe der Ortschaft **Garmab,** ein mehrstöckiges Höhlensystem mit hohen Hallen und insgesamt 30 km langen Gängen, ist ähnlich reich mit fantastischen Tropfsteinen bestückt und touristisch auf einer Länge von 2,5 km gut erschlossen.

In Lalejin wird das alte Handwerk der Töpferei mit Hingabe gepflegt

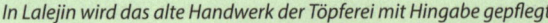

Zur Abrundung des Tagesausflugs empfiehlt sich auf der Rückfahrt ein Abstecher nach **Lalejin** (10 km vor Hamadan bei Bahar links abzweigen; bis Lalejin sind es von dort noch 8 km). Das Dorf ist für seine – vorwiegend türkisblaue – Keramik *(sofalkari)* in ganz Iran bekannt. Doch eine Warnung scheint augenzwinkernd angebracht: Nur wenige Besucher schaffen es, bei einem Ladenbummel oder gar einem Lokalaugenschein in einer der zahlreichen Werkstätten nicht dem Reiz der Ware zu erliegen und ohne Souvenir von dannen zu ziehen.

Öffnungszeiten und Anfahrt: Ali-Sadr-Höhle, tgl. 8–18 Uhr, 700 000 Rl., Anfahrt von Hamadan per Taxi, preiswerter: Minibus bis Gol Tappeh, von dort Taxi. **Katalehkhour-Höhle,** Auskünfte unter Tel. 09124411128, Hr. Youzbashi, tgl. 8–20, im Winter bis 18 Uhr, 200 000 Rl., Anfahrt per Sammeltaxi ab Zanjan oder Bijar bis Garmab, Besichtigungsdauer jeweils ca. 2 Std., Freitage und Schulferien wegen langer Wartezeiten meiden, festes Schuhwerk und warme Kleidung mitnehmen – im Berginneren beträgt die Lufttemperatur nur etwa 10 °C.

fördernde Klassiker wie Kebabs, Dizi und Dolmeh; Spezialität: frisch Gebrutzeltes aus dem Steinofen, auch viel Vegetarisches, etwa gegrillte Auberginen oder gratinierte Ofenkartoffeln. Ab 17 Uhr guter Kaffee und Tee im Café im 1. Stock. Gerichte ab 100 000 Rl.
Schlicht, aber herzhaft – **Shamshiri** 4 : Imam Khomeini Sq., Ecke Bu Ali Sina St., Tel. 081 3225 24653, tgl. 12–16, 20–23 Uhr. Eine von etlichen volkstümlichen Kalorientankstellen, die den zentralen Stadtplatz säumen, Ausstattung Marke Neonleuchten und Stahlrohrstühle, aber herzhaftes Lamm- und Rindfleisch am Spieß, auch Linsen-Khoresht, gute Fruchtsäfte in Flaschen, extrem preiswert. 90 000–270 000 Rl. pro Portion.

Aktiv

Wandern – **Alvand** 1 : Am Schluss des Ganj-Nameh-Tales, 5 km südwestlich der Stadt, herrscht im Sommer wie im Winter Ferienatmosphäre. Dafür sorgen neben diversen Gastronomiebetrieben und einem modernen Großhotel u. a. eine Kletterwand, eine Sommerrodelbahn und eine Seilbahn auf den Kuh-e Alvand. Auf dessen 3500 m hohem Gipfel und um ihn herum führen etliche Wanderwege. Sobald Schnee liegt, also in dieser Höhe etwa von November bis März, wird auf den Hängen des Hamedaner Hausbergs und im angrenzenden Resort **Tarik Darreh** eifrig Ski gefahren. Seilbahnbetrieb ganzjährig tgl. 9–21 Uhr, Berg- und Talfahrt 230 000 Rl.

Verkehr

Flug: Von Hamedans kleinem **Airport** (HDM) starten regelmäßig **Flüge** nach Mashhad und auf die Insel Kish.
Bus: Die meisten **Fernbusse** starten vom im Norden, am Enqelab Blvd. gelegenen **Teheran Terminal,** Direktverbindungen in viele Großstädte, u. a. Teheran und Rasht (beide 6 Std.), Isfahan (8 Std.), Orumiyeh (9 Std.), Ahvaz (11 Std.) und Mashhad (21 Std.). **Sammeltaxis** und **Minibusse** haben zwei Terminals, den zentralen **Ekbatan Terminal** nördlich des Zentrums am oberen Ende des Hamadani Blvd., Ziele von hier sind u. a. Kermanshah, Sanandaj und die Ali-Sadr-Höhle. In Richtung Asadabad/Kangavar und Malayer/Khorramabad starten sie vom **Qadim Terminal** in der Ekbatana St.

Umgebung von Hamadan

Ganj-Nameh-Tal ▶ E 8

5 km südwestlich von Hamadan stößt man nahe dem Dorf **Abbasabad** in einem malerisch grünen Talgrund auf zwei achämenidische, als **Ganj Nameh**, »Schatzbuch«, bezeichnete Inschriften. Darius I. und Xerxes I. haben sie vor 2500 Jahren in Keilschrift in dreierlei Sprachen, auf Altpersisch, Neuela-

Die Zagros-Provinzen

mitisch und Neubabylonisch, zur höheren Ehre Ahura Mazdas in den Fels meißeln lassen. Man erreicht die Tafeln vom örtlichen Parkplatz aus in zwei, drei Gehminuten, vorbei an einem Spalier aus Tee- und Imbissständen. In unmittelbarer Nähe gischtet ein Wasserfall zu Tal. Dieser, mehrere Restaurants und diverse Freizeiteinrichtungen machen den Ort zu einem populären, an Wochenenden oft arg überlaufenen Ausflugsziel. Allerdings kann man dem Trubel über mehrere Wanderwege leicht entgehen.

Tepe Nush-e Jan ▶ E 9

Wer eine Vorliebe für frühgeschichtliche Grabungsorte hegt, sollte den kurzen Ausflug zum **Tepe Nush-e Jan** تپه نوشیجان unternehmen. Man fährt von Hamadan die Hauptstraße nach Süden Richtung **Malayer** und zweigt 8 km hinter **Jokar,** 70 km von Hamadan, nach Westen ab. Schon bald sieht man in der Ferne einen einsamen Felshügel, bekrönt von einer mächtigen, metallenen Dachkonstruktion, aus der kahlen Landschaft ragen. Aus der Nähe erkennt man in deren Schatten monumentale Mauern aus Lehmziegeln.

Britische Archäologen haben hier in den 1970er-Jahren die Reste einer der bis heute ganz wenigen bekannten Siedlungsstrukturen aus medischer Zeit freigelegt. Deren Zentrum bildet eine **Festung.** Sie wurde vermutlich zum Schutz vor Angriffen aus dem Westen durch die chronisch aggressiven, assyrischen Nachbarn im frühen 8. Jh. errichtet und um die Mitte des 6. Jh., also etwa zeitgleich mit dem Sieg der Achämenidenarmee unter Kyros II. über die Meder unter Astyages wieder aufgegeben. Die sorgsam konservierte und in Teilen auch rekonstruierte, frei zugängliche Anlage umfasst neben der eigentlichen Festung die Grundmauern von Lager- und Verwaltungsräumen sowie einer für die damalige Zeit kolossalen Säulenhalle. Am meisten Aufsehen erregte der zentrale, über kreuzförmigem Grundriss errichtete und mit Blendfenstern versehene **Tempel,** gilt er doch mit seinem Feueraltar als bislang älteste nachweisbare zoroastrische Kultstätte.

Von Hamadan nach Kermanshah

Kangavar ▶ E 9

Tgl. 8–20, im Winter bis 17 Uhr, 150 000 Rl.
Fährt man auf der menschheitsalten Handelsroute, die von Teheran nach Bagdad, vom iranischen Hochland in die mesopotamische Tiefebene führt, von Hamadan Richtung Südwesten, erreicht man nach 80 km **Kangavar.** Im Zentrum der vorwiegend von Kurden bewohnten Ortschaft finden sich auf einer ausgedehnten Brachfläche direkt nördlich der Hauptstraße die Reste eines einst wichtigen **Tempels** معبد آناهیتا. Parthischen Ursprungs, also über 2000 Jahre alt, war er Teil der antiken Siedlung namens Concobar, und Artemis, der griechischen Nachfolgerin der zoroastrischen Fruchtbarkeitsgöttin Anahita, geweiht. Von der den Grabungsergebnissen nach zu urteilen einst sehr eindrucksvollen Anlage sind nur noch die Reste einer 220 m² messenden Terrasse aus Kalksteinblöcken mitsamt zweier Freitreppen zu sehen, sowie einige wenige Säulenstümpfe, Kapitelle und behauene Quader. Sie vermitteln immerhin eine vage Idee von der vergangenen Pracht des Ortes.

Bisotun ▶ D 9

Tgl. 8–19 Uhr, 200 000 Rl.
Auf der breiten Autobahn weiter Richtung Westen fahrend sieht man nach gut 50 km rechter Hand schon von Weitem eine monumentale Bergwand aufragen. Aus der Nähe – die Anfahrt führt am Ende des Dorfes Bisotun von der Hauptstraße rechts ab zum großen Parkplatz und von dort in kurzem Fußmarsch zunächst zu einem Infokiosk – erkennt man eine Reihe von **Reliefbildern** und **Inschriften,** die zu den wichtigsten überlieferten Schriftzeugnissen des alten Persien zählen. Es war Darius I., der im Jahre 520 v. Chr. hier in den **Felsen von Bisotun** بیستون, 60 m hoch über der Handels- und Militärstraße, eine Art Tätigkeits- und Rechenschaftsbericht in den Fels meißeln ließ. Kurz zuvor war es dem späteren Großkönig

Von Hamadan nach Kermanshah

ganz in der Nähe gelungen, einen gewissen Gaumata zu töten, der, während des Feldzugs von Kambyses II. in Ägypten die Macht an sich gerissen hatte. Damit etablierte Darius sich als unangefochtener Herrscher über das achämenidische Weltreich.

Darius-Relief

Das **Hauptrelief** zeigt denn auch **Darius I.**, wie er einen Fuß auf seinen Hauptfeind Gaumata setzt. Neun rebellierende und nunmehr gefangene Könige, die jeweils durch eine Beischrift identifiziert sind, werden ihm in Fesseln gelegt vorgeführt. Gott Ahura Mazda gibt der Szene, wie üblich symbolisiert durch die geflügelte Sonnenscheibe, seinen Segen.

Das eigentlich Sensationelle an dem ungefähr 3 x 5,5 m großen Flachrelief ist freilich die große dreisprachige Inschrift. Denn bis zu ihrer Anfertigung hatte das Altpersische keine Schrift gekannt. Es war das Relief von Bisotun, für das die Sekretäre des Darius eigens 38 Keilschriftzeichen erfanden, um die Botschaft neben der elamischen und der neubabylonischen auch in einer altpersischen Fassung niederschreiben zu können. Mitte des 19. Jhs. übrigens bekam die **Siegesinschrift von Bisotun** für das Verständnis des Altpersischen etwa dieselbe Bedeutung wie der dreisprachige Stein von Rosetta für jene der ägyptischen Hieroglyphen. Denn wie Jean-François Champollion 1822 mithilfe seines Fundes am Nil, so entzifferte der britische Offizier Henry Rawlinson 16 Jahre später als Erster diesen immerhin ältesten in einer iranischen Sprache verfassten Text.

Leider ist ein beträchtlicher Teil der Reliefs von einem – fröhlich vor sich hin rostenden – Gerüst verdeckt, woran sich wohl so bald nichts ändern wird. Böse Zungen behaupten, die zuständigen Behörden der Islamischen Republik hätten aus ideologischen Gründen nichts dagegen, zeigt das Bildnis doch Unliebsames, nämlich den endgültigen Sieg eines absoluten Monarchen über seine Gegner. So muss man sich, um einen Gesamteindruck zu gewinnen, bis auf Weiteres mit der fotografischen Ansicht begnügen, die in dem vis-à-vis gelegenen Kiosk an der Wand hängt.

Parthische Felsbilder und Herkules-Relief

(Kunst-)historisch weit weniger bedeutsam, aber sehr wohl nähere Betrachtung wert sind auch die beiden ziemlich verwitterten **parthischen Felsbilder,** die sich in Bodennähe und ein wenig östlich des Darius-Reliefs befinden. Das linke zeigt – für die Entstehungszeit um 100 v. Chr. typisch, in Profilansicht und durch eine spätere Inschrift stark entstellt – Mithridates II. beim Empfang von vier ausländischen Würdenträgern. Auf dem rechten ist, im Stil eher an römische Vorbilder erinnernd, der Sieg des berittenen und lanzenbewehrten Gotarzes II. (1. Jh. n. Chr.) über einen anonymen Feind dargestellt.

Und schließlich findet sich ganz in der Nähe ein um 150 v. Chr., also in seleukidischer Zeit, recht grob, aber fast dreidimensional aus dem Fels gehauenes Bildnis des griechisch-mythischen Helden **Herkules.**

Farhad Tarash

Nicht unerwähnt bleiben darf jene 200 m lange von Menschenhand geglättete Felswand, die ca. 300 m weiter den Wegrand säumt. Sie wird gerne mit der legendären, von Firdausi in seinem »Königsbuch« und wenig später von Nizami in seinem Epos »Chosrau und Schirin« erzählten Liebesgeschichte um den Bildhauer Farhad in Zusammenhang gebracht. Der unglücklich in die armenische Prinzessin und spätere Gemahlin von Großkönig Chosrau Verliebte soll sie, um einen unmöglichen Schwur zu erfüllen, allein in jahrelanger Arbeit aus dem Fels geschlagen haben. Weshalb sie auch **Farhad Tarash,** »Fahrhads Abschlag«, genannt wird. Tatsächlich dürfte es sich um den Fond für ein in spätsassanidischer Zeit geplantes Kolossalrelief handeln, das in Folge nicht verwirklicht wurde.

Dass der gewaltige Felsklotz von Bisotun auf die Menschen immer schon eine besondere Anziehungskraft ausgeübt hat, zeigen auch die Spuren von Siedlern aus der Zeit um 40 000 v. Chr., der Mittleren Altsteinzeit, die man in **Höhlen** in der Nähe der parthischen Felsbilder gefunden hat.

Übernachten

Luxusbleibe – **Laleh Resort Hotel:** Bisotun, Tel. 083 4588 3812, 0918 552 7994, www.laleh hotels.com. 2015 eröffnetes, in einer safawidischen Karawanserei eingerichtetes Boutiquehotel in Sichtweite der historischen Reliefs, 6000 m² Grundfläche, 20 Zimmer plus Suiten, elegant gestylt, 24-Std.-Room-Service, Qualitätsrestaurant mit persischer und internationaler Küche, Livemusik, gut sortierte Kunsthandwerkshops. DZ ab 4,2 Mio. Rl.

Aktiv

Felsklettern – Der **Berg von Bisotun** ist mit seiner über 1 km hohen, von drei überhängenden Felsbändern durchzogenen Vertikale eine besondere Herausforderung und deshalb ein Hotspot für Extremkletterer aus dem In- und Ausland. Auf seinen 2500 m hohen Gipfel führen mehr als 100 definierte Routen – von vergleichsweise einfachen an der Rückseite bis zu haarsträubend schwierigen an der Vorderfront. Drei Biwaks ermöglichen Übernachtungen in den Wänden. Wer keine Kletterausrüstung dabeihat, kann sie im einschlägigen Shop im Laleh-Hotel (s. oben) kaufen. Alljährlich im Oktober findet in Bisotun das **International Rock Climbing Festival** statt, nähere Informationen unter www. iranclimbingguide.com.

Kermanshah ▶ C 9

Kermanshah bzw. Bakhtaran, wie die Hauptstadt der gleichnamigen Provinz nach 1979 wegen der verfänglichen Wortsilbe »shah« für gut zehn Jahre hieß, ist die mit Abstand größte und wirtschaftlich bedeutendste Stadt in diesem Teil Irans. Vermutlich im 4. Jh. n. Chr. durch den Sassaniden Bahram IV. gegründet, profitierte sie seit jeher von ihrer Lage an der Haupthandelsroute zwischen iranischem Hochland und Ktesiphon bzw. Bagdad, und später zusätzlich vom Pilgerverkehr der schiitischen Perser zu den in der Euphrat-Ebene gelegenen Heiligtümern von Najaf und Kerbela. Ihre günstige strategische Lage ließ sie aber auch ungewöhnlich oft unter Grenzkonflikten und Eroberungszügen leiden, was ihren heutigen Mangel an historischen Baudenkmälern erklärt. Die lebendige, fast 900 000 Einwohner zählende Stadt, die sich auf 1400 m Seehöhe in ein landwirtschaftlich intensiv genutztes Becken schmiegt, besitzt Lebensmittel-, Textil- und (petro)chemische Industrie. Auf handwerklichem Gebiet ist sie vor allem für die Herstellung von *giveh* bekannt, den traditionellen, aus Leder und robuster Baumwolle genähten Schuhen.

Sehenswertes

Wohl vor allem wegen seiner großen Erdölraffinerie war Kermanshah während des Ersten Golfkriegs so heftigem irakischem Bombardement ausgesetzt, dass danach ganze Bezirke weitgehend wiederaufgebaut werden mussten. Die Stadt ist auch deshalb aus touristischer Perspektive insgesamt nicht sonderlich attraktiv. Sie besitzt einen 150 Jahre alten, sehr stimmungsvollen **Basar,** zu dessen Höhepunkten die Sektoren der Eisen-, Kupfer- und Goldschmiede, aber vor allem auch der farbenprächtige Markt für Nomadenkleidung gehören. Sehenswert sind auch einige stattliche Moscheen, allen voran die zwar nur 70 Jahre junge, aber originelle und farbenprächtige, von Sunniten frequentierte **Masjed-e Shafei** (Javanshir Blvd., an der Westseite des Basars) und, aus qadscharischer Zeit, die **Masjed-e Emad od-Doleh** am Beginn des Goldbasars.

Tekiyeh Moaven ol-Molk

Sa–Mi 8–19, Do 8–18 Uhr, 150 000 Rl.
Kermanshahs mit Abstand interessantestes Gebäude ist die **Tekiyeh Moaven ol-Molk** تکیه معاون الملک. Dieser um 1890 ein paar Hundert Meter südöstlich des Basars errichtete Gebäudekomplex diente ursprünglich als Hosseiniyeh – also einer jener in Irans Städten häufig anzutreffenden Bühnenbauten, in denen während des Trauermonats Muharram das schiitische Passionsspiel zur Aufführung kam. Empfehlenswert ist seine Besich-

Wanderderwisch in der Tekiyeh ol-Molk

Die Zagros-Provinzen

tigung vor allem wegen der ebenso schönen wie interessanten Fayencemalerei, mit der fast alle Wände der Innenräume sowie der drei Innenhöfe überzogen sind. So kann man etwa gleich im ersten Hof rechter Hand deutlich die Kolonnen büßender Männer erkennen, die sich zum Aschura-Fest (s. Thema S. 482) auf die Brust trommeln und mit Schwertern die Köpfe blutig schlagen. Im zentralen Kuppelsaal findet man in vielen Einzelheiten das Martyrium dargestellt, das Imam Alis Sohn Hussein (am Glorienschein und dem grünen Gesichtsschleier zu erkennen) 680 n. Chr. in Kerbela erlitt. Und im letzten Hof zeigen die Fliesenbilder unter anderem prominente Persönlichkeiten aus qadscharischer Zeit sowie Derwische und diverse Trachten.

Tekiyeh Biglarbeigi
Tgl. 8–17 Uhr

Besichtigenswert ist auch die nach ihrem Bauherren benannte **Tekiyeh Biglarbeigi** تکیه بیگلربیگی. Um 1900 errichtet, besticht sie durch ihre weitläufigen, reich mit Holz, Einlegearbeiten, Spiegel- und Stuckdekor gestalteten Räume. Hinter ihrem Eingang in einer Seitengasse der Modarres-Straße verbirgt sich zusätzlich ein **Museum** für historische Bücher, Handschriften, Kalligrafien und vorgeschichtliche Fundstücke.

Taq-e Bostan
Tgl. 9–20, im Winter 9–18 Uhr, 200 000 Rl.

Was Kermanshah letztlich zu einer Pflichtstation auf jeder etwas ausführlicheren Iran-Rundreise macht, ist **Taq-e Bostan** طاق بستان, der »Gartenbogen«. Dabei handelt es sich um zwei an einem kleinen, künstlichen See gelegenen Felsgrotten, die einst Teil eines sassanidischen Paradiesgartens waren. Die hübsche Anlage liegt am Nordrand der Stadt, 4 km vom Zentrum entfernt am Fuß eines schroffen Felsmassivs. Hier, wo einst die achämenidische Königsstraße von Ekbatana über das Zagros-Gebirge durch das »Tor von Asien« nach Ktesiphon entlangführte und später die Fernkarawanen auf ihrem Weg zwischen Mesopotamien und Innerasien bzw. China und dem Mittelmeer vorbeizogen, ließ sich vor über 1600 Jahren in einer nachgeformten Felsnische der Sassanidenkönig **Shapur III.** samt seinem Großvater **Shapur II.** verewigen. Rechts davon ist auf einem Felsbild die **Investitur von Ardaschir II.**, einem Vorgänger Shapurs, durch den zoroastrischen Gott Ahura Mazda dargestellt. Links von den beiden, die auf einem niedergestreckten Feind, vermutlich einem Römersoldaten, stehen, wohnt der an seinem Strahlenkranz erkennbare, äußerst selten dargestellte Sonnengott Mithras der Szene bei.

Weiter links, in der zweiten, deutlich größeren Bogennische, steht ein weiterer Sassanide, vermutlich **Chosrau II.**, im Mittelpunkt einer regelrechten Bildsequenz: Auf dem mittleren Paneel reitet der hohe Herr in Ritterrüstung mit gezückter Lanze auf seinem berühmten – durch den Zahn der Zeit leider kopflos gewordenen – Lieblingspferd Shabdis. Auf dem Bild darüber empfängt er von einem Hohepriester in Anwesenheit der Fruchtbarkeitsgöttin Anahita den Königsring. An den beiden Längsseiten sieht man ihn auf der Pirsch, und zwar sowohl auf einem Boot im Uferdickicht eines Sees als auch zu Land während einer Treibjagd. Die Szenen faszinieren durch die Lebendigkeit der Darstellung und die Detailfülle. So sind nicht nur die verschiedenen Tiere – Gazellen, Wildschweine, Fische, Enten – sowie die Elefanten und Kamele, auf denen die Jäger ihre Beute abtransportieren, naturgetreu dargestellt. Man kann sogar die einzelnen Pfeile in den Köchern, die Knoten in den Sattelknäufen und die Saiten der Harfen bestens erkennen, auf denen Musiker den Jagenden aufspielen.

Oder besser gesagt: Man könnte all das erkennen. Denn leider wurde vor einigen Jahren im Übereifer der Neugestaltung vor den beiden Bögen ein breiter Wassergraben angelegt, so dass Besucher auf Distanz und die schönen Details ihnen verborgen bleiben. Der Gedanke mag trösten, dass dies aus konservatorischen Gründen geschah und die zarten Darstellungen dadurch für die Nachwelt länger erhalten bleiben. Und was auf jeden Fall bleibt, sind der imposante Gesamteindruck und die schöne Stimmung an dem Quellsee, vor allem nach Sonnenuntergang, wenn Scheinwerfer die zwei Bögen goldgelb illuminieren.

Kermanshah

Mit abendlicher Beleuchtung besonders eindrucksvoll: Taq-e Bostan, der »Gartenbogen«

Übernachten

Gediegener Kasten – **Kermanshah Parsian:** Keshvari Blvd., Tel. 083 3421 9151, www.kermanshah.pih.ir. Modern und großzügig ausgestattet, professionell gemanagt, Gym, Hamam, Indoorpool, vom schicken Restaurant im obersten Stock Panoramablick über die Stadt, auf Raffinerie und Lunapark, etwas isoliert und verkehrsumtost gelegen. DZ 3,95 Mio. Rl

Gehoben – **Azadegan:** Vahdat Blvd., Stadtbezirk Shahrak-e Tavon, 15 Autominuten vom Stadtzentrum und Flughafen, 5 Min. vom Taq-e Bostan, Tel. 083 3422 5591. Tadellos ausgestattestes Viersternehaus, gutes Restaurant mit iranischer Küche, beliebt auch bei Gruppen. DZ 2,6 Mio. Rl.

Hotelburg – **Jamshid:** Shahid Shirudi Blvd., Tel. 083 3429 6002, info@hotel-jamshid.com. Von außen eine Kreuzung aus zinnenbewehrter Festung und überdimensionalem Weihrauchbrenner, innen sehr großzügig bemessenes, wenngleich etwas steriles Qualitätshotel, besonders reichhaltiges Frühstücksbüfett, tolle Lage, 2 Gehminuten von Taq-e Bostan. DZ 2,1 Mio. Rl.

Runderneuert – **Resalat:** Ferdowsi Sq., Tel. 083 3724 6365-9. Im modernen Süden der Stadt, 2017 aufgestockt und auf Viersterneniveau hochgerüstet, nach wie vor sind aber auch schlichtere, billigere Zimmer verfügbar. Nachteil: nur Frühstück und im Nahbereich nur Fast-Food-Lokale. DZ 1,4–2,1 Mio. Rl.

Essen & Trinken

Wer unmittelbar nach der Besichtigung von Taq-e Bostan Hunger oder Durst verspürt: Schräg gegenüber dem Eingang bekommt man an den Kiosken und in den kleinen, schattigen Restaurants allerlei Getränke, kleine Imbisse, aber auch vollwertige Mahlzeiten kredenzt.

Chelo Kebab – **Tavakol:** Modarres St., Tel. 0938 988 3341, Fr–Mi 10 bis mindestens 20 Uhr. Das Ambiente: sehr ansprechend, ein ehemaliges Bad mit dem Flair einer angejahrten Künstlerkneipe; der Wirt, Ali Rahban: idealtypisch, weil leutselig, englischsprachig und ein Koch, der sich neben den örtlichen Spezialitäten wie Dandeh Kebab (Lammrippen) oder Khoresht-e Khalal (Mandeleintopf) auch auf Suppen und Vegetarisches versteht. 130 000–220 000 Rl.

Durchschnitt – **Panichu:** Ferdowsi Sq. (neben dem Hotel Resalat), Tel. 083 3726 1630, tgl. 8.30–15.30, 19–23 Uhr. Gute Kebabs, aber auch hier unbedingt Khoresht-e Khalal probieren! Gerichte ab 120 000 Rl.

Ebenfalls für Karnivoren – **Tabrizi:** 7 Modarres St., Tel. 083 3722 2876, Sa–Do 8–18 Uhr. Nicht abschrecken lassen: In dem gesichtslosen Rohbau verbirgt sich das älteste Kebab-Haus der Stadt, gegründet 1945. Abgesehen von knusprigen Spießchen serviert man Rindereintopf. Hauptgerichte 80 000–140 000 Rl.

Einkaufen

Für Küche und Haus – **Yahoudi-ha Bazar:** Den (ehemals) jüdischen Basar, einer der sehr alten im Land, besucht man vor allem wegen seiner gut sortierten Läden für Gewürze, Kräuteressenzen, handgemachte Messer und Lederarbeiten, speziell *giveh*, handgenähte Schuhe aus weichem Leder.

Süßes – **Tarikeh Bazar:** Klassische Souvenirs aus dem Kurdenbasar sind neben Schmuck Nane Khormai (Dattelkekse) und Nan Berenji (Reisküchlein).

Verkehr

Flug: Kermanshahs **Airport** (KSH) liegt am östlichen Stadtrand, täglich Direktverbindungen nach Teheran, mehrmals pro Woche nach Mashhad, Shiraz, Kish, aber auch nach Jeddah und, mit Turkish Airlines, direkt nach Istanbul.
Turkish Airlines: Nobahar Blvd., Ecke 128. Alley, Markazi Sq., Tel. 083 38 395 123-24.
Bahn: Auf einen Anschluss ans Schienennetz wird die Stadt wohl noch eine Weile vergeblich weiter warten. Auch die Monorail vom Stadtzentrum hinaus zum Taq-e Bostan harrt wegen der langjährigen Sanktionen noch der Fertigstellung.
Bus: Vom **Terminal** am Keshavarzi Blvd. im Nordosten der City tgl. Verbindungen nach Teheran und in andere Großstädte, vor allem nach Hamadan, Sanandaj und Khorramabad.

Nur keine Scheu – auch auf Kermanshas Basar darf probiert werden

Umgebung von Kermanshah

In den Tälern der Zagros-Berge wimmelt es geradezu von **Felsbildern** und **-inschriften,** mit denen im Laufe der Jahrtausende diverse Herrscher ihre Siege und Überzeugungen den Untertanen und der Nachwelt ins Gedächtnis meißeln wollten. Reisende mit speziellem Faible für solch steinerne Relikte könnten wochenlang das gebirgige Land – etwa auch die von internationalen Sightseeing-Scouts bislang sträflich ignorierte **Grenzprovinz Ilam** – durchkämmen und, einen ortskundigen Führer vorausgesetzt, fortwährend Neues entdecken.

Im Folgenden seien aus pragmatischen Gründen stellvertretend zwei diesbezügliche, von Kermanshah aus leicht erreichbare Highlights beschrieben.

Sar-e Pol-e Zahab ▶ B 8

Der Ausflug führt von der Provinzhauptstadt westwärts Richtung irakische Grenze und Bagdad. Hier, wo die Distanzen aus religiös-ideologischen Gründen plötzlich in Kilometern bis in die den Schiiten heilige Stadt Kerbela angegeben sind, wartet eines der landesweit ältesten **Reliefs.**

Ein Fürst namens **Anubanini** aus dem lokalen Geschlecht der Lulubäer ließ gegen Ende des 3. Jts. am Rande des heutigen Städtchens **Sar-e Pol-e Zahab** سرپل ذهاب in einer Schlucht zu beiden Seiten des Flusses Alvand insgesamt vier Bilder in den Fels schlagen. Das beeindruckendste zeigt den Machthaber in Siegerpose, seinen Fuß auf einen gefallenen Feind gestemmt, unterhalb eine Gefangenenkolonne, und gegenüber die von Experten als babylonische Ischtar identifizierte Göttin, die ihm den Ring der Macht reicht.

Angesichts der Ähnlichkeit mit der in Bisotun dargestellen Szene (s. S. 232) kann man nicht umhin zu vermuten, dass dort die achämenidischen Steinmetze des Darius gut 1500 Jahre später diese Darstellungen zum Vorbild nahmen.

Qasr-e Shirin ▶ B 8

Knapp 30 km weiter, kurz vor dem Grenzort Khosravi, stößt man in der Kleinstadt **Qasr-e Shirin** auf zwei interessante Relikte aus sassanidischer Zeit: kurz nach der Ortseinfahrt rechter Hand den Rest eines riesigen Feuertempels, genannt **Chahar Qapu,** der allerdings nur noch aus einigen Mauern und Trümmerhaufen besteht, und – etwa 500 m nördlich auf einer hohen Plattform – die Ruine einer Chosrau II. zugeschriebenen, **Emarat-e Khosrow** عمارت خسرو genannten Palastanlage.

Khorramabad ▶ E 10

Die südlich von Kermanshah und Hamadan gelegene **Provinz Lorestan** ist wenig besucht. Internationale Bekanntheit verdankt sie in erster Linie den sog. Lorestan-Bronzen – zwischen dem 13. und 7. vorchristlichen Jh. gegossene Objekte, Gefäße, Waffen, Fibeln, Schnallen, Pferdegeschirre, figürlich geschmückte Kleinplastiken, die mit ihren höchst originellen, teils naturalistischen, teils grotesk verzerrten zoo- und anthropomorphen Formen von ganz erstaunlicher Fantasie sowie hohem metallurgischem Können zeugen. Als sie in den späten 1920er-Jahren auf dem internationalen Kunstmarkt auftauchten, sorgten sie in der Fachwelt für ungeheures Aufsehen.

Die Bewohner dieser gebirgigen, sehr abgeschiedenen, dank dem Seymareh-Fluss jedoch fruchtbaren Region sind die **Luren** und die kurdischen **Lak** (aus denen die im 18. Jh. von Shiraz aus regierende Zand-Dynastie hervorging). Sie lebten bis weit ins 20. Jh. hinein fast ausschließlich nomadisch und tun das zu beträchtlichen Teilen bis heute. Noch immer sind Viehzucht und Landwirtschaft ihre vorrangigen Einkommensquellen.

Ihr urbanes Zentrum, **Khorramabad,** liegt in einem felsigen Talkessel auf 1200 m Seehöhe und genießt ein geradezu mediterranes Klima mit im Landesvergleich ungewöhnlich viel Niederschlag. Mit seinen gerade einmal 360 000 Einwohnern bildet es eine als Stadt sympathisch überschaubare Zwischenstation

Die Zagros-Provinzen

auf den Fernrouten zwischen Teheran und Khuzestan bzw. Isfahan und Kermanshah. Die Geschichte der Siedlung reicht bis in ferne elamitische Zeiten zurück. Für die Sassaniden, die sie Shapur-Khwast nannten, war sie ein militärisch und verwaltungstechnisch wichtiger Stützpunkt.

Festung Falak ol-Aflak
Di–So 8–19.45, im Winter 8–18 Uhr, 430 000 Rl.
Ihr Wahrzeichen und zugleich die touristische Hauptattraktion bildet, auf einem steilen Felshügel über dem Stadtzentrum thronend, die Festung **Falak ol-Aflak**. Diese über achteckigem Grundriss errichtete, über 5000 m² große Burganlage, deren Name sich in etwa mit »Himmel aller Himmel« übersetzen lässt, ist im Kern 1800 Jahre alt, also sassanidischen Ursprungs. Sie wurde allerdings nach den Zerstörungen durch die Mongolen und auch danach immer wieder um- und ausgebaut.

Mit ihren acht Turmbastionen und über 20 m hohen Mauern hatte sie das ganze Mittelalter hindurch den Fürsten der Luren, die eigenständig über die Region herrschten, als Zuflucht und Sitz gedient, ehe Schah Abbas I. zu Beginn des 17. Jhs. ihren Nimbus der Uneinnehmbarkeit brach und Lorestan dem safawidischen Reich einverleibte.

Heute beherbergt der kolossale, um zwei Innenhöfe erbaute Komplex, der früher, wie nach ihm auch die ganze Stadt, Dez-e Siah دژ سیاه, »Schwarze Festung«, hieß, ein großartiges **Museum**. Vor- und frühgeschichtliche Keramik, eine Kollektion originaler Lorestan-Bronzen, dazu fein aus Silber gearbeitete Vögel, Löwen, Trinkgefäße aus elamitischer und medischer Zeit, vor allem aber Kunsthandwerk (Schmuck, Trachten, Werkzeug, Waffen, Haushaltsgerät, Musikinstrumente), Brauchtumsszenen, mit lebensgroßen Wachsfiguren liebevoll nachgestellt und flankiert von großformatigen Dokumentarfotos zur regionalen Folklore, kurz: eine komplette, äußerst ansprechend präsentierte Leistungsschau lurischer Volkskultur. Beim Gang durch die beiden Museumsabteilungen, die archäologische und die ethnologische, vergehen zwei, drei Stunden wie im Flug.

Ziegelminarett und sassanidische Brücke
Der Vollständigkeit halber sei auch das im Südteil der Stadt an der Hauptausfallstraße stehende **Menar-e Ajor** منار آجر erwähnt, ein Ziegelminarett aus vermutlich seldschukischer Zeit.

Luftlinie nur 1 km weiter westlich blieben, am Ufer des Flüsschens Khorramabad, Bögen einer aus Bruchsteinen gemauerten **sassanidischen Brücke** erhalten.

Übernachten
Wohnen in der Shoppingmall – **Rangin Kaman:** East Shohada St., Ecke Moalem St., Tel. 066 3333 4747, www.ranginkamancomplex.com. Modernes Mittelklassequartier auf drei Geschossen eines Einkaufskomplexes, am linken Flussufer, 15 Gehminuten zur Festung, bei der Innenausstattung dominieren Resopal, Kunstleder und Plüschteppichboden. Sauber, tadellos geführt, alle Zimmer mit Kochnische. Drehrestaurant mit schönem Panoramablick im Dachgeschoss. DZ 1,6 Mio. Rl.

Im Grünen am Stadtrand – **Tourist Hotel:** zwischen Enqelab und Ziba Kenar Blvd., nahe Bahman Sq., vis-à-vis Kiu-See, Tel. 066 3322 5672. Sympathisches Gartenhotel mit 20 Pavillons, ruhig, saubere Zimmer, nur spärliches Frühstück, direkt gegenüber Lunapark mit Ausflugsbooten. DZ 1,3 Mio. Rl.

Essen & Trinken
Gute Traditionsküche – **Yalda:** Taleghani St., nahe der Khomeini St., neben der Maskan-Bank, Tel. 066 3330 5128, 0916 661 0227, tgl. 11–15, 19–23 Uhr. Großraumlokal mit kitschigen Wandbildern, Neonlicht und Terrazzoboden, aber ausgezeichneten Kebabs, Lammkeulen, Berberitzen-Huhn etc. Hauptgerichte ab 180 000 Rl.

Für Kebab-Fans – **Shemshad Neomouneh:** Taleghani St., direkt gegenüber dem Amtssitz des Gouverneurs, Tel. 066 3330 5235, tgl. 12–15, 18–23 Uhr. Angenehmes Esslokal mit gutem Service, Regionalküche, Spezialität: Qalieh Torsh, Eintopf mit Rindfleisch, Kartoffeln, Zwiebeln und Granatapfelsaft. Hauptgerichte 170 000–260 000 Rl.

GAHAR-SEE UND BISHEH-WASSERFALL

Zwei lohnende Ausflüge führen ins weitere Umland von Khorramabad: Ausgangspunkt für den ersten ist das 90 km östlich gelegene Städtchen **Dorud**. Von dort fährt man noch ca. 30 Min. weiter Richtung Südosten bis **Saravand.** Hier beginnt eine drei- bis vierstündige Wanderung zum auf über 2300 m hoch gelegenen, 2,5 km langen **Gahar-See** دریاچه گَهر am Fuß des Oshtoran Kuh; für den Gepäcktransport lassen sich im Tal bei Bedarf Packesel anmieten; alternative Anfahrt und Wanderung von Osten, aus **Aligudarz.** Bergfexe können in dem Naturschutzgebiet ausgedehntere Wanderungen unternehmen und bis auf den höchsten Gipfel, den **San Boran** (4150 m) hochsteigen; ortskundiger Guide: Ashkan Nezampour, s. S. 249.

Ziel Nummer 2 ist der Wasserfall **Abshar-e Bisheh** آبشار بیشه, erreichbar nicht nur per Bahn (s. Aktiv unterwegs S. 242), sondern auch im Auto. Nach gut 30 km von der Hauptstraße Richtung Dorud die Abzweigung nach rechts nehmen; der weitere Weg führt, zweimal links abzweigend, über das Dorf **Kian-e Sofla** (schlechte Beschilderung!). Zufahrtsgebühr zum Parkplatz pro PKW 50 000 Rl., von dort ca. 10 Geminuten über eine Brücke zum Wasserfall, zu dessen Füßen Schwimmmöglichkeit im Fluss, doch Achtung: an Wochenenden ist der malerische Fleck heillos überfüllt.

Der Bisheh-Wasserfall bietet ideale Bedingungen für ein erfrischendes Bad

Die Zagros-Provinzen

MIT DEM ZUG DURCHS ZAGROS-GEBIRGE

Tour-Infos
Lage/Anfahrt: nach Dorud in ca. 2 Std. im Sammeltaxi aus Khorramabad, Standplatz: Azadi Sq.; nach Andimeshk im Minibus aus Sush vom Terminal am Khomeini Blvd.

Dauer: für die Gesamtstrecke ca. 5 Std., beste Verbindung für die Befahrung hin und zurück an einem Tag: ab Dorud 4.50 Uhr früh; Ankunft in Andimeshk gegen 10 Uhr (einziger Zug mit Fotostopps für Touristen), Abfahrt zurück kurz vor 13 Uhr; Alternative: ab Dorud 15 Uhr und Übernachtung in Andimeshk; Sitzplatzreservierung in der 1. Klasse ratsam, da 2. und 3. Klasse oft überfüllt und stickig. Achtung: kurzfristige Fahrplanänderungen möglich, unbedingt aktuelle Auskünfte einholen!

Unterkunft: Hotel Shahrdari in **Dorud**, Meydan-e Azadeghan, Tel. 066 4323 2020, DZ 800 000 Rl., in derselben Straße auch empfehlenswert: das Restaurant **Shabestan**, vis-à-vis der Iranischenr Versicherung, Tel. 066 4323 333, tgl. 10–15.30, 19–23.30 Uhr; **Hotel Rostam** in **Andimeshk,** s. S. 261.

Wichtige Hinweise: Da kein Bordservice, Mitnahme von Wasser und Proviant ratsam; im Bahnhof von Dorud hilft der Manager Hamid Hemati gerne weiter, Tel. 0917 978 9587, 041 7978 9587; hemati.h@yahoo.com (engl.). Sonderfahrten in Privatzügen möglich, dafür ist aber etliche Wochen im Voraus die Buchung und Einholung einer Fotogenehmigung über eine Agentur nötig.

Khorramabad

Als Reza Shah Pahlevi in den späten 1920er-Jahren den Bau der Transiranischen Eisenbahn in Auftrag gab, ging es ihm um ein Leitprojekt für die landesweite Modernisierung der Infrastruktur. Der mit eigenstaatlichen Mitteln finanzierte Schienenstrang, den zunächst ein amerikanisch-deutsches, später ein schwedisch-dänisches Firmenkonsortium 1400 km weit quer durch das Land legte, von der heutigen Hafenstadt Bander-e Khomeini über Ahvaz, Arak, Qom und Teheran bis nach Bandar-e Torkaman am Südostufer des Kaspi-Meeres, markierte in der Tat einen Meilenstein bei der wirtschaftlichen Genesung des Staates. Zugleich legte er den Grundstein für den Aufbau des flächendeckenden Streckennetzes, das in den letzten Jahren erneut massiv erweitert wird. Und er war mit seinen 230 Tunneln und Aberhunderten Brücken zudem ein ingenieurtechnisches Meisterwerk.

Eine besondere Herausforderung stellte die Querung des wild zerklüfteten Zagros-Gebirges dar, der Abschnitt zwischen Andimeshk in der Provinz Khuzestan und Dorud in Lorestan. Er wird denn auch von Kennern unter den Eisenbahnliebhabern bis heute als eine der landschaftlich wie baulich spektakulärsten Bahnstrecken der Welt gerühmt. Seine Befahrung ist ein grandioses Erlebnis und an Bord regulärer Personenzüge auch problemlos ganzjährig möglich. Im Folgenden ist die Fahrt von **Dorud** nach Süden skizziert. Denn nur in diese Richtung sind Hin- und Rückfahrt an einem Tag bei Tageslicht machbar.

Die Strecke misst insgesamt 208 km, umfasst 14 Stationen und führt durch weitgehend unbesiedeltes Gebiet – eine herrlich wilde Landschaftskulisse mit schroffen Felswänden, tiefen Schluchten, dann wieder Steineichenwäldern und von grünen Feldern und weit verstreut liegenden winzigen Weilern gespickten Hochtälern. Am reizvollsten ist die Befahrung im März/April, wenn man aus dem noch kalten, kahlen Dorud dem Frühling entgegenfährt. Gegen den Sommer zu ist dann die Gegend um Dorud grün und blühend, der Süden hingegen heiß und bereits braun-verdorrt.

Wer mit der sehr intakten Natur auf Tuchfühlung gehen will, kann, mit Zelt und Schlafsack ausgerüstet, jeweils bei Zwischenstationen aussteigen, nach Belieben im freien Gelände campieren und so die Gesamtstrecke auf mehrere Tage verteilt abfahren. Auch kann man einzelne Etappen flussabwärts im Kanu bzw. Kajak absolvieren. Die Mitnahme von Booten im Zug ist möglich. Eine schöne Wanderung führt von der Bahnstation **Taleh Zang** تله زنگ, der achten, in 3 Std. zum 100 m hohen, 70 m breiten Wasserfall **Abshahr-e Shuie** آبشار شوی. Bereits nahe **Sepid Dasht,** der dritten Station, wartet an einem Steilhang ein bautechnisches Husarenstück – eine dreifache Schienenserpentine.

Für Eilige empfiehlt sich die kurze Schnupperfahrt von Dorud zur zweiten Station, der nur etwa 30 Bahnminuten entfernt gelegenen Ortschaft **Bisheh.** Allein die von einem grünen Tunnel aus majestätischen Platanen überwölbte Station und das von dort zu sehende hohe Viadukt sind beeindruckend. Die Hauptattraktion des inklusive Rückfahrt halbtägigen Ausflugs ist jedoch der pittoreske **Abshar-e Bisheh,** ein Wasserfall, den man von Bisheh aus in wenigen Gehminuten erreicht (s. Tipp S. 241).

Einkaufen

Souvenirs – Von schräg gegenüber dem Burgeingang führt eine nette, verkehrsbefreite **Basargasse** mit kleinen (Souvenir-)Läden Richtung Westen. Zum Verkauf stehen hier u. a. Wasserpfeifen, handgefertigte Töpferwaren und Mashteh-Webarbeiten sowie Holzschnitzereien.

Verkehr

Flug: Vom **Flughafen** (KHD) am südwestlichen Stadtrand täglich Flüge nach Teheran.
Bus: Vom **Terminal** 2 km östl. des Zentrums an der Fernstraße nach Isfahan Verbindungen u. a. nach Kermanshah, Arak, Isfahan, Andimeshk, von der südwestlichen Stadteinfahrt **Minibusse** nach Andimeshk und Ahvaz.

Kapitel 3

Der Süden

Irans Süden wartet mit einer immensen landschaftlichen Vielfalt auf. Die Palette reicht von den Viertausender-Gipfeln des Dena-Massivs bis zu den Sandstränden der Ferieninseln Kish und Qeshm, von den Salzseen und Wüstenflächen im nordöstlichen Hochland über die Wälder und Wasserfälle etwa in der Bergregion Sepidan bis zum bügelbrettflachen Tiefland im Südwesten, das mit seinen wasserreichen Flüssen und Sümpfen und Zuckerrohrfeldern geografisch und klimatisch bereits zu Mesopotamien gehört.

Ähnlich verschiedenartig und kurzweilig ist das kulturelle Erbe der südlichen Landesteile. Während man in der Provinz Fars auf Tuchfühlung mit den glanzvollen Königen des altpersischen Weltreiches, einem Kyros, Darius oder Xerxes geht, spürt und sieht man entlang der Küste deutliche Einflüsse aus Arabien und sogar Afrika. Aus der Fülle vorislamischer Baudenkmäler ragen die Reste der achaimenidischen Residenzen von Persepolis, Pasargadae und Susa hervor. Einen weiteren Höhepunkt jeder Iran-Reise markiert Shiraz, weltberühmt als Stadt der Dichter, der Rosen, früher auch des Weines, und bis heute der verfeinerten Lebenskunst.

Darüber hinaus gibt es abseits der gängigen Reiserouten eine Vielzahl faszinierender Kunstschätze zu entdecken: frühgeschichtliche Felsreliefs, Tempel- und Palastruinen, Häfen wie Bushehr, Siraf oder Hormuz, in denen schon vor 1000 und mehr Jahren Welthandel getrieben wurde, und auch, etwa in Form uralter Wassermühlen und Zisternen, Brücken, Burgen, Bootswerften und Basare, Zeugnisse einer bereits sehr früh hoch entwickelten Alltagskultur.

Schließlich finden auch Aktivsportler reiche Betätigungsfelder: im Sommer z. B. beim Trekking oder Canyoning in den Hochtälern des Zagros-Gebirges, und im Winter, wenn im Hochland Minustemperaturen herrschen und es schneit, beim Radfahren, Schwimmen, Tauchen, Jet- und Wasserskifahren an den Gestaden des Persischen Golfs.

Wasserpfeifenrunde am Rande des Rummels in Ahvaz: Ihrem
Lieblingslaster frönen iranische Männer nicht nur im Teehaus

Auf einen Blick: Der Süden

Sehenswert

⭐ **Chogha Zanbil**: Der am besten erhaltene Stufentempel des Alten Mesopotamien steht in Iran – ein kolossaler Bau, von den Elamitern vor 3200 Jahren aus Lehmziegeln errichtet. 1979 erkor man ihn zu Irans erster UNESCO-Welterbestätte (s. S. 251).

⭐ **Shiraz**: Die gepflegte Atmosphäre, das viele Grün und die Fülle an Kulturdenkmälern, auch im Umland, machen einen mehrtägigen Aufenthalt in der Hauptstadt der Provinz Fars zu einem Muss (s. S. 268).

⭐ **Persepolis**: Die spektakulärste Ruinenstätte auf iranischem Boden ist das steinerne Symbol für altpersische Größe schlechthin. Ein Besuch gräbt sich unauslöschlich ins Gedächtnis (s. S. 290).

🍀 **Insel Qeshm**: Die größte Insel im Golf bietet einen Geopark mit Schluchten, Höhlen, Salz- und Tafelbergen; dazu Mangrovenwälder, schöne Tauchreviere und Sandstrände satt. Vor der Küste können Delfine beobachtet werden (s. S. 329).

Schöne Routen

Bergregion Sepidan: Eine Autostunde nordwestlich von Shiraz lädt eine herrliche Hochgebirgslandschaft zum Durchlüften. Die lohnendste Runde führt über Pooladkaf zum Margun-Wasserfall und über Yasuj weiter nach Si Sakht (s. S. 303).

In den Südosten von Fars: Die Rundtour führt abseits der Touristenströme durch eine Wüsten- und Felskulisse von elementarer Wucht. Zwischenstopps in Darab, Lar, Gerash und Khonj machen mit kaum bekannten Architekturjuwelen bekannt (s. S. 308).

Meine Tipps

Atashkuh: An den Hängen des »Feuerbergs« nährt sich selbst entzündendes Schwefelgas Abertausende Flämmchen – ein spektakuläres Naturphänomen und möglicherweise der ursprüngliche Auslöser aller altorientalischen Feuer- und Lichtkulte (s. S. 263).

Meshkinfam-Kunstmuseum in Shiraz: Kontrapunkt zu den vielen Moscheen und Mausoleen und ein Highlight für kunstinteressierte Reisende – das erste Privatmuseum seiner Art für moderne Kunst in Iran (s. S. 278).

Dosiran und Kandehei: Zwei lohnende Stopps an der Hauptstraße Shiraz–Bishapur – ein Friedhof mit Löwen als Grabsteinen und ein siebenkuppeliger Steinbau von rätselhafter Bestimmung (s. S. 300).

Aktiv

Bootsfahrt auf dem Stausee von Dez und Schluchtenwandern: Erfrischendes Kontrastprogramm in der heißen Provinz Khuzestan – eine Bootspartie auf dem See plus Canyoning in seiner Umgebung (s. S. 260).

Tang-e Bostanak – Wanderung im »Verlorenen Paradies«: Durch dichten Wald geht es zum wunderschönen Wasserfall von Tang-e Bostanak und auf dem Rückweg zur Quelle Shish Pir (s. S. 304).

Radtour um die Insel Kish: Auf ebenen Wegen etwa 75 km immer an der Küste entlang umrundet man abseits jeglichen Autoverkehrs die ganze Ferieninsel aus eigener Muskelkraft (s. S. 320).

Delfine und Schildkröten beobachten: An einigen Sandstränden an der Südküste von Qeshm und in den Gewässern um die Mini-Insel Hengam warten tierische Begegnungen der besonderen Art (s. S. 335).

Khuzestan

Bei der Provinz Khuzestan handelt es sich mehrheitlich um ein heißes, fruchtbares Tiefland. Es fungierte kulturell und wirtschaftlich seit jeher als Drehscheibe zwischen dem Hochland und Mesopotamien, wovon Orte wie Susa, Shushtar und Chogha Zanbil eindrucksvoll zeugen. In jüngerer Zeit schrieb Khuzestan Geschichte dank seiner immensen Öl- und Gaslagerstätten und als Frontgebiet im Krieg gegen den Irak.

Ahvaz ▶ E 13

Als Ausgangspunkt für die Erkundung Khuzestans empfiehlt sich die Provinzhauptstadt **Ahvaz**. Zwar bietet sich, insbesondere für diejenigen, die auf dem Landweg aus dem Nordwesten anreisen, zur Übernachtung auch das 150 km weiter nördlich gelegene und eine Spur kühlere Dezful an. Doch in der Regel gelangen Reisende auf dem Luftweg in Irans äußersten Südwesten. Und der Regionalflughafen liegt eben in Ahvaz, das zudem über die dichtere touristische Infrastruktur – sprich: mehr und bessere Hotels, Taxibüros und Tourveranstalter – verfügt.

Geschichte

Die Stadt, eine Gründung der Parther, liegt nur 21 m über dem Meer an beiden Ufern des **Karun**, Irans mit 720 km längstem, wasserreichstem und einzigem schiffbaren Fluss. Weil es hier einen Übergang gab, hatte sie schon zur Zeit der Sassaniden einen hohen strategischen Wert, den Shapur I. durch den Bau eines riesigen Bewässerungsdammes noch mehrte. Um 1900 zählte sie nur 2000 und noch vor zwei Generationen keine 40 000, heute hingegen weit über 1 Mio. Einwohner, die übrigens mehrheitlich arabischer Abstammung sind.

Seine aktuelle Bedeutung verdankt Ahvaz vor allem seiner verkehrsgünstigen Lage. Seit Eröffnung der 1400 km langen transiranischen Eisenbahn (1939) bildet es einen Schienenknotenpunkt. Auch ist es wegen des flussaufwärts gelegenen Katarakts der letzte vom Meer her noch per Schiff erreichbare Hafen. Für einen enormen Aufschwung sorgte zudem die Erdöl- und Erdgasindustrie, die sich im 20. Jh. in der Region entwickelte und Ahvaz zu ihrer logistischen und administrativen Schaltstelle machte.

Während des Irak-Iran-Krieges litt die Stadt vergleichsweise wenig. Hafen und Raffinerie waren danach zwar weitgehend zerstört. Doch insgesamt vermochte sie ihren Rang als wichtiger Produktionsstandort zu wahren. Schwerpunkte bilden Lebensmittelverarbeitung, Zucker-, Metall- und Textilindustrie sowie, nach dem umfassenden Wiederaufbau in den 1990er-Jahren, Petrochemie.

Sehenswertes

Sehenswürdigkeiten besitzt Ahvaz kaum, außer man will die 1935 von schwedischen Ingenieuren errichtete **Hängebrücke** über den Karun als solche bezeichnen. Reich sortiert und bis zum Abend quicklebendig ist der **Fischmarkt** بازار ماهی, bei Dunkelheit hübsch anzusehen der künstliche, bunt illuminierte Wasserfall entlang der Siebten Brücke. Sonst kann sich, wer hier übernachtet, bestenfalls mit einem Bummel entlang der **Uferpromenade** oder einer kurzen Bootstour auf dem Fluss die Zeit vertreiben. Und am nächsten Morgen – auch wegen der zu erwartenden Mittagshitze – zeitig Richtung Norden aufbrechen.

Ahvaz

In den Abendstunden verströmt der Karun eine wohltuende Kühle und Ruhe

Infos

Reisebüro: Oxin, 7th St., Eastern Kianpars St. 75, Tel. 061 1392 22 00-10.
Gute Guides: Kompetente englischsprachige Führer, die von Ahvaz aus maßgeschneiderte Sightseeing- und Trekking-/Eco-Touren in ganz Khuzestan organisieren, sind **Ashkan Nezampour**, Tel. 0916 611 43 73, info@travelguide.ir, www.travelguide.ir, und **Razagh Mojaddam**, Tel. 0916 615 11 07, r.mojaddam@gmail.com.

Übernachten

Platzhirsch – **Pars Hotel:** Saheli Blvd./Abedi St., Tel. 061 322 200 91-5, www.pars-hotels.com. Seit Jahrzehnten das führende Haus der Stadt, gerne von Gruppen genutzt. Zentral am östlichen Karun-Ufer neben der modernen Hängebrücke gelegen, zum Basar sind es 7, 8 Gehminuten. Rundum qualitätvoller Service, Outdoor-Swimmingpool. Der Aussicht wegen zu bevorzugen: flussseitige Zimmer in den oberen Etagen. Ausgezeichnetes Restaurant »Karoun«, seine Spezialität ist Löwenfisch mit Kräutern (Ghalieh Mahi). EZ 4,5 Mio. Rl., DZ 5 Mio. Rl.

Alternative im Top-Segment – **Neyshekar:** Golestan Blvd., 061 33 13 01 65. Zweites Viersternehaus der Stadt, etwas außerhalb, dafür ruhig und von Grün umgeben. Qualitativ etwas unter dem Pars Hotel angesiedelt, aber moderne Zimmer, Ausstattung, Service und Küche völlig in Ordnung. DZ 3,2 Mio. Rl.

Standardqualität mit Sixties-Flair – **Naderi:** Imam Khomeini St. East zw. Adham und Gandomi St., Tel. 061 322 25 757, www.naderihotel.ir. Zentral und verkehrsgünstig, tadellos ausstaffiert, wenn auch unter Einsatz von reichlich Resopal, Linoleum und Kunstleder. Ruhebedürftige buchen die oberen Etagen, gutes Restaurant mit Glitter-Ambiente, Coffeeshop, eigener Parkplatz. EZ 1,6 Mio. Rl., DZ 2,6 Mio. Rl.

Gehobener Durchschnitt – **Oxin:** Pasdaran Highway, Mellat Ave., Tel. 061 34 47 47 20-7, www.oxinhotel.com. Dreisternestandard in Flughafennähe, sehr sauber, mit kompetentem Personal. Hervorragendes Seafood-Restaurant – unbedingt probieren: Fischkebab und -eintopf. EZ 1,9 Mio. Rl., DZ 2,5 Mio. Rl.

Einfach und zentral – **Iran:** Imam Khomeini Rd., Tel. 061 322 17 201-6. Akzeptabel, aber unbedingt nach Zimmern im renovierten

Khuzestan

Trakt fragen, das Personal an der Rezeption spricht nur schlecht Englisch. DZ 1,86 Mio. Rl. Low-Budget-Adressen – **Karoon:** Bazar-e Eman, Kreuzung Moslem St., Tel. 061 322 10 983. EZ 500 000 Rl., DZ 800 000 Rl. Weitere Adressen am unteren Ende der Qualitätsskala: die Hotels **Toloo,** Tel. 061 322 15 408, und **Okhovat,** Tel. 061 322 31 121, beide im Nahbereich des Bazar-e Eman. Hier Zimmer vor dem Einchecken besichtigen!

Essen & Trinken

Unter Palmen – **Bagh-e Moin:** East Saheli Blvd./Azadegan St., hinter dem gleichnamigen Park, Tel. 061 322 391 53, tgl. 11–23 Uhr. Sehr nettes Gartenrestaurant mit schattigen Takht-Kojen in unmittelbarer Flussnähe, 2 Gehminuten vom Pars Hotel entfernt. Seafood, Lamm, im Lehmofen frisch gebackenes Brot. Zugehörig ist ein gutes Hotel (DZ 1,65 Mio. Rl.). Hauptgerichte 220 000 –450 000 Rl.

Ahvaz von oben – **Emperor:** Pasdaran Blvd., Abzweiger Airport Rd., Tel. 061 34 44 20 05-6, 0916 333 44 44. In dieses moderne, auch unter dem Namen »Gardan« bekannte Drehrestaurant im 8. Stock des IT-Tower kommt man nicht wegen der – leider nur mittelmäßigen – iranischen Küche, sondern wegen des Panoramablicks. Dennoch: reich bestückte Salat- und Dessert-Bar, Fleisch- und Fischgerichte à la carte, auch Hummer und Kalamari, abends Livemusik, häufig Festgesellschaften. Hauptgerichte 200 000–750 000 Rl.

Kebab – **Mehman:** Komeyl St., Zamzam St., Tel. 061 14 45 28 82, tgl. 11–22.30 Uhr. Lamm und Huhn in diversen Variationen, cool-funktionales Ambiente, sehr hygienisch. **Bagh-e Firouzeh:** Kianpars, Chamran St., Tel. 061 333 837 90, 11.30–ca. 23 Uhr. Auch hier im »Türkisgarten« können Karnivoren herzhaft zubeißen. Gerichte ab 180 000 Rl.

Bewährt – **Kheymeh:** Musa Sadr Road zw. Saat Sq. und Molavi Sq., Tel. 061 333 62 718. Traditionslokal mit sehr guter iranischer und arabischer Küche. Gerichte ab 180 000 Rl.

Pizzeria – **Athena:** Kianpars zwischen 8th und 9th St., Tel. 061 339 23 358. Die griechische Wirtin war 1990 Pizza-Pionierin der Stadt. Bis heute ausgezeichnete, knusprige Teigräder mit unterschiedlichem Belag. Ab 160 000 Rl.

Die Zikkurat von Chogha Zanbil ist eine enge Verwandte des Turmes von Babylon

Für den kleinen Hunger – **Falafel-Shop** in der Khoshakhlagh St., aber auch in den kleinen Lokalen rund um den Bahnhofsplatz und -park (Rah-Ahan) bekommt man für sehr wenig Geld Traditionelles wie Ash, Halim, Kallepache und frischen Fisch.

Einkaufen

Märkte – Nicht schlecht sortiert, wenngleich atmosphärisch wenig ergiebig ist der **Basar** entlang der Taleghani St., umso malerischer dafür der **Fischmarkt** gleich nebenan.
Souvenirs und Kunsthandwerk – Nach Herzenslust stöbern kann man im Riesensortiment des Krimskramsladens im Eckhaus gegenüber dem Pars Hotel an der Uferstraße. Auf Anfrage holt der Betreiber schachtelweise **historische Ansichtskarten** zum Verkauf hervor.

Verkehr

Flug: Der **Ahvaz International Airport** (AWZ) liegt 7 km nordöstlich des Stadtzentrums am Pasdaran Highway und ist am besten per (Sammel-)Taxi erreichbar. Iran Air und diverse andere inländische Airlines fliegen von hier regelmäßig u. a. nach Teheran, Mashhad, Tabriz, Isfahan und Shiraz, Iranian Naft Airlines steuert etliche Küstenstädte an. Internationale Direktflüge gehen nach Istanbul (Turkish Airlines) und Dubai (Iran Air Tours).
Bahn: Vom **Bahnhof** an der Sepah Rd., am Ende der Imam Mousa Sadr Rd., Hejrat Sq., gehen Züge nach Bandar-e Imam Khomeini bzw. Khorramabad und 3 x tgl., auch über Nacht, nach Teheran. Shush (Susa) hat einen Bahnhof, ist also von Ahvaz aus gut erreichbar.
Bus: Tgl. Verbindungen in etliche Großstädte. Distanzen und Fahrzeiten sind allerdings enorm, z. B. Teheran (880 km, 14 Std.), Bandar-e Abbas (1130 km, 13 Std.), Rasht (1000 km, 12 Std.), Isfahan (765 km, 10 Std.), Shiraz (550 km, 7 Std.). Zentraler **Terminal** für Busse **Richtung Norden,** Osten und östl. Golfküste: Enghelab Sq.; **Richtung Süden** (Khorramshahr, Abadan, auch Shushtar): Pasdaran Highway, Nabovat Blvd.
Taxis: An den Busstationen bieten auch Ferntaxis ihre Dienste an; mit längeren Wartezeiten auf weitere Passagiere ist zu rechnen. Für Besichtigungstouren nach Susa, Chogha Zanbil, Shushtar etc. empfiehlt es sich, beim Reisebüro oder in der Lobby des Pars Hotel ein Taxi zu mieten (Pauschalpreis: 2,5–4 Mio. Rl./Tag).
Stadtverkehr: Die Fortbewegung mit öffentlichen Verkehrsmitteln ist äußerst unpraktisch und mühsam. Eine **Metro** ist derzeit in Bau.

Chogha Zanbil
▶ E 12

Tgl. 7–18 Uhr, 200 000 Rl.
Durch ausgedehnte Zuckerrohr-, Baumwoll- und Getreidefelder, Dattelpalm- und Orangenhaine führt die tadellos asphaltierte Überlandstraße von Ahvaz Richtung Norden. Nach ca. 95 km weist rechterhand in lateinischen Lettern ein kleines Schild den Weg zu einem der faszinierendsten Zeugnisse der iranischen Frühgeschichte – den Ruinen der Tempelstadt **Chogha Zanbil.** 27 km geht es nun auf schmalem Sträßchen durch das größte zusammenhängende Zuckerrohranbaugebiet des Landes bis nahe an das Ufer des hier extrem stark mäandrierenden Flusses Dez. Dort zieht schon von Weitem ein mächtiger, von Menschenhand geschaffener Hügel alle Blicke auf sich.

Geschichte

1935 hatte ein Geologe auf der Suche nach Öl während eines Erkundungsfluges auffällige Strukturen im Gelände entdeckt. Als französische Archäologen die Stätte daraufhin erforschten, entpuppte sie sich als Ruine einer **elamitischen Tempelstadt.** Dur-Untash, wie der Ort in der Sprache seiner Erbauer hieß, wurde Mitte des 13. Jhs. v. Chr. von einem Herrscher namens **Untash Napirisha** begründet, aber nie wirklich vollendet. Als Kult- und Begräbnisstadt, die vom Volk, der Priesterschaft und dem als oberster Priester den Ritus leitenden König nur zu hohen Feiertagen aufgesucht wurde, war sie ungefähr bis 1000 v. Chr. in Gebrauch. Endgültig zerstört hat sie der assyrische Eroberer Assurbanipal 642 v. Chr.

Besichtigung

Die **Tempelstadt** wurde durch einen Kanal vom Fluss Dez aus mit Frischwasser versorgt. Drei konzentrische, noch erkennbare **Mauerringe** gliederten sie. Der Äußerste maß mehr als 4 km und sollte die Häuser einer Wohnsiedlung beschützen, die freilich nie gebaut wurde.

In der Ostecke des Areals befanden sich der im Laufe der Jahrtausende so gut wie völlig verschwundene **Palastbezirk**, eine kolossale **Portalanlage** und mehrere **Gruftkammern**, in die man über einige Stufen bis heute hinabsteigen kann, allerdings ohne dort viel Interessantes zu entdecken. Der mittlere Mauerring schloss im nördlichen und östlichen Bereich einige diversen regionalen Gottheiten geweihte **Nebentempel** mit ein, deren Grundmauern noch existieren.

Der Innerste, leicht ovale und von sieben Toren durchbrochene Mauerring begrenzt den heiligen Bezirk. In dessen Zentrum erhebt sich eine **Zikkurat**, ein über quadratischem Grundriss aus luftgetrockneten Lehmziegeln geschichteter Stufenturm, wie ihn ungefähr ab 2000 v. Chr. fast jede größere Stadt Mesopotamiens und Elams – u. a. bekanntlich auch Babylon – besaß. Insgesamt 20 solcher symbolischer Nachbildungen des Götterthrons hat man bisher im Einzugsgebiet von Euphrat und Tigris wiederentdeckt. Jene von Chogha Zanbil – der Name bedeutet »Korbhügel« – ist mit einer Basisseitenlänge von 105 m die größte und, neben der teilweise rekonstruierten Zikkurat von Ur, die besterhaltene. Als solche zählt sie seit 1979 zum UNESCO-Weltkulturerbe. Ursprünglich umfasste sie fünf Stufen, war insgesamt, so schätzt man, 52,5 m hoch, zur Gänze mit einer 2 m dicken Schicht aus gebrannten Ziegeln ummantelt und etagenweise verschiedenfarbig glasiert bzw. bemalt. Auf ihrem Scheitel stand ein Inshushinak, dem Stadtgott von Susa geweihter Tempel.

In ihrer **Konstruktion** unterscheidet sich diese Zikkurat von ihren Gegenstücken in Südmesopotamien insofern, als sie nicht aus horizontal errichteten, aufeinandergetürmten Terrassen besteht. Vielmehr wurde sie rund um einen turmartigen Kern aus vertikalen, auf dem Boden gründenden und sich nach oben hin verjüngenden Elementen von innen nach außen errichtet. Ihre vier Ecken weisen exakt in die vier Himmelsrichtungen. Das Treppensystem war so konstruiert, dass man nur an einer Seite die höchste Ebene erreichen konnte. Zuvor mussten die rituelle Reinigung im Fluss und die symbolische Umrundung der gesamten Anlage über die Treppe erfolgen.

Die beiden obersten Stufen sind längst verwittert. Die drei verbliebenen ragen an der höchsten Stelle 25 m in den Himmel, dürfen freilich schon seit längerer Zeit aus konservatorischen Gründen nicht mehr erklommen werden. Am Fuß der Haupttreppe, an der Südwestseite, steht einer jener runden, aus Back-

SCHILFHÄUSER

Am Südrand des Geländes von Chogha Zanbil, auf dem Weg Richtung Toiletten, hat man zu Dokumentationszwecken mit großem Aufwand drei sogenannte **Mozif** (oder Mudhif) rekonstruiert. Solche halbtonnenförmigen Gebäude aus Schilfbündeln dienen den Bewohnern des Arvand Rud (arab. Shatt al-Arab), aber auch den Anrainern der Shadegan-Lagune am Unterlauf des Karun seit jeher als Wohn- und in kolossaler Dimension auch als Versammlungshäuser. Seit Saddam Hussein in den 1990er-Jahren die freiheitsliebenden schiitischen Beduinen auf irakischer Seite brutal verfolgt und deren aquatischen Lebensraum am Zusammenfluss von Euphrat und Tigris systematisch ausgetrocknet hat, ist ihre Alltagskultur dort akut bedroht. Ein Grund mehr, sich die drei musterhaft rekonstruierten Zeugnisse einer faszinierenden Volksarchitektur genauer anzusehen.

steinen gemauerten **Opfertische,** von denen einst etliche den Tempelturm umstanden. Er diente vermutlich auch als Sonnenuhr. Gleich daneben hat sich im steinharten Boden ein über 3200 Jahre alter **Fußabdruck** eines elamitischen Kindes erhalten.

Entlang der Mauer der untersten Turmstufe finden sich auf ein paar Ziegeln noch vorzüglich erhaltene **Keilschrifttexte** aus der Zeit der Erbauung der Zikkurat eingeritzt. Die Objekte, die Chefarchäologe Roman Ghirshman mit seinem Team hier 1951–62 aus dem Boden barg – darunter gebrannte, mit Inschriften versehene und auch wunderschöne, farbig glasierte Ziegel sowie ein Buckelrind-Stier, der ursprünglich eines der Tore bewachte – sind im Nationalmuseum von Teheran und teilweise auch im Museum der nahen Grabungsstätte Haft Tepe (s. unten) zu bewundern.

Haft Tepe ▶ E 12

Di–So 8–18 Uhr, 150 000 Rl.
Fährt man Richtung Hauptstraße zurück, zweigt 2 km bevor man diese erreicht ein unscheinbarer Weg rechter Hand nach **Haft Tepe** (هفت تپه »Sieben Hügel«) ab. Hier, wo mittlerweile eine riesige Mobilfunkantenne in den nicht selten dunstig-trüben oder auch staubigen Himmel emporragt, förderten einheimische Archäologen in den Jahren 1966–1978 zwischen Zuckerrohrfeldern und Eukalyptusbäumen eine elamitische Siedlung aus dem mittleren 2. Jt. zu Tage. Dabei fanden sie die Reste einer **Palastanlage,** zweier **Stufentürme,** eines **Tempelkomplexes** und mehrerer aufsehenerregender **Gruftkammern,** deren Ziegelgewölbe zu den ältesten ihrer Art und Dimension zählen und mehr als zwei Dutzend in rituellem Ocker gefärbte Skelette enthielten. Die über ein weites Hügelgelände verstreuten Grabungsstätten sind für Laien nicht sonderlich aufschlussreich. Sehr wohl informativ ist das zugehörige, von der UNESCO mitfinanzierte kleine **Museum,** zumal es neben der Dokumentation der Grabungsarbeiten und diversen örtlichen Fundstücken auch reiches Dokumentationsmaterial über Chogha Zanbil bietet.

Essen & Trinken

Schlicht, aber alternativlos – **Choghazanbil:** 2 km vor der Zikkurat, rechts der Zufahrtsstraße im Dorf Khamat, Tel. 0914 345 387. Das einzige Esslokal weit und breit – im schattigen Hof gibt es im familiären Rahmen Kebabs, Fleischspieße, Softdrinks, Tee; keine Öffnungszeiten, einfach am Haus hinter dem Werbeplakat klingeln. 120 000–200 000 Rl.
Gefrorenes mal anders – Auf der Route Ahvaz–Shushtar empfiehlt sich ein kurzer Stopp in **Mollasani.** Der gut 25 km nördlich von Ahvaz gelegene Ort ist ein Zentrum für die Zucht von Wasserbüffeln. Ein Nebenprodukt der Herstellung von Milch und Fleisch ist Bastani-ye Gawmisch, **Büffelmilcheis** بستنی گاومیش. Die exotische und hygienisch einwandfrei hergestellte Leckerei bieten an der Hauptstraße mehrere Läden feil.

Verkehr

Nach Haft Tepe führt von der Hauptstrecke Ahvaz–Susa auch eine direkte, 3 km lange Zufahrt. Sie zweigt 1,5 km nördlich des Abzweigs nach Chogha Zanbil rechts ab. Zu beiden Sehenswürdigkeiten gelangt man – dies die großräumigere Alternative von Ahvaz aus auf der Ostspange – auch über Shushtar.

Susa (Shush) ▶ E 12

Zufahrt über den Khomeini Blvd., tgl. 8.30–20, im Winter bis 19 Uhr, 200 000 Rl., Museum Di–So 8–18 Uhr, 150 000 Rl.
118 km nordwestlich von Ahvaz und knapp 40 km südlich von Andimeshk liegt die weltberühmte archäologische Fundstätte von **Susa.** Auf ihren Siedlungshügeln, die sich weithin sichtbar aus der Flussebene des Karkheh und Dez erheben, befand sich über 5000 Jahre lang, vom frühen 4. Jt. bis zum Mongolensturm, fast ununterbrochen eine Stadt. Susa gilt denn auch als eine der ältesten Kulturstätten der Menschheit. Ihren größten Glanz verströmte sie als Metropole in mittelelamitischer Zeit und später als Winterresidenz der Achämeniden. Um sich die einstige Pracht vorzustellen, muss man als

Khuzestan

Nichtfachmann allerdings einige Fantasie aufbieten. Denn von der vielfältigen Bausubstanz blieben nur karge Reste erhalten. Eine Handvoll Säulenbasen, Reste von Lehmziegelmauern, Tempelfundamente, Bruchstücke von architektonischem Dekor … Mehr kann man als Laie nicht erkennen.Trotzdem: Allein wegen der Aura des Ortes ist die Besichtigung, am besten in Kombination mit Chogha Zanbil und Shushtar, unbedingt zu empfehlen.

Geschichte

Susa, jener für die Datierung der gesamten vorderasiatischen Vor- und Frühgeschichte wegweisende Fundort, ist im umfassendsten Sinne geschichtsträchtig. Seine mehr als zwei Dutzend Siedlungsschichten reichen bis in die Jungsteinzeit zurück. Städtischen Charakter nahm der Ort etwa um das Jahr 4000 v. Chr. an. In den folgenden Jahrhunderten wuchs er, Funde von Keramikgefäßen und Marmorstatuetten, aber auch Rollsiegeln und Rechentafeln belegen dies, zu einem Handelszentrum von überregionaler Bedeutung heran. Im ausgehenden 3. Jt. war Susa als **Hauptstadt des Reiches von Elam** bereits eine wohlhabende Metropole, deren Mauern kostbare Kunstschätze, mächtige Tempelbauten und etliche Hunderttausend Menschen umfassten.

Seine Geschichte war wie die der Susiana, der Region insgesamt, geprägt vom ständigen Auf und Ab im Verhältnis zu den in der mesopotamischen Tiefebene ansässigen Nachbarvölkern. Akkader, Sumerer, Babylonier, Kassiten … Von allen wurde Susa abwechselnd bekriegt und geistig befruchtet. Ihr goldenes Zeitalter erlebte die Stadt im 13. und 12. Jh. unter der Herrschaft **Untash Napirishas,** dem Erbauer von Chogha Zanbil, und, intensiver noch, unter der auf ihn folgenden Dynastie der **Shutrukiden.** Ihr Niedergang kündigt sich Ende des 12. Jhs. in Person des babylonischen Eroberers Nebukadnezar I. an. Den vorerst finalen Schlag versetzt ihr 646 v. Chr. Assurbanipal. »Während eines Marsches von 55 Tagen«, schrieb der Assyrerkönig in seinen Annalen, »verwandelte ich das Land in eine Wüstenei. Auf seinen Fluren säte ich Salz und Disteln … Die Tempel von Elam schleifte ich. Ihre Götter und Göttinnen machte ich zu Wind. Alle Bewohner – gleich, ob Mann oder Frau, groß oder klein … führte ich als Beute hinweg.«

Susas Wiedergeburt leitet 100 Jahre später **Kyros II.** ein, indem er die Susiana in das persisch-achämenidische Reich eingliederte und ihre Hauptstadt zu einem der Verwaltungszentren des neuen Weltreiches machte. Gleich drei der berühmten persischen Reichsstraßen, jene nach Persepolis, nach Ekbatana und nach Sardes in Kleinasien, nahmen hier ihren Ausgang. Kyros' Schwiegersohn **Darius I.** erkor die Stadt zu seiner Winterresidenz, ließ einen Teil des Königsschatzes hierher überführen und einen kolossalen Palast errichten, von dem aus seine Nachfolger fortan beinahe 200 Jahre lang das achaimenidische Weltreich regierten. Susas Karriere als Hauptstadt endete abrupt mit seiner Eroberung durch Alexander den Großen (330 v. Chr.), der

Susa (Shush)

Fast 100 Jahre lang gruben Franzosen in Susa – als Logis bauten sie diese Burg

es, anders als Persepolis, verschonte. Unter den Seleukiden und Parthern spielte Susa nur noch eine regionale Rolle, im 3. und 4. Jh. wurde es zweimal teilweise zerstört. Im Zuge des Mongoleneinfalls im 13. Jh. verfiel Susa endgültig und verschwand von der Landkarte.

Besichtigung

Beinahe jede moderne Gesamtansicht der Ruinenstadt wird vom **Château de Suse** dominiert – jener weit ausladenden, zinnenbekrönten Burg, die sich das hier von 1885 bis 1979 tätige, französische Archäologenteam im ausgehenden 19. Jh. auf der höchsten Erhebung des Tepe zum Schutz vor Nomadenstämmen errichten ließ. An den Außenmauern waren noch vor wenigen Jahren die Einschläge von Geschossen der irakischen Artillerie aus dem letzten Krieg zu sehen. Im Hof steht der alte Land Rover geparkt, der Roman Ghirshman, dem berühmten französischen Altertumsforscher und Rekonstrukteur der Geschichte von Susa, während seiner langjährigen Grabungsarbeit vor Ort als vierrädriger Muli diente.

Museum

Vom Eingang an der Hauptstraße führt ein Weg hügelaufwärts, vorbei am Eingang zum **Museum** mit vielen Fundstücken aus der Region, darunter Keramiken, Glasurziegel, Inschriften, Reliefs und Reste von Stuckdekor. Die sorgsam-professionelle Aufbereitung kann jedoch nicht darüber hinwegtäuschen, dass die wirklich faszinierenden Funde wie etwa die Palastfassade aus blau und grün glasierten Ziegeln mit ihren Reliefs von lebensgroßen Bogenschützen oder die originale Gesetzesstele des Hammurabi im Pariser Louvre bzw. zum Teil auch im Teheraner Nationalmuseum zu finden sind.

Khuzestan

SUSA IN 3-D

Maßgeblich fördern kann man seine Vorstellungskraft vor oder nach dem Rundgang über das Ruinengelände durch ein **Video**. Es wird in dem klimatisierten(!) Empfangsraum links vom Museumseingang gezeigt, dauert 15 Min. und illustriert, sehr professionell, teilweise in 3-D gestaltet, auf Englisch die Geschichte der Besiedlung und Ausgrabung von Susa. Der Eintritt ist im Ticket für das Ruinengelände enthalten.

Apadana-Hügel

Nach kurzem Anstieg weist ein Schild nach links auf den **Apadana-Hügel**, wo Darius I. einst auf einer künstlichen Terrasse über älteren elamischen Schichten seine Residenz errichten ließ und sich heute die Hauptausgrabungen befinden. Der ausgeschilderte Rundgang führt durch den ehemaligen **Wohnbezirk**, erkennbar an einem Labyrinth teils konservierter, teils rekonstruierter, maximal hüfthoher Trennmauern aus Lehmziegeln. Kern der **Palastanlage,** an deren Bau Maurer und Steinmetze, Zimmerleute und Dekorateure aus allen Winkeln des Weltreiches beteiligt waren, ist die riesige, quadratische **Empfangshalle** (Apadana), die der Anlage in Persepolis zum Vorbild diente. Von ihren insgesamt 72 kannelierten Säulen sind nur mehr Basen und wenige Stümpfe zu sehen. Zusammen mit den freigelegten Grundrissen und einigen wenigen Fragmenten von Tierkopfkapitellen, die einst das Flachdach aus libanesischen Zedernstämmen stützten, vermitteln sie nur noch eine vage Idee von der ursprünglichen Pracht und Weitläufigkeit des Ortes. Wo man das Palastareal einst durch einen kolossalen Torbau betrat, an der Ostseite, wurde übrigens in den 1960er-Jahren ein besonders kostbares Zeugnis achaimenidischer Rundplastik, die berühmte Statue von Darius I., gefunden. Sie steht heute, leider kopflos, im Teheraner Nationalmuseum. Den »König der Könige« im pharaonischen Stil darstellend, sollte sie unterstreichen, dass Ägypten um 500 v. Chr. Teil des persischen Großreiches war.

Akropolis und restliche Hügel

Noch viel weniger ist auf der südwestlich hinter dem Château gelegenen **Akropolis** zu sehen, auf der unter anderem die Bauwerke der elamischen Herrscher und später die achaimenidische Zitadelle standen. Und die beiden als **Handwerkerstadt** bzw. **Königsstadt** beschilderten Erdhügel im entlegeneren Ostbereich sind wohl überhaupt nur für archäologisch versierte Besucher von Interesse.

Danielsgrab

Tagsüber durchgehend geöffnet, freier Zutritt
Durchaus einen Abstecher lohnt das wenige Gehminuten vom Grabungsgelände entfernt im Herzen des modernen Städtchens Shush auf einem Plateau des Flüsschens Shaur gelegene **Aramgah-e Danial Nabil** آرامگاه دانیال نبی. Das mit blaubunten Fliesen verkleidete Heiligtum wurde im ausgehenden 19. Jh. erbaut. Aus den frühen 1990er-Jahren stammt das im Innenhof an die Wand gemalte Konterfei von Revolutionsführer Khamenei mit dessen Ausspruch, Irans Macht zeige sich in der Zahl seiner Märtyrer. Im Kern ist die heute durch ein markantes weißes Zuckerhutdach gekrönte Grabanlage jedoch über 800 Jahre alt. Die segensreiche Wirkung, die ihr seit jeher nachgesagt wird, zieht bis heute viele Pilger an. Ob hier tatsächlich jener fromme Mann ruht, der einst mit der Deutung des Menetekels den Sturz des Babylonierkönigs Belsazar weissagte? Jedenfalls soll Daniel, der am Hofe Nebukadnezars als Traumdeuter Karriere gemacht hatte, tatsächlich von Kyros nach dessen Einnahme Babylons an den persischen Hof nach Susa gebracht worden, dort zu einem wichtigen Berater des Großkönigs Darius aufgestiegen und schließlich in persischen Diensten gestorben sein. Und das Alte

Testament berichtet, dass Daniel der Erzengel Gabriel erstmals um 543 v. Chr. in Shushan am Ulai erschienen sei – so hießen in biblischen Zeiten Susa und der Shaur-Fluss.

Übernachten, Essen & Trinken

Standardkost – **Apadana:** Fath ol-Mobin Blvd. (250 m vom Grabungsgelände), Tel. 061 428 130 60, tgl. ca. 11–14.30, 18–22 Uhr. Restaurant ohne Tadel mit einheimischer Küche. Gerichte ab 130 000 Rl. Die ungepflegten Zimmer eignen sich nur als Notlösung.

Snack – Für den kleinen Hunger zwischendurch sorgt der **Falafelstand** vis-à-vis dem Eingang zum Danielsgrab.

Verkehr

Der **Bahnhof** liegt nordöstlich der Stadt, hinter der Salman Mini-City, an der Hauptstraße Richtung Dezful, die Station für **Minibusse** nach Dezful, Andimeshk oder Ahvaz ca. 1,2 km nördlich des Eingangs ins Grabungsgelände an der Nordseite des Imam Khomeini Blvd. **Überlandbusse** setzen Passagiere auf Wunsch an der Ortseinfahrt ab.

Shushtar ▶ E 12

Überaus malerisch liegt, 75 km östlich von Susa und 90 km nördlich von Ahvaz an der alten Straße nach Dezful, die Stadt **Shushtar** an einem Katarakt des Flusses Karun. Ihre kulturgeschichtliche Hauptattraktion bilden die Bauwerke aus sassanidischer Zeit.

Geschichte

Möglicherweise bereits in frühelamitischer Zeit, also vor mehr als 4000 Jahren gegründet, ist für den Ort parthische und achämenidische Besiedlung archäologisch belegt. Seine **Blütezeit** als ein Zentrum der Landwirtschaft und Seidenindustrie erlebte er aber unter den **Sassaniden.** In die Geschichte ging Shushtar, das im 5. Jh. zudem Sitz eines nestorianischen Bischofs war, aber auch als jene Stadt ein, deren Bevölkerung 639 sechs Monate lang arabischen Belagerern trotzte. Ihren Niedergang eingeleitet hat nach Jahrhunderten der Prosperität im frühen 18. Jh. der Afsharen-General Nadir Shah, der als Vergeltung für einen Auf-

Shushtars Wassermühlen wurden vor 1700 Jahren in den Uferfels des Karun geschlagen

Khuzestan

stand Tausende Einwohner töten ließ. Ein Übriges taten im 19. Jh. mehrere verheerende Cholera- und Pestepidemien. Heute wirkt die adrett gepflegte, rund 100 000 Einwohner zählende Stadt wieder recht lebendig.

Sehenswertes

Wassermühlen
Tgl. 8.30–20, im Winter 8.30–19 Uhr, 200 000 Rl., Zugang über Treppen neben dem westlichen Kopf der Straßen(damm)brücke

Unter den Sassaniden, vor allem unter Shapur I., entstanden in Shushtar etliche Wasserbauwerke – Staudämme, Brücken und ein Netz unterirdischer Qanate. Rund um die Stadt wurden Kanäle gegraben, die sie einerseits besser verteidigbar machten, vor allem aber im Verbund mit dem Hauptstrom ein ausgeklügeltes Bewässerungssystem speisten – die faszinierende Frühform einer agro-industriellen Anlage, die bis heute funktionstüchtig ist und aufgrund ihrer epochalen Bedeutung 2009 zum UNESCO-Weltkulturerbe geadelt wurde.

Das Zentrum dieses hydraulischen Komplexes und ihren Blickfang bilden die im Stadtkern, an einer Dammbrücke über den Gargar-Kanal gelegenen **Asiyabha-ye Abi** آسیاب‌های آبی. Über eine ganze Reihe in den Fels getriebener Tunnel werden dort die Fluten über eine Geländestufe geleitet. Wo sie in das sehr fotogen von Felswänden gerahmte Talbecken stürzen, trieben sie einst mehrere Dutzend Mühlsteine an. Dank ihnen war Shushtar in der Vergangenheit der zentrale Mahlplatz für die gesamte, sehr fruchtbare Region. Bereits in den 1930er-Jahren installierte man, um die kinetische Energie der Wasserfälle zusätzlich zu nutzen, in dem Fels, auch dies eine Pioniertat, ein Elektrizitätswerk.

Einen schönen Blick auf die gesamte Mühlenszenerie genießt man von der Terrasse des **Khane-ye Marashi** خانه مرعشی, das man über eine steile Gasse von der Westseite des Flusses in fünf Gehminuten erreicht. Das Wohnhaus aus der Zeit der Qadscharen kann auch selbst besichtigt werden (Sa–Mi 8–15 Uhr, Eintritt frei). Man erblickt von hier aus auch den neuen Kuppelbau des **Mausoleums für Sheikh Shushtari,** das etwa 1 km flussaufwärts hoch über dem Ufer Gläubigen den Weg weist.

Kaiserbrücke

Ein weiteres imposantes Zeugnis von Shapurs unbändigem Tatendrang hat auch am nördlichen Ortseingang die Zeiten überdauert: **Band-e Qaysar** بند قیصر, die kaiserliche Dammbrücke. Sie wurde von römischen Kriegsgefangenen gebaut, die dem obersten Perser bei seinem Sieg über Kaiser Valerian im südostanatolischen Edessa in die Hände gefallen waren und maß ursprünglich 185 m. Tief in iranischem Territorium gelegen, war sie das östlichste in römischer Technik errichtete Infrastrukturprojekt und als solches eine nachhaltige Inspiration für die Zivilingenieure des sassanidischen Reiches. Beiderseits des Karun stehen, von der modernen Straßenbrücke gut sichtbar, noch etliche ihrer aus penibel behauenen Steinquadern gefügten Bögen.

Burg Salasil und Mostofi-Haus
Mostofi-Haus tgl. 8–22 Uhr

Dahinter liegen auf einem Felsen am Fluss die Reste der **Borj-e Salasil** برج سلاسل, die seinerzeit neben ihrer Wehrfunktion auch als Kontrollzentrum für die hoch komplexe hydraulische Anlage diente. In unmittelbarer Nähe beherbergt das **Khane-ye Mostofi** خانه مستوفی, ein qadscharisches Herrenhaus, neben einem Handwerkszentrum und einem kleinen anthropologischen Museum auch ein gutes Restaurant (s. S. 259).

Imamzadeh Abdollah und Freitagsmoschee

Die Stadtbesichtigung bleibt unvollständig ohne Besuch des im Kern 700 Jahre alten **Imamzadeh Abdollah** امامزاده عبدالله, Grabmal für einen Nachfahren des Vierten Imams, und der fünf Gehminuten entfernten **Freitagsmoschee** مسجد جامع. Letztere ist, erkennbar an der von einem dichten Säulenwald bestandenen Gebetshalle, eine frühislamische Schöpfung (9. Jh.) und besitzt eine sehr schöne, hölzerne Predigtkanzel sowie ein ebensolches, freilich viel jüngeres Minarett.

Kabelbrücke und Neu-Shushtar

Einen stilistisch krassen, aber durchaus ästhetischen Kontrapunkt bildet an der Umfahrungsstraße im Südwesten der Stadt die **Pol-e Kable** پل کابلی über den Karun, eine 670 m lange, moderne Kabelbrücke.

Wer sich für moderne Sozialarchitektur interessiert, sollte sich die nordwestliche Satellitensiedlung **Shushtar-e Now** شوشتر نو, Neu-Shushtar, ansehen. Sie wurde Mitte der 1970er-Jahre im Zuge einer Kampagne zur Re-Intensivierung der Landwirtschaft in der Region für die Arbeiter einer großen Zuckerfabrik und ihre Familien gebaut. Ihr Schöpfer, der Teheraner Architekt Kamran Diba, erhielt für das beispielhafte, integrale Konzept und die zeitgemäße Verwendung traditioneller Ziegelbauformen den renommierten Agha-Khan-Architekturpreis.

Übernachten

Traditionshotel mit Lokalkolorit – **Sarabi House:** Abdollah-Banu St., hinter dem gleichnamigen Monument, Tel. 0613 622 22 91, 0916 613 32 12, www.shushtar-hotel.com. 200 Jahre altes Gemäuer, mit Bedacht adaptiert, 9 Zimmer, schlicht, aber proper, sämtlich mit ›europäischen‹ Sanitäreinrichtungen, Aircondition und Kühlschrank ausgestattet, gruppiert um einen palmenbestandenen, von Arkaden umrahmten Innenhof. Frühstück und Dinner werden im luftigen Iwan serviert. EZ 750 000 Rl., DZ 1 Mio. Rl.

Essen & Trinken

Luftig mit Stil – **Pardis-e Salman:** Allameh Sheikh Blvd. hinter Lashkar Bridge, Tel. 061 362 208 07, tgl. 11–24 Uhr. Liebevoll gestaltetes Gartenrestaurant mit guter iranischer und regionaler Küche, angeschlossen ist das Sherbet Khaneh, ein Eissalon. Hauptgerichte 130 000–280 000 Rl.

Historisches Ambiente – **Mostofi-Haus:** Bateni Sq., neben der Kaiserbrücke, Tel. 061 362 109 09, tgl. 11–23 Uhr. Eingerichtet in einem Herrenhaus aus der Qadscharenzeit, zu dem auch ein Handwerkszentrum gehört. Traditionelles Ambiente mit Takht-Betten im Innenhof. Hauptgerichte ab 120 000 Rl.

Nach Andimeshk

Gondishapur ▶ E 12

An der Strecke von Dezful nach Shushtar passiert man nach ca. 12 km eine Abzweigung Richtung Islamabad/Shahabad, die auch zu einer historisch außerordentlich bedeutsamen Stätte führt. Die spärlichen Ruinen lohnen keinen Abstecher, aber eine kurze Erläuterung verdient der Ort **Gondishapur** allemal.

Er wurde im späten 3. Jh. von Shapur I. als neue Heimat für römische Kriegsgefangene gegründet. Der sassanidische König rief hier auch eine Akademie, eine Bibliothek und ein Hospital mit Lehrbetrieb ins Leben. Nachdem im 5. und 6. Jh. nestorianisch-christliche Gelehrte der berühmten Schule von Edessa (heute Urfa) und in der Folge neuplatonische Philosophen aus Konstantinopel vor den Verfolgungen im Byzantinischen Reich nach Persien flohen, stieg Gondishapur zum Zentrum der medizinischen Forschung, ja zu *dem* Brennpunkt der Gelehrsamkeit im Sassaniden-Reich überhaupt auf. Bis ins 10. Jh. bestand die Hochschule, an der von den führenden Köpfen der Zeit neben Heilkunde auch Philosophie, Theologie, Astronomie, Mathematik und andere Naturwissenschaften gelehrt wurden.

Dezful ▶ E 12

67 km weiter nordwestlich, genau dort, wo Khuzestans Bergland in die Tiefebene übergeht, liegt **Dezful** (pers. für »Brückenfestung«). Wie in Shushtar, so schufen Shapurs römische Kriegsgefangene auch hier eine kolossale **Dammbrücke** پل قدیمی دزفول, die im Unterschied zur Kaiserbrücke aber dank späterer Restaurierungen vollständig erhalten blieb. Im Stadtzentrum findet man weiterhin eine sehenswerte, im Kern frühislamische **Freitagsmoschee**, das **Imamzadeh Sadr-e Rudband** aus dem 17. Jh., mehrere historische **Wassermühlen** und eine Reihe stattlicher Altstadthäuser aus qadscharischer Zeit. Die heute 150 000 Einwohner zählende Stadt war noch im 19. Jh. Provinzhauptstadt und früher für

Khuzestan

Aktiv

BOOTSFAHRT AUF DEM STAUSEE VON DEZ UND SCHLUCHTENWANDERN

Tour-Infos
Start/Ziel: Pamanar, 46 km nordöstlich von Dezful
Anfahrt: Anfahrt zum Stausee im eigenen Wagen oder angeheuerten Taxi, von **Dezful** etwa 1 Std. auf der Shahyun Road in nordwestlicher Richtung, kurz vor **Bazargah** links auf die Daryache Rd. abbiegen, über **Islamabad** weiter ins Dorf **Pamanar**. In die Canyons gelangt man nur in Begleitung ortskundiger Guides.
Dauer: einige Stunden bis mehrere Tage
Hinweis: Für Wanderungen durch die Canyons ist festes Schuhwerk unumgänglich.

Unterkunft und geführte Touren: Privathaus der **Familie Shahizadeh** in **Pamanar**, Tel. 0916 645 49 21, 0930 645 4921. Schlicht, aber sauber und sehr nett, 300 000 Rl. pro Pers. inkl. Frühstück, Mahlzeit 250 000 Rl. Der Sohn des Hauses, Abootaleb, organisiert auch Bootstrips und Verpflegung und begleitet als Guide die Gäste beim Trekking. Bei Übernachtungswunsch sind Zelt und Schlafsack selbst mitzubringen. Zwei-, dreitägige Aufenthalte am Stauseeufer plus eine Wanderung durch Tang-e Khers oder Kool Khersoon organisiert u. a. auch der Guide **Masoud Jaladat** aus Fahraj (www.farvardinn.com bzw. S. 431).

Nach Andimeshk

Das Zagros-Gebirge ist gespickt mit Naturidyllen, die selbst den meisten Iranern unbekannt und deshalb weitgehend unberührt sind. Dies gilt auch für den **Shahyun-See**, auch **See von Dez** genannt, der allerdings von Menschenhand geschaffen wurde. Die Talsperre, die den Fluss Dez hier seit den frühen 1960er-Jahren staut, ist mit über 200 m eine der höchsten der Welt und ermöglicht die Bewässerung Zehntausender Hektar Felder in Khuzestan. Das Wasser des gut 20 km langen Sees ist glasklar und erfrischt selbst noch im hier glühheißen Sommer. Es ist bis weit in den Dezember hinein und in der Regel schon wieder ab Anfang März warm genug zum Schwimmen. Die Seeufer sind unbebaut, an vielen Stellen grün und im Frühjahr vielerorts von bunten Blütenteppichen überzogen. Neben Abootaleb bieten auch weitere Bewohner des nahen Dorfes **Pamanar** پامنار Bootsrundfahrten an, unter anderem zum Damm. Man kann sich aber auch an einem malerischen Strandabschnitt oder einer der Inseln absetzen lassen, dort ganz entspannt (sonnen-)baden, den vielen Vögeln lauschen, umherwandern und sogar frei campen.

Eine ideale Ergänzung zu solch erholsamem Müßiggang und ein unvergessliches Landschaftserlebnis stellt eine Wanderung durch einen der Canyons in der Umgebung dar. Diese heißen **Tang-e Khers** تنگ خرس, **Dareh Arvah** دره ارواح und **Kool Khersoon** alias **Eshkaft-e Zard** اشکفت زرده, sind stellenweise nur 1, 2 m breit, ihre senkrechten Wände dafür teilweise über 100 m hoch und mit Gras und Buschwerk bewachsen. Die Schluchten sind in der Regel gut begehbar, allerdings etliche Kilometer lang und so verzweigt, dass man ohne ortskundigen Begleiter Gefahr läuft, sich zu verirren. Ohnehin würde man ohne Guide vermutlich nicht einmal den Eingang finden. Zurückgekehrt nach Pamanar, findet sich auf dem **Friedhof** noch eine nette Kuriosität: Grabsteine, auf denen die Handwerksberufe der Verstorbenen dargestellt sind.

ihre Narzissen, den blauen Farbstoff Indigo sowie die Herstellung von Schreibfedern aus Schilfrohr bekannt. Zu trauriger Berühmtheit gelangte Dezful während des Irak-Iran-Krieges, da es besonders schwere Bombenschäden davontrug. Ausgedehnte Märtyrerfriedhöfe zeugen von den immensen Opfern. Ein künstlerisch herausragendes Ergebnis des sehr beherzten Wiederaufbaus ist das örtliche **Kulturzentrum** – ein 1993 fertiggestelltes, vielfach preisgekröntes Meisterwerk des renommierten Architekten Farhad Ahmadi, das sich durch eine ebenso innovative wie durchgeistigte Formensprache auszeichnet.

Andimeshk ▶ E 12

Die benachbarte Kleinstadt **Andimeshk** wurde zwar nahe den Fundamenten einer sehr alten Siedlung namens Lur errichtet, aber erst Anfang des 20. Jhs. durch den Erdölboom und den Bau der Transiranischen Bahnstrecke aus langem Dornröschenschlaf erweckt. Touristisch hat sie außer ihrem Bahnhof und einigen Unterkünften nichts zu bieten.

Übernachten, Essen & Trinken
… in Dezful:
Einladend – **Tourism Hotel:** Imam Hossein Sq., 15 Khordad Blvd., Tel. 0641 626 1100. Rundum erfreuliches Mittelklassehaus, tadelloser Zustand, ebensolches Restaurant, zuvorkommendes Personal. DZ 2,2 Mio. Rl.

… in Andimeshk:
Mittelprächtig – **Hotel Rostam:** Imam Khomeini Ave., Tel. 0642 42 418 18. Keine Offenbarung, aber nach der dauerhaften Schließung des örtlichen Bozorg/Grand Hotel die passabelste Adresse. DZ 1,7 Mio. Rl.

Verkehr
Bahn: Andimeshk ist eine wichtige Station an der Bahnstrecke Ahvaz–Arak–Teheran. Der Streckenabschnitt von hier nordwärts durch das Zagros-Gebirge nach Dorud gilt unter Eisenbahnfreunden als bautechnische Meisterleistung (s. Aktiv unterwegs S. 242).

Bus: Fernbusse verbinden Andimeshk u. a. mit Shiraz, Isfahan und Tabriz, Minibusse und Sammeltaxis verkehren u. a. nach Dezful, Shush, Ahvaz und Khorramabad.

Khuzestan

Von Ahvaz nordostwärts

Der landschaftlich abwechslungsreiche Nordosten Khuzestans lohnt vor allem dann eine nähere Erkundung, wenn man sich für **historische Felsreliefs** interessiert. Denn nirgendwo sonst finden sie sich so vielfältig auf so relativ engem Raum. Touristisch ist das Gebiet um Izeh und nach Südosten bis Behbahan wenig erschlossen. Unterkünfte existieren. Einfacher und komfortabler ist es aber, möglichst zeitig von Ahvaz aufzubrechen und abends entweder dorthin zurückzukehren oder auf der neuen ›Schnellstraße‹ bis nach Isfahan weiterzufahren. Ein Taxi mit ortskundigem Chauffeur – und am besten zusätzlich ein Führer, der die historischen Hintergründe der einzelnen Bildreihen erhellt – ist für die meisten Stätten unverzichtbar. Die Wege zu den Reliefs sind unbeschildert und das Dargestellte für Laien schwierig zu interpretieren.

Izeh ▶ G 13

Relativ leicht zu finden ist am südwestlichen Stadtrand von **Izeh,** 160 km von Ahvaz, die oberhalb einer Quelle gelegene Felshöhle **Shikaft-e Salman** شكافت سلمان mit vier elamitischen Reliefs aus dem späten 8. Jh. v. Chr. Sie zeigen unter anderem einen König mit Familie und betende Männer.

Am entgegengesetzten, dem nordöstlichen Ende der Stadt liegt 7 km vom Zentrum entfernt, erreichbar über das gleichnamige Dorf, in dem man nach der ersten Kurve nach links abbiegt, die Kultstätte **Kul-e Farah** كول فرح. Hier blieben in einer Schlucht, teils an Felswänden, teils auf frei stehenden Blöcken, etliche sehenswerte Reliefs erhalten. Die meisten stammen aus neuelamitischer Zeit, also aus dem 7. bis 6. Jh.

Zwei weitere Reliefs – ein altelamitisches aus dem frühen 2. Jt. und ein parthisches aus dem 2. Jh. v. Chr., das König Mithridates I. darstellt – schmücken etwa 13 km nördlich von Izeh in der Schlucht **Tang-e Nowruzi** تنگ نوروزی einen Felsblock.

Fünf riesige Felsen mit parthischen, vorwiegend religiösen Reliefbildern finden sich schließlich an der Straße, die von Izeh über Behbahan Richtung Bushehr führt, in der Schlucht **Tang-e Sarvak** تنگ سروک (ca. 50 km südöstlich von Rahormoz). Sie sind nur mit festem Schuhwerk und in Begleitung eines Führers zu erreichen.

Ein letzter Hinweis für Archäologiebegeisterte: Nordwestlich von Izeh, hinter **Posht-Peyan** unweit des Staudamms Karun 1, liegt in eindrucksvoller Berglandschaft, am Rand einer Schlucht und definitiv nur mit ortskundigem Führer auffindbar, die Kultstätte **Shami.** Auf ihrer Terrasse fand 1934 Sir Aurel Stein, der berühmte Erforscher der alten Kulturen an der Seidenstraße, jene prächtige Bronzestatue eines schnauzbärtigen, parthischen Fürsten, die heute im Teheraner Nationalmuseum alle Blicke auf sich zieht.

Masjed-e Soleyman ▶ F 12

Erdölmuseum bisher nur zu Nowruz zugänglich, sonst mit Genehmigung der staatlichen Erdölgesellschaft NIOC, Tel. der PR-Abteilung 061 432 24 602, ganzjährige Öffnung ab Ende 2017 im Gespräch

Ist von den Anfängen der Erdölproduktion in Iran die Rede, fällt unweigerlich der Name **Masjed-e Soleyman.** Hier, auf 360 m Seehöhe am Fuße der Zagros-Ausläufer, sprudelte im Jahr 1908 erstmals in wirtschaftlich relevanter Menge das schwarze Gold aus dem Boden (s. Thema S. 266). Die heutige Stadt ist eine Gründung aus jenen Pionierjahren und wurde im Nu zum Hotspot des boomenden **Ölbusiness**. Werke zur Schwefel- und Stromerzeugung und eine Raffinerie, die erste des Landes, wurden gebaut. Inzwischen existieren im Nahbereich über 300 Bohrlöcher für Öl und Gas, ist die Stadt zu einem wichtigen Industriestandort herangewachsen mit einem riesigen Staukraftwerk und diversen Fabriken für petrochemische Produkte, Aluminium, Zement und Konsumgüter. Die frühindustrielle Infrastruktur, die alten Gebäude, Straßen, Brücken, Förder- und Verarbeitungsanlagen haben bereits historischen Wert. Auf dem Gelände der Raffinerie hat man ein sehr besuchenswertes **Ölmuseum** موزه نفت eingerichtet, das Hintergründe, etwa die unterschiedlichen Ölsorten, erläutert und Ausrüstungsgegenstände zeigt. Das Muze-ye Naft ist leider meist geschlossen, doch durch das Gittertor kann man immerhin den ersten Förderturm des Landes, Chah-e Nomre Yek, sehen und fotografieren.

Interessant ist Masjed-e Soleyman freilich auch aus archäologischer Sicht: An seinem Nordrand, links der Straße zum Flughafen, stehen die Reste von **Sar Masjed** سر مسجد, einer parthisch-hellenistischen Tempelanlage. Und 35 km in nordöstlicher Richtung, unweit von Karun 3, dem nordöstlichsten der insgesamt fünf gewaltigen Staudämme entlang Irans wasserreichstem und längstem Fluss, liegt **Bard-e Neshandeh** بَردنشانده. Wesentliches Merkmal dieser Kultstätte aus spätparthischer Zeit sind ihre beiden monumentalen, von Mauern aus Quadern flankierten Steintreppen.

Zum Feuerberg ▶ F 13

Zufahrt auch per Taxi von Ramhormoz oder dem an der Strecke nach Izeh gelegenen Ort Bagh-Malek möglich

Unbedingt besichtigenswert ist der **Atashkuh** آتش کوه (pers. für »Feuerberg«). Das außergewöhnliche Naturphänomen erreicht man von der für ihre Trockenreisfelder bekannten, 75 km von Ahvaz an der Hauptstrecke nach Shiraz gelegenen Stadt **Ramhormoz** aus. Von dort fährt man Richtung Izeh und biegt nach 15 km rechts ab, passiert hierauf die Dörfer **Khadije** und, nach einem Streifen grüner Felder, **Jokanak** und findet, etwa 2 km danach, kurz vor dem Zwillingsdorf **Mamatin**, rechter Hand, etwa 400 m abseits der Straße an einem Bachlauf eine Reihe pechschwarzer **Naphta-Quellen.** Knapp 10 km weiter, hinter dem Dorf **Abloghmak,** erhebt sich linker Hand der Feuerberg. Auf seinem Hang lodern großflächig zwischen dem Geröll unzählige Flämmchen – permanent, seit sich Menschen erinnern. Es sind Schwefelgase, die aus dem Erdinnern durch den porösen Untergrund an die Oberfläche aufsteigen – optisch natürlich bei Dunkelheit besonders spektakulär. Liegt in dieser Erscheinung vielleicht, manche Fachleute vermuten es, eine Antwort auf die Frage nach den Urwurzeln der Verehrung der Zoroastrier für Feuer = Licht?

Übernachten
... in Izeh:
Passabel – **Hotel Anzan:** Imam Khomeini St., nahe Imam Ali Sq., Tel. 061 43 62 26 77. Bescheiden, aber sauber. DZ 1–1,3 Mio. Rl.
... in Masjed-e Soleyman:
Funktional – **Tourist Inn:** Panj Bangeleh Sq., Tel. 069 25 23 00 27. Kleines Zweisternehotel mit 10 Zimmern. DZ 1–1,3 Mio. Rl.

Nach Khorramshahr und Abadan

Khorramshahr ▶ D/E 15

An den Shatt al-Arab (pers.: Arvand Rud), den Zusammenfluss von Tigris und Euphrat, verschlägt es nur wenige Reisende. Die an der Mündung des Karun in den Shatt el-Arab gelegene Stadt **Khorramshahr** – sie hieß bis in die 1930er-Jahre Mohammerah und war früher von Dattelpalmhainen umgeben – ist als Überseehafen seit jeher von Bedeutung. Schon Alexander der Große gründete ganz in der Nähe einen Hafen namens Alexandria. In hellenistischer Zeit wurden hier Waren aus der Levante Richtung China verschifft. Zu Beginn des Iran-Irak-Kriegs bescherte diese strategische Lage und die daraus resultierende wirtschaftliche Bedeutung der Stadt eine zweijährige Besatzung durch irakische Truppen und, im Zuge der Rückeroberung, die fast vollständige Zerstörung. Inzwischen ist Khorramshar mitsamt den **Hafenanlagen** wieder aufgebaut. Auch die **Große Moschee** مسجد بزرگ, die als einziges historisches Baudenkmal die Kampfhandlungen relativ unbeschadet überstand, wurde renoviert, eine von Geschossen durchlöcherte Fliesenwand jedoch als Mahnmal unverändert belassen. Touristisch ist vor allem das **Kriegsmuseum** (s. Tipp S. 265) von Interesse.

Khuzestan

Abadan ▶ E 15

Auch das weiter südöstlich am Shatt al-Arab gelegene **Abadan** war aufgrund seiner Lage ein überregional bedeutender Warenumschlagplatz. Zudem zog der örtliche Schrein des Khedr, jenes legendären »Grünen Mannes«, der als Weggefährte des Propheten Moses bis heute verehrt wird, im Mittelalter zahllose Pilger an. Nachdem die Briten 1913 hier die größte Erdölraffinerie der Welt installiert hatten, mauserte sich die dörfliche Siedlung rasch zu einer bis in die 1950er-Jahre mustergültigen, in manchen Vierteln englisch anmutenden Gartenstadt mit schachbrettförmigem Straßenraster und schmucken Häuschen für die Angestellten der Erdölgesellschaft. Abadan galt als besonders modern und kosmopolitisch, als Irans ›Tor zur Welt‹.

Wie Khorramshahr war auch Abadan am Ende des Golfkriegs mitsamt den petrochemischen und den Hafenanlagen völlig verwüstet. Inzwischen haben umfassende Wiederaufbauprogramme der Stadt wieder einigermaßen auf die Beine geholfen. Die Sehenswürdigkeiten sind jedoch an einer Hand abzuzählen.

Die **Rangoonis-Moschee** مسجد رنگونی ها wurde in den 1920er-Jahren im filigranen Stil der indischen Moghul-Architektur für die muslimischen, damals aus dem burmesischen Rangoon herbeigeholten Ölarbeiter gebaut und beherbergt heute eine Sammlung historischer Handschriften (Imam St., Di–So 8–12 Uhr).

Das bereits 1960 gegründete **Abadan Museum** موزه اسناد تاریخی و خطی آبادان mit seinem markanten Eingangsportal in Form eines stilisierten Zuckerhutdaches zeigt ein buntes Sammelsurium an Exponaten zur Regionalgeschichte, von frühgeschichtlichen Funden aus Ilam und Loristan bis hin zu Ausstellungen von Gegenwartsmalerei (Cinema Naft Sq., Sa–Do 8–14 Uhr).

Sehr sehenswert ist auch das **Erdölmuseum** موزه نفت آبادان, das neben historischen Dokumenten auch Equipment zur Prospektion, Förderung und Weiterverarbeitung sowie eine Ausstellung über die Beseitigung der Kriegsschäden zeigt (Zeiten variieren, besser vorher anrufen unter Tel. 061 532 21 711).

Übernachten, Essen & Trinken
... in Abadan:

Gehobener Standard – **Caravan:** am Flughafen, Res. Tel. 021 88 10 67 06, Pars-abadan@apochi.com. Viersternequalität, was Größe und Sauberkeit der Zimmer, Nettigkeit des Personals sowie Frühstück und Restaurant betrifft. Auch Pool, Sauna, Gym und Billard sind vorhanden. Wermutstropfen: Möbel und Dekor haben schon bessere Tage gesehen. EZ ab 4 Mio. Rl., DZ um 5,6 Mio. Rl.

Aktiv

Bootsausflug – Ein noch wenig besuchtes Naturidyll ist das **Feuchtgebiet von Shadegan** تالاب شادگان آبادان. Es erstreckt sich, mehr als 300 km² groß und teils von Süß-, teils von Brackwasser gespeist, im Dreistädteck zwischen Mahshar, Ahvaz und Abadan. Im östlichen Bereich als Ramsar-Gebiet unter Schutz gestellt, gilt es aufgrund der Vielfalt dort heimischer Vogelarten als Paradies für Ornithologen. Reizvoll ist ein Ausflug zu dem Biotop aber auch wegen der dort in Resten noch lebendigen, alten aquatischen Kultur. So kann man in einigen Uferdörfern informell ein Boot anmieten, um vom Wasser aus den Alltag der Arabisch sprechenden Bewohner zu beobachten, die vornehmlich vom Fischfang und der Zucht von Wasserbüffeln leben. Dabei entdeckt man eventuell noch das eine oder andere Mozif, die aus Schilfbündeln errichtete, traditionelle Behausung. Anfahrt per Taxi aus Ahvaz auf der Schnellstraße Richtung Abadan über Darkhovin. Kontakt vor Ort über Razagh Mojaddam (s. S. 249): Jameel Farsaee, Bootsbesitzer im Dorf Sarakhee, Tel. 0916 317 57 13.

Verkehr

Flug: Der **Abadan Airport** (ABD) liegt 6,5 km nordwestlich der Stadt und bietet Direktverbindungen u. a. nach Teheran, Isfahan, Shiraz, Mashhad und Dubai.

Bahn, Bus: Khorramshahr und Abadan sind per Bahn mit Ahvaz und weiter über Arak mit Teheran verbunden und auch an das landesweite Fernbusnetz angeschlossen. Busterminal in Abadan in der Ahvaz Rd., in Khorramshahr am nordwestlich Stadtrand, Ahvaz Rd.

GOLFKRIEG-GEDENKSTÄTTEN

Die Grenzregion zum Irak war ab 1980 acht lange Jahre Frontgebiet in einem Krieg, den Saddam Hussein in der Absicht vom Zaun gebrochen hatte, die ölreiche Provinz Khuzestan dem Irak einzuverleiben. Der Konflikt forderte insgesamt fast 1 Mio. Menschenleben, die Mehrheit davon auf iranischer Seite, und ist im kollektiven Gedächtnis der Iraner bis heute als ein zutiefst traumatisierendes Ereignis präsent. Veteranenverbände der Sepah Pasdaran und Basij, vor allem aber die Vereinigung Rahian-e Noor (»Anhänger des Lichts«) haben zentrale Kriegsschauplätze in **Gedenkstätten** umgewandelt und organisieren Führungen vor Ort. Die Besichtigung ist auch für Europäer problemlos möglich und durchaus empfehlenswert, erhellt sie doch ein Kapitel der Zeitgeschichte, an dessen grausamem Verlauf und verlustreichem Ausgang auch westliche Nationen aufgrund von Waffenlieferungen an den Aggressor Mitverantwortung tragen.

Ein zentraler Ort der kollektiven Erinnerung ist das **Museum der Geheiligten Verteidigung** موزه دفاع مقدس (Defa-e Moghaddas) in **Khorramshahr**. Gezeigt wird, dem Thema entsprechend, vorwiegend Deprimierendes: Minen, Panzerfäuste, Artilleriegeschütze, Gasmasken, Uniformen, persönliche Habe Gefallener, Fotos und Videos von der Front und der zerbombten Stadt, Modelle zerstörter Häuser, Stacheldraht, eine Installation mit kopfüber in den Sand gerammten Autos … Die Exponate müssen leider für sich selbst sprechen, denn die wenigen Begleittexte sind unübersetzt.

Noch mehr Eindruck hinterlässt ein Besuch der einstigen **Front,** 12 km westlich am Grenzübergang **Shalamcheh.** Hier, nur 30 km von der irakischen Metropole Basra entfernt, tobte eine entscheidende Schlacht mit 85 000 Toten. Man sieht sich in die Lage der Soldaten versetzt, die sich in dem brettflachen Land hinter Sandsackwällen verschanzt gegenüberstanden. Man geht an künstlich aufgeschütteten Erdwällen entlang, vorbei an rostenden Autowracks und an Panzern, vor deren Geschützrohren Schüler aus dem ganzen Land für Selfies posieren. Und man erweist im achteckigen Gedenkschrein ein paar Hundert Meter nördlich der Hauptstraße den Opfern Reverenz.

Wer von Ahvaz aus nicht in den tiefen Süden, Richtung Meer fährt, kann den Spuren des Krieges auch im Rahmen der klassischen Besichtigungstour durch Khuzestan begegnen. Nur 5 km westlich von Susa (Shush) erinnert in **Fath ol-Mobin**, فتح المبين, gleich nach der Brücke über den Fluss Kharkeh, ein **Mahnmal** an die blutige Schlacht, die dort im März 1982 tobte. Und auf der Fahrt über Land passiert man immer wieder Denkmäler für Märtyrer, Soldatenfriedhöfe oder Schauplätze von Schlachten, auf die ein kundiger Führer hinweisen wird.

Öffnungszeiten: Kriegsmuseum in Khorramshahr, Saheli Blvd., neben der Jahanara-Brücke, tgl. 8–14 Uhr. Die Gedenkstätten in Shalamcheh und Fath ol-Mobin sind jederzeit frei zugänglich.

Organisation: Tagestour im Taxi von Ahvaz aus, Gesamtstrecke ca. 300 km, pauschal ca. 3 Mio. Rl., Tagessatz für Guides ca. 2,5 Mio. Rl. Man kann, am besten über die Guides in Ahvaz (s. S. 249), lokale Guides in Abadan kontaktieren, die nach vorheriger Absprache Begegnungen mit Kriegsveteranen organisieren und dabei als Übersetzer zur Verfügung stehen.

Irans »schwarzes Gold« – eine ölige Geschichte

Die Produktion von Erdöl (und Erdgas) ist seit bald 100 Jahren der mit Abstand wichtigste Sektor der iranischen Wirtschaft. Das »schwarze Gold«, von dem man in Khuzestan und im Hinterland der Golfküste täglich mehrere Millionen Fass aus dem Boden pumpt, erwies sich, wie Irans Geschichte des 20. Jhs. zeigt, als Segen und Fluch zugleich.

Die Wurzeln reichen, wie bei so vielen zivilisatorischen Errungenschaften auf iranischem Boden, in die frühe Blütezeit des persischen Großreichs zurück. Schon damals kannten die Bewohner Khuzestans eine schwarze teerige Substanz namens Radia-nasay, die vor allem am Nordrand der Tiefebene aus dem Boden quoll. Mit ihr kalfaterten die Küstenanrainer bald schon ihre hölzernen Frachtschiffe, und die Araber im angrenzenden Zwischenstromland die Schilfrohrboote, in denen sie Euphrat und Tigris befuhren. Und die Bakhtiari-Nomaden pflegten damit Wunden und entzündete Hautstellen zu bestreichen. Außerdem spielten die natürlichen Öl- und Gasvorkommen früh auch eine Rolle in der Geistesgeschichte: Ihre jähe Entzündung in freier Natur dürfte als ein unerklärliches Werk Gottes empfunden worden sein. Möglicherweise liegt hier der Ursprung der später von den Zoroastriern ausdifferenzierten Feuer- ist gleich Lichtverehrung.

Nennenswerte kommerzielle Bedeutung gewann Persiens Erdöl erst zu Beginn des 20. Jhs. William Knox d'Arcy hieß der britische Investor, der damals von Muzzafar al-Din Shah für eine läppische Pauschalsumme das exklusive Recht zur Prospektion und Förderung erkaufte, für einen Großteil des Staatsgebiets und 60 Jahre. 1908 sprudelte die erste ergiebige Quelle. Und noch vor dem Ersten Weltkrieg legte die Anglo-Persian Oil Company, die Vorläuferin von British Petroleum, eine erste Pipeline Richtung Küste und baute in Abadan eine riesige Raffinerie, die für Jahrzehnte die größte der Welt bleiben sollte. Kurz zuvor hatte ein gewisser Winston Churchill als zuständiger Staatssekretär veranlasst, dass die Marine des Empire ihre Schiffe komplett von Kohle- auf Ölfeuerung umstellte. Um den nun strategisch unverzichtbaren Rohstoff wurde fortan erbittert gestritten. Die Regierungen in London und Teheran lagen sich umso heftiger in den Haaren, als Fördermengen und Profite rapide wuchsen.

Immer intensiver engagierten sich die Briten politisch und auch militärisch. 1951 schließlich, nach den politischen Turbulenzen des Zweiten Weltkriegs, machte Premierminister Mohammad Mossadegh, ein glühender Nationalist, kurzen Prozess, indem er unter großem Beifall der Bevölkerung die gesamte Ölindustrie verstaatlichte. Anstelle der längst als halbautonomer Staat im Staat agierenden Anglo-Persian wurde die National Iranian Oil Company (NIOC) gegründet. Sie übernahm sämtliche Förderanlagen, Raffinerien und auch das operative Geschäft. Die Reaktion aufseiten Londons und Washingtons, nachdem alle Versuche, über Entschädigungen und die Aufteilung künftiger Erträge Einigkeit herzustellen, gescheitert waren: Sie fädelten einen internationalen Boykott aller iranischen Ölexporte ein. Die Folge: ein Beinahe-Staatsbankrott, bald auch politisches Unheil, Streiks, Straßenschlachten – die Mossadegh-Krise.

Im Sommer 1953 hatte der linksgerichtete Premier das Parlament aufgelöst und daraufhin eine Offiziersgruppe mit Unterstützung des CIA gegen ihn geputscht. Nach mehrtägigen Kämpfen behielten schließlich die royalistischen Kräfte in der Armee die Oberhand. Drei Jahre später hatten sich der iranische Staat, die NIOC und ein Konsortium ausländischer Ölgesellschaften geeinigt. Statt einiger weniger Prozent erhielt die NIOC fortan die Hälfte aus dem Gesamterlös.

Läuft wie geschmiert? Ingenieure erörtern in der Raffinerie von Abadan die Lage

Seither bekommt Iran als eines der einflussreichsten Mitglieder der Organisation erdölexportierender Staaten (OPEC) alle Aufs und Abs der Öl- und Weltpolitik hautnah zu spüren – vom Boom der 1960er- und, vom »Ölschock« zusätzlich befeuert, der 1970er- bis zu den massiven Preisschwankungen der jüngsten Jahre. Den großen Einbruch erlebte seine Ölindustrie nach der Revolution, als Know-how und Investitionsgelder aus dem Westen abrupt versiegten und zudem Saddam Hussein bei seinem Angriff auf Irans Ölfelder viele Förder-, Verarbeitungs- und Verladeanlagen zerbomben ließ.

An der Vorrangstellung des Ölbusiness in der iranischen Wirtschaft haben solche Fährnisse freilich nichts ändern können, genauso wenig wie die Bemühungen von Regierungsseite um Diversifikation (s. S. 29). Mit rund 4 Mio. Barrel (Stand: 2017), die er Tag für Tag aus dem Boden pumpt, rangiert Iran unter den Ölförderländern nach Russland, Saudi-Arabien, den USA und China an fünfter Stelle. Wobei zurzeit mehr als 40 % der Exporte nach China und jeweils etwa 16 % in die Türkei und nach Indien gehen. Sein Potenzial schöpft das Land allerdings bei Weitem noch nicht aus. Denn nach wie vor stammt die Mehrheit der Förderanlagen aus der Zeit vor der Revolution.

Doch seit der Einigung im Atomstreit geht es rapide bergauf. Geplant ist, die Förderkapazitäten binnen fünf Jahren um fast 50 % auszuweiten. 2017 besaß Iran bereits die weltweit größte Flotte an Supertankern und hatte Verträge für langfristige Joint Ventures mit etlichen Größen der Branche – u. a. Shell, Eni, Total, OMV und Glencore – mit einem Gesamtvolumen von über 100 Mrd. Dollar abgeschlossen. Die Weichen für die nächste Öl-Bonanza scheinen gestellt.

 Shiraz

▶ K 16

Die Hauptstadt der Provinz Fars ist im Iran als Stadt der Gärten und Nachtigallen bekannt, sie gilt als Hort des Wissens und der Poesie, wo Saadi und Hafis, die beiden hellsten Fixsterne am nationalen Dichterhimmel, wirkten und ihre letzte Ruhe fanden. Seine Kultiviertheit macht Shiraz im Verbund mit erlesenen Baudenkmälern und den berühmten Ruinenstädten der Umgebung zu einem der Höhepunkte jeder Iran-Reise.

Cityplan: S. 271

»Als Shiraz noch (das alte) Shiraz war, gehörte Kairo zu seinen Vororten.« Dieser Ausspruch, mit dem mancher Shirazi noch heute seinen Stolz auf die Ausstrahlung seiner Heimatstadt bekundet, ist gewiss nicht wörtlich zu verstehen. Doch ein Kern Wahrheit steckt in der koketten Übertreibung sehr wohl. Immerhin bezeichnete Ibn Battuta, dem es an Vergleichsmöglichkeiten nicht mangelte, **Shiraz** als »noble Schwester von Damaskus«, die »mit ihren Gärten und Flüssen erfrischt«. Und Saadi veranlasste die Stadt zu der Feststellung, jeder Fremdling vergesse hier sein Vaterland.

Allein die Lage lässt Shiraz privilegiert erscheinen: Fast 1600 m hoch gelegen, ist die Stadt von Bergen umgeben, die sie gegen den oft schneidend kalten Nordwind aus dem Hochland abschirmen. Ihr Boden ist fruchtbar, ihr Trinkwasser rein und ihre Luft für iranische Verhältnisse mild. Sogar im Hochsommer klettert das Thermometer nur selten über 40 °C, im Winter sinkt es nur wenige Grad unter null. Schnee fällt kaum. Im Frühjahr und Herbst herrscht meist sonniges, klares Wetter.

Geschichte

Ausgrabungen in der Umgebung und Funde von Keilschrifttexten bezeugen, dass schon 600 v. Chr., zur Zeit der Achämeniden, Siedler die Vorzüge der Lage zu schätzen wussten. Doch erst im ausgehenden 7. Jh., nachdem es der arabischen Armee als Stützpunkt zur Eroberung von Istakhr, der nahe gelegenen letzten sassanidischen Kapitale, gedient hatte, stieg Shiraz zum Zentrum der Provinz auf. Seine Hauptstadtfunktion behielt es auch vom 9. bis 11. Jh. unter den lokalen Dynastien der Saffariden und Buyiden.

Durch die geschickte Diplomatie der Atabegs, der Provinzgouverneure, die den einfallenden Mongolen Geschenke und die Übergabe anboten, entging es 1220 der Zerstörung durch die Armee Dschingis Khans. Auch die Einnahme durch Timur (1382) erfolgte weitgehend ohne menschliche und materielle Opfer, nachdem der lokale Regent Schah Shudja aus der Dynastie der Muzzafariden rechtzeitig kapituliert und seine eigene Enkelin mit dem Enkel des Eroberers verheiratet hatte.

Blüte unter den Safawiden

Als eines der Zentren der Timuridenherrschaft und auch später unter den Safawiden war Shiraz ein Hort der Literatur und Kalligrafie, der Malerei und Architektur. Um seine Verschönerung machte sich besonders Imam Qoli Khan verdient, unter Schah Abbas I. (1587–1629) der Gouverneur von Fars. Inspiriert von den städtebaulichen Großtaten seines obersten Herrn in Isfahan, ließ er im Stadtzentrum einen breiten, von Palais, Gartenpavillons und Koranschulen gesäumten Boulevard anlegen. Von seinen Schöpfungen hat fast keine überdauert, denn in der ersten Hälfte des 18. Jhs. erlebte Shiraz, bedingt durch mehrere Erdbeben und Epidemien, die Plünderung durch die Afghanen-Armee (1729) und die Belagerung durch Na-

Geschichte

dir Shah (1744) einen Niedergang, an dessen Ende sich seine Einwohnerzahl um drei Viertel auf 50 000 reduziert hatte.

Residenz der Zand-Dynastie

Eine Wende zum Besseren brachte ab 1750 Karim Khan, der Begründer der Zand-Dynastie. Er erkor Shiraz zur Hauptstadt seines Reiches, befestigte es mit Gräben und Mauern, schuf mithilfe eines ausgeklügelten Kanalsystems weitläufige Gärten und Plantagen. Von Abertausenden Handwerkern und Künstlern, die er aus dem ganzen Land nach Shiraz holen ließ, ließ er außerhalb der historischen Stadt einen königlichen Bezirk anlegen, der neben seinem Wohnpalast, der Zitadelle, auch Moschee, Basar, Bad, zwei Wasserreservoirs, einen Park und einen Platz für Reit- und Polospiele umfasste.

Als 1794 Lotf Ali Khan, der Letzte aus dem Geschlecht der Zand, ermordet wurde und die Qadscharen den Thron bestiegen, verlegten diese ihre Residenz in das 1000 km weiter nördlich gelegene Teheran. Shiraz sank politisch zur Provinzstadt ab.

Shiraz im 20. Jh.

Im 20. Jh. wurde es schließlich in zweifacher Hinsicht ein Opfer der landesweiten Modernisierung. Als Kamele und Maultiere durch die Eisenbahn ersetzt wurden und der neue Schienenstrang weitab durch das ölreiche Khuzestan ans Meer führte, sah sich Shiraz seiner Rolle als Handelsknotenpunkt beraubt.

Außerdem führten wie in ganz Iran die Landflucht und die Zuwanderung aus den Frontgebieten an der irakischen Grenze zu einer Bevölkerungsexplosion, die die Provinzmetropole aus allen Nähten platzen ließ. 1960 hatte Shiraz noch 250 000, 1979 bereits 700 000 Einwohner. Heute zählt es inoffiziell mehr als 2 Mio.

Die Stadt besitzt eine hoch angesehene Universität, weithin gelobte Krankenhäuser und eine beachtliche Industrie in den Sektoren Textilien, Zement, Chemie und Elektronik. Mit einem moderaten Klima und viel Grün gesegnet, hat sich Shiraz trotz mancher durch den Bevölkerungsdruck bedingten Verunstaltungen seinen besonderen, kultivierten Charme bis heute bewahrt.

GIPFELSTURM MIT STADTPANORAMA

Einen ersten Überblick über die Stadt kann man sich vom **Chehel Maqam** verschaffen, zu dem vis-à-vis des Koran-Tors ein steiler, betonierter Pfad hinaufführt. 600 schweißtreibende Stufen sind zu bewältigen, doch am Ziel winkt als Lohn ein Blick auf die Stadt in einer – bei Sonnenuntergang natürlich besonders eindrucksvollen – 180°-Totale.

Die exponierte Lage des Ortes wurde schon früh genutzt: Seit 1000 Jahren thront hier **Gahvare-ye Did** 2 (die »Wiege der Aussicht«), ein kubischer Bau aus Bruchstein, überkuppelt und an allen vier Seiten von einem Bogenfenster durchbrochen. Er diente als Wach- und Signalturm. Bei Dunkelheit entzündete man im Inneren ein Feuer, das man in bestimmten Abständen mit einem schwarzen Tuch verdeckte – eine Art visuelles Morsen über weite Distanzen. Bei Tageslicht sandte man Signale mittels Rauch oder Spiegeln, in denen man Sonnenstrahlen bündelte. Wer noch Tatendrang verspürt, kann von dem Aussichtspunkt noch weiter nach Osten bis zum **Brunnen des Einsiedlers Ali** چاه مرتاض علی (Tschah-e Mortaz Ali) wandern.

Oben am Berg sucht man einen Getränkestand vergebens. Erfrischung bietet dafür unten im Tal, auf halbem Weg zwischen Koran-Tor und Grand Hotel, das **Teehaus Darband** 1. Es ist als Ausflugslokal bei der Stadtjugend sehr populär, bietet es doch neben Kebabs, Pizzas und Burgern auch Wasserpfeifen und allabendlich Livemusik, zu der Vorwitzige manchmal sogar ein kleines Tänzchen wagen (tgl. 12–24 Uhr, Tel. 0713 322 77 920).

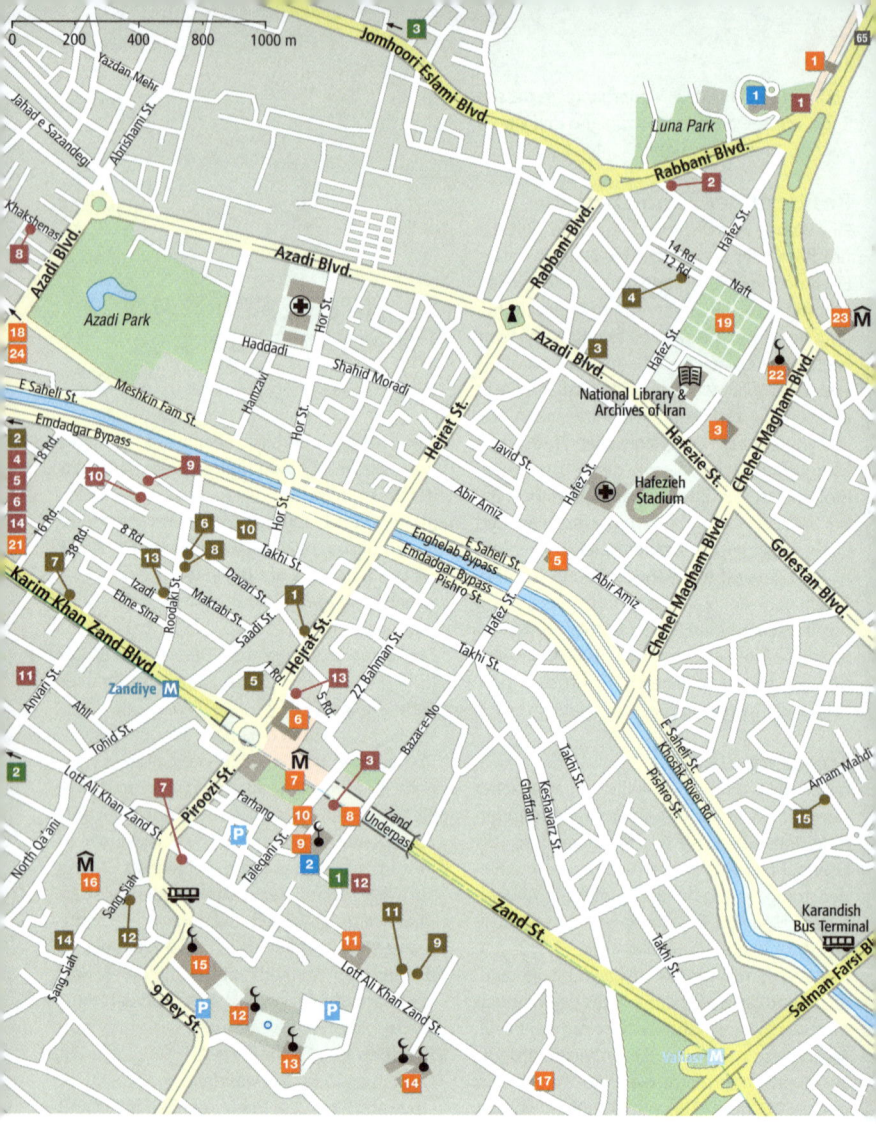

Nördlich des Khoshk

Cityplan: oben

Koran-Tor 1
Jederzeit frei zugänglich
Vom Süden, der Golfküste, führen mehrere Wege nach Shiraz: von Bushehr die alte Karawanenstraße über Kazerun (300 km), von Bandar-e Abbas jene über Darab und Fasa (620 km), und von Bandar-e Lengeh die gewundene und lange über Lar und Jahrom (knapp 700 km). Vom Norden hingegen, aus Richtung Isfahan, bündelt eine mehrspurige Schnellstraße den Fernverkehr. Kurz vor der Stadtgrenze überquert sie einen kleinen Pass, der ganz offiziell Allah-o Akhbar, »Gott ist groß« heißt. Eine Legende besagt,

Shiraz

Sehenswert
1. Koran-Tor
2. Gahvare-ye Did
3. Hafis-Mausoleum
4. Saadi-Mausoleum
5. Imamzadeh Ali ibn Hamzah
6. Karim-Khan-Zitadelle
7. Pars-Museum
8. Wakil-Basar
9. Wakil-Moschee
10. Wakil-Bad
11. Khan-Medrese
12. Shah-Cheragh-Mausoleum
13. Atiq-Moschee
14. Nazir-ol-Molk-Moschee
15. Shohada-Moschee
16. Meshkinfam-Kunstmuseum
17. Naranjestan-Garten
18. Eram-Garten
19. Jahan-Nama-Garten
20. Delgosha-Garten
21. Afif-Abad-Garten
22. Chehel-Tanan-Garten
23. Haft-Tanan-Garten
24. Chamran-Park

Übernachten
1. Zandiyeh
2. Chamran Grand Hotel
3. Persepolis
4. Park Saadi
5. Park Hotel
6. Aryo Barzan
7. Eram Hotel
8. Karim Khan
9. Parhami
10. Talar
11. Golshan
12. Niayesh Hostel
13. Hadish Hotel
14. Taha Hostel
15. Pardis Hotel

Essen & Trinken
1. Teehaus Darband
2. Haft Khan
3. Sharzeh
4. Bagh-e Raaz
5. Sufi 2
6. Sufi 1
7. Kateh Mast
8. Shater Abbas
9. Arya
10. Café Ferdowsi
11. Shapouri
12. Saray-e Mehr
13. Jamshidian
14. Namak

Einkaufen
1. Saray-e Moshir
2. Haan Art Shop
3. Persian Golf Complex

Abends & Nachts
1. Grand Hotel Shiraz
2. Zurkhaneh

Generationen von Reisenden hätten hier angesichts des prächtigen Panoramablicks auf die Stadt mit diesem Ausruf den Allerhöchsten gepriesen.

Schon im 10. Jh. soll an dieser neuralgischen Stelle ein reich verziertes Stadttor gestanden haben. Im 18. Jh. ließ Karim Khan es restaurieren und in dem Bogen einen Koran einmauern, der einem alten Brauch folgend Reisenden beim Verlassen der Stadt Segen spenden und eine gute Heimkehr bescheren sollte. In den 1950er-Jahren musste das Darvazeh Qoran, das **Koran-Tor** دروازه قرآن, einer Straßenbegradigung weichen, wurde jedoch mit Geldmitteln eines örtlichen Kaufmanns originalgetreu wiederaufgebaut.

Oberhalb der Straße liegt, eingebettet in ein aufwendig mit Stützmauern und künstlichem Wasserfall gestaltetes Freizeitgelände, das **Grab von Khaju Kermani,** einem der berühmten Poeten von Shiraz (gest. 1352).

Hafis-Mausoleum 3

Golestan Blvd., tgl. 8–22.30, im Winter bis 22 Uhr, 200 000 Rl.

Der Genius Loci und die Geografie legen dem Ankömmling nahe, zuerst dem wohl größten Sohn der Stadt, **Hafis** (um 1326–1390), Reverenz zu erweisen. Die Einfallstraße bis zum zweiten Kreisverkehr, ein paar Meter links und schon steht man, vis-à-vis dem Volkspark (Bagh-e Melli) und dem Fußballstadion, am Eingang zur Hafeziyeh, jenem stimmungsvollen Garten, in dem der Großmeister der persischen Poesie (s. Thema S. 273) seine letzte Ruhe fand. Das **Mausoleum,** ein 1935 auf einem Treppenpodest errichteter, von acht schlanken Säulen getragener Pavillon, zieht nicht nur Literaturfreunde an, sondern auch Jungvermählte und Verliebte. Sie pilgern hierher, um vom Schutzpatron der Liebenden Segen zu erbitten, an seinem schlichten Marmorsarkophag Rosen niederzulegen und sich

...zu lassen. Wie? ...itgebrachten Ex... ...estem Buch, dem ...e Seite aufschlagen ...einen kleinen Obo... ...ein Verskärtchen pi... ...en den Zeilen nach ei... nem ...

An der Rückse... ...es Areals bietet ein gut sortierter Buchladen auch englischsprachige Bände zur iranischen Kunst und Geschichte feil. Gegenüber gibt es ein paar Lädchen für Kunsthandwerk. Stimmungsvoll ist ein Gang durch die seitlich angrenzenden Gärten, Nebenhöfe und Räumlichkeiten, in denen Schüler von Hafis und weitere Sufi-Meister begraben liegen. Ganz im Sinne des Dichters, der seinen Lesern ja auch den Genuss diesseitiger Freuden wärmstens ans Herz legt, sollte man sich zuletzt in dem traditionellen Chaikhaneh links vom Eingang mit Tee, Eiscreme oder an einer Wasserpfeife laben.

Saadi-Mausoleum 4

Bustan Blvd., ganzjährig tgl. 8–22 Uhr, 200 000 Rl.

Ebenfalls in einem wunderschönen Garten liegt auch **Saadi**, der zweite weltberühmte Poet von Shiraz (1215–1292), begraben. Das **Mausoleum** des Schöpfers der bis heute vielzitierten Gedichtzyklen »Bustan« (»Obstgarten«) und »Golestan« (»Rosengarten«) steht ungefähr 2 km östlich der Hafeziyeh, am Ende des Bustan Blvd., der vom Golestan Blvd. links abzweigt – an einem Ort, den der Dichter angeblich zu Lebzeiten gerne aufgesucht hat. Es stammt aus dem Jahr 1952, ersetzt einen Vorgängerbau aus der Zeit Karim Khans und besteht aus einer mit floralem Dekor und Versen aus Keramikfliesen verzierten Art quadratischer Kolonnade, über der sich eine flache Kuppel wölbt. Wie Hafis Sarkophag gilt auch jener von Saadi den zahlreichen, oft von weither angereisten Besuchern als Objekt andächtiger Verehrung. Einige Schritte westlich, neben einem schattigen Imbisslokal, führt eine Treppe in einen unterirdischen Raum mit einem von einem Qanat gespeisten Fischbecken.

Imamzadeh Ali ibn Hamzah 5

Hafis St., Ecke Saheli-ye Scharqi St., ganzjährig tgl. 8–21 Uhr, Eintritt frei

Ein letztes Grab, und zwar ein zur Abwechslung offiziell geheiligtes, gilt es noch zu erwähnen: das **Mausoleum von Ali ibn Hamzah**, einem Großneffen des Achten Imams. Es steht in der Nähe des Flusses und stammt im Kern aus vorseldschukischer Zeit (10. Jh.). Doch die sichtbare Struktur – Kuppel, Vorhalle, Innenhof und die zwei Minarette – mit ihrem reichen Fliesen- und Spiegeldekor entstand erst nach den Zerstörungen des großen Erdbebens Anfang des 19. Jhs. Der Besuch dieses Schreins empfiehlt sich auch deswegen, weil hier, im Unterschied zum berühmteren Mausoleum Shah Cheragh, auch Nicht-Muslime bis ins Allerheiligste, den mit funkelnden Spiegelmosaiken ausgekleideten Grabraum, vorgelassen werden.

Rund um den Meydan-e Shohada

Cityplan: S. 271

Zur Landung aus den Wolken der Poesie und des Glaubens setzt man südlich des Rudkhaneh-e Khoshk an, des »trockenen Flusses«, der in der Tat die meiste Zeit des Jahres über ohne Wasser ist. Dort befinden sich der historische Stadtkern mitsamt dem ehemals königlichen Bezirk Zandiyeh und somit das Gros an Sehenswürdigkeiten. Den Mittelpunkt bildet der **Meydan-e Shohada,** der »Platz der Märtyrer«.

Karim-Khan-Zitadelle 6

Karim Khan Zand Blvd./Falakeh-ye Shohada, tgl. 8–21.30, im Winter bis 20.30 Uhr, 200 000 Rl., Audioguide (auch auf Deutsch) 150 000 Rl.

An seiner Ostseite erhebt sich **Arg-e Karim Khan,** der von 12 m hohen, zinnenbekrönten Ziegelmauern eingefasste und mit vier Ecktürmen versehene ehemalige Wohn- und Regierungspalast des Dynastiegründers. Zu Zeiten des Schahs als Polizeiquartier und Gefängnis genutzt, ist der kolossale Komplex,

Hafis – Fixstern am Dichterhimmel

Hafis ist der populärste und meistgelesene Poet Irans. Er war tiefgläubiger Muslim, Sozialrevolutionär und humanistischer Freidenker zugleich. Und wusste wie kaum ein Zweiter, die ewigen Grundthemen des menschlichen Daseins höchst sublim und doch für jedermann verständlich zu behandeln.

» Und mag die ganze Welt versinken / Hafis mit dir, mit dir allein / Will ich wetteifern! Lust und Pein / Sei uns, den Zwillingen, gemein! / Wie du zu lieben und zu trinken, / Das soll mein Stolz, mein Leben sein.« Goethe war weit über 60, als er Hafis Gedichte für sich entdeckte. Der Großmeister der deutschen Klassik fühlte sich mit dem Großmeister der persischen Lyrik sofort geistesverwandt. Er lernte Farsi, um die Ghaselen, die gereimten Doppelverse, die jener so unvergleichlich gefühlvoll und elegant zu schreiben verstand, im Original lesen zu können. Davon beflügelt, veröffentlichte er 1819 seinen berühmten Gedichtzyklus »West-östlicher Divan« – ein poetisches, bis heute aktuelles Plädoyer für den Dialog auf Augenhöhe zwischen Okzident und Orient, in dem er seine Seelenbruderschaft mit dem Perser bekundete.

Die Biografie von Goethes Alter Ego ist kaum bekannt. Geboren um 1320 in Shiraz, starb Hafis rund 70 Jahre später, angeblich ohne je weiter verreist zu sein, ebendort. Von seinem Hauptwerk, dem etwa 500 Gedichte umfassenden »Diwan«, existieren unzählige Versionen. Hafis persönlich konnte unter dem Schutz der über Süd-Iran regierenden Muzaffariden-Dynastie ein ruhiges und gesichertes Leben führen. Doch der Großteil des Landes durchlebte damals, nach dem Sturm der Mongolen und während Timurs Angriffen, eine besonders blutige Phase seiner Geschichte. Wohl auch als Antwort darauf betonen seine Verse die Unentrinnbarkeit des Schicksals und Vergänglichkeit des Glücks, aber auch die unstillbare Sehnsucht nach ihm. In immer neuen, vielschichtigen Metaphern huldigen sie der Musik und dem Wein, der Sinnlichkeit und Schönheit des Lebens und der Welt. Inspiriert von älteren Dichterkollegen wie Rumi und Saadi, und wie diese dem mystischen Ideal der Sufis und Derwische verbunden (s. S. 52), dient ihm vor allem die Trunkenheit als Allegorie für die Überschreitung herkömmlicher, dogmatisch enger Grenzen des religiösen Denkens.

Schams ad-Din Mohammed, wie er eigentlich hieß, war fest im Islam verwurzelt (Hafis ist ein allgemeiner Ehrentitel für Gläubige, die den Koran komplett auswendig kennen). Doch er verneinte das Jüngste Gericht, nannte Gott »Liebe«, den Teufel »Vernunft« und bezichtigte Prediger gerne der Lüge und Frömmler der Heuchelei. Die ersten Jahre nach der Revolution betrachteten die geistlichen Machthaber sein Werk denn auch mit Argwohn. Sie spürten: Der Rang seines Grabes als nationale Wallfahrtsstätte, zu der Jung und Alt in Scharen pilgern, hat nicht nur mit literarischer Verehrung, sondern auch mit der Ablehnung religiös-politischer Bevormundung zu tun. Mittlerweile dürften die Herrscher mit ihm ihren Frieden geschlossen haben. Ein Indiz: An dem Fantasieporträt, mit dem Kunststudenten die Hauswand vis-à-vis dem Eingang zu seinem Grab bemalten, wird Revolutionsführer Ali Khamenei höchstpersönlich mit den Worten zitiert: »Ohne Zweifel ist Hafis der glühende Stern der persischen Literatur.«

Rund um den Meydan-e Shohada

der etwas irreführend als Zitadelle bezeichnet wird, heute nach langjährigen Renovierungsarbeiten für Touristen zugänglich.

Durch das Tor in der Mitte des Ostflügels, über dem auf farbigen Glasurziegeln eine Schlüsselszene aus Firdausis »Königsbuch« dargestellt ist, nämlich der Sieg des mythischen Helden Rostam über Div-e Sepid, den Weißen Dämon, gelangt man in den **Innenhof**. Dieser misst 120 x 100 m und ist mit Zitrusbäumen bepflanzt. Ein langes Wasserbecken lenkt in der Hauptachse den Blick auf die zentrale **Empfangshalle** (Talar), eine zum Hof hin offene Terrasse, deren Flachdach von zwei hohen Holzsäulen gestützt und einem prächtigen Windfänger bekrönt wird. In den angrenzenden Wohnräumen, deren ursprünglich reicher Stuck- und Bilderschmuck leider den Zeitläuften zum Opfer fiel, hat man ein **Museum** über die Zeit der Zand-Herrscher eingerichtet. Linker Hand lockt ein kleiner **Basar** mit qualitätvollem Kunsthandwerk. Gegenüber, in der Südostecke, liegt das königliche **Bad**, dessen zeitweise defektes Abwassersystem den Untergrund aufweichte, wodurch der – inzwischen stabilisierte – Eckturm in gefährliche Schieflage geriet.

Pars-Museum [7]

Karim Khan Zand Blvd., Garten und Museum Di–So 8–18 Uhr, 100 000 Rl.

Ohne Zweifel besuchenswert ist das auf der gegenüberliegenden Seite des Karim Khan Zand Blvd. in einen hübschen Garten namens Bagh-e Nazar gebettete **Pars-Museum**. Der achteckige Pavillon war von Karim Khan als Empfangsgebäude konzipiert und barg später seine sterblichen Überreste, bis der rachsüchtige Qadschare Agha Mohammad diese in den Golestan-Palast nach Teheran verfrachtete. Heute sind hinter den geschmackvoll mit Fayencefliesen verkleideten Fassaden, zu Füßen von aufwendig renoviertem Stuckdekor allerlei historische Manuskripte, Dokumente, Ölgemälde, Keramiken ausgestellt und, nicht zu vergessen, Karim Khans Schwert.

Basar von Shiraz – Shopping mit ästhetischem Mehrwert

Wakil-Basar [8]

Haupteingang Karim Khan Zand Blvd., frei zugänglich, Läden ca. 9–13, 16–20 Uhr

Wandert man die Hauptachse der Altstadt, den breiten, von Bäumen gesäumten Karim Khan Zand Blvd., ostwärts, gelangt man nach kaum mehr als 100 m zum Eingang in den **Basar**. Dessen Hauptachse, bestehend aus dem Basar-e Wakil und dem Basar-e Nou, bildet, betrachtet man den Stadtplan, exakt die Verlängerung der jenseits des Flusses bis zum Koran-Tor verlaufenden Hafis-Straße. Über 500 m lang und 20 m breit, gleicht sie einem riesigen Kirchenschiff. Die 11 m hohe Innendecke ist mit Ornamenten aus Ziegelsteinen kunstvoll verziert. Das doppelte Dachgewölbe schirmt mit seinem 60 cm dicken Luftpolster die darunter verlaufenden Ladengassen gegen Hitze und Kälte ab.

Wo sich die zentrale Achse, das sogenannte ›mittlere Band‹, mit den zwei wichtigsten Quergassen kreuzt, erhebt sich 20 m hoch ein Tscharsu, ein kunstvoll gestalteter Kuppelbau, unter dem sich ursprünglich ein von unterirdischen Kanälen gespeistes Wasserbecken befand. Dank ihrer ausgeklügelten Statik hat die gesamte Konstruktion in den über 200 Jahren ihres Bestehens so manches Erdbeben unbeschadet überstanden.

Lange Zeit war die Pracht des Basars so groß, dass die Stadt hohe Gäste und offizielle Gesandschaften unter seinem Dach feierlich zu empfangen pflegte. Die Moderne hat freilich auch diesem altehrwürdigen Raumgefüge Wunden geschlagen: Viele Karawansereien wurden zu Lager- und Parkplätzen oder Notunterkünften für Zuzügler umfunktioniert und durch Zubauten aus Aluminium und Wellblech entstellt. Schon in den 1930er-Jahren hat man, um die Erreichbarkeit einzelner Marktbereiche mit modernen Verkehrsmitteln zu verbessern, die Gesamtanlage durch Straßenzüge zerschnitten. Und die früher übliche Sortierung der Waren nach Branchen hat sich merklich gelockert. Dennoch gilt der Basar von Shiraz dank seiner ausgewogenen Proportionen und seiner architektonischen Einheitlichkeit zu Recht als schönste Marktanlage des Landes.

Shiraz

Um den interessantesten Teil des Gassengeflechts zu erkunden, biegt man auf dem Karim Khan Zand Blvd. vom Pars-Museum kommend rechts in den Basar-e Wakil ein. In ihm dominiert die Textilbranche. Besonders fotogen sind die Läden mit bunt-glitzernden Kleidern für die Nomadenfrauen. An seinem Ende links und gleich nochmals links führt ein Durchgang in den **Saray-e Moshir** 2 . Diese 130 Jahre alte, mit Wasserbecken, Schatten spendenden Bäumen und Sonnensegeln ausgestattete Karawanserei diente den Basaris lange Zeit als Geldinstitut. Heute beherbergt sie Läden für gehobenes Kunsthandwerk und Souvenirs. Beim Verlassen fällt linker Hand ein Eissalon ins Auge – eine gute Gelegenheit, die Spezialität Faludeh, mit Rosenwasser versetztes Glasnudeleis, zu probieren.

Wakil-Moschee 9

Tgl. 8–21 Uhr, 50 000 Rl.

Keine 100 m weiter erhebt sich, ebenfalls rechter Hand, ein Juwel der Sakralarchitektur. Um 1773 fertiggestellt, besitzt die **Moschee des Regenten** مسجد وكيل zwar nur zwei statt der üblichen vier Iwane, dafür aber einen äußerst stimmungsvollen, von farbenprächtig gefliesten Bögen und Nischen umrahmten Innenhof. Ihr Wintergebetssaal wird von 48 in sich gedrehten Marmorsäulen, deren Kapitele schöne Blattornamente tragen, gestützt. Die 14-stufige Kanzel ist aus einem einzigen Marmorblock geschnitten und mit Fliesen verkleidet, ebenso wie die von Muqqarnas gekrönte Gebetsnische.

Wakil-Bad 10

Tgl. 8–20, im Winter 8–19 Uhr, 150 000 Rl.

Das westlich angrenzende **Hamam-e Wakil** ist ein Prachtexemplar seiner Gattung – ein ehemals öffentliches Bad, labyrinthische 1350 m² groß und neuerdings zu einem sehr sehenswerten **Museum für Badekultur** umfunktioniert. Die Räume sind an Wänden, Bögen und Gewölben reich mit Marmor, Stuck und Fresken dekoriert. Besonders sehenswert: die Deckenbilder mit Szenen aus dem Alten Testament, dem Leben Mohammeds und klassischen, persischen Epen.

Südliches Stadtzentrum

Cityplan: S. 271

Khan-Medrese 11

Ayatollah Dastgheib (Lotf Ali Khan) St., in der Regel tgl. 8–12, 14–17 Uhr, wenn Tor geschl., laut klopfen, Eintritt frei, Spende willkommen

Südöstlich des Wakil-Basars öffnet sich in einer Seitengasse der Lotf-Ali-Khan-Straße ein reich mit Muqqarnas verziertes Portal. Dahinter verbirgt sich eine der schönsten Koranschulen Irans. Die **Medrese-ye Khan,** die nach wie vor in Betrieb ist, wurde von Allahverdi Khan, dem Armeeführer von Schah Abbas I., gestiftet und 1615 unter dessen Sohn, dem Gouverneur Imam Qoli Khan, vollendet. An ihr lehrte der Religionsphilosoph Mulla Sadra, der mit seinen erkenntnistheoretischen Schriften die Denk- und Kunsttraditionen Irans über die Jahrhunderte maßgeblich prägte. Respektvolles Verhalten und Fragen vorausgesetzt, weist einer der Geistlichen dem Besucher vielleicht den Weg auf das Dach, wo man die Vier-Iwan-Anlage mit ihrem palm- und laubbaumbestandenen, von Arkaden eingefassten Innenhof wunderschön vor sich liegen hat.

Shah-Cheragh-Mausoleum 12

Ahmadi Sq., Gelände jederzeit frei zugänglich, Schrein tgl. 8–22 Uhr, Zutritt ins Allerheiligste für Nicht-Muslime untersagt, Fotografieren mit Handy möglich, größere Kameras evtl. beim Eingang abgeben, Tschador für Frauen obligat, auszuleihen an allen drei Eingängen, Museum tgl. 8–20 Uhr, 100 00 Rl., www.shahecheragh.ir

Der sprituell bedeutsamste Sakralbau von Shiraz ist das **Shah-Cheragh-Mausoleum.** Unter seiner mächtigen Kuppel liegt Seyyed Amir Ahmad begraben, besser bekannt als Shah Cheragh (»König des Lichts«). Der Bruder des in Mashhad bestatteten Imam Reza kam im frühen 9. Jh. im Kampf gegen abbasidische Soldaten ums Leben.

Diese für gläubige Schiiten nach Mashhad und Qom drittheiligste Pilgerstätte Irans wurde in den letzten Jahren um einen weiteren

Südliches Stadtzentrum

Die Kuppel des Shah-Cheragh-Mausoleums hat die Form einer geschlossenen Tulpenblüte

Hof und eine riesige Gebetshalle erweitert. Die älteren Teile des Komplexes sind in ihrer heutigen Form mitsamt der von schlanken Holzsäulen getragenen Vorhalle im Wesentlichen nach Erdbeben im 19. Jh. errichtete Neu- und Zubauten. Im linken, hinteren Bereich des weitläufigen Innenhofes ruhen in einem vornehmlich ebenfalls in qadscharischer Zeit gestalteten Grabbau zwei weitere in Shiraz verstorbene Verwandte des Achten Imams. Interessant ist das **Museum** des Schreins in der Südwestecke des großen Hofes, durchaus empfehlenswert auch eine Visite im **Gästebüro** der Aufsichtsbehörde (im Ostflügel), wo man beim Tee auf Englisch mit Offiziellen plaudern und Schriften über Schrein und Schia bekommen kann.

Eindrücklicher aber noch als dies, und auch als all die reich mit Fliesen verzierten Portale und Kuppeln bleiben westlichen Besuchern wohl die friedvolle Atmosphäre und die Willkommenskultur im Gedächtnis, mit der man in diesem Brennpunkt schiitischer Frömmigkeit auch nicht-muslimischen Gästen begegnet.

Atiq-Moschee 13

Tgl. 8–18, im Winter 8–17 Uhr, Eintritt frei

Von der Südostecke des großen Hofes von Shah Cheragh gelangt man in wenigen Schritten zur **Masjed-e Jame Atiq,** der bis 1979 als solche genutzten Alten Freitagsmoschee. Ihre ältesten Bauteile, von denen allerdings nur Fragmente erhalten sind, gehen auf das Jahr 875 n. Chr., also die Ära der Saffariden, zurück. Die bestehende Anlage stammt aus dem 12./13.Jh., der prächtige Fliesenschmuck des Eingangs-Iwans aus der Mitte des 16. Jhs.

Ein Kuriosum ist das im Zentrum des Innenhofs stehende **Haus Gottes** (Khoda Khaneh). Dieser rund 650 Jahre alte, kubische, von Arkaden umgebene Bau wurde angeblich der Kaaba in Mekka nachgebildet und hat in der gesamten islamischen Welt kein Gegenstück. Er diente früher als Schrein für kostbare Koranexemplare, nach weitgehenden Zerstörungen um 1940 wurde er, wie die Moschee, wiederaufgebaut.

Shiraz

Fotogene Farbenspiele im Gebetssaal der Nazir-ol-Molk-Moschee

Nazir-ol-Molk-Moschee 14
Tgl. 8–12.30, 15.30–19.30 Uhr, 150 000 Rl.
Etwa 500 m weiter östlich steht rechts in einer südwärts führenden Seitengasse der Lotf-Ali-Khan-Straße die **Masjed-e Nasir al-Molk.** Der auch unter dem Namen »Rosenmoschee« bekannte, sehr charmante Bau mit seinen zwei Iwanen ist nur etwas über 100 Jahre alt, lohnt aber wegen seines feinen Fliesendekors und des schönen Gebetssaals sehr wohl einen Besuch. Letzterer erinnert mit seinen gewundenen Marmorsäulen an die Wakil-Moschee, große Glasfenster werfen in den frühen Morgenstunden bunte Lichtreflexe auf den Gebetsteppich.

Shohada-Moschee 15
Derzeit kein Zutritt
Westlich des Shah Cheragh-Komplexes erhebt sich die **Masjed-e Shohada,** die Märtyrer-Moschee. Die Vier-Iwan-Anlage verströmt allein aufgrund ihrer Größe Erhabenheit. Sie ist auch unter der Bezeichnung Neue Moschee, Masjed-e Nou, bekannt, denn obwohl sie im Kern aus dem frühen 13. Jh. stammt, ist von ihrer ursprünglichen Bausubstanz nach mehrmaligen massiven Zerstörungen durch Erdbeben und darauf folgenden Rekonstruktionen kaum noch etwas erhalten geblieben. Verehrer persischer Poesie wird vielleicht das Faktum berühren, dass ein Raum unmittelbar neben der Qibla, also der Mekka zugewandten Seite der Moschee, einst dem Dichter Saadi als Wohnung diente.

Meshkinfam-Kunstmuseum 16
Dastgheib St. 27, im Altstadtbezirk Sang-e Siah, unweit des Niayesh Boutique Hotel, hinter dem Mausoleum Bibi Dokhtaran, tgl. 8–19 Uhr, www.meshkinfam-art.com, 150 000 Rl.
Das **Meshkinfam Museum of Art** werden kunstinteressierte Reisende als einen willkommenen Kontrapunkt zu Moscheen, Medresen und Mausoleen empfinden. Es ist eine spannende Institution, die in der iranischen Kunstlandschaft ein absolutes Unikum darstellt, und eine Oase der Ruhe und Kontemplation obendrein: In einem aufwendig res-

taurierten Altstadthaus, das ursprünglich einem Zweig des Qavam-Clans gehörte, hat die berühmte Künstlerfamilie Meshkinfam, offiziell unterstützt durch die Kulturabteilung der Provinz Fars, ihrer umfangreichen Sammlung dauerhaft eine Heimstatt geschaffen. Es handelt sich angeblich um das erste private Museum für moderne Kunst in Iran. In dem verwunschenen, um zwei Höfe gruppierten Anwesen finden sich auf insgesamt 1100 m² Hunderte Gemälde, Zeichnungen und Kalligrafien, Steinskulpturen und Reliefs ausgestellt. Einen maßgeblichen Teil der Exponate schufen Mitglieder der Gründerfamilie selbst, allen voran der berühmte Bildhauer und Kalligraf Habib (1915–2001) sowie dessen Enkel, der Maler und Museumsinitiator Hasan Meshkinfam. Aber auch andere moderne iranische Künstler, unter ihnen viele international renommierte, sind mit Werken vertreten.

Ebenfalls sehenswert ist, allein schon wegen der vielen dort gezeigten Charakterköpfe, die **Abteilung für Fotografie.** Der Raum birgt rund 350 Schwarz-Weiß-Porträts samt Kurzbiografien von iranischen Künstlern und Geistesgrößen der letzten Jahrzehnte.

Die Gärten von Shiraz

Cityplan: S. 271
Nicht nur für ihre Rosen ist die Stadt berühmt, sondern generell für ihre vielen sorgsam gepflegten **Gärten.** Eine besondere Wohltat ist es, in diesen Grünoasen im Frühsommer, umweht von balsamischen Düften, umherzuschlendern oder eine Rast einzulegen.

Naranjestan-Garten 17

Tgl. 8–20, im Winter 8–19 Uhr, 200 000 Rl., Zinat-ol-Molk-Haus: Zugang straßenseitig, tgl. 8–19 Uhr, 200 000 Rl.
Gut zehn Gehminuten östlich des Wakil-Basars liegt an der Lotf-Ali-Khan-Straße der **Bagh-e Naranjestan.** Der »Garten der Bitterorangen« wurde um 1880 von der Händlerfamilie Qavam angelegt, deren Oberhäupter damals kraft ihres großen Vermögens und Einflusses bei den Nomaden über längere Zeit als halbautonome Gouverneure über Fars und die Südküste regierten und sogar den Premierminister zweier Schahs stellten. Der ummauerte Komplex, ein Musterbeispiel qadscharischer Feudalarchitektur, diente als öffentlicher Empfangsbereich der Residenz und Verwaltungssitz (Biruni). Im Eingangstrakt waren Büros untergebracht. Die hofseitige Fassade ist mit farbigen Keramiken bedeckt – floralen Ornamenten, Blumen-, Jagd- und Landschaftsszenen. Im Zentrum abgebildet sind als Allegorien für die hier geltende Gastfreundschaft drei Dienstboten in zeitgenössischer, regionaler Tracht. In dem palastartigen **Hauptgebäude** am anderen Ende des mit bunten Blumen nach allen Regeln persischer Gartenkunst gestalteten und von hohen Palmen gesäumten Innenhofs fanden die offiziellen Zeremonien statt. Dessen Zentrum bildet eine säulengestützte, mit Spiegelmosaiken ausgekleidete **Veranda** (Talar). Die benachbarten Räume sind mit Gipsornamenten, Fliesen, Fresken, farbigen Fenstern und filigran bemalten, holzgetäfelten Decken versehen. Der Fassadensockel ist mit Steinpaneelen, Nachbildungen von Reliefs aus Persepolis, verkleidet. Die drei Ziergiebel schmücken Kachelbilder der Herrschaftssymbole Sonne und Löwe sowie mythologische Szenen.

Mitte der 1960er-Jahre überantwortete die Qavam-Familie das Anwesen der Universität von Shiraz. Bis zur Revolution war es Sitz des ursprünglich US-amerikanischen Asia Institute. Dessen Leiter, der renommierte Iran-Forscher Sir Arthur Upham Pope, wohnte und arbeitete hier. Heute wird der Komplex von der Shirazer Kunsthochschule verwaltet und genutzt. Im Souterrain des Haupthauses zeigt das **Naranjestan-Museum** eine breite Palette hochkarätigen Kunsthandwerks. Öffentlich zugänglich ist auch das westlich unmittelbar angrenzende **Zinat-ol-Molk-Haus.** Es diente den Qavams als Privatresidenz (Andaruni), und stellt dementsprechend ein besonders prachtvolles Exemplar eines Herrschaftshauses aus qadscharischer Zeit dar. Als Heimstatt des Instituts für Studien zur Provinz Fars beherbergt es zwei **Museen:** eines für **Münzen** und eines mit Wachsmodellen prominenter Persönlichkeiten der **Regionalgeschichte.**

Shiraz

Eram-Garten 18
Baq-e Eram Blvd., tgl. 8–20, im Winter 8–17 Uhr, 200 000 Rl., Edelsteinmuseum zusätzlich 20 000 Rl.

Der **Bagh-e Eram,** heute **Botanischer Garten** der Universität Shiraz, blickt auf eine fast 1000-jährige Geschichte zurück. In seldschukischer Zeit gegründet, vom Statthalter der Mongolen als Residenz genutzt und sowohl von Hafis als auch Tamerlan für seine Schönheit gerühmt, befand er sich ab Mitte des 19. Jhs. im Besitz der einflussreichen Familie Ol-Molk.

Deren Oberhaupt, Bauherr auch der Ol-Molk-Moschee, ließ den dreigeschossigen **Empfangspalast** errichten, der heute mit seinem hohen Talar und dem großen Wasserbassin davor ein beliebtes Fotomotiv darstellt. Die Fliesenbilder in den Ziergiebeln zeigen Nasir ad-Din Shah hoch zu Ross, Salomon mit der Königin von Saba, Farhad und Shirin, Joseph und Suleika, den mythischen Held Rostam sowie wilde Tiere und Fabelwesen. Das Gebäudeinnere ist mit Ausnahme des Souterrains, das ein **Museum für (Halb-)Edelsteine** birgt, öffentlich nicht zugänglich. Der weitläufige Park hingegen wird als Naherholungsgebiet eifrig genutzt.

Jahan-Nama-Garten 19
Tgl. 8–22, im Winter 8–21 Uhr, 115 000 Rl.

Eine bislang nur wenig bekannte Grünoase mit großer Geschichte ist der nahe dem Hafis-Mausoleum gelegene **Bagh-e Jahan Nama,** der »Garten, der die Welt abbildet«. Auch seine Existenz ist seit dem 14. Jh. belegt. Karim Khan Zand ließ ihn um 1770 als Refugium für offizielle Gäste neu anlegen, und, wie es sich für einen persischen Garten gehört, am Schnittpunkt der vier breiten, kreuzförmig angeordneten Zypressenalleen auch einen achteckigen **Pavillon** bauen – zeit- und fast formgleich mit dem Pavillon im Nazar-Garten, der heute das Pars-Museum beherbergt.

Weil Schahbanu Farah Diba auf dem 7,5 ha großen Gelände große Kunstfeste mit Livemusik veranstaltet hatte, fiel es nach der Revolution ›in Ungnade‹ und verkam. Einige Räume beherbergten Radio- und Fernsehstudios. In der liberaleren Ära unter Präsident Khatami wurde das Areal wieder zugänglich gemacht. Doch erst in den letzten Jahren hat sich eine Gruppe kulturinteressierter Bürger des Gartens angenommen, in Privatinitiative die Gebäude renoviert, die Infrastruktur modernisiert und auch ein Kulturprogramm ins Leben gerufen. Der Pavillon ist seither **Museum,** prall gefüllt mit vergnüglichem Allerlei, unter anderem Gastgeschenken ausländischer Honoratioren an die Stadt wie etwa einer Goethe-Büste aus Weimar, einer Partnerstadt von Shiraz.

Delgosha-Garten 20
Tgl. 7.30–23, im Winter 7.30–18 Uhr, 150 000 Rl.

Ein weiteres gepflegtes, grünes Refugium inmitten des zunehmend zersiedelten Stadtgebiets ist der ebenfalls äußerst geschichtsträchtige, 7,5 ha große und klassisch-persisch mit vielen Orangenbäumen gestaltete **Bagh-e Delgosha** am nordöstlichen Stadtrand nahe dem Saadi-Mausoleum.

Afif-Abad-Garten 21
Tgl. 8–12.30, 15.30–18.30 Uhr, 100 000 Rl.

Der **Bagh-e Afif Abad** liegt im modernen, ziemlich eleganten Stadtbezirk gleichen Namens im Westen, ist fast 13 ha groß und im Besitz der Armee. Die unterhält im Erdgeschoss des großen, ebenfalls von der Qavam-Familie im 19. Jh. erbauten Palasts ein mit Waffen der letzten 400 Jahre reich bestücktes **Militärmuseum.** Das Stockwerk darüber illustriert mit Originalmobiliar die Wohnkultur der qadscharischen Ära.

Chehel-Tanan-Garten und Haft-Tanan-Garten

Als kleinere, stimmungsvolle Grünoasen besuchenswert sind außerdem der Friedhof des ehemaligen Sufi-Klosters der Vierzig Derwische, **Chehel Tanan** 22 , in dem 40 Grabsteine von Sufi-Meistern aufbewahrt liegen (Zugang etwas nördlich des Hafis-Mausoleums vom Chehel Magham Blvd., tgl. 8–14 Uhr, Eintritt frei) und, zwei Gehminuten weiter, der hübsche Garten des »Mausoleums der sie-

Bagh-e Naranjestan, der Bitterorangen-Garten

Shiraz

ben Gräber«, **Haft Tanan** 23 – früher gleichfalls ein Ort der Meditation für Derwische, neuerdings ein **Museum für historische Steinfragmente** mit einem vor ein paar Jahren aufwendig restaurierten Gebäude aus der Zeit Karim Khan Zands (tgl. 8–20, im Winter 8.30–18 Uhr, 80 000 Rl.).

Chamran-Park 24

Der **Park-e Chamran** begleitet auf einer Länge von 3 km den **Bolvar-e Chamran** im Westen der Stadt. An warmen Abenden – vor allem donnerstags – verspricht ein Bummel erhellende und oft erheiternde Einblicke in die amerikanisch anmutenden Freizeitrituale der örtlichen Jugend. Denn dann halten die amüsiersüchtigen, schick herausgeputzten Teens und Twens der Stadt zwischen allerlei Skulpturen, künstlichen Wasserfällen und Imbissen Ausschau nach Zerstreuung, Spaß oder auch verheißungsvollen Flirts.

Infos

Tourismus-Information: Kiosk vor der Südfront der Zitadelle, Sa–Do 9.30–16.30 Uhr. Mahmoud Hamidi, der dort Auskunftsuchenden hilfreich begegnet, betreibt auch privat eine empfehlenswerte (Online-)Reiseagentur: Anahid, Tel. 0917 108 17 07, dandelion_2004@yahoo.com, www.Iran-anahid.com.

Übernachten

Luxusbleibe – **Zandiyeh** 1 : Hejrat St., Tel., 0713 22 34 234, www.zandiyehhotel.com. Neue Spitzenadresse in Sichtweite der Zitadelle. Ausstattung, Infrastruktur, Service, Frühstücksbüfett, Restaurantküche … alles in der Topqualität eines Fünfsternebusinesshotels, dazu großer Indoorpool, Hamam, Gym. DZ ab 5 Mio. Rl., Luxussuite 6,5 Mio. Rl.

Herausragender Standard – **Chamran Grand Hotel** 2 : Chamran Blvd., Tel. 0713 626 20 00, www.hotelchamran.com. Hochhaushotel im Nordwesten der Stadt, mit 250 Zimmern nichts für Romantiker und Individualisten, aber sehr komfortabel mit kompletter Infrastruktur unter einem Dach – fünf Restaurants, davon eines mit Panoramablick im 24. Stock, Reiseagentur, Gym, Hamam, Friseur, Beautysalon, Läden für Fast Food und Kunsthandwerk, Kunst- und Fotogalerie. Abends nett zum Bummeln: die populäre Flaniermeile vor der Haustür entlang dem Fluss. DZ ab 5 Mio. Rl.

Gruppenhotel mit viel Charme – **Persepolis** 3 : Ghaem Sq., Azadi Blvd., Tel. 0713 227 12 80-94, www.persepolis-hotel.com. Gepflegtes Viersternehaus, 5 Gehminuten vom Hafis-Mausoleum und auch für Touren nach Persepolis verkehrstechnisch günstig gelegen, weil nahe der nördlichen Stadtausfahrt. Seit drei Generationen von der Familie Siadatan umsichtig und sehr herzlich geführt. Restaurant mit ausgezeichnetem Buffet, Swimmingpool, Sauna, Billard, Coffeeshop, Frisiersalon, Taxi-Service. Tipp: ruhige Zimmer nach hinten mit schönem Blick auf die Berge buchen! EZ 2,9 Mio. Rl., DZ 3,9 Mio. Rl.

Sixties-Touch – **Park Saadi** 4 : Hafez St., Tel. 0713 227 49 01, www.parksaadihotel.com. Ein Haus aus den 1960er-Jahren, jedoch hell und zeitgemäß aufgemöbelt, geräumig mit großem Garten. Gutes Restaurant mit iranischer und internationaler Küche, im Sommer kann man auch im Freien speisen, eigener Parkplatz, günstig im Nordteil der Stadt, nahe Hafeziyeh, direkt gegenüber dem Jahan-Nama-Garten gelegen. EZ 2 Mio. Rl., DZ 3,4 Mio. Rl., Suiten 5,6 Mio. Rl.

Leicht angejahrt – **Park Hotel** 5 : Zand Sq., Saadi Ave., Tel. 0713 222 14 26-31, www.shirazparkhotel.com. Die geräumigen Zimmer atmen mit ihren Resopaltäfelungen und Kristalllüstern noch den Geist des Eröffnungsjahres, 1959. Und im Hof steht sogar noch ein alter Chevy mit US-Nummernschild geparkt. Doch alles ist tadellos gepflegt und komfortabel. Billardsalon, Sauna, weitläufiger Garten, absolute Ruhe trotz zentraler Lage. DZ 3,3 Mio. Rl.

Gehobene Mittelklasse – **Aryo Barzan** 6 : Roodaki St., Tel. 0713 224 71 82, www.aryobarzanhotel.com. Aryo Barzan, den legendären Kämpfer gegen Alexanders Truppen, kennt in Shiraz jedes Schulkind. Als Verbeugung vor diesem Helden dürfte das altiranische Design der Lobby gemeint sein. Auch wenn das pompöse Entree Erwartungen weckt, die manche Zimmer mit veralteter Linoleum-Resopal-Ausstattung nicht ganz erfüllen: Unterm Strich logiert man hier mehr als zufriedenstellend. Sehr hilfsbereites Personal, üppiges Frühstücksbüfett, gutes iranisches Restaurant, Billardraum, Playstations für die Kids, Tiefgarage, eigenes Reisebüro in der Lobby, im Nebenhaus Café mit Wasserpfeifen. Nach Möglichkeit eines der jüngst renovierten Zimmer buchen. Gratis-WLAN in der Lobby, leider nur zeitlich begrenzt verfügbar. DZ 2,56 Mio. Rl.

Groß, aber wohnlich – **Eram Hotel 7** : Karim Khan Zand Blvd., Tel. 0713 23 00 814-16, www.eramhotel.com. Das direkt an der zentralen Flaniermeile, 5 Gehminuten von der Zitadelle gelegene Hotel umfasst 100 Zimmer, verteilt auf ein 25 Jahre altes Haupthaus und einen (fast) neuen Zusatztrakt. Ersteres ist etwas abgewohnt, wird aber seit Kurzem schrittweise renoviert. Letzterer ist moderner und bietet zudem Zimmer mit Küche für Selbstversorger. Der gemütliche Hof zwischen den Bauten dient als Frühstücksraum. Gutes Restaurant, moderner Coffeeshop, Billard, aufmerksame Betreuung. EZ 1,5 Mio. Rl., DZ 2,5 Mio. Rl., 5-Bett-Suiten mit 2 Zimmern und Küche 5,2 Mio. Rl.

Viersternekomfort – **Karim Khan 8** : Roodaki St., Tel. 0713 223 50 01, 222 81 07, www.karimkhanhotel.com. Dickes Lob für dieses Hotel – zum einen wegen des hervorragenden Preis-Leistungs-Verhältnisses, zum anderen wegen des äußerst gepflegten Gesamtzustands. Von der eleganten Backsteinfassade über die glamouröse Lobby mit Marmorboden und güldenen Polstermöbeln bis zu den behaglichen Zimmern dürfen Ästheten sich rundum freuen. Der Komfort ist hoch, das livrierte Personal äußerst zuvorkommend. Qualitätsrestaurant, Pool, nettes, traditionelles Teehaus, bisweilen mit Livemusik. DZ ab 1,8 Mio. Rl.

Für Individualisten – **Parhami 9** : Nr. 10, 36th Alley, Lotf Ali Khan Zand St., 2 Gehminuten zur Nazir-ol-Molk-Moschee, Tel. 0713 22 32 015, 0917 700 80 58, oroushparhami@gmail.com. Der Pionier unter den örtlichen B-&-B-Domizilen, 2001 eröffneter Familienbetrieb, von Juniorchef Sorush überaus gastfreundlich und mit viel Liebe zum Detail geführt: 6 Zimmer, schlicht, aber gepflegt und sehr behaglich, europäische WCs, WLAN, vorzügliche lokale Küche, mittags und abends auch für Nicht-Hotelgäste, unbedingt kosten: Kalam Polo – Reis mit Kohl und Rinderhackfleisch. Coffeeshop auf der Dachterrasse, im Sommer open air, ein- bis zweimal wöchentlich Kleinkunst zweisprachig (pers./engl.), auch Filmvorführungen. Zu Nowruz: buntes Fest für Touristen im malerischen Innenhof. EZ 1,2 Mio. Rl, DZ 1,8 Mio. Rl. inkl. Balkon-Frühstück im lauschigen Hof.

Ruhig und nett geführt – **Talar 10** : Ferdowsi St., Tel. 0713 224 55 44-49. Mittelklassehaus mit schmuckem Entree, aber deutlich schlichteren Zimmern, besonders beliebt bei Golfarabern, die zur medizinischen Behandlung (Augen- und Schönheitsoperationen) anreisen. Gutes Restaurant, Imbiss/Coffeeshop, eigener Parkplatz, 10 Gehminuten zu den zentralen Sehenswürdigkeiten. DZ 1,63 Mio. Rl.

Traveller-Treff – **Golshan 11** : Nr. 15, 38th Alley, Lotf Ali Khan Zand St., Tel. 0713 22 20 715, 0917 315 32 03, parvizro@yahoo.com. Tolle Lage in Gehdistanz zu vielen Sehenswürdigkeiten, gemütlicher Innenhof, Zimmer traditionell möbliert, schlicht, aber sauber, äußerst freundliches, hilfsbereites Personal. Feine Regionalküche, Gratis-Tee aus dem Samowar rund um die Uhr. In Sommernächten möglich: Schlafen im Mondschein auf dem Dach. Auch im Angebot: Ausflugstouren in die nahe und weitere Umgebung, u. a. Margun-Wasserfall, Maharlu-See, Dorf Seyfabad sowie Rundflüge über die Ruinen von Persepolis (s. Tipp S. 292). Bett im Mehrbettzimmer 600 000 Rl., DZ ohne/mit eigenem Bad/WC 1,4/1,8 Mio. Rl.

Backpackerhostel – **Niayesh Hostel 12** : 10, Shahzadeh Jamali Alley, nahe Namazi-Kreuzung und Shah Cheragh, gegenüber Mausoleum Bibi Dokhtaran, Tel. 0713 223 36 22-4. Charmant verwinkeltes Haus aus dem 19. Jh., ziemlich versteckt in Uralt-Bezirk von Shiraz (Keramikwegweisern folgen!). 50 schlichte Zimmer Marke Jugendherberge, aber tadellos sauber, gefliest, nach biblischen Propheten und Denkern aus Ost und West benannt. AC, WLAN, Bad/WC teils auf dem Gang. Der große, baumbestandene Innenhof fungiert als Traditionslokal mit sehr preisgünstiger Küche (Klassiker: der Fleischeintopf Abgusht). Zugehörig: Handwerksladen, Teehaus zum Was-

Shiraz

serpfeife-Rauchen, Rooftopcafé mit schönem Altstadtblick, Restaurant mit italienischer und iranischer Küche im 2. Stock, weiteres Esslokal im Souterrain. Radverleih, Ausflugsangebote. EZ 780 000 Rl., DZ 1,25 Mio. Rl., Drei-/Vierbettzimmer 2–2,3 Mio. Rl. inkl. Frühstück.

Freundlich und in Ordnung – **Hadish Hotel** 13 : Rudaki St., Tel. 0713 23 51 988, info@hadishhotel.com. Preisgünstiges Apartmenthotel in zentraler Lage, mit geräumigen Suiten, jede mit voll ausgestatteter Küche, Verbesserungsbedarf in puncto Hygiene, aber nette Führung. Restaurant, Coffeeshop, Pool, Billard, Tischfußball. Bei Drucklegung noch im Bau: ein neuer, moderner ausgestatteter Trakt. Apartment für 2 Pers. inkl. Frühstück 2,5 Mio. Rl.

Wärmstens empfohlen – **Taha Hostel** 14 : Sang-eh Siah, Tel. 0713 738 16 10, 0939 393 92 93, www.iranianhostel.com. Die ideale Bleibe für kontaktfreudige Low-Budget-Traveller. Schönes, sorgsam renoviertes Altstadthaus in zentraler Ruhelage, reich dekorierte Mehrbettzimmer, schlicht ausgestattet, aber sehr gepflegt, behaglicher, schattiger Innenhof als Treff und Infobörse, internationales Publikum, Tee, Kekse, Obst und WLAN gratis, Gemeinschaftsbad und -WC, reizendes, überaus hilfsbereites Team. DZ 1,1 Mio. Rl., im Fünfbettzimmer ab 450 000 Rl. pro Pers.

Praktisch für Busreisende – **Pardis Hotel** 15 : Safar St., einen Steinwurf von der Karandish-Busstation entfernt, Tel. 09713 732 42 51. Unscheinbar, eng, aber so weit in Ordnung und seeeehr preiswert. Im Nebenhaus: gutes Kebablokal gleichen Namens. DZ ab 500 000 Rl.

Essen & Trinken

State of the Art – **Haft Khan** 2 : Rabbani Blvd. nahe Abulkalam Sq., Tel. 0713 22 70 000, 0917 78 78 400, www.haftkhanco.com. Aufsehenerregende Konzept-Gastronomie in architektonisch anspruchsvoll-modernem Rahmen, mit fünferlei Restaurants auf fünf Etagen: im Souterrain **Foroud** mit diversen iranischen Regionalküchen (12–16, 20–24 Uhr), im Erdgeschoss **Sindokht,** Büfett mit Speisen aus aller Welt und geradezu futuristischem Ambiente (6.30–10.30, 12–16 Uhr, hier tolles Mittagsmenü für 600 000 Rl.!), im 1. Stock **Belian,** Fast Food mit Sandwiches und Pizzas plus Coffeeshop **Zarir** (beide 10–24 Uhr), im 2. Stock **Nofel** mit iranischer und internationaler Küche (12–24 Uhr) und im Dachgeschoss **Garsivaz,** ein Barbecue-Panoramarestaurant mit großer Auswahl an Kebabs und Shawarma (19–24 Uhr).

Authentisch – **Sharzeh** 3 : Taleghani St./Wakil Mosque St., Tel. 0713 22 41 963, www.sharzeh.ir, tgl. 12–23 Uhr. Lassen Sie sich von dem gesichtslosen Gebäude nicht täuschen: Im Souterrain wartet ein quirliges, auch bei Einheimischen sehr populäres Schlemmerlokal. Livemusik mit Sänger und Santur-Solist. Mittags Kebabs, abends auch diverse Khoresht. Hauptgerichte inkl. Salatbüfett und Dessert 370 000–450 000 Rl.

Fine Dining im Garten – **Bagh-e Raaz** 4 : Shaed Blvd., Tel. 0713 362 34 000, www.bagheraaz.com. Der »heimliche Garten« – eine Luxusadresse am Nordwestrand der Stadt (Zufahrt am besten mit Taxi). Kühne, äußerst ästhetische Architektur mit viel Glas und Metall, sehr schön der schattige Gastgarten und die Dachterrasse mit Blick über die Wipfel. Reichhaltige Speisekarte, im Erdgeschoss und Garten iranisch, im Obergeschoss international mit Schwerpunkt italienisch, Holzofengrill, backfrisches Brot, gehobene Küche, noch gehobenere Preise, Service von schwankender Qualität. Hauptgericht 250 000–700 000 Rl.

Schlemmertreff – **Sufi 2** 5 : Afif Abad St., neben Setareh Fars Shoppingmall, Tel. 0713 628 40 11, www.soofirestaurant.com, tgl.12–16, 19.30–23 Uhr. Schmuckes, gepflegtes, bei Mittelschicht-Shirazi sehr beliebtes Lokal mit entsprechend großem Andrang, köstliche Kebabs, überdurchschnittlich gute Salatbar, probierenswert: Kalam Polow (Kohl und Hackfleisch mit Zimt gewürzt), traditionelle Livemusik. Nicht minder gute Filiale: **Sufi 1** 6 : Sattarkhan Blvd., Tel. 0713 628 02 41, gleiche Zeiten, gleich gute Küche, traditionelleres Ambiente. Hauptgerichte 200 000–380 000 Rl. Einkehr in beiden kombinierbar mit Shoppingbummel im Szeneviertel Afif Abad.

Stimmungsvoll – **Kateh Mast** 7 : Lotf Ali Khan Zand St., Tel. 0713 223 19 19, tgl. 8–23.30 Uhr. Geschmackvoll renoviertes, ehemaliges Bad, viel besucht von Einheimischen und Touristen wegen des ansprechenden Ambientes wie auch der guten Shirazer Spezialitätenküche, freundliche Bedienung, Livemusik auf traditionellen Instrumenten. Hauptgerichte 200 000–350 000 Rl.

Populär aus gutem Grund – **Shater Abbas** 8 : Khak Shenasi St., nahe Azadi Blvd., Tel. 0713 229 72 33, tgl. 12–23 Uhr. Ein Klassiker der Shirazi-Küche, Souterrainlokal mit gemütlich-rustikalem Ambiente. Vor dem Gästeauge in offener Küche zubereitete Spezialitäten: u. a. Halim Bademjan, Koobideh, Sabzi Polow. Ein Hit: die Kebabs und das vor Ort im Lehmofen stets frisch gebackene Taftun-Brot (Filiale am Chamran Blvd). Hauptgerichte 150 000–200 000 Rl.

Bodenständig – **Arya** 9 : Ferdowsi St., Tel. 0917 878 54 16. Café-Restaurant des ebenfalls empfehlenswerten Apartmenthotels Arian. Behaglich mit Holzbänken und tiefblau getünchten Wänden, nette Bedienung und herzhaft gutes Essen, z. B. Dizi-Eintopf oder die kalte Joghurt-Gurken-Suppe Abdough Khiar. Gerichte ab 140 000 Rl.

Trendig – **Café Ferdowsi** 10 : Ferdowsi St. 194, Tel. 0713 231 66 16, Sa–Do 8.30–23.30, Fr erst ab 17.30 Uhr. Schon in vorrevolutionären Zeiten ein In-Treff, ist dieses Café speziell bei Studenten nach wie vor angesagt. Entspannte Atmosphäre, supernette Betreiber, smoothe Musik (an Wochenenden manchmal live), Gratis-WLAN. 1A-Kaffee aus der Espressomaschine, große Auswahl an Tees, Säften, Mocktails, Kuchen; feine, kleine Speisen, auch vegetarisch, zum Frühstück, Lunch und abends. Speisen ab 140 000 Rl.

Old Style mit Grandeur – **Shapouri** 11 : Anvari St. Der große Trumpf dieses Restaurants ist der theatralische Rahmen: ein prunkvolles Palais aus den 1930er-Jahren, mit großer Säulenterrasse und Garten – vom Ambiente her ein Traum. Was die Küche fabriziert, ist vergleichsweise mäßig, persisch-traditionell und tendenziell zu teuer. Aber zumindest auf Tee und Kuchen sollte man hier einkehren.

Teehaus im Basar – **Saray-e Mehr** 12 : Wakil Bazar, nahe Saray-e Moshir, Tel. 0713 22 29 572, Sa–Do 10–21 Uhr. Traditionelles Teehaus zum Energietanken nach dem Bummel durch den Basar, häufig von Gruppen okkupiert, aber behaglich, klassisch-iranische Musik vom

Exotische Aromen im Wakil-Basar: Iranische Köche würzen intensiv, aber nicht scharf

Shiraz

Band. Kleine Auswahl guter Speisen: Dizi, Khoresht Bademjan, für Vegetarier Ghormeh Sabzi. Unbedingt zum Tee ordern: die Blätterteigleckerei Karkhi!

Eisdiele der Extraklasse – **Jamshidian** 13 : Naser Khosro St., (fast) ganzjährig 11–22 Uhr. Hier stehen Shirazi im Sommer Schlange. Die Drinks, speziell der Limettensaft, beleben selbst den mattesten Geist; noch besser sind die Kreationen aus Gefrorenem, allen voran Faludeh (Glasnudeleis) und Abhaveej Bastani (Sorbet aus Karottensaft).

Originell – **Namak** 14 : Afif Abad St., Tel. 0912 839 07 62, tgl. 8–24 Uhr. Wegen des Fast Food (Burger, Pizzas etc.) braucht man hier nicht vorbeischauen. Dafür wegen des Dekors, der zugleich heilsame Wirkung entfalten soll: Wände, Säule, Tische, Boden, kurz – die komplette Ausstattung in dem zweistöckigen, einer Höhle nachempfundenen Lokal besteht aus Salz (pers. *namak*) und bescherte ihrem Schöpfer, Architekt Alireza Emtiaz, bei der Eröffnung 2015 internationale Schlagzeilen. Das Mineral, es stammt aus dem nahen Maharlu-See, ist mit Harz gebunden und soll die Luft dauerhaft reinigen und ionisieren. Bizarr, aber eine Stippvisite wert.

Einkaufen

Kunsthandwerk und Souvenirs – **Wakil Bazar** 8 : Gassenlabyrinth zwischen Karim Khan Zand Blvd. und Lotf Ali Khan Zand St., ganztägig, über Mittag aber nur eingeschränkt geöffnet. Der vielleicht schönste Basar im Land. Breit gefächertes Sortiment an Alltagswaren und Kunsthandwerk, vom Gewürz bis zur Kupferkanne, vom Teppich bis zum Brokatschal und Nomadenkleid. Zentrale Adresse für Kunsthandwerk und Souvenirs: der **Saray-e Moshir** 1 und umliegende Gassen am Südende der zentralen Basarachse.

Iranisches Design – **Haan Art Shop** 2 : Afif Abad St. 156, nahe Sepehr Complex, Sattarkhan Blvd, Tel. 0921 724 88 65, Sa–Do 9–13, 16.30–20.30 Uhr. Tolle Auswahl wirklich qualitätvoller Objekte aus den Werkstätten iranischer Künstler und Designer: Wohnaccessoires, Geschenkartikel aus Stoff, Keramik, Metall, Holz, Glas u. v. m.

Shoppingmall der Superlative – **Persian Gulf Complex** 3 : Dr. Hesabi Highway, Ausfahrt Sadra New Town, nördlich der Stadt neben dem neuen Bahnhof, tgl. 9–24 Uhr, viele Läden zur Mittagspause geschl. Das Einkaufszentrum ist das größte Irans und angeblich das fünftgrößte im Mittleren Osten – jedenfalls versammelt es 2500 Läden auf 500 000 m^2 Verkaufsfläche; hinzu kommen ein Fünfsternehotel, mehrere Schwimmbäder und Vergnügungsparks in- und outdoor, Bowling, Billard und Gastronomie bis zum Abwinken.

Abends & Nachts

Traumaussicht – **Café-Terrasse im Grand Hotel Shiraz** 1 : Tel. 0713 227 48 20, www.shiraz-hotel.com, tgl. 7–2(!) Uhr früh. Der neue Riesenkasten an der Ausfallstraße Richtung Persepolis bietet in den Zimmern nicht wirklich den Luxus und Komfort, den seine pompöse Fassade und Lobby versprechen. Wirklich außergewöhnlich ist jedoch das Panorama-Café im 6. Stock. An lauen Abenden genießt man von dem Open-Air-Balkon bei Tee, Kaffee und Kuchen (kein Essen) einen prächtigen Blick auf die Stadt.

Kraftsport-Vorführungen – **Zurkhaneh** 2 : Gymnastik, Schilde stemmen, Keulen schwingen: im Krafthaus Haj Ali Kolahi, unmittelbar hinter der Wakil-Moschee, praktizieren Athleten allabendlich ab 20.30 Uhr die traditionellen Kraftsportarten Varzesh-e Pahlavani. Zuschauer (Männer wie Frauen) sind willkommen, kleiner Obolus Eintritt.

Verkehr

Flug: Der vor wenigen Jahren erweiterte und modernisierte **Shiraz Shahid Dastghaib International Airport** (SYZ, https://shiraz.airport.ir, Tel. 0990 692 15 24, nur Farsi) liegt 10 km südöstlich der Innenstadt und ist am besten per Taxi erreichbar. Inlandsflüge gehen von hier zu den meisten größeren Städten des Landes, neben Isfahan, Teheran und Mashhad u. a. tgl. nach Bandar-e Abbas, Qeshm, Kish und mehrmals pro Woche nach Kerman, Bushehr und Ahvaz. Internationale Verbindungen bestehen u. a. nach Bangkok, Kuala Lumpur, in die Golfstaaten, nach Istanbul und,

Adressen

GHALAT – AUSFLUGSZIEL FÜR NONKONFORMISTEN

Authentisch erleben, wie die Jugend von Shiraz ihrer Natur- und Freiheitsliebe frönt, lässt sich in **Ghalat** قلات. Das malerische Dorf, nur eine halbe Autostunde nordwestlich, atmosphärisch jedoch fern vom Getriebe der Stadt, hat sich in jüngsten Jahren zu einem populären Ausflugstreff für die Shirazer Bohème, aber auch für Backpacker aus dem In- und Ausland gemausert. Man streift zwischen uralten Steinhäusern durch die steilen, gepflasterten Gässchen und die umliegenden Gärten. Nette Lokale, die Café-Galerie **Ariana** etwa, die Cafés **Cook** und **Daloon** (Dachterrasse!) oder **Khane Mokhtar Bozorg** (»Großmutters Heim«), laden zur Einkehr. Alternativ kann man unten am Bach zwischen Pappeln in kleinen Holzpavillons sitzen oder, noch stimmungsvoller und kostenfrei, hinten im Talschluss zu Füßen des Wasserfalls inmitten Einheimischer, die dort unter freiem Himmel Eis essen, Fleisch grillen oder ihre Wasserpfeife schmauchen. Apropos: Dem Vernehmen nach kommen nicht wenige junge Iraner nach Ghalat, um hier im Halbverborgenen dem Wein oder auch vor Ort angebautem Marihuana zuzusprechen. Beides ist, klar, strikt verboten. Basij und Polizei starten öfters Razzien. Deshalb der dringende Rat, der Verlockung zu widerstehen. Denn das Risiko, in Teufels Küche zu geraten, ist beträchtlich.

Anfahrt: Erreichbar ist Ghalat über die Ausfallstraße Richtung Yasuj, nach gut 20 km biegt man dem Schild folgend links ab und fährt weitere 7 km. An Wochenenden ist der Ansturm oft enorm und bei der Ortseinfahrt dann pro Wagen ein Obolus von 25 000 Rl. zu berappen. Städtische Busse verkehren vom und zum zentralen Terminal von Shiraz mehr oder weniger im Stundentakt.

Örtlicher Guide: Afshar Jokar (engl.), Tel. 0917 912 60 98, afshar.j@gmail.com, www.visitghalat.com. Begleitet auch Wanderungen in die bergige Umgebung und ist bei der Buchung eines der inzwischen recht zahlreichen Privatquartiere behilflich.

ab Sommer 2017, mit Austrian Airlines nach Wien. **Austrian Airlines:** Tel. 021 83 388, **Iran Air:** Tel. 0711 321 24 158-9, **Turkish Airlines:** Anf. Esteghlal Blvd., Tel. 0711 232 50 40.

Bus: Direktverbindungen in die meisten Großstädte, u. a. nach Isfahan (7 Std., 360 000 Rl.) und Yazd (6 Std., 350 000 Rl., Über-Nacht-Bus 220 000 Rl.). Zentraler Busbahnhof: **Shahid Karandish Terminal,** Pirniya Blvd., Tel. 0711 224 16 54, Verbindungen in östliche Landesteile: **Shahid Modarres (Kaveh) Terminal,** Modarres Blvd., Tel. 0711 72 64 444; Verbindungen in süd(west)liche Landesteile: **Amir Kabir Terminal,** Amir Kabir Sq., Tel. 0711 821 53 26.

Bahn: Der neue, ultramoderne **Bahnhof** liegt 20 km nördlich des Stadtzentrums an der Straße nach Yasuj, Anfahrt per Bus oder Metro zur Station Ghasr Dasht oder per Taxi. Züge verkehren via Eqlid nach Isfahan, ein Nachtzug auch direkt nach Teheran (ab Shiraz 18 Uhr, ab Teheran 16.10 Uhr, Fahrtdauer 15 Std.).

Metro: Nach sanktionsbedingt 13 Jahre währenden Bauarbeiten wurde 2014 ein Teilstück der Linie 1 eröffnet. Sie führt vom Zentrum zur Station Ehsan im Nordwesten und soll in der Gegenrichtung in wenigen Jahren die Innenstadt mit dem Flughafen verbinden. Linie 2 ist in Bau, die Linien 3 bis 6 sind in Planung.

Ruinenstätten in der Provinz Fars

Im Norden der seit prähistorischen Zeiten besiedelten Provinz Fars stand die Wiege des achaimenidischen Weltreiches. Hier befinden sich die weltberühmten königlichen Ruinen- und Grabstätten von Pasargadae, Persepolis und Naqsh-e Rostam. Im Westen und Süden hingegen, namentlich in Bishapur und Firuzabad, hinterließen vor allem die Sassaniden eindrucksvolle Baudenkmäler.

Um wenigstens die wichtigsten altpersischen Stätten zu besuchen und auch einen Eindruck von den Naturschönheiten der stark gebirgigen Region zu bekommen, sollte man zumindest drei zusätzliche Übernachtungen in Shiraz einplanen und tageweise ein Taxi anmieten. Denn die Anreise im öffentlichen Bus oder Sammeltaxi ist, wo überhaupt möglich, sehr zeitraubend.

Pasargadae ▶ L 15

Tgl. 8–19.45, im Winter 8–17.30 Uhr, 200 000 Rl.
Um chronologisch vorzugehen, empfiehlt es sich, zuerst die rund 130 km nordöstlich von Shiraz gelegenen Ruinen von **Pasargadae** zu besichtigen, der ältesten achaimenidischen Königsresidenz. Auch wenn relativ wenig erhalten geblieben ist, nahm hier das erste persische Weltreich seinen Ausgang, und hier wurde dessen Gründer, **Kyros II.**, begraben.

Geschichte

Die Lage seiner Hauptstadt hatte der Reichseiniger und »König der Könige«, »Shahanshah«, mit Bedacht, im Wissen um die Symbolkraft von Orten gewählt. Schließlich hatte er um 550 v. Chr. auf der 1900 m über dem Meer gelegenen, heute kahlen und windgepeitschten, damals jedoch dicht bewaldeten Marghab-Ebene seinen schicksalhaften Sieg über den Meder-König Astyages erfochten.

Über die Funktion von Pasargadae besteht aufgrund mangelnder Quellen Unklarheit. War die Stadt eher ein religiöses oder ein Verwaltungszentrum? Hatte sie sich nach dem Zusammenschluss von Medern und Persern Aufgaben mit der alten medischen Stadt Ekbatana zu teilen, in der laut Bibel die Archive der Achämeniden aufbewahrt wurden? Jedenfalls scheint sie nach dem Tod von Kambyses II. (522 v. Chr.) an Bedeutung verloren zu haben, denn dessen Nachfolger, Darius I., machte sich in Susa und Persepolis sogleich an den Bau eigener Residenzen.

Unübersehbar spiegelt sich in Pasargadae der Übergang vom Nomadentum zur Sesshaftigkeit wider. Die Gesamtanlage erstreckte sich über ein mehr als 3 km² großes Areal und glich eher einem Feldlager denn einer Stadt. Die Palastbauten wirken wie zufällig in die Gegend gestreute, aus Stein errichtete monumentale Zelte. Freilich trügt der desolate Eindruck von heute: Einst standen die Gebäude inmitten eines streng geometrisch gestalteten Gartens, der das Urmodell für den klassischen, persischen Paradeisos (s. Thema S. 59) war.

Besichtigung

Etwa 4 km nach der Ortschaft **Saadat Shahr** سعادت شهر zweigt links eine Asphaltstraße nach Pasargad, wie die Ruinenstätte auf Persisch heißt, ab. Der erste Bau, auf den man trifft, ist zugleich der berühmteste und geradezu ein Wahrzeichen des alten Persien.

Pasargadae

Grab von Kyros II.
Das **Grab von Kyros II.** besteht aus einem sechsstufigen Sockel, der an mesopotamische Stufenpyramiden erinnert, und einer kleinen Grabkammer, die mit ihrem Satteldach anatolischen Vorbildern nachempfunden scheint. Das Gebäude ist aus hellen Kalksteinblöcken geschichtet und insgesamt 11 m hoch. Seine Grundfläche misst ca. 5,30 m², die der Basis etwas über 13 x 12 m. Von der ehemals kostbaren Ausstattung der Grabkammer, dem goldenen Tisch mit den Opfergaben und dem goldenen Sarkophag, in dem die einbalsamierten Leichname von Kyros und seiner Gemahlin lagen, ist nichts erhalten geblieben. Sie war schon geplündert, als Alexander der Große dem hier Bestatteten seine Reverenz erwies. Auch von der Grabinschrift, die antiken Quellen zufolge den makedonischen Feldherrn so sehr beeindruckt haben soll, fehlt jede Spur. Sie lautete: »Mensch, wer du auch sein und woher du auch kommen magst – denn dass du kommen wirst, weiß ich – ich bin Kyros, der den Persern die Herrschaft erworben hat. Missgönne mir nicht die wenige Erde, die meinen Leichnam deckt!«

Palastanlage und Heiliger Bezirk
Ungefähr 3 km weiter Richtung Nordosten liegt auf einer Kuppe die verfallene **Zitadelle**, bekannt unter dem völlig unhistorischen Namen Takht-e Madar-e Solayman (»Thron der Mutter Salomos«). Auf dem Weg dorthin passiert man die Ruinen der **Palastanlage**. Diese umfasst den **Audienzpalast** mit Reliefresten, die einen Stier- und einen Fischmenschen zeigen, das königliche **Prachttor** mit der Reliefdarstellung einer geflügelten Gottheit, weiterhin eine **Steinsäule** an der Südostecke, auf der sich Kyros mit einer dreisprachigen Inschrift als Bauherr verewigte, und den sogenannten **Wohnpalast** mit seinem aus schwarzem und weißem Kalkstein gebauten Dreißig-Säulen-Saal.

Rund 300 m außerhalb des Palastbezirks steht, wie eine Filmkulisse von einem modernen Gerüst gestützt, noch die Wand eines im Volksmund als Zendan-e Solayman, »Gefängnis des Salomo« bezeichneten, ehemaligen zoroastrischen **Feueraltempels**.

Etwa 1,5 km westlich davon, am Ufer des Polwar-Flusses, lag der **Heilige Bezirk** von Pasargadae – eine knapp 200 x 80 m große, heute weitgehend verschwundene Hofanlage mit zwei Feueraltären.

Ein zeitgeschichtliches Postskriptum: 1971 besuchte Schah Mohammad Reza Pahlevi anlässlich dessen 2500. Todestag Kyros Grab und schwor dabei vor laufenden Fernsehkameras weihevoll: »Schlafe still, wir wachen!« Acht Jahre später zwang man ihn ins Exil. Von seinem eigenen in Pasargadae vorbereiteten Mausoleum ist nichts mehr zu sehen. Stattdessen liegt er, wenig beachtet, in Kairo zur letzten Ruhe gebettet. Und auf den Fundamenten des hiesigen, unter Schah-Gegnern besonders berüchtigten Savak-Gefängnisses (200 m nach dem Kassenhäuschen auf der linken Seite) soll angeblich bald schon ein Museum für Funde aus Pasargadae entstehen.

Übernachten, Essen & Trinken
Charmant – **Aghamir Cottage:** Saadat Shahr, Taleghani St., Tel. 0917 927 29 32, 0714 356 46 52. Direkt an der Abzweigung von der Hauptstraße Richtung Pasargadae bietet ein Touristenrestaurant, sauber und funktionell, seine Dienste an. Atmosphärisch ungleich stimmiger jedoch und für den Gaumen freudvoller ist, 15 Autominuten südlich, die Einkehr in diesem Juwel von einem Privatquartier. Das 100 Jahre alte Haus atmet den Geist liebevoller Traditionspflege. Die vier Gästezimmer sind schlicht, aber behaglich, sämtlich mit modernem Bad und WC ausgestattet (ab 700 000 Rl.), die reizenden und sehr umweltbewussten Betreiber verfügen über famose Kochkünste – Shirazi-Hausmannskost vom Besten und organisch obendrein. Voranmeldung nötig. Mahlzeit ca. 150 000 Rl.

Verkehr
Bahn: Die nächstgelegene Bahnstation ist, 22 km entfernt, **Saadat Shahr.** Fahrplanauskünfte am besten in Shiraz oder Teheran einholen. Alternative: Taxi von Shiraz oder vom Bahnhof **Eqlid** اقليد 130 km nördlich.

★ Persepolis ▶ L 16

Tgl. 8–19.45, im Winter 8–17 Uhr, 200 000 Rl.

Eingestimmt durch das (kunst-)historische Vorspiel, ist die Zeit nun reif, die spektakulärste Ruinenstätte auf iranischem Boden zu besichtigen – den 55 km nordöstlich von Shiraz und 7 km östlich der Hauptstraße Richtung Isfahan gelegenen Komplex der Kultstadt **Persepolis**.

Geschichte

Es war **Darius I.**, der sehr bald nach seiner Thronbesteigung im Jahr 522 hier, zu Füßen des »Berges der Barmherzigkeit« (Kuh-e Rahmat) am Ostrand der »Ebene des Lichts« (Marv-e Dasht), eine Terrasse teils aus dem Fels schlagen, teils mithilfe kolossaler Steinquader aufschichten ließ. Parsa, später weltberühmt unter seinem griechischen Namen Persaipolis und von den Iranern heute als Takht-e Jamshid (»Thron des Jamshid«) bezeichnet – sollte alle bisherigen Residenzen der Achämeniden in den Schatten stellen. Ob sie neben Ekbatana und Susa den Großkönigen als Ort für Sommeraufenthalte diente oder nur zu zeremoniellen Anlässen wie dem Nowruz-Fest aufgesucht wurde, ist bis heute nicht restlos geklärt.

Fest steht, dass noch unter Darius große Teile der Empfangshalle (Apadana), des Schatzhauses und des privaten Wohnpalasts, der Tachara, entstanden. Und zwar nicht etwa durch Sklavenhände, sondern, wie in den örtlichen Archiven gefundene Tontäfelchen belegen, durch regulär entlohnte Maurer, Zimmerleute, Dekorateure, die aus allen Teilen des Reiches angeworben worden waren.

Darius' Nachfolger **Xerxes I.** und **Artaxerxes I.** vollendeten das Begonnene und fügten diverse Palastbauten, aber auch Verwaltungs-, Archiv- und Lagergebäude, Wohnquartiere, Werkstätten, Kasernen und Stallungen hinzu – möglicherweise ein Hinweis darauf, dass hier auch städtischer Alltagsbetrieb herrschte.

Knapp 60 Jahre nach der Grundsteinlegung schickte Artaxerxes I., obwohl die Anlage keineswegs vollendet war, die Arbeiter heim. Fortan benutzte die Dynastie Persepolis vorwiegend als Begräbnisplatz. Erst Mitte des 4. Jhs., gegen Ende der achämenidischen Ära, wurde die Bautätigkeit noch einmal aufgenommen, wenn auch nur für kurze Zeit.

Das Ende kam 330 v. Chr. in Person **Alexander des Großen,** der auf seinem Feldzug gen Osten die Stadt kampflos übernahm und plünderte. Dem Historiker Plutarch zufolge brauchte es damals 10 000 Maultiere und 5000 Kamele, um den erbeuteten Reichsschatz Richtung Griechenland abzutransportieren. Wobei bis heute niemand weiß, ob die Feuersbrunst, die bei dieser Gelegenheit große Teile der Bausubstanz in Asche legte, von Alexander als Rache für die von Xerxes' Truppen im Jahr 480 angerichtete Verwüstung Athens befohlen wurde oder im Taumel der Siegesfeiern versehentlich ausbrach.

Aus europäischer Perspektive wurde Persepolis, das islamische Chronisten des Mittelalters seiner vielen Säulen wegen in Masjed-e Chehel Minar, »Moschee der 40 Minarette«, umbenannt hatten, erst im 18. Jh. durch Reisende wieder entdeckt. Ernsthafte **archäologische Grabungen** begannen 1931 unter der Obhut des Oriental Institute of Chicago, geleitet von dem legendären deutschen Altertumsforscher Ernst Herzfeld. Sie wurden nach dem Zweiten Weltkrieg von der Iranischen Antikenverwaltung fortgeführt.

1971, acht Jahre, bevor auch er die Vergänglichkeit aller Macht erleben musste, ließ Mohammad Reza Pahlevi, der letzte Schah, in Persepolis ein extravagantes Fest inszenieren, mit dem er den **2500. Jahrestag der iranischen Nation** und sich selbst als ebenbürtigen Nachkommen des großen Kyros feiern ließ. Das Hunderte Millionen US-Dollar verschlingende Spektakel (sehenswert: die einschlägigen Filmdokus auf YouTube), bei dem pompöse Umzüge in historischen Kostümen und mehrere Tausend Ehrengäste aus aller Welt mit Champagner, französischen Delikatessen und natürlich Kaviar bewirtet wurden, stieß bei der linken Opposition wie beim Klerus auf heftige Kritik. Vielleicht ein Grund dafür, weshalb man in dem aufgeforsteten Zufahrtsbereich bis heute das kahle Gestänge der weißen Empfangszelte von damals stehen gelassen hat.

Besichtigung

Zugang zur Terrasse

Der Zugang auf die bis zu 18 m hohe und über 13 h große, einst von einer zinnenbekrönten Mauer umschlossene Terrasse erfolgt heute wie in altpersischer Zeit über die monumentale, doppelläufige **Freitreppe (1)**. Ihre zweimal 110 Stufen sind mit nur etwa 10 cm so niedrig, dass sie selbst zu Pferd bequem zu überwinden waren.

An ihrem Ende ragen die immer noch sehr eindrucksvollen Überreste des **Tores aller Länder (2)** in den Himmel, an dem sich einst Besucher registrieren lassen mussten, und man Staatsgäste mit Fanfaren feierlich willkommen hieß. Am westlichen Zugang des Torbaus wurden die Ankommenden von zwei achtunggebietend großen, menschenköpfigen Stierfiguren empfangen. Vis-à-vis, am Ostportal, sollten zwei ebenso riesige, geflügelte Fabelwesen, die assyrische Vorbilder verraten, böse Geister von der Palastanlage fernhalten. Über ihren Köpfen verweist eine in Keilschrift dreisprachig – altpersisch, elamitisch und babylonisch – verfasste Inschrift auf Xerxes als Bauherrn. Auch diverse Egozentriker aus der Pionierzeit des modernen Tourismus haben sich hier verewigt. Drei der vier fast 17 m hohen Säulen des über quadratischem Grundriss errichteten Torbaus stehen noch. Seine aus Lehmziegeln errichteten Mauern hingegen sind längst verschwunden.

Auch von den fensterlosen Lehmmauern, die einst die Richtung Berg führende **Straße der Armee (3)** säumten, sind nur noch die Grundmauern erhalten. Wo sie enden, nahe den Sitztribünen für die Son-et-Lumière-Schau, steht ein zweiter, noch mächtigerer, aber nie vollendeter Portalbau, genannt **Tor der Armee (4)**. Hierher pflegten alljährlich im Rahmen des Nowruz-Fests die Vertreter der Völker in feierlicher Prozession geleitet zu werden. Das Tor hat man sich als gewaltigen rechteckigen Bau mit Nischen gegliederten Wänden vorzustellen. Vermutlich waren an den Durchgängen, wie beim Tor aller Länder, Stier- und Fabelwesen vorgesehen.

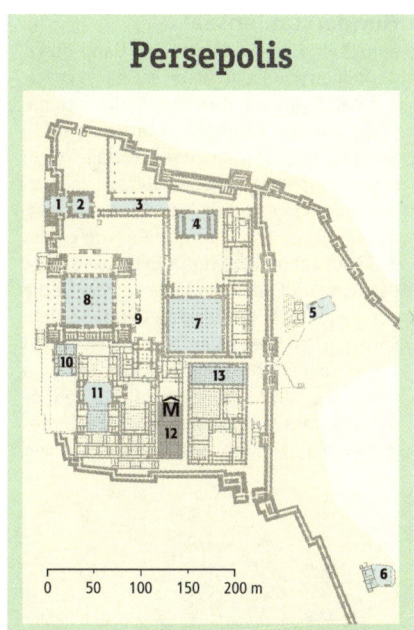

Felsgräber

Erstbesucher sollten von hier den Pfad zum Felsgrab von **Artaxerxes II. (5)** hinaufsteigen. Und zwar nicht so sehr wegen der Grabstätte selbst – ähnliche Exemplare sind älter und zahlreicher in Naqsh-e Rostam (s. S. 295) zu sehen –, sondern wegen des aufschlussreichen Panoramablicks. Denn dort oben, aus 40 m Höhe, hat man die ehemalige »Stadt der Perser« wie auf einem Serviertablett vor sich liegen: rechter Hand das Tor aller Länder, linker Hand die Wohnpaläste des Darius und Xerxes sowie der rekonstruierte, als Grabungsmuseum genutzte Beamtenwohntrakt, näher am Berg die Reste des Schatzhauses und des Hundertsäulensaals, seitlich davon die Grundmauern von Küchen, Speisesälen, diversen Verwaltungsbauten. Und schließlich in der Mitte, zur Terrassenrampe hin, der Apadana, der aus konservatorischen Gründen teils von einer Wellblechkonstruktion überdachte Audienzpalast.

Durchaus lohnend ist übrigens der kurze Spaziergang den Abhang entlang zum unvollendeten **Grab von Artaxerxes III. (6)**.

Ruinenstätten in der Provinz Fars

Hundertsäulensaal

Zurück im ›Tal‹ setzt man den Gang durch die Ruinen naheliegenderweise direkt zu Füßen des Berghangs fort. Dort finden sich die Überreste des **Hundertsäulensaals (7)** – Säulenbasen, Grundmauern, Portale sowie einige doppelköpfige Stierkapitelle. Vermutlich zwischen 480 und 460 v. Chr. errichtet, diente dieses 70 x 70 m große, von einem Wald aus zehn mal zehn 14 m hohen Säulen gestützte und mit einer gigantischen Decke aus Zedernholz überdachte Gebäude dem Empfang von Gesandten der unterworfenen Völker. Hier wurde dem Herrscher die Treue bekundet, wurden Geschenke und Petitionen überreicht, auf deren huldvolle Entgegennahme man ängstlich wartete. Auf den Torreliefs sieht man den von Soldaten bewachten König thronen. Über seinem Baldachin schwebt die geflügelte Sonnenscheibe, das Sinnbild für den zoroastrischen Gott Ahura Mazda, der seinem Stellvertreter auf Erden den Ring der Macht darreicht.

Apadana

Ein paar Schritte Richtung Westen führen zum größten und wichtigsten Palast von Persepolis – dem **Apadana (8),** wo die Könige, insbesondere Darius I., Audienzen abhielten und hohe Würdenträger empfingen. Der Bau wurde auf einer rund 3 m hohen Steinterrasse errichtet und bestand aus einer quadratischen Haupthalle, die angeblich bis zu 10 000 Menschen Platz bot und ebenfalls von mächtigen Balken aus Libanonzeder überspannt war. Der Halle sind an drei Seiten Portiken vorgelagert. Von den ursprünglich insgesamt 72 an die 20 m hohen Säulen stehen noch 14 aufrecht. Die mit doppelten Tierköpfen – Löwen, Stieren und Greifen – versehenen Kapitelle waren ursprünglich in bunten Farben bemalt.

Delegation der Völkerschaften

Hauptattraktion des Apadana sind die fein gearbeiteten Flachreliefs, die seine mit zinnenbekrönten Balustraden versehenen Treppen zieren. Das berühmteste lag 2000 Jahre lang unter einer dicken Sandschicht und ist entsprechend exzellent erhalten: die sogenannte **Delegation der Völkerschaften (9)** an der Südfassade des östlichen, dem Hundertsäulensaal zugewandten Aufgangs. Gleichsam als grandiose Galerie altpersischer Steinmetzkunst zeigt sie Abordnungen von rund zwei Dutzend Völkerschaften, die dem König der Könige gravitätischen Schrittes ihre Ehrfurcht bezeugen und Tribute zollen. Ergänzt wird die feierliche Kolonne, an deren Formenvielfalt und Anmut man sich kaum sattsehen kann, durch symbolische Motive. Kleine Gruppen lanzentragender Soldaten stehen stellvertretend für die zehntausendköpfige »Unsterbliche Garde«, der einen Stier attackierende Löwe ist vermutlich ein Sinnbild für den zum persi-

AUSSERGEWÖHNLICHE PERSPEKTIVEN

Persepolis für Individualisten: Von Ende Juni bis Ende Sept. geht jeweils Do und Fr nach Einbruch der Dunkelheit im Nordosten des Areals, am Ende der Straße der Armee, eine 45-minütige **Sound & Light Show** über die Bühne; die restliche Ruinenanlage ist dann leider nicht mehr zugänglich (Start zwischen 20 und 21 Uhr, Ticket 200 000 Rl.).

Mit einem erstaunlichen, wahrlich innovativen Spezialprogramm warten – bisher als einzige Anbieter auf weiter Flur – die Betreiber des Shirazer Hostel Golshan (s. S. 283) auf: Bei **Panoramarundflügen** über die Ruinenstätte in kleinen Sportmaschinen ist man ca. 1 Std. in der Luft, zahlt für den Ganztagestrip, der auch den Besichtigung zu ebener Erde einschließt, 150 US-$ pro Pers., Infos: Tel. 071 322 20 715, 0917 315 32 03, parvizro@yahoo.com.

Persepolis

Am Treppenaufgang zum Empfangspalast erzählen wunderbar erhaltene Reliefs von der Größe des persischen Reiches

schen Neujahr am 21. März stattfindenden Wechsel vom finsteren Winter (der Stier als Symbol für Ahriman, das Böse) zum lichten Frühling (der Löwe für den guten Geist Ahura Mazda). Denkbar sind auch Zusammenhänge mit dem altiranischen Mithras-Kult, bei dem das Stieropfer eine zentrale Rolle spielte, oder mit den Kiani-Königen. Diese legendären Vorgänger der Achämeniden werden in den heiligen Schriften der Zoroastrier ebenso wie in Firdausis »Buch der Könige« als primäre, von Gott erwählte, einzig wahrhafte Monarchen Irans gerühmt.

Wohnpaläste der Herrscher

Im Südwesten grenzt an die Apadana auf einer noch 2 m höheren Plattform der **Wohnpalast des Darius (10)**, im Altpersischen Tachara genannt. Seine Reliefs haben eindeutig privateren Charakter, zeigen etwa den thronenden König, flankiert von Lakaien mit Sonnenschirmen oder aus Stierschwänzen fabrizierten Fliegenwedeln, oder Diener, die Weihrauchbrenner und Speisen tragen.

Über einen Hof bzw. Treppen erreichbar liegen, noch weiter südlich, die spärlichen Reste des unvollendeten Palastes von Artaxerxes III. sowie des mit seinen ehemals 36 Säulen und den fünf reliefgeschmückten Toren weit größeren **Palastes von Xerxes I. (11),** Hadisht (wörtlich für »Wohnpalast«) genannt. Ganz im Süden fanden sich eine Reihe von Grundmauern, die als Haremstrakt gedeutet werden. Im Norden, sozusagen gegenüber, erhebt sich die Ruine eines wegen seiner drei Portale als **Tripylon** bezeichneten Empfangsraumes.

Museum

Der östlich benachbarte sogenannte **Beamtenwohntrakt** wurde in den 1930er-Jahren nach achämenidischem Vorbild originalgetreu wiederaufgebaut. Er beherbergt ein **Museum (12)**, das neben etlichen örtlichen Funden auch frühislamische Objekte aus der

nahen Ruinenstätte von Istakhr und prähistorische Funde aus der Umgebung birgt (Extra-Eintritt von 150 000 Rl.). Rechts vom Eingang werden Bücher und – nach langem Umherwandern dringend nötig – Getränke und Snacks feilgeboten.

Schatzhaus

Die letzte Station der Besichtigungstour bildet das **Schatzhaus (13),** gewissermaßen die Wall Street des altpersischen Reiches. Hier lagerte bis zu seiner Verschleppung durch Alexander der legendäre Königsschatz der Achämeniden. Zwischen seinen weitläufigen Grundmauern, die auch mehrere große Säulenhallen einschließen, haben Archäologen das eingangs erwähnte, über 30 000 Tontäfelchen umfassende Archiv entdeckt, mit deren Hilfe sich die Lohnabrechnung während der Bauarbeiten nachvollziehen ließ. Etwa auf halbem Weg zwischen Schatzhaus und Felsgrab (zu dem man, auf deutlich steilerem Pfad, auch von hier hinaufsteigen kann), befindet sich die rund 25 m tiefe **Zisterne,** die einst die Versorgung von Persepolis mit Wasser sicherstellte.

Infos

Im neuen **Glaspavillon** am Beginn des verkehrsbefreiten, letzten Alleeabschnitts bekommt man Tickets. Unter demselben Dach wird nonstop eine 40-minütige Filmdoku über das rekonstruierte Persepolis gezeigt (Eintritt frei, neben dem Bookshop; die engl. Fassung startet alle 80 Min.). Einen hilfreichen Überblick vorab bietet ein 3-D-Modell der Ruinenanlage im Gebäude vis-à-vis.

Übernachten

Old Style mit Charme – **Persepolis Apadana Hotel:** Tel. 071 433 41 550, www.persepolis-apadana-hotel.com. Das keine 150 m von der antiken Terrasse in einem schattigen Garten gelegene Haus bietet 17 geschmackvoll möblierte Zimmer. Sechs davon (Nr. 104 bis 109), sind etwas teurer, bieten dafür aber direkte Aussicht auf die Ruinen; längerfristig vorreservieren! Im

Erfüllt als gebaute Imponiergeste noch heute seinen Zweck: das Tor aller Länder

Restaurant genießt man, im Sommer im Freien, Kebabs, Fisch, Salate etc. (ganzjährig tgl. 12.30–17, 19.30–23 Uhr, 160 000–320 000 Rl.). EZ 1,6 Mio. Rl., DZ 2,7 Mio Rl., mit Ruinenblick 3,5 Mio. Rl.

Gepflegt und funktionell – **Takht-e Jamshid Tourism Hotel:** Tel. 071 434 04 001, www.ittic.com. Linker Hand an der 1971 mit rund 2500 Bäumen bepflanzten Zufahrtsallee, gut 1,5 km vor dem Ruinengelände gelegen, ebenerdige Motelarchitektur mit holzverschalten Wänden, tadellose Ausstattung, erfreuliches Restaurant, großer Garten. DZ 2,2 Mio. Rl.

Essen & Trinken, Einkaufen

Snacks – Neben dem weitläufigen Parkplatz, auf dem Weg zum eigentlichen Eingang an der Großen Treppe, finden sich **Souvenir-** und **Buchläden** sowie **Coffeeshops.** Auch vor dem Museum und hinter dem Schatzhaus, am südöstlichen Rand des Geländes, werden Getränke und süße Snacks verkauft.

Verkehr

Die meisten Reisenden besuchen Persepolis (und Naqsh-e Rostam) im Rahmen eines **organisierten Busausflugs,** eine Alternative ist ein über das Hotel gebuchtes **Taxi.** Vom Karandish Busterminal in Shiraz verkehren auch **Sammeltaxis** und **Minibusse** nach Marvdasht, Erstere manchmal sogar direkt nach Persepolis. Auch von Marvdasht zur Ruinenstadt gelangt man mit Savaris oder, flexibler, per Privattaxi, das ggf. auch 3–4 Std. bis zur Rückfahrt wartet (hin und zurück etwa 4 Mio. Rl.).

Naqsh-e Rostam ▶ L 15

Tgl. 8–19.30, im Winter 8–17.30 Uhr, 200 000 Rl.
Das logische Finale für die Fahrt auf den Spuren der Achämeniden bildet der Besuch der Begräbnisstätte von **Naqsh-e Rostam** – ein altpersisches Gegenstück zur Nekropole der ägyptischen Pharaonen, dem »Tal der Könige« in Theben. Ihre Monumentalität und die offensichtliche Unvergänglichkeit hinterlassen bei jedem Betrachter einen unauslöschlichen Eindruck.

Ruinenstätten in der Provinz Fars

Felsgräber

Nur 6 km nordwestlich von Persepolis ließ König **Darius I.** eine **Grabkammer** in die fast senkrechte, stark verwitterte Felswand des Kuh-e Hussein meißeln und mit einer kreuzförmigen Schaufront versehen. Der Querbalken des Kreuzes, in dessen Mitte ein zentraler Eingang in mehrfach unterteilte Kammern führt, ist wie eine achämenidische Palastfassade mit Säulenvorhalle gestaltet. Über dem Eingang stellen Reliefs Vertreter der Reichsvölker dar, die ihren Großkönig tragen. Der wiederum wendet sich einem Feueraltar und dem Flügelsymbol des Gottes Ahura Mazda zu.

Dieses seinerzeit völlig neuartige Gestaltungsprinzip, das später auch in Persepolis Verwendung finden sollte, haben Darius' direkte Nachfolger, **Xerxes I., Artaxerxes I.** und **Darius II.** für ihre unmittelbar benachbarten Felsgräber übernommen. Wobei die Gräber bisher nicht eindeutig zugeordnet werden konnten. Nur die am weitesten rechts gelegene Grabstätte wurde mithilfe einer Inschrift eindeutig als die von Darius I. identifiziert. Das dem Eingang am nächsten gelegene und nach Westen orientierte Felsengrab wird seinem Sohn Xerxes I. zugeschrieben.

Sassanidische Reliefs

Unterhalb der vier Königsgräber ließen 700 bis 800 Jahre später die Sassaniden acht **Reliefbilder** anbringen. Das in Gehrichtung vom Eingang aus erste stellt die Investitur König Narsehs durch die Göttin Anahita dar. Es folgen, direkt unter dem Darius-Grab, Kampfszenen eines berittenen Königs ungeklärter Identität, dann der Triumph von Shapur I. über Kaiser Valerian. Das vierte Relief zeigt vermutlich Hormizd II., im Reiterkampf von einem Lanzenträger hart bedrängt, auf dem fünften und sechsten sind möglicherweise Shapur II. und Hormizd I. dargestellt; das siebte zeigt Bahram II. (oder Hormizd I.) im Kreis der Familie und von Würdenträgern umgeben bzw. im Kampf zu Pferd; das achte schließlich die Einweisung von Ardeshir I. in sein Herrscheramt durch Ahura Mazda. Ardeshirs Pferd trampelt den parthischen König Artaban V. nieder, während Ahura Mazda, ebenfalls beritten, seinen Widersacher Ahriman unterwirft. Rechts von Letzterem noch gut sichtbar ist ein Indiz dafür, dass diese Felswand des Hussein-Bergs auch schon in vorachämenidischer Zeit als Kultstätte diente: Zu sehen ist das Relief einer Herrscherfigur in langer Robe, datiert auf das frühe 1. Jt. v. Chr., also die Zeit des neuelamitischen Reiches.

Kaaba-ye Zardosht

Die Sassaniden waren es auch, die das gesamte Gelände mit einer – längst wieder verschwundenen – 200 m langen und an die 10 m dicken, mit mehreren Turmbastionen

versehenen Schutzmauer umfriedeten. Der vis-à-vis dem westlichsten Felsgrab aus hellen Kalksteinquadern errichtete, kubische Turmbau hingegen datiert, obwohl im unteren, unverzierten Bereich der Außenmauer sassanidische Inschriften zu finden sind, vermutlich aus der Zeit von Darius I.

12,50 m hoch und bis auf den Eingang ohne Öffnungen, wird der Bau gemeinhin als **Kaaba-ye Zardosht,** »Kaaba Zarathustras« bezeichnet und als zoroastrischer Feuertempel gedeutet. In Wahrheit ist seine Funktion bis heute ein Rätsel und Gegenstand vielfältiger Spekulationen.

Naqsh-e Rajab ▶ L 15

Tgl. 8–19.30, im Winter 8–17.30 Uhr

Auf der Rückfahrt Richtung Shiraz erblickt man etwa 50 m nach der Einmündung der Nebenstraße von Naqsh-e Rostam in die Fernstraße rechter Hand eine Vertiefung im Fels – die Stätte heißt **Naqsh-e Rajab.** Auch hier wurden vier monumentale Reliefs in den Fels gehauen. Sie stammen aus sassanidischer Zeit und zeigen Szenen aus der Regierungszeit von Shapur I. und Ardashir I. Apropos Sassaniden: Historisch von ungleich größerer Bedeutung, doch vom Standpunkt des Sightseeing

Vor den Reliefs in Naqsh-e Rostam schrumpft der Gegenwartsmensch zu seiner wahren Größe

ZWISCHENSTOPP IM EISSALON

Lust auf ein erstklassiges Gelato? An der Straße von Shiraz Richtung Kazerun verweist nach ca. 30 km, an der Raststation von Hoseinabad, ein Schild auf **Ice Cream Mohammadi**. In dem modern gestylten Lokal bekommt man, neben ausgezeichneten Espressi, Gefrorenes, wie es auch italienische Maestri ihres Faches kaum leckerer fabrizieren. Highlights unter den mehr als ein Dutzend Sorten sind Pistazie und Safran. Mittlerweile hilft eine Filiale des Herstellers auch an der Fernstrecke Shiraz–Yasuj, in der Raststätte bei Dalin, 20 km vor Ardakan, Hitzetage zu versüßen (beide ganzjährig tgl. ca. 8.30–21.30 Uhr, 15 000–38 000 Rl).

Bishapur ▶ J 16

Ruinenstadt tgl. 8–19.30, im Winter 8–17.30 Uhr, 200 000 Rl., Chogan-Schlucht tgl. 8–19.30, im Winter bis 17.30 Uhr, 150 000 Rl.

Ein lohnender Tagesausflug führt von Shiraz Richtung Westen nach **Bishapur**. Die Ausfallstraße führt durch eine wildromantische, bis auf die im Zagros allgegenwärtigen Steineichen vegetationslose Gebirgslandschaft über den **Kotal-e Pir-e Zan**, den über 3000 m hohen, bei Autofahrern berüchtigten »Pass der alten Frauen«. Es ist die Route, auf der in der Gegenrichtung schon die achaimenidischen Könige zum Nowruz-Fest aus ihrer Winterresidenz Susa nach Persepolis reisten. Am Ende des Tales von Dasht-e Arzhan, in Qaemiyeh, trifft sie auf die Fernstraße von Kazerun nach Ahvaz. Folgt man dieser nach Süden, erreicht man nach etwa 10 km, gut 130 km von Shiraz entfernt, den Fluss Shapur und an dessen Ufer den Ausgang einer Schlucht mit Namen **Tang-e Chogan** تنگ چوگان. Es empfiehlt sich, zuerst die unterhalb der Straße gelegenen Reste der Stadt zu besichtigen. Danach sollte man flussaufwärts, entlang den Felswänden der Schlucht, den insgesamt sechs Felsreliefs die Parade abnehmen.

wenig ergiebig ist die 3 km nördlich, Richtung Isfahan gelegene Ruinenstätte von **Istakhr**. Eine einsame Säule und einige Eckquader … Soll der Stammsitz der vom Hohepriester Sasan begründeten Dynastie in seiner einstigen Pracht vor dem geistigen Auge erstehen, ist die Fantasie gehörig gefordert.

Essen & Trinken

Touristenmagnet – **Laneh Tavous:** 3 km nördlich von Persepolis auf halbem Weg nach Naqsh-e Rostam, Tel. 072 84 47 20 95, 0917 128 00 58, ganzjährig tgl. 12–16 Uhr. Selfservice am reichhaltigen Büfett, schattiger Garten mit großem Wasserbassin, in der Hauptsaison aber häufig von Gruppen in Beschlag genommen, Etwas abseits, ein Stück östlich, eigener Bereich mit Kaffee-/Tee-Ausschank auf Takht-Betten; beim Eingang erstaunlich gut sortierter Buchladen. Büfett inkl. Getränk 300 000 Rl. pro Pers.

Geschichte

266 n. Chr. gründete **Shapur I.**, der zweite Herrscher der Sassaniden-Dynastie, wenige Jahre nach seinem legendären Sieg über Kaiser Valerian eine Palaststadt. Bay-Shapur, wie sie seinerzeit hieß, entstand auf den Fundamenten einer elamitischen bzw. parthischen Siedlung auf streng rechtwinkeligem Grundriss, hellenistisch-römischen Vorbildern folgend. Überwiegend von römischen Kriegsgefangenen erbaut, beherbergte sie in ihrer Blütezeit mehr als 50 000 Menschen.

Nach der Eroberung durch die Araber siedelten die Bewohner nach Kazerun um, Bishapur wurde dem langsamen Verfall überlassen. Kurz vor dem Zweiten Weltkrieg begannen französische Archäologen mit Grabungen, die nach 1968 von einem iranischen Team fortgesetzt wurden.

Besichtigung

Ruinenstadt

Im Zentrum der Forschungen steht, hinter den Fragmenten einer steinernen, einst 10 m hohen Stadtmauer mit vorspringenden Bastionen, ein weitläufiger **Palastkomplex**. Er umfasst eine zentrale, über kreuzförmigem Grundriss errichtete Audienzhalle, die möglicherweise von einer gewaltigen Kuppel überwölbt war. Von den ursprünglichen Wandmalereien und Stuckverzierungen blieben nur spärliche Reste erhalten. Die Wandnischen – einst waren es 64 – sind leer. Von den Statuen, die sie einst enthielten, fehlt jede Spur. Westlich und östlich schließen zwei Säle an, in denen man Bodenmosaike mit höfischen Szenen fand, die heute teils im Louvre, teils im Teheraner Nationalmuseum aufbewahrt werden.

Der unmittelbar benachbarte, durch einen Korridor mit dem Palast verbundene **Anahita-Tempel** besteht aus einem einzigen, 7 m unter Bodenniveau gelegenen Raum. Der Boden konnte über steinerne Kanäle geflutet und so in ein kultisch genutztes Wasserbecken verwandelt werden. Die über 2 m dicken, mit fein gefügten Quadern verkleideten Bruchsteinmauern sind überwiegend original. Die Treppen hingegen, die in den Kultraum hinabführen, wurden nachträglich wiederhergestellt.

Ein, zwei Gehminuten weiter westlich stößt man auf die Mauerreste einer **Moschee**, die in frühislamischer Zeit über einem wahrscheinlich parthischen Feuertempel errichtet wurde. Wenn man dem Hauptweg weiter folgt, sieht man rechter Hand, in einer Geländemulde, zwei mit korinthischen Kapitellen versehene Säulen.

Sassanidische Felsreliefs in der Chogan-Schlucht

Beim Verlassen der Ruinenstätte erblickt man jenseits der Fernstraße, rechter Hand über der Schlucht im Fels die Bruchsteinmauern einer sassanidischen Festung. Ihr zu Füßen, direkt neben dem auf dem rechten Ufer dem Shapur-Fluss folgenden Sträßchen, begegnet man dem ersten der auf Geheiß Shapurs in den Fels gemeißelten, stilistisch mit ihren Reihungen von Infanteristen, Kavalleristen und Gefangenen an römische Vorbilder erinnernden **Reliefs**. Von Wind und Wetter angenagt, zeigt es Shapur bei seiner Amtseinführung durch Ahura Mazda. Unter das Pferd des Herrschers hingestreckt: der an den Ufern des Euphrat besiegte Gordianus III.; unter dem des obersten Gottes: Ahriman, Verkörperung des bösen Geistes. Wenige Schritte weiter, aber in höherer Lage und besserem Zustand, triumphiert Shapur, erneut hoch zu Ross, über Valerian. Vor ihm fleht Philippus Arabs kniend um Frieden, während Gordianus III. von den Pferdehufen zertrampelt wird.

Vier weitere Reliefs kann man am linken Flussufer studieren. Zugänglich sind sie von einem an sonnigen Freitagen viel frequentierten Picknickgelände aus, für das man Eintritt zahlt. Das erste Relief zeigt den Triumph Shapurs I. über die Römer mit in fünf Reihen angeordneten Kriegsgefangenen, beutebeladenen Persern, Fuß- und Reitertruppen; das zweite stellt Shapurs Enkel Bahram II. dar, die Huldigungen eines unterworfenen Araberstammes entgegennehmend. Thema des dritten Reliefs ist die Investitur von Shapurs Sohn Bahram I.; das vierte schließlich, deutlich gröber und vermutlich unvollendet, zeigt Shapur II. beim Triumph über ein besiegtes Volk – möglicherweise Kuschaner oder Inder.

Shapur-Höhle

Schaut man vom rechten Flussufer aus auf die taleinwärts am Westufer emporragenden Bergrücken, entdeckt man etwa 400 m über der Talsohle den Eingang zur **Qar-e Shapur** غار شاپور. In ihr wacht, vor einigen Jahren auf unschönen Betonstelzen wieder aufgestellt, eine 8 m hohe **Kolossalstatue des Königs.** Wer sie in Augenschein nehmen möchte, folgt dem Fluss taleinwärts, überquert ihn auf Höhe des Dorfes **Abdollah Khan** und steigt über steile Serpentinen ca. 500 m bergauf (hin und zurück 2–3 Std.; bequeme Schuhe und, bei Sommertemperaturen bis über 45 °C, ausreichend Trinkflüssigkeit mitnehmen, Infos: Hr. Ali Ganjei, ali.ganjei@gmail.com, www.ganjei.com/1388/02/12/shapur-cave).

Ruinenstätten in der Provinz Fars

Nördlich von Bishapur

Kurangun-Relief ▶ J 15

Unter den zahlreichen im weiteren Umland von Shiraz verstreuten Relikten aus sassanidischer, parthischer und noch früherer Zeit sei noch eine Stätte hervorgehoben: **Kurangun** کورنگان یا کورنگون, rund 40 km nördlich von Bishapur, 10 km hinter der Stadt **Nurabad** in der Ortschaft **Fahlyan** دهستان فهلیان gelegen, und wohl nur mit ortskundigem Führer zu finden, wartet mit faszinierenden Felsreliefs auf, die von den Elamitern aller Wahrscheinlichkeit nach Mitte des 2. Jt. v. Chr. hinterlassen wurden. Auf dem Hauptpaneel zu erkennen: eine Götterfigur auf schlangenförmigem Thron, die ein Trankopfer entgegennimmt.

Dosiran und Kandehei
▶ J 16

Auf dem Rückweg nach Shiraz warten noch zwei Orte für Connaisseure: Kurz nach **Nowdan,** 16 km östlich von **Qaemiyeh,** weist eine Abzweigung links nach **Dosiran** دوسیران. Am Ende des 10 km langen Sträßchens durch sehr schöne Landschaft wartet, ziemlich versteckt mitten im Ort, ein architektonisch sehr ungewöhnlicher, **siebenkuppeliger Bau.** Um seine Entstehung rankt sich eine Legende von sieben Syrern, die ihn als Flüchtlinge vor 700 Jahren aus Dank für ihre Aufnahme errichten ließen (für den Schlüssel nach dem Kustos, Geisareh Naderi, fragen).

Und gleich hinter der spektakulären Felsenge **Tang-e Abolhayat** führt, ebenfalls linker Hand in einer Kurve, ein Sträßchen nach **Kandehei** باغستان کندهای. An der Dorfeinfahrt links steht auf einer Wiese ein ganzes Rudel **steinerner Löwen** – uralte Grabsteine, wie sie Bakhtiari und andere Nomadenstämme zur Erinnerung an tapfere Männer aufzustellen pflegten.

Essen & Trinken

Kalorientankstelle – **Lidoma:** Nurabad (an der Strecke Shiraz–Behbahan–Ahvaz), vom Jumhuriyeh-Kreisverkehr an der Hauptstraße rechts ab, nach 200 m auf rechter Seite, Tel. 07114 253 30 05. Schmuckes Hotelrestaurant, 24 Std.(!) geöffnet, Spezialitäten: gebackenes Forellenfilet, Khoresht Ghasemieh und Fesenjan. Geduld mitbringen, weil langsamer Service, im Obergeschoss Coffeeshop. Das zugehörige Hotel ist wenig empfehlenswert, nur als Notquartier bei akutem Müdigkeitsanfall. 130 000–200 000 Rl.

Kebab – Ein netter Rastplatz mit schattiger Laube ist auf der Weiterfahrt Richtung Ahvaz, ca. 15 km nach Bustan, 40 km vor Gachsaran linker Hand nach einer langen Linkskurve gelegen, das Kebab-Lokal **Apadana.**

Verkehr

Anfahrt nach Bishapur per **Bus** vom Amir Kabir Terminal in Shiraz bis Kazerun, von dort weiter per **Taxi** (ca. 300 000 Rl.).

Firuzabad ▶ K 17

Gut 110 km südlich von Shiraz, also ebenfalls im Rahmen eines Tagesausflugs bequem zu besuchen, liegt inmitten einer fruchtbaren Hochebene die Ortschaft **Firuzabad.** In ihrer Umgebung stand gewissermaßen die Wiege des Sassaniden-Reichs. Denn hier schuf sich Ardashir I., der Enkel des Oberpriesters Sassan, eine erste Hauptstadt. Und hier sammelte er seine Kräfte für den entscheidenden Sieg gegen den Partherkönig Artaban V. (224 n. Chr.).

Qaleh-e Dokhtar

Von Shiraz kommend erreicht man 15 km vor Firuzabad eine enge Schlucht namens **Tang-e Ab.** In deren Mitte, kurz nach dem Ende des zweiten Tunnels, erblickt man linker Hand gut 100 m über der Straße im Fels **Qaleh-e Dokhtar** قلعه دختر, den »Palast der Mädchen« – eine frühsassanidische, vermutlich von Ardashir I. errichtete Wehrburg. Die Liftanlage, deren Seile die Straße überspannen, ist leider seit vielen Jahren defekt. So bleibt nur der knapp halbstündige steile Anstieg über Serpentinen zu Fuß (freier Zugang über jene Metallbrücke, die neben der Talstation die Straße überspannt). An seinem Ende wartet die Ruine eines imposanten, über drei Geländeterrassen sich erstreckenden Festungskomplexes. Ein deutsches Archäologenteam identifizierte um 1970 unter anderem zwei mächtige Treppenaufgänge, mehrere große Räume mit Tonnengewölben, einen über 20 m langen Iwan und, dahinter angebaut, einen eigentümlichen, von einer mächtigen Kuppel überwölbten Rundbau.

Wieder im Tal, wandert man vom Parkplatz nahe der Liftstation ein kleines Stück weiter. Wo man auf die Überreste einer sassanidischen Brücke stößt, kann man an der jenseitigen Uferwand ein **Flachrelief** sehen, das Ardashir I., flankiert von seinen drei Söhnen und einem Diener mit Fliegenwedel, bei seiner Investitur durch Ahura Mazda zeigt. Etwa 1 km weiter talwärts findet sich, hoch oben an der Felswand und nur mit Mühe erkennbar, ein fast 20 m langes zweites Relief. Dargestellt sind darauf drei berittene Kämpfer, darunter Ardashir, der mit der Lanze seinen parthischen Widersacher Artaban V. aus dem Sattel hebt.

Palast des Ardashir

Tgl. 8–19.30 Uhr, im Winter bis Sonnenuntergang und Sa, So geschl., 200 000 Rl.

Gleich hinter der Schlucht kommt rechter Hand am jenseitigen Flussufer eine kolossale Ruine in Sicht. Lange Zeit hielt man den aus Bruchstein geschichteten Bau für ein sassanidisches Feuerheiligtum. Mittlerweile gilt als sicher, dass es sich um den bald 1800 Jahre alten **Palast von Ardashir I.** کاخ اردشیر بابکان handelt. Er ist architekturhistorisch von allergrößter Bedeutung, belegt er doch einen der frühesten, erfolgreichen Versuche, einem quadratischen Raum mithilfe von Trompen, Gewölbevierteln, eine runde Kuppel aufzusetzen. Der rechteckige, insgesamt über 5000 m² große Komplex besteht – oder sollte man besser sagen bestand? – aus einem riesigen, von vier tonnenüberwölbten Hallen flankierten Iwan, an den drei große, überkuppelte Säle anschließen. Das Zentrum des Südbereiches bildet ein Innenhof, um den sich weitere geräumige Hallen mit Tonnengewölben gruppieren. Im Obergeschoss sind zusätzliche Räume untergebracht. In diese und weiter auf das Dach führt eine gewundene Treppe, die freilich seit Langem durch Bauschutt und Gerüstreste verlegt ist. Keinesfalls versäumen sollte man den kurzen Gang zu der dem Iwan nordöstlich vorgelagerten **heiligen Quelle.** Ihr warmes, ehemals in Stein gefasstes Wasser quillt, so behauptet der örtliche Führer, aus 15 m Tiefe mit 2000 l pro Sekunde aus dem Boden.

Gur (Ardashir Khurreh)

Im Anschluss steht der Besuch der Reste der sassanidischen Stadt **Ardashir Khurreh** (»Ruhm Ardashirs«) auf dem Programm, die im Mittelalter in **Gur** گور umgetauft wurde. Dazu fährt man in die nahe, vorwiegend von sesshaft gewordenen Qashqai-Nomaden bewohnte Siedlung Firuzabad. An deren westlichem Ortsrand, gegenüber einer Gruppe von Gewerbebauten, führt ein Feldweg in Richtung jener von Gras und Gestrüpp überwucherten Freifläche, die einem heute anstelle der stolzen Stadt entgegengähnt. Die letzten paar Hundert Meter muss man zu Fuß zurücklegen.

Von seinem Namenspatron zu Beginn des 3. Jhs. n. Chr. nach dem Muster parthischer Rundstädte gegründet, maß Gur alias Ardashir Khurreh 2 km im Durchmesser. Als unmittelbares Vorbild gilt die etwa 150 km weiter östlich gelegene und noch besser erhaltene Stadt Darabgerd (s. S. 308). Gur wurde durch einen tiefen Graben und riesige Schutzwälle mit je einem Tor in jeder Himmelsrichtung geschützt. Aus der Luft ist der riesige Kreis, den die Befestigungsanlage bildete, noch zu erkennen. Zu ebener Erde erahnt man ihren Verlauf nur noch anhand einiger **Erdwälle.** Im Mittelpunkt des Runds ragt einsam und verwittert ein massiver **Turm** aus Bruchstein 30 m in die Höhe. Heute vom Volksmund als Minar-e Gur tituliert, bildete er einst den Kern eines quadratischen Wachtturms. 100 m in nordöstlicher Richtung erhebt sich der Rest einer **steinernen Plattform,** auf der anno dazumal möglicherweise das heilige, ewige Feuer brannte.

Verkehr

Bus: Busse nach Firuzabad fahren in Shiraz vom Terminal Modaress am gleichnamigen Boulevard ab.

Restliche Provinz Fars

Das Kernland des südlichen Iran hält auch in seinen seltener bereisten Randzonen viel Sehenswertes bereit: Relikte aus sassanidischer Zeit, aus islamischer Frühzeit außergewöhnliche Sakralarchitektur, vor allem aber spektakuläre Landschaften mit malerischen Flusstälern, Wasserfällen, Salzseen. Die dramatische Schönheit gipfelt in der Region Sepidan und dem Dena-Bergmassiv mit seinen mehr als 40 Viertausendern.

Sepidan ▶ J 14/15

Karte: S. 303

Nur eine knappe Autostunde nordwestlich von Shiraz erwartet Naturliebhaber eine herrliche, selbst im Hochsommer wohltuend kühle Berglandschaft – die Region **Sepidan**. Ihr Hauptort, **Ardakan** **1**, ist selbst wenig interessant, aber ein guter Ausgangspunkt zur Erkundung des Umlandes.

Zur Ardakan-Quelle

Man braucht etwa nur der Hauptstraße Richtung Yasuj 5 km, bis **Chellegah** **2**, folgen. Dort kann man rechter Hand durch ein schmales, idyllisches Tal in gut 1 Std. am Flüsschen Ardakan entlang bis zu dessen Quelle hinaufwandern. Zurück am Talausgang empfiehlt sich die Einkehr in einem der schattigen Lokale direkt am Ufer. Für seine fangfrischen Forellen bekannt ist das Fischrestaurant Kuhsaran beim Parkplatz vorne an der Straße.

Tizab- und Boraq-Schlucht, See Barm-e Firuz

An derselben Straße, gut 20 km weiter, öffnet sich linker Hand die **Tizab-Schlucht** **3** تنگ تیزاب. Ein Spaziergang entlang dem dicht bewachsenen Ufer verspricht an heißen Sommertagen willkommene Abkühlung.

Gut 40 km nördlich von **Kamfiruz** **4** lockt auch die **Boraq-Schlucht** **5** تنگ براق mit gischtenden, den Fels hinabrieselnden Wassern und dichtem Baumbestand.

Eine anspruchsvolle Trekkingtour führt vom Wintersportresort **Pooladkaf** **6** hinauf zum 3400 m über Meereshöhe gelegenen See **Barm-e Firuz** **7** برم فیروز.

Margun-Wasserfall

Das wohl spektakulärste Naturdenkmal der Region erreicht man, indem man zunächst auf der Straße von Ardakan nach Ali Abad/Eqlid in Richtung Norden fährt und dann kurz nach **Komehr** **8** کومهر rechts abbiegt. Insgesamt 45 km von Ardakan entfernt erreicht man einen Parkplatz (40 000 Rl. pro PKW). Von dort sind es zu Fuß noch 800 m bis zum **Wasserfall von Margun** **9** (Absharwe Margun). Sein Name bedeutet übersetzt »schlangenähnlich«. Was er meint, klärt sich beim Anblick: Über eine 100 m breite Felswand stürzt und stäubt und rieselt einem der Kamhar-Fluss in unzähligen Kaskaden entgegen – einer der eindrucksvollsten Wasserfälle im ganzen Land. Vorsicht beim Umherklettern auf dem glitschigen Stein!

Übernachten

Für Wintersportler und Bergwanderer – **Pooladkaf Resort:** Tel. 071 362 58 025, www.pooladkafhotel.com. Viersternesporthotel mit 46 geräumigen Zimmern, gutem Restaurant, Coffeeshop. Originelles Zusatzangebot seit 2016: die zehn dem Haus vorgelagerten, mit Bad/WC, Heizung und viel Holz behaglich ausgestatteten Komfortzelte für 2 Pers. DZ im Hotel 1,9 Mio. Rl., Zelt 2,5 Mio. Rl.

Sepidan

Essen & Trinken
… in Ardakan:
Solide Standardkost – **Restaurant 110:** Pasdaran Blvd., Tel. 0917 316 67 93, tgl. 7.30–23 Uhr. Der Name dieses Straßenlokals, er meint die landesweit gültige Polizei-Notrufnummer, ist origineller als sein Ambiente. Doch Kebab und Dizi, die man auf Stahlrohrstühlen unter Neonleuchten mit Joghurt und Fladenbrot kredenzt, schmecken herzhaft. Gerichte unter 200 000 Rl. Vergleichbar: das **Shandiz,** zwei Häuser weiter, Tel. 0917 92 071 72.

Einkaufen
… in Ardakan:
Schwarzes Halva – Wohl nicht jedermanns Geschmack, aber das kleine Gaumenabenteuer allemal wert ist die lokale Halva-Variante, Qareh. Die örtlichen Nomaden verzehren sie gern mit Butter zum Frühstück. Schwarzes Halva ist kalorienreich, klebrig und statt süß pfeffrig-pikant. Erhältlich in mehreren Konditoreien an der Hauptstraße.

… in Joubkhale Bala:
Wildhonig – Auf dem Rückweg vom Margun-Wasserfall sollte man in diesem Ort stoppen, um den herrlich sämigen Wildhonig, der dort an der Straße verkauft wird, als süßes Souvenir zu erstehen.

Aktiv
Skifahren – Der Name Sepidan bedeutet »weißes Land«. Die Berge sind das halbe Jahr über schneebedeckt. Davon profitiert das attraktive **Skiresort Pooladkaf** (s. S. 302), das seit einigen Jahren 15 km nördlich von Ardakan betrieben wird. Eine Seilbahn führt, 2 km lang, bis auf 3400 m. Es gibt auch drei Schlepplifte, eine Skischule, einen Ausrüstungsverleih, Schneemobile etc., Pistenbetrieb mindestens Ende Dez. bis Mitte März; im Sommer kann man mountainbiken, reiten oder auf dem Bergsee Jetski fahren. Ebenfalls seine Bretter anschnallen kann man im Resort von **Kakan** (3 Pisten, 18 km östlich von Yasuj am Weg Richtung Eqlid).

TANG-E BOSTANAK – WANDERN IM »VERLORENEN PARADIES«

Tour-Infos

Start: Parkplatz am Schluchteingang
Lage: Karte S. 303
Anfahrt: Anreise nur im Pkw von Shiraz Richtung Ardakan/Yasuj, nach gut 20 km, vis-à-vis dem Abzweiger nach Ghalat, rechts abbiegen und dem Schild »Lost Paradise« über **Beyza** بیضا und **Doshman Ziari** دشمن زیاری, vorbei am Stausee von Dorudzan, nach Kamfiruz folgen. Am Ortseingang links abbiegen und am Ortsausgang, kurz vor **Mehrenjan** مهرنجان, dem zweiten Schild (nur auf Farsi) folgen. Zufahrt 50 000 Rl. per PKW.
Dauer: bis zu den Wasserfällen 30–40 Min., bis nach **Jiderzar** ca. 90 Min., weiter bergwärts je nach Kondition und Laune einige Stunden bis mehrere Tage.
Schwierigkeitsgrad: zunächst bequem auf breitem, gepflastertem Pfad, Fortsetzung steiler und abschnittsweise felsig, festes Schuhwerk ratsam
Unterkunft: Bahador Ko Sary, in **Jiderzar** جیدرزار, 0917 245 99 03, ca. 500 000 Rl. pro Pers. inkl. Frühstück und Abendessen; bei längeren Wanderungen Übernachtungen in **Kahkaran** کهکران (Privatquartier bzw. Nomadenzelt, organisiert über den Guide (s. unten).
Geführte Touren: Der Weg zum Talschluss und nach Jiderzar ist problemlos in Eigenregie zu finden. Für längere Trekkingtouren empfiehlt sich jedoch ortskundige Begleitung – etwa durch Bahman Mardanloo (s. S. 307), zwei- bis siebentägige Wanderungen mit Aufenthalt bei Nomaden je nach Budget 4–8 Mio. Rl. pro Pers. und Tag; für Verköstigung und Quartier wird ambulant gesorgt, mitzubringen ist nur gute Wanderausrüstung und eine Wasserflasche.

Etwa 120 km nordwestlich von Shiraz, nahe der für ihre Nassreisfelder bekannten Ortschaft **Kamfiruz** 4, erstreckt sich auf 2400 m Seehöhe eine der zauberhaftesten Naturlandschaften Irans: ein 20 000 ha großes Schutzgebiet, von dichten Wäldern aus Sykomoren, wilden Pistazien-, Mandel- und Kastanienbäumen bedeckt und als **Tang-e Bostanak** 10 تنگ بستانک bekannt. Der Name rührt von einer uralten Sage um ein Mädchen her, dem in grauer Vorzeit sein Spinnrad ins Wasser fiel, und assoziiert die hier allerorts aus dem Boden sprudelnden Quellen mit der weiblichen Brust. Eine Frivolität aus Sicht der nachrevolutionären Behörden, weshalb man den Ort offiziell in **Behesht-e Gomshode,** »Verlorenes Paradies«, umbenannt hat.
Hauptattraktion ist die waldige ›Schlucht‹ (auf pers.: *tang*), über deren flache Kalkterrassen das Wasser des Flüsschens Kor labyrinthisch verzweigt zu Tale strömt. Den ausgedehnten Spaziergang zu einer Wanderung verlängert, wer die etwa 3 km hinauf bis zum Dorf **Jiderzar** steigt. Von dort sind es nochmals 2 Std. bis nach **Kahkaran** 11. Ein lohnendes Etappenziel für Ausdauernde ist von hier aus die **Gambil-Schlucht** 12 تنگ گمبیل am Rand des gleichnamigen Hochtals.
Für die Rückfahrt sollte man unbedingt die Passstraße über **Shool Bozi** 13 wählen (nach Kamfiruz rechts Richtung Bereshne/Ardekan abzweigen). An ihrem Scheitel, auf 2200 m Seehöhe,

liegen der See **Shish Pir** 14 شش پیر (»der Sechs Älteren«) und, eine kurze Wanderung entfernt, die Quelle gleichen Namens, deren kristallklares Nass als Mineralwasser verkauft, aber dank einer ingenieurstechnischen Meisterleistung seit Mitte des 19. Jh. auch bis nach Shiraz geleitet wird. Der Blick von hier oben Richtung Norden über die Hochebene auf **Roanj** und **Barmfiruz,** zwei über 3700 m hohe Felskolosse, weitet die Seele – ganz besonders im Mai/Juni, wenn die nach sechsmonatigem Winter endlich schneefreien Wiesen grünen, die Apfel- und Pfirsichbäume blühen und Hunderte Nomaden nach einer mehrwöchigen Wanderung aus dem südlichen Tiefland hier für den Sommer ihre Zelte aufgeschlagen haben.

Dena-Gebirge

Yasuj ▶ J 14

Nicht nur höhenmäßig eine weitere Steigerung bringt die Gebirgsszenerie auf der Weiterfahrt in die Provinz Kohkiluyeh und Boyer Ahmad. Deren Verwaltungszentrum, die 100 000-Einwohner-Stadt **Yasuj,** gewinnt keinen Schönheitswettbewerb. Umso eindrücklicher ist die Landschaftskulisse: Walnuss-, Apfel- und Pfirsichbäume, weitflächig Steineichenwälder und Weinreben, die aber offiziell seit 1979, konform mit der Staatsdoktrin, nur noch der Trauben- und Rosinenherstellung dienen. Und über all dies wacht im Hintergrund das **Dena-Gebirge,** dessen mehr als 40 Viertausender oft bis weit in den Sommer hinein mit Schnee bedeckt sind.

Si Sakht ▶ J 14

Am Fuß eines der prominentesten Gipfel, dem **Hovzdal** (4350 m), auch Dena genannt, liegt der Ferien- und Luftkurort **Si Sakht.** Hier auf 2500 m Seehöhe, wo sich in den Wäldern noch – keine Sorge: scheue – Braunbären und Wölfe tummeln sollen, ist es selbst im Hochsommer angenehm kühl und grün.

Besonders malerische Ausflugsziele sind hier oben die »Schafsquelle« **Cheshmeh Mishi** چشمه میشی und, knapp 10 km entfernt, **Kuh Gol** کوه گل, der »Blumenberg« mit dem gleichnamigen See. Die tadellos asphaltierte Mautstraße (30 000 Rl. pro PKW) führt bergwärts weiter bis auf 3200 m. Ihre Serpentinen sind dort oben oft noch im Mai von meterhohen Schneewächten gesäumt.

Übernachten
… in Yasuj:
Gehobener Komfort – **Azadi Hotel:** Namaz Blvd., Tel. 0741 333 23 470-3, www.azadiyasuj.pih.ir, www.parsianhotels.ir. Die beste Adresse zwischen Shiraz und Isfahan, modern-schick, wie es sich für ein Haus der renommierten Parsian-Kette gehört, mit Restaurant, Coffeeshop, eigenem Parkplatz, kostenpflichtigem WLAN, weitgehend ruhig am südlichen Stadtrand auf einem Hügel mit Weitblick über Boshar-Fluss und Park gelegen. Unmittelbar benachbart liegt ein Freizeitkomplex mit Fitnessstudio, Bowlingbahn, Billardtischen, Swimmingpool und Sauna. EZ/DZ ab 2,4 Mio. Rl.

Zentral mit guter Küche – **Hotel Eram:** Motahari Ave. zwischen Janbazan Sq. und Haft Tir Sq., Tel. 0741 22 45 99, 0917 341 15 80. Als Quartier nur durchschnittlich, aber sauber und, wenn man ein Zimmer an der Rückseite bekommt, auch recht ruhig, zudem mit eigenem Parkplatz. Doch was der Koch im hauseigenen Restaurant fabriziert, lässt die Zunge schnalzen – mit Freude probiert: die gebackenen Shrimps, Forelle oder Huhn mit Safranreis und Berberitze. DZ 1,3 Mio. Rl., Dreibettzimmer 1,7 Mio. Rl.

… in Si Sakht:
Für Selbstversorger – **Simorgh Dena:** Shahid Beheshti Blvd. zwischen Allah und Englelab Sq., Tel. 074 33 44 44 89-98, info@simorghdenahotel.com. Ganzjährig betriebenes Suitenhotel mit Reihenhauscharakter, sehr neu, hell-modern eingerichtet, kein Restaurant und Frühstück, dafür Zimmer mit Küche und bis zu vier (Doppel-)Betten, ideal auch für Familien. Suite 1,5 Mio. Rl.

Restliche Provinz Fars

Essen & Trinken
... in Si Sakht:
Gut und preiswert – **Nakhl:** Motahari St. nahe Saaderat Bank, Tel. 0917 145 73 87, tgl. 10–16, 19–23 Uhr. In der »Dattelpalme« kredenzt man die üblichen Kebabs, aber auch Forellen, Khoresht-e Ghorm-e Sabzi und Gheymeh. 120 000–180 000 Rl.
Authentisch – **Morgol & Dena:** Motahari St. nahe Allah Sq., Tel. 0917 841 88 49, tgl. 9–16, 19–23 Uhr, gute Standarverpflegung (ähnlich wie Nakhl). 120 000–180 000 Rl.

Aktiv
Schluchtwanderung – Speziell an Hitzetagen lohnt von Yasuj aus ein Abstecher in die Schlucht **Tang-e Mehrian.** Zugang 8 km östlich der Stadt nur wenige Schritte von der Straße Richtung Eqlid/Yazd. Ticket 30 000 Rl.

Nach Neyriz

Maharlu-See ▶ K/L 16

Unterwegs auf der Straße von Shiraz nach Sarvestan passiert man den **Daryache-ye Maharlu.** Wenn er genug Wasser führt, was meist nur im Winterhalbjahr der Fall ist, kann man nahe der Straße am Westufer ein Tretboot ausleihen und auf dem stark salzhaltigen Gewässer ein paar Runden drehen.

Sarvestan ▶ L 17

Ein paar Autominuten südöstlich der Ortschaft **Sarvestan,** rund 90 km südöstlich von Shiraz blieb eine weitere kolossale Ruine aus sassanidischer Zeit erhalten (von Firuzabad kommend in Pol-e Fassa rechts abbiegen). Über einem ähnlichen Grundriss wie dem des Palastes bei Firuzabad (s. S. 301) grüßen am Ende eines nicht-asphaltierten Sträßchens zwei riesengroße, aus Bruchstein und Mörtel geschichtete Kuppeln. Ihnen zu Füßen vermitteln Mauerreste, Bögen und Nischen eine Ahnung einstiger Pracht. Möglicherweise wurde das Gebäude als **Jagdpalast** قصر بهرام گور konzipiert und später zu einem Feuertempel umfunktioniert. Als Bauherr des frei zugänglichen Komplexes gilt Bahram V., der von 420 bis ca. 439 n. Chr. regierte, und von dem die Legende erzählt, er habe das Brettspiel Backgammon erfunden.

Ergänzend sollte man einen kurzen Stopp auf dem Hauptplatz von Sarvestan einlegen, um das im 13. Jh. erbaute **Mausoleum von Sheikh Youssef Sarvestani** آرامگاه شیخ یوسف سروستانی zu begutachten. Der Grabbau ist architektonisch ziemlich originell – eine Kombination islamischer und sassanidischer Stilelemente in Form eines auf zwölf Steinsäulen ruhenden Chahartaq, eines überkuppelten, an allen vier Seiten durch offene Bögen durchbrochenen Kubus.

Estahban und Bakhtegan-See ▶ M 16/17

Lohnend ist aus landschaftlichen Gründen auch die Weiterfahrt gen Osten. Zweigt man am Posten der Straßenpolizei kurz vor Pol-e Fassa links Richtung Sirjan ab, entfaltet sich bald ein beeindruckendes Panorama. Von einer Anhöhe hinter **Estahban** sieht man tief unter sich bis zum Horizont die salzig-weiße Fläche des **Daryache-ye Bakhtegan** schimmern. Die Gegend ist berühmt für ihre Feigen. Man kann sie, wie auch Mandeln und Nüsse, frisch oder getrocknet in Kiosken direkt an der Straße kaufen. In den riesigen Plantagen finden sich viele Bäume mit Blechdosen behangen. Der Grund für den merkwürdigen Dekor in den fahlgrauen Ästen: Wie etwa auch bei Dattelpalmen gibt es bei Feigenbäumen Exemplare unterschiedlichen Geschlechts. Um die Bestäubung der weiblichen sicherzustellen, lockt man die dafür nötigen Gallwespen mit Zuckerwasser in die Nähe der männlichen und ihrer Pollen.

Neyriz ▶ M 17

Letzte Etappe an dieser Strecke vor der Grenze zur Provinz Kerman ist **Neyriz.** Die alte Handelsstadt findet schon auf Tontäfelchen Erwähnung, die in Persepolis entdeckt wurden. Bis heute ist sie ein Versorgungszentrum der Qashqai-Nomaden.

BEGEGNUNG MIT QASHQAI-NOMADEN

Nicht wenige Reiseführer preisen als Ausflugsziel das Dorf **Bazm** روستای بزم بواناث in der Region **Bavanat** (230 km nordöstlich von Shiraz). In der Tat können Eilige dort im Sommerhalbjahr in einem Tourist Complex die Alltagskultur der in dem Berggebiet heimischen Khamseh-Nomaden beschnuppern. Dessen Gründer Abbas Barzegar (Tel. 0917 317 35 97) organisiert, so charmant wie geschäftstüchtig, auch Ausflüge samt Übernachtung im Zelt sowie die Abholung aus Shiraz. Die Unternehmung hat inzwischen allerdings einen recht synthetischen Charakter, der nicht jedem behagt.

Ungleich tiefer prägt sich ein Aufenthalt in einem echten Nomadenlager ins Gedächtnis. **Bahman Mardanloo** beispielsweise, selbst Spross einer Qashqai-Familie, nimmt Gäste von Shiraz aus mit zu seinen Verwandten und eröffnet dabei, vom Kochen übers Hüten und Scheren der Schafe bis hin zur Übernachtung im Ziegenhaarzelt (und mit etwas Glück sogar einer Hochzeit), authentische Einblicke in deren Lebenswelt. Als hervorragender Kenner der Region organisiert er auch mehrtägige Trekkingtouren im Sepidan und im Dena-Gebirge (Tel. 0917 910 09 43, b_mardanloo@yahoo.com, engl.).

Im Nomaden-Camp wird das Frühstücksbrot vor den Augen der Gäste frisch gebacken

Restliche Provinz Fars

Freitagsmoschee
Imam Mahdi St., tgl. ca. 7.30–19 Uhr, 50 000 Rl.
Baugeschichtlich hochinteressant ist die **Freitagsmoschee** مسجد جامع کبیر نیریز von Neyriz. Sie stammt, dies besagt eine Inschrift am filigran ornamentierten Stuck-Mihrab, aus dem 10. Jh. Ihr von trapezförmigen Stützmauern umrahmter Iwan ist außergewöhnlich hoch und tief. Die Gesamtanlage legt die Vermutung nahe, dass sie aus einem zoroastrischen Feuertempel hervorgegangen ist. Neben dem kleineren, nördlichen Iwan führt eine Treppe auf das Dach. Von dort überblickt man den reizvollen Bau in seiner Gesamtheit und kann zudem das feine Ziegelminarett und die mit zartblauen Glasurziegeln verzierte Iwan-Fassade aus der Nähe inspizieren.

Mausoleum für Mirza Ahmad Neyrizi
Nahe Behdasht/Khalil Shahid St., tgl. 8–14 Uhr, 80 000 Rl.
Einen stilistischen Kontrapunkt setzt im Nordosten der Stadt der moderne Ziegelbau des **Mausoleums für Mirza Ahmad Neyrizi** آرامگاه خوشنویس میرزا احمد نی‌ریزی, den bedeutenden Kalligrafen. Er wurde 1976 nach Plänen von Houshang Seyhoun errichtet, der auch die Grabmäler von Avicenna, Nadir Shah und Omar Khayyam entwarf. Ausgewählte Werke des Schreibkünstlers, der im späten 17. Jh. lebte und angeblich 99 Korankopien verfasste, können nebenan im **Museum** bewundert werden.

Übernachten
... in Neyriz:
In Ordnung – **Hotel Naze:** Taleghani St., Tel. 0715 383 99 99. Sauberes, funktionelles Haus mit Restaurant, Coffeeshop, für Selbstversorger auch Suiten mit Küche. DZ 1 Mio. Rl.

Essen & Trinken
Sehr preisgünstig – **Kowsar:** Sardaran Blvd. (nahe dem Neyrizi-Grab), Tel. 0715 382 06 90, tgl. 7.30–23 Uhr. Kebabs, Khoresht, Suppen ... In diesem Großraumrestaurant kocht man das Übliche, aber überdurchschnittlich gut. 2-Gang-Menü ab 100 000 Rl.

Der Südosten

Darab ▶ N 17
Anstatt gleich nach Shiraz zurückzufahren, sollte, wer Zeit hat, in einer Rundschleife auch den weiteren Südosten der Provinz erkunden. Auf der Route über Ij nach Darab rollt man – beziehungsweise rumpelt wegen einer Großbaustelle auf streckenweise schottriger Straße – entlang einer grandioser Kulisse, die mit ihren Felsformationen und dem Tamariskenbewuchs an Canyons in Utah oder Nevada erinnert. Die Stadt **Darab** und ihr Umland bieten gleich mehrere Attraktionen.

Darabgerd
Jederzeit frei zugänglich
Etwa 3 km bevor man von Farsa kommend die heutige Stadt Darab erreicht, biegt eine asphaltierte Straße in Richtung Südwesten nach **Darabgerd** دارابگرد ab. Man erreicht die historische Siedlung nach ca. 7 km. Die Ruinenstätte wird selten besucht – unverdientermaßen, denn es handelt sich um das besterhaltene Beispiel einer Rundstadt in Iran. Vermutlich von einem parthischen Provinzherrscher, einer anderen Theorie folgend von Darius III. gegründet, dürfte Darabgerd bei der Planung von Gur (Ardeshir Khurreh) bei Firuzabad Modell gestanden haben. Der über 6000 m lange, an seiner Basis 25 m dicke und noch heute bis zu 10 m hohe Befestigungswall aus Lehm ist zwar stark verwittert, aber in seiner Gesamtheit erhalten und sogar begehbar.

Freitagsmoschee
Jederzeit frei zugänglich, wenn geschlossen, Anwohner nach dem Schlüsselwart fragen
Im Zentrum von Darab steht eine sehr ungewöhnliche, vermutlich unter Schah Abbas II., also im mittleren 17. Jh., erbaute **Freitagsmoschee** مسجد جامع داراب. Mit ihrem rechteckigen, von Arkaden und vier Eckminaretten eingefassten Gebetssaal scheint sie von der islamischen Sakralarchitektur Nordindiens, genauer gesagt Agras beeinflusst.

Der Südosten

Eine durchaus plausible Vermutung, wenn man bedenkt, dass von dort aus zur selben Zeit die muslimische Mogul-Dynastie über ein riesiges, auch Afghanistan und Belutschistan umfassendes Reich herrschte.

Sassanidisches Felsrelief
Jederzeit frei zugänglich
Wer sich für sassanidische Bildwerke interessiert, wird den Weg zu dem **Relief** نقش شاپور nicht scheuen, das etwa 3 km Luftlinie südlich von Darab am Abhang des Berges Pahna von einer Felswand herabgrüßt – auch wenn es nicht ganz einfach zu finden (Zufahrt von einem kleinen Dorf aus über ein unbeschildertes Feldsträßchen, gut 3 km) und inhaltlich bis heute umstritten ist. Zeigt es Ardashir I. oder Shapur I.? Jedenfalls steht der Sassaniden-Herrscher gleich drei besiegten römischen Kaisern gegenüber. Das Felsrelief stammt aus sehr früher Zeit, nämlich den Jahren 240 bis 260 n. Chr.

Steinmoschee
Jederzeit frei zugänglich, wenn geschlossen, Anwohner nach dem Schlüsselwart fragen
6 km südöstlich von Darab steht 700 m rechts der Richtung Haji Abad führenden Hauptstraße ein weiteres architektonisches Unikum, die **Masjed-e Sangi** مسجد سنگ. Die kreuzförmige Kultstätte wurde komplett mit Eingangshalle, vier Iwanen, Mihrab und vertikalem Licht- und Luftschacht aus dem gewachsenen Fels gehauen. Ihr Ursprung liegt in vorislamischer, vermutlich sassanidischer Zeit. Wohl ebenso alt ist die an der Zufahrt gut sichtbare **Wassermühle** samt Zubringerkanal.

Übernachten, Essen & Trinken
Einwandfrei – **Nagsh Shapur Hotel:** Pasdaran Blvd., Ferdowsi Sq., Tel. 071 535 62 472. Sehr gepflegtes neues Haus, besonders freundliches Personal, das westlichen Gästen schon mal mit Blumen oder Früchten »Guten Morgen« wünscht. DZ 1,1 Mio. Rl.

Die Freitagsmoschee in Darab besticht durch die Vielfalt ihrer Ziegelornamente

REGHEZ-CANYON UND MINERALQUELLE VON YARJ

Ein unvergessliches Erlebnis für konditionsstarke Abenteurernaturen ist der **Tang-e Reghez** تنگ رغز, ein Canyon, der etwa 30 km nordwestlich von Darab tief in die Landschaft schneidet. Seine Durchquerung erfordert beträchtliche Klettererfahrung und technisches Können, professionelle Ausrüstung (u. a. Neopren-Anzug) und Begleitung durch ortskundige Guides. Was er bietet: Atemberaubendes – einen smaragdgrünen Fluss zwischen senkrechten, kurvig ausgeschmirgelten Wänden und auf einer Gesamtlänge von 2,5 km immerhin 60 Wasserfälle sowie über 100 natürliche Pools. Zugang: 5 km zu Fuß vom Dorf **Madevan** bei Hasan Abad. Begehbar: am besten Mai-Sept. Nähere Infos über versierte Outdoor-Guides und -Agenturen (s. S. 84).

Beschaulichere Badefreuden verheißt eine Stippvisite bei der **Mineralquelle von Yarj** يرج: Knapp 50 km westlich von Jahrom, an der Strecke nach Duzeh und Firuzabad, sieht man nach einer kleinen Passhöhe bei **Manian** مانيان linker Hand einen großen Stausee liegen. Ein paar Kurven später führt eine Staubstraße zum Ufer, am Ende nach rechts und knapp 2 km später plätschert unter Bäumen das kühlende Nass. Wer Komfort erwartet, liegt falsch. Die ›Badeanlage‹ mit ihrem teils von Betonwänden, teils von Naturfelsen eingefassten Becken, in dem man richtig schwimmen kann, verfügt über keinerlei Infrastruktur. Aber der Ort ist sauber, frei zugänglich und unter der Woche meist menschenleer, das Wasser kristallklar und frisch.

Lar ▶ M 19

Von Darab sind es durch eine Landschaft von elementarer Wucht, einer Abfolge zerfurchter Rücken des Zagros mit einzelnen Flecken fruchtbarer Felder dazwischen, noch 190 km nach **Lar,** der Hauptstadt des Bezirks Larestan. Ihre Bewohner sprechen nach wie vor einen altertümlichen Dialekt namens Achomi, der viele Gemeinsamkeiten mit dem mittelpersischen Pahlevi und auch dem Kurdischen aufweist, von Linguisten aber als durchaus eigenständige Sprache betrachtet wird. Die Larestani stehen im Ruf ausgeprägten merkantilen Geschicks. Dank der strategisch günstigen Position ihrer Stadt an der zentralen Karawanenroute zwischen dem Hochland und den Häfen der östlichen Golfküste, spielten sie im Handel mit Indien seit jeher eine führende Rolle. Ihre berühmten Silbermünzen waren speziell in safawidischer Zeit ein selbst in Ostafrika und Südostasien begehrtes Zahlungsmittel. Kein Wunder, dass der zentrale Markt der Stadt, die übrigens 1960 von einem Erdbeben stark in Mitleidenschaft gezogen wurde, bis heute ihr architektonisches Schmuckstück bildet.

Qaisariyeh-Bazar

Der »**königliche Basar**« بازار قيصريه لار stammt in seiner heutigen Substanz überwiegend aus dem 16. Jh. Er ist über kreuzförmigem Grundriss streng symmetrisch gegliedert, einheitlich überdacht und liegt, vielleicht um ihm bei Erdbeben größere Stabilität zu verleihen oder einfach auch nur, um ihn etwas kühler zu halten, 2 m unter dem Straßenniveau der Umgebung. Sein Zentrum, der achteckige Chaharsu, ist von einer 18 m hohen Kuppel bekrönt und, einmalig unter allen Basaren Irans, von Korridoren umrahmt, von denen strikt im rechten Winkel in die vier Himmelsrichtungen vier lange, jeweils von exakt zwei Dutzend Läden gesäumte Gassentrakte abgehen.

Freitagsmoschee und Drachenfestung

Ein Blickfang ist die nur wenige Schritte vom Basar entfernte **Freitagsmoschee** mit ihrer türkisfarbenen Kuppel und den beiden hohen Minaretten. Ebenfalls schon von Weitem sichtbar ist die **Drachenfestung** (Qale-ye Ezhdeha Peykar), die sich auf einer Anhöhe westlich von Lar erhebt. Von dem sassanidischen Bau sind allerdings nur noch ein Portal und die Reste der äußeren Wehrmauer erhalten.

Übernachten, Essen & Trinken

Sehr einladend – **Lar Tourist Hotel:** Lar-Neustadt, Jumhuriyeh Eslami Blvd., hinter dem Imam-Sajad-Spital, Tel. 0715 224 12 71, www.ittic.com. Vor wenigen Jahren renoviertes Haus der bewährten Tourist-Inn-Kette, entsprechend tadellos in Schuss, geräumige, freundlich-helle Zimmer, einwandfreie Küche, EZ 1,8 Mio. Rl., DZ 2,2 Mio. Rl.

Verkehr

Flug: Der **Larestan International Airport** (LRR) wird nicht nur von Teheran, Doha und Abu Dhabi aus angeflogen, sondern, wohl wegen der vielen dort als Händler tätigen Lari, mit Flydubai und Mahan Air auch direkt von Dubai aus.

Gerash ▶ M 19

Keine 20 Autominuten westlich von Lar liegt **Gerash,** bekannt vor allem für seine zahlreichen beeindruckenden **Wasserzisternen** آب انبارها (Ab anbar). Die ehemals größte von allen, korrekterweise heute als **Berk-e Kal,** also »Teich« bezeichnet, wurde in safawidischer Zeit erbaut und maß unglaubliche 19 m im Durchmesser. Allerdings stürzte die Kuppel schon wenige Tage nach Fertigstellung ein. Was, immer noch beeindruckend genug, überdauert hat, ist ein von den historischen Ziegelmauern umrahmtes, angeblich über 20 m tiefes Reservoir.

Khonj ▶ L 18

Von Lar geht es nun in einer Schleife zurück nach Shiraz. Eine gute Autostunde nordwestlich liegt **Khonj,** die zweitgrößte Stadt Laristans. Hier erinnern die Überreste mehrerer prächtiger Gebäude aus dem 12./13. Jh. an die Zeit, als Khonj ein Zentrum der islamischen Mystik und Heimat berühmter Sufi-Meister war. Einen davon ehrt das wunderschön ornamentierte, kürzlich renovierte **Sheikh-Danial-Minarett** مناره شیخ دانیال. Nur als Stumpf erhalten, aber noch immer 25 m hoch, gehörte es zu einem Mausoleum, von dem nur der Grabstein geblieben ist. Nicht minder prächtig ist das Portal, das den einzigen Überrest des **Sheikh-Najm-al-Din-Mausoleums** حاج شیخ شمس‌الدین محمد نجم‌الدین darstellt.

Jahrom ▶ L 18

Einen letzten Zwischenstopp verdient **Jahrom** etwa 190 km südöstlich von Shiraz. Ausgedehnte Palmenhaine prägen das Bild der Oase, auch Zitrusfrüchte und Weizen werden angebaut.

Qadamgah-e Jahrom

Am Südrand der Stadt erhebt sich auf einer Geländestufe ein achteckiger Kuppelbau, der vermutlich in sassanidischer Zeit als Feuertempel errichtet wurde. Im Inneren verehren fromme Schiiten den **Qadamgah-e Jahrom,** einen Stein mit einer Einbuchtung, die der Fuß von Imam Ali hinterlassen haben soll.

Sang-Shekan-Höhle

Eindrücklicher jedoch ist, 1,5 km weiter östlich, der unterirdische Steinbruch **Sang-Shekan** سنگ شکن. Mehr als 40 000 km² misst diese Höhle, die örtliche Steinmetze vor etwa 150 Jahren mit der bloßen Kraft ihrer Hände in den Berghang trieben. Sie ist 3 bis 4 m hoch und durchsetzt mit über 100 Steinsäulen, zwischen denen man staunend umherwandert.

Die Golfküste

Nur wenige Reisende führt ihre Route an den Golf. Von April bis Oktober ist die feuchte Hitze in der Tat unerträglich, im Winter das Klima jedoch angenehm mild. Entlang der Küste warten zwischen Felsriegeln, Sandstränden und Mangroven streckenweise grandiose Naturkulissen. Hafenorte wie Bushehr, Siraf und Hormuz erzählen uralte Handelsgeschichten. Und die Inseln Kish, Qeshm und Hengam verströmen echtes Ferienfeeling.

Bushehr ▶H 17

Knapp 500 km südöstlich von Ahvaz und gut 300 km südwestlich von Shiraz liegt auf einer Halbinsel, die wie ein Sporn in den Persischen Golf hineinragt, der traditionsreiche Hafen **Bushehr**. Pierre Loti, der vor etwas mehr als 100 Jahren hier an Land ging und zu seiner berühmten, literarisch verewigten Reise »Nach Isfahan« aufbrach, erlebte die Stadt als drückend heiß und sehr verschlafen, und beurteilte sie dementsprechend abfällig. Tatsächlich hatte der einst blühende Ort schon zu Lotis Zeit seine besten Tage längst hinter sich.

In der jüngeren Vergangenheit ist die Stadt immer wieder als Standort von Irans erstem und bisher einzigen **Atomkraftwerk** in die Schlagzeilen geraten. Mit dessen Bau, 17 km südlich der Stadt am Meer, hatte noch zu Schah-Zeiten die Kraftwerksunion, ein Joint-Venture von Siemens und AEG-Telefunken, begonnen. Angeblich hat kein deutsches Unternehmen jemals eine größere Baustelle im Ausland betrieben. Nach dem revolutionsbedingten Stopp setzten russische Techniker Mitte der 1990er-Jahre das Projekt fort, ehe es zu einem Zankapfel im Streit um das iranische Atomprogramm wurde. Nachdem ihre Leittechnik 2010 noch aus dem Ausland durch ein hochkomplexes Schadprogramm, den ominösen Computerwurm »Stuxnet«, sabotiert worden war, ging die Anlage 2011 ans Netz.

Geschichte

Bushehrs Vorgängersiedlung bestand, wie beschriftete Ziegel eines elamitischen Tempels nahelegen, unter dem Namen Liyan wahrscheinlich schon vor etwa 4000 Jahren. Unter den Sassaniden war die Stadt unter dem Namen Riv-Ardashir (später Reyshahr) wichtigster Handelsstützpunkt der Küstenregion und Ankerplatz der Reichsflotte. Auch nach der arabischen Eroberung jahrhundertelang wichtigster Umschlagplatz an der iranischen Südküste, musste die Stadt ihre Vorrangstellung im 16. Jh. an den von Schah Abbas I. begünstigten, 750 Landkilometer östlich gelegenen Hafen Bandar-e Abbas abtreten.

Eine Blütezeit erlebte Bushehr, als der Afscharenherrscher Nadir Shah die Stadt 1734 erneut zum führenden Hafen des Landes und zum Flottenstützpunkt machte, wenig später die britische East India Company ihre Faktorei aus Bandar-e Abbas hierher übersiedelte und schließlich Karim Khan Zand das nahe Shiraz zu seinem Regierungssitz erkor.

1806 bereitete ein starkes Erdbeben dem Boom ein Ende. Endgültig ins ökonomische Abseits geriet Bushehr durch die Trassenführung der 1939 eröffneten transiranischen Eisenbahn. Die führte vom Kaspischen Meer in die weiter westlich gelegenen Golfhäfen Abadan und Khorramshahr. Kurz darauf verlegten die Briten ihre Residentschaft aus Bushehr nach Bahrain (1946) und schlossen ihr hiesiges Konsulat (1951).

Einen weiteren Tiefschlag für die Ökonomie der Region brachte der **Irak-Iran-Krieg:** Die **Insel Khark,** deren Raffinerie, Öllager und Verladeanlagen damals vonseiten Bagdads heftigst bombardiert wurden, ist nur 50 km entfernt.

Besichtigung

Die 12 km südlich von Bushehr freigelegten Ruinen der Vorgängersiedlung sind wenig aufschlussreich und lohnen nicht wirklich einen Besuch. Interessanter ist die Erkundung des historischen Stadtkerns aus islamischer Zeit. Dieser liegt nördlich des Flughafens und der Neustadt an der Spitze jener Halbinsel, die in der Antike unter dem Namen Mesambria bekannt war. **Shahr-e Qadim,** die Altstadt, ist über 2 km² groß, wurde in den letzten Jahren teilweise restauriert und ist weniger aufgrund einzelner Bauten, sondern als Ensemble sehenswert.

Kaufmannshäuser

An der Corniche und in den labyrinthischen Gassen haben sich etliche imposante **Kaufmannshäuser** aus qadscharischer Zeit mit Säulenbalkonen, reichem Stuckdekor, bunten Glasfenstern und hölzernen Balkonen, Türen und Jalousien erhalten. Ein besonderes Prachtexemplar ist das **Dehdashti-Haus** خانه دهدشتی. Ein Großteil seiner vier Stockwerke wird für eine Dauerausstellung über das architektonische Erbe der Stadt genutzt, das Untergeschoss beherbergt eine sehr umfangreiche medizinhistorische Schausammlung.

Von Repräsentationslust zeugt auch das **Malek-Haus** خانه ملک (im Stadtteil Bahmani, in einer Seitengasse des Mahini Blvd.). Es ist allerdings in desolatem Zustand und nur von außen zu besichtigen, weil hier seit dem Iran-Irak-Krieg Flüchtlinge wohnen.

Museen

Für manche besuchenswert mögen zudem das moderne **Museum für Naturgeschichte** موزه تاریخ طبیعی (Ashuri St.), das im stolzen Taheri-Herrenhaus eingerichtete **Volkskundemuseum** موزه مردمشناسی (Saheli St.) und das **Marine- und Persischer-Golf-Museum** موزه دریا و دریانوردی خلیج فارس auf dem Areal des ehemaligen Britischen Konsulats (Viertel Sabzabad) sein, das mit der 110 Jahre alten »Persepolis« immerhin das erste iranische Kriegsschiff sein Eigen nennt.

Übernachten

Modernistisch mit Patina – **Delvar:** Rais Ali Delvari St., Daliran-e Tangestan Sq., Tel. 077 333 26 342, www.ittic.com. Siebenstöckige Wohnpyramide im Stil der Seventies, in die Jahre gekommene Zimmerausstattung, aber einladend helle Lobby, gutes Restaurant, Coffee- und Souvenirshop, eigener Parkplatz. DZ ab 2,2 Mio. Rl.

Ruhig, hell und günstig – **Flight:** Saheli St., an der Uferstraße hinter dem Flughafen, Tel. 077 458 22 01-7. Diese weitläufige, motelartige Anlage stammt unübersehbar ebenfalls aus vorrevolutionärer Zeit. Die Zimmer in den zwei eingeschossigen Trakten sind nichts Besonderes, aber durchaus komfortabel. DZ ab 1,5 Mio. Rl.

Preiswert – **Sadi:** Nader Street, Tel. 077 2522605. Akzeptable Adresse für Budget-Reisende, sauber, WC und Bad im Zimmer. DZ 440 000 Rl.

Essen & Trinken

Vorzüglich und stilvoll – **Ghavam:** Kahlij-e Fars, Kreuzung Liyan St., Tel. 077 33 33 12 75-6, tgl. 10.30–1 Uhr. Das Flaggschiff der örtlichen Gastronomie: zu Hause in einer historischen Zisterne an der Uferstraße, ansprechend dekoriert mit historischen Stadtansichten, Schiffsmodellen und -utensilien. Große Auswahl an regionalen Spezialitäten zu vernünftigen Preisen, aufmerksame Bedienung. Hauptgerichte 200 000–350 000 Rl.

Modern und vielfältig – **Meydaf:** Jofreh St., Zugang vom Fishing Pier, Tel. 077 333 21 790, tgl. 11–23 Uhr. Eleganter Restaurantkomplex mit drei Lokalen auf ebenso vielen Etagen – traditionell-rustikal, Fast Food und, im Erdgeschoss, klassisch-elegant. Letzteres hat über ein Dutzend Kebabs, u. a. mit Pilzen, Fisch, Lamm- und Hühnerfleisch auf der Karte, zum Essen gibt es Livemusik. Ab 190 000 Rl.

AUSFLUG ZUM SALZBERG VON JASHK

Ein außergewöhnliches Naturerlebnis verspricht ein Ausflug von Bushehr zum Salzberg **Kuh-e Namak-e Jashk** کوه نمک جاشک. Man folgt der Überlandstraße parallel zur Küste über Ahram und Khormuj. Knapp 40 km nach Überquerung des Flusses Mond, 20 km nach der Ortschaft Kaki, erhebt sich linker Hand, auf kurzer Pistenfahrt oder in einem längeren Fußmarsch erreichbar, dieses Naturwunder. Senkrechte Wände, schroffe Kämme, Schrunde, Höhlen, von Kristallen überzogene Teiche und Wasserfälle … Der in seiner Gesamtheit mehr als 3600 ha große, bis zu 1350 m hohe Gebirgsstock besteht zur Gänze aus dem Mineral und schimmert in allen erdenklichen Schattierungen von Rot, Weiß und Schwarz. Farben- und Formenvielfalt sind überwältigend. Bei Regen sollte man das Gelände aber aus Sicherheitsgründe nicht betreten. Überhaupt empfiehlt es sich, in Bushehr einen ortskundigen Guide anzuheuern.

Koffein-Booster bis spätnachts – **Café Bushehr:** Sabakheh St., Tel. 0933 086 14 40, tgl. 8–1 Uhr. Espresso, Caffè Latte, Cappuccino, diverse Säfte, junges Publikum.

Verkehr

Flug: Der **Bushehr International Airport** (BUZ) liegt unmittelbar südlich der Innenstadt am Forudgah Sq. Direktflüge u. a. nach Isfahan, Teheran und Mashhad sowie Dubai und Kuwait.
Bahn: Mit dem Bau eines Schienenstrangs von Shiraz nach Bushehr wurde begonnen, die Fertigstellung wird allerdings noch Jahre in Anspruch nehmen.
Bus: Vom **Terminal** am südöstlichen Stadtrand an der Schnellstraße Richtung Borazjan gehen Busse u. a. nach Shiraz, Bandar-e Abbas, Ahvaz und Teheran.

Umgebung von Bushehr

Delvar ▶ H 17

Eine Zeitreise in die turbulenten Jahre des Ersten Weltkriegs bedeutet ein Abstecher zum 30 km südlich gelegenen Küstenort **Delvar**. Dort erinnert ein kleines **Museum** an **Rais Ali Delvari** موزه رئیس‌علی دلواری, der damals den Aufstand der Küstenbewohner und mehrerer Nomadenstämme gegen die britischen Besatzer anführte, 1915 dem Attentat eines Überläufers zum Opfer fiel und bis heute als Nationalheld verehrt wird (am südöstlichen Ortsrand, Di–So 8–12, 16–19, im Winterhalbjahr 8–12, 15–18 Uhr). Ein wichtiger Verbündeter Delvaris war seinerzeit ein Deutscher: der Ex-Konsul und Agent Wilhelm Wassmuss. Der ›deutsche Lawrence von Arabien‹ schmiedete im Auftrag Berlins antibritische Ränke, indem er die Stammesrevolte nach Kräften schürte und sich sogar als Geburtshelfer einer zwischenzeitlich an der Südwestgrenze zum Osmanischen Reich stationierten, persischen ›Exilregierung‹ betätigte. Der Person Delvari begegnet man übrigens schon, als überlebensgroße Statue von einem Podest grüßend, bei der Stadtausfahrt von Bushehr, am Kreisverkehr vor dem, nomen est omen, Hotel Delvar.

Borazjan ▶ H 16

Für archäologisch Interessierte lohnt ein Abstecher zum Städtchen **Borazjan,** das für die Herstellung von Wasserpfeifen berühmt ist: **Gur-e Dokhtar** گور دختر, das »Grab der Jungfrau«, liegt frei zugänglich in einem Tal namens Bozpar und ist von der Hauptstraße

Richtung Kazerun aus über Tang-e Eram zu erreichen. 5 m hoch, auf drei Stufen stehend und von Giebeln bekrönt, wirkt der aus zwei Dutzend Steinplatten errichtete Kubus wie eine Miniaturausgabe des berühmten Kyros-Grabs von Pasargadae. Es wird vermutet, dass er als Grablege für Kyros den Jüngeren, den um 400 v. Chr. verstorbenen Sohn von Darius II., errichtet wurde.

Nach Bandar-e Lengeh

Für die gesamte Küstenstrecke gilt: Wer von Bushehr rasch Richtung Südosten vorwärts kommen will, wählt die etliche Kilometer landeinwärts verlaufende Hauptstraße. Reizvoller ist es freilich, vorausgesetzt, man verfügt über einen eigenen fahrbaren Untersatz, gelegentlich auf kurvigen Nebenstraßen Umwege und Abstecher ans Meer zu unternehmen. Dort stößt man immer wieder auf Palmenoasen und Uferdörfer, die, typisch für das feuchtheiße Küstenklima, mit regelrechten Wäldern aus Windtürmen durchsetzt sind. Man hält bei Tee und Datteln willkommene Rast oder kann Fischer und Bootsbauer bei ihrer archaischen Arbeit mit Netz und Reuse bzw. beim Zimmern und Kalfatern der hölzernen Schiffsrümpfe beobachten.

Dayyer, Kangan, Nakhilu, Charak, Moghuyeh oder **Shenas** heißen einige der Stationen, deren Namen – ein Hinweis auf tief verwurzelte Handelstraditionen – jeweils das Wörtchen »Bandar« (pers. für »Hafen«) vorangestellt ist.

Bandar-e Siraf ▶ K 19

Sassanidisch-frühislamische Siedlung

Von besonderer historischer Bedeutung ist **Bandar-e Siraf.** Im Boden dieses Ortes, der ca. 280 km östlich von Bushehr liegt und bis vor wenigen Jahren offiziell **Bandar-e Taheri** hieß, haben britische Archäologen unter Führung von David Whitehouse in den 1960er- und 1970er-Jahren die Ruinen der **antiken Siedlung Siraf** freigelegt. Dabei fanden sie Reste großer Bauten der Sassaniden-Zeit und darüber die Ruinen einer frühislamischen Hafenstadt. Bereits ab dem 3. Jh. n. Chr. standen hiesige Händler auf dem Weg über die maritime Seidenstraße in Kontakt mit China. Zwischen dem 8. und 11. Jh. kam Siraf durch intensiven Handel mit Indien und dem Fernen Osten zu enormem Wohlstand, hatte mehr Einwohner als Shiraz. Doch im Jahr 977 zog ein Erdbeben die Stadt schwer in Mitleidenschaft. Das Gros der Bewohner wanderte ab – manche an die omanische Küste, viele auf die Insel Kish, wo sie den Hafen Harireh gründeten.

Im Boden von Siraf, dessen ufernahe Bereiche durch das Erdbeben unter den Meeresspiegel absackten, orteten die Altertumsforscher auf einer Fläche von 250 ha unter anderem Relikte mehrerer bis zu fünf Stockwerke hoher **palastartiger Bauten,** weiterhin eines **Wohnviertels** mit etlichen Villen aus Stein, einer **nestorianischen Kirche,** eines **Hamams** sowie, an der Peripherie, eines **Gewerbeviertels,** wo im großen Stil Keramiken und Glas hergestellt wurden. Im Stadtzentrum gut einsehbar sind die fein säuberlich freigelegten Grundmauern eines **Basarbezirks** und einer im 9. Jh. nach arabischem Vorbild mit großem Säulensaal und Arkadenhof ausgestatteten **Freitagsmoschee** مسجد جامع سيراف.

Ein kleiner Teil der zahlreichen Funde ist, zusammen mit volkskundlichen Exponaten, im örtlichen **Museum** موزه سيراف zu sehen (Tel. 0919 574 89 19, 0911 748 82 62, tgl. 8–12, 16–20 Uhr, 50 000 Rl.), ein weiterer im Nationalmuseum in Teheran, der überwiegende jedoch im British Museum in London.

Shilau-Tal

Die größte Sensation vor Ort wartet hinter einem Hügelrücken östlich, im **Shilau-Tal** دره شيلاو: ein ganzer Berghang, übersät mit mehreren Hundert dicht an dicht in das Sedimentgestein geschlagenen, rechteckigen Nischen aus spätsassanidischer oder frühislamischer Zeit. Ob es sich hier um eine **Nekropole** handelt? Oder doch, wie manche Fachleute mutmaßen, zumindest mehrheitlich um Oberflächenzisternen zum Sammeln

Die Golfküste

des Regenwassers? Für Letzteres spricht, dass jede Nische einen Auslass hat, durch den überschüssiges Wasser in die nächstuntere abfließen kann und am Ende, im Talgrund, durch Kanäle mit unterirdischen Reservoirs verbunden ist. Außerdem finden sich über den Hang verteilt mehr als 200 Brunnenschächte gegraben, von denen einzelne bis zu 130(!) m tief sind. Dennoch brütet die Fachwelt noch über einer endgültigen Antwort. Faszinierend ist die Stätte, die übrigens bald in den Status eines UNESCO-Weltkulturerbes aufrücken dürfte, so oder so.

Infos
Sirafs touristische Vermarktung steckt noch in den Kinderschuhen. Anlaufstelle für alle Gästefragen, Guide und auch im Museum tätig ist **Mohammad Kangani,** Tel. 0917 373 52 36 bzw. Büro im Stadtmuseum: 0772 72 52 500, sirafpars@yahoo.com.

Übernachten
Die **Nasuri-Burg,** ein im Innern reich dekoriertes Juwel aus qadscharischer Zeit, soll nach Abschluss der Renovierungsarbeiten als Hotel fungieren. Bis dahin beschränkt sich das Angebot auf **Privatquartiere,** die Mohammad Kangani (s. oben) gerne vermittelt (150 000–200 000 Rl. pro Pers.).

Essen & Trinken
Anständig – **Waresh:** Persian Gulf St., westlich der Freitagsmoschee-Ruine küstenseitig, Tel. 0919 574 89 19, ca. 12–15, 19–22 Uhr. Iranische Standardgerichte und, frisch aus den Fluten, diverses Meeresgetier. Hauptgerichte um 200 000 Rl.
An derselben Straßenseite ganz in der Nähe gibt es mehrere ambulante, hygienisch unbedenkliche **Falafel-Stände.**

Aktiv
Tauchen – **Siraf Diving School:** im mittleren Abschnitt der Persian Gulf St., auf Höhe der Burg, Tel. 0772 725 30 18, 0917 777 26 71. Kundige Betreuung, Geräteverleih, attraktive Tauchgründe direkt vor der Haustür, allerdings nur für die Herren der Schöpfung.

Asaluyeh ▶ K 19

Aus einer glorreichen Vergangenheit in die Gegenwart katapultiert wird man 35 km weiter südöstlich, in **Asaluyeh.** Der Küstenort ist touristisch ohne Reiz, aber faszinierend als Brennpunkt der iranischen Erdöl- und Erdgasindustrie. Offshore erstreckt sich über 10 000 km² South Pars, das größte bisher entdeckte Gasfeld der Welt (das zweitgrößte in Sibirien birgt nicht einmal 20 % der hiesigen Vorkommen). Knapp zwei Drittel davon gehören zu Qatar, dort heißt das Feld North Dome. Der Rest ist von iranischer Seite erschlossen und wird – auch mithilfe von Multis aus aller Welt – emsig ausgebeutet. Schaltstelle dafür ist auf dem Festland Asaluyeh – ein gigantischer Komplex, der neben einem eigenen Hafen, Flughafen und diversen Fabriken nicht weniger als 28 Raffinerien und 25 petrochemische Anlagen umfasst. An deren Betrieb und Ausbau arbeiten permanent rund 60 000 Beschäftigte.

Bandar-e Lengeh ▶ N 21

Rund 350 km weiter im Südosten liegt **Bandar-e Lengeh.** Noch vor 20 Jahren schlummerte dieser Fischerort im Dornröschenschlaf. Touristisch bietet er bis auf Windtürme, Wasserreservoirs und eine Reihe vor sich hin bröckelnder Lehmhäuser weiterhin wenig. Doch sein Hafen wurde inzwischen wachgeküsst. Von hier aus verkehren regelmäßig Fähren nach Kish und Dubai (S. 317).

Interessanter ist die traditionelle, noch recht aktive Werft für Lenj, die iranische Entsprechung zur arabischen Dhau, im Nachbarort **Bandar-e Kong.**

Übernachten, Essen & Trinken
… in Asaluyeh:
Funktionell – **Romaileh:** Shohada Blvd., hinter dem alten Flughafen, Tel. 0218 899 8635-6. Neues Apartmenthotel, nüchtern, aber völlig in Ordnung, Restaurant, Indoorparkplatz, Billardraum, Reisebüro, Taxiservice, jede Wohneinheit mit eigener Küche. Apartment für 2 Pers. 3,2 Mio. Rl., für 4 Pers. 4,7 Mio. Rl.

... in Bandar-e Lengeh:
Schlichter Standard – **Diplomat Hotel:** Janbazan Blvd., gegenüber der Tankstelle, Tel. 0762 224 13 20. WLAN, Aircondition, ruhig gelegen, recht sauber. DZ 1,9 Mio. Rl.
Akzeptabel – **Amir Hotel,** Enghelab St., Tel. 0762 442 42 311 und, am Stadtrand, das noch einfachere Hostel **Bandar Lengeh Inn,** Airport Blvd., Tel. 0762 222 25 66.

Verkehr
Flug: Vom **Flughafen** 3 x wöchentlich Verbindungen nach Shiraz und Teheran.
Fähre: Zwischen Bandar-e Lengeh und Dubai verkehren 2 x wöchentlich moderne Katamaranfähren; hin Sa und Mi, zurück So und Do, Abfahrt jeweils 10 Uhr, Fahrtdauer ca. 4,5 Std., einfach 2,9 Mio. Rl., hin und zurück 4,5 Mio. Rl., Tickets bei Valfajr Shipping Company, Büro am Imam Khomeini Blvd., gegenüber Iran Air, Tel. 0762 224 13 20, 0762 222 17 86, www.valfajr.ir. Von hier auch Fährverkehr nach Kish (Details siehe dort).

Insel Kish ▶ M 21

Karte: S. 319

Ungleich turbulenter geht es etwas weiter westlich, 20 km vor der Küste, zu: auf **Kish.** Das ca. 90 km^2 große, flache Inselchen, das im Mittelalter, von einem lokalen arabischen Herrschergeschlecht autonom regiert, einen überregional wichtigen Handelsplatz bildete, zählt zwar nur knapp 30 000 Einwohner, aber nach jüngsten Statistiken immerhin schon knapp 2 Mio. Touristen pro Jahr. In den 1970er-Jahren hatte sich der letzte Schah darauf ein Luxusrefugium samt Marina, Golf- und Tennisplätzen geschaffen. In den 1980er-Jahren wurde es zur ersten Freihandels- und Tourismuszone des Landes erklärt. Seither pflegen Iraner, vor allem solche aus dem kalten Hochland, vom Winterurlaub auf Kish zu schwärmen und an Wochenenden airbusweise aus Teheran einzufliegen. Neben dem milden Klima genießen sie vor allem mancherlei Freiheiten, die sie auf dem Festland entbehren

Die Insel Kish ist ein Refugium, in dem man kleine Freiheiten genießen kann – weswegen Hardliner Ahmadinejad sie als »Irans Bastard« schmähte

müssen: ein veritables Nachtleben mit dröhnender Livemusik zum Beispiel, mehrere disneyartige Themenparks, ein Aquarium und, Tierschützer mögen wegschauen, ein Delfinarium, weiterhin moderne, qualitätvolle Hotels und vor allem mehr als ein Dutzend Shopping Malls. Kish gilt als Einkaufseldorado unter anderem für fernöstliche Computer und Unterhaltungselektronik und so manches, was Allah auf dem Festland verboten hat.

Ob Europäer all dies ebenso in Euphorie versetzt? Manche vielleicht. Warum auch nicht für ein paar Tage eine Pause vom Besichtigen einlegen, in Badehose oder -kostüm die langen, weitgehend menschenleeren Sandstrände genießen, windsurfen, Gokart-, Wakeboard-, Jet- oder Wasserskifahren, mit Leihfahrrädern den *bicycle path* entlangstrampeln und dabei den durchaus vorhandenen historischen Sehenswürdigkeiten des Eilands die Parade abnehmen (s. Aktiv unterwegs S. 320), die wunderschönen Tauchreviere erkunden und sich abends am üppigen Angebot an frischem Seafood gütlich tun?

Infos

Infobüro der Tourismusbehörde Kish: im Gebäude der Freihandelsbehörde, Sanaee Blvd., Tel. 0764 442 2434, http://tourism.kish.ir, Sa–Do 8.30–14 Uhr.

Tavoos Travel: Tel. 0764 445 22 50 (engl.). Verlässliche Agentur vor Ort für Arrangements auf Kish.

Wichtige Hinweise: Wegen des Status der Insel als Freihandelszone ist ausländischen Touristen ein **14-tägiger visumfreier Aufenthalt** gestattet. Für die Weiterreise auf das Festland ist jedoch ein reguläres Visum erforderlich, das vor Ort nur mit großem bürokratischem Aufwand erhältlich ist (Passamt am Airport: Tel.

Insel Kish

Sehenswert
1. Unterirdische Stadt Kariz
2. Zisterne
3. Frühislamische Stadt Harireh
4. Fischmarkt
5. Strand von Kolbeh Hoor
6. Wrack eines griechischen Frachters

Übernachten
1. Toranj
2. Grand Hotel Dariush
3. Sadaf
4. Parmis
5. Shayan
6. Flamingo
7. Ghasedak

Essen & Trinken
1. Kooh-e Noor
2. Mirmohana
3. Pooria
4. Tutti Frutti
5. Hafeziyeh

Aktiv
1. Kish Diving Center
2. Ocean Water Park
3. Women's Beach
4. Men's Beach
5. Flyboard Kish

0764 44 22 640; Büro des Außenministeriums: Ferdousi St. 2, Tel. 0764 44 20 734). Daher besser im Voraus besorgen!

In der Hauptsaison von November bis März ist die **frühzeitige Reservierung** von Flügen und Hotelzimmern dringend zu empfehlen. Die große Nachfrage hat im Winter ein für iranische Verhältnisse **hohes Preisniveau** zur Folge, im Billigsegment ist das Service-Niveau leider häufig niedrig und die Preise variieren extrem stark.

Übernachten

Südsee-Feeling – **Toranj** 1 : Jahan Ave., Jasak Sq., Tel. 0764 4450 601-2, 0912 599 05 12. 2016 am nordwestlichen Inselende eröffnetes Luxushotel. Malediven à la Iran, mit knapp 100 modern möblierten Einzelbungalows auf Stelzen über 1m tiefem Wasser, absolute Ruhe, 360°-Meerespanoramablick, 1A-Ausstattung und Betreuung. Luftiges Café-Restaurant mit großem Open-Air-Bereich, am Sandstrand Zeltrestaurant, Wasserpfeifen-Lounge, VIP-Betreuung, breites Wassersportangebot, Leihfahrräder, Billard, Limousinen-/Gepäck-Transfer vom Airport, Wagen- und Buggy-Verleih, Golf-Karts auf Hotelgelände. DZ ab 10 Mio. Rl.

Extravaganza – **Grand Hotel Dariush** 2 : Tel. 0764 444 4900, www.dariushgrandhotel.com. Der Rolls-Royce unter den Inselherbergen, vermutlich sogar eines der besten Fünfsternehäuser Irans. Las Vegas auf Persisch im neo-antiken Stil à la Persepolis, eigener Strand, große Swimmingpools, Luxus-Gastronomie, Fitnesscenter, Tennis Courts, Flughafentransfer etc. EZ 6,9 Mio. Rl., DZ zur Gartenseite 7,9 Mio. Rl., zur Meerseite 8,9 Mio. Rl.

Zeitgemäß komfortabel – **Sadaf** 3 : Amir Kabir Sq., Tel. 0764 44 20 590-7, www.sorinethotels.com. Gediegenes, neues Qualitätshaus mit 55 weiträumig, hellen Zimmern, modern ausgestattet, rundum sehr guter Service. DZ ab 6 Mio. Rl.

Guter Durchschnitt – **Parmis** 4 : Pardis Sq., Tel. 0764 444 62 23. Großhotel, nichts für Individualisten, aber guter Viersternestandard in zentraler Lage, in Fußentfernung zu den Malls. Ansprechendes Büffet, im Erdgeschoss: Restaurant mit Fischspezialitäten und internationaler Küche. Geräumige Zimmer, allerdings manchmal mit Hygienemängeln. Tipp: Zimmer auf der Nordseite mit Meerblick buchen! DZ ab 3,1 Mio. Rl.

Riesenkasten – **Shayan** 5 : Sanaee St., Sahel Blvd., Tel. 0764 44 22 771. Namhafte Adresse mit, auf dem Papier, fünf Sternen, die eindeutig schon bessere Tage gesehen hat. Aber die zentrale Lage praktisch am Strand, der Meerblick von den großräumig-hellen, komfortablen und sauberen Zimmern machen manche Enttäuschung (Lifte, WLAN, Service …) wett. Frühstück und die drei hauseigenen Restaurants sind in Ordnung, die Rezeptionisten sehr nett und hilfsbereit. Swimmingpool, Sauna, (Kinder-)Spielbereich. DZ ab ca. 2,8 Mio. Rl.

Die Golfküste

RADTOUR UM DIE INSEL KISH

Tour-Infos
Start: Im City Center am zentralen Strand, nahe dem Großen Freizeitpier
Karte: S. 319
Dauer: 4 Std. bis ganzer Tag
Schwierigkeitsgrad: Es gibt so gut wie keine Steigungen, aber 75 km auf dem Sattel erfordern eine gewisse Grundkondition. Abzuraten von der Tour ist in der heißen Jahreszeit.
Fahrradverleih: Entlang dem Sahel Beach, am Ende der gleichnamigen Straße hinter dem Hotel Shayan, südlich dem fast 500 m langen Freizeitpier, warten dicht an dicht an die zwei Dutzend private Verleiher auf Kunden. Geöffnet haben die meisten von ca. 7.30–2(!) Uhr früh; Leihgebühr für 2 Std. ca. 70 000 Rl., für längere Zeiträume Rabatte aushandeln! Teils sind auch Tandems, E-Bikes und Elektro-Scooter im Angebot. Weitere Verleihstellen im stadtnahen Bereich, z. B. nahe dem Marjan-Strand.
Hinweis: Sonnenschutz, Trinkwasser und Snacks mitnehmen, evtl. auch (leider nur für Männer) Badebekleidung und Schnorchelausrüstung

Eine Glanzidee setzten die Tourismusmanager von Kish um, als sie rund um die Insel einen für jedermann/-frau frei benützbaren **Radweg** bauten. Er bietet sich an, um die Insel auf entspannte Weise zu erkunden. 75 km lang, in beide Richtungen befahrbar und weitgehend eben, führt er mit Ausnahme des unmittelbaren Stadtbereichs mehr oder weniger direkt am Strand entlang. Dabei folgt der an seinem grünen Belag leicht erkennbare Fahrweg abseits jeglichen motorisierten Verkehrs dem Verlauf der Küstenstraße (Jahan Street). Idealerweise nimmt man sich einen ganzen Tag Zeit, um immer wieder Pausen einzulegen – einfach um in Muße die herrlichen Aussichten über das azurblaue Meer zu genießen oder auch, um in einem der Ausflugslokale einzukehren und die eine oder andere historische Sehenswürdigkeit zu besichtigen.

Bewegt man sich entgegen dem Uhrzeigersinn, umfährt man zunächst entlang dem Iran Blvd. die Hafenzone und folgt dann nach dem großen Kreisverkehr dem Mirmohana Blvd. bis zur unterirdischen Stadt **Kariz** 1 كاريز (tgl. 9–21 Uhr, 250 000 Rl.). Nach seiner Entstehung vor 2500 Jahren diente der Komplex der Versorgung mit Trinkwasser. Heute haben in der teils alten, teils restaurierten Baustruktur Handwerksläden, Gastrobetriebe, Galerien und auch ein kleines Amphitheater Einzug gehalten.

Von hier führt die Route rechts ab, an einem kleinen Gewerbegebiet entlang zu einem Prachtexemplar eines **Ab Anbar** 2 , einer traditionellen **Zisterne,** mit zwei großen, von gleich fünf Windtürmen flankierten Kuppeln. Östlich angrenzend erstreckt sich der **Green-Tree-Erholungspark.** Hier lädt ein nettes Ausflugscafé zur Rast. In Sichtweite erheben sich, über ein 3 km² großes Gelände verstreut, die Ruinen der frühislamischen Stadt **Harireh** 3 شهر حريره, mit Resten eines Herrenhauses, einer Moschee und, weiter nördlich, direkt über dem Meer, einer Festungsanlage. Benjamin von Tudela, der große jüdische Reisende des Mittelalters, beschrieb den Ort im 12. Jh. als florierenden Handelsstützpunkt mit einer großen Gemeinde von Juden und Indern. Zur gleichen Zeit, heißt es, habe der lokale Regent sogar mit einer Flotte von 50 Schiffen und 1000 Mann

Insel Kish

den jemenitischen Hafen Aden attackiert. Doch bald darauf lief ihm Hormuz den Rang als überregionaler Warenumschlagplatz ab.
An der Nordküste vielleicht ein kurzer Stopp am zwar recht sterilen, aber reich bestückten **Fischmarkt** 4 , vielleicht ein Drink im neuen Bungalowhotel Toranj. An der Westspitze, am **Strand von Kolbeh Hoor** 5 , lässt sich von einem der Rastpavillons oder Barbecue-Plätze schön den Wellen zusehen, wie sie gegen die Uferfelsen klatschen. Bald danach laden hintereinander drei Strandlokale, zwei schlichte namens Kolbeh Darvish und Jamil, sowie das ungleich fashionablere Shandiz-e Safdari (Tel. 0934 769 14 60) zur Einkehr. Hauptattraktion an diesem Strandabschnitt, und speziell bei Sonnenuntergang viel bestaunt und fotografiert, ist jedoch ein Stück weiter das **Wrack eines griechischen Frachters** 6 کشتی یونانی کیش (Kashti-ye Younani-e Kish).
Der südliche Küstenabschnitt mag aus Radfahrerperspektive als Durststrecke erscheinen. Einzige mögliche Station ist hier der – allerdings spektakuläre – **Ocean Water Park** 2 . Etwa 6 km nachdem man ihn passiert hat schwenkt der Weg, der Küste folgend, allmählich nach Norden ab. Kish City ist fast schon in Sichtweite. Nach der Rückgabe des Rades (oder auch davor) kann man, bei Tageslicht, vom Freizeitpier aus noch an Bord eines Glasbodenbootes in See stechen, um trockenen Fußes faszinierende Blicke in die Unterwasserwelt zu werfen.

Funktional – **Flamingo** 6 : Amir Kabir Sq., Tel. 0764 44 24 130. Günstige Lage nahe Stränden und Citycenter mit Shoppingmalls und Gastromeilen, zugehöriger netter Garten, Zimmer klein, aber komfortabel, opulentes Frühstücks- und Mittagsbüfett, hilfsbereites Personal, kostenloser Taxi-Shuttle zu diversen Sehenswürdigkeiten und Inselrundfahrt. DZ 1,6 Mio. Rl.

Passable Bleibe – **Ghasedak** 7 : Sahel St., Tel. 0764 44 23 213-4. Kein Hideaway für Romantiker. Im Gegenteil, schlicht, aber so weit sauber und in Ordnung, freundliches Personal, im Ortszentrum, Gehdistanz zum Fährhafen, beliebt bei Chinesen. DZ ab 1,2 Mio. Rl.

Essen & Trinken

Romantisch tafeln – **Kooh-e Noor** 1 : Amir Kabir Sq., Tel. 0764 44 20 590, tgl. 11.30–24 Uhr. Edeladresse, sehr originell in künstlicher Höhle, stimmungsvoll illuminiert (daher der Name »Lichtberg«), umrahmt von schönem Garten, Live-Klaviermusik, vorzüglicher Service und ebensolche europäisch-mediterrane Küche, Steaks, Seafood, auch Kebabs, tolles Salat- und Vorspeisen-Büfett, allerdings teuer. Hauptgerichte ab ca. 800 000 Rl.

Meeresfrüchte – **Mirmohana** 2 : Parvin Etesami St., Tel. 0764 44 22 855, tgl. 11–15, 20.30–1 Uhr. Tadelloses Seafood oder Kebab, auch gute Salate, wenn auch tendenziell übertreuert. Strandblick, am späten Abend Livemusik, teils traditionell, teils verpopt. Gerichte ab 600 000 Rl.

Gemütlich und gut – **Pooria** 3 : Pardis Sq., Tel. 0934 76 81 447. Geschmackvoll-traditionell mit Holzmöbeln und Ziegel-/Fliesenwänden gestaltet, essen wahlweise an Tischen oder auf Takht-Holzbetten, iranische Spezialitäten wie Abgusht, Dizi, Biriyani, Kebab … Hörenswerter Livegesang bis spät in die Nacht. Gerichte ab 200 000 Rl.

Open Air am Meer – **Tutti Frutti** 4 : Sanaii Sq., Ende Darya Blvd., Tel. 0934 769 84 54, tgl. 12–1.30 Uhr. Altgedientes, gutes Restaurant mit Schwerpunkt Seafood, Kebab und italienische Küche. Angenehme Außenterrasse in unmittelbarer Strandnähe, neben dem Freizeitpier, mit Korbstühlen, nette Bedienung. Fisch, Shrimps, Garnelen, Steaks, französische Fleischspeisen. Ab 190 000 Rl.

Essen mit Aussicht – **Hafeziyeh** 5 : Marjan Beach, Tel. 0764 44 66 220, tgl. 11.30–23 Uhr. Das traditionell iranische Essen ist völlig in Ordnung, aber der große Trumpf dieses in Grün und blühende Bougainvilleen gebetteten Restaurantpavillons ist die Lage oberhalb des schönen Marjan-Strandes mit Panoramablick übers Meer. Gute Station bei der Fahrrad-Inselumrundung. Gerichte ab 180 000 Rl.

Die Golfküste

Einkaufen

Wohl die wenigsten europäischen Urlauber werden Kish, wie viele Iraner, zwecks Schnäppchenjagd nach Bekleidung, Kosmetika oder Unterhaltungselektronik ansteuern. Obwohl das Preisniveau merklich unter dem in Festlandstädten liegt. Aber Vorsicht: Bei Markenware von Gucci, Prada, Diesel & Co. handelt es sich meist um Fälschungen aus Fernost. Wer dennoch in Kaufrausch verfällt: Die Namen der bestsortierten Malls lauten **Paradise, Morvarid, Venus, Damoon, Marjoon** und **Zeytoon**. Ihre Adressen sind allen Taxifahrern wohlbekannt. Achtung: klima- sprich siestabedingt sind die meisten Shops zwischen ca. 13 und 17.30 Uhr geschlossen.

Aktiv

Tauchen – **Kish Diving Center 1 :** Sahel Sq., hinter dem Shayan Hotel, Tel. 0912 85 43 246, www.kishdiving.com. Erste Adresse für Tauchenthusiasten seit 1991, Ausrüstungsverleih, Kurse, geführte Tauchgänge zu den attraktiven Korallenriffs im Nahbereich. Kontakt: Ghasem Nargesi und Amir Moghadam.

Wasserpark – **Ocean Water Park 2 :** Jahan St., mittlerer Abschnitt der Südküste, Tel. 0764 44 65 970, tgl. 10–18 Uhr. Auf internationalem Standard sehr aufwendig gestaltete, familienfreundliche Wassererlebnis-Landschaft mit teils abenteuerlichen (Senkrecht-)Rutschen, Loopings, Wellenbädern, Surfwellen, Schwimm- und Plantschbecken, Massage, gute Gastronomie. Eintritt 1,35 Mio. Rl.

Strände – An den öffentlichen Stränden dürfen sich nur die Herren der Schöpfung bis auf die Badehose entblößen und im Wasser baden. Frauen müssen sich zum **Women's Beach 3** im äußersten Nordosten der Insel begeben – ein 2000 m² großer, sorgsam vor aufdringlichen Blicken abgeschirmter, mit Sicherheitsdienst, Umkleideräumen, Schließfächern, Frischwasserduschen, Schattenzonen, Liegen, Snackbar, Kinderspiel- und Beachvolleyballplatz ausgestatteter Sandstrand, an dem sie dann aber, garantiert ungestört, unter sich sind (tgl. 8–18 Uhr, 20 000 Rl.). Das Gegenstück dazu, der **Men's Beach 4**, findet sich hinter dem Grand Hotel Dariush.

Flyboarding – **Flyboard Kish 5 :** Simorg Beach, hinter Hotel Kosar, im Südost-Bereich der Insel, Tel. 0912 038 08 00, www.flyboard kish.com, tgl. 8–20 Uhr. Der letzte Schrei im Bereich Abenteuer-Wassersport – von starken Düsen hochgehoben in bis zu 8 m Höhe über die Wellen brausen.

Radfahren – s. Aktiv unterwegs S. 320

Termine

Sommerfestival: jährlich im Juli und August spezielle Abend- und Nachtprogramme mit Open-Air-Kino, Konzerte mit Pop und traditioneller Musik, Karneval-Aktivitäten, Straßendekorationen etc.

Verkehr

Flug: Vom im Herzen der Insel gelegenen **Kish International Airport** (KIH) gibt es regelmäßig Direktverbindungen in etliche Festlandstädte sowie nach Dubai und Abu Dhabi. Auskünfte: Tel. 0764 44 43 300. Die Büros der Hauptanbieter, **Kish Air** (Tel. 0764 444 55 17-9) und **Iran Air** (Tel. 0764 44 55 683), liegen am Sanaei Sq.

Fähre: Zwischen Port Bandargah-e Shomali und dem Festlandhafen Bandar-e Charak verkehren zwischen 8 und 16 Uhr regelmäßig Speedboote; abgelegt wird, wenn das Boot voll ist (Fahrzeit 45 Min., ca. 400 000 Rl.). Fähren nach Bandar-e Lengeh (Fahrzeit 2 Std., ca. 700 000 Rl.), nach Bandar-e Charak (90 Min., ca. 550 000 Rl.), Frequenz saisonabhängig. **Ticketbüro:** Valfajr Shipping Co., im Schifffahrtsgebäude in Hafennähe, gegenüber der Amir-Moschee, Tel. 0764 442 17 67. **Autofähre:** Die Mitnahme des eigenen Wagens ist möglich, jedoch nur unter groteskem bürokratischen Aufwand. Beim Ticketkauf in Bandar-e Charak kommt man ohne die Hilfe Farsi sprechender Einheimischer schnell an seine Grenzen. Besser: auf dem Festland parken und auf Kish Taxi oder Fahrrad mieten. Oder gleich fliegen (s. oben).

Taxi: Bestellung übers Hotel oder telefonisch, z. B. bei **Harireh,** Tel. 0764 44 51 700; **Paeeze,** Tel. 0764 44 51 670; **Toosan,** Tel. 0764 44 22 400; **Dalahoo,** Tel. 0764 44 51 577. Fahrpreis je nach Distanz ab 50 000 bis max. 300 000 Rl.

Bandar-e Abbas ▶ P 20

Cityplan: S. 325

Noch einmal etwa 180 km weiter nach Osten, und man hat **Bandar-e Abbas**, die Hauptstadt der Provinz Hormozgan, erreicht. Nachdem Schah Abbas I. 1622 mit tatkräftiger Unterstützung der British East India Company die Portugiesen von der Insel Hormuz vertrieben hatte (s. S. 326), gründete er gegenüber, am Festland, anstelle des Fischerortes Gambrun (auf Portugiesisch Comorão), den Hafen Bandar-e Abbas. Er entwickelte sich rasch zu Irans wichtigstem Tor in die maritime Welt. Nachdem im 18. Jh. erneut Buschehr die Führungsrolle unter den Häfen der nördlichen Golfküste übernommen hatte, wurde Bandar-e Abbas 1793 an den Sultan von Oman verpachtet. 75 Jahre später kam es zwar wieder unter persische Oberhoheit. Doch erst in den 1960er-Jahren stieg es erneut zum wichtigsten internationalen Handelshafen des Landes und zum zentralen Ankerplatz der Kriegsflotte auf. Eine Führungsrolle, die es während des Irak-Iran-Krieges dank der großen Distanz zur Front noch ausbauen konnte.

Sehenswertes

Auch wenn Bandar-e Abbas mit keinen überragenden Attraktionen aufwartet und man als Europäer wohl in erster Linie hierherkommt, um auf die beiden Inseln Hormuz und Qeshm überzusetzen, lohnt ein Erkundungsgang. Die Orientierung ist denkbar einfach: Die Stadt mit ihren rund 500 000 Einwohnern erstreckt sich auf einem nur wenige Hundert Meter breiten Küstenstreifen. Am westlichen Ende der viele Kilometer langen Hauptachse, dem Imam Khomeini bzw. Pasdaran Blvd., liegen der kommerzielle Haupthafen und daran anschließend riesige Schwerindustrie- und Raffinerieanlagen sowie der Rajaee-Containerhafen, im Osten Flughafen und zentrale Busstation.

Ein Pfeifchen in Ehren kann niemand verwehren: Mußestunde an der Corniche

Basar und Fischmarkt

Unterhaltsam ist vor allem der Bummel durch den auf Höhe des Fährhafens an die Uferstraße angrenzenden, zentralen **Basar 1**.

Noch mehr Motivfutter für die Kamera verspricht einen knappen Kilometer weiter westlich, an der Ecke zum Sayadan Blvd., der inoffiziellen Fressmeile der Stadt, bis in den späteren Abend hinein der große **Fischmarkt 2** (Bazar-e Mahi Foroshi).

Badehausmuseum 3

Der **Hamam Galedari,** ein Badehaus aus qadscharischer Zeit, beherbergt heute ein kleines **Museum für Badekultur.** Es ist zwar recht charmant, aber leider fast immer geschlossen.

Ehemaliger Hindutempel 4
Tgl. 9–13, 17–22 Uhr, 10 000 Rl.

Ein landesweites Kuriosum bildet der **ehemalige Hindutempel** (Ma'bad-e Hendu-ha). Er wurde mit Spenden indischer Händler, die um 1900 für ein paar Jahrzehnte in der Stadt lebten, finanziert und kürzlich renoviert. Unter seiner den Weltenberg Meru symbolisierenden Kuppel gähnt jedoch Leere, halten nur eine einsame Buddhafigur und ein elefantenköpfiger Ganesha die Stellung. Das Gebäude ist heute ein **Museum** (Muze-ye Mardom Shenasi), das Kunsthandwerk vom Subkontinent zeigt.

Museum für Anthropologie 5
Pasdaran Blvd., Sa–Do 9–22 Uhr, 100 000 Rl.

Das moderne **Museum für Anthropologie** im Westteil der Stadt lädt auf drei Stockwerken zu einem anregenden Gang durch die Geschichte und Alltagskultur der Stadt und Region. Die erste Etage ist temporären Ausstellungen und einer Bibliothek vorbehalten, im zweiten Stock werden u. a. die Nachbildung eines traditionellen Basars, Dioramen zum Thema Fischfang und -handel und zur Vertreibung der Portugiesen von der Insel Hormuz gezeigt. Im dritten Stock ist eine umfassende Sammlung archäologischer Funde von der Prähistorie bis in islamische Zeit zu bewundern.

Imamzadeh Seyed Mozafar 6
Imam Khomeini St.

Im Osten der Stadt beeindruckt das **Mausoleum von Seyed Mozafar** durch seine schiere Größe und seine farbenprächtige Keramikverkleidung. Im Inneren wird ein Nachfahre des Siebten Imams verehrt.

Infos

Atilar Safar Tour & Travel: In der Lobby des Hotel Atilar (s. S. 325), Tel. 076 322 44 033-4, atilar_safar@yahoo.com. Reisebüro mit kompetentem, englischsprachigem Personal, organisiert speziell auch inneriranische Zugreisen und Auslandstrips.

Bandar-e Abbas

Sehenswert
1. Basar
2. Fischmarkt
3. Hamam Galedari
4. Ehem. Hindutempel
5. Museum für Anthropologie
6. Imamzadeh Seyed Mozafar

Übernachten
1. Hormoz
2. Atilar
3. Atilar 3
4. Amin
5. Goharshad
6. Darya

Essen & Trinken
1. Haidar
2. Bandar Seafood
3. Khaloo Ahmad Sandwiches
4. Fanoos
5. Khalij-e Fars
6. Baba Joon
7. Kavooki

Bala Parvaz Travel Agency: Imam Khomeini Blvd., Abuzar Sq., vis-à-vis der Apotheke Helal Ahmar, Tel. 076 322 47 900, balaparvaz@ymail.com. Professionelles Reisebüro, auch Verkaufsstelle für Fährtickets von Valfajr, u. a. nach Sharjah.

Übernachten

Eine explizite Warnung sei für das **Homa Hotel** ausgesprochen, das früher einmal führende Luxushotel der Stadt. Zustand und Personal sind unter jeder Kritik. Meiden!

Fünfsternekomfort mit Abstrichen – **Hormoz** 1 : Imam Khomeini Blvd., nahe Enghelab Sq., Tel. 076 333 42 201, info@hormozhotel.com. Moderner, siebenstöckiger Riesenkasten mit guter Infrastruktur, mehreren Restaurants (Seafood!), weitläufigem Garten samt Outdoorpool, professionellem, hilfsbereitem Personal. Die Zimmer sind etwas heruntergekommen, schöne Stadtaussicht von den oberen Etagen. EZ ab 2,3 Mio. Rl., DZ 3,3–4,5 Mio. Rl.

Komfortabel – **Atilar** 2 : Imam Khomeini St., 17 Shahrivar Sq., Tel. 076 322 27 420-5. Gepflegtes Großhotel im Zentrum, Frühstück und Essen im Restaurant überdurchschnittlich, angenehmer Coffeeshop. EZ 2,1 Mio. Rl., DZ 3,3 Mio. Rl. Gutes Filial-Suitenhotel: **Atilar 3** 3 , Southern Ghaffari St., Tel. 076 40 926.

Durchschnitt mit Charme – **Amin** 4 : Taleghani Blvd., gleich neben der großen sunnitischen Moschee, Tel. 076 322 44 305-9. Hinter der geschäftsmäßig-coolen Glasfassade verbirgt sich ein recht nettes Mittelklassehaus, sauber, professionell geführt, wenngleich eher lärmig, weil direkt an der Uferstraße, Zimmer nach hinten verlangen! Ein Pluspunkt ist die zentrale Lage gleich beim Fährhafen. DZ ab 1,8 Mio. Rl.

Zweckmäßig – **Goharshad** 5 : Golshahr e Jonubi, South Resalat Blvd., Tel. 076 666 84 64. Sehr sauber, tadellos geführtes Standardquartier, gute Aircondition, Restaurant, eigener Parkplatz. Auslauf im Grünen gleich nebenan, im Dowlat-Park, direkt am Meer. DZ 1,5 Mio. Rl.

Budgetschonend – **Darya** 6 : Shahrivar 17, Tel. 076 571 940-9. Die Lobby verspricht mehr, als die Zimmer halten. Aber Betten und Gemeinschaftsbad/-WC sind sauber. Kleiner Aufpreis für das Frühstück. Nicht weit vom Fährableger. DZ 1,2 Mio. Rl.

Essen & Trinken

Seinen Preis wert – **Haidar** 1 : Sajadan Blvd., Tel. 076 33 55 77 90, tgl. 12–23 Uhr. Topadresse für Seafood-Fans, gegrillter Fisch, Fisch mit Gemüsefüllung, Fisch-Kebabs. Hauptgerichte 300 000–400 000 Rl. Etwas preisgünstigere Alternative, wenn voll, zwei Häuser weiter Richtung Meer: **Bandar Seafood** 2 : Tel. 076 555 25 30, tgl. 11–22.30 Uhr. Wer Fisch nicht mag, findet gleich nebenan mehrere gute Fast-Food-Läden: der beste für Falafel ist an der Ecke **Khaloo Ahmad Sandwiches** 3 .

Zentral mit Qualität – **Fanoos** 4 : Vali Asr Sq., Tel. 076 222 54 50 14, tgl. 12–22.30 Uhr. Gehobenes Ambiente und ebensolches Essen, tagsüber traditionelle iranische Küche (vorzügliche Kebabs!), abends auch internationale Küche, im Sommer sitzt man auf dem Dach auf Holzbetten – stimmungsvoll mit Blick auf die belebte Straße bzw. das Meer. Im

Die Golfküste

Erdgeschoss: gutes Fast Food. Hauptgerichte 200 000–300 000 Rl.

Traditionell-iranisch – **Khalij-e Fars** 5 : Azadi Blvd., Tel. 076 336 200 47, tgl. 12–15, 18–23 Uhr. Neues, gestalterisch ambitioniertes, sprich: talmi-glamouröses Restaurant. Fleisch- und Fischspezialitäten auf erfreulichem Niveau, auch Fast Food. Gerichte ab 150 000 Rl.

Meeresfrüchte satt – **Baba Joon** 6 : Dowlat Park, Ostseite, Tel. 076 917 163 55 96. Und noch eine empfehlenswerte Proteintankstelle. Man sitzt im Freien, schnuppert Meeresluft. Besonders gut: die fangfrischen Kalamari. Gerichte ab 140 000 Rl.

Populäres Fast Food – **Kavooki** 7 : Taleghani Blvd., nahe Moj Alley. In-Treff für Einheimische an der Uferpromenade, würzig-gute Burger, Chicken Kebabs & Co., schöne Terrasse mit Meerblick. Ab 90 000 Rl.

Verkehr

Flüge: Der **Bandar Abbas International Airport** (BND) liegt ca. 8 km östlich vom Stadtzentrum. Direktflüge u. a. von/nach Shiraz, Isfahan, Yazd, Teheran, Mashhad, Sari, Tabriz, Kermanshah, Kish und nach Dubai.

Fähre: nach **Hormuz:** s. S. 327; nach **Qeshm:** s. S. 334; nach **Sharjah:** In das Emirat an der südlichen Golfküste verkehren 3 x wöchentl. moderne, große Fähren, Abfahrt von Shahid Bahonar Port (12 km westlich der Stadt, Anfahrt mit Taxi ca. 100 000 Rl.); hin Sa, Mo, Mi, zurück So, Di, Do, Abfahrt jeweils 21 Uhr, Fahrtdauer 12 Std.; einfach 2,9 Mio. Rl., hin und zurück 4,5 Mio. Rl., Ticketbüros: Valfajr Shipping Co., Imam Khomeini Blvd., gegenüber Iran-Air-Büro, Tel. 0762 222 02 52, www.valfajr.ir, oder Bala Parvaz Travel Agency (s. S. 325).

Bahn: Der **Bahnhof** ca. 3 km nördlich des Stadtkerns am Shohada Blvd. ist via Sirjan und Bafq mit dem landesweiten Schienennetz verbunden; Nachtzüge u. a. nach Isfahan (15 Std.), Teheran (19 Std.) und Mashhad (22 Std.).

Bus: Fernverbindungen u. a. nach Bam, Zahedan, Kerman, Shiraz und Teheran. Der **Busterminal** liegt im südöstlichen Stadtbezirk Golshahr e Jonubi an der Kreuzung von Azadi und Imamat Blvd.

Insel Hormuz ▶ P 20

Hormuz, eine im Sommer glühend heiße, nur 42 km² große Insel, liegt Bandar-e Abbas vorgelagert in der Straße von Hormuz und ist wie die jenseits der engen Meeresstraße gelegene, omanische Halbinsel Musandam größtenteils von kahlen, schroffen Bergen bedeckt. Seit dem Spätmittelalter war sie eine wichtige Station auf dem Handelsweg zwischen Levante und Fernem Osten.

Den kometenhaften Aufstieg des bis dahin unbewohnten Eilands hatten Festlandbewohner bewirkt, genauer: Händler aus jener bedeutenden Hafenstadt, die ursprünglich den Namen Hormuz trug, unweit des heutigen Städtchens Minab lag und übrigens auch von Marco Polo besucht und in seinem Buch erwähnt wurde. Der wiederholten Plünderungen durch Nomaden und marodierende Mongolen überdrüssig, hatten sie sich auf der 18 km vor der Küste gelegenen Insel niedergelassen und eine Stadt gegründet, die sie Neu-Hormuz nannten. Mit der Zeit ging der Städtename Hormuz auf die gesamte Insel über.

1507 bemächtigten sich die Portugiesen unter General Alfonso de Albuquerque der strategisch so überaus günstig in der Meerenge zwischen Persischem Golf und Golf von Oman gelegenen Fleckchens Erde. Sie machten es zu einem Glied in jener Kette, die sich von Aden über Goa bis nach Malakka spannte und die Kontrolle des gesamten Schiffsverkehrs von Europa nach Asien entlang der Gewürzroute sicherte. Über ein Jahrhundert lang betrieben sie ihr lukratives Geschäft, bis sie von Schah Abbas I. vertrieben wurden.

Sehenswertes

Ansteuern ließ sich das Inselchen bis vor wenigen Jahren ausschließlich an Bord jener flachen Schnellboote aus Polyester, wie sie auch die Heerscharen von Schmugglern benützen, die Nacht für Nacht haufenweise zollfreie bzw. verbotene Ware aus den Emiraten oder Khasab übers Meer an Irans Gestade befördern. Inzwischen kann man, vor Sonne und

Spritzwasser geschützt, auf bequemen Fähren übersetzen. Von der Anlegestelle erreicht man nach kurzem Fußmarsch durch die einzige Siedlung seine Nordspitze und damit seine kulturelle Hauptattraktion

Portugiesische Festung
Tgl. 7 Uhr bis Sonnenuntergang, 150 000 Rl.
Die aus rötlichem Korallenstein erbauten Außenmauern der **Qaleh-ye Porteghaliha** قلعه پرتغالی‌ها sind noch mehr oder weniger erhalten, der Innenbereich präsentiert sich recht desolat. Nahe dem Eingang passiert man die ehemalige Waffenkammer und den Kerker. Inmitten des großen Innenhofs führen ein paar Stufen in eine gut erhaltene Unterkirche mit gedrungenen Kreuzgratgewölben. Den Höhepunkt der Besichtigung bildet der Aufstieg, an der begehbaren Zisterne vorbei, auf die Festungsmauer, von wo man einen schönen Ausblick über den verschlafenen 4000-Seelen-Ort, die Insel und das jadegrüne Meer genießt.

Kunstgalerien
Für Kunstinteressierte wärmstens zu empfehlen ist der Besuch im **Paradise Art Center** des international renommierten Umweltkünstlers Ahmad Nadalian (Tel. 076 35 32 31 87, 0912 148 21 77, www.riverart.net) und im **Privatmuseum von Kanis** (Tel. 076 353 23 187), der Verkaufsgalerie einer einheimischen Künstlerin. Ihre Bilder und handwerklichen Objekte sind authentische Souvenirs, die Geschichten ihres Lebens als eines von 24 Kindern, das mit sieben verheiratet wurde, hörenswert.

An einem Strand gestalten lokale Künstler mit vielfarbigen Sanden immer wieder große **Land-Art-Muster**. Am besten im Ort, in den beiden Kunstgalerien oder bei Ali Paslar im Red Beach Hotel danach fragen. Als lokaler Guide fungiert Mr. Farhadi, Tel. 0939 50 16 393.

Übernachten
Suitenhotel – **Red Beach :** Tel. 0912 15 75 713, paslargostar@yahoo.com, www.sahelsorkh.ir. 2016 eröffnet, die erste professionelle Herberge auf der Insel, ordentlich ausgestattet, von Manager Ali Paslar und seinem Team aufmerksam geführt. Frühstück inklusive, Verpflegung auch durch Garküchen nahebei, aber jede Suite mit Küche für Selbstversorger. DZ 1,2 Mio. Rl.

Essen & Trinken
Seafood – **Café Gelak:** Tel. 0912 57 03 476. Nette Einkehrmöglichkeit auf dem Weg zur Festung. Kredenzt werden Kräutertees, Säfte, Frühstück und frisches Seafood. Probieren: Chelo Meygu, gebratene Shrimps mit Reis. Ein weiteres Lokal offeriert an der Hauptkreuzung, 300 m landeinwärts vom Pier, tgl. bis spätnachts gutes Fast Food.

Aktiv
Inselerkundung – Der eigentliche Reiz von Hormuz besteht in seinen bizarr-bunten Sanden und Steinen und zerklüfteten Felsformationen. Besonders pittoresk ist das **Regenbogental.** Man kann nach Herzenslust frei umherstreifen, das Eiland entlang einem Sträßchen auf angeheuerten Mopeds oder riksha-ähnlichen Gefährten, in Minibussen oder per pedes in 4–5 Std. (Trinkflüssigkeit nicht vergessen!) umrunden, unterwegs in stillen Sandbuchten schwimmen, die artenreiche Vogelwelt beobachten. Einheimische nehmen Gäste gerne in ihren Fischerbooten mit hinaus aufs Meer (Kontakte: Mr. Zarej, Tel. 0917 90 35 507; Mr. Taraj, Tel. 0917 83 39 454).

Verkehr
Fähre: Moderne, überdachte Komfort-Fährboote fahren vom Shahid-Haqani-Passagierhafen im Zentrum von Bandar-e Abbas (Taleghani Blvd.) im Stundenrhythmus nach Hormuz, letzte Abfahrt 18.30 Uhr. Fahrzeit je nach Bootstyp 30–50 Min., 60 000 Rl. Direktverbindungen neuerdings auch von Qeshm City 2 x tgl., Qeshm–Hormuz 7 und 14 Uhr, in die Gegenrichtung 8 und 15 Uhr, Fahrzeit ca. 50 Min., 120 000 Rl. Daneben verkehren auf der Strecke Bandar-e Abbas–Hormuz weiterhin die alten, offenen Außenbord-Speedboote aus Polyester: nettes Abenteuer, aber bei hohem Seegang nicht ganz ungefährlich und wegen der Gischt eine oft feuchte Angelegenheit.

Die Golfküste

MARKT IN MINAB

Wer gerne über Märkte bummelt, sollte sich diesen nicht entgehen lassen: Donnerstagvormittag findet in der Oase **Minab,** 110 km östlich von Bandar-e Abbas, ein berühmter **Wochenmarkt** پنجشنبه‌بازار میناب statt. Das Getriebe zwischen den Aberhunderten ambulanten Ständen der Bandari (»Hafenleute«), so die Bezeichnung für die Bewohner der Provinz Hormozgan, könnte bunter nicht sein. Eine Augenweide sind die farbenprächtigen Gewänder der Händlerinnen und ihrer Kundinnen, besondere Blickfänge ihre *boregheh* – Masken aus Leder oder kunstvoll besticktem Stoff, wie sie ähnlich auch im Oman und anderen Teilen der Arabischen Halbinsel in Gebrauch sind.

Das Tragen dieser Masken, die vor allem das Umfeld der Augen und die Nase bedecken sollen, ist eine jahrhundertealte Tradition. Es habe, so eine Theorie, ihre Wurzeln in der Zeit der portugiesischen Herrschaft. Hübsche Mädchen hätten damals auf diese Weise zu vermeiden versucht, dass weiße Sklavenhändler auf ›viel versprechende Ware‹ aufmerksam wurden. Eine andere Theorie besagt, die Küstenbewohner hätten den häufigen Invasoren damit vortäuschen wollen, es handle sich bei den Maskierten um besonders martialische, männliche Soldaten. Natürlich sollen die *boregheh* auch Haut und Augen vor der stechenden Sonne schützen.

An die Verzierung ihrer Masken verwenden die Küstenbewohnerinnen viel Mühe

Und schließlich hat ihre Verwendung religiöse und kulturelle Gründe, unterstreicht sie doch, dass eine sittsame Frau sich vor aufdringlichen Blicken abzuschirmen und mit fremden Männern nicht zu sprechen hat. Außerdem erkennen Einheimische an den verschiedenen Farben und Ornamenten der Masken gleich auf den ersten Blick, welcher Familie und welchem Dorf die Trägerin entstammt und welchen Status sie genießt.

Anfahrt: Die Fahrt nach Minab entlang ausgedehnter Palmenhaine und kurz vor dem Ziel durch eine packende, scharfzackige Felslandschaft dauert gut 1,5 Std. (Taxi von Bandar-e Abbas einfach ca. 150 000 Rl.). Man sollte früh starten, denn am geschäftigsten ist der Markt ab 6 Uhr morgens bis zum mittleren Vormittag.

Übernachtung: Wer früh vor Ort sein will, übernachtet im **Minab Tourist Complex.** Der liegt am östlichen Ortsrand, im Mellat-Park, ist gut gepflegt und kostet im DZ ca. 1,6 Mio. Rl. (Tel. 0764 22 30 375, www.ittic.com).

Hinweis: Eine Warnung noch für Fotografen: Manche Bandari-Frauen, vor allem ältere, reagieren auf den Anblick einer Kamera ungehalten und verbitten sich, manchmal recht vehement, abgelichtet und damit aus ihrer Sicht ihrer Seele beraubt zu werden.

Insel Qeshm

Karte: S. 333

Qeshm, die mit 1700 km² größte Insel an Irans Südküste, liegt nur 20 km westlich von Hormuz und kaum weiter von Bandar-e Abbas entfernt, von wo es per Fährboot bequem zu erreichen ist. Schon in Marco Polos Reisebericht wird sie als wichtiger Handelsstützpunkt für den transkontinentalen Schiffsverkehr erwähnt und zählt heute rund 130 000 Einwohner. 1990 wurde die Insel von der Regierung zur Freihandelszone erklärt.

Im Vergleich zu den Glitzerstädten an der nahen südlichen Golfküste erweist sich die 110 km lange Insel als sehr ursprünglich, geradezu erfrischend verschlafen und ihre Bevölkerung auffallend traditionsbewusst. Was sich freilich ändern dürfte, wenn die seit Kurzem in Bau befindliche Straßen- und Eisenbahnbrücke vom Festland über die Meerenge von Khuran nach Laft-e Kohneh fertiggestellt ist.

Das Landesinnere wirkt mit seinen stark erodierten Tafelbergen und den steinigen, nur vereinzelt von Dornbäumen bewachsenen Ebenen unwirtlich. Kein Wunder in Anbetracht des Wassermangels und durchschnittlicher Tagestemperaturen im Sommer von an die 40 °C. Trotzdem ist die Natur, sind die ausgedehnten Mangrovensümpfe, traumhaften Gesteinsformationen und die unverbauten Küsten und die artenreiche Tierwelt Qeshms größter touristischer Trumpf.

Laft und die Nordküste
▶ O 20

Von Bandar-e Pol auf dem Festland verkehren Fähren nach **Laft.** Der älteste Handelshafen der Insel bietet mit seinem regelrechten Wald aus **Windtürmen** ein unverfälschtes Ortsbild von anno dazumal, wie man es entlang der ganzen Küste zwischen irakischer und pakistanischer Grenze nur noch sehr selten vorfindet.

Naderi-Festung 1

Den besten Blick darauf hat man von dem Hügel nahe den Resten der portugiesischen **Naderi-Festung.** In deren unmittelbarer Nähe stehen zwei prächtige **Kuppelzisternen.** Ihnen benachbart finden sich um die 70 kreisrunde Öffnungen im Boden – unterirdische Reservoirs für Regenwasser aus sassanidischer oder sogar achämenidischer Zeit.

Lenj-Werft 2

An der nördlichen Ortseinfahrt liegt rechter Hand am Wasser eine jener Reparaturwerften für hölzerne Frachtkähne (*lenj*), von denen in Qeshm nach wie vor etliche in Betrieb sind, unter anderem in den Küstendörfern **Guran, Paiposht** und **Zainabi.**

Die Golfküste

Hara-Mangroven 3

Die zentrale Bucht an Qeshms Nordküste ist auf einer Fläche von 20 km² dicht mit Mangrovenwald bedeckt Das Feuchtgebiet namens **Jangal-e Hara** جنگل حرا wurde bereits Mitte der 1970er-Jahre gemäß Ramsar-Konvention zum Biosphärenreservat deklariert. Es ist Lebensraum für über 100 Arten von Zug- und Wasservögeln und entsprechend ein Paradies für Ornithologen. Ökologisch kostbar ist es zudem, weil die Luftwurzeln der Bäume Brackwasser erzeugen und so den hohen Salzgehalt des Persischen Golfes reduzieren helfen.

Das aquatische Labyrinth, das sie hier bilden, kann man an Bord sechssitziger Außenborder erkunden. Die Bootskapitäne warten an Ablegern u. a. bei **Tabl** und **Soheili** auf Passagiere. Vorbuchen ist nicht nötig (30- bzw. 60-minütige Rundfahrten 700 000/1,3 Mio. Rl.). Es empfiehlt sich, bei ansteigender Flut zu starten, denn bei Ebbe behindern Schlammbänke die Fahrt. Sonnenschutz nicht vergessen! Intensiver wird das Erlebnis, wenn man einen lokalen Guide und ein Fernglas mit dabei hat.

Geopark ▶ O 20

Im Jahr 2006 wurde ein rund 300 km² großes Gebiet im Westteil der Insel unter der Ägide der UNESCO zum **Global Geopark** erklärt. Er ist der bislang einzige im Nahen und Mittleren Osten – eine Art Freilichtmuseum für die Langzeiteffekte der geballten Kreativität von Tektonik und Erosion.

Namakdan-Salzdom 4

Eine besonders spektakuläre Hervorbringung stellt der **Ghar-e Namaki** غار نمکی mit der weltweit größten Salzhöhle dar. Von ihren fast 7 km langen Verzweigungen sind zwar nur die ersten 100 m ohne Spezialausrüstung begehbar. Aber schon dort verdrehen einem die von der Decke wuchernden weißen Kristalltrauben den Kopf (Zufahrt 2,5 Autostunden von Qeshm City entlang der südlichen Küste bis kurz vor Kani, für die unasphaltierten Straßen in diesem Inselteil Geländewagen und für den Salzdom Mitnahme eines ortskundigen Führers empfehlenswert).

Chahkuh-Schlucht 5

Luftlinie keine 10 km entfernt, aber nur vom Norden her über ein Sträßchen bei Chahu Sharghi erreichbar, ist die frei zugängliche **Tang-e Chahkuh** تنگ چاه‌کوه, in der man wunderschön kilometerweit bis zu einer Süßwasserquelle wandern kann.

Tal der Statuen 6

Von Tabl aus gut mit dem Auto erreichbar, vor Ort aber dann vorwiegend zu Fuß zu besichtigen ist das **Tal der Statuen** alias Tandis-ha-Tal دره تندیس‌ها. Dessen fantastische Felsformationen kann man auch vom **Dach von Qeshm** aus überblicken, einem grandios verwitterten Hochplateau, auf das man von der Straße Tabl–Salakh aus über eine kurze Piste und einen 15-minütigen Anstieg zu Fuß gelangt.

Insel Qeshm

Inselosten ▶ P 20

Tal der Sterne 7
So–Fr 7.30 Uhr bis Sonnenuntergang, Eintritt inkl. Museum 50 000 Rl.

Ein Außenposten des Geoparks und besonders besuchenswert ist weit im Inselosten das **Darreh Setareha.** Es erinnert mit seinen von Wind und Wetter aus dem Mergel und Sandstein geschmirgelten Klippen, Säulen und schmalen Canyons dazwischen ein wenig an Kappadokien.

Bei der Anfahrt zum Visitor's Center, das auch ein nett gestaltetes **Museum** beherbergt, fallen das ausnehmend gepflegte Ortsbild des Dorfes **Borka Khalaf** und, gleich dahinter links, eine kolossale, über 70 m lange Wasserzisterne ins Auge.

Krokodilfarm und Inselchen Naz

Über **Rigu** zurück am Meer, ist es nicht mehr weit bis zum Küstenort **Suza,** wo man eine **Krokodilfarm** 8 besichtigen kann.

Ganz in der Nähe liegt einem herrlich weiten Sandstrand vorgelagert das **Inselchen Naz** 9 **.** Zu dem kleinen Tafelberg, einem Nistplatz für Seevögel, kann man bei Ebbe (fast) trockenen Fußes hinausspazieren.

Khorbas-Höhlen 10
Tgl. 8–18 Uhr, 200 000 Rl.

Eine weitere Attraktion wartet am Weg ostwärts Richtung Qeshm City: die **Khorbas-Höhlen** غار خربس, die zur Zeit der Sassaniden von Anwohnern ausgebaut und vermutlich als Kultstätten zur Verehrung von Mithras und Anahita benutzt wurden.

Seit der Erklärung zur Freihandelszone werden auf Qeshm mehr Shoppingmalls und Hotels als Schiffe gebaut

Qeshm City ▶ P 20

In **Qeshm City** an der Ostspitze der Insel legen die Fähren aus Bandar-e Abbas an. Der Hauptort der Insel hat sich seit der Einrichtung der Freihandelszone zu einer quirligen Stadt mit gläsernen Bürohäusern, Shoppingmalls und etlichen modernen Hotels entwickelt.

Von seiner großen Vergangenheit zeugt nur noch die Ruine der 500 Jahre alten Portugiesenfestung **Qaleh-ye Porteghaliha** 11 قلعه پرتغالی‌ها (tgl. 7–18 Uhr, 60 000 Rl.). Doch der örtliche **Basar** funktioniert noch im Rhythmus früherer, gemächlicherer Zeiten.

Infos

Im Internet: Eine Fundgrube für Infos zu Qeshm sind die offiziellen Websites des Tourismusverbandes, www.qeshmtours.com, und des Geoparks, www.qeshmgeopark.ir
Guides: Zahra Ghaffari, Tel. 0917 329 46 39, Ghaffari.20@gmail.com (engl.); Mitra Pourrezaee, Tel. 0917 139 24 45, mpourrezaee@gmail.com (engl. und etwas deutsch).
Wichtiger Hinweis: Dank dem Status von Qeshm als Freihandelszone ist ausländischen Touristen ein **visumfreier Aufenthalt bis 14 Tage** gestattet. Für die Weiterreise ist jedoch ein reguläres Visum erforderlich, das theoretisch vor Ort erhältlich, aber nur unter großen Umständen zu besorgen ist. Die Formalitäten besser vorab regeln!

Übernachten

Eine aktuelle Liste netter **Gästehäuser** auf der ganzen Insel findet sich auf www.qeshmtours.com/en/guest-houses.
… in Qeshm City:
Passabel – **Shadnaz** 1 : Felestine St., Pardis Jct., neben der Refah-Bank, Tel. 076 522 23 95-96. Nicht weiter aufregend, aber funktionell, sauber und gleich um die Ecke vom großen Basar. DZ = Suite für 2 Pers. 2,4 Mio. Rl.
Flaggschiff der Insel-Hotellerie – **Kimia** 2 : Sayadan Blvd., Jahad Sq., Tel. 0763 522 66 00, www.kimiaqeshm.com. 2013 in einem Shoppingkomplex eröffnet, professionell geführt, sehr gepflegte Ausstattung mit modernem Mobiliar, Open-Air-Restaurant, Coffeeshop im Dachgeschoss, auch Suiten mit bis zu 6 Einzelbetten. DZ 2,25 Mio. Rl.
Neu und ansprechend – **Plus** 3 : Imam Khomeini Sq., nahe City Bank bzw. Ghadim-Basar, Tel. 0763 522 54 73. Modernes Dreisternehaus mit 15 Zimmern, davon 12 Suiten, alle geräumig, mit voll ausgestatteten Küchen, großzügige Lobby, kein Restaurant, aber Coffeeshop. DZ/Suite 2,2 Mio. Rl.
Behaglich – **Behesht** 4 : Felestine St., Val-e Asr Blvd., Tel. 0763 524 12 14. Zentral gelegen in Gehdistanz zu Basar und Shoppingcenter, jüngst renoviert und daher gut in Schuss, Businesscenter, Coffeeshop mit Snacks, eigener Parkplatz, alle 68 Zimmer/Suiten mit Kitchenette. DZ 850 000 Rl.

Insel Qeshm

Sehenswert
1. Naderi-Festung
2. Lenj-Werft
3. Hara-Mangroven
4. Namakdan-Salzdom
5. Chahkuh-Schlucht
6. Tal der Statuen
7. Tal der Sterne
8. Krokodilfarm
9. Inselchen Naz
10. Khorbas-Höhlen
11. Portugiesische Festung

Übernachten
1. Shadnaz
2. Kimia
3. Plus
4. Behesht
5. Haft Rangoo
6. Amini Hostel
7. Assad's

Essen & Trinken
1. Qaleh
2. Kurdestan
3. Shabhaye Talai

Aktiv
1. Golden Beach Resort
2. Dolphin Seir Sahel Qeshm
3. Tabiat Seir Qeshm

… in Tabl und Umgebung:
Wohlfühloase – **Haft Rangoo** 5 : unweit von Tabl und den Mangroven, 15 Autominuten vom Airport, Tel. 0917 903 27 62. Familiäre Atmosphäre, viel junges Traveller-Publikum. Hassan Sharifi, der hilfsbereite Betreiber, organisiert mit seinem Team Transport, Guide, Ausflüge und liefert als Kenner der Insel jede benötigte Info. Volleyballfeld, abends gemeinsames Lagerfeuersitzen und morgens Yoga, schattiger Hof mit Hängematten, ausgezeichnete Küche Marke Mama. Übernachtung 400 000 Rl. pro Pers., Frühstück 100 000 Rl. extra, mit Vollpension 1 Mio. Rl. pro Pers.
Der Charme des Unverfälschten – **Amini Hostel** 6 : im Inselzentrum nahe den Mangroven, Tel. 0917 76 77 601, www.amini-hostel.com. Wohnen wie die Einheimischen, Teppichboden mit Matratzen, Duschen im Zimmer, Gemeinschaftstoiletten, eigene Ausflugsprogramme. Hausmannskost mit vorzüglichem Fisch, Seafood und vegetarischen Gerichten, serviert – bei Voranmeldung auch für Tagesgäste – im palmenbeschatteten Innenhof. 300 000 Rl. pro Pers. inkl. Frühstück.
… in Doulab:
Erholung pur – **Assad's** 7 : Tel. 0936 24 77 331, assad2426@yahoo.com. Schlicht, aber authentisch und sauber, weitab vom Schuss, im Westteil der Insel, 5 Gehminuten vom Strand. Der Betreiber organisiert Ausflüge im Auto, Offroad-Touren mit dem Motorrad und nächtliche Ausfahrten zum Fischen, der Preis: 500 000 Rl. pro Person mit Vollpension.

Essen & Trinken
Eine Spezialität der Insel ist Ziegenkebab (Kebab-e Boz). Das beste bekommt man in den Lokalen des Ortes Ramkan.
… in Qeshm City:
Nach dem Festungsbesuch – **Qaleh** 1 : direkt neben der Burg, an der neuen, großzügig gestalteten Strandpromenade, Tel. 0763 522 47 65, tgl. 20–23 Uhr. Schöner Blick auf das Öltanker-Defilee und die Insel Hormuz. Küche mit Schwerpunkt Meeresgetier. Hauptgerichte ab 200 000 Rl.
Fleisch vom Feinsten – **Kurdestan** 2 : Pardis Junction, Tel. 0763 522 81 42, tgl. 12–15, 19–23 Uhr. Trotz nur funktionalen Ambientes eine Stätte des Glücks für eingefleischte Kebabisten, für Lämmer, Hühner, Rinder weniger. Hauptgerichte ab 150 000 Rl.
Tolles Strandrestaurant – **Shabhaye Talai** 3 : Zeytoun Park, Darya St., Tel. 0936 39 74 103, 0933 59 79 673, www.shabhayetalai.com, tgl. 12.30–16.30, 17–1 Uhr, Juli/Aug. geschl. Alireza Mohammadi und seine deutsche Frau Annelie servieren am südlichen Stadtrand direkt am Meer köstliche Pizza, Pasta, Kebab und Steaks, aber auch frischen Fisch, Seafood und Vegetarisches. Besonders stimmungsvoll: Chai und Wasserpfeife in lauen Nächten bei Livemusik im Salon oder auf der Terrasse mit Blick aufs Meer. Parallel betreiben die beiden ein schmuckes Hotel (DZ 1 Mio. Rl.), organisieren maßgeschneiderte Inseltouren, Auto-, Motorrad- und Radverleih. Iranische Gerichte ca. 150 000 Rl., frischer Fisch etwas teurer.

Die Golfküste

Einkaufen

Souvenirs – Beliebte Mitbringsel, mit deren Kauf man zudem lokale Fraueninitiativen fördert, sind handgefertigte, mit bunten Borten *(zaribafi)* oder meeresbezogenen Motiven **bestickte Textilien**, auch Puppen. Zentren des Handwerks mit Souvenirshops sind die Dörfer **Salakh, Kavarzin** und **Borkeh Khalaf.**

Aktiv

Tauchen – Riffe und Unterwasserfauna rund um Qeshm, Hengam und die Nachbarinsel Larak sind nicht so grandios wie etwa im Roten Meer, aber sehr wohl lohnend. Auf **Hengam** bietet **Dive Persia,** ein PADI-authorisierter Profiveranstalter, begleitete Tauchgänge mit Booten inkl. Kurse, Geräteverleih und Quartier in einfachen Mehrbettzimmern, Tel. 0936 021 94 44, 0912 260 45 60, divepersia@gmail.com, www.divepersia.com. Ebenfalls professionell agiert die **Golden Dolphin Diving School** in Suza, an der Südküste von Qeshm, Tel. im Teheraner Büro 021 22 69 83 16.

Wassersport – **Golden Beach Resort** 1 : 10 km südöstl. von Qeshm City, nahe der Khorbas-Höhle, bietet ein langer Sandstrand – eine Seltenheit in Iran – Infrastruktur für Tagesgäste mit Picknick- und Kinderspielplatz, Wassersportangeboten sowie Panoramarestaurant mit internationaler Küche. Strandbenutzungsgebühr 50 000 Rl., wird bei Konsumation rückerstattet. Nebenan: das Dreisterne-Bungalowhotel Golden Beach, Tel. 0763 534 2900-7, www.goldenbeachhotel.ir.

Inselexkursionen – Das äußerst umtriebige Management des **Geoparks** organisiert von Rangern fachkundig geführte Geotouren, buchbar direkt im Geoparkbüro, Tel. 0763 524 22 82, 0763 525 22 37, info@qeshmgeopark.ir, www.qeshmgeopark.ir, Kontakt: Hamid Reza Mohsenpour; oder, besser, über folgende Reiseagenturen in Qeshm City: **Dolphin Seir Sahel Qeshm** 2 : Eram Hotel, Sadi Sq., Tel. 0763 52 28 940, 0917 36 66 676 (Kontakt: Tayeb Eslami), dolphinseirqeshm@yahoo.com, www.dolphinseir.ir; **Tabiat Seir Qeshm** 3 : Ghafari St., Velayat Sq, Tel. 0763 52 25 101, 0917 36 31 192 (Kontakt: Mahmoud Rashedi), tabiatseirqeshm@yahoo.com, www.qeshmseir.com.

Das **Institut Avaye Tabiate Paydar,** eine privat initiierte, sehr verdienstvolle NGO mit Sitz in Teheran, die landesweit das Bewusstsein für Ökotourismus schärfen hilft, Tour Guides trainiert und in den Bereichen Umweltschutz, Biodiversität, nachhaltige Architektur, Traditionspflege u. v. m aktiv ist, organisiert auf Qeshm Ökotouren mit den Schwerpunkten Geologie, Wildlife- und Vogelbeobachtung, aber auch Tauchaufenthalte auf Hengam. Tel. in Teheran 021 88 53 74 96, info@tabiatpaydar.com, www.tabiatpaydar.com.

Verkehr

Flug: Der **Qeshm International Airport** (GSM) liegt 43 km westlich von Qeshm City an der Südküste, nahe dem Ort Dayrestan. Direktflüge u. a. nach Dubai und Teheran (tgl.), Shiraz (5 x wöchentl.), Isfahan, Kermanshah und Mashhad (2 x wöchentl.).

Schiff: Von Bandar-e Abbas (Shahid Haqani Port) nach Qeshm City (Zakeri Port): mit Schnellboot (150 000 Rl.), Fähre oder gedecktem Motorboot; Fahrzeit zwischen 30 und 50 Min., 100 000–140 000 Rl. Gefahren wird nicht nach Fahrplan, sondern die Schiffe starten, wenn sie voll sind (in der Regel nur kurze Wartezeiten).

Eine weitere Fährlinie verbindet weiter westlich den Festlandhafen Bandar-e Pol mit Laft-e Kohneh; Fahrzeit 20 Min., pro Auto 230 000 Rl. (plus 600 000 Rl. Steuer).

Seit 2016 startet 2 x wöchentl. eine Schnellfähre von Qeshm City (Bahman Port) nach Khasab auf der omanischen Halbinsel Musandam (ca. 65 US-$, Fahrzeit 90 Min., Oman-Visa in Khasab erhältlich).

Fernbus: Von Qeshm bestehen Verbindungen zu diversen Festlandstädten, u. a. Shiraz, Yazd und Isfahan. Die Busse setzen von Bandar-e Pol nach Laft über. Abfahrt/Ankunft teils in Qeshm City, teils im Terminal von Dargahan, 15 km westlich von Qeshm City, von dort in die Stadt per Taxi.

Inselverkehr: Es gibt auf Qeshm keine öffentlichen Verkehrsmittel. Überlandtaxis sind aber in Qeshm City für eine Tagespauschale von 3,5–4,5 Mio. Rl. über Reisebüros und Hotels problemlos anzumieten.

Insel Qeshm

DELFINE UND SCHILDKRÖTEN BEOBACHTEN

Tour-Infos
Start: vom Anleger Kandalu nahe **Shibderaz** شیب دراز, 7 km südlich vom Qeshm Airport, ab 7 Uhr zur **Insel Hengam** (20 000 Rl., 2 km); vom dortigen Dorf Hengam-Nou mit Speedbooten in den Golf von Daryerstan.
Anfahrt: per Taxi aus Qeshm City oder Laft (ca. 1 Mio. Rl.) oder vom Flughafen (ca. 100 000 Rl.), mit eigenem Wagen Schildern Richtung Airport bzw. South Beach folgen.
Dauer: Bootstrip mind. 3 Std., mehrtägiger Inselaufenthalt möglich

Unterkunft: Privatquartier oder Strandhütte in Hengam-Nou, etwa 350 000 Rl. pro Pers. inkl. Frühstück.
Organisation: Auf Hengam herrscht südländisches Laissez-faire. Organisiert wird problemlos auch spontan bei Ankunft unangemeldeter Gäste im Hafen von Shibderaz. Pauschalpreis pro Zwölfsitzerboot ca. 1,5 Mio. Rl., Halbtagespaket 120 000 Rl. pro Pers., Delfinbeobachtung, Stopp im Stranddorf und Essen inklusive. Kontakt und Guide: Afshin Hengami, Tel. 0917 977 30 56, 0939 22 89 598.

Die **Insel Hengam** liegt vor der zentralen Südküste von Qeshm, misst 36 km², zählt auf drei Dörfer verteilt, 700 Einwohner und ist dabei, sich als Hideaway für Romantiker einen Namen zu machen. Wer Komfort oder gar Luxus sucht, ist fehl am Platz. Dafür wartet Natur pur: unter Wasser Korallenriffe und eine reichhaltige Meeresfauna, an Land wild lebende Chinkara-Gazellen, Kalkklippen und abgelegene Sandbuchten, in denen dem Vernehmen nach – psst, psst! Nicht verraten! – angeblich sogar Männlein und Weiblein gemeinsam schwimmen und sonnenbaden können. Im Hauptort, **Hengam-Nou**, gibt es einen charmanten Handwerksbasar und mehrere Strandlokale, wo man im Schatten eines Barasti-Daches köstliche Sambuseh (Samosas) und anschließend beim Tee eine Qaliyan (Wasserpfeife) genießen kann.
Highlight im touristischen Angebot von Hengam ist die Möglichkeit, von kleinen Außenbordern aus **Delfine,** genauer: Indopazifische Große Tümmler, zu beobachten. Die Wahrscheinlichkeit, auf eine Schule zu stoßen, ist am Morgen am höchsten, doch auch tagsüber groß. Die Bootskapitäne brauchen bloß eine halbe Stunde hinaus in den Golf von Daryerstan, die Meereszone zwischen Hengam und Qeshm, zu fahren. Dort lassen sie, wohltuend entspannt wie sie sind, ihren Passagieren ausreichend Zeit, sich in aller Muße an den Kapriolen der verspielten Tiere zu ergötzen.
Eine weiteres faszinierendes Naturschauspiel kann man im Frühjahr wenige Kilometer östlich von **Shibderaz** an der **Südküste von Qeshm** erleben. Von Anfang März bis Anfang Juni kommen dort **Karettschildkröten** zur Eiablage an den Sandstrand. Noch vor einer Generation pflegten Einheimische diese Eier auszugraben und zu verspeisen. Eine zusätzliche Bedrohung für diese Tiere, die wegen ihres Fleisches und des Schildpatts ihrer Rückenpanzer intensiv bejagt werden und deshalb ohnehin vom Aussterben bedroht sind. Inzwischen organisiert eine lokale NGO mit Unterstützung der UNESCO vor Ort deren Schutz. Der Strand wird während der Saison sorgsam abgesteckt, bewacht, der Zutritt geregelt. Touristen können in Begleitung eines Wächters dem zauberhaften Schauspiel beiwohnen – am eindrucksvollsten ist es nachts, im Schein einer Taschenlampe.

Kapitel 4

Isfahan und zentrales Hochland

Südlich der Großen Salzwüste und der Wüste Lut, die einen Gutteil des zentraliranischen Hochlandes bedecken, verläuft seit mindestens 2000 Jahren eine Fernhandelsroute von transkontinentaler Bedeutung. Ihr entlang reiht sich eine Kette uralter Oasenstädte – urbane Gesamtkunstwerke, zu weiten Teilen aus Lehm erbaut, gespickt mit kostbaren Baudenkmälern, und im Alltag geprägt von der Religiosität und Traditionstreue ihrer Bewohner. Im Hinterland laden bis weit über 4000 m hohe Gebirge sowie schier endlose Sandmeere zu abenteuerlichen Ausflügen. Überstrahlt werden all diese Attraktionen jedoch von der glänzendsten aller Metropolen: Isfahan.

Die märchenhafte Pracht Isfahans, sein bauliches Erbe aus Mittelalter und Safawidenzeit sowie das weltläufige Flair seiner Plätze, Gärten und Alleen zu preisen, hieße Eulen nach Athen tragen. Doch auch für andere altehrwürdige Handelszentren wie Kashan, Kerman und Yazd gilt: Ihre labyrinthischen Basare, die famosen Moscheen und Mausoleen, Koranschulen, Bäder und Händlerpaläste prägen sich tief ins Gedächtnis. Unvergesslich bleibt ein Besuch in der heiligen Stadt Qom. Architektonisch wie atmosphärisch faszinieren aber auch viele kleinere Städte, Ardestan und Abarkuh z.B., Meybod, Nain oder Zavareh. Unterwegs über Land gibt es jede Menge Karawansereien und Festungen zu entdecken.

Groß ist außerdem die Bandbreite möglicher Naturerlebnisse. Meist tadellose Asphaltstraßen, selten noch holprige Sandpisten entführen in die atemberaubenden Landschaften der Dasht-e Lut und Dasht-e Kavir. Mittlerweile fast schon populäre Wüstengegenden sind die Kaluts östlich von Kerman und die Sanddünen bei Varzaneh, Mesr und Maranjab. Sportliche Herausforderungen für Wanderer, Kletterer, Mountainbiker bieten diverse Bergmassive, vom Karkas-Gebirge unweit von Kashan über das besonders schroffe Massiv des Shir Kuh bei Yazd bis zum Kuh-e Hezar auf halbem Weg zwischen Kerman und Bam.

Vollendete Schönheit: Der Anblick der Lotfollah-Moschee
lässt auch nüchterne Gemüter nicht unberührt

Auf einen Blick: Isfahan und zentrales Hochland

Sehenswert

⭐ **Isfahan**: »Isfahan ist die Hälfte der Welt«, behaupten seine Bewohner mit Inbrunst. Die glanzvollste unter allen Städten Irans ist es auf jeden Fall (s. S. 340).

⭐ **Kashan**: In der Stadt der Keramikfliesen und des Rosenwassers warten prächtige Händlerpaläste und ein königlicher Garten (s. S. 391).

⭐ **Yazd**: Die komplett aus Lehm erbaute Altstadt ist die größte der Welt und zählt zum Weltkulturerbe der UNESCO (s. S. 416).

⭐ **Kerman**: Als zentraler Knotenpunkt wichtiger Karawanenrouten besitzt die Stadt einen ganz wunderbaren Basar (s. S. 434).

⭐ **Arg-e Rayen**: Die schön renovierte Lehmburg mit dem Gipfel des Hezar im Hintergrund ist der neue Star unter Irans historischen Festungsstädten (s. S. 446).

Schöne Routen

Ausflug nach Varzaneh: Sattgrüne Felder, Taubentürme, aber auch hochkarätige Moscheen säumen den Unterlauf des Zayandeh Rud. Am Ziel wartet eine in ihrer Verschlafenheit sehr reizvolle Kleinstadt (s. S. 373).

Ins Herz der Dasht-e Kavir: Sanddünen, Salzseen und uferlose Geröllfelder – die Fahrt von Nain auf tadellosem Asphaltband in die Oasen von Mesr, Farahzad, Garmeh und weiter nach Tabas bietet Wüstenerlebnis pur (s. S. 410).

Meine Tipps

Zitadelle von Murcheh Khort: »Sich lustvoll verirren« lautet die Devise in dieser ruinösen Wehrsiedlung 40 km nördlich von Isfahan. Die 3 ha große, labyrinthische Geisterstadt aus Lehm erweist sich als fantastischer Abenteuerspielplatz (s. S. 377).

Ausgrabungen am Konar Sandal: Lokalaugenschein am Ort der jüngsten archäologischen Sensation. In dem Grabungshügel bei Jiroft kam kürzlich ein 5000 Jahre alter Schatz ans Tageslicht (s. S. 450).

Aktiv

Sanddünen, Sümpfe und Salzseen: Unterwegs, wo sich der Zayandeh Rud in der Wüste verläuft – auf Basaltberge, über Sanddünen, durch Sümpfe und Salzseen (s. S. 374).

Zum Ursprung des Zayandeh Rud: In der Bergregion von Kuhrang westlich von Isfahan kann man durch herrlich unberührte Hochtäler streifen und dabei Bakhtiari-Nomaden begegnen (s. S. 378).

Wüstenausflug nach Maranjab: Eine Kurzvisite in der Dasht-e Kavir samt Dünenwanderung und Abstecher zum Großen Salzsee. Wer Muße hat, übernachtet in der Karawanserei oder unterm Millionen-Sterne-Zelt (s. S. 400).

Zu den Kaluts in die Wüste Lut: Ein Ausflug in die iranische Version des Monument Valley verspricht wahlweise Freizeitspaß oder berückende Stille zwischen Sanddünen und Tafelbergen (s. S. 440).

Wandern im Umland von Tabas: In kühlem Quellwasser durch zwei wildromantische Schluchten waten – wohltuende Überraschung inmitten öder Wüstenei (s. S. 454).

Isfahan und Umgebung

Die Region Isfahan bildet geografisch und kulturell eine Kernzone des Hochlandes. Ihre Hauptstadt gilt als Sehnsuchtsort für Orient-Liebhaber und Höhepunkt jeder Iran-Rundreise. Folgt man dem Fluss Zayandehrud, an dem sie liegt, zu seiner Quelle, findet man sich in herrlichem Hochgebirge wieder. Am Unterlauf hingegen warten hochrangige Baudenkmäler und mit dem Gavkhuni-Sumpf ein wertvolles Naturreservat.

 Isfahan ▶ J 11/12

Cityplan: S. 343

Die Provinzhauptstadt **Isfahan** mit ihren offiziell rund 1,8 Mio., tatsächlich aber wohl weit über 2,5 Mio. Einwohnern liegt auf knapp 1600 m Seehöhe an den östlichen Hängen des Zagros-Gebirges. Umgeben von einem Kranz aus Bergen, die im Süden Höhen bis 4400 m erreichen, und gespeist vom Zayandeh Rud, besitzt sie ein angenehm mildes, trockenes Klima und eine überaus fruchtbare, landwirtschaftlich intensiv genutzte Umgebung. Ihr immenser Bestand an kostbaren Architekturdenkmälern, der riesige, traditionsreiche Basar und die weitläufigen Parkanlagen laden zu ausgedehnten Erkundungsgängen. Dank ihnen gilt Isfahan, ungeachtet der an der Peripherie die Luft verpestenden Stahl-, Textil- und Petrochemieindustrie, bis heute als Inbegriff einer orientalischen Märchenstadt und dementsprechend als einer der unbestrittenen Höhepunkte jeder Iran-Reise.

Geschichte

Ein beträchtlicher Teil von Isfahans sehenswertesten Baudenkmälern geht auf die Schöpferkraft eines einzigen Mannes zurück. Schah Abbas I., der im Jahr 1598 seine Residenz von Qazvin nach Isfahan verlegte, war es, der die bisherige Provinzstadt zur »Perle Persiens« erhob. Nach einem präzisen Plan gestaltete er das bestehende Raumgefüge radikal um, indem er mondäne Boulevards und Gärten, prunkvolle Paläste und Moscheen, einen neuen Basar sowie den einzigartigen kaiserlichen Platz Meydan-e Shah anlegen ließ, heute Meydan-e Imam genannt.

Aufstieg zur Provinzhauptstadt und Garnison

Die Geschichte dieses legendären Ortes beginnt freilich viel, viel früher: Bereits die achaimenidischen Großkönige schätzten, so berichtet der griechische Geschichtsschreiber Strabo, die geografischen Vorteile des Ortes so hoch, dass sie ihn zur Residenzstadt für Oberpersien erhoben. Deren Name lautete aller Wahrscheinlichkeit nach Gabae.

Den Parthern und später den Sassaniden diente Sephahane, der »Heeressammelplatz«, wie die Stadt nunmehr hieß, als Sitz der Armee und Münzstätte. Auch als Handelsplatz dürfte sie schon damals von großer Bedeutung gewesen sein. Der ca. 7 km westlich der Stadt erhaltene Atashgah, der Feuertempel, stammt aus dieser frühen Zeit.

Arabische Eroberung und Mongolensturm

Nach der Eroberung durch die Araber (um 640) bestand die Siedlung vorerst aus zwei Zentren: dem älteren Djay in der Gegend der Sharistan-Brücke, und – 3 km weiter westlich, rund um die schon sehr früh errichtete Freitagsmoschee – Yahudieh, benannt nach

Isfahan

jener großen jüdischen Gemeinde, deren Mitglieder sich als Nachkommen ihrer von Nebukadnezar nach Babylon verschleppten und später dort von Kyros befreiten Glaubensbrüder betrachteten. In der Folge verschmolzen die beiden Teile nach und nach zu einer Stadt.

Unter den Omajjaden und Abbasiden entwickelte sich Isfahan zu einem angesehenen Produktionsort für Seiden- und Baumwollstoffe.

In der Folge wurde die Stadt von wechselnden Lokaldynastien beherrscht. Größere kulturelle Bedeutung erlangte es erst Mitte des 11. Jhs., als der turkstämmige Seldschuken-Sultan Togril-Beg die Stadt nach einjähriger Belagerung einnahm und zur Metropole seines Reiches machte. Den ersten Mongolensturm überstand Isfahan halbwegs unversehrt. Doch verlor es durch ihn auf kulturellem wie ökonomischem Gebiet stark an Bedeutung.

Die große Katastrophe ereilte die Stadt, nach einigen Jahrzehnten relativer Ruhe während der Regentschaft der Muzaffariden, in Person Timurs. Der sadistisch veranlagte Mongolenkhan ließ nach der Eroberung mindestens 70 000 Einwohner (manche Quellen sprechen von bis zu 200 000) massakrieren und die Schädel zu schauderhaften Türmen aufschichten.

Blütezeit unter den Safawiden

Mitte des 15. Jhs. vereitelten die Auseinandersetzungen zwischen den türkischen Stämmen der »Schwarzen« (Qara Qoyunlu) und der »Weißen Horde« (Aq Qoyunlu) jede nachhaltige Wiederbelebung. Umso prachtvoller erblühte die Stadt unter der Herrschaft von Schah Abbas I. Er machte sie zum viel bewunderten Brennpunkt des Handels und Kunsthandwerks, der Architektur und Gelehrsamkeit. Gemäß einem Bericht des Franzosen Jean Chardin, der von 1673 bis 1677 in Isfahan lebte, besaß es damals 162 Moscheen, 1802 Karawansereien, 48 theologische Schulen, 273 öffentliche Bäder und mit etwa 600 000 Einwohnern eine mit London vergleichbare Größe.

Niedergang nach dem Afghaneneinfall

Die Goldene Zeit währte freilich kaum länger als ein Jahrhundert. Bereits unter den späten Safawiden knirschte es gehörig im Machtgebälk. 1722 belagerten und eroberten afghanische Rebellen die Stadt, verwüsteten sie und richteten unter ihrer Bevölkerung ein Blutbad an. Seuchen und Hungersnöte folgten. Als schließlich Nadir Khan, der spätere Afscharen-Schah, nach der Vertreibung der Afghanen die Hauptstadt nach Mashhad verlegte, stieg Isfahan zu einer Stadt von nur noch regionaler Bedeutung ab. Um 1800 zählte es ungefähr 120 000 Einwohner. Ein neuer Aufschwung ließ lange auf sich warten. Noch 100 Jahre später notierte Pierre Loti: »Sieht man genauer hin: Welch Verfall an allen Gebäuden, die auf den ersten Blick noch prachtvoll und herrlich erscheinen!«

UNESCO-Weltkulturerbe

Maßnahmen zur Verschönerung des Stadtbilds gab es schon davor, doch seit der Ernennung des Meydan-e Iman und der Freitagsmoschee zum UNESCO-Welterbe haben sich die zuständigen staatlichen Stellen des architektonischen Erbes von Isfahan verstärkt angenommen. Heute erstrahlen die historischen Stadtviertel mit ihren Aberhunderten schützenswerten Baudenkmälern in neuem Glanz – seien es der älteste Kern rund um den Basar und die Freitagsmoschee, die einst königlichen Bezirke rund um den Meydan-e Imam und die Chahar-Bagh-Allee oder der nicht minder geschichtsträchtige, ehemals armenische Stadtteil Jolfa südlich des Flussufers.

Sehenswertes

Freitagsmoschee 1
Majlesi St., tgl. 9–19, im Winter bis 18 Uhr, 200 000 Rl., während des Mittagsgebets manchmal kein Zutritt für Touristen

Will man bei der Erkundung Isfahans chronologisch, der historischen Stadtentwicklung folgend vorgehen, sollte man den imperialen Bezirk der Safawidenzeit, der üblicherweise im Zentrum der touristischen Aufmerksam-

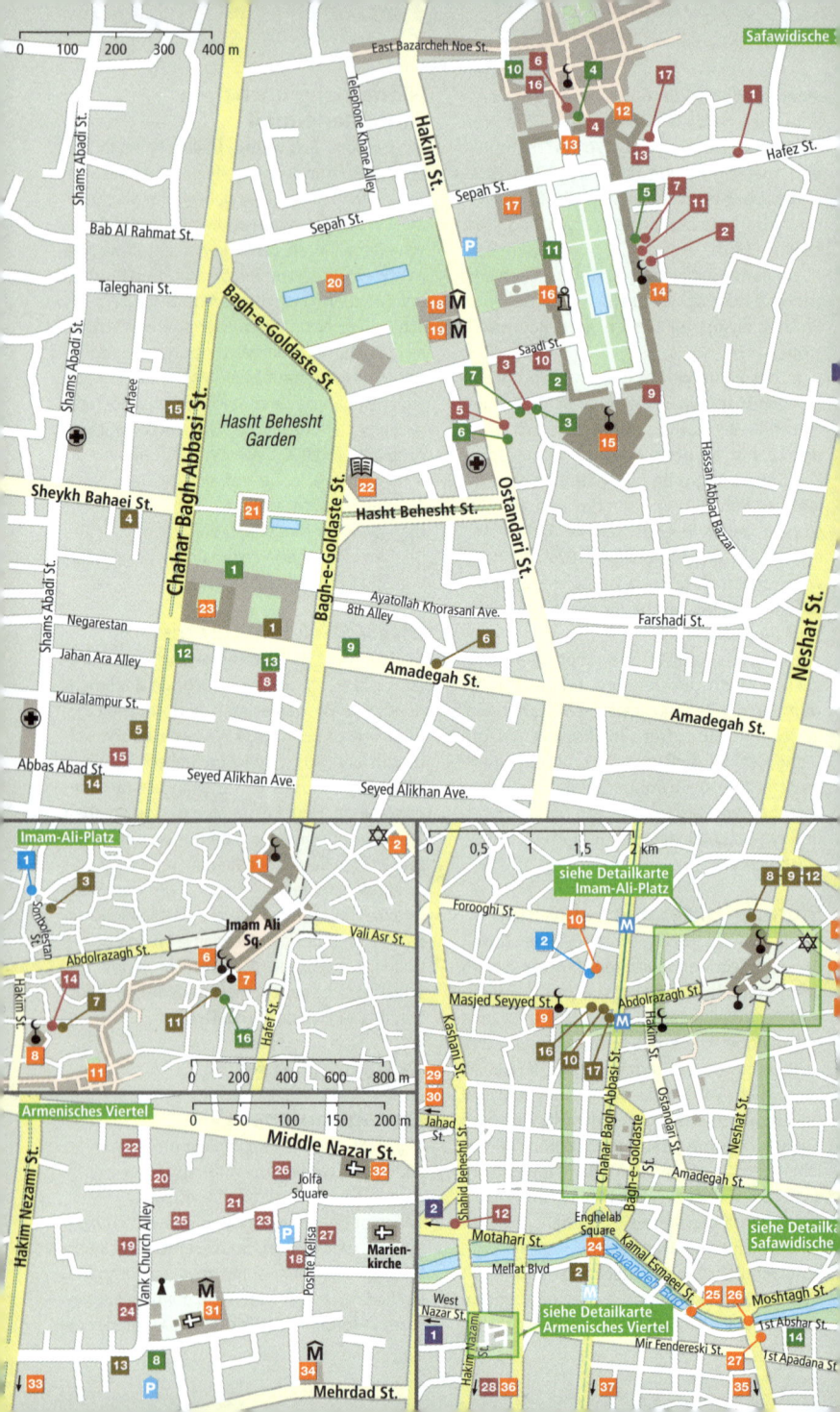

Isfahan

Sehenswert
1. Freitagsmoschee
2. Kenisa-ye Molla Yacob
3. Darozziafe
4. Menar-e Sareban
5. Chehel Dokhtaran
6. Mausoleum von Harun-e Velayat
7. Ali-Moschee
8. Hakim-Moschee
9. Seyyed-Moschee
10. Hamam Ali Qoli Agha
11. Großer Basar
12. Safawidische Ölpresse
13. Qaiseriyeh-Tor und -Basar
14. Lotfollah-Moschee
15. Imam-Moschee
16. Ali-Qapu-Palast
17. Basar der Kupferschmiede
18. Museum für zeitgenössische Kunst
19. Museum für dekorative Kunst
20. Chehel Sotun
21. Hasht-Behesht-Palast
22. Stadtbibliothek
23. Chahar-Bagh-Medrese
24. 33-Bogen-Brücke
25. Chubi-Brücke
26. Khadju-Brücke
27. Imam-Khomeini-Galerie
28. Shajrestan-Brücke
29. Monar-e Jonban
30. Atashgah
31. Vank-Kathedrale
32. Bethlehem-Kirche
33. Armenischer Friedhof
34. Musik-Museum
35. Takht-e Foulad
36. Sofeh-Berg
37. Mardavij-Taubenturm

Übernachten
1. Abbasi
2. Kowsar
3. Bekhradi
4. Sheikh Bahaei
5. Ali Qapu
6. Venus
7. Isfahan Traditional Hotel
8. Sunrise
9. Atigh
10. Azadi
11. Dibai
12. Ebn Sina
13. Julfa
14. Tourist Hotel
15. Iran
16. Totia
17. Amir Kabir

Essen & Trinken
1. Grand Wien
2. Espadana
3. Meydoon
4. Peace
5. Sibil
6. Café Narvan
7. Roozegar Café
8. Café Dirooz Emrooz
9. Bastani
10. Partikan
11. Naqsh-e Jahan
12. Aseman
13. Azadegan
14. Malek Soltan Jarchi Bashi
15. Sharzad
16. Ghasre Firoozeh
17. Mikhak
18. Romanos
19. Arc a
20. Partak
21. Hermes
22. Arabo Sandwich
23. Café Firouz
24. Daloon
25. Ani
26. Van
27. Jolfa
28. Zagros

Einkaufen
1. Bazar-e Honar
2. Mostafa Fotowat
3. Hossein Fallahi
4. Reza Sedighifard
5. Zabolian
6. Pazirik
7. Moghaddam
8. Pakdel
9. Armani
10. Kamo
11. Hezardastan
12. Parvaresh
13. Toomba
14. Matn Emrooz
15. Apadana
16. Toranj Art Gallery

Abends & Nachts
1. Pahlevan-Najarpour-Zurkhaneh
2. Aligholi-Aqa-Zurkhaneh

Aktiv
1. Nazhvan-Park
2. Vogelpark
3. Bike Rental

---

keit steht, zunächst links liegen lassen und sich zu Anfang in den Nordosten der Altstadt begeben. Denn dort, am Beginn der seit einigen Jahren untertunnelten Majlesi-Straße, erhebt sich die alte Freitagsmoschee – seit über 1000 Jahren das spirituelle Herz der Stadt. Die Anfänge der **Masjed-e Jame** مسجد جامع reichen ins 8. Jh. zurück. Schon damals existierte, wie archäologische Untersuchungen erwiesen, an ihrer Stelle ein Vorgängerbau aus Lehmzie-

Isfahan und Umgebung

Der Innenhof der Freitagsmoschee – ein Raumgefüge, das die Seele weitet

geln, der seinerseits vermutlich auf den Fundamenten eines Feuertempels stand. Die Abbasiden errichteten dann im 9. Jh. eine klassische Hofmoschee mit umliegenden Säulenhallen. 200 Jahre später erweiterten die Buyiden die Anlage. Gegen Ende des 11. Jhs. ließen die Seldschuken zunächst zwei freistehende, quadratische Kuppelbauten errichten, danach vor dem südlichen und größeren der beiden einen tonnengewölbten, an einer Seite zum Innenhof offenen Raum, und schließlich jeweils in der Mitte der drei anderen Hofseiten drei ähnlich geartete Tonnengewölbe. Der Prototyp der Vier-Iwan-Moschee war geschaffen. Er sollte bald darauf für viele Freitagsmoscheen der umliegenden Städte übernommen und schließlich zum Standardmodell für Irans Moscheen schlechthin werden – und in der Folge auch für Karawansereien und Palastanlagen.

Während der folgenden Jahrhunderte ließen diverse Herrscher immer wieder Um- und Ausbauten vornehmen. So entstand im 14. Jh., unter den Mongolen, im nordwestlichen Bereich ein Gebetssaal. Wenig später fügten die Muzaffariden an der Ostseite eine Medrese hinzu. Im 15. Jh. schufen die Timuriden, ebenfalls im Nordwesten, eine große Wintergebetshalle (Shabestan). Unter ihnen und ihren safawidischen Nachfolgern wurden die Gewölbe der vier Iwane mit Muqqarnas versehen und die Portalfassaden erhielten ihren reichen Fliesenschmuck Das Resultat dieser unermüdlichen Bautätigkeit war ein sich über nahezu 30 000 m² erstreckender, in die umliegenden Basare und Stadtlandschaft ausfransender Komplex, durch den es sich wie durch eine dreidimensionale Stilfibel für islamische Sakralarchitektur wandeln lässt.

Gleich hinter dem Eingang, der sich an der Südostseite, im Basar-Bereich nahe der seit einigen Jahren hier verkehrsbefreiten Majlesi-Straße befindet, dokumentieren rechter Hand in einem Nebenraum **Schautafeln** die komplexe **Entstehungsgeschichte** und ver-

Isfahan

schafft ein **3-D-Modell** hilfreiche Erstorientierung. Von dort führt ein Korridor geradewegs in das Herzstück der Anlage: den 65 x 55 m großen, rundum von doppelstöckigen Arkaden gesäumten **Innenhof**. In der Mitte des Gevierts lädt ein **Reinigungsbecken** zur meditativen Rast. Kontemplation über das Wesen erhabener Schönheit – wo, wenn nicht beim 360°-Rundblick von hier, wären sie angebracht? Das geziegelte Podest im Bassin übrigens, ein sogenannter **Kushk**, ist der Kaaba von Mekka nachempfunden. In den Zeiten vor Fernsehen und Smartphone pflegten hier Gläubige vor Antritt ihrer Pilgerfahrt nach Mekka unter Anleitung eines Geistlichen die Umrundung der Kaaba zu trainieren. Und von dem hölzernen Aufbau auf dem Dach des **West-Iwans**, genannt **Goldasteh**, pflegte der Muezzin früher zum Gebet zu rufen.

Es liegt nahe, seine Schritte zuerst in Richtung des von zwei Minaretten flankierten **Süd-Iwan** zu lenken. Unter seinen mächtigen Muqqarnas hindurch und vorbei an nicht minder eindrucksvollen, teils wie Vexierbilder mit zwei farblich unterscheidbaren Wahrnehmungsebenen designten Fliesenornamenten, gelangt man in den **Kuppelsaal des Nizam ol-Molk**. Sein Bauherr und Namenspatron bestimmte in der zweiten Hälfte des 11. Jh. als Großwesir maßgeblich die Geschicke des seldschukischen Reiches. Er schuf mit seinem »Buch der Staatskunst«, einem Vorläufer von Machiavellis Traktat »Il Principe«, einen Ratgeber für mustergültiges Regieren und Verwalten. Auch etablierte er landesweit die Institution von Koranschulen und sicherte so dem sunnitischen Islam auch auf persischem Boden für Jahrhunderte die Vorherrschaft. Und er schrieb sich als Förderer der Wissenschaften, etwa als Gründer der berühmten Hochschule Nizamiya in Bagdad, sowie als Kunstmäzen in die Geistesgeschichte ein.

Der auf sein Betreiben errichtete Gebetssaal, dessen im Durchmesser 13,5 m breite Kuppel auf gewaltigen, vierfachen Säulen ruht, stellt gemeinsam mit dem ähnlich alten, genau gegenüber, am nördlichen Ende der Mittelachse stehenden **Kuppelbau Taj al-Molk** die einzigen Bauteile dar, die die Brandschatzung durch die Assassinen (1121) heil überstanden. Gemeinsam mit den mehrschiffigen Hallen, die den Süd-Iwan und dessen Betsaal flankieren (und, wie stellenweise helles, rekonstruiertes Mauerwerk belegt, im Irak-Krieg von Saddam-Husseins berüchtigten Scud-Raketen getroffen wurden), geben sie ein faszinierendes Zeugnis von der Fantasie und Kunstfertigkeit der seldschukischen Baumeister.

Von den weiteren Gebäudeteilen sind zwei hervorhebenswert: der schon erwähnte, timuridische, dreischiffige **Shabestan** und, diesem vorgelagert, durch eine Tür nördlich des West-Iwans zu betreten, der deutlich kleinere, aus mongolischer Zeit stammende **Gebetssaal**. Er birgt eine der kostbarsten Gebetsnischen der iranisch-islamischen Architektur überhaupt – den um 1310 entstandenen, über und über mit Stuckdekor und kufischen Kalligrafien verzierten **Mihrab des Ilkhaniden-Sultans Oljaitu**.

Jüdisches Viertel

Reich an Geschichte und interessant ist auch die Umgebung: Östlich der Majlesi-Straße erstreckt sich **Juibareh** جویباره, das historische Siedlungsgebiet der einst großen und kulturell sehr einflussreichen, inzwischen infolge von Auswanderung auf etwa 1500 Mitglieder geschrumpften Jüdischen Gemeinde der Stadt. Seine Nähe zur Freitagsmoschee, aber auch die Tatsache, dass es hier, ganz im Gegensatz zu den Gettos in Europa, nie eine Abtrennung des Bezirks durch Mauern und Tore gab, zeugen vom über lange Phasen der Geschichte problemlosen, ja geradezu symbiotischen Zusammenleben von Muslimen und Juden.

Das Viertel, dessen Bewohner heute mehrheitlich in ärmlichen Verhältnissen leben, machte jahrzehntelang einen desolaten Eindruck. Jüngst jedoch hat man etliche Straßen saniert und neu gestaltet. Von den insgesamt 17 noch existierenden Synagogen, die fast alle aus dem 19. Jh. stammen, wurden in letzter Zeit ebenfalls mehrere auf Betreiben der Denkmalschutzbehörde renoviert. Regulär in Betrieb ist nur noch eine. Innenbesichtigungen sind nicht möglich.

Isfahan und Umgebung

Von außen am attraktivsten ist die **Kenisa-ye Molla Yacob** 2 کنیسای ملا یعقوب. Sie grenzt, neben einem kleinen Park gelegen, direkt an das Mausoleum des vor fast 800 Jahren verstorbenen Dichters Kamal Ismail.

Keine 300 m südöstlich ragen an der Kamal-Straße die über 600 Jahre alten Zwillingsminarette der Moschee **Darozziafe** 3 دارالضیافه himmelwärts.

Nur ein paar Gehminuten östlich der Synagoge stehen zwei weitere Minarette – **Menar-e Sareban** 4 مناره ساربان und, nahe der Soroush Straße, und **Chehel Dokhtaran** 5, چهل دختران, beide aus seldschukischer Zeit, 40 m hoch und mit wunderschönen Ziegelornamenten versehen.

Imam-Ali-Platz und Umgebung

Mausoleum und Moschee tgl. frühmorgens bis Sonnenuntergang frei zugänglich

Südwestlich der Freitagsmoschee erstreckte sich spätestens seit dem 11. Jh., der Ära der Seldschuken, der Meydan-e Atiq, der Alte Platz alias Meydan-e Kohne. Er bildete viele Jahrhunderte lang den Brennpunkt der innerstädtischen Handelsaktivitäten, wo Menschen- und Warenströme zusammenflossen und man, wie der Chronist Mafarruhi notierte, »Seide aus Kufa, Brokat aus Byzanz, Stoffe aus Ägypten, Edelsteine aus Bahrain, Elfenbein aus Indien und viele andere Güter« feilbot.

Der Niedergang des Gevierts setzte ein, als ihm Schah Abbas I. durch die Neuschöpfung des Schah-Platzes das Publikum und damit die Kaufkraft entzog. Endgültig zerstört wurde er in den 1950er- und 1960er-Jahren, als man ihn mit modernen Straßenschneisen zerschnitt. 2009 besann sich die Stadtverwaltung des örtlichen Erbes und nahm eine umfassende Neugestaltung in Angriff. Zunächst wurde die große Straßenkreuzung unter die Erde verbannt, danach der trapezförmige Platz mitsamt der ihn an allen vier Seiten umgebenden, doppelstöckigen Arkaden wiederhergestellt. Er trägt jetzt den Namen **Meydan-e Imam Ali**, ist Fußgängerzone und noch etwas steril, aber dabei, wieder mit Leben erfüllt zu werden.

Seit der Reanimierung des Viertels kommen auch die zwei kostbaren Baudenkmäler, die das Geviert an seiner Stirnseite zum Südwesten hin abschließen, wieder besser zur Geltung: das **Mausoleum von Harun-e Velayat** 6 بقعه هارون ولایت (Boqhe-ye Harun-e Velayat), einem Sohn des Siebten Imams, und die **Ali-Moschee** 7 (Masjed-e Ali). Beide stammen in ihrer heutigen Form aus dem frühen 16. Jh. Das Mausoleum, eine Kombination aus Grabmal und Hosseiniyeh, ist innen wunderschön mit Malereien und Fayencen verziert und verströmt eine intensive Spiritualität. Die Moschee besitzt ein besonders markantes, 48 m hohes Minarett.

Hakim-Moschee 8

Hakim St., tgl. 8–20 Uhr, Fr mittags Zutritt eingeschränkt

Ein imposanter Sakralbau erhebt sich auch einen knappen Kilometer weiter westlich: die **Masjed-e Hakim** مسجد حکیم, um 1660 vom Hofarzt Schah Abbas' II. finanziert, ist mit einer Grundfläche von 4 ha die zweitgrößte Vier-Iwan-Anlage der Stadt. Sie wurde über den Resten einer 700 Jahre älteren Moschee erbaut, von der noch ein mit Ziegel und Gips kunstvoll dekoriertes Portal erhalten ist, der heutige Nordeingang. Dimension und Baustruktur beeindrucken. Im Detail aber ist die Moschee jedoch stark vernachlässigt. Iwane hat man mit Glas-Alu-Kabäuschen verbaut. Schutt und Ziegel liegen verstreut – schade.

Seyyed-Moschee 9

Masjed Seyyed St., ca. 9–20 Uhr, aber saisonal variabel, Zutritt durch das Haupttor nur um die Mittagszeit, sonst durch den Nebeneingang

Ein Stück westlich der Chahar-Bagh-Allee steht eine weitere Freitgsmoschee, die **Masjed-e Seyyed** مسجد سید. Auch sie hat vier Iwane und einen ausgedehnten Hof, ist aber ungleich jünger, nämlich aus dem qadscharischen 19. Jh. Anstelle eines Minaretts besitzt sie einen Uhrturm. Reizvoll sind die hölzernen Gitterfenster in den Iwanen und der Innendekor der Kuppeln. Doch fehlt der Moschee insgesamt die ästhetische Kraft älterer Anlagen aus der Hochblüte.

Hamam Ali Qoli Agha [10]
Bid Abadi St., Sa–Do 8.30–14.30, 15.30–18, im Winter 8.30–13.30, 14.30–17, Fr jeweils nur 9–13 Uhr, 120 000 Rl.

Als Teil eines weitläufigen Gebäudekomplexes, der neben Wohnhäusern auch Moschee und Basar, Schulen, Läden und ein Zurkhaneh umfasste, wurde der **Hamam-e Ali Qoli Aqa** حمام علیقلی آقا, eine aus einem großen und einem kleinen Badehaus bestehende Anlage, Anfang des 18. Jhs. von einem Günstling der späten Safawiden-Schahs errichtet. Mit ihrem weit verzweigten Raumgefüge, den säulengestützten Gewölben, Bassins, Brunnen, dem reichen Fliesen- und Stuckdekor ist es ein Prachtexemplar seiner Art. Klar unterscheidbar sind die beiden Hauptzonen, die in diesem Fall achteckige, kalte (Sarbineh) und die heiße (Garmkhaneh). Die unterschiedlichen Boden- und Deckenhöhen kennzeichnen Durchgangs- und Ruhebereiche. Nach der Stilllegung im Jahr 2000 und sorgsamen Restaurierung dient der Bau heute als Museum für Badekultur. Wachsfiguren demonstrieren die hohe Kunst der Entspannung und Körperpflege – vom Umkleiden und Hautschrubben unter heißem Wasser über die Massage und Enthaarung bis zum Teegenuss und Schönheitsschläfchen.

Großer Basar [11]
Läden ca. 9–19 Uhr, Fr überwiegend geschl.

Die Verbindung zwischen Meydan-e Imam Ali und der safawidischen Stadt stellt Isfahans berühmter **Bazar-e Bozorg** بازار بزرگ her. Gegenüber dem Eingang zur Freitagsmoschee liegt, links über ein Gässchen erreichbar, der **Souk Ferdows,** der Hochzeitsbasar. In diesem überdachten Saray-Hof werden Requisiten für traditionelle Hochzeiten feilgeboten – Spiegel mit silbernen Kerzenleuchtern, Lüster, Anzüge, Unterwäsche, Kosmetikkoffer …

Die Hauptachse des Basars aber führt vielfach gekrümmt etwa 1,5 km weit Richtung Südwesten, wo sie am Ende des **Qaiseriyeh-Basar** auf den Imam-Platz mündet. Der Straßenzug ist teils mit Ziegeln, teils mit

Ein Bummel durch den Großen Basar weckt Begehrlichkeiten

Isfahan und Umgebung

Tipp

SAFAWIDISCHE ÖLPRESSE

Vor etwa 400 Jahren wurde die **Assarkhaneh-e Shahi** 12 عصارخانه شاهی gebaut. Danach half sie, viele Generationen von Isfahanern mit pflanzlichen Ölen zu versorgen. Sesam, Saflor, Rizinus, Leinsamen, Mohn: Manches landete in den Kochtöpfen, anderes befeuerte Lampen, diente als Ingredienz zur Seifenerzeugung. Als man, gut 40 Jahre ist es her, den Betrieb für immer einstellte, fiel sie dem Verfall anheim. Vor einigen Jahren aber wurde sie liebevoll restauriert und in ein Museum umgewandelt. Seither kann man in das doppelstöckige, düster-archaische Gelass hinabsteigen und die einst von Kamelen betriebenen Göppelwerke mit den wuchtigen Mahlsteinen und aus ganzen Baumstämmen gezimmerten Presshebeln bestaunen (Bazar Mokhles, im Qaiseriyeh-Basar, vom Imam-Platz kommend 2. Gasse rechts, Eingang nach gut 100 m um die Ecke, Tel. 0913 55 96 722, Sa–Do 8–14 Uhr, 200 000 Rl.).

Pappelbalken überdacht und zählt zu den längsten durchgehend gedeckten Basargassen der Welt. Wie alt er ist, zeigt sich allein daran, dass er etwa 2 m über dem Niveau der angrenzenden Höfe verläuft – auf einem über die Jahrhunderte entstandenen Damm aus Bauschutt und Abfällen. Insgesamt ist das Labyrinth aus Ladengassen über 5 km lang; nicht mit eingerechnet jene über 100 Karawansereien (Sarai), die zahlreichen gedeckten Hallen (Timcheh), die Verbindungstrakte (Dehliz) und die drei Tschaharsu genannten, nach zentralasiatischen Vorbildern über Straßenkreuzungen errichteten Kuppelbauten. Gemeinsam stellen sie eine Mustersammlung merkantiler Architektur aus den letzten 500 Jahren in der islamischen Welt dar. Die **Timcheh Malek,** die **Sarays Mokhles, Golshan, Sarutaghi,** dazu Koranschulen wie die **Medresen Nimavard, Mullah Abdullah, Sadr** oder **Jadeh-Bozorg** … Sie alle zu rühmen würde hier den Rahmen sprengen. Man sollte sich einfach treiben lassen, da hinein, dort hineinschauen. Ein Streifzug durch diesen wohl facettenreichsten Basar Irans gleicht, ungeachtet der vielen neumodischen Glas- und Alu-Portale und knatternden Zweiräder, einem Bummel ins Mittelalter. Und einem Fest für die Sinne.

Rund um den Imam-Platz

560 x 160 m misst der **Meydan-e Imam,** dieses urbanistische Wunderwerk, das Schah Abbas I. mit seinem unvergleichlichen Gespür für Grandeur Anfang des 17. Jhs. anlegen ließ. Der tatkräftige Monarch, der Persien mit eiserner Hand und visionärer Kraft 42 Jahre regierte und aufblühen ließ, fasste die um vieles ältere Freifläche mit doppelstöckigen Fassaden ein und setzte an jede Seite einen architektonischen Akzent in Form eines kostbaren Bauwerkes. Im Osten: die kleine, aber unvergleichlich anmutige **Lotfollah-Moschee,** im Süden die zu den grandiosesten Sakralbauten der islamischen Welt zählende **Imam-Moschee,** im Westen der feingliedrige **Königspalast Ali Qapu,** und im Norden als Eingang zum Großen Basar das **Qaiseriyeh-Tor.**

Vom »weitläufigsten, elegantesten und aromatischsten Platz auf der ganzen Welt« schwärmte im 17. Jh. ein englischer Globetrotter. Was ihn besonders faszinierte, waren die Märkte und Handelsmessen, die hier seinerzeit regelmäßig stattfanden, und die Tier- und Ringkämpfe, die die Safawiden an Feiertagen zur Erbauung von Hofstaat und Volk inszenieren ließen. An die Popularität der Polospiele, die man hier ebenfalls veranstaltete und an denen Schah Abbas I. manchmal höchstselbst teilnahm, erinnern auf beiden Stirnseiten des Platzes noch die marmornen Torsäulen. Verglichen mit solchem Getriebe erscheint der Meydan, der übrigens siebenmal größer als Venedigs legendäre Piazza San Marco und fast so groß wie Pekings Tian'anmen-Platz ist, heutzutage eher ruhig. Nur in der warmen Jahreszeit, und dann vor allem gegen Sonnenuntergang, belebt er sich, wenn die Isfahanis scharenweise zwischen den weitflächigen Wasserbassins und den gepflegten, von Bäumen gesäumten Grünflächen flanieren, mit ihren Kindern in Mietkutschen eine Runde drehen oder sich auf dem Rasen zum Picknick niederlassen. Und wenn die wachsende Zahl an Touristen ihn bestaunen kommt. Als Neuankömmling nimmt man natürlich zunächst den Kunstdenkmälern die Parade ab. Wobei auf dem Weg von einem zum nächsten unbedingt auch das mehrheitlich sehr qualitätvolle Sortiment der Souvenirläden unter den Arkaden und in der dahinterliegenden Basarzeile Beachtung verdient. Für Familien nett ist die Umrundung des Platzes an Bord einer Pferdedroschke (Stellplätze in der nördlichen Platzmitte).

Qaiseriyeh-Tor und -Basar 13

Läden ca. 9–19 Uhr, Fr größtenteils geschl.
Naqqarekhane نقاره‌خانه, Trommelhaus, wird dieser kolossale, iwanförmige Portalbau auch genannt. Denn auf den Emporen des **Qaiseriyeh-Tores** – in deren unmittelbarer Nachbarschaft einst die britische wie auch die holländische Ostindien-Kompagnie Kontore unterhielten – pflegte früher zweimal täglich gleichsam als musikalische Uhr ein kleines Orchester aufzuspielen. »Alle Abend bey der Sonnenuntergang und zu Mitternacht viel Personen gehen hin zu spielen«, berichtete ein Reisender aus Deutschland anno dazumal. »Etliche auff gemeinen Trompeten, etliche auf Paucken und andere mit einer sonderlichen Art ungemeiner Trompeten … Solches giebet einen sehr starcken Klang von sich also daß man dessen Musique durch die gantze Stadt höret.« Der Glanz des Torbaus ist inzwischen merklich verblasst. Doch wer genau hinsieht, kann die Reza Abbasi, dem bekanntesten persischen Miniaturmaler und Kalligrafen der Isfahaner Schule, zugeschriebenen Wandbilder erkennen. Sie zeigen Schah Abbas im siegreichen Kampf und bei der Jagd sowie diverse Bankettszenen.

Der **Qaiseriyeh-Basar,** die ›kaiserliche‹ Hauptachse des Basars, bildet seit seiner Entstehung vor 400 Jahren den prestigeträchtigsten Standort für den Einzelhandel. Sie und der nördlich angrenzende Dschitsazha-Basar beherbergten Makler und Münzpräger, Geldwechsler und Goldschmiede, Kaffeehändler, Büchsen- und Samowarhersteller. In dem weniger stark frequentierten Westteil hingegen, rund um die monumentalen Jitsazha- und den Schah-Saray, waren die einfacheren Handwerker zu Hause, Färber, Schuhmacher und Schmiede, Kattun-, Musselin- und Baumwoll-Drucker. Nach dem Zweiten Weltkrieg nahmen dann im Bazar-e Qaiseriyeh aufgrund der stark anschwellenden Touristenströme Miniaturmaler, Souvenir- und Antiquitätenhändler die Plätze des traditionellen Handwerks ein.

Lotfollah-Moschee 14

Tgl. 9–16.30 Uhr, während des Mittagsgebets werden Touristen in der Regel für etwa eine Stunde hinauskomplimentiert, 200 000 Rl.
Die kleine, aber kostbare **Masjed-e Lotfollah** مسجد شیخ لطف‌الله ist nach einem berühmten schiitischen, aus dem Libanon stammenden, später mit Schah Abbas' Schwester verheirateten Geistlichen benannt. Sie diente ursprünglich dem König und dessen engster Familie als Privatmoschee. In 18-jähriger Bauzeit errichtet, ist sie ein architektonischer Wurf von rarer Raffinesse. Um den Bau harmonisch der Arkadenfront des Platzes einzugliedern und zugleich seine Qibla-Wand nach Mekka auszurichten, griff der Architekt, dessen Name übrigens in der Gebetsnische kalligrafisch verewigt wurde, zu einem genialen Kunstgriff: Er drehte die Achse des über quadratischem Grundriss errichteten Gebäudes um 45 Grad und umbaute es mit einem rechtwinkelig geknickten Korridor, damit die Gläubigen den Gebetssaal, wie vorgeschrieben, von der Nordseite betraten. Damit die Frauen des Hofes ungesehen vom Palast zur Moschee gelangen konnten, existierte ursprünglich eine unterirdische Tunnelverbindung zwischen Ali-Qapu-Palast und der Moschee, die allerdings später gesperrt wurde.

Isfahan und Umgebung

Abkühlung vor grandioser Kulisse: Der Imam-Platz ist bis heute das lebendige Herz der Stadt

In erster Linie bleibt der Besuch dieses Juwels wegen seines wunderbar feinen Fayencedekors in Erinnerung, der in der ganzen islamischen Welt seinesgleichen sucht. Sämtliche Wandflächen, vom stalaktitenverzierten Eingangsportal über den Gang bis zu dem dank hoher Fensteröffnungen mit natürlichem Licht ausgeleuchteten Gebetssaal, sind komplett mit Fliesen verkleidet. Den dekorativen Höhepunkt bildet die auf hohem Tambour ruhende, 13 m breite und 42 m hohe **Kuppel.** Ihr Reichtum an Licht und Farbe und Ornament stellt selbst den leuchtendsten Perserteppich in den Schatten. Am höchsten Punkt des Kuppelinneren kann man übrigens mit freiem Auge ein Metallobjekt erkennen, dem, wie so vielen gestalterischen Details in wahrhaft durchgeistigter Sakralarchitektur, eine tiefe esoterische Bedeutung innewohnt: Es ist ein Pfau, das Symbol für Schönheit, Unsterblichkeit und speziell im Sufismus für die Sehnsucht nach dem Paradies. Scheint draußen die Sonne, reflektiert das glasierte Fliesengeflecht aus Blüten und Ranken zu bestimmten Stunden deren Strahlen und dem Vogel erwächst ein glänzender Schweif.

Isfahan

nierend, steht auch sie aufgrund der Verpflichtung zum Gebet Richtung Mekka in 45-gradigem Winkel zur Fassadenfront des Platzes. Schönheit und Ausmaße dieses 1612 begonnenen und trotz aller Ungeduld des Bauherren ›erst‹ 1638 vollendeten Baus sind atemberaubend. Die zwei **Minarette,** die das mächtige **Eingangsportal** flankieren, sind 48 m, die dem Gebetssaal vorgesetzten gar 52 m hoch. Die doppelschalige Kuppel misst in der Vertikale innen 54 m, und im Durchmesser 28 m. Der Abstand zur äußeren Kuppel beträgt weitere 14 m. Ihre Akustik ist, wie man als Besucher direkt unter dem Scheitelpunkt stehend durch ein Klatschen oder sogar auch nur Knittern eines Geldscheins feststellen kann, phänomenal.

Ungefähr 18 Mio. Ziegel und 500 000 ›siebenfarbige‹ **Fayencefliesen** *(kashi haft rang),* wurden insgesamt für den Bau verwendet (in der Halle hinter dem West-Iwan kann man, sehr interessant, Restauratoren in einer Werkstatt beim Herstellen neuer Ersatzfliesen beobachten). Alle vier zum Haupthof sich öffnenden **Iwane** sind wie auch die angrenzenden Arkadengänge, der **Mihrab-Saal,** die links und rechts anschließenden **Säulenhallen** und **Medresen** sowie der **Eingangs-Iwan** und die vier Minarette komplett mit arabeskem Rankenwerk überzogen. Als Farbtöne herrschen Kobaltblau, Gelb und ein seidiges Türkis vor. Sowohl die räumlichen Proportionen als auch der keramische Schmuck sind von äußerster Harmonie. Dass sie auch transzendente Bedeutung haben, hat Alfred Renz in seinem wunderbaren Buch »Geschichte und Stätten des Islam« am Beispiel des Portal-Iwans eindringlich beschrieben: »Im oberen Teil der Iwannische zeigen die einzelnen Flächen der Stalaktitfüllung Blütenkompositionen und darüber ein Himmelszelt aus Sternblumen. Die Zwickel der Schirmwand tragen teppichhaft um ein Medaillon angeordnete Ranken, und ein dreifach gedrehtes Seil aus leuchtendem Türkis, beiderseits aus einer Vase aufsteigend, umzieht an der Kante der Nischenöffnung« – ein Motiv als Symbol für das ewig erquickende Paradieswasser. Auch die Blumen seien nicht bloß poetischer Schmuck, sondern »Verheißung und

Imam-Moschee 15
Tgl. 9–16.30 Uhr, während des Mittagsgebets werden Touristen für etwa eine Stunde hinauskomplimentiert; im Hof der Medrese in der Südostecke stehen manchmal angestellte Mullahs für informelle Gespräche auf Englisch zur Verfügung, 200 000 Rl., Audioguide 150 000 Rl.

Ein in ihrer Riesenhaftigkeit und ähnlich überschwänglichen Ausschmückung perfektes Gegenstück zur Masjed-e Lotfollah bildet die ehemals als Schah-Moschee titulierte **Masjed-e Imam** مسجد امام. Unübersehbar die südliche Schmalseite des Platzes domi-

Isfahan und Umgebung

CAFÉS UND TEEHÄUSER NAHE DEM MEYDAN

In jüngster Zeit schossen im Nahbereich des Imam-Platzes kleine, von jungen Neo-Unternehmern begründete Cafés wie Pilze aus dem Boden. Es sind, wenn nicht anders angegeben, kleine Nischenlokale, oft nur zum Stehen, aber mit Qualitätskaffee Marke Illy, Lavazza, Segafredo & Co. aus der Espressomaschine in diversen Varianten, von Mokka und Macchiato bis Cappuccino – ideal für einen Energiebooster in der Sightseeing-Pause. Eine kleine Auswahl:

Grand Wien 1 : Hafez St., 2 Gehmin. von der Nord-Ostecke, nahe Lotfollah-Moschee, tgl. 8–23 Uhr, größerer Innenbereich mit Tischen und Stühlen.

Espadana 2 : im Espadana Bazar, tgl. 9.30–23 Uhr, besonders große Vielfalt von Qualitätsbohnen aus aller Welt.

Meydoon 3 : Poshtmatbakh St., Sa–Do 8.30–24, Fr 15–24 Uhr. Illy at it's best, dazu Fruchtsäfte, Milchshakes und Mehlspeisen.

Peace 4 : in der Basargasse rechts vom Haupteingang in den Qaiseriyeh-Basar, Sa–Do 9–21, Fr ab 15 Uhr. Kaffeehausnische mit zwei, drei Tischen, betrieben von einem reizenden jungen Paar, echter Illy-Kaffee.

Sibil 5 : Ostandari St. nahe Poshtmatbakh St., tgl. 8–23 Uhr, smoother Jazz aus der Konserve.

Über komfortable Innenbereiche als Sitzcafés verfügen:

Café Narvan 6 : an der Ostseite des Qaiseriyeh-Basars, tgl. 10–22, Okt.–April 10–21 Uhr, 15 verschiedene Kaffee-Zubereitungsarten, dazu Milchshakes, Gewürzgetränke, Snacks, Desserts.

Roozegar Café 7 : hinter der Lotfollah-Moschee, im Hinterbereich des Basarhofes Charsouk Maqsoud, tgl. 9–23 Uhr, diverse Kaffee- und Teesorten, Kuchen, nette Musik.

Die Preise pendeln zwischen 50 000 und 100 000 Rl. pro Tasse.

damit ästhetisch und sinnhaft Vorbereitung auf das, was folgt«. Die beiden großen Paneele schließlich, die über dem Marmorsockel die Toröffnung flankieren, zeigen das Muster von Gebetsteppichen, weisen also »auf den dahinterliegenden Ort des Gebets, das den Weg ins Paradies öffnet«.

Ali-Qapu-Torpalast 16

Tgl. 9–16.30 Uhr, 200 000 Rl., Audioguide 150 000 Rl.

An der Westseite des Meydan-e Imam zieht der **Kakh-e Ali Qapu** کاخ عالی قاپو die Blicke auf sich. Der anmutige Bau, dessen Name sich sowohl mit »Tor Alis« als auch mit »Hohe Pforte« übersetzen lässt, wurde zunächst um 1570 anstelle eines kleineren, timuridischen Pavillons errichtet und kurz nach 1600 dann auf Geheiß von Schah Abbas I. zur heutigen Größe aufgestockt. Er diente anfangs als repräsentativer Torpalast am Eingang in den königlichen Bezirk. Später mutierte er zum Regierungssitz, in dem der Schah Gesandte und Würdenträger empfing. In seinem quadratischen Mitteltrakt umfasst er fünf, durch zwei enge Treppen mit insgesamt 117 Stufen verbundene Etagen. Seitlich angeschlossen sind zwei zweistöckige Vorbauten. In den unteren Stockwerken lebten die Diener und Wächter. Die oberen waren der Herrscherfamilie vor-

Isfahan

behalten. Sämtliche Repräsentationsräume waren einst mit Malereien, vornehmlich floralen, von vielerlei Vögeln bevölkerten Szenerien, aber auch figuralen Motiven, bedeckt. Sie sind das Werk des berühmten Miniaturmalers Ali Reza Abbasi und seiner Schüler. In einem Teil der Zimmer sind sie erhalten geblieben. Der zum Platz hin sich öffnende **Balkon,** aus dessen Marmorboden ursprünglich ein Springbrunnen sprudelte, diente dem Bauherren als eine Art Herrscherloge. Im Schatten ihres baldachinartigen, von drei mal sechs feingliedrigen Holzsäulen gestützten Daches pflegte er im Kreise seiner Familie und Berater die auf dem Meydan abgehaltenen Paraden und Polospiele zu verfolgen. Heutzutage können touristische Besucher hier das prachtvolle Panorama von Platz und Stadt auf sich wirken lassen.

Wie raffiniert man am Hofe zu feiern verstand, offenbart das **Musikzimmer** im obersten Stockwerk. Seine Wände und die Nischen seiner Gewölbe sind mit einer Membran aus Holz und Gips überzogen, in die man, um die Akustik zu verfeinern, seinerzeit fantasievoll geformte Ausnehmungen schnitt.

Spezielle Bedeutung hat übrigens auch der **Pavillon,** den man, sorgsam restauriert, beim Blick Richtung Westen hinaus in dem großen Hof stehen sieht. Als Reverenz an die zwölf schiitischen Imame auf zwölfeckigem Grundriss errichtet und von einer zentralen Kuppel überwölbt, wurde er als Khanaqah errichtet, als Meditationsort für jene rund 200 Sufis, die einst dem Schah als Elitegarde dienten. Heute wird er von der Kunstuniversität genutzt.

Palastbezirk

Hinter dem Ali-Qapu-Torpalast erstreckte sich zur Zeit der Safawiden der weitläufige, ein ganzes Geflecht von Bauten und Parkanlagen umfassende Komplex des Dowlatkhaneh, des **Palastbezirks.** Er bestand, abgesehen von den Gebäuden für Audienzen und andere öffentliche Anlässe, aus dem Haram, dem **Privatbereich** für die Schah-Familie, und einem **Verwaltungsbezirk,** der unter anderem auch Kasernen für die Garde, die königliche Bibliothek und Schreibstube, Lager und Läden für die Garderoben, außerdem Werkstätten für Juweliere und einen Uhrmacher aus Europa sowie, architektonisch besonders spektakulär, den Talar-e Tavile, eine für große Feste genutzte Reithalle, umfasste. Von dieser historischen Bausubstanz ist kaum noch etwas erhalten.

Zur Zeit der Safawiden spielte sich in Isfahan das **höfische Leben** zum großen Teil in **Gärten** ab. Schah Abbas hatte das zuvor von den timuridischen Herrschern in Samarkand und im heute afghanischen Herat erstmals in großem Rahmen verwirklichte, neue städtebauliche Konzept zu einem Höhepunkt, ja zu seiner Vollendung gebracht. Er unterwarf die gesamte Anlage des höfischen Bezirks einer geschlossenen, streng geometrischen Grundkonzeption, die weit über die bisherigen Grenzen der Stadt hinausgriff und das landschaftliche Gefüge ihrer Umgebung massiv veränderte.

Dieses gesamte Ensemble, das von **begrünten Höfen, Wasserbecken, Brunnen, Kanälen** durchsetzt war und nach Westen in den königlichen Garten überging, bildete die pompöse Bühne für ein Hofzeremoniell, das stark dem des französischen Absolutismus ähnelte. Es setzte das sichtbare Zeichen für den Anfang des 17. Jhs. unter Schah Abbas I. endgültig vollzogenen Wechsel von einem multizentrischen, noch durch die alten Feudalstrukturen eines von Stammesgesellschaften geprägten Machtgefüges hin zu einem absolutistisch regierten Zentralstaat. Es heißt, die Kunde von der Pracht des neuen Isfahan sei damals durch Gesandte an den Hof Ludwig XIV. in Paris gedrungen und habe die Gestaltung der Champs-Élysées maßgeblich mit beeinflusst.

Das Rückgrat dieser Stadtanlage, dem nunmehrigen Zentrum des Reiches, bildete die **Chahar-Bagh-Allee,** eine 5 km lange, 50 m breite, damals von acht Reihen von Platanen gesäumte Prachtallee, die schnurgerade und exakt in Nord-Süd-Richtung verlaufend bis heute die Neustadt mit dem Fluss und den südlichen Bezirken verbindet. In ihrem mittleren Abschnitt war diese »Straße der vier Gärten« (Chahar Bagh-e Abbasi) links und rechts ursprünglich von ausgedehnten Grün-

Isfahan und Umgebung

anlagen gesäumt, in denen auch viele Villen hoher Offiziere und Würdenträger standen. Inzwischen präsentiert sich Isfahans Hauptstraße zu beiden Seiten fast lückenlos verbaut, und zwar mehrheitlich von durchaus beachtlichen Gebäuden aus der Zeit kurz vor oder nach dem Ersten Weltkrieg. Die meisten safawidischen Bauten sind mittlerweile auch hier verschwunden. Allerdings mit einzelnen bemerkenswerten Ausnahmen.

Basar der Kupferschmiede 17

Ursprünglich gelangte man vom Großen Platz durch den Ali-Qapu-Torbau direkt auf das Palastgelände. Heute muss man etwas weiter nördlich durch eine Parkanlage gehen. Vorher sollte man die Ladengasse noch ein Stück weiterschlendern, um dem monotonen Gehämmer folgend den **Basar-e Mesgarha** zu besuchen. Er ist in einem von schönen Ziegelgewölben überdachten Gang untergebracht, der nördlich von Ali Qapu in die Westseite des Meydan mündet.

Museum für zeitgenössische Kunst 18

Tgl. 9–11, 16–19 Uhr, 150 000 Rl.

Das **Muze-ye Honarha-ye Moaser-e Esfahan** موزه هنرهای معاصر اصفهان zeigt aktuell nur Wechselausstellungen – die aber sind häufig sehr interessant. Die reichen Bestände aus dem Depot sollen in absehbarer Zeit, vielleicht schon 2018, wieder der Öffentlichkeit zugänglich gemacht werden.

Museum für dekorative Kunst 19

Sa–Do 9–19 Uhr, 150 000 Rl.

Noch empfehlenswerter ist der Besuch des nur wenige Schritte weiter südlich gelegenen **Muze-ye Honarha-ye Taz'ini** موزه هنرهای تزئینی. Zwar sind seine Exponate nur auf Persisch beschriftet. Doch die erlesene Qualität der Miniaturmalereien und Kalligrafien, der Lack-, Metall- und Textilarbeiten spricht für sich. Außerdem lohnt das hübsch renovierte, um einen begrünten Innenhof gruppierte Gebäude an sich schon den Eintritt.

Das Paukenkonzert der Kupferschmiede ist der akustische Höhepunkt des Basarbesuchs

Chehel Sotun [20]

Tgl. 9–16.30 Uhr, 200 000 Rl.

Pflichtstation jeder Stadtbesichtigung ist **Kahk-e Chehel Sotun** کاخ چهل ستون, der »Palast der Vierzig Säulen«. Vermutlich von Schah Abbas I. als Pavillon für den Empfang ausländischer Gesandter in Auftrag gegeben, unter seinem Nachfolger im Jahre 1647 fertiggestellt und zwei Generationen später nach einem Brand in weiten Teilen rekonstruiert, verdient er aus mehrfachen Gründen, eingehend in Augenschein genommen zu werden.

Zum einen, weil er mit dem vorgelagerten Wasserbecken und dem vis-à-vis gesetzten Iwan-Bau, aus dem zu speziellen Anlässen ein kleines Orchester Musik zur Festgesellschaft herübersandte, noch eine Vorstellung davon vermittelt, wie man in safawidischer Zeit höfische Architektur in eine **achsenbetonte Gartenanlage** einbezog. In diesem Kontext diente Wasser als wichtiges Verbindungselement zwischen Außen- und Innenraum, plätscherte doch vor dem Thron ein Springbrunnen, der über schmale Rinnen im Marmor Richtung Garten abfloss.

Zum anderen weist der Chehel Sotun ein klassisches und besonders prunkvolles Exemplar jener Art flachgedeckter, von Holzsäulen gestützter **Terrassenlaube** auf, wie sie kleiner auch am Ali-Qapu-Palast zu finden ist und – natürlich in ungleich schlichterer Ausführung – als Schattenspender und Wetterschutz auch an Bauernhäusern, insbesondere in der Nordwest-Provinz Gilan.

Ein Muss ist der Besuch in diesem Palast (den Fotografen der Lichtverhältnisse wegen möglichst für den Vormittag ansetzen sollten) außerdem wegen der **Gemälde,** die viele seiner Innenwände schmücken.

Seinen Namen verdankt Chehel Sotun einer poetischen Anspielung auf die Tatsache, dass sich die Zahl seiner Säulen in dem durch das Wasser erzeugten Spiegelbild verdoppelt. Wobei *chehel*, 40, im Persischen oft ganz allgemein eine Vielzahl bezeichnet, aber natürlich auch auf den esoterischen Gehalt der Zahl Bezug nimmt, von den 40 Jahren/Nächten, die Moses auf dem Berg Sinai und die Juden wandernd in der Wüste zubrachten, bis zu Jesu Himmelfahrt 40 Tage nach Ostern und der Muslimen generell vorgeschriebenen Trauerfrist von 40 Tagen.

Besagte **Holzsäulen** sind 16 m hoch, reich mit Schnitzereien verziert und tragen ein mit Intarsien verziertes Flachdach. Sie verleihen dem Palast ein anmutig-zierliches Aussehen, das in denkbar großem Gegensatz zu den kolossalen und sehr wuchtigen Königshallen etwa der Sassaniden oder Mongolen steht.

Aus dem verandaartigen Vorbau führt ein **Talar,** eine nach außen offene Halle, vor einen mit Spiegelmosaiken ausgekleideten **Iwan.** Der glitzernde Schmuck wurde seinerzeit angeblich eigens aus dem venezianischen Murano eingeführt.

Nicht minder prächtig dekoriert, allerdings mit zauberhaft zart gemalten Ornamenten, ist der **Hauptsaal,** den man nun betritt. Seine Wände zieren eine Reihe monumentaler **Historienbilder.** Deren künstlerischer Wert ist nicht allzu hoch, bezeugen sie doch in erster Linie – man beachte etwa die im Italien der Renaissance entwickelte Perspektivität der Darstellungen und die wie durch Bühnenfenster zu betrachtenden Ideallandschaften – den großen Einfluss europäischer Malerei auf das persische Stilempfinden.

Umso aufschlussreicher sind die **Motive.** Auf dreien sind entscheidende Schlachten dargestellt – jene bei Chaldiran von 1514, in der die Perser den Türken unterlagen (direkt gegenüber dem Eingang), der Sieg Nadir Schahs im Jahr 1747 über die Inder, auf den die Eroberung und Plünderung Delhis folgte (über der Eingangstür) sowie, rechts davon, Ismail I. im Kampf gegen die Usbeken.

Die drei anderen zeigen festliche Bankette zu Ehren königlicher Gäste – namentlich Schah Tahmasp, wie er den exilierten Mogulkaiser Homayun empfängt, Schah Abbas I. gemeinsam mit Vali Mohammad Khan, dem Emir von Buchara, und Schah Abbas II. mit Nadir Mohammad Khan, seines Zeichens Herrscher über Turkmenistan. Auf den höfischen Tableaus wird mit Lauten, Flöten und Tamburinen musiziert. Bogenschützen und Falkner demonstrieren ihre Geschicklichkeit. Anmutige Frauen umschmeicheln tanzend

Isfahan und Umgebung

die anwesenden Herren. Und die Tische biegen sich unter dem Gewicht von Festbraten, Früchten, allerlei Gastgeschenken und randvoll mit Wein gefüllten Karaffen. Kein Wunder, dass die frömmelnd-puritanischen Afghanen, nachdem sie Isfahan 1722 erobert hatten, solch sündhafte Szenen mit einer dicken Putzschicht überdeckten. Was den Bildern – kein Schaden ohne Nutzen – bis zu ihrer Freilegung die Farbenfrische erhalten half. Beachtenswert sind außerdem die kleineren Bildtafeln in der Reihe darunter, meist amouröse Paarszenen, denen man, ähnlich wie der Miniaturmalerei, ihre stilistische Herkunft aus China deutlich ansieht.

Nur sporadisch zugänglich sind die Nebenräume, die ebenfalls schöne Wandbilder und ein kleines **Museum** bergen.

Nach der Besichtigung des Palasts tut eine Erfrischung im kleinen **Teehaus** im nördlichen Teil des Gartens wohl.

Hasht-Behesht-Palast 21
Tgl. 9–16.30 Uhr, 200 000 Rl.
Anschließend gelangt man über die Ostandari-Straße, dann erst rechts und dann links abbiegend zum Eingang in einen weiteren Garten. In seiner Mitte erhebt sich **Kakh-e Hasht Behesht** كاخ هشت بهشت, der »Pavillon der Acht Paradiese«. 1669, also gut 20 Jahre nach dem Chehel-Sotun-Palast errichtet, ist er konsequenter noch als jener in ein gartenarchitektonisches Gesamtkonzept eingebunden. Mit seiner Kuppel, unter der sich ein achteckiges Brunnenbecken befindet, krönt er den Kreuzungspunkt zweier Pappelalleen, deren eine durch Wasserbassins als Hauptachse betont wird. Um diese **zentrale Kuppelhalle** gruppieren sich vier zweistöckige **Pavillons** und dazwischen auf jeder Seite zum Garten sich öffnende **Iwane.** Schon Jean Chardin, der französische Isfahaner-auf-Zeit des ausgehenden 17. Jhs., empfand, aus seiner Heimat den pompösen Prunk der Bourbonen gewohnt, die gänzlich konträre Anmut safawidischer Residenzen: »Obwohl sie in gewisser Weise nur etwas größere Kartenhäuser sind, sind sie nichtsdestoweniger lachender und angenehmer als unsere prächtigsten Paläste.«

Ein Großteil des ursprünglichen **Dekors** ist verloren gegangen. Die – aufwendig restaurierten – Malereien an den Gewölben, Holzdecken und Innenwänden, die Stalaktiten und Spiegelchen, und die Fayencebilder an den Außenfassaden stammen überwiegend aus der Qadscharen-Zeit.

Stadtbibliothek 22
Bagh Goldasteh St., tgl. 8–12,13–19.30 Uhr
Wieder auf der Straße, verdient linker Hand, jenseits der Kreuzung, die in den frühen 1990er-Jahren errichtete **Stadtbibliothek** (Ketabkhane) Beachtung. Sie beherbergt hinter ihrer spannenden, gitterförmigen Fassade eine **Galerie für Gegenwartskunst,** in die zu schauen durchaus lohnt.

Chahar-Bagh-Medrese 23
Amadegah St., Eingang gegenüber der Iran Insurance Company, nur Do 15–19 und Fr 8–19 Uhr, 150 000 Rl.
Im Süden wird der Hasht-Behesht-Park vom **Bazar-e Honar** 1 بازار هنر اصفهان begrenzt, einer 300 m langen, schnurgeraden, kürzlich renovierten Ladengasse, in der vorrangig Goldschmuck und gehobenes Kunsthandwerk verkauft werden. Errichtet wurde sie in safawidischer Zeit und wie damals üblich mit zweigeschossigen Einheiten, oben die Werkstatt, darunter den Laden. Sie wurde als Bautyp zum Vorbild für die Passagen in Paris, Neapel und Mailand.

Die Mieteinnahmen dieses Basars sicherten den Erhalt und Betrieb der benachbarten theologischen Hochschule, der **Medrese-ye Chahar-Bagh** مدرسه چهارباغ, vor der Revolution auch unter dem Namen »Medrese der Mutter des Schah« bekannt. Sie zählt zu den sehenswertesten Baudenkmälern der Stadt. Errichtet zu Beginn des 18. Jhs. von der Mutter Sultan Hosseins, des letzten Safawidenkönigs (1694–1722), ist sie bis heute als Religionsschule genutzt und eine Insel würdevoller Stille im immer rastloseren Getriebe der Zeit.

Der **Haupteingang,** ein prachtvoll verfliester, mit Muqqarnas dekorierter Iwan, befindet sich am Chahar Bagh Blvd. Seine massiven, mit imposanten Silberbeschlägen

Isfahan

verzierten Türflügel öffnen sich für Einzelreisende (Gruppen werden generell abgewiesen) nur am iranischen Wochenende. Dahinter erstreckt sich ein weitläufiger, bepflanzter **Hof** inmitten einer klassisch gegliederten, über und über mit Fliesenmosaiken bedeckten Vier-Iwan-Anlage. Hinter den rundum laufenden, doppelstöckigen Arkaden sind die insgesamt 160 Wohnzellen der Lehrer und Studenten untergebracht.

Hauptattraktion des imposanten Komplexes ist der rechter Hand, also südseitig gelegene **Gebetssaal,** dessen tiefer Iwan von zwei 28 m hohen **Minaretten** eingefasst ist. Deren Spitzen kann man notfalls gemeinsam mit der ungemein prächtigen, in satten Blautönen verfliesten Kuppel auch von der Straße aus betrachten. Oder vom Innenhof des benachbarten **Abbasi-Hotels** 1 aus. Dieses wurde 1955 in einer zeitgleich mit der Chahar-Bagh-Medrese erbauten Karawanserei eingerichtet (Eingang um die Ecke, in der Amadegah-Straße) und gilt heute zu Recht als schönstes historisches Hotel des Landes. Wer hier nicht nächtigt, sollte sich zumindest ein Stündchen im Teehaus im Garten niederlassen (s. Tipp rechts).

Entlang dem Fluss

33-Bogen-Brücke 24

Nach verdienter Rast wandert man die Chahar-Bagh-Allee weiter Richtung Fluss. Dieser Abschnitt der Straße ist seit den touristischen Boomzeiten der 1970er-Jahre das Revier der Hotels und Restaurants, Kunsthandwerk- und Antiquitätenläden. Ungefähr 500 m südlich der Medrese erreicht man **Si-o-se Pol,** die knapp 300 m lange »Brücke der 33 Bögen« (auch Allahverdi-Khan-Brücke). Unter Schah Abbas I. erbaut und offiziell nach Allahverdi Khan, einem hochverdienten General der Safawiden-Armee benannt, bildet ihr doppelstöckiger, beiderseits von überdeckten Arkaden eingefasster Viadukt das Bindeglied zwischen dem nördlichen und südlichen Abschnitt der Chahar-Bagh-Allee. Jenseits ihres südlichen Endes erstreckte sich ursprünglich Hezar Jarib, ein weiterer ausgedehnter Königsgarten.

AUF EINE ASH INS HOTEL ABBASI

Nicht jedem erlaubt das Reisebudget, im **Hotel Abbasi** 1 zu nächtigen, dem Rolls-Royce der Isfahaner Hotellerie. Und selbst wer will, bekommt inzwischen trotz langer Vorreservierung oft kein Bett. Als Trostpflaster empfiehlt sich die Einkehr auf ein Essen oder einen Drink: im pompösen Restaurant Chehel Sotun, im merklich preiswerteren Büfettrestaurant (im Hof rechts), im Coffeeshop (beide im Sommer auch mit Gartentischen) oder, besonders schön unter freiem Himmel, im Teehaus. Dort sollte man unbedingt Ash-e Reshte probieren, eine leckere dicke Nudelsuppe mit Kichererbsen, Dill, Bohnen und Joghurt (tgl. 17–22.45 Uhr, Riesenschüssel Asht 175 000 Rl.).

Wer nur einen Koffeinstoß benötigt und es europäischer mag: In dem ziemlich schnöden Einkaufszentrum direkt gegenüber dem Hotel verströmt linker Hand auf Straßenniveau das **Café Dirooz Emrooz** 8 fast so etwas wie Quartier-Latin-Flair: Holzstühle, Schmeichelmusik, guter Kaffee, Smoothies, Sandwiches, Salate, Hipster-Publikum (Amadegah St. 106, Tel. 031 322 28 535, tgl. 9–24 Uhr).

Fast ein Dutzend großer Brücken überspannt heute innerhalb des Stadtgebiets den Zayandeh Rud, den »Gebärenden Fluss«. Gut die Hälfte davon sind jüngeren Datums, mehrere aber viele Jahrhunderte alt, aus denkmalschützerischen Gründen für jeglichen motorisierten Verkehr gesperrt und als architektonische Meisterwerke eine nähere Betrachtung wert.

Isfahan und Umgebung

Es gibt freilich einen zweiten Grund, noch etwas weiter am Ufer entlang flussabwärts durch die gepflegten Parkanlagen zu flanieren. Denn hier präsentiert sich Isfahan, vor allem im Sommer, von seiner bukolischen Seite. Freitags und nach Feierabend picknicken Großfamilien unter großem Palaver im Schatten von Bäumen oder kochen Tee. Kinder spielen. Junge Paare flirten. Und weiter draußen ziehen bunte Tretboote ihre Kreise … Das allerdings nur, wenn der Fluss Wasser führt. Und dies ist leider seit geraumer Zeit nicht immer der Fall. Der Grund: Am Oberlauf stauen zwei Dämme die Fluten. Und von dort wird für andere durstige Städte, aber auch zwecks Verwendung in Industrie und Landwirtschaft in immer größeren Mengen Wasser abgeleitet. In der Folge versiegt die Lebensader und das Flussbett trocknet teils über Monate komplett aus (s. Thema S. 26).

Chubi- und Khadju-Brücke

Aber zurück zur Schönheit des Ortes: Auf der Promenade Richtung Südosten passiert man zunächst die **Pol-e Chubi** 25, eine Fußgän-

Magische Stunde an der Khadju-Brücke, der bevorzugten Flanierzone von Jung und Alt

gerbrücke, über die in safawidischer Zeit ein Kanal zur Versorgung der königlichen Gärten mit Wasser führte.

Ca. 500 m weiter steht man vor der **Pol-e Khadju** 26, der wohl reizvollsten unter Isfahans Brücken. Während der Regentschaft von Schah Abbas II. (1642–1667) erbaut, dient sie mit ihren zweigeschossigen Bogenreihen, den mit zarten Wandmalereien geschmückten Nischen und Arkaden, dem achteckigen Mittelpavillon und den zum Wasser hin abgetreppten Sockeln ihrer 24 Steinpfeiler in erster Linie als Ort des Müßiggangs und erst in zweiter Linie als Fußgängerübergang und Wehr.

Besonders stimmungsvoll ist der Spaziergang am Flussufer abends, wenn die Brücken sehr romantisch im goldgelben Licht Hunderter Scheinwerfer erstrahlen. Mit etwas Glück kann man dann am südlichen Ende unter den Bögen am Wasser den Sängern und Musikanten lauschen, die dort, seit ein paar Jahren von den Sittenwächtern einigermaßen geduldet, zur eigenen Freude und der von Passanten Volks- und Sufi-Lieder zum Besten geben.

Imam-Khomeini-Galerie 27
Do–Sa 9–13, 16–20 Uhr
In eine gänzlich andersartige, rigide Welt entführt ein Besuch in der gegenüber dem südlichen Brückenkopf in einem modernen Gebäudekomplex untergebrachten **Imam-Khomeini-Galerie.** In ihren Räumen wird der Person des Republikgründers mit Gemälden, Zeichnungen und Skulpturen sowie Memorabilien aus seinem persönlichen Besitz huldigend gedacht.

Shahrestan-Brücke 28
An weiteren historischen Brücken interessiert? 10 km flussabwärts, bei dem Dorf **Shahrestan** شهرستان, steht die älteste. Die Steinpfeiler der an römischen Vorbildern orientierten **Pol-e Sharestan,** über das einst die Südroute der Seidenstraße Richtung Shiraz hinwegführte, stammen vermutlich aus frühsassanidischer, die gezieglten Bögen darüber aus seldschuker Zeit, also dem 11. Jh.

Westlich des Zentrums

Monar-e Jonban 29
Tgl. 9–16.35 Uhr, 200 000 Rl.
Ein kurioses Phänomen kann man im Vorort **Karladan** کارلادان 7 km westlich des Stadtzentrums beschauen: die »schwingenden Minarette«, **Monar-e Jonban** منار جنبان. Sie bekrönen, jeweils 7 m hoch, den Grabbau eines Sufi-Einsiedlers aus dem 14. Jh. Rüttelt man im Treppenhaus an einem der 7 m hohen Ziegeltürmchen, gerät das andere – ver-

Isfahan und Umgebung

mutlich dank einer verborgenen Konstruktion aus Holzbalken – ebenfalls in Schwingung. Nachdem übereifrige Touristen den uralten Wackelmechanismus ruinierten, wird er nun ausschließlich vom kundigen Wärter betätigt, und zwar ab 10.30 Uhr alle 90 Min. Besucher müssen am Boden bleiben.

Feuertempel 30
Tgl. 9–16.35 Uhr, 150 000 Rl.
Sehr wohl hochsteigen kann man hingegen, 3 km weiter westlich, zum **Atashgah** آتش‌گاه اصفهان, Isfahans altem Feuertempel. Der Weg auf den felsigen Hügel ist etwas mühsam, weil steinig und steil (festes Schuhwerk empfehlenswert), lohnt aber sowohl des Panoramablicks auf die Stadt und ihr grünes Umland als auch der geschichtsträchtigen Aura der festungsartigen Anlage aus sassanidischer Zeit wegen.

Armenierviertel Neu-Jolfa

Eine kurze Taxifahrt oder ein knapp halbstündiger Fußmarsch führt von der 33-Bogen-Brücke Richtung Südwesten in das **Armenierviertel Neu-Jolfa.** Diese Gegend hatte Schah Abbas I. jenen mehreren Zehntausend armenischen Christen als Wohnbezirk zugewiesen, die er Anfang des 17. Jhs. aus ihrer Heimatstadt Jolfa am Aras, dem heutigen Grenzfluss zwischen Iran und der aserbeidschanischen Exklave Nakitschewan, nach Isfahan hatte holen lassen. Obwohl alles andere als zimperlich in den Methoden der (Zwangs-)Umsiedlung, hatte er ihnen weitsichtig Religionsfreiheit und diverse Sonderrechte gewährt. Sie dankten es ihm, indem sie, handwerklich und kaufmännisch hochgradig begabt, die neue Residenzstadt maßgeblich erweitern und verschönern halfen und mit ihren Handelskontakten, die bis nach Europa und Indien reichten, auch die Wirtschaft zum Blühen brachten. Die nachfolgenden Safawiden-Herrscher erwiesen sich als weniger liberal, belegten die tüchtige Diaspora-Gemeinde mit hohen Steuern. Schah Sultan Hossein ließ sie gar verfolgen und enteignen.

Seit Kurzem wirkt das Viertel, das lange im Dornröschenschlaf vor sich hin schlummerte, wachgeküsst. Seine Gassen sind auffallend gepflegt, eine lebendige Lokalszene ist erblüht. Und das, obgleich von den über 20 000 christlichen Bewohnern, die es vor 1979 zählte, im Laufe der postrevolutionären Jahre mehr als die Hälfte emigriert ist. Doch von den 30 Kirchen, die in der Gründerzeit gebaut wurden, steht immerhin ein Dutzend noch.

Vank-Kathedrale und Armenisches Museum 31
Sa–Do 9–12.30, 14–18, im Winter 8.30–12, 14–17 Uhr, 200 000 Rl.
Die größte und wichtigste ist die **Kelisa-ye Vank** کلیسای وانک, die Erlöserkathedrale. Man erreicht sie, indem man von der Chahar-Bagh-Allee ca. 700 m südlich des Flusses nach rechts in die Nazar-Straße und von ihr nach nochmals 700 m links in ein Seitengässchen abbiegt. Der Bau wurde 1606 begonnen, doch erst 50 Jahre später nach grundlegender Umgestaltung fertiggestellt, der abseits stehende Glockenturm ein Jahrhundert später hinzugefügt. Von außen wirkt er mit seinen zweigeschossigen Bogennischen, dem Fliesenschmuck und der zentralen Kuppel auf den ersten Blick wie eine Moschee und in seiner Schlichtheit merkwürdig modern. Umso augenfälliger ist sein christlicher Charakter im lichtarmen Inneren. Denn dessen Wände sind über und über mit **Fresken** überzogen, einer Art Biblia pauperum, die in kurioser Kombination aus byzantinisch, flämisch und venezianisch anmutendem Malstil Ereignisse aus dem Alten und Neuen Testament illustriert und teilweise zueinander in Bezug stellt.

So findet sich in der Kuppel die Schöpfungsgeschichte von der Erschaffung Adams über seine Vertreibung aus dem Paradies bis zum Mord an Abel dargestellt. Die oberste Bildreihe zeigt die Sintflut, Noah und die Arche, Bau und Zerstörung des Turmes von Babylon, den Stammbaum Jesu, die Erscheinung Daniels, die Steinigung des hl. Stephan und die Kirche, symbolisiert durch ein Schiff der Erlösung. In den Bildreihen darunter finden sich Motive wie Abraham mit den Engeln und die Verkündigung Mariens, Hagar mit Ismail und Christi Geburt oder Moses mit den Gesetzestafeln und die Verklärung Jesu gepaart. Über dem Eingang füllt ein riesiges Jüngstes Gericht die Wand. Weitere Bildtafeln erzählen von den Martyrien armenischer Christen.

Zum Kathedralenkomplex gehört auch das **Armenische Museum,** das sich auf zwei Etagen dem kulturelle Erbe der Gemeinde widmet. Ausgestellt sind alte Handschriften, Bibeln, liturgische Gewänder und Geräte, aber auch kunsthandwerkliche Objekte, Trachten und Gemälde. Von speziellem Interesse ist die 1636 in Betrieb genommene erste Druckerpresse Persiens, weiterhin die Dokumentation zum Genozid auf türkischem Boden sowie der allzu kurzen Geschichte der 1918 gegründeten und 1920 schon wieder von der Roten Armee okkupierten Freien Republik Armenien. Nicht zu vergessen: ein beschriebenes Reiskorn (!) und ein kleines Originalgemälde aus der Werkstatt Rembrandts.

Bethlehem-Kirche 32
Tgl. 8–12.30, 14–17 Uhr, 200 000 Rl.
Einen Besuch lohnt auch die wenige Gehminuten entfernt an der Nazar-Straße stehende **Kelisa-ye Beyt ol-Lahm** كليساى بيت‌اللحم. Ihre Wandbilder sind eine Generation jünger, aber stilistisch mit denen der Vank-Kathedrale vergleichbar. Hauptmotive sind die Leidensgeschichten der Heiligen Gregor, Sergius, Mercurius und Theodor.

Armenischer Friedhof 33
Zu spannenden Spurensuchen lädt, weiter südlich am Sofeh-Boulevard, der **Ghabrestan-e Arameneh** قبرستان ارامنه, zumal dort auch einige Europäer ihre letzte Ruhe fanden, etwa Ernst Hoeltzer, seines Zeichens deutscher Pionier der Fotografie in Iran, der Schweizer Uhrmacher Johann Rudolf Stadtler, der 1637 in Isfahan für seinen christlichen Glauben starb, oder Ernst Jakob Christoffel, der Begründer der gleichnamigen Blindenmission. Berührend auch das Denkmal für

In der Vank-Kathedrale in Neu-Jolfa ist alles Gold, was glänzt

Isfahan und Umgebung

die 18 Kinder, die während des Zweiten Weltkriegs gemeinsam mit Aberhunderten anderen polnischen Waisen aus der Sowjetunion durch Iran an den Persischen Golf Richtung neue Heimat in Übersee reisten, aber den Strapazen in Isfahan erlagen.

Musikmuseum 34
Mehrdad St. 74, www.isfahanmusicmuseum.com, tgl. 9–13, 15.30–21 Uhr, 360 000 Rl.

Im Armenierviertel befindet sich auch das 2015 aus einer privaten Initiative heraus entstandene **Musikmuseum** (Muze-ye Muziqi). Mehr als 300 klassische Instrumente und solche der Volksmusik aus diversen Regionen Irans werden hier professionell präsentiert. Besonders charmant und lehrreich: eine Fachführung der passionierten Gründer und Betreiber, Mehrdad und Shahriar, in exzellentem Englisch samt abschließendem Konzert auf Originalinstrumenten. Bravo! Das Erlebnis ist den etwas höheren Eintritt mehr als wert. Zusätzlicher Pluspunkt: der gut sortierte CD-Shop im Eingangsbereich.

Südliche Stadtbezirke

Historischer Friedhof 35
Von frühmorgens bis Einbruch der Dunkelheit frei zugänglich

Wegen seiner weihevollen Atmosphäre empfiehlt sich ein Gang über Isfahans historischen Friedhof. **Takht-e Foulad** تخت فولاد, zu Deutsch »Thron aus Stahl« ist einer der ältesten und spirituell bedeutsamsten Gottesäcker des Orients. Auf ihm liegt, glaubt man alten Quellen, Josua, der Sohn des Propheten Noah, begraben. In vorislamischer Zeit wurden hier Juden, seit frühislamischer Zeit viele wichtige Gelehrte, Mystiker und auch Künstler bestattet. Die Vielfalt ihrer Mausoleen ist auch ästhetisch interessant.

Bemerkenswert ist die im Westen angrenzende **Mosalla,** die neue, noch in Bau befindliche Freitagsmoschee. Sie zeugt mit ihrer gigantischen Stahlgitterkuppel und den beiden Mega-Minaretten vom behördlichen Willen, langfristig weiter massiv in die religiöse Infrastruktur zu investieren.

Taubentürme wie diese existieren im Großraum von Isfahan noch zu Hunderten

Sofeh-Berg [36]

Seilbahnbetrieb frühmorgens bis spätnachts, Berg- und Talfahrt 200 000 Rl.

2257 m hoch ist Isfahans Hausberg **Kuh-e Sofeh** کوه صفه, ein massiver, schroffer Felsklotz, der die Silhouette der Stadt dominiert. Wer ein bisschen Abstand zum Großstadtgetriebe sucht, kann ihm 8 km südlich der City mit der Seilbahn entschweben. Alternativ bringen einen Minibusse Richtung Gipfel. Der Fußweg, streckenweise steil, aber größtenteils gepflastert und technisch anspruchslos, dauert plusminus zwei Stunden.

Am Fuß des Berges erstreckt sich ein Park mit Kinderspielplatz, oben warten mehrere Quellen, Höhlen, Reste historischen Wehrgemäuers und diverse Freizeiteinrichtungen von der Bowlingbahn über den Kleinzoo bis zum Kletterpfad, vor allem aber ein schönes Stadtpanorama. Beste Zeit: um Sonnenauf- oder -untergang. Eine gute Einkehrmöglichkeit ist das Panoramarestaurant **Zagros** [28].

Mardavij-Taubenturm [37]

Borj Sq., Kreuzung Sadogh St., Azadi Ave., der Schlüsselwart erwartet eine kleine Spende

Mehr als 3000 Taubentürme, so berichtete der französische Juwelier und Weltreisende Jean Chardin im Jahr 1673, stünden in und um Isfahan. Immerhin mehrere Hundert dieser an die fruchtbare Region am Zayandeh Rud so charakteristischen Konstruktionen stehen noch, die meisten allerdings leer. Vorbei die Zeiten, als darin jeweils mehrere Tausend Tauben hausten, deren zartes Fleisch man als kulinarische Köstlichkeit genoss, und, wichtiger, deren Exkremente man sammelte, um sie als phosphatreichen Naturdünger auf den Feldern auszubringen.

Ein repräsentatives Exemplar eines solchen Borj-i Kabutar, das einzige begehbare im Stadtgebiet, steht am Südende der Sheikh Sadogh-Straße – eine gute Gelegenheit, die Funktionsweise solcher Bauten besser zu verstehen. Die zylindrische Struktur wurde im 16. Jh. über einem blütenförmigen, aus neun Kreisen gebildeten Grundriss errichtet. Sie misst 18 m in der Höhe und 16 m im Querschnitt. Die Ausnehmungen oben am Turmgesims sind genau so groß, dass Tauben, aber keine größeren (Raub-)Vögel ein- und ausfliegen können. In die Innenwände sind insgesamt 15 000 aus Lehm und Strohhäcksel geformte Hohlnischen eingelassen. Jede ist 25 x 20 x 18 cm groß, genau passend für jeweils ein Tier. Aus einem Turm wie diesem ließen sich jährlich etwa 1500 kg Dung ›ernten‹.

Infos

Tourist Information: Imam-Platz, gegenüber der Kasse für den Ali-Qapu-Palast, Sa–Mi 7.30–14 Uhr, Tel. 031 32 21 68 32, 32 21 38 40. Hilfsbereit, aber mit wenig Infomaterial ausgestattet, Öffnungszeiten variabel.

Agenturen: Hermes Gasht Ariana, South Ordibehesht St., Tel. 031 323 53 331, 0913 118 2984, www.seeirannow.com; **Prestige Tour,** Saadat Abad Ave. 1, Tel. 031 366 89 021, info@prestigetour.ir

Gute Guides: Maryam Hodaeian (dt.), Tel. 0913 107 6838, Maryam.hodaeian7@gmail.com; **Mohammad T. Razmkhah** (dt.), Tel. 0917 311 7302; mit.razmkhah@yahoo.com.au); **Mahdi Nazemi** (dt., engl.), Tel. 0913 327 1273, Mahdinazemy2003@yahoo.com); **Abbas Khoramrouz** (engl.), Tel. 0913 311 4238, khoramrouzabbas@yahoo.com; **Hamid Mardani** (engl.), Tel. 0913 550 4513; Hamid.1039@gmail.com; **Somayeh Heidari** (engl.), 0913 325 0925; heidari221@gmail.com.

Übernachten

Hotel-Flaggschiff – **Abbasi** [1] **:** Amadegah St., Tel. 031 322 26 010-19, www.abbasihotel.ir. Der Rolls-Royce unter Isfahans Herbergen, zumindest was Reputation, Service und Ambiente betrifft. Letzteres ist der große Trumpf dieser aus der königlichen Karawanserei der Safawiden hervorgegangenen Fünfsterneherberge. Lobby, Restaurant, Frühstücks- und Konferenzsäle, der gesamte öffentliche Bereich: Stuck, Spiegel, Lüster, Intarsien wohin man blickt – eine Orgie orientalischer Opulenz und erlesenen Geschmacks. Ebenfalls sehr schön: der Innenhofgarten mit – auch für Tagesgäste zugänglichem – Teehaus und Restaurant (s. Tipp S. 357); rundum bestens geschult: das Personal, entsprechend

Isfahan und Umgebung

exquisit (und teuer) auch der Buch- und diverse Kunsthandwerksläden, sehr fein das Frühstücksbuffet sowie das große Schwimmbad samt Sauna. Im Vergleich sind viele Zimmer (gemeint sind nicht die grandios designten Luxussuiten) eher mittelmäßig, antiquiert, zur Straße hin lärmig und die Bäder teilweise recht ramponiert. Ruhiger, aber schlichter wohnt man im modernen Trakt an der Ostseite. DZ ab 6,5 Mio. Rl.

Sachlich mit Ausblick – **Kowsar** 2 : Mellat Blvd., Tel. 031 362 40 230-9, www.hotelkowsar.com. Gehobenes Großhotel direkt am Südufer des Zayandeh Rud mit Blick auf die 33-Bogen-Brücke, 10 Gehminuten vom Armenierviertel. Moderne Lobby, freundliches Personal, tadelloses Restaurant und Café, durchschnittliches Frühstück. Zimmerausstattung: im alten Teil merklich in die Jahre gekommen, im neuen tadellos. Zu bevorzugen: flussseitige Zimmer in oberen Etagen. DZ ab 5 Mio. Rl.

Luxuriös und intim – **Bekhradi** 3 : 56 Sonbolestan Alley, Ebn-e Sina St., Shohada Sq., Tel. 031 344 82 072, 0913 11 83 293, www.bekhradi-house.com. 400 Jahre altes Feudalhaus als Boutiquehotel mit vier tiptop renovierten Suiten für bis zu 19 Gäste, wunderschöner Speiseraum plus Gartenterrasse zum Chillen, Gemeinschafts-Komfortküche für Selbstversorger. Kein Restaurant, aber Lunch und Dinner für Gäste auf Order möglich. Ganz neu: moderne Zusatzzimmer im Erweiterungstrakt. EZ/DZ 3,7 Mio. Rl. inkl Frühstück.

Neu und schick – **Sheikh Bahaei** 4 : Sheykhbahaei St. 4, Tel. 031 322 07 714, www.sheykhbahaeihotel.com. Drei Sterne plus im eleganten Boutiquehotelstil, zentral und ruhig in einem Seitengässchen der Chahar-Bagh-Allee gelegen, professionell geführt. Ausgezeichnetes Restaurant, Zusatzplus: Frühstück mit Stadtpanorama auf der offenen Dachterrasse. EZ/DZ 3,5 Mio. Rl.

Gepolsterter Komfort – **Ali Qapu** 5 Chahar Bagh Ave., Tel. 031 322 27 929, www.aliqapuhotel.ir. Gehobener Viersternestandard in Ausstattung, Service und Infrastruktur, zentrale Lage, 3 Gehminuten vom Fluss und 10 vom Großen Platz. Mit stilvoll möblierten Zimmern, großem Indoorpool plus Sauna. Angeschlossen: zwei erstklassige Restaurants, eines mit italienisch-internationaler Küche (Steaks, Pasta und Holzofenpizzas); eines mit iranischer Küche sowie Di und Do ab 20 Uhr traditioneller Livemusik. EZ 2,3 Mio. Rl., DZ 3,5 Mio. Rl.

Modern und ansprechend – **Venus** 6 : Amadegah St., Tel. 031 322 30 040, www.venushotelesfahan.ir. Tadelloses, bei Gruppen beliebtes 3-Sterne-Plus-Haus, Lobby und Restaurant geschmackvoll-traditionell designt, Zimmer 0815-globalisiert, aber sehr in Ordnung, nettes Personal. DZ 2,6 Mio. Rl.

Traditionshaus mit kleinem Makel – **Isfahan Traditional Hotel** 7 : Hakim St., Tel. 031 322 36 677, ethotel1386@gmail.com. Der Wermutstropfen vorneweg: Manche Zimmer sind prächtig renoviert, andere wiederum ziemlich abgewohnt. Letzteres wird aber durch den schönen Restaurant-Innenhof, die nette Betreuung und günstige Lage nahe Imam-Platz und Basar wettgemacht. Gute Büfettküche auch für Auswärtsgäste (Kebabs, Kufteh, Dizi, Fesenjan, gegrillter Lachs), sehenswerte Rezeption, behangen mit Schwarz-Weiß-Porträts bekannter Isfahaner Künstler. EZ 1,55 Mio. Rl., DZ 2,6 Mio. Rl.

Charmante Mittelklasse – **Sunrise** 8 : 37th Alley, Ebnesina St., Shohada Sq., Tel. 031 344 76 245-6, sunrise.hotelesfahan@yahoo.com. Stimmungsvolles Refugium mit hübschem Innenhof, entspannte Atmosphäre, mit Charme geführt, überdurchschnittlich üppiges Frühstück, nicht ganz zentral, aber nur 10 Taximinuten zum Großen Platz. EZ 1,6 Mio. Rl., DZ 2,6 Mio. Rl.

Behagliche Atmosphäre – **Atigh** 9 : Masjed Shams Alley 30, 37. Alley, Ebnesina St., Shohada Sq., Tel. 031 344 53 328-9. Sehr schön restauriertes qadscharisches Händlerhaus in der nördlichen Altstadt mit zwei großen Innenhöfen, wohnliche Zimmer, teilweise mit Ziegelgewölben, 3 Luxussuiten mit Originalmöblierung, À-la-carte-Restaurant auch für Auswärtsgäste. DZ 2,5 Mio. Rl., Suiten bis 7,5 Mio. Rl.

Dreisternekomfort – **Azadi** 10 : Masjed Seyed Ave., Chahar Bagh Paein St., Tel. 031 322 04 056, www.azadi-hotel.com. Die Poster mit Politpropaganda in der Lobby dieses staatlichen Hotels dürfen einen nicht stören. Dafür ist der Standard gehoben, der Service gut, auffallend die großen Marmorbäder in jedem Zimmer. Nett: das Schau-/Verkaufsatelier für Minakari-Emailmalerei in der Lobby. Die straßenseitigen Zimmer sind laut, besser ein rückseitiges mit Blick auf den Fußballplatz buchen. DZ 2,25 Mio. Rl.

Charmanter Familienbetrieb – **Dibai** 11 **:** Harunie, 1 Masjed Ali Alley, Tel. 031 322 09 787, www.dibaihouse.com. Ein Stadthaus aus der Safawidenzeit (17. Jh.), zentral nahe Basar und Großem Platz, mit viel Stilgefühl, Detailliebe und Herz für fröhliche Farben generalsaniert, lauschiger Innenhof, zeitgemäße Mittelklasse-Komfortausstattung, Küche für Selbstversorger. DZ 2,2 Mio. Rl.

Hostel mit Künstlertouch – **Ebn Sina** 12 **:** 37. Alley, Ebnesina St., Tel. 0913 408 25 57, www.ebnesinahostel.com. Eher einfache, aber tadellose Bleibe, recht reichhaltiges Frühstück, alle Zimmer mit eigenem Bad/WC. Der charmante Chef Hossein Omidzad hat das Haus über die Jahre mit fantasievoll-bunten Wandbildern versehen und malt für jeden Gast eine zusätzliche Blume. Großer Hit: die schattige Dachterrasse mit Vogel-Voliere, Tee-/Kaffee-Ausschank, Qashqai-Nomadenküche und Traumpanorama über Freitags- und Imam-Moschee bis zum Sofeh-Berg. Im Mehrbettzimmer 550 000 Rl. pro Pers., DZ 2 Mio. Rl.

Im Herzen des Armenierviertels – **Julfa** 13 **:** Hakim Nezami St., Tel. 031 362 44 441-2, www.julfahotel.ir. Traditionsadresse in Sichtweite der Vank-Kathedrale, charmant wegen der rundum sprießenden Lokalszene, aufmerksame Betreuung, jedoch schlichte Lobby und Zimmerausstattung; im Erdgeschoss vorzügliches Restaurant (s. S. 368) und Laden mit großem Sortiment historischer Briefmarken. EZ 1,2 Mio. Rl., DZ 1,8 Mio. Rl.

Fairer Preis – **Tourist Hotel** 14 **:** Abbas Abad St., Chahar Bagh Ave., Tel. 031 3220 4437, für Reservierungen Tel. 021 881 06 700, www.etouristhotel.com. Schmuckes Dreisternehaus, gut in Schuss, sauber, sehr gutes Preis-Leistungs-Verhältnis, großer Trumpf: die exzellente Lage, nahe der 33-Bogen-Brücke an der zentralen Einkaufs- und Flaniermeile. Beeinträchtigung – noch – durch die nahe Metrobaustelle. DZ 1,6 Mio. Rl.

Einfach, aber sympathisch – **Iran** 15 **:** 26 Sepahan Alley, Chahar Bagh Ave., Tel. 031 322 02 692, www.iranhotel.biz. Optisch wenig attraktiv, aber für Haus mit einem Stern absolut okay, nettes Personal, angenehmer Frühstücksraum, Ruhelage in verkehrsbefreiter Seitengasse, 10 Gehminuten von Fluss und Großem Platz. EZ 1 Mio. Rl., DZ 1,6 Mio. Rl.

Preiswert und nett – **Totia** 16 **:** Takhti-Kreuzung, Ayatollah Tayeb Ave., Tel. 031 322 37 525. Familiär geführtes, vor allem von Individualtouristen geschätztes Zweisternehaus nahe der Seyyed-Moschee, Frühstück im schneeweiß möblierten Souterrainraum, kein Restaurant. Tipp: Zimmer im neuen Trakt auf der Hinterseite und in den oberen Etagen mit Blick auf den Sofeh-Berg buchen. DZ 1,2 Mio. Rl., Dreibettzimmer 1,56 Mio. Rl.

Salopp und günstig – **Amir Kabir** 17 **:** Chahar Bagh Ave. am nördlichen, baumlosen Ende, Tel. 031 322 27 273, 0903 122 72 73, mrziaee@hotmail.com. In den frühen 1970er-Jahren eröffnet, der Pionier unter Isfahans Backpackertreffs und bis heute die Nummer eins, jugendlich-informell, wie es sich für ein Hostel gehört, aber sauber und gut organisiert. Baumbestandener Innenhof als Frühstücksraum und ›Lobby‹, alle 32 Zimmer mit AC und Waschbecken, Bad/WC gemeinschaftlich, Gratis-WLAN, Wäscherei- und Airport-Pick-up-Service, Wechselstube, Bus-, Zug- und Flug-Ticketverkauf im Haus, Parkplatz und eigener deutschsprachiger Guide für diverse Touren. Lärmempfindliche sollten nach rückseitigen Zimmern fragen. EZ 520 000 Rl., im 2- bis 5-Bett-Zimmer 400 000 Rl. pro Pers..

Essen & Trinken
... im Zentrum:

Gaumen- und Augenschmaus – **Bastani** 9 **:** Naqsh-e Jahan 15, 2 Gehminuten hinter der Imam-Moschee, Tel. 031 322 00 374-5, 0913 114 4369, tgl. 11–23 Uhr. In dem traditionsreichen Restaurant geht es manchmal wegen der vielen Touristengruppen recht turbulent zu. Doch die Popularität hat ihren Grund: die aufwendig und wunderschön verzierten Glit-

Isfahan und Umgebung

zerwände und -decken. Zudem ist das Büfett tadellos. Wer will, kann statt an Tischen im überdachten Innenhof unter Iranern auf mit Teppichen belegten Takhts schmausen. Tipp: Wenn man den Mann an der Kasse beim Ausgang nett bittet, spielt er, ein Spross der seit Generationen auf Konzert- und Theaterbühnen tätigen Betreiberfamilie Maksabi, auf seiner Hohner-Mundharmonika ein melancholisches Abschiedsständchen. Büfett komplett 350 000 Rl. pro Pers.

Gehobene Büfett-Kost – **Partikan** 10 : Saadi Alley, um die Ecke zum Imam-Platz, südlich des Ali-Qapu-Palasts, Tel. 031 322 14 247, tgl. 12–16, 18–22.30 Uhr. Die rustikale Ausstattung ist vielleicht etwas gewöhnungsbedürftig, aber das Salatbüfett ausgezeichnet und die Küche auch sonst tadellos. Livemusik mit Tambourin und Geige. Zugehörig: ein Coffeeshop und ein kleines, nettes Apartmenthotel. Büfett 300 000 Rl. pro Pers.

Heimeliges Ambiente – **Naqsh-e Jahan** 11 : Espadana Basar, nordöstl. des Imam Sq., gleich hinter der Lotfollah-Moschee, Tel. 031 322 00 729, tgl. 12–19.30 Uhr. Im 1. Stock eines Karawansereihofs speist man hinter Buntglas auf Teppichen sitzend Kebabs, Dizi, Dolmeh, Biryani etc., authentisch mit einem hohen Anteil einheimischer Gäste. Hauptgerichte 230 000–350 000 Rl.

Satt essen, aber nicht satt sehen – **Aseman** 12 : Motahari St., Felezi-Brücke, Tel. 031 32 35 41 41, tgl. 12–15, 19–23 Uhr. Hier isst man vom Vorspeisenbüfett wie auch à la carte vorzüglich. Der große Trumpf dieses Drehrestaurants ist aber der fantastische Rundblick vom 13. Stock des gleichnamigen Hotels. Alle 90 Min. einmal wandern Stadt, Fluss und die Berge des Umlands in 360°-Cinemascope an einem vorbei. Büfett komplett 200 000–600 000 Rl.

Charmante Räuberhöhle – **Azadegan** 13 : Saray-Hof abseits der Haj Mirza Alley, einer Seitengasse an der Nordostecke des Imam Sq., Tel. 031 322 11 225, tgl. 9–20 Uhr. Ein Geheimtipp ist das Chaikhaneh Haj Mirza keines mehr, aber als kurioser Gruß aus dem gastronomischen Mesozoikum weiterhin eine Pflichtstation. Von der Decke baumeln Derwisch-Requisiten und Krimskrams, an den Wänden: vergilbte Fotos von Heiligen, Zurkhaneh-Athleten, Film- und Fußballstars. Im verrauchten Vorderraum schmauchen die männlichen Stammgäste Wasserpfeife, hinten hocken Familien und Touristen. Oberkellner Abbas kredenzt am laufenden Band Tee mit sündhaft süßer Zulbia oder Bamiyeh (80 000 Rl.), aber auch Dizi, Abgusht etc. (mit Beilage und Getränk 200 000–250 000 Rl.).

Toll speisen im Hamam – **Malek Soltan Jarchi Bashi** 14 : Bagh Ghalandarha Alley, Hakim St., nahe wunderschönem Seitenportal der Hakim-Moschee, Tel. 031 322 07 422, www.jarchi bashi.ir, tgl. 12–16, 19.30–23 Uhr. Was für ein grandioser Rahmen: Das in safawidischer Zeit größte Badehaus der Stadt wurde in zehnjähriger Arbeit generalsaniert. Das Ergebnis: ein Traditionslokal wie aus dem Bilderbuch mit gefliesten, kunstvoll bemalten Gewölben, Wasserbassins, Springbrunnen, Livemusik von Kamantsche (Violine) und Trommel (Tombak). Und auf den Tellern die ganze Palette traditioneller Gerichte, von Biryani und Gheymeh (160 000 Rl.) über Kebab und Kufte bis zu Fisch (165 000–335 000 Rl.), wenn auch nur mittelmäßig gebraten. Trotzdem ein Erlebnis.

Gutbürgerlich mit Stil – **Sharzad** 15 : Abbas Abad St., Tel. 031 3220 4490, tgl. 11–23 Uhr. Sehr schön mit Glasmalereien und Spiegelmosaiken dekoriertes Traditionsrestaurant. Vielerlei hervorragende Spezialitäten, u. a. Mahicheh (Lammkeule), Fesenjan. Zur Hochsaison oft großer Andrang, Reservierung ratsam. Hauptgerichte 160 000–320 000 Rl.

Geheimtipp nahe dem Teppichbasar – **Ghasre Firoozeh** 16 : Ghasre Firoozeh St., Ladengasse östl. des Qaisarieh-Basars, Tel. 031 322 23 99, Sa–Do 11–19 Uhr. Uneitle, von einem jungen Team schwungvoll geführte Kneipe mit – gutes Zeichen! – Basarhändlern als Stammkundschaft, modern-funktional möbliert, englische Speisekarte, Gerichte auch zum Mitnehmen. Hauptspeisen um 140 000 Rl.

Quirlig-authentisch – **Mikhak** 17 : Haj Mirza Alley, in Sichtweite des Azadegan-Teehauses

Stammgäste im Azadegan-Teehaus:
Die Wasserpfeife macht die Runde

(s. links), Tel. 0913 21 95 315, tgl. 11.30–15, 18–21.30 Uhr. Ideal für die Mittagsrast beim Sightseeing am Imam-Platz. Handfeste Kost Marke Kebabs, Kgoresht und Lamm/Hühnchen mit Reis zu Preisen von anno dazumal. Von Einheimischen frequentiert. Hauptgerichte ab 50 000 Rl.

… im Armenierviertel:

Zu Gast bei Armeniern – **Romanos** 18 : Jolfa Sq., Tel. 031 362 40 094, www.romanos.ir, Café tgl. 8–23.30, Restaurant 12–15.30, 18.30–24 Uhr. Weitläufiges, sehr gepflegtes Lokal in 400 Jahre altem ehemaligem Hamam, teils traditionell möbliert, teils modern, mit viel Glas und Leder adaptiert, ›europäische‹ Tischkultur, an den Wänden historische Schwarz-Weiß-Fotos der Armeniergemeinde von Neu-Julfa, dreiköpfiges Livemusikensemble (Santur, Tombak und Sänger), Riesenportionen in hervorragender Qualität, Steaks, Shishlik, Lachs, gebackene Shrimps etc. Hauptgerichte ab 270 000 Rl.

Szenetreff im Armenierviertel – **Arc a** 19 : Vank-Kathedrale-Gasse, Tel. 0913 303 03 85, tgl. 9–23 Uhr. Modern und stilvoll umfunktioniertes, altes Händlerhaus mit großer Open-Air-Innenhofterrasse, geschmackvoll renovierten Speisezimmern, persische Kreativküche mit mediterranem Touch, Steaks, Lamm, tolle Salate, jugendlich-schickes Publikum, auch gut für eine Pause bei Kaffee und Kuchen. Originelle Menüs mit Namen wie »Modern Dizi«, »Modern Biryani« oder Burger-Variationen ab 250 000 Rl., Hauptgerichte 260 000–520 000 Rl.

Fast Food mit Niveau – **Partak** 20 : Vank-Kathedrale-Gasse nahe Nazar St., Jolfa, Tel. 031 36 24 71 19, tgl. 12–15.30, 19–23.30 Uhr. Souterrain-Lokal im schnörkellos-coolen Stil der 1970er-Jahre. Ausgezeichnete Pizzas, Burger, Pastagerichte, lecker belegte Sandwiches, Salate. Sehr liebenswürdige Bedienung. Pizzas 250 000–330 000 Rl.

High-End-Gastronomie – **Hermes** 21 : Jolfa Alley nahe Nazar St., Tel. 031 355 55 555, tgl. 8.30–22.30 Uhr, www.hermescafe.ir. Ultraschickes Design in Schwarz-Weiß, gehobene Kreativküche mit mediterranem Einschlag, Meeresfrüchte, Ofenkartoffeln, Salate, Pastagerichte, Pizzas, Burger, Crêpes etc., auch feiner Kaffee nach italienischer Manier. Hauptgerichte 250 000–500 000 Rl.

Gutbürgerlich schlemmen – **Khan Gostar** 13 : Hakim Nezami St., Tel. 031 362 78 989. Viel gepriesen, doch etwas versteckt im Erdgeschoss des Hotel Julfa gelegen, modern, hell, tiptop in Schuss. Tolles Salatbüfett, vorzügliche Kebabs, Lammkeulen, Steaks, Reisgerichte mit Huhn, Lamm oder Fisch, z. B. Shoorideh oder norwegischer Lachs. Hauptgerichte 200 000–400 000 Rl.

Herzhaft sättigend – **Arabo Sandwich** 22 : Vank-Kathedrale-Gasse Tel. 031 36 27 63 25, tgl. 11–23.30 Uhr. Pausenfüller nach dem Rundgang durchs Viertel. Thekenverkauf, gegessen wird draußen im Stehen, aber gute Stimmung und vor allem: riesige Rundbrötchen mit Roastbeef, Hühnchen, Salami, Salaten etc. köstlich belegt. Ab 80 000 Rl.

Kaffee und mehr – **Café Firouz** 23 : Hakim Nezami St., Vank-Kathedrale-Gasse, Tel. 031 362 75 269, tgl. 9–22 Uhr. Ash-Suppe, Dolmeh, Kebab, Hühnchen, Kaffee, Tee und Kuchen. Weitere nette Koffeintankstellen auf dem Weg von der Vank-Kathedrale zur Bethlehem-Kirche: **Daloon** 24 , tgl. 11–23.45 Uhr; **Ani** 25 , tgl. 8–23.30 Uhr; **Van** 26 tgl. 10–23.30 Uhr; **Jolfa** 27 , tgl. 10–23 Uhr.

… südliche Bezirke:

Unschlagbarer Panoramablick – **Zagros** 28 : Sofeh-Berg, Tel. 031 95 01 60 01, tgl. 12–16, 20–23 Uhr. Kulinarisch keine wirkliche Offenbarung und auch recht teuer. Aber bei solch einer herrlichen Lage nimmt man gewisse Mängel schon mal in Kauf. Das rustikal, aber mit Stil gestaltete Restaurant thront auf dem Abhang des Sofeh-Berges und legt seinen Gästen, am schönsten im Sommer von der Open-Air-Terrasse, die Stadt zu Füßen. Zufahrt mit lokaleigenem Gratis-Shuttle-Minibus vom Parkplatz im Tal. Telefonisch vorab Fensterplätze reservieren! Hauptgerichte 190 000–400 000 Rl.

Einkaufen

Kunsthandwerk und mehr – Rund um den **Großen** oder **Imam-Platz** und in der unmittelbar dahinter verlaufenden Basargasse reihen sich Souvenirläden dicht an dicht.

Ein Teil der Ware ist Import-Ramsch und als solcher leicht erkennbar, das meiste aber Qualitätsware aus Isfahans traditionsreichen Werkstätten. Ein ausgiebiger Bummel lohnt auf jeden Fall. Folgende Adressen seien hervorgehoben:

Miniaturmalerei – Zwei renommierte Meister dieser Kunst sind **Mostafa Fotowat** 2, Poshtmatbakh St./Imam Sq., Tel. 031 322 21 785, Filiale: Amadegah St. neben Safir Hotel, schräg gegenüber Abbasi Hotel, www.fotowatminiaturist.com, auch in Europa viel beschäftigt, u. a. für die Deutsche Post und die Schweizer Luxusuhrenindustrie, und **Hossein Fallahi** 3, 51 Poshtmatbakh St. oder 5 Saadi St., Tel. 0913 118 68 14.

Qalamkar – Als führende Werkstätten für Isfahans textiles Paradesouvenir, die händisch mit Holzstempeln farbig bedruckten Tisch- und Betttücher, Polster- und Taschenüberzüge, Hemden, Ponchos etc., gelten **Reza Sedighifard** 4, Qaiseriyeh Basar, 1. Gasse links im Hof, Tel. 0913 319 55 93, und **Zabolian** 5, Espadana Bazar 38, Tel. 031 322 34 392, hier kann man auch die Holzmodel selbst in allen Formen und Farben käuflich erwerben.

Teppiche – Adressen mit jahrzehntelang hoher Reputation und vielfältigem, qualitätvollem Sortiment: **Pazirik** 6, Ostandari St. 195, Tel. 031 322 01 408; **Moghaddam** 7, Poshtmatbakh St./Imam Sq., Tel. 031 322 20 720; **Pakdel** 8, Amadegah St. (50 m östlich des Abbasi Hotel, auf der anderen Straßenseite), Tel. 0913 111 4222; **Armani** 9: Neu-Jolfa, Nazar St., Tel. 031 362 81 968, iranarmanicarpet@gmail.com, an der Ecke zum Eingang in die Vank-Kathedrale; **Kamo** 10: kleiner Laden im Teppichbasar, Rang Razha Bazar, Davoody Building 26, Tel. 0913 311 98 92.

Designermode – **Hezardastan** 11: Imam Sq., Tel. 0912 2121 2121. Capes (400 000–1,2 Mio. Rl.), Mäntel (1,2–3,5 Mio. Rl.), auch Ponchos, Capes, alles schick geschnitten in schönen Farben. Auch alte Holzdruckblöcke werden verkauft (ab 400 000 Rl. das Stück).

Silberware – **Parvaresh** 12: Chahar Bagh St., Tel. 031 322 03 081, www.parvareshsilver.com. Alteingesessener Familienbetrieb für hochwertige Gravurarbeiten (Ghalamzani) – kunstvoll verzierte Vasen, Kannen, Becher, Teller, Schatullen u. v. m.

Musikalische Souvenirs – **Toomba** 13: Amadegah St., Untergeschoss des Abbasi Shopping Center, vis-à-vis dem gleichnamigen Hotel, Laden B6, Tel. 031 322 26 831, Sa–Do 9.30–13.30, 16.30–21.30 Uhr. CDs von klassisch-persisch bis Iranian Pop, feine Auswahl, gute Beratung.

Kunstgalerien – **Matn Emrooz** 14: First Abshar St., Tel. 031 1661 7831, www.matnemrooz.com, tgl. 16–20 Uhr. Hotspot der Gegenwartskunst – Schaufenster für Etablierte und Börse für Jungtalente. **Apadana** 15: 2. Apadana St., 25 Lalahe Alley, Tel. 0913 10 55 127, Sa–Mi 10–13, 17–20 Uhr, www.apadanagallery.com. Spannende Moderne quer durch alle Genres. **Toranj Art Gallery** 16: Hatef St., Tel. 0913 323 6723, Sa–Do 10–20 Uhr. Zeitgenössische, originelle Teppichkunst.

Abends & Nachts

Tugend- und Muskeltraining – **Pahlevan-Najarpour-Zurkhaneh** 1: Ebnesina St., Shohada Sq., gegenüber Amin Hospital, Tel. 031 32 65 46 17, 0913 10 21 352; **Aligholi-Aqa-Zurkhaneh** 2: Masjed-e Seyed St. neben Aligholi-Aqa-Basar und -Bad, Tel. 031 333 83 355, 0913 102 1352, Kontakt: Majid Mirmojarabian. Aufführungen jeweils Sa–Do, Beginn nach Sonnenuntergang, Fr 11–13 Uhr, 100 000 Rl.

Aktiv

Ins Grüne – **Nazhvan-Park** 1: Westlich des Stadtkerns am Fluss gelegen, lädt dieses 1200 ha große, frei zugängliche Waldgebiet zum Durchatmen, Spazieren und Joggen. Gut kombinieren lässt sich der Ausflug mit dem Besuch des an den Park grenzenden, 2016 eröffneten, modernen **Meeresaquariums** und des **Muschelmuseums** (Eingang in der Olfat St., tgl. 9–19 Uhr, jeweils 180 000 Rl.), aber auch mit dem am nördlichen Flussufer in Gehdistanz gelegenen **Vogelpark** 2 (tgl. 8–18, im Winter bis 16.30 Uhr, 180 000 Rl.). Wandert man von Letzterem den Fluss entlang weiter nach Westen, kann man an manchen Tagen direkt am Ufer die **Qalamkari-Kocher** da-

Kräftemessen zur Ehre Gottes

Im Zurkhaneh trainieren Irans Männer seit Menschengedenken ihre Muskeln, aber auch Kampfes- und Edelmut. Diese »Krafthäuser« sind der Konkurrenz durch neumodische Sport- und Freizeittrends zum Trotz immer noch populär. In manchen sind Zuschauer herzlich willkommen.

V arzesh-e Pahlavani, der »Sport der Helden«, wird jene speziell iranische Form der Körperertüchtigung auf Farsi genannt, deren Wurzeln mehr als 2000 Jahre, bis in die Zeit der Parther oder gar Achaimeniden zurückreichen, und die bis heute im gesamten ehemals persischen Kulturraum verbreitet ist. Die Orte, an denen man sie praktiziert, galten den Persern speziell nach der arabischen Eroberung als Stätten der »nationalen Erneuerung«, und auch in der Folge in Epochen der Fremdherrschaft, vor allem der mongolischen, stets als heimliche Zentren des Widerstands. Irans Nationaldichter Firdausi etwa schildert in seinem »Shahnameh«, dem »Buch der Könige«, wie schon der erste Sassaniden-Herrscher, Ardashir, seine Untertanen per Dekret zum Besuch des Zurkhaneh verpflichtete, damit sie ihm als wehr- und ehrhafte Pahlewane, Ritter, im Kampfe stark und kühn zur Seite stünden.

Heutzutage bildet diese Institution zwar – insbesondere für die ältere Generation – immer noch einen Brennpunkt kultureller Selbstvergewisserung und eines mit Begeisterung kultivierten Patriotismus. Doch hat sie ihre einstige politische Bedeutung weitgehend und ihre militärische natürlich völlig verloren, ist eher als gehobene Folklore einzustufen.

Für gewöhnlich liegen die traditionellen Krafthäuser in einem engen Gässchen der Altstadt – eine Reminiszenz an jene Zeiten, da man solche Schauplätze konspirativer Aktivitäten auch baulich möglichst verborgen hielt. Heute wie damals gelangt man durch ein unscheinbares, niedriges Tor – durch das Bücken erweist man dem Ort und seinem Geist Respekt – in einen überkuppelten Saal. In seiner Mitte liegt, etwa 40 m2 groß, einen guten halben Meter in den Boden versenkt und meist achteckig, eine Arena. Drumherum: Zuschauerbänke, in Zeiten des touristischen Aufschwungs wie diesen oft bis auf den letzten Platz besetzt. An den Wänden: verblichene Fotos verstorbener, besonders verdienstvoller Meister und Andachtsbilder von Ali und Hussein bzw. der weißbärtigen religiösen Führer jüngeren Datums. In einer Ecke auf einem Podest: ein – meistens zumindest – nicht mehr junger Mann, mit überkreuzten Beinen würdevoll auf einem Kissen thronend, vor sich eine Tombak, die persische Trommel, und eine Signalglocke.

Die Athleten, etwa ein Dutzend, sind barfüßig, tragen T-Shirts über dem oft respektgebietend voluminösen Oberkörper und mit farbigen Blattmustern kunstvoll bestickte Kniehosen. Was sie in der knapp einstündigen Trainingseinheit praktizieren, ist ein Kanon von Übungen, dessen Ablauf jahrhundertealten, strengen Regeln gehorcht. Wobei allerlei merkwürdige archaische Gerätschaften Verwendung finden, unter deren Gewicht durchschnittliche Büromenschen vermutlich sehr rasch zusammenbrächen.

So stemmen die Männer zum Beispiel aus der Rückenlage massive Holzplatten, die im Extremfall bis über 100 kg wiegen. Holzkeulen, je nach Statur des Übenden zwischen sieben und 40 kg schwer, werden jongliert und geschwungen. Man rüttelt eiserne, mit rasselnden Metallringen versehene Ketten über den Köpfen, vollführt akrobatische Sprünge und choreografisch präzise

Die bis zu 40 kg schweren Holzkeulen helfen Handgelenke und Bizeps stärken

einstudierte Stampf- und Drehschritte, die stark an die Kreisbewegungen der Tanzenden Derwische erinnern. Am Beginn absolvieren die Männer eine Reihe feierlicher Verbeugungen, Umarmungen und Komplimente. Abschließend massieren sie einander und sprechen ein Gebet. Das gesamte kräftezehrende Schauspiel wird begleitet von Rezitationen, Gesängen, auch Fürbitten für den Propheten Mohammed und Imam Ali sowie den stetig schneller werdenden Trommel- und Glockenschlägen des Morsched, des Übungsleiters auf seinem Podest.

»Gestählte Muskeln, demütiges Herz.« Diesem Motto entsprechend dienen die Rituale freilich nicht bloß der körperlichen Kräftigung. Mindestens ebenso wichtig ist der wahrhafte Dschihad, die Selbsterziehung im inneren Kampf gegen den Egoismus, die eigene Triebhaftigkeit, wie ihn sich auch muslimische Mystiker, die Sufis, abverlangen. Oberstes Ziel ist wahrer geistiger Adel, großes Vorbild der Pahlavan, der mutige und barmherzige Ritter des Mittelalters. Wie vor 1000 und mehr Jahren der Orden der Ayaren und die Schater, jene kampfestüchtigen Sendboten der Könige, die unter anderem die Pilger und die Händlerkarawanen auf ihren weiten Reisen zu beschützen hatten, bilden auch die Angehörigen jedes Zurkhaneh eine Art spirituelle Bruderschaft. Sie kommen aus allen Berufen und Bevölkerungsschichten. Sie unterscheiden, auch darin sehr vergleichbar mit den sufischen Orden, vom Novizen (Nocheh) über den Gesellen (Nowkhasteh) bis zum Meister (Pishkeswat), etliche Grade der seelischen und geistigen Reife. Und sie begegnen einander mit jener besonders verfeinerten Höflichkeit, derer man sich in Iran seit jeher besonders gerne befleißigt.

DEN NACHTHIMMEL BESTAUNEN

Hobbyastronomen und Romantiker aufgepasst! Isfahan ist Heimat der international renommierten **Adib Astronomical Society (AAS),** die im regen wissenschaftlichen Austausch mit ähnlichen Instituten in aller Welt steht, u. a. in Pasadena, der kalifornischen »City of Astronomy«. Das Umland der Stadt ist dank der Seehöhe und oft klaren Wüstennächte prädestiniert für Himmelsbeobachtung. Für Interessierte werden am Sitz der Gesellschaft Führungen auf Englisch sowie, noch spannender, ein- und mehrtägige Exkursionen angeboten, bei denen an lichtfernen Orten wie entlegenen Bergdörfern oder Wüstenkarawansereien die Zelte aufgeschlagen werden und man nächtens gemeinsam das Firmament erkundet. Für Ausrüstung, d. h. Teleskope, Wagen für die Anreise, Zelte Verköstigung und kompetente Erklärungen auf Englisch wird gesorgt. Kontakt: Fachguide Majid Orafa, Tel. 0913 10 81 664, majid.orafa@gmail.com, www.persiaexplorer.com, Manager der AAS (englischsprachig): Dr. Isahaqi, Tel. 0913 1060 288, 031 366 83 535.

bei beobachten, wie sie ihre handbedruckten Textilien in riesigen Kesseln kochen und hernach zum Trocknen auslegen (Zeiten in Fachgeschäften im Basar erfragen).
Radpartie – **Bike Rental** 3 : Neshat St., Beytol-Hossein, Nik Building, Tel. 031 322 07 697, 0913 288 58 89, www.bikerental.ir, tgl. 8–21 Uhr. Verleih für 1 Std. ab 150 000 Rl., für einen halben Tag ab 350 000 Rl., der Reisepass ist als Pfand zu hinterlegen. Auch Stadtführungen per Rad werden angeboten.

Wildwasserabenteuer – **Rafting Z:** Tel. 0913 183 16 80, www.raftingz.com. Unterschiedlich lange Raftingtouren am Oberlauf des Zayandeh Rud und auf diversen Gebirgsflüssen der Provinz Chahar Mahal va Bakhtiari mit Verpflegung und Abholung.

Verkehr

Flug: Isfahans **Shahid Beheshti International Airport** (IFN, www.isfahan.airport.ir, Tel. 031 352 75 050, nur Farsi) liegt ca. 25 km nordöstlich der Innenstadt und ist am besten per **Taxi** (ca. 400 000 Rl.), aber auch mit städtischen **Bussen** (Abfahrt vor dem Kowsar International Hotel am linken Flussufer) erreichbar. In die Gegenrichtung, vom Flughafen in die Stadt, sollte es ein Leichtes sein, Mitpassagiere für die Taxifahrt in die Stadt zu finden. Diverse iranische Fluggesellschaften fliegen von hier aus in die meisten großen Städte des Landes. Internationale Verbindungen bestehen u.a. nach Wien (mit Austrian direkt), Istanbul, Dubai, Bagdad und Tbilisi. **Iran Air:** Amadegah St., Shoppingmall gegenüber Abbasi Hotel, Tel. 031 366 93 332; **Turkish Airlines:** Motahari St., Aseman Hotel, Tel. 031 323 58 687; **Austrian:** in Teheran, Tel. 021 83 388.

Bahn: Der Bahnhof liegt weit vom Zentrum entfernt, 15 km in südlicher Richtung. Verbindungen unter anderem nach Teheran (auch über Nacht), Kashan, Shiraz, Yazd, Mashhad und Bandar-e Abbas. Bus-Anschluss mit Linie 37 bis Sofeh-Busterminal. Eine neue Hochgeschwindigkeitsstrecke von Teheran über den Imam Khomeini Airport und Qom nach Isfahan mit geplanter Gesamtfahrdauer von 2 Std. ist inklusive einem neuen, zusätzlichen Bahnhof im Norden Isfahans mit chinesischen Partnern in Bau und soll 2019 in Betrieb gehen.

Bus: Es existieren vier Busbahnhöfe. Vom großen, neuen **Kaveh Terminal,** Kaveh Blvd., werden sämtliche Fernstrecken bedient, vor allem aber jene nach Norden. Alle 15 Min. starten Busse, auch sehr komfortable mit ›European Standard‹, nach Teheran (ca. 6 Std.), mehrmals tgl. auch direkt zum Imam Khomeini International Airport. Für Städte im Süden und Osten des Landes, etwa Yazd (4 Std.), Ahvaz, Kerman (beide 7 Std.), Bandar-e Abbas (11 Std.), Mash-

had (16 Std.) und Zahedan (19 Std.) Abfahrt vom **Sofeh Terminal,** Dastgerdi Expressway, südliche Stadtgrenze. Vom **Zayandeh Rud Terminal,** Sohrevardi St., Habib-ollahi Expressway, gehen Busse Richtung Südwesten, z. B. nach Shahr-e Kord. Richtung Osten, z. B. nach Nain (alle 30 Min.), Varzaneh (stdl.) und Yazd, startet man im (Mini-)Bus oder auch Sammeltaxi vom **Jey Terminal,** Hamedanian St., Jey St.
Taxis: Innerhalb der Stadt nimmt man als Ausländer am besten ein Taxi. Fahrten kosten 80 000–200 000 Rl., im Sammeltaxi ca. 15 000 Rl. Die Fahrzeuge halten an allen größeren Plätzen, ihre Routen sind allerdings ohne Farsi-Kenntnisse nicht leicht vorab zu eruieren. Gleiches gilt für die noch billigeren Busse.
Metro: Im Herbst 2015 wurde das erste Teilstück der Linie 1 eröffnet. Es umfasst auf einer Strecke von 11 km zehn Stationen, darunter den zentralen Kaveh-Busterminal. Am Ausbau des Netzes wird gearbeitet.

Südöstlich von Isfahan

Nach Varzaneh ▶ J/K 12

Mindestens einen, besser zwei oder drei Tage sollte man einplanen, um den Unterlauf des Zayandeh Rud bis nach Varzaneh und von dort das Flussdelta, den Gavkhuni-Sumpf, zu erkunden. Varzaneh selbst und die größeren Orte entlang der Strecke sind von Isfahan aus mit öffentlichen Bussen erreichbar. Will man jedoch den im folgenden beschriebenen Baudenkmälern beiderseits der Strecke die Parade abnehmen, braucht man unbedingt einen eigenen Wagen, und zwar, um die Wege erfragen zu können, mit Farsi sprechendem Fahrer.

Die Mühen der Orientierung beginnen schon am östlichen Stadtrand von Isfahan. Man muss sich erst seinen Weg auf der Abshar Road, vorbei an den gigantischen Hochhausbauten der neuen Satellitenstadt Shahid Keshvari und dem wie ein halbrundes Ufo in der Wüste gelandeten Konferenzzentrum Imam Khamenei bahnen, bis man hinter dem Kleeblatt der östlichen Ringautobahn endlich ländliche Gefilde erreicht.

Von Dashti nach Ziyar

Erste Station ist, südlich des Zayandeh Rud und 16 km östlich von Isfahan, die **Moschee** von **Dashti** مسجد دشتی, ein schöner, 700 Jahre alter Zentralkuppelbau (tgl. 11–14, 17–20 Uhr, Schlüssel bei Herr Ansari im Lebensmittelladen vis-à-vis, Tel. 0913 11 19 873), die zweite, im Ort **Gaz** مسجد گز, Km 21, ein zwar ruinöses und eingezäuntes, dennoch sehenswertes Ensemble von Moschee und Minarett aus seldschukischer Zeit (im Zentrum links Richtung Yafran abzweigen, nach 200 m links).

Es folgen die in ihrer Schlicht- und Kompaktheit beeindruckende **Moschee** von **Aziran** مسجد ازیران (Km 28, Innenbesichtigung nur Do und Fr mittags) sowie das besonders faszinierende, weil 47 m hoch aus dem freien Feld aufragende und überdies komplett mit feiner Ziegelornamentik überzogene Minarett von **Ziyar** مناره زیار.

Barssian

Nördlich des Zayandeh Rud steht in **Barssian,** ungefähr bei Km 43, eine weitere **Moschee** مناره و مسجد جامع برسیان, ebenfalls seldschukisch und kunsthistorisch am bedeutsamsten. Sie ist mit einem prächtigen Stuck-Mihrab und einer 24 m hohen Kuppel ausgestattet, die an die Kuppeln der Isfahaner Freitagsmoschee erinnert. Der Bau ist immer geschlossen. Herr Barssiani, der direkt gegenüber dem Minarett hinter dem großen weiß-blauen Haustor wohnt, ist jedoch mit dem Schlüssel rasch zur Stelle (Tel. 0936 68 86 064).

Ezhyeh und Ghurtan

Ein Stopp lohnt auch an der Straßenbrücke in **Ezhyeh.** Sie wird flankiert von einer zwölfbögigen **Ziegelbrücke** aus safawidischer Zeit پل تاریخی اژیه. In östlicher Richtung verlockt ein Komplex von sechs Taubentürmen zum Zücken des Fotoapparats.

Eine eindrucksvolle Sehenswürdigkeit wartet schließlich 15 km weiter, direkt am Fluss (kurz davor, in Sohran, links abbiegen), in **Ghurtan:** eine gewaltige, über 1000 Jahre alte **Zitadelle** ارگ قورتان, 260 x 180 m groß, von einem weitgehend intakten, 10 m hohen Mauerring mit zwölf Wehrtürmen eingefasst.

Isfahan und Umgebung

SANDDÜNEN, SÜMPFE UND SALZSEEN

Lage/Anfahrt: von **Varzaneh** zur Sandwüste nahe dem Vaheh Tourist Complex 10 km; zu den Gavkhuni-Sümpfen und zum Schwarzen Berg ca. 30 km; zum Salzsee auf der Straße Richtung Shiraz 40 km bis nach **Khara,** von dort 15 km auf der Stichstraße bis zum Ufer.
Dauer: ein (halber) Tag
Unterkunft & Verpflegung: als Standort zu empfehlen sind die Gästehäuser **Negaar** und **Chapaker** in **Varzaneh** (s. S. 376). Die beiden freundschaftlich-eng kooperierenden Betreiber organisieren Naturexkursionen ins Umland.
Kosten: für 4-stündige Wüstentouren in die Dünen 600 000 Rl., Ausflug zum Feuchtgebiet und Schwarzen Berg 800 000 Rl., zum Salzsee inklusive Sanddünen 1,6 Mio. Rl., jeweils pro Taxi, also für bis zu 4 Pers.

Varzanehs Hauptattraktion sind die verschiedenartigen, spektakulären Naturlandschaften in seiner Umgebung. Da ist, allen voran, das **Feuchtgebiet** von **Gavkhuni** تالاب یا باتلاق گاوخونی (Batlaq-e Gavkhuni). In seinen Tümpeln, Sümpfen und weit verzweigt mäandrierenden Wasserläufen versickert und verdunstet der Zayandehrud, 420 Flusskilometer östlich seiner Quelle, in der Wüste. Als gemäß Ramsar-Konvention streng geschütztes Biosphärenreservat, von dem große Flächen jeden Sommer trockenfallen, bildet es den Lebensraum für eine reiche Fauna, unter anderem Hirsche und iranische Zebras, eine Art wild lebender Pferdeesel, sowie saisonal Abertausende Zugvögel.

Man erreicht den Rand dieses im Kern ca. 20 x 30 km großen Gebiets über eine Straße, die ein Stück außerhalb der Stadt direkt am Nordufer des Flusses Richtung Osten abzweigt. Eine Straße, die übrigens, größtenteils asphaltiert, bis nach Yazd führt und im Vergleich zu der gängigen Strecke über Nain einen Abkürzer um 70 km bedeutet. Als Orientierungspunkt kann am Horizont die einzige markante Erhebung dienen – der Schwarze Berg. Entlang der Strecke sieht man linker Hand kleine Kaluts, von Wind und Wetter abgeschliffenen Hügelformationen aus Sedimentgestein, in die sich früher Hirten zum Schutz vor Sonne und Sturm Höhlen gegraben haben. Sie hüteten hier einst große Herden von Buckelrindern, die man im Sommer für den Betrieb der Schöpfbrunnen brauchte, im Winter jedoch, mit Granatapfelextrakt am Rücken nummeriert, frei grasen ließ und erst im Frühjahr wieder einsammelte.

Den Ausflug ins **Delta von Gavkhuni** kann man – bitte nur mit ortskundigem Führer! – mit einer ca. 90-minütigen Fußwanderung bis zum **Salzsee** kombinieren. Unterwegs stößt man auf warme Quellen, in denen sich herrlich schwimmen lässt. Auch kann man barfuß im lauen Wasser waten, das stellenweise, wenn man das Salz wegschabt, unter der Kruste hervortritt – ein wunderbar wohliges Gefühl. Auch schön ist es, am Fuß des basaltenen (daher der Name) **Schwarzen Berges** (کوه سیاه) (Kuh-e Siah) zu parken, in gut halbstündigem Aufstieg seine Kuppe zu erklimmen und von oben, eventuell mit dem Feldstecher, die Störche und Flamingos zu beobachten, jedenfalls aber den Rundblick auf die so grandios öden Sand- und Salzflächen zu genießen. Unterwegs zum See können sich Wissbegierige vom Guide die Mauerreste uralter Tempel und Häuser und sogar eines zoroastrischen Bestattungsturms zeigen und auch die komplexen ökologischen Zusammenhänge etwa zwischen dem Absinken des Grundwasserspiegels, dem dramatischen Rückgang der Vogelpopulationen und dem Vordringen der Landwirtschaft erklären lassen.

Ein ergänzendes Kontrastprogramm bietet die in südöstlicher Richtung ganz nahe, rund 60 km² große **Sandwüste.** Man braucht nur etwa 10 Min. Richtung Dastjerd zu fahren. Den Wegweisern folgend, erreicht man den neuen **Tourist Complex** von **Vaheh.** Seine riesenhaften Restaurantzelte, die Open-Air-Bühne mit ihrem Zuschauerraum für 1800 Personen, das Angebot zum Kamel- und Pferdereiten, Sandboarding, Ultraleichtfliegen und Paragleiten, Querfeldein-Rasen mit Motorrädern, Quads, etc., all das ist sehr kommerziell, sorgt an Wochenenden für Mega-Remmidemmi und ist gewiss nicht nach jedermanns Geschmack (Infos: Tel. 0913 021 98 89). Aber von dem Gelände gelangt man mit wenigen Schritten mitten hinein in das Sandmeer mit seinen bis zu 60 m hohen Dünen. Was nicht heißt, dass Taxis einen aus der Stadt nicht auch umstandslos zu anderen Stellen am Rand der Wüste bringen, einer Wüste übrigens, die, wie zahlreiche Keramik- und Siedlungsfunde belegen, schon vor 5000 Jahren besiedelt war.

Varzaneh ▶ K 12

Das eigentliche Ziel dieses Ausflugs ist erreicht: **Varzaneh** (14 000 Einw.), die östliche Stadt am Zayandeh Rud. 105 km von Isfahan entfernt liegt sie auf 1500 m Seehöhe, abseits der großen Reiseströme, lohnt aber gerade deshalb einen Aufenthalt. Die Atmosphäre ist entspannt und authentisch.

Ein Rundgang durch ihr – vom Eingang an der Nordseite her – frei zugängliches Gassenlabyrinth ist lohnend, wenngleich ein wenig ernüchternd. Denn viele der alten Lehmhäuser sind im Zustand fortgeschrittenen Verfalls, und ins Zentrum dieses städteplanerischen Juwels hat man jüngst eine riesige Hosseiniyeh, eine neue, unsägliche Glas-Beton-Konstruktion, geklotzt.

Isfahan und Umgebung

Eine modische Besonderheit darf nicht unerwähnt bleiben: nämlich die Tatsache, dass Varzanehs Frauen im Unterschied zu ihren Geschlechtsgenossinnen überall sonst im ländlichen Raum Irans anstatt schwarzer weiße Tschadore tragen. Dazu existieren drei Theorien: Die Sitte sei a) ein Relikt aus vorislamischer Zeit – dem Zoroastrismus gilt die Farbe Weiß als heilig. Sie wurzele b) im früheren Reichtum an Baumwolle. Schließlich baute man diese noch vor zwei Generationen, als der Zayandehrud ergiebiger floss, östlich der Stadt in großen Plantagen an. Weißes Wolltuch sei c) bei großer Hitze und starker Sonneneinstrahlung einfach ungleich angenehmer zu tragen.

Sehenswertes im Zentrum

Eine Besichtigung lohnt in Varzaneh die **Freitagsmoschee** مسجد جامع, eine mit Fliesen reich verzierte Zwei-Iwan-Anlage aus timuridischer Zeit (tagsüber frei zugänglich), weiterhin die seldschukische **Ziegelbrücke** پل اژیه, die man für einen kleinen Obolus auch per Boot vom Wasser aus inspizieren kann, und das **Ethnologische Museum**, eingerichtet in einem qadscharischen Herrenhaus. Im Stadtgebiet gibt es noch etliche alte **Wasserzisternen,** eine davon mit integriertem Windturm, und einen schön restaurierten **Taubenturm** برج کبوترخانه mit einem netten Kunsthandwerksmarkt im Erdgeschoss (Schlüsselwart: Hr. Fazeli, Tel. 0937 398 28 26, 50 000 Rl.).

Außerhalb der Stadt

Zwei originelle tierische Begegnungen warten gleich hinter der Stadtgrenze: im Osten eine uralte hölzerne **Getreidemühle** آسیاب شتر, in der noch ein Kamel seine Runden dreht, und 1 km südlich an der Straße nach Dastjerd ein Gavchah, ein von Buckelrindern betriebener **Schöpfbrunnen** گاوچاه, wie man ihn heute sonst nur noch in abgelegenen Gegenden der Provinz Sistan-Belutschistan findet. Beide Sehenswürdigkeiten haben touristisch-musealen Charakter, öffnen aber ein Fenster in eine gar nicht ferne, archaische Vergangenheit der Agrarwirtschaft (jeweils 50 000 Rl.).

Übernachten

Wahrer Ökotourismus – **Negaar Guesthouse:** im Zentrum nahe der Freitagsmoschee, Tel. 0913 214 98 51, www.negaarhouse.com. Mohammad Ebrahimi, vorzüglich Englisch sprechend und in ökologischen Sachfragen sehr versiert, führt auch Touren zu den Salzseen, Sümpfen, Dünen sowie 4-stündige Stadtrundgänge. Ausgezeichnete Hausmannskost, keine Kebabs, viel Vegetarisches; unbedingt probieren: Kalajoosh und Kookoo Sabzi. DZ 1 Mio. Rl., mit europäischen Betten, inkl. Frühstück, im Mehrbettzimmer 350 000 Rl. pro Pers.

Äußerst gastfreundlich – **Chapaker Guesthouse:** Tel. 0913 203 00 96, khalilivarzaneh@gmail.com. Mr. Reza Khalili hat als Ökopionier im örtlichen Tourismus große Meriten, führt sein Haus sehr familiär, weiß und erzählt enorm viel, entsprechend lehrreich sind die von ihm geführten Touren. Auch hier sehr gute, authentische Küche, reichhaltiges Frühstück, Zimmer traditionell, komfortabel. DZ 500 000 Rl.

Essen & Trinken

Herzhaft und sehr preiswert – **Negin:** Shardari Sq., Tel. 0913 365 42 19, tgl. 8–22 Uhr. Unprätentiös im Untergeschoss, aber guter Kebab-Durchschnitt. Hauptgerichte 85 000 Rl.

Einkaufen

Lokale Erzeugnisse – Varzaneh ist bekannt für seine **Teppiche** und **seidene Tischwäsche.** Beide sind erhältlich über Vermittlung in den Gästehäusern oder direkt in den privaten Werkstätten, in denen Besucher stets willkommen sind. Ein schmackhaftes Mitbringsel sind die lokal hergestellten **Kräutertees** und der vor allem aus Blüten von Alfalfa und Kassien gewonnene **Honig.**

Verkehr

Bus: Tagsüber fast stündlich Verbindungen vom/zum Jey-Terminal in Isfahan (ca. 90 Min., 35 000 Rl., alternativ Taxis, ca. 500 000 Rl.). Letzte Abfahrt in Varzaneh um 14 Uhr. Verbindungen auch von/nach Yazd (umsteigen ins Taxi in Nain) bzw. von/nach Teheran, Terminal Jonub (Wechsel ins Taxi in Harand, 20 km vor Varzaneh).

Südlich und westlich von Isfahan

Pir Bakran ▶ J 12

Zwei Sehenswürdigkeiten lohnen einen Ausflug in das Städtchen **Pir Bakran,** etwa 30 km südlich von Isfahan im Bezirk Falavarjan gelegen. Die Anfahrt erfolgt über den Keshavarz Blvd. und den Zobahan Freeway, dann, von Letzterem 2 km nach dem großen Autobahnkleeblatt links abbiegend, über Abrisham und Abnil.

Sareh Bet Asher

Am südlichen Ortsrand liegt ein für Irans Juden höchst bedeutsames Heiligtum, zu dem sie jährlich im September von weither pilgern: die Synagoge Yacub alias **Sareh Bet Asher** سارا بت آشر. In ihr wird Sareh, die Enkelin des Propheten Jakob, verehrt. Hinter dem Schrein, auf demselben Gelände, das auch unter dem Namen Estrakhatun bekannt ist, erstreckt sich ein ausgedehnter **Friedhof** (Ghabrestan-e Yahudiyeh) mit vielen uralten Grabsteinen und Grabbauten. Um Zutritt auf das Gelände zu erhalten, empfiehlt es sich, vorab in Isfahan im Tourismusbüro Erkundigungen einzuholen. Denn wie der Wächter vor Ort (Tel. 0913 82 87 062) auf Anfragen reagiert – er heißt Ghorban Ali und ist ein ziemlich widerborstiger Zeitgenosse – ist schwer vorherzusagen.

Mohammed-Ibn-Bakran-Mausoleum

Nur ein paar Gehminuten entfernt wartet das zweite Highlight, das **Boqe-ye Pir Bakran** بقعه پیربکران, das Grabmal eines Sufi-Heiligen. Der etwa 700 Jahre alte Komplex, der aus einer Eingangs- und einer Kuppelhalle samt Iwan sowie der eigentlichen Grabkammer besteht, ist mit seiner famosen Stuck- und Ziegelornamentik ein Juwel ilkhanidischer Bau- und Dekorkunst. Blickfang ist der Stuck-Mihrab (frühes 14. Jh.), der in seiner Feinheit an den Oljaitu-Mihrab in der Isfahaner Freitagsmoschee erinnert.

Imanshahr ▶ J 12

Keine 10 Autominuten westlich, in einer Stadt, die neuerdings **Imanshahr** heißt, steht mit der **Freitagsmoschee von Oshtorjan** – so der frühere Ortsname – ein weiteres Paradebeispiel seldschukischer Sakralarchitektur. Ihr Stuck-Mihrab, ebenfalls ein Meisterwerk, ist in der Islamischen Abteilung des Teheraner Nationalmuseums zu bewundern.

Najafabad ▶ J 11

Ein vermutlich einzigartiges Gebäudeensemble wartet in **Najafabad,** westlich von Khomeinishahr, 25 km von Isfahan auf Entdeckung. Taubentürme gibt es in der Region immer noch recht viele. Aber hat man so etwas schon gesehen? Ein **Wehrkomplex,** in dessen hohe Lehmmauern nicht weniger als sieben stattliche Exemplare eingebaut sind. Die Anlage wurde in der Ära Reza Shahs errichtet, kürzlich sorgfältig restauriert und frei zugänglich gemacht. Im weitläufigen Innenhof verwöhnt ein behagliches Restaurant Besucher mit außergewöhnlich gutem und noch dazu preiswertem Essen (tgl. 7–23 Uhr, Drei-Gänge-Menü mit Getränken ca. 200 000 Rl.).

Nördlich von Isfahan

Murcheh Khort ▶ J 11

Unbedingt vor den Vorhang geholt gehört zu guter Letzt auch dieser erstaunliche Ort: die **Zitadelle** von **Murcheh Khort** ارگ مورچه خورت. 40 km nördlich von Isfahan an der Schnellstraße Richtung Delijan gelegen, birgt sie hinter ihren 12 m hohen, rundum intakten Mauern ein melancholisch stimmendes Labyrinth aus Lehm: Wohnhäuser und Wehrbauten, Schwib- und Stützbögen, Iwane, enge Gassen, düstere Durchgänge, Gelasse, steile Treppen endend im Nirgendwo – und all dies ineinander verschachtelt, in verschiedenen Stadien des Verfalls. Von solch einem Abenteuerspielplatz hat man als Kind geträumt: eine Geisterstadt, unklaren Alters und über 3 ha groß, wie sie sich

Isfahan und Umgebung

ZUM URSPRUNG DES ZAYANDEH RUD

Tour-Infos

Lage/Anfahrt: von Isfahan auf der R51/R514 über **Shahr-e Kord** nach **Chelgerd/Kuhrang** کوهرنگ یا چلگرد; per Bus vom Zayandeh Rud Terminal stdl. nach Shahr-e Kord (2 Std., 150 000 Rl.), von dort Sammeltaxi. Stichfahrt von Chelgerd nach **Sar-e Agha Seyed** سر آقا سید nur im Geländewagen und nur von Ende April bis Frühherbst möglich, buchbar über Hotel Kuhrang (3 Mio. Rl. pro Tag).
Dauer: mind. 2 Tage
Unterkunft & Verpflegung: Kuhrang Hotel in **Chelgerd,** gegenüber dem Quelltunnel, Tel. 038 336 22 302-9, 0912 114 40 30, info@koohrang.com, Hotelkoohrang@parsonline.net. Behagliches Mittelklassehaus, gutes Restaurant, Skipiste mit Lift vor der Haustür (Betrieb Ende Dez.–Mitte März), Gratis-Verleih von Ausrüstung, Abholung vom Flughafen Shahr-e Kord bzw. Isfahan (450 000 bzw. 1,5 Mio. Rl.). DZ 1,8 Mio. Rl. Auf halbem Weg nach Kuhrang.
Parsian Azadi Hotel in **Shar-e Kord,** Farabi Blvd., Tel. 0381 333 67 91-4, http://azadishahrekord.pih.ir. Gediegenes Viersternehaus mit Blick auf die Stadt. DZ 2,5 Mio. Rl. Mehrere gute Restaurants in der Kashan St., etwa das **Ghasr,** gegenüber der Medizin-Uni, Tel. 038 33 33 70 05, tgl. 11.30–13.30, 19.30–23 Uhr, gute Lammspeisen für etwa 300 000 Rl.
Hinweis: Wegen der Höhenlage und Gebirgsnatur sind warme Kleidung und festes Schuhwerk erforderlich.

Ein Ausflug in das weite Hochtal von Kuhrang verspricht – insbesondere an heißen Tagen – einen die Sinne belebenden Kontrapunkt zum Stadt- und Wüstenerleben. Aus der schneereichen Region rund um das Zard-Kuh-Massiv stammen über 10 % der iranischen Süßwasserreserven. Die Natur ist weitgehend unberührt, die Luft frisch und die Gebirgskulisse grandios.

Nördlich von Isfahan

Die Route führt über **Shahr-e Kord,** die ziemlich gesichtslose, 200 000 Einwohner zählende »Stadt der Kurden«, nach Chelgerd. Im eigenen Wagen unterwegs, kann man etwa auf halbem Weg, gut 10 km nach dem Mega-Stahlwerk von Mobarakeh, von Bagh Bahadoran aus einen netten Abstecher nach **Chermahin,** zum **Wasserfall von Shahlolak** آبشار شاه لولاک (Abshar-e Shahlolak), machen. Vom Zielort **Chelgerd** aus besucht man, 10 km in nordöstlicher Richtung, **Cheshmeh Dimeh** چشمه دیمه, eine der Hauptquellen des Zayandehrud (Vorsicht, an Freitagen picknicken die Iraner an ihren Ufern oft in Massen!). Ungefähr ebenso weit ist es Richtung Westen zum **Wasserfall Sheikh Ali Khan** آبشار شیخ علی خان (Abshar-e Sheikh Ali Khan, Zufahrt pro PKW 25 000 Rl.). Von dort erreicht man in weiteren etwa 40 Min. auf nicht asphaltierter Straße, aber mit normalem PKW, den Ursprung des Karun-Flusses. Vom **Kuhrang Hotel** zu Fuß kann man in 20 Min. zum gleichnamigen **Tunnel** bzw. seinem steilen, wild gischtenden Ablauf hinüberwandern. Dabei handelt es sich um die Hauptquelle des Zayandehrud, deren Wasser Schah Abbas vor 400 Jahren in einem unterirdischen Kanal sammeln ließ – eine ingenieurtechnische Meisterleistung.
Die ganze Gegend ist im Sommer Siedlungsgebiet der Bakhtiari-Nomaden. Die Chancen für eine persönliche Begegnung am Wegesrand stehen gut. Insbesondere, wenn man von Chelgerd Richtung Westen auf dem schmalen, unbefestigten Bergsträßchen über einen 3000 m hohen Pass im Zickzack bis nach **Sar-e Agha Seyed** weiterfährt. Beim Bummel durch dieses wirklich archaische Bergdorf (Details zur Anfahrt: s. o.) mag man über den vielen Müll und das rabaukisch-ungestüme Wesen der Dorfjugend erschrecken. Ein Erlebnis und tolles Fotomotiv sind die wie Waben in steilen Terrassen an den Berghang gebauten Lehmhäuser allemal.
Auf der Rückfahrt lohnt ein kurzer Stopp und Fußmarsch zur **»Eishöhle«,** einem sehr sonderbaren Naturphänomen in Form eines dauerhaft gefrorenen Lawinenkegels. Durchaus sehenswert ist auch in Chelgerd selbst das mit viel Liebe zum Detail gestaltete **Volkskundemuseum** (tgl. 8–20 Uhr, wenn geschl., die am Eingang vermerkte Telefonnummer wählen, 80 000 Rl.).
Wer die Bergwelt intensiver kennenlernen möchte, wende sich an Herrn Fereidoun Raissi Dehkord. Der sehr engagierte Chef des **Hotel Kuhrang** spricht, das Ergebnis seines Studiums in Wien, perfektes Schönbrunnerdeutsch. Er offeriert mehrtägige Wanderungen (z. B. 1 Woche ca. 700 € pro Pers., komplett mit Gepäcktransport, Kost und Logis), auch Pferdetrekking, Rafting, geführte Klettertouren und im Winter Cross Country auf Skiern. Auch vermittelt er Begegnungen mit Bakhtiari-Familien. Mit terminlichem Glück erlebt man einen Abend mit Chub-bazi-Stocktänzen oder vielleicht gar eine Hochzeit. Er ist bei der Buchung von Geländewagen behilflich und schnürt Gesamtpakete für Naturreisen durch die Provinz, etwa in den Nationalpark Tang-e Sayyad, auf den Berg Jahanbin und in die Gegend um Borujen.

Steven Spielberg für einen Fantasyfilm nicht aufregender bauen lassen könnte. Ein Stündchen sollte man sich auch als Erwachsener zum ziellosen Umherwandern und lustvollen Verirren nehmen.

Karawanserei
Madar-e Shah ▶ J 11

Energie tanken kann man anschließend in der vor Kurzem aufwendig restaurierten **Karawanserei Madar-e Shah** کاروانسرای مادر شاه, einem besonders prächtigen Exemplar jener insgesamt angeblich 999 Händlerherbergen, die Schah Abbas I. vor 400 Jahren im ganzen Land errichten ließ. Sie liegt 10 km südlich von Murcheh Khort unmittelbar am Kleeblatt der Autobahn nach Kashan, markierte einst die letzte Raststation vor der Stadt. Ein Laden für Gewürze und ein zweiter für Kunsthandwerk laden zum Stöbern ein, und zwei Restaurants, besonders das unter Ziegelgewölben geschmackvoll gestaltete **Caravan,** zur Stärkung mit schmackhafter iranischer Kost (tgl. 12–17, 20–23 Uhr, Tel. 031 456 44 486, Gerichte ab 250 000 Rl.).

Von Qom über Kashan nach Nain

Seit jeher zogen am Südrand der großen Wüsten Kamelkarawanen Richtung Indien und Mittelmeer. Die Anrainer verdienten mit und schufen schon früh eine Reihe glanzvoller Oasenstädte. Die großen wie Kashan oder Yazd stehen im touristischen Rampenlicht. Doch viele kleinere Juwele harren noch ihrer Entdeckung. Eine hochinteressante Sonderrolle spielt, glaubensbedingt, die heilige Stadt Qom.

Qom ▶ H 9

Cityplan: S. 383
Qom, die 140 km südlich von Teheran am Westrand der Dasht-e Kavir gelegene Hauptstadt der gleichnamigen Provinz, zählt über 1 Mio. Einwohner. Sie ist dank der Grabstätte Fatemeh (Fatima) al-Masumehs neben Mashhad das bedeutsamste Pilgerziel Irans. Die berühmte Feyzieh und andere Hochschulen machen sie aber auch zum Mittelpunkt schiitischer Gelehrsamkeit und zur zentralen Ausbildungsstätte für den klerikalen Nachwuchs des Landes. Als eine Art spezifisch iranische Synthese aus Oxford, Altötting und Vatikan bildet sie einen hochinteressanten Zwischenstopp auf dem Weg in den Süden. Zu einem längeren, entspannten Verweilen lädt die Stadt Andersgläubige aufgrund ihres asketischen und eher rigorosen Wesens allerdings nicht.

Geschichte

Einer Legende nach soll der Ort, der angeblich schon in der Awesta, der heiligen Schrift der Zoroastrier, erwähnt ist, vom sagenhaften König Takmorubh gegründet worden sein. Historiker halten jedenfalls eine Existenz in vorislamischer Zeit für plausibel. Denn Quellen belegen, dass Anhänger Zarathustras bis um das Jahr 900 in der damals bereits recht stattlichen Siedlung über Einfluss verfügten. Tatsache ist, dass ein großer Teil der heutigen Einwohner von arabischen Siedlern abstammt, die im 7. Jh. als Parteigänger Alis aus dem Gebiet des heutigen Irak hierher emigrierten. Dadurch entwickelte sich Qom neben Ray und Kashan sehr früh zu einem Zentrum des schiitischen Glaubens, das mehr und mehr Studenten aus dem ganzen Land und später der gesamten islamischen Welt anziehen sollte.

Begräbnisstätte von Fatemeh Masumeh

Seinen Status als Heiligtum verdankt es Fatemeh Masumeh (der »Reinen«). Die Tochter des Siebten und Schwester des Achten Imams war im Jahr 816 auf dem Weg von Bagdad zu ihrem Bruder nach Tus in der nahen Stadt Saveh schwer erkrankt, nach Qom gebracht worden und dort nach zweiwöchigem Leiden verstorben. Bald wurde über ihrer letzten Ruhestätte ein – anfangs noch recht bescheidenes – Grabmal errichtet.

Der Überlieferung nach ist Qom Geburtsort von Hassan Sabah, dem berühmt-berüchtigten Anführer der ismailitischen Sekte der Assassinen. Vielleicht wüteten die Mongolen 1221 hier deshalb besonders grausam, indem sie einen Großteil der Einwohnerschaft massakrierten. Im 14. Jh., nach erfolgter Wiederbelebung, galt die Gegend um Qom als besonders ergiebiges Jagdrevier. Was so manchen mächtigen Landesherren veranlasste, hier sein Winterquartier aufzuschlagen.

Als schließlich Anfang des 16. Jhs. Schah Ismail I. den persischen Thron bestieg und den Schiismus zur Staatsreligion erhob, fand dies

Qom

in der hiesigen Bevölkerung, die traditionell in Opposition zu den sunnitischen Herrschern stand, ein besonders lebhaftes Echo. Alsbald wurde Fatemehs Mausoleum zum schiitischen Nationalheiligtum ausgebaut. Vor allem Schah Abbas I. investierte großzügig in dessen Erweiterung und Ausschmückung. Und etliche safawidische Könige und Prinzen trugen, wie später auch zwei Könige der Qadscharen-Dynastie, zur Mehrung des Ruhmes bei, indem sie sich an dem gesegneten Ort, an dem angeblich mehr als 300 Mausoleen von direkten Nachkommen der Imame stehen, beisetzen ließen. Den heutigen Blickfang des Gebäudekomplexes, die 32 m hohe Goldkuppel über der Grabmoschee, stiftete Anfang des 19. Jhs. der Qadschare Fath Ali Shah.

Aufstieg zum Zentrum schiitischer Gelehrsamkeit

In den Rang des Ausbildungsortes für Theologen aus der schiitischen Welt schlechthin stieg Qom freilich erst zu Beginn des 20. Jhs. auf. Bis dahin hatten die irakischen Pilgerstädte Kerbela und Nadschaf als zentrale Lehrstätten gedient. Nachdem jedoch infolge der zunehmenden Säkularisierung des osmanischen Reiches und später der kemalistischen Türkei Tausende schiitische Gelehrte in den Iran (zurück) gekommen waren, und seit schließlich in den 1920er-Jahren Ayatollah Haeri Yazdi die hiesige Feyzieh-Hochschule umfassend reformiert hat und auch baulich erweitern ließ, besitzt Qom die mit Abstand bedeutendste Kaderschmiede des iranischen Klerus.

Insgesamt existieren in Qom mittlerweile Dutzende Hochschulen, Seminare und Forschungsinstitute, die gemeinsam ein theologisches Wissenschaftszentrum, genannt Hawza, bilden. An ihnen sind ungefähr 60 000 Studenten aus aller Welt, darunter auch Abertausende Frauen, inskribiert.

Aufgrund der dem Islam innewohnenden Verschränkung staatlicher und religiöser Zuständigkeiten war Qom in der jüngeren iranischen Geschichte oft ein Brennpunkt der nationalen und sogar internationalen Politik. Schon zu Zeiten, als die hiesigen Korangelehrten

Die Gegend um das Fatemeh-Masumeh-Mausoleum lädt zur beschwingten Shoppingtour

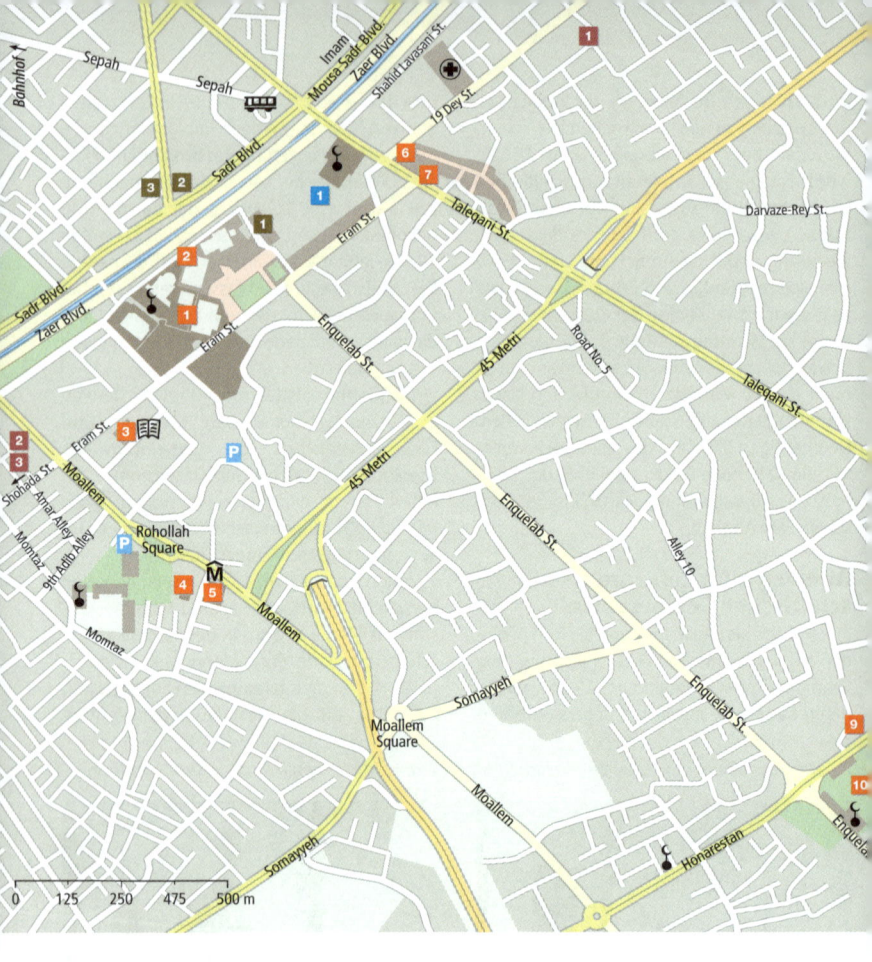

noch die Schahs in religiösen Rechtsfragen berieten, übten sie dadurch, ob sie wollten oder nicht, großen politischen Einfluss aus.

Geburtsort der »islamischen Revolution«

Als dann am 4. Juni 1963 ein gewisser Imam Ruhollah Khomeini, der an der Feyzieh studiert hatte und nun hier lehrte, gegen die vom Schah verheißene »Weiße Revolution« predigte und zu dessen Sturz aufrief, wurde Qom endgültig zum Zentrum des klerikalen Widerstands gegen das weltliche Regime in Teheran. Nicht zufällig brachen denn auch die ersten massiven Unruhen, die schließlich in die Revolution münden sollten, im Januar 1978 auf den Straßen dieser ›gotterwählten‹ Stadt aus.

Seit der Errichtung der Islamischen Republik ist Qom folgerichtig die Heimstatt der geistigen und politischen Elite des Landes. Hinter den Mauern seiner Hochschulen und Bibliotheken disputieren die gelehrtesten Ayatollahs über aristotelische Logik, islamisches Recht und das Verhältnis von Religion und Staat. Hier hat die Haghani-Schule ihre Wurzeln, deren Absolventen zahlreiche Machtpositionen in Justiz und Politik besetzen und mit Wortgewalt gegen Gegner im In- und Ausland agitieren. Und von hier aus propagierten orthodoxe Hardliner in den 1980er-Jahren den Revolutionsexport.

Qom

Sehenswert
1. Heiligtum der Fatemeh Masumeh
2. Feyzieh
3. Marashi-Najafi-Bibliothek
4. Khomeini-Haus
5. Museum der islamischen Gelehrten
6. Alter Basar
7. Neuer Basar
8. Gonbad-e Sabz
9. Imamzadeh Ibrahim
10. Imamzadeh Ali ibn Jafar

Übernachten
1. Qom International
2. Khorshid
3. Zavel Qorba

Essen & Trinken
1. Yazdan Panah
2. Arg Salarieh
3. Dizibar

Abends & Nachts
1. Flohmarkt

Besichtigung

Qom liegt westlich des großen Salzsees Daryache-ye Namak inmitten kahler, kakifarbener Hügel. Seine Luft ist oft staubig, sein Trinkwasser brackig. Und der Fluss, an dem es liegt und der – welche Symbolkraft! – im Südwesten unweit von Khomeyn, dem Geburtsort des Gründungsvaters der Islamischen Republik, entspringt, ist die meiste Zeit des Jahres ausgetrocknet, sein Bett teils verbetoniert und mit einer Monorail-Bahn auf Stelzen, die seit Jahren ihrer Fertigstellung harrt, überbaut.

Die unwirtliche Strenge der Natur hat im Straßenbild und der Stimmung der Stadt ihre Entsprechung. In keiner anderen Großstadt Irans begegnet man so vielen Frauen, die ihre Körper noch vom Scheitel bis zur Sohle in den pechschwarzen Tschador hüllen, nirgendwo so vielen Mullahs, die, vollbärtig, beturbant und mit in der Regel sehr distinguiertem Gehabe in ihren langen schwarzen Roben durch die Straßen wallen. Nirgendwo sonst liegt eine ähnliche religiöse Kompromisslosigkeit und latente Trauer in der Luft.

In solch einem Ambiente tun Ortsfremde anderen Glaubens gut daran, besonders sorgsam auf diskretes Verhalten und – das betrifft vor allem Frauen – auf korrekte Kleidung zu achten. Keinesfalls sollte man versuchen, inkognito in verbotene Zonen vorzudringen! An diesem Punkt eine zusätzliche Warnung: Neugierige könnten auf der Suche nach mehr Überblick oder gar einem erhöhten Standort zum Fotografieren auf die Idee kommen, in einem der umliegenden Gebäude zum Dach hochzusteigen. Doch Vorsicht: In Sichtweite des Schreins ist beides strikt untersagt. Die Aufpasser haben ihre Augen überall, daher: besser schön auf dem Boden bleiben!

Heiligtum der Fatemeh Masumeh [1]

24 Std. geöffnet, Zutritt für Nicht-Muslime über den Haupteingang am Astaneh-Platz tgl. 7.30–19 Uhr, dort Empfang durch englischsprachige Guides (Auskunft unter Tel. 025 371 75 477) und Verleih der für Frauen obligaten Tschadore. Eintritt, Führung, Infomaterial und Videovorführung im Büro für ausländische Pilger frei, Museen tgl. 8–17 Uhr, 20 000 Rl.

Die Orientierung im Stadtzentrum, und nur dieses ist für Besucher interessant, erweist sich als einfach. Aus dem uniformen Häusermeer ragt das Herzstück der Stadt gleichsam als gleißender Edelstein hervor. **Hazrat-e Masumeh,** der heilige Bezirk, zieht alle Blicke auf sich. Ob man sich ihm zu Fuß vom westlichen Flussufer aus (wo Busterminal, Bahnhof und viele Hotels liegen) über die Ahanchi- oder Masumeh-Brücke nähert oder, bequemer, an der Südseite entlang der Eram-Straße einem Taxi entsteigt – die Goldkuppel der Grabmoschee weist untrüglich den Weg. Qom ist in geografischer wie geistiger (und kommerzieller) Hinsicht ganz auf seinen Schrein hin orientiert. Man braucht nur den Pilgerströmen zu folgen. Sie lenken einen unweigerlich auf den verkehrsbefreiten Astaneh-Platz vor den Haupteingang in das Heiligtum.

Dort freilich wird Nicht-Muslimen unmissverständlich klargemacht, dass ihnen der Zutritt zum eigentlich Grabraum wie auch in die **Große Moschee** und die westlich angrenzende **Azam-Moschee** mit ihrer von Fliesenmosaiken in Ocker und Blau bedeckten Kuppel untersagt ist. Sehr wohl jedoch dürfen sie durch die weitläufigen Höfe und Vorhallen wandern. Was sich dort offenbart, ist grandios genug: Der schon erwähnten **goldenen Kuppel** mit ihrem ungewöhnlich hohen Tambour sind zwei Paare überaus zierlicher, komplett mit feinsten Fliesenmosaiken bedeckter **Minarette** beigestellt. Das **Hauptportal,** ein über 20 m hoher Iwan, ist vollständig mit Spiegelmosaiken ausgekleidet. Die **Grabkammer,** so schildern Pilger und einheimische Reiseführer, präsentiert sich an den Wänden mit Fliesen, am Boden mit Marmorplatten belegt. Der Sarkophag ist mit einem 2 m hohen Gitter aus Silber eingefasst.

Während die farbenreiche Außenfassade aus qadscharischer Zeit stammt, entstanden andere Bauteile, namentlich die **Tabatabai-** und die **Balasar-Moschee,** im 20. Jh. Die **Imam-Khomeini-Gebetshalle** und der angrenzende Hof des »Herrn der Zeit« wurden erst 2005 fertiggestellt. Der Kern des Gebäudekomplexes freilich, der übrigens auch die Gräber diverser safawidischer und qadscharischer Könige beherbergt, geht in die Frühzeit, das 9. bis 12. Jh., zurück.

Besuchenswert ist auch das mit historischen Einrichtungsgegenständen und Artefakten reich bestückte **Museum des Heiligen Schreins.** Ihm angeschlossen sind, ebenfalls auf dem Schreingelände in unmittelbarer Nachbarschaft, etliche modern gestaltete **Spezialmuseen,** u. a. für Teppiche, Münzen, Keramiken, Glas, Holz-, Metall- und Einlegearbeiten.

Feyzieh 2
Zutritt nur für Lehrpersonal und Studierende
Die **Feyzieh** مدرسه فیضیه war ursprünglich eine traditionelle Koranschule mit Wohnzellen, die im Nordbereich des Schreingeländes auf zwei Etagen den Innenhof umgaben und sowohl Studenten als auch Professoren beherbergten. Mittlerweile hat sich die theologische Hochschule von ihrer Hauptadresse mit Filialen über die ganze Stadt ausgebreitet. Der Betrieb ist modern durchstrukturiert. Es gibt einen Lehrkörper, ein Leitungsgremium und feste Lehrpläne, die auch Fremdsprachen und abendländische Philosophie umfassen, sowie modernst ausgestattete Computerzentren, in denen junge Kleriker die neuesten Kommunikationstechniken beherrschen lernen. An beiden Eingängen, von der Flussseite im Nordwesten wie vom Meydan-e Astaneh im Osten, wird Außenstehenden leider prinzipiell von Wächtern der Zutritt verwehrt.

Marashi-Najafi-Bibliothek 3
Eram St., Tel. 025 3774 1970
Die drei, vier Gehminuten westlich des Schreins in einem eigenen Gebäude auf sieben Stockwerken untergebrachte **Ketabkhane-ye Marashi Najafi** کتاب‌خانه مرعشی نجفی geht auf eine Privatsammlung des 1990 verstorbenen Großayatollah Marashi Najafi zurück. Sie umfasst mehr als 800 000 Bücher, ihr Bestand von 35 000 Handschriften gilt als größter der schiitischen und drittgrößter der gesamten islamischen Welt. Führungen auf Englisch sind, allerdings nur in Gruppen nach mehrtägiger Voranmeldung über eine Reiseagentur, möglich und durchaus lohnend.

Khomeini-Haus 4
Rohollah Sq., 8 Uhr bis Mittagsgebet und 16 Uhr bis Abendgebet, Eintritt frei
Ein kurzer Spaziergang vom Schrein südwestwärts auf der Eram- und dann links auf der Moallem-Straße führt zum **Khane-ye Khomeini** خانه خمینی, jenem zweistöckigen, spartanischen Haus, in dem der Republikgründer und größte aller Ayatollahs von 1951 bis zu seiner Exilierung 1963 lebte. Es beherbergt heute das »Nationale Zentrum für die Beantwortung religiöser Fragen«. Gäste, auch nicht-muslimische, sind herzlich willkommen, bekommen Informationsmaterial ausgehändigt und können das Team hochrangiger Geistlicher dabei beobachten, wie sie Gläubigen aus dem ganzen Land am Telefon im Akkord Ratschläge für gottgefälliges Handeln erteilen und dabei manchmal sogar den Hörer beiseitelegen, um im Namen der heilsuchenden Anrufer ein Gebet mit Fürbitten zu verrichten.

Von Mullahs und Ayatollahs – der Klerus

Der Islam kennt im Gegensatz zum Christentum keine institutionalisierte »Priesterschaft«, die als Mittler zwischen Mensch und Gott fungiert. Bei den Schiiten existiert unter den religiösen Funktionären jedoch sehr wohl eine Art Hierarchie.

Die Basis der klerikalen Rangordnung bilden die Mullahs – Geistliche ohne staatliches Diplom, von denen es im heutigen Iran an die 200 000 gibt. Mit dem Abschluss einer theologischen Ausbildung steigt man in den Rang eines Saghatoleslam und Hojatoleslam auf, eines »Vertrauten« bzw. »Beweis des Islam«. Nächsthöhere Stufe ist die des Ayatollah (»Zeichen Gottes«), auf der landesweit einige Tausend stehen. Es folgen der Großayatollah und, als mit Abstand höchste geistige Instanz, Marja-e Taghlid (die »Quelle der Nachahmung«) – ein geistiges Adelsdiplom, das zu Lebzeiten jeweils nur eine Person innehaben kann.

Voraussetzung zur Erlangung all dieser Ehrentitel ist das langjährige Studium an einer Hawza, einer schiitischen Hochschule, deren wichtigste auf iranischem Boden sich in Qom befinden. Es erfolgt in drei Stufen. Die erste, Muqaddamat (»die Vorbereitung«), dauert fünf bis sechs Jahre und sieht das Erlernen von Rhetorik und Arabisch, der Sprache der koranischen Offenbarung, vor. Auf der zweiten Stufe, Suth (»die Oberfläche«), beschäftigt man sich mit klassischen Texten, Logik, Moral, Philosophie und islamischem Recht. Nach insgesamt etwa zehn Jahren folgt Charidsch (»Draußen«), die höchste Stufe. Nun werden der Koran und die religiösen Überlieferungen interpretiert. Die Studenten haben das Recht, Texte oder Ansichten großer Gelehrter zu kritisieren.

Das gesamte Ausbildungssystem beruht auf Freiwilligkeit. Es existieren weder Prüfungen noch verpflichtende Regeln oder Fristen. Ein zentrales Merkmal sind die engen persönlichen Bande zwischen Studierenden und Lehrern. Beide sind für ihr weiteres Fortkommen aufeinander angewiesen. So erlangt ein Geistlicher etwa den Rang des Ayatollah nur informell, indem seine Anhänger eines Tages beginnen, ihn aufgrund seiner Autorität als solchen anzusprechen. Gradmesser des Erfolges ist im weiteren Verlauf die Zahl seiner Zuhörer bei den Freitagspredigten. Je mehr Gläubige ihn verehren, desto mehr Spendengelder, also Macht erhält er.

Andererseits liegt es im Ermessen des Lehrmeisters, seinen Schützling nach eingehender Beobachtung letztendlich das Privileg zu erteilen, als Mujtahid zu wirken – als »selbstständig Forschender«, der als moralische Instanz die schiitische Lehre interpretiert. Er darf sich als Jurist zu gesellschaftlichen Fragen äußern und als anerkannter Schiedsrichter Streitigkeiten schlichten. Und er kann kraft selbst erstellter Fatwas, Rechtsgutachten, den Gläubigen diktieren, wie sie sich im Lichte islamischer Traditionen und Gebote zu verhalten haben. Allerdings sind solche Fatwas jederzeit von anderen Rechtsgelehrten widerlegbar. Denn die end-gültige Antwort kennen ohnedies nur Gott respektive der Zwölfte Imam. Was das schiitische Regelsystem erstaunlich flexibel und, entgegen dem gängigen Klischee, grundsätzlich ›anti-fundamentalistisch‹ macht.

Museum der islamischen Gelehrten 5

Sa–Do 7.30–14.30 Uhr, 50 000 Rl.

Besuchenswert ist auch, schräg gegenüber, das **Muze-ye Aks-e Olaman** موزه عکس علما. Es informiert mit Bilddokumenten und – auch auf Englisch verfassten – Biografien über Leben und Wirken vieler namhafter Großayatollahs wie Husain Borujerdi, Jawad Tabrizi, Mesbah Yazdi, Mohammad Reza Golpayegani und natürlich Ruhollah Khomeini. Im Keller findet sich eine Gedenkstätte für die vom Savak, dem Geheimdienst des Schah, gefolterten oder getöteten Kleriker.

Alter und Neuer Basar

Qoms Basar, dessen Wurzeln bis in seldschukische und ilkhanidische Zeit zurückreichen, erstreckt sich nördlich der Taleqani-Straße, parallel zu dieser. Er gliedert sich in einen alten und einen neuen Bereich, den **Bazar-e Atiq** 6 und den **Bazar-e Nou** 7 بازار عتیق و بازار نو. Sein Sortiment umfasst, neben Gegenständen für den Alltagsgebrauch, auch die für Wallfahrtsstätten üblichen Devotionalien: Rosenwasser etwa, Märtyrerposter, Gebetssteine, -ketten und -teppiche sowie jene kunstvoll gewebten Stoffstücke, die sich Frauen in der Hoffnung auf Linderung ihrer weiblichen Nöte im Schrein segnen lassen. Anregender freilich als das Warenangebot ist das Beobachten der Menschen, die einkaufen, disputierend umherwandern oder, in stillen Ecken auf Teppichen sitzend, beten, dösen oder Picknick halten. Ihre vielfältigen Physiognomien zeigen, dass sie aus allen Winkeln des Landes, ja vielen entfernteren Gegenden Zentralasiens den weiten Weg auf sich genommen haben.

Die Hauptattraktion und zugleich eine architektonische Sensation ist die **Kaufhalle der Teppichhändler** تیمچه فرش (Timcheh-ye Farsh). Sie erhebt sich zwei Gehminuten öst-

Kathedrale des Konsums: die Kaufhalle der Teppichhändler im Neuen Basar

lich der Askari-Moschee und ist, mehr als 30 Meter lang, mit ihren drei von fein verzierten Muqqarna-Nischen eingefassten Lichtöffnungen ein besonders prachtvolles Beispiel für das im 19. Jh. offensichtlich sehr ausgeprägte Repräsentationsbedürfnis der Basaris.

Grabtürme

Architekturliebhaber können im Anschluss an den Basarbesuch noch auf der Enqelab-Straße gut 2 km zu einer Gruppe interessanter Grabbauten aus dem 14. Jh. hinauswandern. Als da wären: die drei Grabtürme im Garten des **Gonbad-e Sabz** 8 mit ihren türkisfarbenen Kegeldächern (tgl. 8–14 Uhr, 50 000 Rl.), auf der anderen Straßenseite der ähnlich alte Grabturm des **Imamzadeh Ibrahim** 9 und, inmitten eines großen Märtyrerfriedhofs, ebenfalls in Sichtweite, das **Imamzadeh Ali ibn Jafar** 10 , auch Dar-e Behesht (»Tor zum Paradies«) genannt (beide tagsüber frei zugänglich).

Übernachten

Im Herzen der heiligen Stadt – **Qom International** 1 : Eram St., Tel. 025 177 19 208, hotel@yahoo.com. Zweierlei spricht dafür, sich hier einzuquartieren: die Lage gleich um die Ecke zum Eingang in das Gelände des Schreins und der Komfort. Auch wenn Europäer beim behaupteten Viersternestandard die Stirn runzeln dürften – Zimmer, Essen und Service sind mehr als in Ordnung. DZ ab 3 Mio. Rl.

Vier Sterne mit Ausblick – **Khorshid** 2 : Sadr/Ecke Imam Khomeini Blvd., gegenüber dem Jawad-Aemme-Hof des Schreins, Tel. 025 365 000 40-49, www.hotelkhorshid.com. Gepflegter, freundlicher Betrieb, mit Stilanspruch möbliert, exzellente Lage vis-à-vis dem Schrein, Zimmer mit Ausblick auf die Minarett- und Kuppellandschaft buchen! EZ 1,5 Mio. Rl., DZ ab 2,5 Mio. Rl.

Sauberer Durchschnitt – **Zavel Qorba** 3 : Arak St. 63, um die Ecke der Imam Khomeini St., Tel. 025 366 34 848. Auf Resopal und Polyester setzendes Standardquartier, mit Mehrbettzimmern vor allem auf Großfamilien ausgerichtet, daher auch gut für sparwillige Freundesgruppen geeignet. DZ 1,5 Mio. Rl.

Essen & Trinken

Stil- und geschmackvoll – **Yazdan Panah** 1 : Dey St. 19, 11. Alley, Tel. 025 13 77 16 659, tgl. 12.30–24 Uhr, www.yazdanpanahhouse.ir. Ob im begrünten Innenhof auf Holzbetten oder innen, im eleganten Speisesalon: Das denkmalgeschützte, rundum sanierte Herrschaftshaus bietet den schönen Rahmen für ein gepflegtes Mahl. Kreative Küche, viel Vegetarisches, originelles Säftesortiment. Hauptgerichte 240 000–600 000 Rl.

Gartenrestaurant – **Arg Salarieh** 2 : Amin Blvd., Salariye-Kreuzung, Tel. 025 329 41 008, tgl. 12–16, 19–24 Uhr. Köstliche Kebabs in Riesenportionen, serviert in ansprechenden Holzpavillons oder open air, im Grünen. Gerichte 200 000–400 000 Rl.

Ein Klassiker – **Dizibar** 3 : Al Ghadir St., gegenüber der Tankstelle, Tel. 0912 351 08 46, tgl. 12–16, 20–24 Uhr. Nomen est omen, den nationalen Eintopf gibt es hier in diversen Variationen, ebenfalls probierenswert: das Tikka-Kebab und die verschiedenen Kräutertees. Gerichte ca. 100 000 Rl.

Einkaufen

Krokantplätzchen – Den Stadtrundgang sollte man sich mit einer Portion **Sohan** versüßen, der örtlichen, sündhaft leckeren Spezialität – karamellisierte, mit Rosenwasser, Safran, Mandeln, Pistazien und Honig versetzte Krokantplätzchen, die an jeder Ecke, vor allem auch auf dem Astaneh-Platz, in flachen Aluminiumdosen verpackt feilgeboten werden.

Abends & Nachts

Abendlicher Flohmarkt – Entertainment in der Heiligen Stadt? Vollständige Fehlanzeige. Ein unterhaltsames Kuriosum ist der **Flohmarkt** 1 , der täglich von 23 bis 1 Uhr (!) auf der Freifläche zwischen Astaneh-Platz und der Imam-Hasan-Askari-Moschee, dem Flachdach der gigantischen Tiefgarage, stattfindet. Zu dieser späten Stunde sind die Kontrollen der Stadtbehörde vergleichsweise lax. Es herrscht Remmidemmi. Verkauft wird, vom Seidenschal bis zum lebensgroßen Pink Panther aus Plüsch, so ziemlich alles, was sich rasch herund wieder wegtransportieren lässt.

Von Qom über Kashan nach Nain

Verkehr
Bahn: Der **Bahnhof** liegt am Ende der Sepah St., ca. 1 km vom Schrein, Züge nach Teheran, Kashan, Isfahan etc. verkehren nur sporadisch.
Bus: Ganz in der Nähe, am Imam Khomeini Blvd., befindet sich auch der **Busterminal,** von dort regelmäßig Verbindungen u. a. nach Teheran, Kashan, Arak, Yazd und Isfahan.
Monorail: Die Stelzenbahn entlang dem Fluss, geplant als Zubringer-Metro zum Schrein, ist seit vielen Jahren in Bau, der Fertigstellungstermin noch nicht absehbar.

Umgebung von Qom

Jamkaran ▶ H 9

Nur 6 km südlich von Qom kann man weitere hochinteressante Einblicke in das religiöse Empfinden frommer Schiiten gewinnen. In **Jamkaran** soll im Jahre 1003 einem Scheich aus der Gegend der Zwölfte Imam erschienen sein. Der Legende nach entstieg der Erlöser damals »für einen Moment der wundersamen Vereinigung mit Gott« aus seiner Verborgenheit auftauchend exakt hier einem Brunnen und befahl den Bau einer Moschee.

Heiligtum von Jamkaran
Nicht-Muslimen ist der Zutritt ins Moscheeinnere untersagt, Fotografieren auf dem 24 Std. frei zugänglichen Gelände nur mit Handy, Anfahrt am besten per Taxi
Historisch belegt ist die Existenz einer **Moschee** allerdings erst im 18. Jh. Der Bau wurde in der Folge immer wieder verschönert und erweitert. Doch erst nach der Revolution von 1979 rückte der Ort ins Scheinwerferlicht der offiziellen Propaganda. Es war Mahmud Ahmadinejad, der nach seiner Wahl zum Staatspräsidenten 2005 den Ausbau in kolossalen Dimensionen veranlasste und mit Abermilliarden Rial an öffentlichen Geldern förderte.
  Heute verzeichnet das **Heiligtum von Jamkaran,** das auch Basare, Hotels und mehrere Hosseiniyeh umfasst, pro Jahr mehr als 15 Mio. Besucher. Allein zum Geburtstag Muhammad al-Mahdis, des Zwölften Imams, pflegen 2 Mio. Pilger auf dem gigantischen Vorplatz zu Füßen der beiden 85 m hohen Betonminarette und unter der Riesenkuppel des 1100 m² großen, achteckigen Shabestan zu beten.
  Das restliche Jahr über ist die Besucherfrequenz an Dienstagen besonders hoch. Dann drängen sich die Gläubigen im Hinterhof um den **Brunnen der Bitten,** binden kleine, geknotete Glücksfäden an sein Gitter und werfen, nach Entrichtung einer obligaten Spende, massenhaft vorgedruckte Zettelchen mit ihren geheimsten Wünschen hinein. Da der »Herr der Zeit« gemäß Überlieferung dereinst zum Jüngsten Gericht an einem Dienstag genau durch diesen Brunnen für alle sichtbar auf die Erde zurückkehren wird, scheint an diesem Wochentag auch die Chance am größten, dass er, vorerst noch entrückt, die Hoffnungen seiner Verehrer erfüllt.

Saveh ▶ H 8

Das 80 km nordwestlich von Qom und rund 140 km südwestlich von Teheran gelegene **Saveh** blickt auf eine reiche Geschichte zurück. Die 200 000-Einwohner-Stadt, von der angeblich vor gut 2000 Jahren die Drei Weisen aus dem Morgenland mit Gold, Weihrauch und Myrrhe im Gepäck Richtung Bethlehem aufbrachen (wobei eine andere Variante der Legende diese Ehre Kashan zuschreibt), war bis zu ihrer Eroberung durch die Mongolen (1220) ein florierendes Handelszentrum. An jene einträgliche Zeit erinnern neben der in ihrer Gesamtheit sehenswerten Altstadt zwei Moscheen.

Meydan-Moschee und Freitagsmoschee
Die **Masjed-e Meydan** مسجد میدان auf dem Hauptplatz von Saveh stammt aus dem 11. Jh. Ihr Ziegelminarett gilt als eines der ältesten des Landes. Genauso alt und ebenfalls von einem schönen Ziegelminarett flankiert, aber mit ihrer vornehm verzierten Kuppel, dem Stuck-Mihrab und dem mit Arkaden umsäumten Hof noch eindrucksvoller ist die ca. 1 km (3 Taximinuten) südwestlich am Stadtrand gelegene **Masjed-e Jame**

Umgebung von Qom

AUF PHILOSOPHISCHEN SPUREN – AUSFLUG NACH KAHAK

Ein lohnender Ausflug, der sich gut mit dem Besuch von Jamakaran koppeln lässt, führt von Qom etwa 30 km südwärts nach **Kahak** کهک. Das Dorf macht auf erfrischende Weise bewusst, welch überraschend grüne, selbst im Sommer vergleichsweise kühle Orte im bergigen Umland der klimatisch so unwirtlichen Pilgerstadt der Entdeckung harren. Es wartet aber auch mit einem Kulturdenkmal auf: dem ehemaligen **Landsitz von Mulla Sadra** (1572–1640). Der Gelehrte und führende Vertreter der Illuminationsphilosophie (s. S. 276, Khan-Medrese in Shiraz) fand hier nach aufreibenden Konflikten mit dem konservativen Mainstream-Klerus ein Refugium, wo er seine Studien in Ruhe fortführen konnte. Das Anwesen, zu dem auch eine alte Mühle gehört, ist heute ein zwar nicht sehr informatives, aber stimmungsvolles Museum (tgl. 8–20 Uhr, 25 000 Rl., Zufahrt im Ort über die Hafez Alley).
Folgte man von Kahak der Straße ungefähr 20 km weiter Richtung Süden, gelangte man nach **Fordo**. Das Dorf war jahrelang in den internationalen Schlagzeilen als Standort einer unterirdischen Anlage zur Anreicherung von Uran, und damit im Brennpunkt des Streites um Irans Nuklearprogramm. Aber anstatt diese ganz und gar nicht erbauliche Geschichte aufzuwärmen, wende man sich lieber wieder nach Norden: Auf dem Rückweg durchfährt man an der Schnellstraße Qom–Kashan die Siedlung **Omin**. Die ist sowohl für ihre vielen Steinmetzbetriebe als auch für ihre traditionellen – und damit sehr fotogenen – Ziegeleien bekannt.

مسجد جامع (nur Fr geöffnet, aber der Wächter aus dem Häuschen gegenüber sperrt bei Bedarf auf, Eintritt 80 000 Rl.).

Stadtgeschichtliches Museum
Aschura Sq., Ecke Savoji St., 80 000 Rl.
Einen näheren Blick wert ist – auch der Architektur wegen – das in einem Tscharsu, einer Basarkuppel, eingerichtete kleine **Chahar Souq Museum** موزه چهار سوق, das sich der Stadtgeschichte von Saveh widmet.

Übernachten
Funktionell und gut – **Kaveh:** 15 km nördlich an der alten Straße Richtung Teheran, Azadi St., Tel. für Reservierungen 021 668 90 689. Modernes Mittelklassehotel, konzipiert für Geschäftsleute, auf dem Gelände einer Industriezone. DZ ab 1,9 Mio. Rl.
Dach überm Kopf – **Sadra:** Saveh, Motahari St. 2, Tel. 086 42 23 44 82. Zwei Sterne, nicht mehr und nicht weniger, sauber, aber im Spanplatten-, Linoleum- und Polyester-Stil. Ein Bonus ist das hauseigene Restaurant mit guten Kebabs, Dizi und Gemüseeintöpfen. DZ 1,1 Mio. Rl.

Essen & Trinken
Alternative für Hungrige – **Saferan:** Motahari St. 18. Feines Lamm-Schaschlik mit Safran für 320 000 Rl., Hauptgerichte ab 80 000 Rl. In derselben Straße finden sich auch noch etliche weitere gute Lokale.

Von Qom über Kashan nach Nain

Arak ▶ G 9

Die Hauptstadt der Provinz Markazi, **Arak,** zählt eine halbe Million Einwohner und ist für iranische Verhältnisse jung. Sie geht auf eine um 1800 errichtete Festung namens Sultanabad zurück. Heute ist sie ein bedeutender Standort für Aluminium-, Maschinen-, Fahrzeugindustrie, Petrochemie und ein Gaskraftwerk. Vielleicht liegt sie deshalb eher außerhalb des touristischen Wahrnehmungshorizonts. Vielleicht liegt es aber auch an der reizlosen Anfahrt aus Qom. Die viel befahrene Schnellstraße, an der übrigens ambulante Händler das ganze Jahr über köstlichen Granatapfelsaft und -sirup feilbieten, führt durch eine völlig vegetationslose, staubige Ebene. Erst westlich von Arak, an der Strecke nach Azna, Dorud und Khorramabad, wird die Natur wieder ansprechender, fährt man entlang ausgedehnter Getreidefelder.

Basar

Die Stadt selbst hat durchaus einiges zu bieten: vor allem einen sehr schönen, in seiner homogenen Ziegelarchitektur mit hohen Gewölben und Kreuzungskuppeln gut erhaltenen **Basar** aus frühqadscharischer Zeit. Arak ist seit dem späten 19. Jh. ein Zentrum der Teppichproduktion. Berühmt ist der in der Region geknüpfte Saruk.

Hamam Chahar Fasl

Di–So 8–20 Uhr
Dem offenbar immensen Vermögen eines Teppichhändlers verdankt die Stadt auch das Prachtexemplar eines Badehauses. Das **Hamam Chahar Fasl** جمام چهار فصل birgt ein nettes volkskundliches **Museum,** ist aber vor allem wegen seines fantastischen Fliesenschmucks besuchenswert.

Hassanpour-Haus und Soltanabad-Museum

Lohnender noch sind das **Museum für Kunsthandwerk,** eingerichtet im historischen **Khane-ye Hassanpour** خانه حسن‌پور (Mi–Mo 8–20 Uhr; im Innenhof gutes Restaurant) und, in einer Saray-Halle des Basars, das **Muze-ye Soltanabad** موزه سلطان‌آباد, eine hochkarätige Privatsammlung von Textilien, Metallarbeiten, Malerei und Kalligrafie (Di–So 8–13.30, 15.30–20 Uhr).

Sepahdari-Medrese

Ganz in der Nähe, dem Basar unmittelbar benachbart, findet sich außerdem die **Medrese-ye Sepahdari,** eine dank feinem Fliesendekor sehr elegante Vier-Iwan-Anlage. In ihren Räumen studierte längere Zeit Imam Khomeini, weshalb sie heute auch den Namen **Hawzeh Elmiyyeh Imam Khomeini** حوزه علميه امام خمينى trägt.

Übernachten

Hotel-Flaggschiff – **Amir Kabir:** Ayatollah Araki Blvd., Tel. 086 331 24 061, www.hotel amirkabir.com. Modernes Vorzeigehotel auf Fünfsterneniveau mit mehreren sehr guten Restaurants, Indoorpool. Absolute Ruhelage, allerdings ca. 15 Min. außerhalb der Stadt, nur mit Taxi/Auto erreichbar. DZ ab 3,2 Mio. Rl.

Essen

Imposantes Ambiente – **Saray-e Mehr:** Mohseni St., 4. Kreuzung, neben der Haj-Naqi-Khan-Moschee, Tel. 086 322 17 888, tgl. 1–24 Uhr. Eine gedeckte Karawansereihalle bildet den historischen Rahmen für ein gediegenes persisches Mahl. Saftige Kebabs in diversen Variationen, tgl. 19–21 Uhr Livemusik. Hauptgerichte 220 000–400 000 Rl.

Khomeyn ▶ G 10

Apropos Khomeini: 60 km südlich von Arak lässt sich noch weiter auf den biografischen Spuren des charismatischen Republikgründers wandeln. Dort, in **Khomeyn,** steht sein Eltern- und Geburtshaus, heute eine öffentlich zugängliche Gedenkstätte, die in ihrer konzentrierten Kargheit durchaus berührt.

Im Nordosten der Kleinstadt lohnt das Anwesen **Ghale-ye Salar Mohtasham** قلعه سالار محتشم eine Stippvisite – ein architektonisch äußerst ungewöhnlicher, mit seinen Rundformen manieristisch anmutender Adelssitz aus dem späten 19. Jh. (Tel. 0862 224 6002, Di–So 8–20 Uhr).

Teimareh-Felsen ▶ G 10

Wer sich für prähistorische Relikte erwärmt, findet nahe Khomeyn, auf einer Anhöhe über dem Dorf **Saed Abad,** die Jahrtausende alten **Felsritzzeichnungen von Teimareh** . Sie gelten in der Fachwelt international als Sensationsfund. Die Einrichtung eines themenspezifischen Museums im Ort ist im Gespräch (Zugang im Ort erfragen, www.iranrockart.com).

Golpayegan und Gougad ▶ G 10

Architekturfans können noch 30 km weiter fahren, nach **Golpayegan.** Dort steht eine sehr beeindruckende **Freitagsmoschee** aus seldschukischer Zeit (frühes 12. Jh.).

5 km nordöstlich erhebt sich in **Gougad** eine imposante, 400 Jahre alte Karawanserei-Festung, die seit ein paar Jahren als komfortables Hotel fungiert (Tel. 0913 212 0611).

★ Kashan ▶ J 9/10

Cityplan: S. 393
Als Station auf dem Weg zwischen Teheran und Isfahan bzw. dem Südosten des Landes empfiehlt sich die charmante Oasenstadt **Kashan** (knapp 500 000 Einw.). Mit ihrem wunderschönen Basar und der königlichen Gartenanlage, den sehenswerten Sakralbauten und Kaufmannshäusern lohnt sie, etwaige Ausflüge in die Umgebung mit einberechnet, durchaus einen mehrtägigen Aufenthalt.

Geschichte

In der Vergangenheit erlebte Kashan das für so viele iranische Städte typische Wechselspiel aus Verheerungen und Blütezeiten. Im 4. Jt. v. Chr. erstmals besiedelt und bereits in achämenidischer Ära eine veritable Ortschaft, litt es besonders unter den einfallenden Arabern und Mongolen. Gedeihliche Jahre erlebte es hingegen während der Herrschaft der Seldschuken im 11. und 12. Jh., als seine Keramikmanufakturen die gesamte islamische Welt mit vielfarbigen, lüstrierten Kacheln, den sogenannten *kashi,* belieferten. Ein zweites Mal blühte Kashan im 16. und 17. Jh. dank der Safawiden auf. Sie begründeten unter anderem seine weltberühmten Seidenmanufakturen und Teppichwebereien. Auch schätzten sie die Stadt zum Wohnen zeitweilig als idyllische Alternative zur Metropole Isfahan und ließen sich, wie im Falle von Schah Abbas I., sogar hier bestatten.

Besichtigung

Mausoleum von Habib ibn Musa
Tagsüber jederzeit frei zugänglich
Nichts spricht dagegen, den Stadtbummel – den man in dem überschaubaren Zentrum zu Fuß unternehmen kann – mit einem Tribut an den großen Strategen und Städte-Verschönerer zu beginnen. Schah Abbas I. ruht in einem schlichten schwarzen Grab gleich links hinter dem Eingang des **Mausoleums von Habib ibn Musa** 1, die Grablege eines Nachfahren des Siebten Imams. Das Imamzadeh ist Teil eines im 19. Jh. erweiterten Moschee-Komplexes und versteckt sich in einem Seitengässchen der Imam-Khomeini-Straße, ca. 200 m nördlich des ebenfalls nach dem Revolutionsführer benannten Platzes in Richtung Bahnhof.

Basar
Sa–Do ca. 9.30–20.30 Uhr
Von diesem kreisrunden Platz geht man rechts die Abazar-Straße hinauf. Noch vor dem nächsten Platz bildet links, nach einer Apotheke, ein Gässchen den Beginn des **Basars.** In diesem im Kern über 700 Jahre alten Labyrinth stößt man auf eine Vielzahl historischer Bauten – Moscheen, Medresen, Kaufhallen, Bäder – sowie reizvoller Werkstätten und Läden. Gleich zu Anfang, im Bezirk der Kupferschmiede, steht z. B. linker Hand die **Mir-Emad-Moschee** 2, auch Masjed-e Meydan genannt, ein reich mit Stuck und Wandmalereien verzierter Bau aus dem mittleren 15. Jh. Es folgt das Viertel der Teppichhändler mit mehreren, vom Hauptweg etwas abgerückten Sarays. Und noch etwas weiter liegt, wiederum linker Hand,

Kashan

Sehenswert
1. Mausoleum von Habib ibn Musa
2. Mir-Emad-Moschee
3. Timche Amin al-Dowleh
4. Timche Hossein-e Bakhshi
5. Imam-Khomeini-Medrese
6. Freitagsmoschee
7. Sheibani-Museum
8. Agha-Bozorg-Moschee und Medrese
9. Grabanlage Kwaje Taj ad-Din
10. Borujerdi-Haus
11. Tabatabai-Haus
12. Abbasian-Haus
13. Ameriha-Haus
14. Hamam Sultan Amir Ahmad
15. Jalali-Festung
16. Puppen- und Spielzeugmuseum
17. Tepe Sialk
18. Shahzadeh Ibrahim
19. Fin-Garten

Übernachten
1. Ehsan
2. Amir Kabir
3. Noghli House
4. Doost House
5. Shirin

Essen & Trinken
1. Manouchehri-Haus
2. Sialk
3. Rose House
4. Mozaffari
5. Hamam-e Khan

Einkaufen
1. Ganjineh

---

das aus qadscharischer Zeit stammende Badehaus **Hamam-e Khan** mit einer sehenswerten, achteckigen Halle, die als Teehaus genutzt wird (s. S. 398).

Kashans Basar ist mit Sicherheit insgesamt einer der schönsten des Landes. Doch ein wirklicher Höhepunkt ist die Kauf- und Lagerhalle, die sich etwa 600 m vom Eingang linker Hand öffnet: die **Timche Amin al-Dowleh** 3, ein in der zweiten Hälfte des 19.Jhs. erbauter, mit drei glasierten, zum Himmel hin offenen Kuppeln versehener Komplex, ist ein so fantastisches Raumgefüge, dass man erst einmal nur dasteht und staunt (tgl. 7.30–13, 15.30–20 Uhr frei zugänglich, kleines Teehaus in der Mitte).

Irgendwann aber sollte man nach einer Gelegenheit Ausschau halten, über eine Hintertreppe hinaus auf die **Dachlandschaft** zu gelangen (fast jeder Händler weist hilfsbereit einen Weg). Sie ist eine Augenweide, über die sich bequem spazieren lässt … Hier eine kleine Kuppel, dort ein paar Stufen, dazwischen Öffnungen, durch die Licht einfallen und Luft zirkulieren kann. Und all das überzogen mit einem geschmeidigen, in der Sonne gehärteten Gemisch aus Stroh und Lehm in der Farbe der nahen Wüste und umstanden von Windtürmen.

Ein weiterer ästhetischer Leckerbissen ist, unmittelbar an Amin al-Dowleh angrenzend, die kürzlich generalsanierte und gepflasterte **Timche Hossein-e Bakhshi** 4. Auf ihr Dach gelangt man über eine Treppe in der Ecke neben dem Malek Café (s. S. 398). Von oben kann man durch Gucklöcher ins Innere beider Hallen hinabspähen.

Imam-Khomeini-Medrese 5
Kurz bevor die insgesamt über 2 km lange, weitgehend überdachte Hauptachse sich mit der modernen Querstraße, der Babab-Afzal-Straße, kreuzt, erhebt sich links die **Imam-Khomeini-Medrese,** früher Soltani-Medrese genannt. Knapp 200 Jahre alt und von enormer Größe, verlockt sie zu einem Blick in ihren mit Fliesen üppig verzierten, von Wohnzellen und zwei Iwanen gesäumten Innenhof mit zentralem Wasserbassin.

Freitagsmoschee 6
Folgt man besagter Querstraße für etwa 300 m nach rechts, gelangt man zur **Freitagsmoschee** von Kashan. Sie stammt größtenteils aus dem 18. Jh. und ist architektonisch nur mäßig interessant. Die Inschrift auf ihrem Ziegelminarett jedoch bezeugt als Baujahr 1073, also die seldschukische Zeit.

Von Qom über Kashan nach Nain

Sinnlich gekurvte Kuppelarchitektur: das Dach des Hamam Sultan Amir Ahmad

Sheibani-Museum 7
Ehsan Alley, tgl. 9–13, 17–21 Uhr, 50 000 Rl.
Kunst- und Literaturinteressierten sei ein kleines Museum unweit vom Meydan-e Kamal ol-Molk ans Herz gelegt: die **Gedenkstätte für Manuchehr Sheibani.** Sie umfasst eine Werkschau des Malers und Poeten, eine Bibliothek und einen Cooffeeshop.

Agha-Bozorg-Moschee und Medrese 8
Tgl. ca. 10–15 Uhr, freier Eintritt
Vom Meydan-e Kamal ol-Molk rechts in die Fazel-e-Naraghi-Straße und dort in die erste Gasse links abbiegend gelangt man zur **Moschee und Medrese Agha Bozorg** مسجد و مدرسه آقا بزرگ. Der viergeschossige, strikt symmetrische Komplex ist nach einem örtlichen, berühmten Religionsgelehrten benannt und besticht durch seine Schlichtheit und Harmonie. Die in den Räumen um den tief gelegten Innenhof untergebrachte theologische Schule ist nach wie vor in Betrieb. Frauen sollten Abstand halten. Die beiden dem von einer mächtigen Ziegelkuppel bekrönten Süd-Iwan aufgesetzten Minarette üben übrigens praktischerweise eine Doppelfunktion aus: Sie dienen zugleich als Windtürme.

Grabanlage Kwajeh Taj ad-Din 9
Jederzeit frei zugänglich, www.tajaddin.com
Einen Abstecher wert ist, um die Ecke an der Ostseite, die **Boghe-ye Kwajeh Taj ad-Din** بقعه خواجه تاج‌الدین. In dem zur Zeit der

Kashan

welch hoch entwickelte Wohnkultur reiche Kaufmannsfamilien einst hier pflegten. Architektonisches Aushängeschild, viel fotografiert und in Broschüren häufig abgebildet ist das **Khane-ye Borujerdi-ha** خانه بروجردی‌ها. Das um einen langen Innenhof angelegte Gebäude ist verschwenderisch mit Stukkaturen und Wandmalereien verziert, wobei letztere von Kamal-al-Molk, dem renommiertesten Künstler jener Zeit, stammen.

Das Haus besteht, den alten sozialen Regeln entsprechend, aus drei Bereichen – den für Besucher zugänglichen Räumlichkeiten (Biruni) und dem der Familie vorbehaltenen, bis heute von den Besitzern privat genutzten Teil (Andaruni). Hinzu kam der Bereich für die Dienerschaft (Khadame).

Blickfang und zugleich eine Art Wahrzeichen Kashans ist die mehrfach getreppte, mit zahlreichen Lichtöffnungen versehene Kuppel, die sich über der zentralen Eingangshalle wölbt. Schlanke Windtürme überragen das Haus. Ein nettes Detail: Ein im Stuck des Eingangsportals wiederholt eingearbeitetes Motiv, nämlich kleine Samoware, sind ein Hinweis darauf, welchem Handelsgut der Bauherr sein Geld in der Hauptsache verdankte.

Seldschuken errichteten Kuppelbau liegen zwei Enkel des Siebten Imams bestattet. Ungewöhnlich und schön ist das viel später im Scheitel der Innenkuppel angebrachte kalligrafische Stuckdekor.

Borujerdi-Haus 10

Tgl. 9–18.30, im Winter bis 17 Uhr, 150 000 Rl.
Eine Besonderheit Kashans sind die prachtvollen Privathäuser, die sich seine Händler im 19. Jh. errichtet haben. In dem Viertel westlich vom Kamal-ol-Molk-Platz und südlich der Fazel-Naraghi-Straße haben sich einige solcher palastartigen Wohnkomplexe erhalten. Man hat sie seit der Jahrtausendwende mustergültig renoviert und als Museen der Öffentlichkeit zugänglich gemacht. Ihre Besichtigung zeigt,

Tabatabai-Haus 11

Tgl. 9–18.30, im Winter 9–17 Uhr, 150 000 Rl.
Der beim Borujerdi-Haus tätige Architekt, er hieß Ostad, also Meister Ali Maryam, zeichnet auch für das **Khane-ye Tabatabai** خانه طباطبایی verantwortlich. Es steht wenige Schritte weiter zur linken Hand und wurde 1830 im Auftrag eines reichen Teppichhändlers errichtet. Seine insgesamt 40 Räume bedecken eine Wohnnutzfläche von 4700 m². Sie sind in gleicher Weise in drei Bereiche gegliedert wie beim Khane-ye Borujerdi.

Abbasian-Haus 12

Di–So 9–18.30, im Winter bis 17 Uhr, 150 000 Rl.
Drittes Prunkstück ist das keine 200 m entfernte **Khane-ye Abbasian** خانه عباسیان. Es heißt, ein berühmter Kleriker sei sein Finanzier und Bauherr gewesen. Auch hier: Stuck, Spiegelmosaike, farbige Gläser, Wandmalereien im Überfluss. Fast scheint es, als könne man

sich in den auf hier sogar drei Etagen um nicht weniger als sechs Höfe verteilten, unzähligen Räumen ernsthaft verirren.

Ameriha-Haus 13
Tgl. 9–18.30, im Winter 9–17 Uhr, 150 000 Rl.
Noch einen Hof mehr, sieben also, besitzt der vierte Privatpalast im Bunde, das **Khane-ye Ameriha** خانه آمریها. Es wurde Ende des 18. Jhs. vom Gouverneur von Kashan, dem damals angeblich reichsten Mann des Landes, auf einer Grundfläche von 9000 m² errichtet und vor einigen Jahren in einen Hoteltraum aus 1001 Nacht umgewandelt (s. S. 397).

Hamam Sultan Amir Ahmad 14
Alavi St., vis-à-vis dem Eingang zum Ameriha-Hotel, tgl. 8 Uhr bis Sonnenuntergang, 150 000 Rl., Kombiticket mit Tabatabai- und Abbasian-Haus 350 000 Rl.
Gleich vis-à-vis steht mit dem **Hamam Sultan Amir Ahmad** eine der schönsten historischen Badeanlagen Irans. Allein die 17(!) Lagen von Kalk und Gips zeugen von der langen, wechselvollen Geschichte dieser Lokalität. Ausdruck von unbändigem Willen zur Schönheit sind die Fliesen in Türkis und Gold und die reichen Stuckornamente, mit denen die Wände und Gewölbe des über 1000 m² großen Komplexes überzogen sind. Das Sahnehäubchen ist freilich das Dach. Wer es besteigt, wird mit einem grandiosen Blick belohnt: Wohlproportionierte, mit – undurchsichtigen – Bullaugen aus Glas durchsetzte Ziegelkuppeln bilden eine überaus anmutige Hügellandschaft.

Jalali-Festung 15
Als Draufgabe sollte man noch, zweimal um die Ecke, von der Alavi-Straße aus, einen Blick auf die Reste der **Qaleh-ye Jalali** werfen. Ein Teil der alten Stadtfestung wurde restauriert und erstrahlt seither abends gelegentlich in Flutlicht. Unternehmungslustige umwandern die Rundmauer im Uhrzeigersinn bis zu deren Westseite, erklettern sie, eine kleine Balanceübung, über die dortige Bresche und wandern oben auf dem Scheitel des Erdwalls weiter. Es kommt der Punkt, wo der Panoramablick nicht mehr großartiger werden kann: Auf der einen Seite hat man unter sich das Innere der Qaleh-ye Jalali mitsamt einem uralten Eishaus liegen. Gigantische 220 m im Durchmesser misst die Ruine, in der heute Gemüse angebaut wird. Nach Norden hin steht man auf Augenhöhe der grandiosen Kuppel des Borujerdi-Hauses gegenüber und hat auch einen guten Blick auf die farbenfroh verfliesten Minarette und das Kegeldach des nahen, auch innen besichtigbaren Imamzadeh Sultan Amir Ahmad.

Puppen- und Spielzeugmuseum 16
43 Allameh Alley, So–Fr 9.30–14.30, 16.30–19.30 Uhr, 50 000 Rl.
Vom Tabatabai-Haus weisen Schilder den Weg zum neuen, auf Privatinitiative entstandenen **Muze-ye Arousak va Asbabbazi** موزه عروسک و اسباب‌بازی. Von Amir Soheili, einem Theaterwissenschaftler, und seiner Frau Farzaneh sehr charmant gestaltet, zeigt es eine Vielzahl von Puppen aus verschiedenen Ländern und Epochen. In der kleinen Werkstätte kann man am Ende der persönlichen Führung, mit Kaffee oder Drinks versorgt, aus Kichererbsenpüree selbst Püppchen formen.

Tepe Sialk 17
Tgl. 9–17 Uhr, 150 000 Rl.
Entlang der Amir-Kabir-Straße, die vom Stadtkern etliche Kilometer schnurgerade nach Südwesten führt, passiert man ungefähr nach einem Drittel des Weges eine der wichtigsten archäologischen Grabungsstätten Irans – **Tepe Sialk** تپه سیلک. Die zwei von der Straße sichtbaren Hügel erwiesen sich, als in den 1930er-Jahren ein französisches Team sie erforschte, als vom frühen 4. Jt. bis zum 8. Jh. vor Christus durchgehend besiedelt. Sie bargen eine Fülle interessanter Objekte, Bronzewerkzeuge, Glas, Tonfiguren, in altelamitischer Sprache beschriebene Tontäfelchen und bemalte Keramik, die es ermöglichten, eine Chronologie der kulturellen Entwicklung in diesem Teil des iranischen Hochlandes zu erstellen. Die Grabungsstätte lässt sich auf Pfaden aus Holzbohlen gut begehen. Neben dem Eingang informiert ein kleines Museum über die Geschichte ihrer Erkundung.

Shahzadeh Ibrahim 18

Gut 2 km stadtauswärts, kurz vor dem Hotel Amir Kabir, führt eine Seitenstraße rechts zum Grabheiligtum **Shahzadeh Ibrahim**. Es wurde in safawidischer Zeit erbaut, um einen Sohn des Siebten Imams zu ehren. Schöne türkisblaue und gelbe Fayencen zieren sein Spitzdach, zwei schlanke Minarette überragen die Anlage.

Fin-Garten 19

Tgl. 9–17 Uhr, 200 000 Rl., Anfahrt per Taxi von der Innenstadt max. 100 000 Rl.

Gewissermaßen als Vorwegnahme des Paradieses auf Erden mag, besonders in der heißen Jahreszeit, auf Besucher der 6 km südwestlich des Stadtkerns gelegene **Bagh-e Fin** باغ فین wirken. Dieser auf Geheiß von Schah Abbas I. angelegte königliche Park ist einer der letzten bis heute bestehenden, die streng nach dem klassischen Konzept des Paradiesgartens gestaltet sind (s. Thema S. 59). Auch wenn inzwischen qadscharische Gebäude viele ihrer safawidischen Vorgänger ersetzt haben: Die Zypressenalleen und gepflegten Blumenrabatten, das Netz aus Kanälen und in Marmor gefassten Bassins entsprechen weitgehend dem ursprünglichen Plan. Und der mit einem luftigen Pavillon überbaute artesische Brunnen, der am höchsten Punkt des Geländes aus dem Boden quillt und die ganze Region jahraus, jahrein mit großen Mengen kristallklaren Tiefenwassers versorgt, verströmt eine wohltuende Kühle.

Allerdings hat der heitere Ort auch eine düstere Seite: Im Januar 1852 wurde Amir Kabir, der vom Volk geliebte, am Hof gehasste Premierminister und Sozialreformer, auf Befehl von Schah Nasir ad-Din im Badehaus des Gartens ermordet – eine Tat, die nach Einschätzung vieler Historiker Persiens Fortentwicklung für Jahrzehnte lähmte.

Infos

Guter Guide: Hossein Moznabi (engl.), Tel. 0913 264 22 36 , 0937 500 30 58, Kashan_guide@yahoo.com. Hr. Moznabi begleitet auch Ausflüge ins Umland. Sein Zusatzservice: Gratis-Abholung vom Bus oder Hotel.

Übernachten

Exklusiv – **Saraye Ameriha** 13 : Alavi St., Tel. 031 55 24 01 909, www.sarayeameriha.com. Boutiquehotel vom Feinsten im Ameriha-Haus, Ausstattung, Betreuung und Gastronomie lassen keinen Wunsch offen, der gediegene Rahmen der ehemaligen Gouverneursresidenz bringt das Tüpfelchen auf dem i für eine perfekte Nacht. EZ 2,8 Mio. Rl., DZ 3,9 Mio. Rl.

Persönliches Flair – **Ehsan** 1 : nördlich der Fazel Naraghi St., 150 m von der Moschee Agha Bozorg, Tel. 031 554 53 030, www.ehsan house.com. Gehobene Mittelklasse in historischem Rahmen, individuell geführt, gemütliche Bar mit kleiner Bibliothek und klassischer Musik, feines Dinner-Restaurant; sehr zu empfehlen: die Kashi-Spezialität Shefteh Somaq – Lamm-Hackfleisch in Gewürzsauce mit Erbsen und Zwiebeln. DZ 2,1 Mio. Rl., 4-Bett-VIP-Zimmer 4,2 Mio. Rl.

Neumodisch, tadellos – **Amir Kabir** 2 : Amir Kabir St., Tel. 031 553 04 090, amirkabirhotel.kashan@yahoo.com. Weit vom Zentrum von Kashan, dafür nahe beim Bagh-e Fin. 35 Jahre hat dieses Großhotel auf dem Buckel, seine nicht unsympathische Patina hat es trotz jüngster Teilrenovierung bewahrt. Dennoch sollte man nach ›neuen‹ Zimmern verlangen. Restaurant, Fast Food- und Coffeeshop, sogar ein Billard-Salon, dazu ein bewachter Parkplatz ... Gesamtfazit: ein beachtlich gutes Preis-Leistungs-Verhältnis. EZ 1,05 Mio. Rl., DZ 1,8 Mio. Rl.

Behaglich – **Noghli House** 3 : 20. Ab-Anbar-e-Khan-Passage, Pamenar Alley, von der Moschee Agha Bozorg Wegweisern folgen, Tel. 031 552 33 324, www.noghlihouse.com. Einfaches Hostel, aber in historischem Gemäuer mit stimmigem Innenhof, Mehrbettzimmer im Souterrain, daher im Sommer angenehm kühl, zuvorkommend geführt. Sehr nett: Sa–Do organisierte Stadtrundgänge mit Werkstattbesuchen bei Färbern, Holzdrechslern, Teppichknüpfern, Seidenwebern und in Bäckerei, Start: 8 Uhr, ab 420 000 Rl, außerdem diverse Ausflüge und tgl. außer Mo, Do Hamambesuche mit Bad und Massage, getrennt für sie und ihn, zu 4 verschiedenen Tageszeiten, 600 000 Rl.; DZ 1,4 Mio. Rl.

Von Qom über Kashan nach Nain

Zugehörig, nur etwa 1 Gehminute entfernt: **Doost House** 4 : ähnlich schlicht, aber sympathisch, ideal für Backpacker. Entzückendes Dachcafé. Fahrradverleih 35 000 Rl. pro Std., 175 000 Rl. pro Tag, allerdings offiziell, wie im ganzen Land, nur für Männer.

Für diesen Preis … – **Shirin** 5 : Fazel Naraghi St., seitlich des Eingangs zur Moschee Agha Bozorg, Tel. 031 552 45 870, 0937 117 62 32, info@shirinhotel.com. Apartmenthotel, zentral und ruhig gelegen, mit nettem Personal. Die Zimmer schlicht, nicht lupenrein sauber, aber mit eigener Küche und Bad/WC. DZ 1,22 Mio. Rl., im Mehrbettzimmer 525 000 Rl. pro Pers. inkl. Frühstück.

Essen & Trinken

Luxuriös rasten – **Manouchehri House** 1 : 7th Emarat Alley, Sabet Alley, südlich Mohtasham St., Tel. 031 552 12 617. Im Speisesalon des gleichnamigen Boutiquehotels (www.manouchehrihouse.com) können auch Gäste von auswärts mit Blick in den Innenhof frühstücken, zu Mittag und Abend essen, einheimische Kreativküche, tgl. wechselnde Menüs. Aber klar: Gehobene Qualität und Stil haben ihren Preis. Hauptgericht ca. 500 000 Rl.

Modern und gepflegt – **Sialk** 2 : Amir Kabir St., Seitengasse des Amir Almomenin Blvd., Zolfaghar 14, Tel. 031 553 40 080, 0913 12 53 945, tgl. 12–16, 19–22 Uhr. 2014 hat Ahmed Arani, ein alter Hase des Gastrogewerbes, neben dem Grabungsgelände mit Sohn Amir Hussein ein eigenes Restaurant eröffnet. Das auch von Reisegruppen geschätzte Ergebnis: helles, picobello sauberes Ambiente plus ebensolche europäische WCs, exzellentes Büfett (Salate!) inkl. Kaffee und Kardamom-Tee für 350 000 pro Pers.; an der Kasse: Verkauf von Safran und Rosenwasser.

Zeitgemäßer Schick – **Rose House** 3 : Amiralmomenin St., nahe Amir Kabir St., Tel. 031 553 45 100, tgl. 12–15, 19–23 Uhr. 3000 m² großer Komplex, unmittelbar neben der Imam-Ali-Moschee, mit modernem Hotel (DZ 1,5 Mio. Rl.), ebensolchem Coffeeshop und Restaurant, feine einheimische Küche, aber auch Filet Mignon und Beef Stroganoff. Hauptgerichte 260 000–440 000 Rl.

Beeindruckend – **Mozaffari** 4 : Mir Ahmad Alley, um die Ecke vom Tabatabai-Haus, Tel. 031 552 35 300. Tadellose iranische Kost, das Besondere ist der Rahmen: überdachter, hoher Innenhof mit großem Wasserbassin, gegessen wird traditionell auf Teppichbetten. Hauptgerichte 240 000–350 000 Rl.

Imposantes Ambiente – **Abbasi** 12 : im Abbasian-Haus, Tel. 031 552 45 764, 0913 26 22 403, www.abbasi-dh.ir, tgl. 10–24 Uhr. Repräsentatives dreistöckiges Traditionsrestaurant auf 700 m² in über 200-jährigem Händlerhaus, authentische Küche mit Kebabs, Hühnchen in diversen Varianten, Abgusht, Dizi und, originell, Kamelfleisch, serviert an Tischen und in Sitzecken, in der obersten Etage Gewürz- und Kräuterladen. Hauptgerichte ab 240 000 Rl.

Energiebooster mit Geschichte – **Malek Café** 4 : Timche Hossein-e Bakhshi, zentraler Basarbereich, tgl. 9–13, 16–21 Uhr. Charmantes Souterrain-Lokal für einen Zwischenstopp beim Basarbummel, Omelett, Kashk-e Bademjan, gute (Kräuter-)Tees und frisch gebrühter Kaffee. Der Betreiber Mohammed Neshastehsaz ist Morshed, Trommler, im Zurkhaneh (s. S. 401) – daher die alten Athletenbilder an den Wänden.

Aussichtssache – **Café Beam** 4 : im Hotel Doost, Tel. 0933 880 55 65, tgl. 17–23 Uhr. Sympathisches Dachlokal mit tollem Blick auf Zisterne und Agha-Bozorg-Moschee, auch Innenbereich, diverse Tees und Kaffees, Sweets und Snacks, Spezialität: Arghijat, mit Kräutern versetztes Rosenwasser, abends häufig klassische Livemusik mit Setar, Tombak und Tar.

Badehaus goes Teehaus – **Hamam-e Khan** 5 : Bala Bazar, Tel. 031 554 52 572, Sa–Do 8–21 Uhr. Eintritt unabhängig von der Konsumation auf freiwilliger Basis 20 000 Rl. Über fünf Generationen hat seine Familie diesen 300 Jahre alten Hamam ohne Unterbrechung betrieben. Nachdem er 2004 schließen musste, wechselte Ali Hammami in die Gastronomie. Neben Tee, Dough und Softdrinks serviert er auch kleine Speisen und, als Spezialität Delo-Jegar-Kebab, zubereitet aus Lammleber.

Duftende Tradition: die Destillation von Rosenwasser

WÜSTENAUSFLUG NACH MARANJAB

Tour-Infos
Start/Ziel: Kashan
Lage: gut 40 km nordöstlich von **Aran-va Bidgol** am Rand des Salzsees Daryacheh-ye Namak
Dauer: Halb- oder Ganztagsausflug, bei Interesse an Sternenbeobachtung eventuell mit Übernachtung
Schwierigkeitsgrad: Piste, ideal im Geländewagen, aber mit Normal-PKW durchaus bewältigbar

Organisation: als Tagesausflug bei Agenturen in Kashan buchbar, aber auch auf eigene Faust bzw. mit einem Taxi gut machbar
Unterkunft: Karawanserei von Maranjab, Kontakt: Manager Amar, Tel. 0913 96 38 575 oder Erfan, Tel. 0937 00 16 767. Eintritt für Tagesgäste 100 000 Rl., Übernachtung 1 Mio. Rl. pro Pers. im Mehrbettzimmer
Hinweis: Ausgedehntere Wüstenwanderungen nur mit ortskundigem Guide unternehmen, genügend Trinkflüssigkeit mitnehmen!

In den letzten Jahren aus gutem Grund populär ist der Ausflug von Kashan in die Wüste nach **Maranjab** مرنجاب geworden. Dabei dringt man in eine Landschaft von grandioser Öde vor, kann hohe Sanddünen besteigen und am Rand eines riesigen Salzsees stehen, und, so man eine Übernachtung in äußerst schlichtem Ambiente auf sich nimmt, einen Sternenhimmel sehen, so zauberhaft, wie man ihn im lichtverseuchten Europa kaum je erlebt.

Die Fahrt geht von Kashan zunächst 12 km nach **Aran-va Bidgol** آران و بیدگل. Den Beginn der Piste markiert, nach mehreren, mit braunen Wegweisern gut beschilderten Abzweigen im Ort, ein Checkpoint der Polizei, die eine Sicherheitskopie vom Reisepass macht und pro Person eine Einfahrtsgebühr von 100 000 Rl. kassiert. Von hier sind es noch gut 40 km (60 bis 90 Fahrminuten) bis zur **Karawanserei von Maranjab** – auf streckenweise recht sandiger Piste, auf der des Öfteren mit Salz beladene Schwertransporte den Weg kreuzen. Die Räume sind unmöbliert. Man schläft, äußerst schlicht, unter merklich gebrauchten Decken auf dem Boden. Doch draußen, neben dem von einem Qanat gespeisten Wasserreservoir, kann man auf einem umzäunten Areal sein eigenes Zelt aufstellen (Gebühr: 250 000 Rl.). Dort gibt es einen kleinen Fast Food Shop, Snacks, Tee wird ausgeschenkt.

Von Maranjab sind es noch einmal ca. 10 km auf – im Winter und Frühjahr manchmal morastiger – Piste bis zum **Gebiet der Sanddünen.** Von dort kann man bis zum Ufer eines nahen **Salzsees** wandern. Er ist im Sommer meist ausgetrocknet, der Boden aber wunderschön mit schneeweißen Salzpolygonen bedeckt. Nach einem der seltenen Regengüsse können diese zeitweilig von einer unansehnlich braunen Staubschicht bedeckt sein.

Abenteurernaturen können vom Ostufer des Salzsees, vorbei am **Schwarzen Berg** und der **Karawanserei Qasr-e Bahram,** bis nach Garmsar bzw. Varamin weiterfahren. Dafür ist freilich ein Geländewagen unverzichtbar und die Mitnahme eines Guides sehr ratsam.

Auf dem Rückweg – oder unabhängig von dieser Tour als Ausflug von Kashan aus – sollte man unbedingt einen Abstecher nach **Nushabad** نوش‌آباد, 3 km westlich von Aran, unternehmen. Dort grub die lokale Bevölkerung vor 1500 Jahren eine unterirdische Stadt aus dem Boden, die in Kriegszeiten als Zufluchtsort vor Feinden diente, aber auch bei extremen Temperaturen Schutz bot. Das gigantische Labyrinth aus Gängen und Räumen bedeckt eine Fläche von 4 km^2 und reicht in drei Etagen bis zu 20 m in die Tiefe. Ein Erlebnis, auch wenn nur ein kleiner Teil der Anlage für Besucher zugänglich ist (tgl. 9–16.30 Uhr, Tel. 031 54 82 5850, 200 000 Rl.).

Einkaufen

Rosenwasser – **Ganjineh** 1 am Fußweg von der Alavi St. zum Tabatabai-Haus, Tel. 031 554 43 322. Qualitätsadresse, wenn man nicht bis an die Quelle, sprich: nach Qamsar, kommt – Rosenduft in Form von Öl, Parfüm und Wasser (Filiale am Ende der Amir Kabir St., wenige Schritte vom Eingang zum Fin-Garten).

Abends & Nachts

450-jährige Athletenarena – **Zurkhaneh Daneshpour:** 8 Mofaser St., Molla Fatollah St., Tel. 0938 415 56 76, Trainings- und damit auch Aufführungszeiten Sa, So, Di und Mi jeweils 20–21.30 Uhr, Eintritt auf Spendenbasis.

Verkehr

Bahn: Der **Bahnhof** liegt am Ende der Ayatollah Yasrebi St., am Ostrand des Zentrums. Von hier Express-Verbindungen nach Teheran und andere große Städte Zentral- und Südostirans.

Bus: Das **Terminal** liegt am nordwestlichen Stadtrand, 2 km nördlich des Bahnhofs zwischen Karegar Rd. und Persian Gulf Blvd. Von dort Verbindungen u. a. nach Qom, Teheran und Isfahan. Busse auf der Durchfahrt, z. B. von Teheran nach Isfahan oder Yazd, lassen Passagiere mit Ziel Yazd am Qotb-e Ravandi Blvd., am nördlichen Stadtrand aussteigen.

Umgebung von Kashan

Niyasar ▶ J 9

25 km westlich von Kashan liegt, oberhalb der Schnellstraße nach Delijan, **Niyasar,** eines der Hauptanbaugebiete für Rosen. Wegen seiner Höhenlage von den hitzegeplagten Kashanis immer schon bevorzugt als Sommerfrische genutzt, besitzt dieses Bergdorf extrem tiefe historische Wurzeln.

Von Qom über Kashan nach Nain

Chahartaq

Ein Zeugnis dafür ist sein berühmter **Chahartaq** چهارطاقی, einer der ältesten Feuertempel aus sassanidischer Zeit im Land – klassisch über quadratischem Grundriss aus nichts als Steinblöcken und Kalkmörtel erbaut, gegliedert in einen auf allen vier Seiten symmetrisch durch Bögen durchbrochenen Kubus, auf dem eine ebenfalls quadratische Plattform mit einem Kuppelaufbau sitzt. Am oberen Ende der Siedlung nahe einer Quelle erbaut, die weiter talwärts einen malerischen **Wasserfall** speist, war sein Feuer weithin zu sehen. Er war nicht nur der Mittelpunkt zoroastrischer Zeremonien, sondern diente auch als Wegweiser für Reisende und nachts als Signalturm.

Höhle von Niyasar

Ein Relikt aus noch älterer, nämlich parthischer Zeit ist **Ghar-e Reis** غار رئیس, die Höhle von Niyasar. Sie wurde praktisch zur Gänze von Menschenhand aus dem Fels gehauen, umfasst, auf drei Etagen und eine Fläche von insgesamt 500 m² verteilt, 20 Räume, unzählige Gänge und Tunnel sowie 45 Brunnen, die in über 100 m Tiefe miteinander verbunden sind. Ihr Zweck? Aller Wahrscheinlichkeit nach handelt es sich um ein Mithräum, also einen Tempel für jenen altorientalischen Mysterienkult, der noch zur Römerzeit von seiner Urheimat Indien bis nach Europa verbreitet war und im Zentrum seiner Zeremonien die Tötung eines heiligen Stieres vorsah. In dem Zusammenhang interessant: Alljährlich zum Eid-e Qorban, dem islamischen Opferfest, schmücken die Bewohner Niyasars eine Kuh, die sie dann in einem landesweit einzigartigen Ritual nahe der Dorfmoschee schlachten.

Qamsar ▶ J 10

Ein zweiter Ausflug, der insbesondere zwischen Mitte April und ungefähr Ende Mai lohnt, führt in das 35 km südlich von Kashan gelegene Dorf **Qamsar.** Der Ort ist, mehr noch als Niyasar, berühmt für die Rosenzucht und für sein *golab,* Rosenwasser. Das wird seit mehr als 800 Jahren erzeugt und bis heute sogar eigens nach Mekka gebracht, wo man mit dem edel duftenden Destillat einmal im Jahr den schwarzen Vorhang der Kaaba wäscht. In jenen Frühlingswochen sieht man in den weitläufigen Gärten des Dorfes Frauen und Männer jeden Morgen scharenweise Blüten sammeln. Aus diesen destillieren dann etwa 300 professionelle Hersteller in riesigen Kupferkesseln pro Saison durchschnittlich 1,5 Mio. Liter. Das Ende ihrer Arbeit feiern sie, gemeinsam mit Gästen des Dorfes, alljährlich zwischen Mitte Mai und Anfang Juni in Rahmen eines großen **Rosenwasser-Festivals.**

Einkaufen

Rosenwasser – Zum wohlriechenden Vergnügen jedes Aufenthalts in Qamsar (wie auch in Niyasar und in dem zwischen beiden gelegenen Dorf Barzak) gehört der Besuch einer der vielen über den ganzen Ort verstreuten Destillierfabriken sowie der Kauf eines Flakons mit **Rosenöl** oder eines Fläschchens **Rosenwasser.** Letzteres wird bevorzugt als Gesichtsreiniger oder Zusatz für Tee und Süßigkeiten verwendet. Natürlich kann man die duftenden Souvenirs auch in Kashan kaufen – die meisten Anbieter warten am Fußweg zu den Händlerhäusern und vor dem Eingang zum Fin-Garten. Aber hier, an seinem Ursprungsort, ist das Destillat garantiert frisch und nicht gestreckt. Drei Beispiele für Qualitätshersteller, die ganzjährig verkaufen (in der Nebensaison besser vorher anrufen): **Diava,** Tel. 0913 819 1747, **Goldareh,** Tel. 0912 464 9662, und **Golestan Golab-e Mahdi,** Tel. 031 55 64 6898.

Mashhad-e-Ardehal ▶ H 9

In dem Dorf **Mashhad-e Ardehal,** knapp 50 km westlich von Kashan, wiederholt sich alljährlich am zweiten Freitag des Monats Mehr (Anfang Oktober) ein im doppelten Sinne merk-würdiges Schauspiel: Da strömen Heerscharen von Männern aus nah und fern herbei, um Sultan Ali ibn Mohammads zu gedenken, eines Sohnes des Fünften Imams, der hier vor fast 1200 Jahren ermordet wurde. Sein Leichnam war seinerzeit nach alter Sitte in einen Teppich gewickelt, zum nahen Fluss getragen und dort für die Bestattung ge-

Mit seiner fotogenen Lehmarchitektur lockt Abyaneh Heerscharen von Besuchern an

reinigt worden. Mittlerweile hat man zur Aufbewahrung der geheiligten Gebeine wie auch des Teppichs einen prachtvollen Schrein errichtet. Rund um ihn wird das Reinigungsritual von einst feierlich wiederholt. Das Spektakuläre bei dieser »**Teppich-Waschung**« (Qali Shuran): Um ihre Trauer über das Martyrium und die Wut auf die Mörder zu zeigen, dreschen die Abertausenden Anwesenden während der Prozession mit langen Holzknüppeln symbolisch auf den – angeblich im Original erhaltenen – Teppich ein. Besucher mit einem Faible für moderne Literatur können sich im Ostteil des Schreinkomplexes vor dem Grab des populären, 1980 verstorbenen Dichters und Malers Sohrab Sepehri verbeugen.

Chal-Nakhjir-Höhle ▶ H 9

Tgl. 9–17 Uhr, Begehung ca. 30 Min., Kontakt: Hr. Heydari, Tel. 0919 158 1595, 100 000 Rl.
Folgt man der Straße weiter westwärts, erreicht man, etwa auf halbem Weg nach Delijan (und damit zur Schnellstraße Isfahan–Saveh) das Dorf **Nareq** نراق. 5 km danach führt rechts eine Stichstraße 4 km weit zum Eingang in eine der schönsten Höhlen Irans. **Chal Nakhjir** چال نخجیر birgt seltene geologische Formationen, gebildet aus schneeweißen schwammartigen Sedimenten, die den Boden und die Wände großflächig wie weißes Popcorn überziehen und effektvoll bunt beleuchtet werden.

Von Kashan nach Nain

Abyaneh ▶ J 10

An der Ortseinfahrt wird eine Zutrittsgebühr von 50 000 Rl. pro Pers. erhoben
Fährt man auf der Fernverkehrsstraße von Kashan Richtung Yazd, weist nach rund 60 km rechter Hand ein Schild den Weg in das knapp 30 km entfernte Dorf **Abyaneh**. Man sollte ihm folgen, denn dieser zu Füßen des 3900 m hohen Karkas-Gebirges gelegene Ort gilt als ein Juwel überlieferter, ländli-

cher Architektur und wurde von der UNESCO mit gutem Grund zum kulturellen Erbe der Menschheit erklärt. Ähnlich wie in Masuleh, dem Vorzeigedorf der Provinz Gilan, schmiegen sich seine aus rostbraunem Lehm errichteten Häuser sehr pittoresk an einen steilen Berghang. Sie sind so eng ineinander verschachtelt, dass viele ihrer flachen Dächer den oberhalb wohnenden Nachbarn zugleich als Hof und Terrasse dienen.

Entlang der engen, gepflasterten Hauptgasse, die man vom motorisierten Verkehr befreit hat, stößt man auf eine Reihe interessanter Gebäude – darunter mehrere **Moscheen**, ein **Derwischkloster** (Khanaqah), und, mit seiner Veranda und dem schattigen Innenhof besonders stimmungsvoll, im Ostteil des Ortes ein **Schrein.** Viele reizvolle Details – Ziegelornamente, Gitterfenster, Balkone und metallbeschlagene Holztüren – ziehen bewundernde Blicke auf sich. Böse Blicke hingegen sollen Weihrauch und eine Art Vorhänge aus Kichererbsen, an den Hauswänden aufgehängt, von den Bewohnern abwenden.

Auf dem Felshügel über dem Ort thronen die Reste mehrerer **Burgen.** Bei der Zufahrt sind am Ortsrand die Ruine eines dreigeschossigen **Feuertempels** aus sassanidischer Zeit und ein **Friedhof** zu sehen, auf dessen merkwürdig assymetrischen Grabsteinen noch vorislamische Symbole und Inschriften in der alten Pahlevi-Schrift prangen. So alt Abyanehs Gebäude, so traditionsbewusst ist die – infolge von Abwanderung augenfällig stark überalterte – Bevölkerung: Noch in frühsafawidischen Zeiten mehrheitlich zoroastrischen Glaubens, spricht sie bis heute einen im parthischen Pahlevi wurzelnden Dialekt. Die Frauen tragen stolz ihre Trachten, plissierte Hosen und mit Rosen gemusterte Tücher, zur Schau.

An Freitagen und in Ferienzeiten ist der Ort von einheimischen Tagesausflüglern heillos überlaufen und daher tunlichst zu meiden. Empfehlenswert ist es, von der Hauptstraße rechts ins Tal hinab-, zwischen Lehmmauern, Walnuss- und Pfirsichhainen entlang- und den Hügel vis-à-vis hinaufzuwandern. Dort ist man in der Regel allein und sieht den Ort quasi in Cinemascope sehr fotogen vor sich ausgebreitet.

Übernachten

Vor der Ortseinfahrt bewerben **Privatvermieter** auf Plakaten mit Telefonnummern ihre Suiten und Apartments. Anrufe können lohnen.

Komfortabel und behaglich – **Viuna:** an der Ortseinfahrt, Tel. 031 54 28 28 20-24, 0913 312 12 29, www.viunahotelabyaneh.com. Neuer, von außen eher gesichtsloser Dreisternekasten, innen hübsch rustikal gestaltet, sehr sympathisch geführt, Autopark- und Kinderspielplatz, diverse Haustiere, saubere Standardzimmer, teils mit Balkon und schönem Talblick. Gut durchschnittliches Restaurant mit Panoramaterrasse, Kaffee in diversen Zubereitungsarten. EZ 1,3 Mio. Rl., DZ 2,2 Mio. Rl., Dreibettzimmer 3,44 Mio. Rl. inkl. Frühstück.

Einfach, aber preiswert – **Hotel Historical Village:** im Westteil des historischen Ortskern nahe dem Harpak-Feuertempel, Tel. 0362 43 62 778, www.abyaneh-hotel.ir. Sehr schlicht, eng und nicht leise, dafür denkbar zentral, die 5 Zimmer sind sauber, Gemeinschaftsdusche und -WC im Untergeschoss weniger. DZ inkl. Frühstück 1 Mio. Rl.

Essen

Netter Familienbetrieb – **Viunj:** nach der Ortseinfahrt, linke Seite, Tel. 031 542 82 890, 0912 119 87 30, tgl. 12–17 Uhr, Do, Fr auch abends. Verschiedene Kebabs, Gheymeh, Ghorm-e Sabzi etc., auch 2 Suiten zur Vermietung. Gerichte 110 000–250 000 Rl.

Verkehr

Abyaneh ist am besten von Kashan oder Natanz aus mit dem **Taxi** erreichbar. Keine Verbindung mit öffentlichen Verkehrsmitteln.

Badrud ▶ J/K 10

Wieder an der Hauptstraße, sollte man einen Abstecher in den nahen Ort **Badrud** unternehmen. Aus zweierlei Gründen. Der eine erhebt sich, weithin sichtbar, 11 km nördlich, am Ende einer pompösen Allee.

ÖKO-WÜSTENCAMP MATINABAD

Am Südrand der Dasht-e Kavir, unweit von **Badrud,** gründete 2008 eine Gruppe natursensibler Touristiker ein Projekt, das, für die Region pionierhaft, Abenteuertourismus und Umweltschutz verschmilzt. Das **Öko-Wüstencamp von Matinabad,** im Stil einer Karawanserei konzipiert und seit seiner Eröffnung mit vielen Preisen bedacht, bietet die Möglichkeit zu geführten Dünen- und Schluchtenwanderungen, Kamelritten, Ausflügen per Jeep in die Wüste und zum Salzsee. Auch kann man durchs Teleskop in den Sternenhimmel schauen und gemeinsam mit den Dorfbewohnerinnen auf der zugehörigen organischen Farm Obst und Gemüse ernten, Brot backen und kochen. Ein sehr gutes Bio-Restaurant und ein Teehaus sorgen fürs leibliche Wohl, der Strom wird von Solarpaneelen am Dach erzeugt. Zum Übernachten stehen komfortable, traditionsgemäß mit Ziegel, Stroh und Gips gestaltete Zimmer, aber auch Zelte und ein Dutzend *koome,* aus Ziegel und Lehm errichtete Hütten, ausgestattet mit AC und Korsi-Öfchen, zur Verfügung.

Ein Zusatzabenteuer: die 23 km lange Fahrt auf Sandpiste Richtung Norden durch karge Wüste zur **Festungsruine von Karshahi.** Die Anlage, eine Kombination aus Burg und Karawanserei, gilt, nach der halb zerstörten Zitadelle von Bam als größte Lehmfestung des Landes. Sie geht im Kern auf vorislamische Zeit zurück, wurde in der heutigen Dimension aber in safawidischer Zeit errichtet und, nach zwischenzeitlichem Verfall, in den 1920er-Jahren auf Geheiß von Reza Shah wieder instandgesetzt. Dessen Artillerie beschoss damals das Haupttor, um Straßenräuber, die hier hausten, zu vertreiben. Heute ist der Ort erneut desolat. Ein von einem Qanat gespeister Pool, von einsamen Hirten als Ziegentränke genutzt, über bröckelnde Treppen besteigbare Wachtürme, von deren Dach man die Weite der Welt erschaut … Zu tun gibt's sonst nichts. Aber gerade die Öde des Ortes macht seine Qualität aus.

Anreise: von Badrud den braunen Wegweisern folgend über Khaled Abad, Deh Abad und die Weiler von Fami zum Dorf Matinabad. Von dort noch 4 km auf PKW-tauglicher Sandstraße ins Camp. Weiterfahrt nach Karshahi, vorbei an mit modernen Windrändern betriebenen Wasserpumpen, nur im Geländewagen und mit ortskundigem Begleiter. Nach Regenfällen oft nicht passierbar. Proviant und Trinkflüssigkeit nicht vergessen.

Öko-Wüstencamp Matinabad: Tel. (in Teheran) 021 8871 5232, www.matinabad.com, DZ 3,6 Mio. Rl., Zelt bzw. Hütten mit Gemeinschaftsbad/-WC 2,4 bzw. 3 Mio. Rl., jeweils mit Frühstück und Mittagessen

Mausoleum von Aqa Ali Abbas und Shahzadeh Mohammad

Das **Imamzadeh von Aqa Ali Abbas und Shahzadeh Mohammad,** zweier Söhne des Siebten Imams, ist nicht nur jährlich Ziel unzähliger frommer Pilger, sondern auch eindrucksvolles Zeugnis sowohl für die Kunstfertigkeit heutiger Baumeister und Handwerker als auch für die Frömmigkeit und Leistungskraft der örtlichen Bevölkerung. Schließlich besitzt der vor wenigen Jahren erst fertig gebaute Schrein eine der größten Kuppeln des gesamten Mittleren Osten, die noch dazu außen aufwendigst mit Fliesenwerk und innen mit ebenso prächtigen Spiegelmosaiken verziert ist. Und deren Errichtung nur dank Spendengeldern und der tätigen Mithilfe von Gläubigen aus der Region möglich war.

Antike Kupferproduktion

Vor allem für archäologisch Interessierte ist die folgende, bislang noch wenig bekannte Entdeckung interessant: Sieht man sich das schroffe Massiv der Karkas-Berge etwas genauer an, das ein Stück weiter südlich fast 3900 m hoch aufragt, erkennt man im Fels grüne Gesteinsadern. In **Arisman,** einem staubigen Vorort von Badrud, wurden in den 1990er-Jahren riesige Schlackehalden entdeckt, und in der Folge mithilfe deutscher Archäologen und Bergbauhistoriker Belege dafür, dass dort bereits vor 8000 Jahren Kupfer hergestellt wurde. Im 4. Jt. v. Chr. existierte vor Ort eine regelrechte Schmelzindustrie und das wertvolle Metall wurde von hier en masse in die rohstoffarmen Stadtstaaten Mesopotamiens exportiert.

Im **Stadtmuseum** موزه رهگشا von Badrud, eingerichtet im Hamam Nogheh, sind etliche Funde aus der Grabung zu sehen (tgl. 8–18 Uhr, Kontakt für Hintergrundinfos: Dr. Mortazavi, Tel. 0912 06 42 870, engl.).

Natanz ▶ J 10

Auf der Weiterfahrt Richtung Südosten verdienen mehrere Kleinstädte herausragender Baudenkmäler wegen einen Zwischenstopp. Die erste Station heißt **Natanz,** liegt 28 km östlich von Abyaneh am Fuß des Karkas-Gebirges und ist für ihre Töpferwaren und Fliesen bekannt. In jüngster Zeit, während des Streits um Irans Atomprogramm, geriet die Stadt auch wegen der unterirdischen Uranaufbereitungsanlagen in die Schlagzeilen, die in ihrem Umfeld zu finden sind. Zu diesem Punkt eine eindringliche Warnung: Wer unterwegs auf der Autobahn Kashan–Isfahan plötzlich Bunker, Wachtürme und Flugabwehrgeschütze auftauchen sieht, sollte auf keinen Fall seine Kamera zücken. Rund um die nuklearen Einrichtungen herrscht striktestes Fotografierverbot.

Freitagsmoschee und Mausoleum von Abd al-Samad

Freitagsmoschee 8 Uhr bis Mittagsgebet, 14 Uhr bis Sonnenuntergang, Eintritt frei; Imamzadeh Di–So 8–16 Uhr

Natanz wurde wahrscheinlich bereits von den Sassaniden gegründet und besitzt eine kostbare **Masjed-e Jame** مسجد جامع, eine Vier-Iwan-Anlage aus ilkhanidischer Zeit (14. Jh.). Deren Komplex umfasst auch ein wunderschön mit keramischen Schriftbändern verziertes Portal, das einst in ein Derwischkloster führte, und, unmittelbar hinter dem ebenfalls reich dekorierten, 38 m hohen Minarett, das **Imamzadeh von Scheich Abd al-Samad** عبدالصمد اصفهانی, ein Mausoleum für einen örtlichen Sufi-Heiligen des 11. Jhs. Sein herausragendes Merkmal ist ein achteckiges hellblau gefliestes Zeltdach, das im Inneren mit auffallend feinen Muqqarnas verziert ist.

Übernachten, Essen & Trinken

Sehr behaglich und günstig – **Tavassolian:** im Zentrum von Natanz, Tel. 031 5421 1213, 0913 277 4683, www.kehnoo.ir. Authentische Lehmarchitektur, tadellose Sanitärräume in jedem Zimmer, gemütlicher Innenhof, Salon mit Korsi-Öfchen, aufmerksame Betreuung, vom Dach schöner Blick auf die Freitagsmoschee, eigene Keramikwerkstatt. Übernachtung im Doppel- oder Mehrbettzimmer 530 000 Rl. pro Pers. inkl. Frühstück.

Ardestan ▶ K 10

Freitagsmoschee und Khosro-Moschee

Freitagsmoschee tgl. 7.30–19 Uhr

Ein weiteres Prachtexemplar einer Freitagsmoschee harrt 70 km weiter östlich, in **Ardestan,** der Bewunderer. Die Kleinstadt mag heute wenig aufregend wirken, zählt aber zu den ältesten urbanen Zentren des Landes und war in sassanidischer Zeit ein politisch und wirtschaftlich wichtiges Zentrum. Entsprechend weit reichen die Wurzeln der **Masjed-e Jame,** die am Ostrand der modernen Stadt steht, zurück: Die erste Anlage, von

Von Kashan nach Nain

der nichts mehr erhalten ist, datiert aus dem 9. Jh., der jetzige Vier-Iwan-Bau mehrheitlich aus dem mittleren 12. Jh., also aus seldschukischer Zeit. Damals entstanden auch die meisten der feinen und erstaunlich gut erhaltenen Dekorelemente aus Ziegel und Stuck, allen voran der überreich mit Kalligrafien geschmückte Haupt-Mihrab im Kuppelsaal. Bemerkenswert ist an der Südseite der Moschee der schöne Wasserspeicher (Ab Anbar) mit seinen vier Windtürmen.

Etwa 500 m nördlich des zentralen Kreisverkehrs steht, etwas abseits der Hauptstraße, mit der **Masjed-e Khosro** مسجد خسرو ein zweiter, zwar ungleich jüngerer, aber in Kombination mit der zugehörigen Zisterne formal ebenfalls sehr reizvoller Bau.

Übernachten

Akzeptable zwei Sterne – **Tourist Inn:** Imam St., gegenüber der Tankstelle, Tel. 031 542 43 501. Schlicht, aber sauber und in Ordnung, mäßiges Restaurant, dafür gesicherter Parkplatz. DZ 2 Mio. Rl.

Zavareh ▶ K 10

Freitagsmoschee und Pamenar-Moschee

Gleich zwei sehr alte Moscheen warten auf architektonisch einschlägig Interessierte 15 km nördlich von Ardestan, in **Zavareh.** Die örtliche **Masjed-e Jame** gilt als älteste in ihrer Gesamtheit mit einem kreuzachsigen Innenhof konzipierte und errichtete Vier-Iwan-Anlage des Landes. Will heißen: Sie wurde nicht, wie sonst in der Frühzeit üblich, Element um Element ergänzt. Sie war bereits im Jahr 1136 fertiggestellt und markiert jenen entscheidenden Schritt, mit dem sich die iranische Sakralarchitektur durch die Vervollkommnung dieses neuen, eigenständigen Moscheetyps endgültig vom alten importierten, arabischen Modell einer Säulenhalle emanzipierte (wenn das Tor versperrt ist, in der Nachbarschaft nach dem Wächter, Hr. Bagher Jalali, fragen, 100 000 Rl.).

Gleichfalls aus seldschukischer Zeit datiert die **Masjed-e Pamenar** مسجد پامنار, an der vor allem die Ziegelornamentik des Minaretts, einem der ältesten im Land (1069), Beachtung verdient.

Hosseiniyeh und Arg-e Sangbast

Doch damit nicht genug: Ein Rundgang durch das Zentrum dieses auf den ersten Blick eher unscheinbaren Wüstenstädtchens offenbart eine kompakte, sehr altertümliche Bausubstanz, darunter diverse Schätze: eine **Hosseiniyeh** حسینیه mit eindrucksvollen Ziegelgewölben und großem arkadengesäumten Innenhof, nur ein paar Schritt entfernt ein zweites, kleineres solches Bühnenhaus für die Aufführung des Taziyeh-Passionsspiels zu Moharram, weiterhin mit **Arg-e Sangbast** ارگ سنگ‌بست die Ruine einer wuchtigen Zitadelle aus Lehm, ein altes **Eishaus** یخچال (Yakhchal), Mausoleen, mit Adobe-Lehmziegeln behutsam renovierte Basargassen ... erlebenswert!

Nain ▶ L 11

Unumgänglich für Freunde frühislamischer Architektur ist ein Zwischenstopp in **Nain.** Die für ihre feinen, meist blauen oder beigen Teppiche berühmte Kleinstadt besitzt eine bauhistorisch bedeutsame **Freitagsmoschee** und eine imposante Festungsruine.

Freitagsmoschee

Die **Masjed-e Jame** am Nordrand der Stadt entstand bereits um das Jahr 960 und ist noch zur Gänze nach dem Prinzip der arabischen Pfeilermoschee mit einem an drei Seiten von Arkaden und Gewölben gesäumten Innenhof gestaltet. Stilgeschichtlich besonders interessant ist das **achteckige Minarett,** markiert es doch den formalen Übergang von den bis dahin in Nordafrika und der Levante üblichen quadratischen zu den in Iran im 11./12. Jh. bereits gängigen runden Türmen. Die Hauptattraktion bildet freilich die reiche, in weiten Teilen noch original erhaltene **Stuckverzierung.** Das dichte Rankenwerk, das Pfeiler, Bogenläufe und vor allem die Gebetsnische, den Mihrab, überzieht, schlägt stilistisch eine Brücke zwischen dem vorislamisch-sassanidischen und dem seldschukischen Baudekor.

Von Qom über Kashan nach Nain

Pirnia-Haus und Hosseinieh

Einen Besuch lohnt – eher des Gebäudes als seiner Exponate wegen – das **Volkskundliche Museum** unmittelbar gegenüber. Es ist in einem restaurierten Händlersitz aus dem 16. Jh. untergebracht, dem **Pirnia-Haus** خانه پیرنیا. Rechts daneben führt eine Tür in eine private Teppichknüpferei (falls verschlossen, ruhig klopfen, die Wahrscheinlichkeit, dass eine der Frauen öffnet, ist hoch).

Nordöstlich des kleinen Platzes steht eine der insgesamt sieben **Hosseiniyeh,** Bühnenhäuser für die Aufführung des Taziyeh-Passionsspiels, über die Nain verfügt.

Narenj Qaleh

Ein kurzer Spaziergang führt durch das desolate Altstadtviertel zur Ruine der Lehmziegelburg **Narenj Qaleh** قلعه نارنج یا فلعه نارین. Sie ging aus einem Feuertempel hervor, erinnert aber inzwischen – Erosion, Erdbeben und diversen Eroberern geschuldet – eher an einen kolossalen, von Karies zersetzten Backenzahn. Auf dem Rückweg kommt man an einer schönen, von mehreren Windtürmen flankierten Zwillingszisterne vorbei.

Mohammadiyeh   ▶ L 11

Die Besichtigung von Nain wäre unvollständig ohne Abstecher in den nur 2 km östlich gelegenen Nachbarort **Mohammadiyeh,** der von den Überresten einer weiteren mächtigen Festungsruine aus vorislamischer Zeit überragt wird.

Höhlenwerkstätten

Hier kann man noch ein paar älteren Herren über die Schulter schauen, wie sie, zum Schutz vor Winterkälte und Sommerhitze in **Höhlenwerkstätten** (Kargah-haye Ababafi), an hölzernen Webstühlen Decken und *abas*, die traditionellen braunen Umhänge der Mullahs, aus Kamelhaar weben.

Die Handweber von Mohammadiyeh heißen in ihren Erdhöhlen Gäste herzlich willkommen

Von Kashan nach Nain

Unterirdische Wassermühle
Schlüsselwart und Führer erreichbar unter Tel. 0913 32 33 109, 100 000 Rl.
Im selben Ort kann man auch zu einer **Rigareh** آسیاب ریگاره, einer unterirdischen Wassermühle aus vorislamischer Zeit hinabsteigen. Das Faszinierende dabei: Sie liegt – was für eine ingenieurtechnische Leistung! – 28 m tief unter der Erde und wurde mit Wasser angetrieben, das man über einen bis heute intakten Qanat zugeleitet, in einem Tank gesammelt und, sobald der Druck hoch genug war, durch einen 133 m langen Kanal auf das Mühlrad gelenkt hat.

Infos
Nain-Kulturbüro: Tel. 031 462 53 621
Guter Guide: Als touristischer Hansdampf in allen Gassen organisiert **Mahmood Mohammadipur** zu moderaten Preisen, vom Stadtrundgang und Abstieg in die Unterwelt bis zur Wüsten- und Bergtour, was immer das Herz erlebnishungriger Besucher begehrt; Kontakt: Tel. 039 863 60 90, www.naeinsun.ir.

Übernachten
... in Nain:
Tadellos – **Tourist Inn:** Rajaei Ave., nahe Imam Sq., Tel. 031 462 53 088, www.ittic.com. Rustikal möblierte Zimmer in traditionellem Lehmhaus, gepflegt, um einen Innenhof gruppiert. Auch das zugehörige Restaurant ist völlig in Ordnung, freilich bei Gruppen beliebt und deshalb in Stoßzeiten überlaufen (Speisen ab 240 000 Rl.). DZ 2,2 Mio. Rl.
Für Budgetbewusste – **Gholami:** Imam Khomeini Ave., Tel. 031 46 25 24 41, 0913 22 34 667. Ein *mosaferkhaneh* (Gästehaus) ohne Anspruch, spartanisch ausgestattet, mit Gemeinschaftsdusche/-WC, aber annehmbar, in einem dreistöckigen Gebäude mit Bäckerei, nur auf Farsi beschriftet. 700 000 Rl. pro Pers.
... in Kuhpayeh:
Stilvoll renovierte Karawanserei – **Koohpa:** Tel. 031 464 24 791, koohpahotel@yahoo.com. Überland-Karawanserei aus der Zeit von Schah Abbas I., auf halbem Weg zwischen Nain und Isfahan, ideal als Rückzugsort, aber auch, wenn in Isfahan kein gutes Zimmer frei ist. Strom und Wasser aus großer Dach-Solaranlage, gutes Restaurant (fast tgl., aber nur nach Reservierung). Einfach-elegante DZ unter Ziegelgewölben, teils mit Doppelbetten und Bad, teils mit Rollmatrazen am Boden, Vorhang als Trennwand zum Gang und Dusche/WC ebendort für 1,2–1,7 Mio. Rl. inkl. Frühstück. Ein Hit: das Penthouse mit Doppelbett im 1. Stock und vier Matratzenplätzen (2,5 Mio Rl.) und die beiden geräumigen Shah-Neshin-Suiten (3,2 Mio. Rl.; Nachteil hier: sehr steile Treppe).
... in Toudeshk Cho:
Familiäre Ruheoase – **Tak Taku Guesthouse:** Tel. 0913 36 54 420, www.taktaku.com. Quasi im Nachbarort von Kuhpayeh, 45 km von Nain, in Fahrtrichtung aus Isfahan zweite Siedlung, ca. 1,5 km nach Hauptort Toudeshk Cho Abzweiger nach links. Mohammad Jalali hat das ebenerdige Lehmhaus dank sehr persönlichem Service zu einem populären Treff für Backpacker, darunter viele Radfahrer aus Europa, gemacht; behaglich-ruhiger Innenhof, Gemeinschaftsraum mit offenem Kamin, alles sehr sauber und nett. Küche mit feinen Regionalspezialitäten, regelmäßig öffentliche Direktbusse nach Isfahan und Nain. Empfehlenswert: geführter Rundgang durch das uralte Dorf mit Besuch bei verwandter Teppichknüpferin. 2 Zimmer mit, 3 ohne WC (1,6/1,3 Mio. Rl. pro Pers. inkl. VP), Schlafraum mit Matratzen für 8 Pers. (600 000 Rl. pro Pers. inkl. Frühstück).

Essen
Truck-Stop, aus gutem Grund beliebt – **Hanig:** 5 km nordwestlich von Nain, an der Hauptstraße Richtung Kashan und Qom, Tel. 031 462 66 438, 0913 323 64 38. Herzhaftes, sehr gutes und preiswertes Essen, z. B. Bakhtiari-Spieße mit Lamm und Huhn, alles sehr sauber, schnell und nett. Gerichte ab 130 000 Rl.

Verkehr
Bus: Etwa halbstündlich Verbindungen von und nach Isfahan (**Jey Terminal** oder Zusteigen bei **Falake Esfahan**). Auch zwischen Isfahan und Yazd verkehrende Busse sind verwendbar (dem Fahrer als Ziel Nain nennen). Mehrmals tgl. auch Direktbusse von und nach Teheran, **Terminals Jonub** und **Arjantin.**

Von Qom über Kashan nach Nain

In die Dasht-e Kavir

Eine zumindest zwei-, dreitägige Fahrt ins Herz der **Dasht-e Kavir** vermittelt einen tiefen Eindruck vom Wesen dieser unermesslichen Wüste. Sie beginnt in Nain und führt auf gut ausgebauter Asphaltstraße in nordöstlicher Richtung zunächst durch flaches, fast bedrückend kahles Land.

Anarak ▶ M 11

Erst kurz vor Anarak gewinnt die Szenerie an Reiz, säumen spitze, vielfältige Felsformationen den Weg. Dabei ist die erstaunliche Vielfarbigkeit des Gesteins ein Indiz für dessen Mineralienreichtum. Die erste Station, das mit seinen drei steilen Hügeln und Wachtürmen recht malerische Städtchen **Anarak,** war denn auch schon früh ein Zentrum des Bergbaus. Bleiminen etwa waren in der Region, genauer: in Nakhlak 50 km nördlich, bereits in achaimenidischer Zeit in Betrieb. Bis heute werden in der Gegend unter anderem Gold, Silber, Kupfer, Zink und Eisen gewonnen. Ein kleines **Museum** dokumentiert auch diese montanistische Tradition.

Übernachten, Essen & Trinken

Historisches Gemäuer – **Robat Anarak:** Anarak, Tel. 0935 422 4788, Reservierungen auf Englisch: 021 2656 6026, www.robatanarak.com. Eine historische Karawanserei, für heutigen Komfortbedarf adaptiert, Restaurant mit Selfservice, Leihräder, Teleskop, organisierte Ausflüge per Jeep und mit Quads in die Wüste. Im Schlafsaal für 8 Pers. mit Gemeinschaftsdusche/-WC 1,6 Mio. Rl. pro Pers., DZ 4,2 Mio. Rl., jeweils mit Vollpension.

Geheimtipp – **Bagheri Guesthouse:** Ashin, Tel. 0913 100 8602. In dem archaischen, 52 km nordwestlich von Anarak gelegenen und über eine Schotterpiste erreichbaren Bergdorf betreibt Frau Mojgan Bagheri ein Gästehaus – 4 Zimmer in einem Rundgebäude mit Steinmauern und Lehmdecke, sehr schlicht, aber sauber, in völliger Stille, ohne Strom und WLAN. Weltferner geht's kaum. Übernachtung 1 Mio. Rl. mit Vollpension.

Am Rand der Rig-e Jenn
▶ L 11

Chupanan und Ashtiyan

Ein nächster Zwischenstopp gilt **Chupanan,** um von der Anhöhe hinter dem Ort dessen besonders dichten Wald aus **Windtürmen** zu betrachten. 3 km davor schon hat von der Hauptstraße nach links ein Schild den Weg nach **Ashtiyan** gewiesen. Wer ihm folgt, fährt nach knapp 4 km nochmals links und erreicht 2,5 km weiter das Dorf. Es wirkt wenig einladend, von seinem Ende führt jedoch eine ca. 20-minütige Sandpiste zu einem besonders schönen, kaum berührten **Dünengebiet.** Quartier bietet, falls gewünscht, das Gästehaus Sareyban, Tel. 0913 323 4128.

Über Khur und Jandaq ins Herz der Wüste

30 km nach Chupanan teilt sich die Straße. Rechts führt die auch vom öffentlichen Fernbus befahrene Hauptroute in den Hauptort des Landkreises Khur und Biabanak, das Städtchen **Khur,** und, vorbei am großen Salzsee, weiter nach Tabas (s. S. 452). Nach Norden geht es 42 km nach **Jandaq** und für Unentwegte in der Verlängerung durch das Herz der Kavir-Wüste in mehrtägiger Fahrt bis nach Damghan. Diese Unternehmung sollte man allerdings nur nach vorheriger Abklärung der aktuellen Sicherheitslage und in Begleitung ortskundiger Führer in Angriff nehmen.

Die Wüstenregion, die zur Linken der Straße beginnt, heißt **Rig-e Jenn** ریگ جن – ein vegetationsloses Sandmeer mit gewaltigen Sicheldünen, viel Treibsand und ausgedehnten Salzsümpfen. »Dünen der Geister« – in der Bezeichnung spiegelt sich der Respekt vor diesem verwunschenen Grenzraum zwischen den heutigen Provinzen Semnan und Isfahan wider. Die Karawanenführer früherer Zeiten mieden ihn. Selbst Sven Hedin, der berühmte, draufgängerische Schwede, machte auf seinen Expeditionen um die Kernzone des Rig-e Jenn einen Bogen. Der österreichische Forschungsreisende Alfons Gabriel durchquerte in den frühen 1930er-Jahren mit Kamelen von Ashin nach Arusan ziehend zumindest den Südteil.

In die Dasht-e Kavir

Übernachten, Essen & Trinken
... in Jandaq:
Zweckmäßig – **Tabatabaei Guesthouse:** Tel. 0919 404 1223. Schlichte Unterkunft in der örtlichen Burg, authentisch, aber mit einem hässlichen Moscheeneubau als atmosphärischem Wermutstropfen. Kein englischsprachiges Personal. 600 000 Rl. pro Pers.

... in Khur:
Komfort mit Charme – **Bali Desert Hotel:** am südlichen Ortseingang, Tel. 031 4632 4572-5, www.balihotel.ir. Toll, was die Familie Amini da unter Führung von Senior Yahya alias Jack an diesem entlegenen Ort aus dem Boden gestampft hat: eine behagliche Bleibe, geschmackvoll mit Pisé-Wänden, Teppichen, in warmen Farben gestaltet, einladende Lobby, alle Zimmer gartenseitig, ruhig, mit vorzüglichen Betten, feine Küche (Spitze: Ghorm-e Sabzi mit Kamelfleisch oder Kalejoosh, Molke mit Minze, Nüssen, Rosinen und Croutons). Reichhaltiges Ausflugsprogramm mit hauseigenem, englischsprachigem Guide, u. a. Touren im Nissan Patrol in die Dünen, Oasen oder zum Salzsee, Begegnungen mit Einheimischen in ihren Häusern. DZ je nach Saison 1,5–2,1 Mio. Rl., im zugehörigen, schlichteren Gästehaus für 450 000 Rl. pro Pers. inkl. Frühstück.

Mesr und Farahzad ▶ L 11

Seit junge Iraner aus den Großstädten ihren Freiheitsdrang an Wochenenden scharenweise in der Wüste ausleben, haben sich **Mesr** und seine als letzter Außenposten der Zivilisation direkt am Wüstenrand gelegene Nachbaroase **Farahzad** zu regelrechten In-Zielen entwickelt. Dünenwanderungen, Sonnenauf- und -untergänge, Ausritte auf Kamelen, mit dem Quad oder Geländewagen, und am Abend unterm Sternenhimmel die regionale Spezialität Abgusht-e Lakholi schmausen, einen über viele Stunden in heißer Asche vergrabenen Fleischeintopf ... Die Erlebnisdichte

Ali Heydari durchquerte mit seinen Kamelen als erster Iraner die Wüste Rig-e Jinn

ATESHOONI IN GARMEH

Er ist mit seinem weißen Rauschebart und der langen Mähne fast so etwas wie eine Ikone des iranischen Öko-Wüstentourismus: Maziar Aledavood, charismatischer Musiker, Bildender Künstler, Tourguide und Freigeist in Personalunion, kehrte um die Jahrtausendwende aus Teheran nach **Garmeh** گرمه, das Dorf seiner Vorväter, zurück. Dort renovierte er in Eigenregie ein 300 Jahre altes Anwesen, das sich seither als Gästehaus namens **Ateshooni** zum Treffpunkt für individualistische Weltenbummler entwickelt und dem ganzen Ort neues Leben eingehaucht hat. Man wohnt nicht luxuriös, aber sehr stilecht und geborgen zwischen Lehmmauern, Teppichen und Polstern, isst ausgezeichnete Hausmannskost und lässt, den Fernblick vom Hausdach oder einem der umliegenden Hügel genießend, die Kamele vor der Haustüre fütternd oder durch die Palmhaine zum Schilfweiher streifend, die Seele baumeln.

Was man noch unternehmen kann? Auf dem Leihfahrrad das Umland erkunden oder - von Maziar organisierte und teilweise von ihm persönlich geführte – Ausflüge in die weitere Umgebung; zum Sonnenuntergang an den **Großen Salzsee** zum Beispiel, zu den Thermalpools von **Abgarm,** nach **Bayazeh**

Magic hour im Open-Air-Café von Garmeh

In die Dasht-e Kavir

mit seiner Festungsruine aus vorislamischer Zeit, in der einst Hassan Sabbahs Assassinen hausten, oder in die nicht minder archaischen, wundersam grünen Bergdörfer **Iraj, Ordib** اردیب und **Dadkin** دادکین.
Und abends – das mittelpersische Wort Ateshooni bezeichnet das gesellige Sitzen um ein Lagerfeuer – lauscht man den Geschichten und dem Didgeridoo-Spiel des Gastgebers oder verkostet im zugehörigen Open-Air-Café Boneh, das sein Bruder führt, einen herrlich würzigen Kamel-Burger.

Ateshooni: Garmeh, 35 südlich von Khur, Tel. 0314 634 8156, www.ateshooni.com; das Gästehaus umfasst inzwischen drei Quartiere mit gesamt 19 Zimmern für bis zu 60 Pers. Im Stammhaus und Haus Nr. 2 schläft man auf Bodenmatratzen, sind WC/Dusche gemeinschaftlich genutzt, WLAN gratis, nur Ventilatoren; Übernachtung im Schlafsaal mit Frühstück 700 000 Rl. pro Pers., im Zimmer 1,2 Mio. Rl. pro Pers. (nur in Kleingruppen) inkl. drei Mahlzeiten und Tourprogramm, das gleiche Paket kostet im neuesten, deutlich gediegeneren Haus Nr. 3 2,4 Mio. Rl.

Anfahrt: Wer die hier beschriebenen Oasen in der südlichen Dasht-e Kavir nicht mit dem eigenen fahrbaren Untersatz besucht, kann auf öffentliche **Fernbusse** zurückgreifen. Der tägliche Bus aus Teheran (Abfahrt vom dortigen Terminal-e Jonub) nach Tabas bzw. Birjand und zurück befährt die beschriebene Route von Nain über Anarak und Khur. Gleiches gilt für den täglichen Bus aus Yazd (kleine Busstation dort am Homafar Sq.). Für Abstecher in die entlegeneren Oasen nimmt man in den Hauptorten **Taxis** (ca. 300 000 Rl.). Alle besseren Hotels bieten auch zu erschwinglichen Preisen Abholdienste mit Privat-Pkw aus Isfahan (5 Std., ca. 3,3 Mio. Rl.), Yazd oder Nain (jeweils ca. 3 Std., ca. 2,5 Mio. Rl.). Der Bahnhof von Nain liegt 45 km nordöstlich der gleichnamigen Stadt, also der Wüste deutlich näher.

ist hoch, die Zahl der Gästehäuser inzwischen auf mehr als 15 gestiegen und die Zufahrt von der Abzweigung 2 km östlich des Dorfes **Farrokhi** فرخی روستای auf durchgehend asphaltierter Straße über 43 km problemlos.

Übernachten, Essen & Trinken

... in Farahzad:

Schmuckes Viersternehaus – **Teeda:** Tel. 031 5852 3100, 0912 467 1237, www.teeda-hotel.com. Komfortables, freundlich-hell gestaltetes Quartier direkt an den Dünen, Coffee- und Handwerksshop unter der Lehmkuppel über dem Wasserreservoir des Ab Anbar, für die nahe Zukunft ist der Bau eines Observatoriums mit Teleskop geplant. Europäisches Frühstück mit Omelettes, Fruchtsäften, Pfannkuchen, gutes Restaurant, in allen 12 Zimmern exzellente Betten und Dusche/WC, schön: das Turmzimmer/Penthouse mit Wüstenblick für 4 Pers. für 7 Mio. Rl., übrige DZ 3,35 Mio. Rl.

Old Style – **Barandaz Lodge:** Tel. 0913 323 4188, www.mesr.info, Mitte Juni–Mitte Sept. geschl. Die Betreiber, Hashem und Hussein, Vater und Sohn Tabatabaei, sind die Pioniere des örtlichen Wüstentourismus, sehr familiäre Atmosphäre, traditionsreiches Essen am geselligen Feuerplatz (probieren: Jaghol Baghol, ein Fladen aus Kamel-Hack), Handwerksshop, kein WLAN, keine Aircondition, weil Lehm-Stroh-Wände gut isolieren, Organisation von Trekkingtouren, Jeep-Safaris, Kameltouren. Zwei separate Gebäude mit insgesamt 12 Zimmern, davon 2 mit eigener Dusche/WC, kaum lärmiges Party-Jungvolk. Übernachtung 1,3 Mio. Rl. pro Pers. inkl. Vollpension.

... in Mesr:

Zweckmäßig – **Rohab's Guesthouse:** am Ortseingang erstes Haus rechts. Gutes Essen im zugehörigen Café Gadon. Im Mehrbettzimmer 400 000–600 000 Rl. pro Pers., etwas mehr im DZ.

Aktiv

Kamelexkursionen – Kamelritte**,** von einstündig bis mehrtägig mit Zeltübernachtung, werden von den Betreibern der beiden Hotels in Farahzad wie auch von Maziar in Garmeh (s. Tipp S. 412) angeboten. Die attraktivste Route führt von Jandaq oder Farahzad quer durch das wüste Nirgendwo nach Arusan. Eine Legende ist Ali Heydari vulgo Ali Sareban, »der Kameltreiber«, der als erster Iraner die Rig-e Jinn durchquerte und die Große Wüste auch von wissenschaftlichen Exkursionen her wie seine Westentasche kennt. Ali betreibt mit seinem Sohn rechts an der Zufahrt nach Farahzad einen Kamelreitstall. Hat man das Glück, ihn dort anzutreffen, kann man sich, vorausgesetzt, ein Guide als Farsi-Dolmetscher ist dabei, von seinen abenteuerlichen Erfahrungen erzählen lassen. Vorab-Kontakt, Tel. 0913 323 4216.

Von Nain nach Yazd

Aqda ▶ L/M 12

Obwohl ganz nahe der Hauptstraße nach Yazd und nur 66 km südöstlich von Nain gelegen, ist das Städtchen **Aqda** kaum bekannt. Unerklärlich eigentlich, denn zu entdecken gibt es Spannendes: eine scheinbar aus der Zeit gefallene, in Teilen zerbröckelnde, in Teilen aber durchaus intakte Siedlung, komplett aus Lehm gebaut, von wuchtigen Wehrmauern umgeben, mit einer Freitagsmoschee, einer Karawanserei, etlichen Windtürmen, einem Eishaus und dem Mausoleum einer sassanidischen Prinzessin. Und, nicht zu vergessen, einem sehr stimmungsvollen Hotel.

Übernachten

Geheimtipp nahe der Fernstraße – **Khaloomirza:** Aqda, Tel. 035 32 28 27 67, 0913 00 05 159, www.khaloomirzahotel.com. Ein 700 Jahre altes Anwesen aus Lehmziegeln mit ungewöhnlich geräumigem Vier-Iwan-Hof, mit viel Aufwand und Geschmack renoviert, Buntglasfenster, alte Keramik, als Schlafstatt Rollmatratzen auf Teppich, besonders charmant: jedes der 10 Zimmer mit Korsi, dem traditionellen Öfchen unter der Tischdecke, Gemeinschaftsbad/-WC, Restaurant nur auf Bestellung, mittags Jujeh (Hühnchen), abends größere Auswahl. EZ 680 000 Rl., DZ 960 000 Rl.

Meybod ▶ M 12

Aus Nain kommend Richtung Yazd unterwegs, könnte man die 55 km nordwestlich der Provinzmetropole gelegene Stadt **Meybod** als eine Art Vorspiel für deren Besichtigung betrachten. Was keinesfalls abwertend zu verstehen ist. Meybod ist zwar mit nur 70 000 Einwohnern ungleich kleiner als Yazd, besitzt jedoch ebenfalls eine architektonisch sehr homogene Altstadt aus Lehm. Und seine Wurzeln reichen noch tiefer in die zivilisatorische Frühgeschichte zurück. Manche Quellen, allen voran Firdausis »Königsbuch«, nennen sogar Keyumar, den ersten Herrscher der Welt und Begründer der mythischen Pishdadi-Dynastie, als Stadtgründer. Jedenfalls besitzt Meybod eine Reihe hoch interessanter Baudenkmäler, die einen Besichtigungsstopp unbedingt lohnen.

Narin Qaleh

Tgl. 7.30–19, im Winter 7.30–17 Uhr, 100 000 Rl.
Archäologisch belegt ist, dass die Ursprünge der **Zitadelle** von Meybod bis auf das 4. Jt. zurückgehen. Fachleute mutmaßen, sie könnte mit ihrem fünfstufigen Aufbau aus einer Zikkurat, einem elamischen Stufentempel, hervorgegangen sein. Fest steht, dass auf dem Hügel, der das ansonsten völlig flache Terrain am südlichen Stadtrand 25 m hoch überragt, eine Burg der Parther stand. Die Lehmziegelfestung, wie sie heute nach mehrmaligen Restaurierungen in ihren kolossalen Ausmaßen auf einer Fläche von insgesamt 4 ha über die Stadt wacht, ist das Ergebnis exzessiver Bautätigkeit der Muzaffariden, einer Dynastie, die im 14. Jh. von hier aus über Südiran und Kurdistan herrschte.

Schah-Abbasi-Karawanserei

Tgl. 8–23 Uhr, Zilu-Museum tgl. 9.30–14 Uhr
Ungleich jünger, nämlich safawidisch, aber sehr beeindruckend in ihrer Grundstruktur und mustergültig renoviert obendrein, ist die **Karawansara-ye Shah Abbasi**, die sich 500 m weiter westlich am Qazi Mir-Hossein Blvd. erhebt. Sie umfasst mehr als 100 um einen riesigen Innenhof gruppierte Räume.

In deren größten sind ein Restaurant, ein Café und ein großzügig gestaltetes **Zilu-Museum** untergebracht. Diese speziell dicken, aus Baumwolle gefertigten Teppiche, für die Meybod berühmt ist, bedeckten früher die Böden der meisten Moscheen und Schreine im Land.

Die Karawanserei, erbaut für die auf der Route Rey–Kerman reisenden Fernhändler, ist Teil eines Gebäudeensembles, zu dem auch, unmittelbar benachbart, eine schöne **Wasserzisterne** und ein **Chaparkhaneh**, eine Poststation aus der Qadscharen-Zeit, gehören. In ihr hat man ein nettes **Museum für Post- und Verkehrswesen** eingerichtet (tgl. 9–16 Uhr, wenn geschl. Tel. 0913 45 11 796). Direkt vis-à-vis, auf der anderen Straßenseite, steht ein sehr ansehnliches Exemplar eines alten **Eishauses**.

Ardakan ▶ M 12

Einen Schlenker verdient auch das benachbarte **Ardakan**. Der Geburtsort des Ex-Präsidenten Mohammad Khatami, des Protagonisten der liberalen Ära der späten 1990er-Jahre, birgt zwar keine Sensationen. Aber die braunen Straßenschilder, die auf Englisch etwas linkisch den Weg zur Historical Texture, also »historischen Struktur«, weisen, haben durchaus ihre Begründung. Die Stadt, noch im frühen 20. Jh. ein wichtiger Knotenpunkt für Karawanen, besitzt eine ganze Reihe reizvoller Gebäudeensembles – ein weitflächiges Wabengeflecht aus **Lehmhäusern** mit einem ganzen Wald von Windtürmen auf dem Dach, **Wasserzisternen** mit mächtigen Kuppeln, ein **Basar**, ein **Imamzadeh**, eine **Tekiyeh**, mehrere Plätze, auf denen das Jahr über kolossale **Nakhls** نخل, die Holzgerüste für die Aschura-Prozession, parken, und als Höhepunkt auch hier ein sehr beachtliches Exemplar einer **Freitagsmoschee**.

Übrigens: Ardakan bedeutet übersetzt »heiliger« oder »reiner Platz«. Es gilt seit jeher auch Zoroastriern als geweihter Ort. Sie wallfahren jährlich im Sommer von weither nicht nur zu dem im Hinterland gelegenen Pilgerort Chak Chak (s. S. 428), sondern auch zu einem Heiligtum im hiesigen Vorort **Sharif Abad**.

ZISTERNEN IM MULTIPACK

Irans wüstes Hochland ist gespickt mit **Wasserzisternen.** Ein ganzes Ensemble, bestehend aus acht solcher Ab Anbars plus 20 Windtürmen, steht in **Ahmad Abad** احمد آباد, 6 km nordwestlich von Ardakan. Es ist vielleicht das prächtigste im ganzen Land, allerdings abseits der gängigen Routen gelegen und wohl auch deshalb kaum bekannt. Man verlässt Ardakan, das im Norden fast nahtlos an Meybod anschließt, in nordwestlicher Richtung auf der Straße nach Nain, zweigt beim großen, ovalen Kreisverkehr im rechten Winkel (zweite Straße) ab. Am Ziel ist man nach ca. 2,5 km, im Ortskern in einer Seitengasse linker Hand.

Übernachten, Essen & Trinken
... in Meybod:
Historisches Ambiente – **Haj Malek:** Salman-e Farsi St., Tel. 035 323 22 221. Komfortabel übernachten in ansprechendem Rahmen; angeschlossen: ein Restaurant mit guter iranischer Küche plus Coffeeshop. EZ 1,05 Mio. Rl., DZ 1,7 Mio. Rl.

... in Ardakan:
Gepflegt und persönlich – **Baghsara:** Khamenei St., neben dem Bagh-e Melli, dem Nationalgarten, Tel. 035 32 239 250. Seine lediglich zwei Sterne täuschen: Dieses 9-Zimmer-Hotel erfüllt gehobene ästhetische Ansprüche, ist charmant geführt und für das Gebotene – saubere, tadellos ausgestattete Zimmer mit Satelliten-TV – erstaunlich preiswert. Im Untergeschoss: behagliches, ebenfalls nicht übersteuertes Restaurant mit Holzbetten und iranischen Spezialitäten, diverse Kebabs, Fischfilets, Fesenjan etc. (Gerichte 110 000–270 000 Rl.). EZ 1,2 Mio. Rl., DZ 1,8 Mio. Rl.

Yazd und Umgebung

Die stärkste Anziehungskraft als Touristenmagnet strahlt in der Provinz Yazd deren gleichnamige Hauptstadt aus. Sie besitzt die weltweit größte zur Gänze aus Lehm errichtete Altstadt – eine städtebauliche Sensation. Doch kleinere, ähnlich im Kern architektonisch wunderbar homogene Wüstensiedlungen finden sich über die ganze Provinz verstreut. Und mit Chak Chak außerdem das landesweit wichtigste Heiligtum der Zoroastrier.

 Yazd ▶ M 13

Cityplan: S. 419

Die inzwischen fast 1 Mio. Einwohner zählende Provinzhauptstadt **Yazd** liegt, umgeben von Sandwüste und Salzseen, aber auch weitflächigen Plantagen und Feldern, ziemlich genau im geografischen Zentrum Irans. Durch ein uraltes, kompliziertes System von unterirdischen Kanälen mit Wasser vom 60 km entfernten, über 4000 m hohen Shir Kuh, dem Löwengebirge, versorgt, gilt sie als Musterbeispiel einer zentraliranischen Oasenstadt. Kultiviert werden unter anderem Granatäpfel, Aprikosen, Pfirsiche, Wasser- und Süßmelonen.

Ihre ausgedehnte, aus Lehm erbaute und mit eindrucksvollen Baudenkmälern durchsetzte Altstadt wurde zum UNESCO-Weltkulturerbe erklärt. Sie macht Yazd, das seit frühislamischer Zeit für seine feinen Seiden und später auch für seine Teppiche Berühmtheit genießt und bis heute Heimat einer bedeutenden zoroastrischen Gemeinde ist, zu einem unverzichtbaren Etappenziel auf jeder Iranreise, für das man zumindest zwei Tage reservieren sollte.

Geschichte

Die Ursprünge der Stadt liegen im Dunkeln. Man nimmt an, dass sie zu Lebzeiten Alexanders des Großen, also etwa ein Jahrtausend vor der Eroberung durch die Araber, gegründet wurde. Zur Zeit der Sassaniden jedenfalls hatte sie schon als ein Zentrum des Zoroastrismus Bestand. Und fest steht auch, dass sie bereits sehr früh von ihrer Lage auf halbem Weg zwischen Isfahan und Kerman, an der Hauptroute Richtung indischer Subkontinent und Zentralasien, als florierender Handelsplatz profitierte.

Im Gegensatz zu den meisten Städten des Landes blieb sie von der zweifachen Heimsuchung durch die Mongolen verschont – vielleicht wirkten die lebensfeindlichen Wüsten und die im Sommer besonders unerträgliche Hitze abschreckend. Überhaupt stand Yazd kaum jemals im Zentrum der Auseinandersetzungen rivalisierender Dynastien. Andererseits entwickelte die Stadt aber auch nie den Ehrgeiz, zur Residenz aufzusteigen. Entsprechend findet man hier weder besonders prächtige Paläste noch andere bauliche Insignien imperialer Macht. Dafür konnte Yazd jahrhundertelang weitgehend ungestört als Wirtschaftszentrum erblühen, dessen Stattlichkeit und Wohlstand neben vielen anderen Reisenden auch Marco Polo in den höchsten Tönen rühmte.

Erst der Einfall der Afghanen verursachte größere Schäden und leitete einen Abstieg in die Provinzialität ein, von dem sich »die Gute und Noble«, wie der Weltreisende aus Venedig sie nannte, so schnell nicht erholen sollte. Für neuen Aufschwung sorgte der Anschluss ans Schienennetz, der Yazd mit der Welt, sprich Teheran und der Golfküste, verband.

Sehenswertes

Freitagsmoschee 1
Tgl. 9–17 Uhr, 80 000 Rl.

Erster Anlaufpunkt ist für gewöhnlich die inmitten der Altstadt gelegene, von der zentralen Imam-Khomeini-Straße aus über eine Stichstraße zu erreichende **Masjed-e Jame** مسجد جامع. Wie so viele wichtige Sakralbauten im Land steht sie auf dem Fundament eines Feuertempels und besteht aus mehreren Bauteilen, die vom 12. bis 15. Jh. in verschiedenen Stilen errichtet wurden.

Im doppelten Sinne herausragendes Erkennungszeichen ist ihr mit zwei Minaretten bekröntes, extrem schlankes **Eingangsportal.** Im Jahr 1456 fertiggestellt, ist es mit 48 m das landesweit höchste seiner Art und vom Sockel bis zu den beiden Spitzen mit erlesenen, vornehmlich blauen Fliesenmosaiken verkleidet. Nicht minder reich sind außen wie innen der **Kuppelsaal,** der darin befindliche Mihrab (1375) sowie der vorgesetzte Iwan verziert.

Der von spitzbögigen Arkaden gesäumte **Innenhof** hingegen ist bar jeden farbigen Schmuckes, was die kunstvollen Ziegelstrukturen umso schöner zur Geltung kommen lässt und der Anlage eine ungewöhnliche Leichtigkeit verleiht. Von hier gelangt man rechter Hand in den zu safawidischer Zeit entstandenen **Wintergebetssaal.**

Am Nordausgang erläutert eine Tafel die Dimension jenes 2000 Jahre alten **Qanats** قنات, das, bis heute intakt, unter anderem die Moschee mit Wasser versorgt, und schon den Feuertempel, der zuvor an ihrer Stelle stand, versorgte. Es entspringt unweit von Fahraj, ist unfassbare 90 km lang und speist nicht weniger als 2100 Brunnen.

Mausoleum des Seyyed Rokn al-Din 2
Do–Di 9–18 Uhr, Mi nur Frauen, Eintritt frei

Vom Platz vor der Freitagsmoschee in die zweite Gasse links abbiegend, stößt man unmittelbar zur Rechten auf den Eingang von **Boqhe-ye Rokn al-Din** آرامگاه سید رکن‌الدین. Zu dem im frühen 14. Jh. erbauten Komplex gehörten ursprünglich eine Koranschule, ein Observatorium und eine Bibliothek. Erhalten blieb nur der Grabbau des Stifters, der auch die Freitagsmoschee maßgeblich finanzierte. Er ist schon von Weitem an seiner flachen, außen wie innen prachtvoll dekorierten Kuppel zu erkennen. Der bauliche Zustand ist allerdings beklagenswert.

Fahadan-Viertel
Von hier taucht man Richtung Norden in das labyrinthische **Fahadan-Viertel** ein. Der Weg führt durch enge *kuchees,* Gassen, zwischen Adobe-Mauern und unter Bögen hindurch über kleine Plätze. Noch vor zehn Jahren drohte der komplett aus Lehm errichtete Stadtteil zu verfallen. Doch man steuerte erfolgreich gegen, pflasterte, sanierte, Cafés, Restaurants und Hotels haben eröffnet … Teilweise zumindest scheinen die Revitalisierungsmaßnahmen zu greifen. Schon hat sich die Einwohnerzahl stabilisiert, vereinzelt ziehen sogar, angelockt durch touristische Verdienstmöglichkeiten, Junge zu.

Am besten lässt man sich eine Zeit lang ziellos treiben. Denn nur so erschließt sich der besondere Charme dieses Gassenlabyrinths, der in den Details verborgen liegt: schön verzierte Haustore etwa mit zweierlei Türklopfern für männliche und weibliche Besucher, riesige, von Ziegelkuppeln überwölbte Zisternen (Ab Anbar), die für Yazd charakteristischen *sabat,* von Bogengewölben beschattete Passagengänge, oder die vielen Windtürme (Badgir), die nicht nur in der unerbittlichen Sommerhitze das Leben in den Häusern erträglicher machen, sondern mit ihren ungemein vielfältigen, fantasievollen Formen auch die Silhouette der Stadt prägen.

Man sollte eine der zahlreichen Möglichkeiten nutzen, auf ein Dach zu steigen und dieses urbanistische Wunder aus der Vogelperspektive zu bestaunen. Gute Orte dafür sind das **Art House Café** 8 oder die Hotels **Malek o-Tojjar** 1 und **Kohan** 12. Von dort oben wird noch offensichtlicher, wie sehr das alte Yazd seine architektonische Einheitlichkeit bis heute bewahrt hat. Keine moderne Konstruktion überragt die traditionelle Baubsubstanz, bringt Misstöne in diese Sinfonie aus Lehm.

Yazd und Umgebung

Gefängnis des Alexander [3]
Tgl. 9–19 Uhr, 150 000 Rl.
Früher oder später gelangt man zum Meydan-e Ziyai, dem zentralen Platz des Viertels. Dort erhebt sich **Zendan-e Iskandar** زندان اسکندر, das »Gefängnis des Alexander«. Was der kurz nach 1300 entstandene, eher schmucklose Kuppelbau, der ursprünglich als Mausoleum und später als Koranschule diente, mit dem makedonischen Feldherrn zu tun hat? Nur der Volksmund weiß es. Jedenfalls birgt er heute mehrere nicht uninteressant bestückte Kunsthandwerkshops.

Grabmoschee der Zwölf Imame [4]
Unmittelbar nebenan lädt die **Maqbareh-ye Davazdah Imam** مقبره دوازده امام zur Besichtigung. Sie stammt aus frühseldschukischer Zeit (11. Jh.) und besitzt neben kunstvollem Stuckwerk einen interessanten Fries, der dreifach rund um die Mauern laufend in kufischen Lettern die Namen der Imame nennt. Leider ist der Grabbau häufig versperrt, doch der Wärter des benachbarten ›Gefängnisses‹ hält einen Schlüssel parat.

Lariha-Haus [5]
Tgl. 8.30–19 Uhr, 80 000 Rl.
Noch ein Stück nördlich verdient das **Khaneh Lariha** eine Stippvisite, ein wunderschön renoviertes, großbürgerliches Wohnhaus aus dem 19. Jh. Der um einen Hof errichtete Komplex wird von mehreren Windtürmen belüftet, für Kühlung sorgten auch die hölzernen Gitter an den Fenstern und Türen.

Unterirdische Mühle [6]
Seitengasse der Seyed Gol-e Sorkh St., tgl. 9–13, 16–19 Uhr, 150 000 Rl.
Im Norden der Altstadt kann man zum Zarch-Qanat hinabsteigen, dem sagenhaften Kanalsystem von Yazd. Hier, im Bezirk **Koshknou**, trieb sein Wasser über die Jahrhunderte eine **unterirdische Mühle** آسیاب کوشک نو an. Dieses technologische Wunderwerk aus vorislamischer Zeit wurde 22 m tief in den Fels geschlagen und lässt sich über eine Treppe mit 85 Stufen besichtigen.

Basar [7]
Südlich der Freitagsmoschee erstreckt sich beidseits der Khiaban-e Qiyam der weitläufige, überdachte **Basar** – ein weiteres ideales Flaniergelände, in dem vor allem Freunde hochwertiger Textilstoffe in einen Kaufrausch geraten werden. Aus seinen Werkstätten stammt nämlich der Termeh, ein handgewebter Seidenbrokat. Sein tropfenförmiges Design symbolisiert ein Blatt der Zypresse, des zoroastrischen Lebensbaumes, und wurde zum Vorbild des in anglophilen Kreisen so beliebten Paisleymusters.

Für eine Rast zwischendurch bei Tee und Gebäck empfiehlt sich das ehemalige Badehaus **Hamam-e Khan** [4] حمام خان, das zu einem stimmungsvollen Chaikhaneh und Restaurant umgebaut wurde.

Imamzadeh Jafar [8]
Von hier sind es nur wenige Minuten zu Fuß zur wichtigsten Pilgerstätte von Yazd, dem **Imamzadeh Jafar** امامزاده جعفر. Es birgt das Grab eines vor gut 1000 Jahren verstorbenen Nachfahren des Sechsten Imams und stammt im Kern aus dem 14. Jh. Das Gros der Erweiterungsbauten, allen voran die wuchtige Kuppel und auch das meiste Dekor, sind ungleich jüngeren Datums, nämlich qadscharisch.

Dowlatabad-Garten [9]
Tgl. 8–23 Uhr, 150 000 Rl.
Über die Verlängerung der Qiyam-Straße, die Enqelab-Straße, und danach links über den Safavi Blvd. gelangt man zum **Bagh-e Dowlatabad** باغ دولت‌آباد mit der einzigen erhaltenen Palastanlage der Stadt. Sie wurde Mitte des 18. Jhs. als Residenz eines örtlichen Gouverneurs erbaut. Der Garten zählt, wie acht weitere in Iran, zum UNESCO-Weltkulturerbe. Rechtwinklig verlaufende Wege und Kanäle gliedern ihn, die vier Flüsse des Paradieses symbolisierend, in vier Teile. Sein Bewuchs, Zypressen, Granatapfelbäume, Blumenbeete, eine Föhrenallee, wirkt leider ein wenig vernachlässigt. Dafür wartet am südlichen Ende des 300 x 120 m großen Gevierts ein architektonischer Superlativ: ein sechs-

Yazd

Sehenswert
1. Freitagsmoschee
2. Mausoleum des Seyyed Rokn al-Din
3. Gefängnis des Alexander
4. Grabmoschee der Zwölf Imame
5. Lariha-Haus
6. Unterirdische Mühle
7. Basar
8. Imamzadeh Jafar
9. Dowlatabad-Garten
10. Tekiyeh Amir Chakhmaq
11. Wassermuseum
12. Türme des Schweigens
13. Feuertempel
14. Museum der zoroastrischen Geschichte und Kultur
15. Spiegel- und Lichtmuseum

Übernachten
1. Malek-o Tojjar
2. Fahadan
3. Arg-e Jadid
4. Moshir ol-Mamalek
5. Dad
6. Safaiyeh
7. Silk Road
8. Orient
9. Narenjestan
10. Koroush
11. Badgir
12. Kohan
13. Jungle
14. Yazd Backpack Hostel
15. Kalout

Essen & Trinken
1. Termeh & Toranj
2. Mehr Traditional Hotel
3. Khaneh Dohad
4. Hamam-e Khan
5. Baam
6. Gol-e Sorkh
7. Fooka
8. Art House Café
9. Mehr Café

Einkaufen
1. Haj Khalife
2. Mohsen's
3. Hosseini
4. Salari
5. Oasis
6. Zoroastrian Handicraft
7. Isatis
8. Ordibehesht Naqsh-e Jahan
9. Khaneh Kasra

Abends & Nachts
1. Saheb A. Zaman Zurkhaneh

Aktiv
1. Gonbad-e Abi

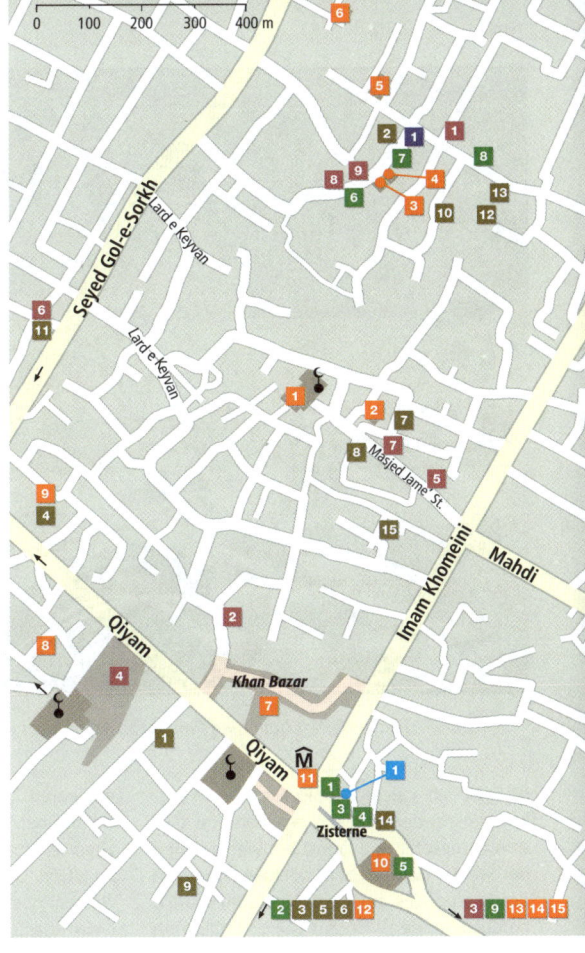

Yazd und Umgebung

Die Tekiyeh Amir Chakhmaq fungiert zu Aschura als eine Art Theatertribüne

eckiger, mit kaleidoskopisch bunten Fenstern versehener Empfangspavillon und, diesem aufgesetzt und längst ein Wahrzeichen der Stadt – der mit 33 m höchste Windturm des Landes. Die aus dem Windturm seitlich herausragenden Holzstöcke stabilisieren den Bau und dienen bei Renovierungsarbeiten als Halterung.

Tekiyeh Amir Chakhmaq 10

Am anderen, dem südlichen Ende der Qiyam-Straße steht das zweite Wahrzeichen von Yazd – die **Tekiyeh Amir Chakhmaq** تکیه امیر چخماق, ein dreistöckiger Bau mit treppenförmig ansteigender und von zwei Minaretten bekrönter Fassade. Er wird häufig als Basartor bezeichnet – fälschlicherweise. Denn der große Markt liegt ein ganzes Stück entfernt. Und die dahinter gelegene kurze, steinüberwölbte Gasse (in der noch zwei, drei Zuckerhutmacher ihr kurioses Handwerk betreiben) endet gleichsam im Leeren. Tatsächlich wurde der Portalbau Anfang des 19. Jhs. einem bereits 400 Jahre zuvor entstandenen Gebäudekomplex hinzugefügt, der aus einer Moschee (im Nordwesten, noch erhalten), einer Karawanserei, einer Khanaqah und einer Tekiyeh (alle verschwunden) bestand.

Er begrenzt den Platz, auf dem bis heute zu den Aschura-Feierlichkeiten die Passionsspiele und Prozessionen abgehalten werden, und dient mit seinen Logen und Arkaden zugleich als Kulisse und Zuschauertribüne. Nicht zufällig: steht doch auf dem Meydan-e Amir Chaqmaq das sogenannte **Nakhl,** ein riesiges, tränenförmiges und ungemein schweres Holzgerüst, das zu Aschura mit Tüchern geschmückt und von Aberhunderten Männern durch die Stadt getragen wird.

An der Nordwestecke des Meydan-e Amir Chaqmaq, zur Khomeini-Straße hin, verleitet die berühmte Konditorei **Haj Khalife** 1 zu süßen Sünden.

Yazd

Wassermuseum 11
Tgl. 8–19 Uhr, 150 000 Rl.
An der Ecke Imam Khomein/Qiyam St. beschäftigt sich das **Muze-ye Ab-e Yazd** موزه آب یزد mit dem Thema Wasser. Das mag etwas technisch und spröde klingen. Aber so, wie man es in diesem stattlichen Stadthaus aus qadscharischer Zeit behandelt, fasziniert es auch Laien. Unter dem Haus kreuzen sich seit jeher zwei Qanate, von denen eines immer noch fließt. In den unterirdischen, im Sommer wohltuend kühlen Räumen wird anhand von Fotos, Plänen, Werkzeugen und Artefakten der über Jahrtausende geschulte Umgang der Wüstenanrainer mit dem kostbaren Nass dokumentiert. Dabei im Fokus stehen die Geschichte und Funktionsweise von Qanaten.

Türme des Schweigens 12
Tgl. 9–13, 15–18 Uhr, 80 000 Rl.
Am südwestlichen Stadtrand, gut 10 km vom Zentrum, thronen auf kahler Felskuppe zwei **Dakhmeh** دخمه, Türme des Schweigens. Auf ihnen überantworteten die örtlichen Zoroastrier, durch hohe Rundmauern vor neugierigen Blicken abgeschirmt, ihre Toten nach uralter Sitte den Geiern. Seit das Ritual aufgrund staatlicher Hygienegesetze außer Gebrauch gekommen ist (und die Leichname auf den nahen Friedhof in ausbetonierten Gräbern ihre letzte Ruhe finden), dürfen Andersgläubige zu den Terrassen hinaufsteigen. Zu sehen ist oben nun lediglich noch die leere Grube, in der man einst die blanken Knochen sammelte und mit Kalk bestreute. Doch die berührende Aura lohnt die kleine schweißtreibende Unternehmung.

Der Weg auf den rechten Turm ist weniger steil und lang, daher öfter begangen, der Ausblick vom höheren linken Turm auf die Viertausender-Gipfel des Shir-Kuh-Massivs und die Stadt naturgemäß weiter. Beachtenswert sind außerdem die überkuppelten Pavillons und Zisternen weiter unten im Tal. In ihnen nahmen die Angehörigen im Rahmen mehrtägiger Rituale von den Toten Abschied, vollzog ein eigens dafür abgestellter Priester genau festgelegte Reinigungs- und Balsamierungsprozeduren.

Feuertempel 13
Sa–Do 8–11.45, 16–19.45 Uhr, Fr nur vormittags, im Winter 15–18.45 Uhr, 80 000 Rl.
Im Südosten der Stadt steht an der Ayatollah-Kashani-Straße, rund 500 m nach dem Markar-Platz, Yazds großer **Atashkadeh** آتشکده, der Feuertempel. Die örtliche zoroastrische Gemeinde ist mit rund 12 000 Mitgliedern die größte im heutigen Iran und bildet gemeinsam mit ihren im 19. Jh. nach Bombay ausgewanderten Glaubensbrüdern die letzte Bastion der ehemaligen persischen Nationalreligion. Das heilige Feuer, das man durch eine Glasscheibe sehen kann, wurde 1940 aus Shiraz hierher überführt. Es ist angeblich seit über 1500 Jahren nie erloschen.

Museum der zoroastrischen Geschichte und Kultur 14
Di–So 9–12, 16–20 Uhr, 80 000 Rl.
Etwa drei Gehminuten entfernt, nördlich des Montazer-e Ghaem Blvd. und nahe dem Markar Sq., dem Uhrturm-Platz, informiert das kleine, aber feine, von Chefkustos Ramin sehr engagiert geleitete **Muze-ye Tarikh va Farhang-e Zartoshtian** موزه تاریخ و فرهنگ زرتشتیان über die Geschichte und Gebräuche dieser Religion.

Spiegel- und Lichtmuseum 15
Haftom-e Tir Park, Kashani St., So–Fr 8–14.15, 15–21.15 Uhr, 150 000 Rl.
Noch etwas weiter südöstlich wurde in einem früheren Gästehaus das **Muze-ye Ayeneh va Roshanai** موزه آیینه و روشنایی eingerichtet. Präsentiert werden, unter anderem in einem hübschen Howzkhaneh, einem Brunnenhaus, Lampen und zur Beleuchtung verwendete Spiegel. Die Sammlung umfasst aber auch historische Kalligrafien, Bücher, Münzen und Waffen.

Infos
Tourist Information: Fahadan-Viertel, Ziyai Sq., gegenüber dem Gefängnis des Alexander, Tel. 0351 353 630 3030, tgl. 8–20, im Winter bis 19 Uhr. Engagierte Mitarbeiter helfen, auch Tourenvermittlung und recht gutes Buchsortiment, Radverleih für 60 000 Rl./Std.

Zarathustras Erbe

Der iranische Boden ist seit Menschheitsgedenken ein äußerst fruchtbarer Humus für das Gedeihen neuer Religionen. Eine überragende Rolle kommt der Lehre des Zarathustra zu. Sie gilt als früheste Form des Monotheismus und prägt auf verblüffend vielfältige Weise bis heute auch die Vorstellungswelt von Juden, Christen und Muslimen.

Religionen fallen nicht vom Himmel, sondern haben Vorgeschichten: Dies gilt ganz besonders für den Kosmos der frühiranischen Mythologien. Surya, Indra, Varuna, Verethragna, Rashnu, Atar, Anahita, Mithra … Ungezählt sind die Ur-Gottheiten irano- und indo-arischer, aber auch protoelamischer Herkunft, die später, teils unter gleichen, teils unter umgeformten Namen, in den diversen Pantheons der Antike, bei Achämeniden, Parthern, Griechen, Römern, Aufnahme fanden.

Aus dem Knäuel früher spiritueller Traditionen trat der Zoroastrismus als jene hervor, die im iranischen Kulturraum am wirkmächtigsten war. Schon Darius und Xerxes dürften ihm gehuldigt haben. Die Sassaniden erhoben ihn zur Staatsreligion – und verfolgten phasenweise Andersgläubige wie Christen und Buddhisten erbarmungslos. Und noch Jahrhunderte nach der Eroberung Irans durch die Araber widersetzten sich seine Anhänger mancherorts, am vehementesten in den nördlichen Landesteilen, mit Erfolg der Islamisierung.

Heute existieren weltweit nur noch etwa 130 000 Zoroastrier. Von ihnen leben zwischen 20 000 und 30 000 in Iran, vorrangig in Yazd (s. S. 421), Isfahan und Teheran. Die weltweit größte Gemeinde bilden mit rund 70 000 Mitgliedern in der indischen Metropole Mumbai die Parsen, deren Vorfahren in mehreren Wellen aus dem islamisierten Iran dorthin emigriert sind. Hier wie dort eilt ihnen der Ruf voraus, überdurchschnittlich rechtschaffen, gebildet, wohlhabend, unternehmerisch und sozial engagiert zu sein. Was wenig wundert, verpflichtet ihr gesinnungsethisches Grundgebot sie doch fortwährend zu »guten Gedanken, guten Worten und guten Taten«.

Entstehung und Wesen dieses Uralt-Glaubens liegt in Nebel gehüllt. Ein großes Fragezeichen steht schon über der Person seines Stifters. Weder Lebenszeit noch Heimat des historischen Zarathustra – oder Zoroaster, wie ihn die Griechen nannten – lassen sich halbwegs zuverlässig bestimmen. Die Forschung datiert seine Geburt in den Zeitraum zwischen dem 18. und 6. Jh. v. Chr., am plausibelsten scheint heute die Zeit um das Jahr 1000. Das Licht der Welt erblickte er wohl irgendwo im Raum des heutigen Nordafghanistan. Glaubt man seiner legendenhaften Biografie, war er Sohn eines adeligen Priesters und gehörte einem Stamm umherziehender Viehzüchter an.

Es war die Zeit des Wandels von der nomadischen zur sesshaften Lebensweise. Und Zarathustra trug diesem Umbruch Rechnung, indem er die bis dahin praktizierten blutigen, mit ekstatischen Ritualen verbundenen Tieropfer verbot, stattdessen das Licht in Form des Feuers für anbetungswürdig erklärte und die Götterwesen des bisherigen Polytheismus zu Dämonen (den Daevas) und Lichtgestalten (Ahuras) degradierte. Das ungeschriebene Gesetz, demzufolge der Prophet im eigenen Land nichts gilt, dürfte sich auch bei ihm bewahrheitet haben. Seine Reformen riefen beim alteingesessenen, um seine Pfründe bangenden Priesteradel Widerstand hervor. Er musste fliehen, vermochte in der Fremde mittels Disputationen und Wundertaten einen König zu bekehren, wurde jedoch im hohen Alter, zurück in seiner Heimat, ermordet.

Einst Begräbnisstätte, heute Touristenattraktion: ein Turm des Schweigens in Yazd

Unklarheit herrscht auch hinsichtlich der Überlieferung seiner Lehre. Als deren textliche Keimzelle gelten die sogenannten Gathas – fünf Hymnen, die möglicherweise von Zarathustra selbst komponiert worden sind. Sie sind Teil des Yasna, einer offenbar jüngeren Sammlung von Gebeten, liturgischen Gesängen, Sakralformeln, die ihrerseits wiederum einen Teil der Avesta bildet. Dieses heilige »Buch«, genau genommen eine Zusammenstellung von Ritualtexten, ist auf Avestisch verfasst, einer Sprache, die eng mit dem altindischen Sanskrit verwandt ist. Formal zeigt es verblüffende Ähnlichkeiten mit den noch älteren indischen Ritualtexten, den Veden.

Die zentrale Vorstellung der zoroastrischen Lehre ist die Existenz eines all-einen, allwissenden und wohlwollenden Schöpfergottes namens Ahura Mazda (»Weiser Herr«), später auf Mittelpersisch Ohrmazd genannt, der die geistige und materielle Welt in nur sieben Tagen erschaffen hat. Sein Gegenüber, das personifizierte Negativ-Prinzip, gegen das er als Garant der kosmischen Ordnung kämpft, ist Angra Mainyu alias Ahriman, der »Böse Geist«. Dieser Dualismus findet seine Entsprechung in der Vorstellung von Paradies, Fegefeuer und Hölle.

Der Mensch ist, unabhängig von Geschlecht und Rasse, rein und weise geschaffen. Mit Vernunft und Gewissen begabt, kann und muss er sich frei und eigenverantwortlich für eine moralische Lebensführung entscheiden. Nach dem Tod seiner irdischen Hülle gelangt er an die »Brücke des Auswählers«, der die Seelen nach sittlichen Kriterien aussiebt. Auf die »guten« warten – ein religionsgeschichtlich völlig neuartiges, auch für die judeo-christliche Gedankenwelt folgenreiches Konzept – am Tag eines Jüngsten Gerichts, an dem ein gottmenschlicher, jungfräulich gezeugter Messias erscheint, Sündenablass und leibliche Auferstehung, das Ende aller irdischen Leiden und ewiges Leben.

Yazd und Umgebung

Tourist Library: Fahadan-Viertel, Shah Abolghasem Park, Tel. 035 362 08 699, www.touristlibrary.blog.ir, März–Sept. tgl. 8.30–21, im Winter bis 19.30 Uhr. Privat initiierte Info-Schatztruhe über Kunst und Kultur in Yazd und Iran, viele fremdsprachige Bücher, alte und neue Karten, charmantes Kultur-Café, familienfreundlich, freier Eintritt. Nur für den Zugang aufs Dach mit tollem Altstadtblick Gebühr (40 000 Rl.), unbedingt vorbeischauen!
Gute Guides: Pirouz Foroozi, Tel. 0938 535 9777, foroozi@yahoo.com; **Reza Bahadori,** engl., Tel. 0913 359 1930, rezairooni1361@yahoo.com; **Alireza Nokhostin,** engl., Tel. 0913 253 8758, nokhostin.alireza@yahoo.com.
Agenturen: Carvansalar-e Kavir-e Yazd, Jahangardi St. 212, Sadeiye, Tel. 035 3824 0014; **Shirdal Airya,** 6th Alley, Zugang Jame Mosque St., Imam Khomeini St., Tel. 035 3627 1620, www.shirdalairya.com; **Sarzamin-e Setaregan,** gegenüber Kanun-e Zaban G., Jaafar-e Sadaegh Blvd., Tel. 035 3827 0091; **Iranian Tours & Travel:** Jame Mosque St., Imam Khomeini St., Tel. 035 362 08 046, 0913 359 1559, www.iraniantour.ir; **Ama Safar,** 10. Farvardin Ave., Tel. 035 3622 9440-2, www.amasafar.com; **Iran Desert Attractions,** Hotel Sadaei, Timsar Falahi St., Tel. 035 3827 5820, yazdtours@yahoo.com; **Gonbad Abi** 1 .

Übernachten

Antik-Hotel aus Lehm – **Malek-o Tojjar** 1 : Panj-e Ali Bazaar, Ghiam St., Tel. 035 3622 4060, www.mehrchainhotels.com. Aufwendig renoviertes Altstadthaus aus dem 19. Jh. mit museal möblierten Zimmern, Wände und Decken sind individuell kunstvoll bemalt. Im nicht minder prunkvollen Innenhof wird ausgezeichnete persische Küche kredenzt, aufmerksame Betreuung, herrlicher Rundblick vom Dach. DZ 5,9 Mio. Rl.

Repräsentatives Altstadtquartier – **Fahadan** 2 : Fahadan-Viertel, Ziyai Sq., Tel. 035 3630 0600-10, www.mehrchainhotels.com. Die Selbstbezeichnung »Museumshotel« trifft den Punkt. Das historische Haus eines reichen Teppichhändlers diente längere Zeit auch dem deutschen und französischen Handelsattaché als Sitz, sehr stimmungsvoll saniertes Gemäuer. Im großen, überdachten Innenhof Restaurant mit vielfältigem Büfett, an seiner Stirnseite Prachtsuite aus 1001 Nacht. Nachteil der Zimmer zum Hof: sehr früh und bis spät hoher Geräuschpegel von Küchenbetrieb und Gästen, lauschige Nebenräume und -höfe für Tee und Kaffee. DZ 4,9 Mio. Rl.

Dezentral, gehobener Standard – **Arg-e Jadid** 3 : Safaiyeh Blvd., am Ende des Shahidine Ashraf Blvd., Tel. 035 38 28 5000-7, www.yazdarghotel.com. Viersterne-Plus-Hotel, ideal für Komfortbedürftige in Eile, direkt neben zoroastrischen Schweigetürmen, rasche An-/Abreise, 15 Taximinuten in die Stadt, Zimmer modern ausgestattet, großzügig dimensioniert, gute Küche. Nicht wundern: Fenster werden wegen häufiger Sandstürme verriegelt, nur auf Anfrage händigt die Rezeption Fensteröffner aus. DZ 4,5 Mio. Rl.

Logieren im Grünen – **Moshir ol-Mamalek** 4 : Moshir Blvd., Enqelab St., Tel. 035 352 53 979, www.hotelgardenmoshir.com. Etwas dezentral im Nordteil der Stadt gelegen, bezirzt dieses komfortable Viersternehaus vor allem mit seinem 13 000 m² großen Garten. Auf ihn gehen die im Stil einer Wüstenherberge mit kühlen Fliesen, Teppichen und vielen Ziegeln designten Zimmer hinaus. Üppig und ausgezeichnet: das Büfett; sehr charmant als Hotel-Maskottchen das Papageienpaar; eine Kuriosität: die beiden, gelinde gesagt, ungleichen Herren am Empfang. Lange Vorausbuchung empfohlen. DZ ab 4 Mio. Rl.

Stimmungs- und stilvoll – **Dad** 5 : Dahom Farvardin Ave. 214, Tel. 035 36 229 400, www.dadhotel.com. Eine historische, 2007 mit großem Aufwand und Geschmack in ein Viersternehaus umgebaute Karawanserei mit prächtigem, arkadengesäumtem Innenhof, zentral in Altstadtnähe gelegen. Im Souterrain (auch Open Air) gutes Büfett-Restaurant, Indoorpool und Jacuzzi, Sauna, Massage, im Sommer bis spätabends Dachcafé unterm Sternenhimmel. EZ 2 Mio. Rl., DZ 3 Mio. Rl.

Gediegenes Großhotel – **Safaiyeh** 6 : Timsar Fallahy Ave., Mohammad Reza Karimi Yazdi St., Tel. 35 38 26 02 10, www.pih.ir. Modernes, gepflegtes Fünfsternehaus im Süden der Stadt, 10 Taximinuten von Zentrum, äußerlich einer

Yazd

Im Gartenrestaurant des Hotel Moshir ol-Mamalek lässt es sich lauschig tafeln

Zikkurat nachempfunden, ergänzt durch Gartengebäude nach Art von Motels, viele Gruppen. Geräumige Zimmer, um einen kolossalen, überdachten Innenhof herum gruppiert, reichhaltiges Büfett, zuvorkommendes Personal, im Lobby-Bereich etliche Shops, u. a. kleiner Spa-Bereich mit Knabberfischen für Ichthyotherapie. DZ ab 2,9 Mio. Rl.

Für budgetbewusste Individualisten – **Silk Road** 7 : Khakestari Alley, 200 m von der Freitagsmoschee, Tel. 035 36 25 27 30, www.silkroadhotel.ir. Absolute Ruhelage, sauber, alle Zimmer mit eigenem Bad/WC, grüner, überdachter Innenhof zum Abhängen und Kontakte knüpfen; vorzügliches Büfett auf der Hofterrasse. Fast gegenüber und vom selben Management geführt: **Orient** 8 , 6th Alley, Jame Mosque St., Tel. 0351 626 77 83; beide: im Mehrbettzimmer 500 000 Rl. pro Pers., EZ 700 000 Rl., DZ 2,1 Mio. Rl.

Äußerst sympathisch – **Narenjestan** 9 : Shahid Sadoughi Alley, nahe Amir Chaqmaq Sq., Tel. 035 362 73 231, 0913 455 65 98, www.narenjestanhouse.com. Liebevoll, mit viel Geschmack gestaltetes Traditionshaus, Ruhelage, obwohl zentral, in Gehdistanz zu allen wichtigen Sehenswürdigkeiten, lauschiger Innenhof, familiäre Atmosphäre, top-gepflegte Sanitäranlagen und Küche zum Selbstkochen, TV-Raum, Dach mit Aussicht. Sehr hilfsbereites, Englisch sprechendes Betreiberpaar Leili und Ali; empfehlenswert: die persönlich geführte Exkursion in das Wüstendorf Dorbid. DZ 1,8 Mio. Rl.

Gepflegt und heimelig – **Koroush** 10 : nahe Ziyai Sq., 100 m von Alexanders Gefängnis, Tel. 035 362 03 560, yazdhotelkoroush@gmail.com. Zentral, aber dennoch ruhig gelegen, sauber, aufmerksam geführt – nichts zu mäkeln. Im Mehrbettzimmer 550 000 Rl. pro Pers., DZ ab 1,5 Mio. Rl.

Super-Herberge – **Badgir** 11 : Shirgholami Alley 3, Zugang Shahid Rajaei St., Tel. 035 3627 6769. Sehr wohnliche Atmosphäre, großer Innenhof als geselliger Treffpunkt zum Chillen, hilfsbereite Betreiber, opulentes Frühstück, Küche für Selbstversorger, Tischtennisplatte, Dachterrasse, diverse Haustiere, sauber. Wermutstropfen: etwas dezentral, unweit des Dowlatabad-Gartens gelegen, unbequeme,

Yazd und Umgebung

weil dünne Matratzen, eine Gemeinschaftsdusche/-toilette für alle Gäste. DZ 1,4 Mio. Rl., im Mehrbettzimmer 1,1 Mio. Rl.

Familiäre Altstadtoase – **Kohan** 12 : 40thAlley, Zugang von der Imam St., 100 m vom Alexander-Gefängnis, Tel. 035 3621 24 85, www.kohanhotel.ir. Paradebeispiel eines kleinen, traditionellen Altstadthotels, ohne Luxus, aber sehr ruhig und familiär, üppig begrünter Innenhof, vorzügliche Buffetküche, Panoramablick vom Dach. In der Lobby deutschsprachiger Agentur-Guide mit Ausflugsangeboten. Abends »Persische Nächte« (s. S. 428). EZ 950 000 Rl., DZ 1,3 Mio. Rl., schöner VIP-Room (Nr. 102) 2 Mio. Rl.

Preis-Leistung top – **Jungle** 13 : Imam St., neben Münzenmuseum, Tel. 035 362 08 278, www.junglehotel.ir. Neu, komfortabel, moderne Zimmer in einem Altstadthaus, im oberen Stockwerk am besten, idyllische (Frühstücks-)Terrasse, auf Anfrage vegane Kost, extrem hilfsbereiter und kompetenter Senior-Chef. DZ ab 1,2 Mio. Rl.

Warmherzig – **Yazd Backpack Hostel** 14 : Amir Chaqmaq Sq., Tel. 0913 520 51 00, info@yazdbackpacker.com. Rezeption tgl. 8–12 Uhr besetzt, umsichtige Betreuung durch den Manager Sajjad, sauber, bequem, auch vegetarische Speisen, Küche und Waschmaschine für Selbstversorger, Panorama-Dachterrasse für die Magic Hour bei Tee und Wasserpfeife. Gute Angebote für Ausflüge in die Wüste und in die Berge. EZ 500 000 Rl., DZ 900 000 Rl.

Gutes Hostel – **Kalout** 15 : Jame Mosque St., Tel. 0912 219 4540, Kalout.hostel@gmail.com. Rustikal möblierte Jugendherberge, akkurat geführt, zentral gelegen. DZ 900 000 Rl., im Schlafsaal 300 000 Rl. pro Pers.

Essen & Trinken

Büfett-Essen auch in allen gehobenen, oben angeführten **Hotels,** besonders empfehlenswert u. a. im Dad, Moshir ol-Mamalek, Safaiyeh, Fahadan und Malek o-Tojjar.

Saftige **Kebabs** (Lammfleisch und Innereien) in sehr schlichtem, aber authentischem Rahmen bekommt man zu Spottpreisen in der Ladenpassage unter dem **Amir-Chaqmaq-Komplex** serviert.

Klassiker im besten Sinne – **Termeh & Toranj** 1 : neben dem Yuzdaran Bazar, Fahadan St., Tel. 035 363 01 800, 0916 260 76 97, tgl. 12–23 Uhr. Gediegen tafeln in traditionellem Rahmen an Tischen oder auf Teppichen, angenehmer Garten, freundlicher Service. Große Palette iranischer Spezialitäten – Gheymeh, Kashk-e Bademjan, Mirza Ghasemi, Dizi u. v. m., besonders gut: die Lammkeule. Hauptgerichte 400 000–500 000 Rl.

Renommierte Adresse – **Mehr Traditional Hotel** 2 : Lab-e Khandagh Alley, nahe Qiyam St., Tel. 035 362 27 400-5, www.mehrchainhotels.com, tgl. 12–15, 19–23 Uhr. Reichhaltiges Büfett-Essen im prächtigen Innenhof eines alten Händlerhauses, regelmäßig Livekonzerte mit klassisch-iranischer Instrumentalmusik. Angeschlossen: exquisites Hotel mit Pracht-Windturm über dem Entree (DZ 4,48 Mio. Rl.). Büfett 400 000 Rl. pro Pers.

Authentisch – **Khaneh Dohad** 3 : Sangrize Alley, nahe Asizade Blvd., Tel. 035 362 70 336, tgl. 12–16, 19–24 Uhr. Ca. 15 Gehminuten vom Amir Chaqmaq Sq. entfernt, authentisches Lokal mit Tischen und Takhts im Speisesaal und im Innenhof, iranische Küche mit großer Auswahl an À-la-carte- und Büfett-Gerichten, aufmerksame Bedienung. Büfett 350 000 Rl. pro Pers.

Ehemaliges Bad – **Hamam-e Khan** 4 : Qiyam St., Bazar-e Khan, Tel. 035 36 27 03 66. Sehr stimmiges Ambiente, das freilich kostet, Qualität in Service und Kulinarik nur mittelprächtig; gut zum Ausruhen vom Basarbummel. Tee 75 000 Rl., Gerichte 250 000–350 000 Rl.

Dachcafé – **Baam** 5 : Jame Mosque St., nahe Imam St., Tel. 035 362 16 446, tgl. 18–24 Uhr. Mittelprächtiges Essen – Hamburger, Pizza, Hühnerkebab, aber ein Traumblick, besonders abends auf die dann illuminierte Altstadt. Gerichte ab 210 000 Rl.

Pizzeria – **Gol-e Sorkh** 6 : nahe Parvaresh Alley, Paknezed St., Tel. 035 372 57 519, tgl. 16–24 Uhr. Abwechslung von iranischer Kost gefällig? Hier gibt's tolle Pizzas, knusprig und saftig belegt. Ab 170 000 Rl.

Dachrestaurant – **Marco Polo** 8 : Hotel Orient, 6th Alley, Ende Jame Mosque St., Tel. 035 3626 7783. Auf dem Rooftop mit Blick auf die

Freitagsmoschee und die umliegende Dächer- und Kuppellandschaft, abends besonders stimmig. Anständige Küche mit leckeren Suppen, Dizi, Kamel-Kebab, frisches Brot als Beilage. Hauptgerichte 150 000 Rl.

Sachlich, aber gut – **Fooka** 7 : Jame Mosque St., tgl. 10.30–24 Uhr, Tel. 035 362 08 520, www.cafefooka.com. In der Fußgängerzone vor der Freitagsmoschee. Ein Dutzend verschiedene Kebabs, dazu leckere Eintöpfe, Kentucky Chicken und Pizzas in blitzblankem, modernistisch-europäischem Rahmen. Hauptgerichte 150 000 Rl.

Altstadtblick – **Art House Café** 8 : Fahadan, neben der Chehel-Mehrab-Moschee, Tel. 0919 211 59 66, 035 363 01 781, tgl. 9–22 Uhr. Auf dem Dach des historischen Hauses Mehdi Malek Zadeh, traumhafte Aussichtsterrasse mit den Windtürmen vor Augen. Kaffees, Kräutertees, hausgemachte Snacks.

Schräg gegenüber der Tourist-Info – **Mehr Café** 9 : neben Abulmaali Tradit. Restaurant, 100 m westl. vom Ziyai Sq., Tel. 035 363 030 030, tgl. 9–22 Uhr. Netter Rastplatz beim Altstadtbummel, guter Kaffee, Süßes, Snacks.

Nette Raststation – **Café Travel** 1 : Ziyai Sq., Fahadan St., neben Alexanders Gefängnis, Tel. 035 3620 8974, tgl. 9–22 Uhr. Angeschlossen an eine Öko-Reiseagentur (s. S. 428).

Einkaufen

Legendäre Patisserie – **Haj Khalife** 1 : Amir-Chaqmaq-Platz, Ecke Imam St., tgl. 8–18 Uhr, Tel. 035 35 25 24 03. Pashmak, Ghotab, Baklava, Loze Nargil: Die Zutaten variieren, aber die Verführungskraft all dieser Kekse und Konfekte ist immer enorm. Yazd ist berühmt für seine Süßwaren, und dies bereits seit über 100 Jahren. Ein zuckriges Souvenir von hier ist geradezu Pflicht. Zwei Zusatzargumente dafür: die Verpackung in altmodisch-netten Blechdosen und die erheiternd komplizierte Kaufprozedur.

Henna und Gewürze – **Mohsen's** 2 : Kashani Rd., um die Ecke vom Imam Jafar Sadeq Blvd., Mazari Alley, Sa–Do 8–20 Uhr, Tel. 035 38 25 41 02, 0913 151 64 57, solhizadeh@hotmail.com. Auf dem Rückweg von den Schweigetürmen in die Stadt, nicht versäumen: den Blick in die zugehörige Henna-Mühle, eine staubige, aber sehr fotogene Zeitreise in eine archaische Handwerkswelt.

Termeh – Auf der Suche nach Yazds berühmtem Seidenbrokat? An der Nordseite des Amir Chaqmaq Sq., zwischen Zurkhaneh und Haj Khalife, finden sich mehrere einschlägige Läden, wo man den edel schillernden Stoff mit dem Zypressensymbol in allen Farben, zu Tisch- und Bettdecken und Krawatten verarbeitet oder auf Polster, Schuhe, Handtaschen appliziert bekommt. Zwei Qualitätsadressen: **Hosseini** 3 und **Salari** 4 .

Kunst und Handwerk – **Oasis** 5 : Amir-Chaqmaq-Basar, Tel. 035 36 22 75 80, 0913 258 91 56, www.oasisgallery.ir. Schönes mit Tiefgang und Stil: Teppiche und Kelims, Töpferei, Keramik, Malerei, Kalligrafie. **Zoroastrian Handicraft** 6 : Fahadan, neben dem Mausoleum der Zwölf Imame, Tel. 0351 62 00 556. Schönes Sortiment traditioneller Handwerksprodukte, v. a. Teppiche und alte Fliesen.

Keramik – **Isatis** 7 : Ziayi Sq., neben Alexanders Gefängnis, Tel. 035 3826 0229. Traditionsreiche (Schau-)Werkstatt mit großem Sortiment von Nippes bis zu großflächigen Fliesenkunstwerken.

Färberwerkstatt – **Ordibehesht Naqsh-e Jahan** 8 : Ziyai Sq., neben dem Heydarzadeh-Münzmuseum, Tel. 035 3620 9282. Traditionelle Textilien.

Bücher und mehr – **Khaneh Kasra** 9 : Atashkadeh Alley, nahe Kashani St., Tel. 035 362 47 993, tgl. 10–13, 17–20 Uhr. Raststation mit Kaufoption: Bücher, Kunst(-Handwerk), allerlei Souvenirs, im Erdgeschoss Bar mit guten Sharbat und Faludeh.

Abends & Nachts

Irans Nationalsport – **Saheb A. Zaman Zurkhaneh** 1 : Zisterne an der Nordseite des Amir Chaqmaq Sq., Eingang in der Seitengasse, Tel. 035 3622 0509. Traditionsbewusste Athleten bei der Arbeit: Sa–Do 18.30 Uhr, in der Hauptsaison auch Trainingseinheiten eine Stunde davor und danach. Tipp: neben dem Podest des Morshed (Trommlers) zur Zisterne hinabsteigen. Die eiförmige Ziegelkonstruktion ist 29 m hoch und über 400 Jahre alt.

Yazd und Umgebung

Seit 700 Jahren zerreibt man in Yazd mittels riesiger Mühlsteine Hennablätter

Folklore-Abend – **Persische Nacht** 12 **:** Kohan-Hotel (s. S. 426, Tel. 0935 935 71 23, www.tpersiannight.com, tgl. 19 Uhr. Pionier-Initiative: ein Abend als Fenster zu traditionellem Brauchtum und Kultur. Geschichtenerzähler, Live-Setar-Musik, Einführung in diverse Bräuche, Willkommensgetränk, 3-Gang-Menü, charmanter Rahmen. Touristisch, trotzdem authentisch, 790 000 Rl. pro Pers.

Aktiv

Öko-Agentur – **Gonbad-e Abi** 1 **:** Yazd Ecotourism House, Ziyai Sq., gegenüber Fahadan-Hotel, Tel. 035 362 08 974, www.gonbadeabi.com. Engagierte Jungunternehmer mit reizvollem Alternativprogramm – Rad- und Wandertouren in Taft, Privatquartiere bei Familien, Outdooraktivitäten, Tierbeobachtung, Frauenreisen etc.; mit Café.

Verkehr

Flug: Der **Shahid Sadooghi Airport** (AZD) liegt 10 km westlich, mehrmals tgl. Flüge nach Teheran und Mashhad.

Bahn: Der **Bahnhof** befindet sich am Imam Hossein Sq. im Südwesten der Stadt an der Straße Richtung Taft; Yazd ist Station an der Hauptstrecke Teheran–Kerman (Fahrtzeit jeweils 6 Std., Kashan und Isfahan 3–4 Std.). Nachtzüge verkehren nach Mashhad und Bandar-e Abbas, es gibt keine Direktzüge nach Shiraz.

Bus: Das **Überland-Terminal** liegt im Südwesten von Yazd direkt an der Umfahrungsautobahn, nahe dem Flughafen, Direktverbindungen in alle wichtigen Städte.

Umgebung von Yazd
Chak Chak ▶ N 12

70 km nördlich von Yazd liegt, fern jeder menschlichen Dauersiedlung inmitten einer grandiosen Wüstenöde **Chak Chak,** das zentrale Heiligtum der iranischen Zoroastrier (s. Thema S. 422). Der erst seit einigen Jahren über eine tadellos asphaltierte Straße und

schließlich zu Fuß über lange Treppen erreichbare Ort klebt auf halber Höhe an einem steilen Felshang. An seiner Stelle tritt, geologisch kaum erklärlich, eine Quelle zutage. Ihr Tropfgeräusch, chak chak, gab dem Ort und dem Feuertempel, den man über ihr errichtete, den Namen. Die Überlieferung besagt, Nikbanu, eine Tochter Yazdegerds III., des letzten vorislamischen Königs und möglichen Namenspatrons von Yazd, habe hier im Jahr 640 vor den arabischen Eroberern Zuflucht gefunden. Sie betete zu Ahura Mazda, worauf sich – der Topos der Wundererzählung ist zeitlos alt und im Orient wiederholt zu finden – eine Felsspalte öffnete und die Bedrängte schützend aufnahm. Jeden Juni geben sich in Chak Chak Tausende Pilger fünf Tage lang ein feierliches Stelldichein. Das restliche Jahr über wird der Ort von einem einsamen Wächter betreut, lohnt jedoch gerade wegen seiner Verlassenheit einen Besuch.

Essen & Trinken
Es gibt weder Hotels noch Restaurants, Proviant sollte daher mitgebracht werden.

Verkehr
Von Yazd aus bestehen keine Verbindungen mit öffentlichen Verkehrsmitteln, am besten heuert man für einen Halbtagesausflug ein **Taxi** an. Es gibt zwei Anfahrtswege: Richtung Ardakan, dann ostwärts Richtung Kharanaq, oder von der Strecke Yazd–Kharanaq links abbiegen (beide Routen ca. 80 km).

Kharanaq ▶ N 12

Wie von Nain oder Kerman aus, kann man auch von Yazd über eine ausgezeichnete Asphaltstraße nordwärts in das schier unendliche Niemandsland vordringen, wo Dasht-e Lut und Dasht-e Kavir ineinander übergehen. Kharanaq, Saghand, Robat-e Posht Badam, Kalmard – so heißen die wenigen, meist von verfallenden Weilern und Festungen flankierten Orte entlang der Route, die auf halbem Weg nach Meybod Richtung Tabas (s. S. 452) abzweigt. Sand und Fels, Fels und Sand, streckenweise aufgetürmt zu spektakulären Bergformationen: Bis vor wenigen Jahren waren hier vorwiegend ausgeprägte Individualisten mit überdurchschnittlich widerstandsfähigem Sitzfleisch unterwegs. Zumindest das erste Dorf an der Strecke, **Kharanaq,** wird neuerdings jedoch immer öfter von Taxis und Kleinbussen aus Yazd angesteuert. Mindestens 1000 Jahre alt, völlig verwaist und praktischerweise nur 70 km von der Provinzhauptstadt entfernt, ist sein historischer Ortsteil zum beliebten Ziel halbtägiger Ausflugstouren avanciert – ein idealtypisches Geisterdorf aus Lehm im Stadium fortgeschrittenen, überaus fotogenen Verfalls; eine Einladung zum lustvollen Verirren in einem Labyrinth mäandrierender Gassen, Passagen, kleiner Plätze; und das Ganze frei zugänglich, ganz ohne Schranken, Wächter, Eintrittsgebühr.

Schön restauriert hat man inzwischen die **Dorfmoschee** mit ihrem ziegelverzierten Wackel-Minarett, des Weiteren die **Karawanserei** am Ortsrand. Die ist zwar zum Übernachten wenig empfehlenswert, hat aber ein begehbares Dach mit wunderschöner Aussicht auf das grüne Tal mit seinen Terrassenfeldern und der alten Brücke.

Nach Abarkuh ▶ L/M 13/14

26 km südwestlich von Yazd liegt die uralte Siedlung **Taft** تفت, erwähnenswert vor allem wegen ihres zoroastrischen, von der Schnellstraße Richtung Shiraz gut sichtbaren und leicht besteigbaren Bestattungsturms, sowie der 900-jährigen Moschee im Nachbarort **Eslamiyeh.** Von dort führt die Straße zwischen spektakulären Felsmassiven hindurch, vorbei am Kuh-e Oqab, dem **Adlerberg,** der wirklich frappant den Umrissen eines Raubvogels gleicht. Nach insgesamt 140 km ist **Abarkuh** ابرکوه یا ابرقو erreicht. Das verschlafene Städtchen weist eine ganze Reihe von Sehenswürdigkeiten auf, z. B. eine sehr alte, sehenswerte **Freitagsmoschee** am zentralen Kreisverkehr.

Gonbad-e Ali
Gleich am östlichen Ortsrand steht etwas außerhalb, auf einer Anhöhe von Weitem sichtbar und von der Hinterseite über ein Sträßchen erreichbar, **Gonbad-e Ali** گنبد عالی. Der

Yazd und Umgebung

seldschukische Grabturm ist zwar meist versperrt, liefert aber einen guten Grund, von seinem Standort den herrlichen Blick in die Wüstenlandschaft zu genießen.

Aghazadeh-Haus
Tgl. 8–20 Uhr, 80 000 Rl.
Die wohl größte Sehenswürdigkeit stellt jedoch das **Khane-ye Aghazadeh** خانه آقازاده dar. Der historische, aus mehreren prächtigen Händlerhäusern bestehende Komplex wurde auf Privatinitiative hin in jahrelanger Arbeit von Grund auf saniert. Er steht in einem südlichen Altstadtbezirk, nahe dem Imam-Hossein-Platz, und besitzt drei grandiose Windtürme. Einer davon ist mit einer Grundfläche von 18 m^2 und Höhe von 18 m sowie insgesamt 19 Lüftungsschlitzen der kolossalste Irans. Das geländerlose Dach sollte man mit der gebotenen Vorsicht besteigen.

Eishaus und 1000-jährige Zypresse
Zypresse tgl. 9–18 Uhr, 50 000–100 000 Rl., nebenan nettes, klimatisiertes Café
An der westlichen Ortsausfahrt kann man linker Hand – auch von innen – das schön renovierte Exemplar eines **Eishauses** (Yakhchal) یخچال خشتی ورودی ابرکوه inspizieren. Schon 2 km davor trotzt am Ende einer südwärts führenden Stichstraße eine kolossale **Zypresse** سرو ابرکوه Wind und Wetter und allen Zeitläuften. Sie ist wohl weit über 1000 Jahre alt – manche Quellen sprechen von 2500 und mehr Jahren – und ein weithin bekanntes und verehrtes Naturdenkmal.

Übernachten
... in Abarkuh:
Authentisch – **Sarv Traditional House:** 1 Gehminute von der Zypresse, erste Gasse links, Tel. 035 32 82 86 81, 0913 157 38 05. 2016 eröffnete Herberge, schlicht, aber sauber, mit sehr netten Betreibern. DZ 1,2 Mio. Rl.
... in Taft:
Ecolodge – **Nartitee:** Khayam Alley, Rahat Abad St., Tel. 035 32 62 28 53, www.nartitee.ir (dort auch Infos zur Anreise mit öffentlichen Verkehrsmitteln). Authentischer geht's nicht.

Historisches Haus fernab allen Trubels, geräumig, äußerst sauber, großer Granatapfel-Garten, feine Küche. Ramtin und Tina, die jungen zoroastrischen Gastgeber, kümmern sich rührend um alles. DZ 1,1 Mio. Rl.

Essen & Trinken
... in Abarkuh:
Höchst sympathisch – **Mostofi:** Bahonar St., 19th Alley, hinter dem Aghazadeh-Haus, Tel. 0912 649 18 65, 035 328 26 850, tgl. 12–16, 18–22 Uhr. Noch junger Familienbetrieb in renoviertem Altstadthaus, sehr sauber. Iran Ahmadi, die Hausmutter, schwingt gekonnt den Kochlöffel. Ergebnis: köstliche Abgusht, Ghorm-e Sabzi, Suppen. Ab 220 000 Rl.
... in Taft:
Augen- und Gaumenschmaus – **Bagh-e Sadri:** Shohada St., nahe Shahvali Sq., Tel. 035 3262 4859, tgl. 12–15, 19–23 Uhr. Ideal als kulinarischer Zwischenstopp auf der Fahrt von Shiraz nach Yazd: ein sorgsam renoviertes Herrenhaus aus qadscharischer Zeit, eingebettet in einen üppigen Garten, gute Küche, außergewöhnlich große Auswahl an vegetarischen Gerichten. Hauptgerichte ab 320 000 Rl.

Fahraj ▶ N 13

In der Region Yazd wandelt man auf äußerst geschichtsträchtigem Boden. Nahe diesem Dorf, das rund 30 km südöstlich der Provinzmetropole an der Straße Richtung Bafq liegt, fand kurze Zeit nach Prophet Mohammeds Tod eine wichtige Schlacht zwischen Einheimischen und anrückenden Arabern statt, die Letztere verloren. In manchen, heute verlassenen Orten lebten noch vor zwei Generationen Muslime, Zoroastrier, Juden und Bahai Tür an Tür, findet man Reste von Mithräen, uralten Feuertempeln, Synagogen.

In **Fahraj** selbst steht eine der ältesten noch existierenden **Freitagsmoscheen** مسجد جامع فهرج des Landes, erbaut wahrscheinlich schon im 7. Jh. nach arabischer Manier mit wuchtigen, um einen Innenhof gruppierten Arkaden und einem ziemlich archaischen Minarett. Beachtenswert auf dem Weg vom Parkplatz über die sorgsam gepflas-

Umgebung von Yazd

terte Hauptstraße der Altstadt ist, abgesehen von der generell schönen Lehmarchitektur, linker Hand das alte **Bad** حمام قديمى فهرج (wenn geschl., Herrn Bagheri kontaktieren, Tel. 0913 353 34 284).

Übernachten, Essen & Trinken

Rückzugsort zum Durchatmen – **Farvardinn:** im Ortskern direkt neben der alten Burg, Tel. 035 58 387 712 oder 0913 352 47 23, www.farvardinn.com. Seit 2011 betreiben Masoud und Fahimeh Jaladat in einem 150 Jahre alten Lehmgehöft sehr traditionsbewusst, familienfreundlich und ökologisch engagiert ihr Desert Inn. Geräumige Zimmer mit ›europäischen‹ Betten, in lauen Sternennächten Übernachtung im idyllischen Innenhof möglich. Authentische Hausmannskost mit stark vegetarischem Einschlag, Produkte aus dem eigenem Biogarten. Mitmach-Kochkurse. Vollpension im DZ mit eigenem Bad/WC 1,2 Mio. Rl. pro Pers., mit Gemeinschaftsbad 1 Mio. Rl., im 6-Bett-Schlafsaal oder open air 400 000 Rl. Der englischsprachige Hausherr, der abends gerne selbst auf der Setar spielt, organisiert auch Ausflüge in die Berge und Wüste – u. a. Jeep-Fahrten in die nahen Sanddünen mit oder ohne Zeltübernachtung, Wanderungen auf den Damavand und auf Gipfel des Shir-Kuh-Massivs, mehrtägige Trips in die Canyons von Khuzestan. Details: www.irantreks.com.

Verkehr

Bus: Tagsüber bestehen stündlich Verbindungen von und nach Yazd.

Saryazd ▶ N 13

Tgl. 9–20, im Winter 9–17 Uhr, 100 000 Rl., www.saryazdi.ir, wenn das Haupttor geschlossen ist, sperren Hr. Alizadeh, Tel. 0913 968 68 08, oder Fr. Nezamodin, Tel. 0937 88 95 695, auf, Letztere führt, englischsprachig und historisch beschlagen, auch durch die Festung und den Ort

Ein lohnender Abstecher führt auf der Hauptstraße Yazd–Kerman bis südöstllich von Mehriz und von dort auf einer Nebenstrecke 4 km nordwärts nach **Saryazd.** Außerhalb des Dorfes liegt mit der Qale-ye Saryazd eine der eindrucksvollsten Lehmburgen des Lan-

Rundum durch wuchtige Mauern bewehrt, im Inneren ruinös: die Festung Saryazd

Yazd und Umgebung

KARAWANSEREI ZEYN-OD-DIN

Zu Hotels adaptierte Überland-Karawansereien gibt es mittlerweile über das ganze Land verteilt etliche. Doch die von **Zeyn-od-Din**, eine über kreisrundem Grundriss errichtete Anlage aus der Zeit von Schah Abbas I., war eine der ersten und ist bis heute eine der schönsten. Allein die Lage: inmitten einer menschenleeren Wüstensteppe mit Blick auf schroffe Berggipfel. Auch der Baustil: die reine Freude. Purismus im besten Sinne, originalgetreu mit viel Ziegelwerk und Qualitätstextilien renoviert. Geschlafen wird auf Matratzen/Teppichen in Raumnischen, die teils mit Türen, teils nur mit schweren Vorhängen zum Korridor hin abgetrennt sind, Gemeinschaftsbäder und WCs sind sehr sauber, das behagliche Restaurant serviert gute, traditionelle Küche. Ausflüge in das nahe Wüsten-Reservat werden organisiert, ein Teleskop für Hobbyastronomen ist vorhanden. Unvergesslich: der Sternenhimmel, bewundert vom begehbaren Dach.

Karawanserei Zeyn-od Din: 60 km südöstlich von Yazd westlich der Straße nach Kerman, Tel. 035 382 43 338, 0912 30 60 441, Kontakt: Kamran Emami (engl.), zeinodin2003@yahoo.com, 68 Betten in EZ, DZ und Mehrbettzimmern, mit Frühstück ab 1,6 Mio. Rl. pro Pers.

des, leider unbeschildert und daher etwas schwer zu finden. Wenn man die halb ruinöse Chaparkhaneh چاپارخانه سریزد, eine bewehrte Poststation, passiert hat, ist man richtig.

Die Anlage steht auf freiem Feld, stammt im Kern aus vorislamischer Zeit und misst 7800 m². Hat man die Zugbrücke über den heute trockenen Wassergraben überquert, gelangt man in eine regelrechte Miniaturstadt, ein Labyrinth aus 468 Raumzellen. In ihnen wurden Getreide und andere Lebensmittel gespeichert, versteckten die Dorfbewohner aber bei äußerer Gefahr auch ihre Wertsachen und sich selbst. Unbedingt sollte man die Anlage innen auf dem Pfad zwischen den beiden Wehrmauern umwandern und des eindrucksvollen Rundblicks wegen den Turm nahe dem Eingang besteigen. Aber Achtung: Der Aufstieg über geländerlose, steile Stufen ist nichts für weiche Knie.

Mehriz und Khormiz
▶ N 13

Burg-Enthusiasten werden in und um **Mehriz** weiter fündig. Am Nordostrand der Stadt erhebt sich die imposante Festung **Mehrpadin** مهریادین und, keinen Kilometer Luftlinie entfernt, die deutlich schmächtigere von **Mongabad** محله منگ آباد, in deren Nähe außerdem eine angeblich über **2000-jährige Zypresse** zu bewundern ist. Mehriz besitzt außerdem mit dem **Bagh-e Pahlavanpour** باغ پهلوان پور einen schönen Garten, der zwar aus dem 19. Jh. stammt, aber dem klassischen Bauplan altiranischer Paradiesgärten (s. Thema S. 59) folgt und deshalb von der UNESCO mit acht weiteren Grünanlagen zum Weltkulturerbe geadelt wurde (tgl. 8–21.30 Uhr).

Etwas weiter südöstlich steht, an der Umfahrungsstraße Richtung Tang-e Chenar, nur 1,5 km von der Hauptroute Yazd–Rafsanjan entfernt, die aus sassanidischer Zeit stammende Festung von **Khormiz.**

Meymand ▶ O 15

Jederzeit zugänglich, 200 000 Rl.
Der Hauptstraße weiter Richtung Süden folgend, gelangt man nach **Anar,** und von dort nach nochmals 120 km über **Shahr-e Babak** in das Höhlendorf **Meymand.** Geschmäcker sind bekanntlich verschieden: Manche Besucher schwärmen hinterher von dem malerischen Bild, das der Ort mit seinen Hunderten in die Abhänge eines felsigen Talschlusses gegra-

benen Höhlen abgibt. Immerhin gibt es sogar ein **Badehaus**, umschlossen von Sedimentgestein, eine unterirdische **Moschee** und eine **Hosseiniyeh**. Andere mögen von Meymand als siedlungsgeschichtlicher Kuriosität eher enttäuscht sein – vielleicht auch deswegen, weil von den etlichen Tausend Einwohnern, die hier noch vor ein, zwei Generationen lebten, nur noch um die 100, überwiegend betagte geblieben sind. Ohne Alltagsleben, das die Höhlenhäuser erfüllt, wirkt das Dorf ein wenig museal. Fakt ist, dass hier schon vor 3000 Jahren Menschen in Kavernen wohnten und der Ort den Status eines UNESCO-Weltkulturerbes genießt. Und dass ein Dorfrundgang zumindest eine sehr ungewöhnliche Facette iranischer Wohnkultur offenbart.

Übernachten & Essen

Originell – **Meymand Guesthouse:** Kontakt: Hassan Ibrahimi, Tel. 0913 392 61 99. Eine zwar unter-, nicht überirdische, aber doch charmante Nacht verbringt man in diesem kleinen Höhlenhotel. Die 12 Zimmer sind schlicht, aber sauber und durchaus bequem. Im hier oben – Meymand liegt über 2000 m hoch – kalten Winter sorgen Elektro-Heizstrahler für wohlige Wärme, auch in den gemeinschaftlich zu nutzenden Sanitäranlagen. 700 000 Rl. pro Pers. inkl. Frühstück.

Essen & Trinken, Einkaufen

Im Ort versorgen zwei *sofrekhaneh sonati*, Gasthäuser, Besucher mit herzhafter Regionalkost. An Ständen entlang der Straße werden vor Ort hergestelltes Kunsthandwerk und Kräuter(-Medizin) verkauft.

Sirjan ▶ O 16

Nächste Station in südöstlicher Richtung ist **Sirjan**. Diese von den Sassaniden gegründete Stadt hatte als Regionalzentrum große Bedeutung, wurde jedoch von den Truppen Timurs zerstört. Die moderne Nachfolgerin, einige Kilometer von den Ruinen entfernt wiederaufgebaut, hält kaum Sehenswertes bereit. Umso lohnender ist der Besuch eines leider noch wenig bekannten Ortes 45 km weiter östlich.

Garten der Steine

Dort, 6 km hinter dem Dorf **Balvard** بلورد, schuf Darvish Khan, ein armer Bauer, in jahrzehntelanger, einsamer Arbeit seit den 1960er-Jahren ein Stück Land Art von ganz besonderer Art: Um gegen die Agrarreform des Schah und auch den fatalen Wassermangel zu protestieren, rammte er lange Reihen toter Baumstrünke in den Boden und behängte deren Äste mit Felsbrocken, die er mit Seilen, Stromkabeln und Fahrradketten festzurrte. Das eindrucksvolle Ergebnis der Mühen heißt **Bagh-e Sangi** باغ سنگی, »Garten der Steine«, und ist eine Installation von so zeitloser Modernität, dass über sie und ihren Schöpfer ein vielfach preisgekrönter Dokumentarfilm gedreht wurde. Wasser und Wüste, Natur und Mensch, Leben und Tod, und die Freuden des verzweifelten Sisyphos … An diesem sonderbaren Ort kommt wohl jeder unweigerlich ins Grübeln.

Weiterfahrt nach Bam
▶ O–R 16/17

Wer auch Bam ansehen möchte, sollte, anstatt den Weg zurück nach Sirjan und über Kerman zu nehmen, direkt nach Osten weiterfahren. Denn die Straße über das schütter besiedelte Hochland via **Baft** nach **Jiroft** (s. S. 450) ist landschaftlich sehr lohnend.

Übernachten

Passabel und günstig – **Falak:** Sirjan, Ebn Sina St., Tel. 034 422 30 486. Die Zimmer: in Ordnung, aber recht schlicht; das zugehörige Restaurant: na ja. Dafür sprüht der Rezeptionist vor Herzlichkeit, und der Preis ist mehr als okay. EZ 900 000 Rl., DZ 1,1 Mio. Rl.

Essen & Trinken

Schöne Aussichten – **Bahar:** Sirjan, Sayed Jamal Blvd., Kreuzung Gharib St., Tel. 034 422 70 049, tgl. 11–16, 18–23 Uhr. Im »Abbasi«, so der Vulgo-Name des Lokals, bekommt man Lammkeule, Kebabs, ein ordentliches Salat-Büfett. Außerdem: Wo sonst in Zentral-Iran isst man mit Blick auf einen Südseestrand und die New Yorker Skyline? Nur Wandposter, ja, aber man staunt … Hauptgerichte ca. 200 000 Rl.

Kerman und der Südosten

Zentrales Thema einer Reise in den Südosten ist, von den Kaluts bis hinauf in die Oase Tabas, die Erfahrung der Wüste Lut. Doch warten auch zahlreiche kulturelle Höhepunkte: die grandiosen Lehmfestungen von Bam und Rayen, Mahan mit seinem berühmten Garten und Sufi-Heiligtum, die uralte Händlerstadt Birjand, die frühgeschichtliche Fundstätte bei Jiroft und, als urbaner Mittelpunkt der Region, Kerman mit seinem famosen Basar.

Kerman ▶ Q 15

Cityplan: S. 437

Kerman, die Hauptstadt der gleichnamigen Provinz, wird von der unbarmherzigen Wüste Lut durch einen mächtigen Gebirgsriegel abgeschirmt und aus den bis 4400 m hohen Bergen im Süden mit Wasser versorgt. Sie liegt 1800 m über dem Meer und ist mit einem relativ moderaten Klima gesegnet. Für exquisite Teppiche und Schwarzen Kümmel *(sive)* bekannt, ist sie trotz ihrer knapp 1 Mio. Einwohner bislang eine ruhige, überschaubare Stadt geblieben, die für ihre entspannte Atmosphäre und die Vielzahl geschichtsträchtiger und eigentümlicher Baudenkmäler das Prädikat »unbedingt sehenswert« verdient.

Geschichte

Über die Herkunft ihres Namens sind die Experten uneins. Glaubt man Herodot, so leitet er sich von einem Stamm namens Germanioi ab. Andere vermuten, er gehe auf Caramania zurück, eine Bezeichnung für die Region, die sich auf Keilschrifturkunden aus elamitischer Zeit fand. Gegründet wurde die Stadt vermutlich im 3. Jh. unter der Herrschaft von Ardashir I., dem ersten Sassaniden. Immerhin hieß sie bis vor 400 Jahren Beh-i Ardashir.

Von der muslimischen Armee 642 im Handstreich genommen, durchlebte Kerman eine überaus turbulente Geschichte. Wechselnde Eroberer waren begierig darauf, den ertragreichen Kreuzungspunkt der Karawanenrouten von der Golfküste, aus Afghanistan und Indien unter ihre Herrschaft zu bekommen. Die Phasen des Friedens und Wohlstands waren dementsprechend selten und kurz. Doch immerhin entging Kerman lange Zeit den andernorts üblichen Verheerungen.

Im 18. Jh. jedoch, nach einem Jahrhundert der Blüte unter den Safawiden, setzten nacheinander die Afghanen, Nadir Schah auf seinem Feldzug nach Indien und der Qadscharenführer Agha Mohammed Khan alles daran, diesen historischen Vorteil wieder auszugleichen. Letzterer ging besonders blutig vor: 1794 ließ er die Stadt, weil sie seinem großen Widersacher, dem Zand-Herrscher Lotf Ali Khan, Zuflucht gewährt hatte, verwüsten, rund 20 000 ihrer männlichen Bewohner töten und deren Frauen versklaven.

Halbwegs zu Ruhe und Wohlstand kam Kerman erst nach und nach im späteren 19. Jh. Und zwar vor allem dank des intensiven Handels mit Indien und dank seiner Teppiche, die in Europa und Amerika reißenden Absatz fanden. Die Webkunst und das hochentwickelte Kunsthandwerk überhaupt bilden denn auch bis heute ein wichtiges Standbein der regionalen Wirtschaft. Ökonomisch weit bedeutsamer ist aber die Landwirtschaft, speziell der Pistazienanbau, dessen Zentrum die gut 100 km westlich gelegene Stadt Rafsandjan bildet. Weitere wichtige Standbeine sind die Automobilindustrie (der Hersteller Kerman

Khodro in Bam) und der Bergbau. In Gol-e Gohar, 50 km südwestlich von Sirjan, befindet sich eine gigantische Stätte für Eisentagbau und in Sarcheshmeh, 65 km südwestlich von Kerman, eine noch viel größere für Kupfertagebau – nach den Minen in Chile die zweitgrößte der Welt.

Besichtigung

Gonbad-e Moshtaqieh 1
Tgl. 8–13, 16–20 Uhr, 50 000 Rl.

Das spirituelle Herz von Kerman schlägt auf dem Platz der Märtyrer, dem **Meydan-e Shohada** میدان شهدا den manch Einheimischer noch gerne bei seinem früheren Namen Meydan-e Moshtaqieh nennt.

An seiner Südostseite erhebt sich, schon von Weitem an seinen beiden türkisblauen Kuppeln erkennbar, der **Gonbad-e Moshtaqieh** گنبد مشتاقیه, das in der Qadscharen-Ära aus Ziegeln errichtete, von einem lauschigen Garten umgebene Grabmal eines Sufi-Scheichs namens Moshtaqieh Ali Shah.

Freitagsmoschee 2
An der Südwestseite des Platzes steht am Ende eines für Autos gesperrten Gässchens die **Masjed-e Jame.** Der vor 650 Jahren unter den Muzaffariden errichtete, später mehrfach erweiterte Bau mit seinen vier luftigen Iwanen beeindruckt durch seinen reichen, in Blau- und Gelbtönen gehaltenen Fliesenschmuck.

Zoroastrisches Museum 3
Di–So 9–12, 15–17 Uhr, 100 000 Rl.

Nordöstlich des Platzes beleuchtet das **Muze-ye Zartoshtiyan** Geschichte und Gegenwart der örtlichen Gemeinde. Ausgestellt sind neben Kunstwerken und historischen Schriftstücken auch Wachspuppen, die religiöse Zeremonien nachstellen.

Basar 4
Unmittelbar hinter der Moschee beginnt der zentrale **Basar,** mit seinen ziegelüberdachten, abschnittsweise noch aus dem 17. Jh. stammenden Gassen, den schönen Bädern, Karawansereien und Timcheh-Hal-

Im ehemaligen Wakil-Badehaus wird nicht mehr geschwitzt, sondern Tee getrunken

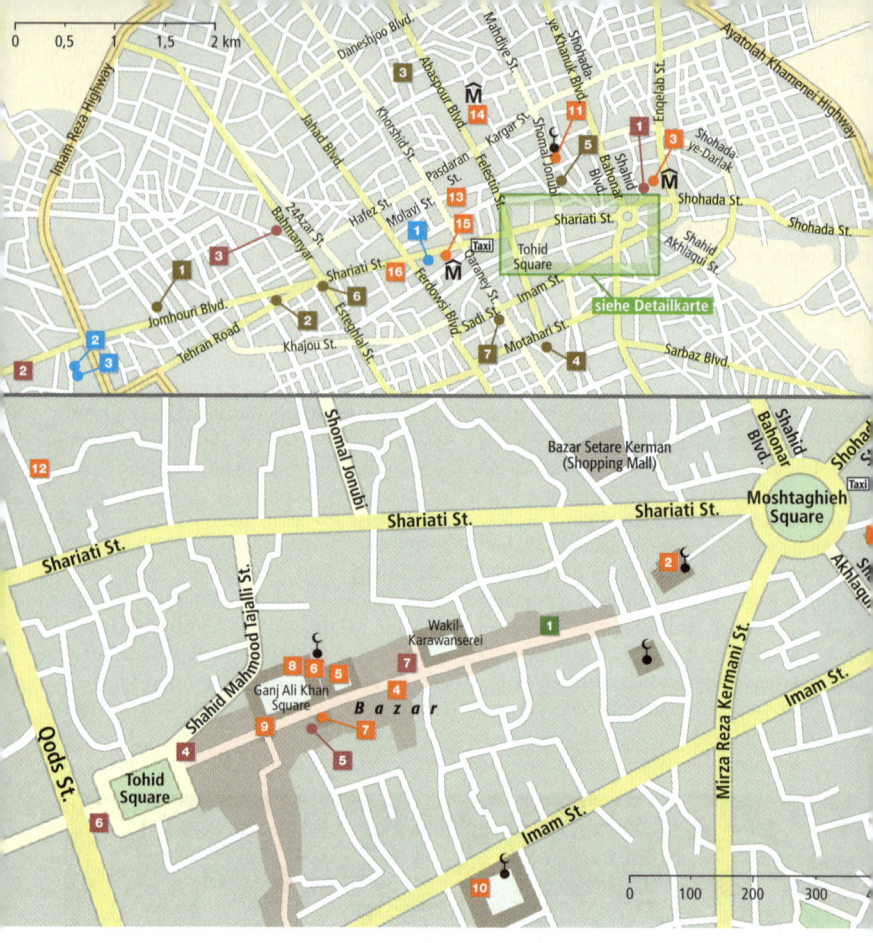

len der Anziehungspunkt Nummer eins der Stadt. Wandert man auf seiner 1200 m langen Hauptachse, dem **Bazar-e Sartasari** بازار سرتاسری, Richtung Westen, führt nach etwa 300 m rechter Hand ein Tor in das **Hamam-e Wakil** حمام وکیل, ein ehemaliges Dampfbad. Seinen Umkleidebereich hat man in ein stimmungsvolles Teehaus und den Aufwärmbereich in ein Restaurant verwandelt (s. S. 442).

Ganj-Ali-Khan-Komplex

Nach weiteren 300 m öffnet sich die wuselige, enge Gasse zu einem weiten, begrünten Platz, dem **Meydan-e Ganj Ali Khan** میدان گنجعلی خان. Der umgebende **Gebäudekomplex** trägt ebenfalls den Namen Ganj Ali Khans, eines Provinzgouverneurs aus der safawidischen Blütezeit um 1600. Zu ihm gehört, an der Ostseite durch ein doppelstöckiges, fliesenverziertes Iwan-Portal betont, eine **Karawanserei** 5, in der etliche Kunsthandwerker ihre Werkstätten und Läden betreiben.

Die unmittelbar angrenzende **Moschee Ganj Ali Khan** 6 besitzt eine wunderschöne, komplett ausgemalte und in unterschiedlich große Nischen aufgelöste Innenkuppel (tgl. 9–13, 14–18 Uhr, Eintritt frei).

Im etwas niedrigeren Nordtrakt, zu Füßen des prächtigen Windturmes, wurden einst Münzen geprägt – heute ist hier ein kleines **Volkskundemuseum** mit Themenschwer-

Kerman

Sehenswert
1. Gonbad-e Moshtaqieh
2. Freitagsmoschee
3. Zoroastrisches Museum
4. Basar
5. Karawanserei
6. Moschee Ganj Ali Khan
7. Hamam-e Ganj Ali Khan
8. Hamam-e Ibrahim Khan
9. Chahar Suq
10. Imam-Moschee
11. Pamenar-Moschee
12. Gonbad-e Sabz
13. Eishaus des Moayedi
14. Museum der geheiligten Verteidigung
15. Sanati-Museum
16. Harandi-Garten-Museum
17. Qaleh-ye Dokhtar
18. Gonbad-e Jabaliyeh

Übernachten
1. Tourist Inn
2. Akhavan
3. Jalal Guesthouse
4. Khane Pedari
5. Amin
6. Omid Guesthouse
7. Azadi Guesthouse

Essen & Trinken
1. Keykhosro
2. Sayyah
3. Salad Bar
4. Ganj Ali Khan
5. Sir-e Bazarche
6. Rahimi
7. Wakil-Teehaus

Einkaufen
1. Hayati-Museum

Abends & Nachts
1. Zurkhaneh
2. Tourist Café
3. Gusht Burger

---

punkt Numismatik ضرابخانه untergebracht (Di–So 9–19 Uhr). Im angrenzenden **Bazar-e Mesgari Shomali** بازار مسگری betreiben die Kupferschmiede ihr lärmendes Handwerk.

Jenseits der Basarachse führt ein mit Stalaktiten und Wandmalereien verziertes Portal in ein weiteres Prachtbad. Das **Hamam-e Ganj Ali Khan** 7 حمام گنجعلی خان, 1300 m² groß, wunderschön mit Marmor ausgelegt und mit Fliesen verkleidet, beherbergt ein **Museum,** das den Alltag in einem traditionellen Bad mittels lebensgroßer Wachsfiguren veranschaulicht (tgl. 9–13, 14–18 Uhr, 150 000 Rl.).

Von der Nordostecke des Meydan-e Ganj Ali Khan gelangt man, von der Gasse der Goldhändler bei erster Gelegenheit links abbiegend, vor die stattliche Fassade einer leider versperrten Koranschule. Sie ist Teil eines Komplexes, der in qadscharischer Zeit von einem Gouverneur namens Ibrahim Khan finanziert wurde. Zu diesem gehört auch das **Hamam-e Ibrahim Khan** 8 , das immer noch als Bad genutzt wird, aber nur Männern offen steht.

Auf dem Bazar-e Wakil, der in seiner Verlängerung nun Bazar-e Ekthiari heißt, weiter westwärts schlendert man zunächst durch ein schönes Exemplar eines **Chahar Suq** 9 , einer überkuppelten Basarkreuzung. Wenig später betritt man unter einem modernen Portalbau hindurch das riesige Geviert des Meydan-e Tohid, wo einen die Wiederbegegnung mit dem offenen Himmel und dem Autogehupe erwartet.

Imam-Moschee 10

In der parallel zur Basarachse verlaufenden Imam St. steht etwas südlich die **Masjed-e Imam** مسجد امام (früher: Masjed-e Malek), eine klassische Vier-Iwan-Moschee seldschukischer Prägung mit großem Hof und einem kunstvoll gearbeiteten Stuck-Mihrab aus dem 12. Jh. im überkuppelten Gebetssaal.

Pamenar-Moschee 11

Nördlich der Basarachse stößt man an der Fath-Ali-Straße auf die gut 600 Jahre alte **Pamenar-Moschee** مسجد پامنار. Nähere Betrachtung verdient vor allem der schöne Fliesenschmuck am Eingangsportal.

Gonbad-e Sabz 12

Über die Shariati- und die Felestin-Straße gelangt man zum **Gonbad-e Sabz** گنبد سبز, einem Mausoleum aus timuridischer Zeit. Der einst eindrucksvolle Bau fiel 1896 einem Erdbeben zum Opfer. Erhalten blieb nur das mit Fliesen verzierte Portal des Grabturms.

Tipp

FATHABAD-GARTEN

Eine noch sehr junge Attraktion von Kerman ist der 16 km nordwestlich der Stadt gelegene **Fathabad-Garten.** Er wurde um 1870 angelegt und gilt als verkleinertes Abbild des berühmten Bagh-e Shahzadeh von Mahan. Jahrzehntelang dem Verfall preisgegeben und vollkommen verdorrt, wurde das 440 x 260 m große, gartenarchitektonische Juwel seit 2014 in einem Joint Venture aus privaten Initiatoren und der regionalen Kulturbehörde aus dem Dornröschenschlaf geweckt. Das **Schlösschen** auf dem Gelände präsentiert sich inzwischen mit seiner zierlichen Säulenterrasse und dem reichen Stuckdekor strahlend weiß und auch innen gewissenhaft restauriert. Der Garten und die angrenzenden 14 ha großen Obsthaine wurden nach alten Plänen wieder bepflanzt und in dem 120 m langen Bassin im Zugangsbereich steht wieder Wasser. Es gibt einen kleinen **Kunsthandwerksmarkt,** ein **Teehaus** und zwei **Restaurants.** Service und Speisen sind nur Mittelmaß. Aber Ambiente und Atmosphäre, zumal wenn man an lauen Abenden mit Blick auf die effektvoll illuminierte Fassade unter freiem Himmel sitzt, lohnen den Ausflug. Anfahrt über den Jumhuriyeh Blvd. in das Dorf Ekhtiyar-Abad (ca. 16 km), Tel. 0913 669 4010, 0913 844 0910, tgl. 8–22 Uhr, 120 000 Rl.

Eishaus des Moayedi 13
Sa–Mo 11–17, Di–Fr 8–14 Uhr, 50 000 Rl
Vom Gonbad-e Sabz erreicht man, beim Meydan-e Basij links abbiegend, in weniger als zehn Gehminuten ein kurioses Gebäude, wie es früher in jeder größeren Stadt am Wüstenrand stand: das **Yakhdan-e Moayedi** یخدان مؤیدی. Der zisternenartige Bau aus Lehm mit steilem, abgetrepptem Kegeldach stammt aus safawidischer Zeit, ist aber bestens erhalten. Im Inneren, das sich nur durch ein winziges Türchen betreten lässt, wurden bis zur Erfindung des Kühlschranks den Sommer über Eisblöcke und manchmal auch Lebensmittel aufbewahrt. Heute wird der Bau als Kindergarten genutzt. Die ihn flankierenden, hohen Mauern fungierten ursprünglich als Schattenspender.

Museum der geheiligten Verteidigung 14
Mosalla, tgl. 7–13.30, 16–18.30 Uhr, 150 000 Rl.
Ein Abstecher Richtung Norden führt zum Mosalla, dem großen Gebetsplatz von Kerman. Hier illustriert das sehr großzügig gestaltete **Holy Defense Museum** موزه دفاع مقدس mit historischen Fotos, Filmen und Dokumenten die Gräuel des Krieges gegen den Irak in den 1980er-Jahren. Im Außenbereich sind von den Irakis erbeutete schwere Waffen zu sehen. Sie sind Teil eines nachgestellten Schlachtfeldszenarios mit Bunker, Minenfeld und Pontonbrücken über ein Gewässer. Viele Städte in Iran besitzen ein solches Kriegsmuseum, das in Kerman zählt jedoch zu den größten.

Sanati-Museum 15
Shariati St., nahe Qarani St./Khorshid Blvd., Sa–Do 8–16 Uhr, 30 000 Rl.
Eine so qualitätvolle Sammlung moderner Kunst in einer doch ziemlich peripher gelegenen Stadt wie Kerman kommt unerwartet. Und inspiriert umso mehr. Das **Sanati-Museum,** ein weitläufiger Komplex aus qadscharischer Zeit, ein ehemaliges Waisenheim, birgt mehr als 1500 Bilder und Skulpturen. Im Zentrum stehen das Schaffen von Sali Akbar Sanati (1916–2006) und Sohrab Sepehri (1928–1980). Mit Werken vertreten sind aber auch andere prominente Iraner wie Monir Farmanfarmanian, ja sogar Kamal-ol-Molk, und, man schaue und staune, europäische Klassiker von Kandinski und Nolde bis Auguste Rodin und Henry Moore. Dazu gibt es temporäre Ausstellungen jüngerer Künstler und einen netten Museumsshop.

Harandi-Garten-Museum 16

Ferdowsi Blvd., beide Museen Di–So 9 Uhr bis Sonnenuntergang, jeweils 100 000 Rl.

Etwa 600 m weiter stadtauswärts liegt, ein kleines Stück südlich der Shariati St., die ehemalige Residenz des Provinzgouverneurs. Das Wohngebäude, eingebettet in einen friedvollen Garten, beherbergt zwei **Museen** – im Erdgeschoss eines für **Musikinstrumente** موزه سازهای سنتی mit rund 250 Schaustücken aus Irans klassischer und der Volksmusiktradition; und im ersten Stock eines für **Archäologie** موزه باستان‌شناسی کرمان mit Artefakten unter anderem aus den prähistorischen Fundstätten in Shahdad und Jiroft.

Qaleh-ye Dokhtar 17

Am östlichen Stadtrand, etwa 7 km vom Meydan-e Shohada entfernt, thront auf einem Felsrücken **Qaleh-ye Dokhtar** قلعه دختر, die Ruine einer sassanidischen Festung. Erhalten sind u. a. die Reste einer Trompenkonstruktion, die zu den herausragenden Leistungen sassanidischer Architektur zählt.

Gonbad-e Jabaliyeh 18

Tgl. 9–13, 15–19, im Winter durchgehend 9–17 Uhr, 100 000 Rl.

Noch etwas weiter östlich, nahe dem Friedhof, steht, aus Bruchsteinen geschichtet und mit einer Ziegelkuppel bekrönt, **Gonbad-e Jabaliyeh** گنبد جبلیه, ein schlichter, achteckiger Bau von unbekanntem Alter. Seine Funktion ist nicht wirklich geklärt. Man mutmaßt, dass es sich um eine zoroastrische Kultstätte handelt. Seit einigen Jahren beherbergt er ein Museum für historische Steine.

Infos

Behörde für Kulturerbe, Handwerk und Tourismus میراث فرهنگی **(Mirase Farhangi):** Jumhuriyeh Blvd., Serahe Havaniruz, rechte Seite nach Char-rahe Farhangian, Sa–Do 7.30–14 Uhr. Offizielles, Kontakt: Hr. Iranpur, engl., Tel. 0913 240 7482.

Kerman Ecotourism Association (auch Guide-Vermittlung): in der Karawanserei Ganj Ali Khan, Tel. 034 3223 7591, Kontakt: Hussein Vatani (s. rechts, Guides).

Gute Guides: Ein erfahrener Guide und Spezialist für Wüstentouren in die Lut mit eigenem Geländewagen und Profi-Equipment ist **Amir Moghaddam,** der auf Anfrage gern Package-Angebote für ein- und mehrtägige Trips zumailt (engl., Tel. 913 198 24 82, amir.kaluts@gmail.com). Ebenfalls sehr erfahren – und deutschsprachig – ist als Guide und Organisator von Wüstentrips und Touren im ganzen Land **Jalal Mehdizadeh.** Er betreibt auch zwei nette Quartiere, das **Jalal Guesthouse** 3 und das **Khane Pedari** 4. **Hossein Vatani** ist seit 50 Jahren aktiv, seine Spezialität sind Touren in die Wüste samt Übernachtung im Freien (engl., Tel. 0913 343 5265, www.vatancaravan.com); Frau **Farsaneh Mofidi** (engl.; Tel 0913 997 0962, info@luttravel.com).

Übernachten

Für gehobene Ansprüche – **Tourist Inn** 1 **:** Jumhuriyeh Blvd., Shafa Blvd., Tel. 034 324 45 203-5, www.ittic.com. Fast schon luxuriös, jedenfalls deutlich über dem normalen Standard der staatlichen Jahangardi-Kette, die in fast jeder Stadt Irans ein Haus betreibt. Geräumige, helle Zimmer, professioneller Service, vier Restaurants, traditionelles Teehaus, Massagesalon, Souvenirshops, eigener Parkplatz. Zusätzliches Plus: die Lage an der Ausfallstraße Richtung Flughafen in Kermans Szeneviertel mit vielen schicken Läden und Restaurants in der Nähe. DZ 2,5 Rl., Suite 4,8 Mio. Rl.

Mittelklasse mit Herz – **Akhavan** 2 **:** Sadoghi Blvd., Tel. 034 324 41 411, akhavanhotel@yahoo.com. Askar und Amir, das Brüderpaar, das dieses Hotel seit Jahrzehnten führt, verströmt Heiterkeit, ist sehr hilfsbereit, auch bei der Planung von (preisgünstigen) Ausflügen. Die positive Stimmung macht die in die Jahre gekommene Ausstattung, vor allem der Sanitäranlagen, wett. Die Zimmer sind jedoch sauber und behaglich möbliert, die gastronomische Versorgung ist, im Kontrast zum uncharmanten Ambiente des Kellerrestaurants, vorzüglich (Abendessen ca. 350 000 Rl,); gesicherter Parkplatz. DZ 2 Mio. Rl.

Familiär – **Jalal Guesthouse** 3 **:** 11 Garbi 3 St., nahe Varzesh St., Ashura Sq. Angenehm ruhiges, familiäres Quartier mit WLAN, Satel-

ZU DEN KALUTS IN DIE WÜSTE LUT

Tour-Infos

Lage/Anfahrt: Anreise problemlos auf durchgehend asphaltierten Straßen, (Sammel-)Taxis von Kerman nur bis Shahdad, pro Pers. ca. 100 000 Rl., von dort weiter per Taxi bzw. mit Driverguide

Dauer: je nach Lust und Laune einige Stunden bis mehrere Tage

Unterkunft & Organisation: die Zahl der privaten Gästehäuser wächst in den Dörfern am Rande der Kaluts von Jahr zu Jahr. Empfehlenswerte Adressen: **Privathaus Gandomberyan** in **Shafiabad** شفیع‌آباد, schlicht, aber sauber und sehr nett, gemanagt von Amir Shafiabadi, Tel. 0913 70 57 851, Übernachtung 700 000 Rl. pro Pers. inkl. Frühstück, Mittag- oder Abendessen zusätzlich 250 000 Rl.; **Yadegar** in **Deh Seyf** ده سیف, Betreiber: Hr. Ghasem, Tel. 0913 396 68 39, 650 000 Rl. pro Pers.; **Ashing** in **Malekabad** ملک‌آباد, Tel. 0913 84 00 641. Das **Shahdad Desert Camp,** 10 km östlich von Shafiabad über eine rumpelige Stichstraße erreichbar, hat zwar nur wenig Charme, bietet aber Sanitäranlagen, Strom, Getränke, für Selbstversorger eine Küche und Zeltstellplätze sowie leere Palmwedelhütten, Decken und Matratzen ausleihbar, Schlafplatz 50 000 Rl. pro Pers.., Kontakt: Hr. Valiabadi, Tel. 0913 049 5759. Zwischen Shahdad und dem Desert Camp betreibt Morteza Rashidipour das **Nakhlestan-e Kavir,** Tel. 0913 84 38 67; nett ist auch das Gästehaus **Shabhaye Porsetareh,** Tel. 0913 398 14 07.

Kerman

Wichtige Hinweise: Die extrem heißen Sommermonate unbedingt meiden, genügend Trinkflüssigkeit mitnehmen. Aus Sicherheitsgründen (Festfahren im Sand, große Hitze, Opiumschmuggler, noch nicht geräumte Minen in entlegenen Offroad-Gebieten) untersagt die Polizei nicht-iranischen Touristen die Zufahrt in die Wüste auf eigene Faust. Die beschriebene Tour in die Kaluts ist also nur in Begleitung ortskundiger Führer möglich. Buchung über Agenturen, Hotels oder direkt bei den Guides (s. S. 439).

Kaluts oder Yardang, wie sie außerhalb Irans heißen, sind vornehmlich durch Windschliff, aber auch Wassererosion geschaffene, stromlinienförmige Gebilde aus Sedimentgestein, die sich in etlichen Wüsten der Erde finden. Eine besonders spektakuläre Ansammlung solcher Hügelformationen hat die Natur am Westrand der Wüste Lut, eine gute Autostunde östlich von Kerman, geschaffen. Sie bedecken, in Kombination mit mächtigen Tafelbergen und Sanddünen, ein Gebiet von etwa 150 x 80 km und bieten ein ganz spezielles Naturerlebnis. Zumindest ein halber Tag in dieser surrealen Landschaft, Sonnenuntergang möglichst inklusive, ist ein absolutes Muss. Noch intensiver ist der Eindruck, wenn man in einem der nahen Dörfer übernachtet und bei Morgengrauen nochmals in die Wüste aufbricht.

Die Anfahrt erfolgt von Kerman 110 km weit durch einen Tunnel unter dem 4200 m hohen Felsmassiv des Kuh-e Palvar hindurch in die Region Takhab. In dieser verstreut liegen etwa 30 Oasendörfer, Hauptort und zugleich Versorgungszentrum mit Tankstelle und Proviantläden ist **Shahdad.** Von dort sind es noch gut 20 km bis nach **Shafiabad,** dem eigentlichen Tor zur Wüste, wo man eine seldschukische Karawanserei besichtigen kann. Ein für die Dasht-e Lut charakteristisches Naturphänomen, dem man an diesem Straßenabschnitt immer wieder begegnet, sind die riesigen **Nebkhas:** bis zu 5 m hohe Dünen, die durch Ablagerung von Sand im Astwerk von Sträuchern, um Baumstümpfe oder Felsen entstehen. Da sich im Inneren durch den Wind organisches Material ansammelt, beherbergen sie viele Kleinstlebewesen.

Gut 30 km weiter nördlich tauchen dann die ersten hochhaushohen Kaluts auf. Ein erhöhter Punkt links der Straße zu Füßen eines besonders markanten Felsturms hat sich zum Treffpunkt für junge Iraner entwickelt. In der Weite der Wüste feiern sie ihre Freiheit, indem sie mit Jeeps und vor Ort angemieteten Quads jede Menge Sand aufwirbelnd durch die Gegend brettern. Auch auf Leihkamelen lässt sich hier reiten und im Kollektiv eine Wasserpfeife schmauchen. Wer hingegen die Einsamkeit sucht, muss nur ein klein wenig weiter fahren, den Wagen parken und – besonders zauberhaft zur magischen Stunde kurz vor Sonnenuntergang – ein Stück weit in die Stille der Wüste hineinwandern.

Wo die Straße Richtung Nordosten abknickt, fährt man weitere ca. 14 km, vorbei an wüsten Wadis und Reihen bizarr geformter Kaluts, die sich endlos von Horizont zu Horizont hinziehen, bis zu einer kleinen Brücke. Der ›Salzfluss‹ **Shoor,** den sie überquert, ist ein eigentümliches Gewässer: biologisch tot und ganzjährig Wasser führend. Noch weiter nördlich quert die Straße dann das legendäre Gebiet von **Gandom Beriyan,** wo NASA-Satelliten vor einigen Jahren mit 70,7 °C die bis zu diesem Zeitpunkt höchste jemals auf der Erdoberfläche gemessene Temperatur registrierten.

Zwei Tipps noch für die Rückfahrt: Unterwegs von Deh Seyf nach Shafiabad sieht man wenige Meter nach dem Abzweiger Richtung Desert Camp linker Hand einen gesichtslosen Ziegel-Neubau stehen. Unmittelbar daneben kann man, wenn die Gittertür, was meist der Fall ist, offen steht, in einen etliche Meter tiefen **Qanat-Schacht** hinabsteigen. Spannend! Das Dorf **Sirch** سیرچ schließlich, etwa auf halbem Weg an der Straße von Shahdad nach Kerman gelegen, ist bekannt für seine Freiluftpools. Ein halbes Stündchen in deren Thermalwasser hilft Gemüt und Gliedmaßen zu entspannen.

liten-TV, Gemeinschaftsküche und sicherem Parkplatz. Jalal Mehdizadeh, der deutschsprachige Gastgeber, ist als Profi-Guide auch in allen reisetechnischen Fragen behilflich. Er betreibt neuerdings, keine 15 Gehminuten westlich des Basars, in einem jüngst renovierten, historischen Haus ein zweites Gästequartier: **Khane Pedari** 4 , Shahab 3rd Alley, nahe Motahari St., Fatemiyeh-Garten. Beide Adressen zusammen bieten in 9 Zwei- und Mehrbettzimmern 26 Pers. Platz. Reservierung erbeten. Tel. 0913 142 3174, jalalguesthouse@yahoo.de, 1 Mio. Rl. pro Pers. inkl. Frühstück.

Schlicht, aber preiswert – **Amin** 5 : Chamran St., Tel. 034 322 50 865, aminhotel@yahoo.com. Untere Mittelklasse, eher karg in Ausstattung und Service, hygienisch aber völlig in Ordnung. Trümpfe: die Nähe zum Basar (etwa 10 Gehmin.) und der Englisch sprechende Rezeptionist. DZ 1,3 Mio. Rl.

Für Bedürfnislose – **Omid Guesthouse** 6 : Azadi Sq., Anfang Esteghlal St., 1st Alley, Tel. 034 324 47 488. Sehr schlicht, dafür aber auch sehr billig, gerade noch akzeptabel, Dusche/WC im Hof. DZ 600 000 Rl.

Passabel – **Azadi Guesthouse** 7 : Qaraney Sq., neben der Talabye-Moschee, Tel. 034 322 27 007. Und noch eine spartanische Adresse für Sparfüchse: mehr oder weniger sauber, WC und Dusche gemeinschaftlich, Pluspunkt: Küche für Selbstversorger. DZ 600 000 Rl.

Essen & Trinken

Quirlig und sehr schmackhaft – **Keykhosro** 1 : Borzou Amighi St., Shohada St., Tel. 034 3312 7264, 0917 718 5535, tgl. 8–23 Uhr. Stimmungsvoller Familienbetrieb in altem Stadthaus nahe dem noch aktiven Feuertempel, schöner Innenhof, ausgezeichnete persische Küche, herzliche Bedienung, preisgünstig, angeschlossen ist eine nette Übernachtungsmöglichkeit. Gerichte ab 200 000 Rl.

Gehoben – **Sayyah** 2 : Jumhuriyeh Blvd., Ecke Amir Kabir Blvd., vis-à-vis dem Eingang zur Technischen Universität, Tel. 0913 140 1726, tgl. 11.30–14.30, 19–22.30 Uhr. Köstliche Kost (Spezialität: das Auberginengericht Kashk-e Bademjan), angenehm professioneller Service. Gerichte 180 000–300 000 Rl.

Fleischlos gut – **Salad Bar** 3 : 7 Abnous St., Tel. 034 3242 6150, tgl. 18–22 Uhr. Eine Seltenheit im Land der Karnivoren: ein Restaurant für Veganer, mit Nudelgerichten, Gemüse vom Teppanyaki-Grill, knusprigen Salaten. Auch Takeaway und Lieferservice ins Hotel möglich. Gerichte ab 160 000 Rl.

Wo Basaris essen – **Ganj Ali Khan** 4 : Tohid Sq., Ostseite, vom Platz aus gesehen links vom Basar-Eingang, Tel. 034 3222 7716, tgl. 9–21 Uhr. Mäßig ansehnliches Souterrain-Lokal, aber preiswert und herzhaft, Kebab, Huhn, Khoresht oder Dizi auf Tischen und Holzbetten. Gerichte ab 140 000 Rl.

Volkstümlich – **Sir-e Bazarche** 5 : Seitengasse hinter Ganj-Ali-Khan-Badehaus, Tel. 034 3222 2622. Austauschbares Dutzend-Ambiente, aber Speiseauswahl und Preisniveau wie im Ganj Ali Khan (s. oben).

Chelo Kebab – **Rahimi** 6 : Tohid Sq., Westseite. Urige Kneipe mit deftiger, authentischer Kost, überwiegend Kebab. Satt werden ab 130 000 Rl.

Prachtambiente – **Wakil-Teehaus** 7 : Bazar-e Wakil, Tel. 034 322 54 493, tgl. 9.30–19.30 Uhr, Restaurant ab 12 Uhr. Nicht so sehr wegen des Essens (obwohl die Kebabs, Eintopf- und Reisgerichte durchaus bekömmlich sind), sondern in erster Linie wegen der prächtigen Architektur lohnt nach dem Basarbummel die Einkehr in dieses ehemalige Badehaus. Bei Tee, einer Wasserpfeife und Kolompeh, Kermans süßer, mit Dattel-Nuss-Mus gefüllter Verführung, ergötzt man sich, auf Holzbetten hingestreckt, an den fliesenverzierten Wänden und Gewölben; häufig gibt es traditionelle Livemusik. Eintritt 30 000 Rl., Tee 30 000 Rl., Gerichte 100 000–190 000 Rl.

Einkaufen

Souvenirs – Zu den klassischen Mitbringseln aus Kerman zählen seine weltberühmten **Teppiche,** Kelim und Jajim, weiterhin **handbestickte Schals** (Pateh), **Kupferarbeiten,** Kümmel, Kräuterextrakte, die aus Datteln und Weizenmehl hergestellten Leckereien Komach und Kolompeh sowie Ghavout, eine süßliche, sehr nahrhafte und köstliche Mixtur aus bis zu 40 pulverisierten Körnern und Samen.

Regionales Handwerk – **Hayati-Museum** 1 : tgl. 9–13, 15–20 Uhr. Das repräsentative Gebäude, Ende des 19. Jhs. als Niederlassung der Imperial Bank of Persia erbaut und 500 m östlich vom Wakil-Teehaus im gleichnamigen Basar gelegen, beherbergt heute eine reich sortierte Leistungs- und zugleich Verkaufsschau für hochwertiges Kunsthandwerk aus der Provinz Kerman. Eintritt 25 000 Rl.

Abends & Nachts

Krafttraining – **Zurkhaneh** 1 : Dr. Beheshti St., Sanati Alley, neben dem Sanati-Museum, Tel. 0913 140 7734, Sa–Do Beginn jeweils nach Sonnenuntergang, im Sommer ca. 20, im Winter 18 Uhr, Kontakt: Reza Astani, Tel. 0913 295 1544 (nur Farsi). Eines von Kermans insgesamt 12 »Häusern der Kraft«.

Mit Iranern ins Gespräch kommen – **Tourist Café** 2 : Hoshang Moradi St., nahe Pars-Hotel, Tel. 0938 305 62 99, tgl. 8.30–13, 16.30–1 Uhr. Das zeitgemäß-schicke Ambiente und das kulinarische Angebot – zwei Dutzend Kaffee-Varianten, Kräutertees, Säfte, Shakes, Salate, Sandwiches – passt in jede x-beliebige europäische Stadt. Eine echte Überraschung sind die Publikumsgespräche, die der sprach- und weltgewandte Betreiber Mehran regelmäßig organisiert: Sa, Mo und Di auf Englisch, jeden 2. Fr auf Deutsch, jeweils 21–22.30 Uhr; die Themen, alles außer aktueller Politik, werden tags zuvor auf Instagram (tourist_cafe_kerman) gepostet oder am Telefon verraten. Bei größerem (Fleisch-)Hunger empfiehlt sich, unmittelbar nebenan, das Restaurant **Gusht Burger** 3 , Tel. 0938 115 9700, tgl. 8–12, 19.30–24 Uhr.

Verkehr

Flughafen: Kermans **Airport** (KER) liegt ca. 10 km südwestlich des Stadtkerns am Ende des Jumhuriyeh Blvd. Von hier starten tgl. drei- bis viermal Flüge Richtung Teheran und einmal oder mehrmals pro Woche nach Mashhad, Kish, Isfahan, Zahedan, Shiraz und Kermanshah.

Bus: Vom 2013 eröffneten **Terminal Adineh**, einem hochmodernen Rundbau am südwestlichen Stadtrand (Imam Khomeini Highway, nahe dem Bahnhof), verkehren Busse in die meisten Teile des Landes. Direktverbindungen u. a. nach Yazd (6 Std.), Bandara Abbas (8 Std.), Shiraz (9 Std.), Isfahan (12 Std.), Teheran und Mashhad (15–16 Std.).

Zug: Von dem 10 km südlich des Stadtzentrums gelegenen **Bahnhof** verkehren täglich Züge nach Yazd sowie über Nacht nach Teheran (ca. 13 Std.), aber auch nach Bandar Abbas sowie, über Yazd, in alle anderen Landesteile und ostwärts nach Zahedan. Von dort zweimal monatlich Weiterfahrt mit dem »Taftan Express« ins pakistanische Quetta.

Südöstlich von Kerman

Mahan ▶ Q 15

Sie gehört zu den paradiesischsten Plätzen, die man auf einer Reise durch den Iran kennenlernt: die 35 km südöstlich von Kerman gelegene Kleinstadt **Mahan**. Die auf fast 2000 m Seehöhe gelegene Oase stellt mit ihren baumbestandenen Straßen, dem erfrischenden Klima und der entspannten Atmosphäre an sich schon ein charmantes Ausflugsziel dar. Darüber hinaus besitzt sie jedoch zwei Attraktionen, die ihren Besuch zum Pflichtprogramm machen.

Mausoleum von Shah Nematollah Vali

Tgl. von Sonnenaufgang bis 22 Uhr, Eintritt frei, Museum und Aufstieg zum Dach 25 000 Rl.

Da ist zum einen das **Aramgah-e Shah Nematollah Vali** آرامگاه شاه نعمت‌الله ولی, das Grabmal eines Sufi-Meisters, Poeten und Gelehrten (um 1330–1430), der, im nordsyrischen Aleppo geboren, nach langen Aufenthalten in Irak, Kairo, Mekka, Herat und Samarkand die letzten 25 Jahre seines langen Lebens an diesem Ort der Stille und des Friedens verbrachte. Die Lebensprinzipien dieses Weisen, denen übrigens bis heute viele Iraner als Mitglieder des Nematollahi-Ordens huldigen, basierten auf der völligen Abkehr von materiellen Zielen und der Suche nach Geduld, Gleichmut und spiritueller Wahrheit. Was die Nachwelt – konkret: einen indischen, offensichtlich begüterten Ver-

Ein Spaziergang durch den Prinzengarten in Mahan verspricht Labsal für die Sinne

ehrer – nicht daran hinderte, ihm bereits Mitte des 15. Jhs. ein Grabmal von sehr diesseitigem Prunk zu errichten. Die blau glasierte Kuppel, die mit dem tiefen Azur des Firmaments um die Wette strahlt, stammt allerdings aus der Ära von Schah Abbas I., der Eingangs-Iwan mit den beiden Minaretten gar erst aus qadscharischer Zeit.

Der Blick vom Eingang bis hinter das Grabmal fällt durch insgesamt sieben Tore. Schah Nematollah Vali war ein Mystiker von allerhöchsten Graden. Die sieben Tore symbolisieren die sieben Stufen auf dem Weg zur Erleuchtung. Einen besonderen Eindruck hinterlässt die an Wänden und Decke mit Koranversen und geheimnisvollen Kalligrafien verzierte Zelle (Tschele Neshin), in der der Derwischführer zu fastete und meditierte. Ein Extra-Ticket öffnet die Tür zum Dach bzw. zu den Minaretten, von wo man einen wunderschönen Blick auf die Stadt und die Berge der Umgebung werfen kann. Im dank der uralten Bäume äußerst stimmungsvollen Hof des Mausoleums befindet sich ein gut sortierter Buchladen und vis-à-vis ein kleines, sehenswertes **Museum.**

Shahzadeh-Garten
Tgl. 9–21 Uhr, 200 000 Rl.
Etwa 2 km südlich des Orts, am Fuße der Berge, lädt die zweite große Attraktion Mahans zur erholsamen Rast: **Bagh-e Shahzadeh** باغ شاهزاده, der Prinzengarten. Vor gut

Südöstlich von Kerman

100 Jahren im Auftrag des Qadscharen-Prinzen Abdul Hamid Mirza angelegt, ist er neben dem Bagh-e Fin bei Kashan eine der letzten intakten, nach dem Vorbild altpersischer Paradiesgärten konzipierten Anlagen – ein in sanften Terrassen abfallendes, von kunstvoll gefassten, mit Kaskaden und Springbrunnen versehenen Bächen durchflossenes Idyll.

Vor allem im Sommer empfiehlt es sich, Mahan gegen Sonnenuntergang hin zu besuchen. Denn der lässt sich wunderbar vom Dach des Sufi-Mausoleums, das man gegen einen kleinen Obolus erklimmen darf, beobachten. Anschließend klingt der Tag bei einem Tee oder Abendessen auf der oberen Terrasse im Bagh-e Shahzadeh aus. Und nach Einbruch der Dunkelheit schließlich erstrahlen Garten und Pavillon in festlichem Scheinwerferlicht.

Übernachten

Gediegen – **Shazdeh Garden Inn:** In einem Nebentrakt des Palastgebäudes am Fuß des Gartens, Tel. 0913 341 15 80, www.bagheshahzadeh.com. Mit Geschmack möblierte Zimmer in historischem Gemäuer, fast alle mit Betten, ganzjährig geöffnet. DZ 2 Mio. Rl. inkl. Frühstück.

Essen & Trinken

Mit Panoramablick – **Bagh-e Shahzadeh:** seitlich des oberen Palastpavillons, Tel. 0913 341 15 80, tgl. 12–16, 19–22 Uhr. Fein essen in stilvollen Räumen, wahlweise an Tischen oder auf Teppichen, bei schönem Wetter auf der Terrasse mit Traumblick auf die Bergszenerie; den genießt man auch, ein paar Stufen tiefer, bei Tee, Kuchen und Wasserpfeife auf den Open-Air-Holzbetten. Gerichte ab 280 000 Rl.

Nach dem Grabbesuch – **Zeytoon:** direkt gegenüber dem Mausoleumseingang, Tel. 0936 658 66 69, tgl. 9–1(!), im Winter bis 23 Uhr. Mittelklasse-Restaurant mit Holzbetten, teilweise in Holzkojen im begrünten Hof, tadellose Traditionsküche. Gerichte 220 000–450 000 Rl.

Lauschige Überland-Rast – **Hezar Dastan:** am östlichen Ortsrand, Ende Modares St., Tel. 034 33 77 82 66, ganzjährig tgl. 9 bis mindestens 22 Uhr. Direkt an der Schnellstraße Kerman–Bam gelegen und daher ideal als Raststation für Durchreisende: idyllisches Gartenrestaurant; man sitzt auf Holzbetten unter Platanen an einem Bach und schmaust regionale Spezialitäten wie Boz Gharmeh, Eintopf aus Lamm, Erbsen, Bohnen und Kartoffeln. Im Winter stehen 30 mit Teppichen ausgelegte Glaspavillons für die stundenweise Rast zur Verfügung. Gerichte ab 200 000 Rl.

Verkehr

Minibusse und **Sammeltaxis** verkehren etwa im Stundentakt zwischen der Station auf dem Meydan-e Khaju in Kerman und dem Eingang zum Mausoleum; zum Shahzadeh-Garten gelangt man von dort im **Taxi**.

Kerman und der Südosten

Rayen ▶ Q/R 16

Das gut 100 km südöstlich von Kerman gelegene **Rayen** war früher eine wichtige Karawanenstation und ein Zentrum der Waffenerzeugung und der Webkunst (die bekannte Stickware Pateh stammt ursprünglich von hier). Heute macht seine Lage zu Füßen des Hezar-Massivs, des mit 4500 m vierthöchsten Berges Irans, das ruhige Städtchen zum beliebten Ausfliegsziel für Naturliebhaber. Sie genießen in den Dörfern der Umgebung die frische Luft, das klare Quellwasser und die uralten Pinien- und Eichenhaine. Zwei Naturdenkmäler, deren Besichtigung lohnt, sind 20 km von Rayen entfernt am Abhang des Berges gelegene **Wasserfall** آبشار راین und, unweit des Dorfes Ghallaehassani, mehr als ein Dutzend **Krater** دهانه آتشفشانی, der mächtigste 1200 m im Durchmesser und an die 400 m tief, die möglicherweise von einem Meteoriteneinschlag herrühren.

★ Festungsstadt

Tgl. 8 Uhr bis Sonnenuntergang, 150 000 Rl.
Seit der Verwüstung von Bam (s. rechts) durch das große Erdbeben ist die Festungsstadt von Rayen ins touristische Scheinwerferlicht gerückt. Wie Bam ist sie geschätzte 1500 Jahre alt und komplett aus Adobeziegeln erbaut. Sie misst zwar mit 20 000 m² nur etwa ein Sechstel der Gesamtfläche der berühmteren Schwester, ist damit aber immer noch der zweitgrößte historische Lehmkomplex des Landes. Außerdem präsentiert sie sich nach langen Jahrzehnten des Verfalls heute sorgsam restauriert und vor dem Hintergrund des bis weit in den Sommer hinein schneebedeckten Hezar-Massivs auch überaus fotogen.

Arg-e Rayen ارگ راین, das historische Rayen, war bis vor 150 Jahren bewohnt und ist bis heute von einer wuchtigen, mit 15 Wachtürmen verstärkten Mauer umgeben. Seine **Zitadelle,** einst Sitz des Gouverneurs und in vier separate Wohneinheiten gegliedert, ist mustergültig renoviert. Zu ihren Füßen erstrecken sich, von teilweise gedeckten *kuchees,* Gassen, durchzogen, die Ruinen der Wohn- und Verwaltungsgebäude, eines **Basars,** eines **zoroastrischen Feuertempels,** einer **Koranschule** und eines **Zurkhaneh.** Um sich einen Überblick zu verschaffen, sollte man auf das Dach der Zitadelle oder auf den Kommandoturm über dem Haupteingang steigen.

Übernachten, Essen & Trinken

Passabel – Zu empfehlen sind in Rayen die folgenden drei Quartiere: die **Ecolodges Bagh Bala,** Mahale Sonbol, Tel. 034 3376 1481, und **Dasht-e Karim,** 17 Shahrivar St., Tel. 0913 621 1712 (in Letzterer auch gutes Essen), sowie das Apartmenthotel **Shabhay-e Rayen,** Tel. 034 3376 3062.
Vom **Rayen Arg Tourist Hotel** hingegen ist hygiene- und servicebedingt abzuraten.

Verkehr

Bus und Sammeltaxi: Alle 1–2 Std. starten Busse vom **Terminal Adineh** in Kerman bzw. Sammeltaxis von der Station auf dem **Meydan-e Khaju.**
Eigener Pkw: Die Abzweigung von der Hauptstrecke Kerman–Bam nach Rayen ist leicht zu verfehlen, weil schlecht beschildert. Sie biegt knapp 90 km südöstlich von Kerman neben einer monströsen Stahlfabrik, unmittelbar nach der Kontrollstation der Drogenpolizei, Richtung Süden ab.

Bam ▶ S 16

Pflichtprogramm für jeden, den sein Weg bis in den Südosten des Landes geführt hat, ist die Besichtigung der 170 km hinter Kerman, an der uralten Fernstraße Richtung Belutschistan und Indien gelegenen Oase **Bam.** Die für ihre schwarzen Datteln *(mozafati)* in ganz Vorderasien berühmte Kleinstadt sorgte in den Weihnachtstagen des Jahres 2003 weltweit für traurige Schlagzeilen, als ein verheerendes Erdbeben sie heimsuchte. Damals fanden über 40 000 Einwohner den Tod. Mehr als drei Viertel der Bausubstanz, darunter fast alle alten Lehmhäuser mit ihren malerischen Windtürmen, wurden zerstört. Weitgehend unbeschadet überstanden die Katastrophe

Südöstlich von Kerman

Fotogener geht's kaum: die Festung von Rayen vor dem Schneegipfel des Kuh-e Hezar

nur die ausgedehnten Palmenhaine, Obstgärten und Eukalyptusalleen, die heute wie einst zum Flanieren laden. Völlig verwüstet wurde hingegen auch die wichtigste Sehenswürdigkeit der Stadt: Arg-e Bam.

Altstadt
Tgl. 7.30 Uhr bis Sonnenuntergang, 200 000 Rl.
Arg-e Bam ارگ بم, die Altstadt von Bam, die sich zu beträchtlichen Teilen schon vor dem Erdbeben in ruinösem Zustand befand, bedeckt gemeinsam mit der zugehörigen **Zitadelle** ein Areal von rund 25 ha. Beide sind zur Gänze aus Adobe errichtet, einem Gemisch aus gestampftem, luftgetrocknetem Lehm und gehäckseltem Stroh. Das ermöglichte bei Bedarf ein bequemes Ausbessern und Erweitern der Bausubstanz. Gemeinsam bilden sie ein einzigartiges Zeugnis historischer Festungsarchitektur – den mit Abstand größten zur Gänze aus Lehm errichteten Gebäudekomplex der Welt. Umschlossen wird dieser von einer 3 m starken, bis zu 12 m hohen, mit Zinnen bekrönten und durch 29 Turmbastionen verstärkten Mauer, der die Erdstöße wenig anhaben konnten.

Gegründet wurde die historische Stadt aller Wahrscheinlichkeit nach in der Ära der Parther, also um die Zeitenwende, auf den Fundamenten einer achämenidischen Festung. Mit Unterbrechungen das ganze Mittelalter über und bis ins 17. Jh. war sie ein florierender Grenz- und Handelsstützpunkt, dessen Einwohner überwiegend von Baumwollanbau und Textilherstellung lebten. Anfang des 18. Jh. wurde Arg-e Bam von den Afghanen eingenommen und verheert. Im Zuge der Machtübernahme der Qadscharen zwei Generationen später beschleunigte sich der Niedergang. Damals ließ der Dynastiegründer Agha Mohammed Khan in der Oase Lotf Ali Khan, den letzten Herrscher der Zand-Dynastie, verhaften und töten. Aus Angst vor Vergeltung verließen die meisten Bewohner den bisherigen Ort. Wenig später entstand daneben die neue Siedlung.

Nach den Erdstößen von 2003 lag die eigentliche Burg komplett in Trümmern, und auch der Stadtbereich zu ihren Füßen glich einer Schutthalde. Doch die internationale Gemeinschaft zeigte sich, als es um die Rettung der damals kurzerhand zum **UNESCO-Weltkulturerbe** erklärten Anlage ging, sehr spendabel. In- und ausländische Helferteams krempelten gemeinsam die Ärmel hoch. Nach einem Plan der Iranischen Organisation für Kulturerbe, Handwerk und Tourismus (ICHHTO) wurden, in Kooperation mit der UNESCO und unter technischer Oberaufsicht von Experten aus Deutschland, Italien und Japan, gut 60 % der Baustruktur detailgetreu rekonstruiert. Seit 2012 haben Touristen wieder regulär Zutritt zum Gelände, und seit 2017 können sie auch wieder auf das Dach der Zitadelle hinaufsteigen.

Wer die Anlage vor der Katastrophe gesehen hat, wird sie zwar heute, wen wundert's, als merklich steriler empfinden. Der Gang durch das riesige Ruinenfeld ist dennoch ein unvergessliches Erlebnis. Man betritt es durch das schmale **Südtor**. Von dort führt der Weg durch die ehemals überdachte **Basargasse** nach Norden. Man passiert die Reste zahlreicher kleiner und großer **Wohnhäuser** sowie einer **Tekiyeh** (rechts) und einer **Moschee** (links). Schließlich führt rechter Hand ein Tor durch eine zweite, die innere Mauer in die eigentliche Zitadelle. In der Folge steigt man, am ehemaligen **Haus des Kommandanten und des Gouverneurs,** an einstigen Kasernen, Stallungen, einem Gefängnis, einer Windmühle vorbei zur einstigen Residenz **Chahar Fasl** (»Vier Jahreszeiten«) hinauf, dem höchsten Punkt der Burg. Ein traumhafter Blick über die Oase ist der Lohn für die kleine Mühe. Zurück zum Eingang sollte man mäandrierend durch das Ruinengelände streifen. In der Südostecke stößt man auf das, was von einer über 1000 Jahre alten **Freitagsmoschee,** einer **Koranschule,** einer **Karawanserei,** einem **Zurkhaneh** sowie mehreren Kaufmannshäusern übrig geblieben ist.

Neustadt

Drei Jahre lang, im Sommer wie im Winter, mussten die Bewohner von Bam nach dem Erdbeben in Zelten ausharren. Dann erst konnten sie in stabilere Fertigteilboxen umziehen, erhielten sie Kredite für neue Häuser. Inzwischen ist der Wiederaufbau auch der **Neustadt** weitgehend vollendet, haben neun von zehn Menschen wieder ein festes Dach über dem Kopf. Eine Rundfahrt ist, durchaus auch als Geste der Anerkennung für die kollektive Leistung, zu empfehlen. Sie offenbart eine wieder dynamische Stadt modernen Zuschnitts mit auf dem Reißbrett entworfenen Platzensembles und Häuserzeilen, neuen Behördenbauten, einem neuen Stadion und erdbebensicheren Basar.

Tief erschütternd, aber als Zeichen des Mitgefühls und als Mahnruf für größtmögliche Humanität sehr angebracht ist schließlich der Gang über den städtischen **Friedhof** قبرستان بم. Lange Reihen von Grabsteinen zeigen die Konterfeis von Frauen, Männern, Kindern jeden Alters. Unter nicht wenigen liegen ganze Großfamilien, durch einen kurzen Schluckauf von Mutter Erde ausgelöscht, im jähen Tod vereint.

Infos

Auskunft und Guide: Mohammad Hossein Sadeghi (engl.; Tel. 0913 144 22 97, Bam.tourism@yahoo.com)

Übernachten

Exquisit – **Arg-e Jadid:** Km 10 an der Straße von Bam nach Zahedan, 5 Min. vom Flughafen, Tel. 034 4425 2671-3, hotel.argejadid@yahoo.com. Neues, äußerst komfortables Viersternehaus mit großzügig gestalteter Lobby, tadellosem Service, guter Gastronomie, Pool, Sauna, Gym, beliebt auch bei Geschäftsleuten. DZ ab 6,8 Mio. Rl.

Solide – **Tourist Inn:** Stadtteil Dehbakri, Imam Khomeini Blvd., neben dem Gouverneursbüro, Tel. 034 4431 3321, www.ittic.com. Motelartiger Flachbau, funktionell, sehr sauber, mit nettem Restaurant. DZ 1,9 Mio. Rl.

Kommunikativer Treff – **Akbar's Guesthouse:** Saied Jamal-ad-Din St., Tel. 0913 246 831, akbartouristguesthouse@gmail.com. Dank dem leutseligen Wirt, dem ehemaligen Englischlehrer Akbar Panjalizadeh, schon seit fast 25 Jahren eine Institution für Globe-

Südöstlich von Kerman

IN DIE WÜSTE ÖSTLICH VON BAM

Ihre touristische Vermarktung läuft erst langsam an, was Naturliebhabern noch die Chance gibt, ihre Reize in Ruhe zu erleben: Die Rede ist von jenen kleineren Orten östlich von Bam, denen Touristiker eine große Zukunft als Ausflugsziele für Instant-Wüstenabenteurer prophezeien. Beispielsweise **Narmashi**: In seiner Umgebung, ca. 35 km von Bam, finden sich prächtige Sanddünen und auch Kaluts, vom Wind aus dem Sediment geschliffene Hügelformationen. Letztere sind auch beim Dorf **Fahraj** zu finden, das gut 20 km weiter an der Fernstraße nach Zahedan liegt. Von dort sind es nur noch etwa 20 Autominuten bis zum **Mil-e Naderi**, einem 19 m hohen, vermutlich in seldschukischer Zeit (spätes 11. Jh.) aus Ziegeln errichteten Signalturm.

Am dynamischsten bei der Nutzung seiner Naturschönheiten agiert der 75 km von Bam an der Straße nach Iranshahr gelegene Ort **Rigan**. Über seine Sanddünen brausen schon die ersten Buggys und Quads, fliegen Paraglider, und erste Familien bieten Privathäuser zur Übernachtung an. Kurz vor Drucklegung dieser Auflage war von der unmittelbar bevorstehenden Eröffnung eines Tourismusbüros zu hören. Nähere Infos bei Hrn. Sadeghi (s. S. 448).
Ein weiterer lohnender Abstecher führt von Bam nordostwärts in Richtung **Darestan**. Unterwegs, in **Kork**, kann man ein imposantes Qanat begehen und genießt von einem Hügel den schönen Blick auf einen riesigen Dattelpalmenhain.

trotter, viel frequentiert auch in der Zeit, als man noch zahlreich Richtung Pakistan und Indien weiterreiste. Veranda, Hof und Lobby dienen als geselliger Treffpunkt, schön: der Sonnenuntergang auf der Dachterrasse. Gutes Frühstück, Abendessen mit Khoresht und Bio-Hühnern verfügbar. 13 Zimmer für insges. 45 Gäste, 9 davon mit eigenem Bad/WC. EZ 540 000 Rl., DZ 700 000 Rl.

Essen & Trinken

Schlemmerfreuden – **Qaleh Shadi**: Imam St., gegenüber der Freitagsmoschee, Tel. 034 4421 6612, tgl. 11–15.30, 18–23 Uhr. Zwei Lokale unter einem Dach vom Betreiber, Mr. Abouzar, sehr aufmerksam gemanagt: ein traditionelles Restaurant mit Tischen und Takht-Holzbetten, weitläufig, wie aus dem Ei gepellt, mit großer Auswahl an vorzüglichen Kebabs, Grillgerichten, Fisch u. v. m., nebenan Burger und anderes Fast Food, auch zum Mitnehmen, in funktionalem Ambiente mit integriertem Kinderspielplatz. Im Restaurant Riesenportionen 200 000–350 000 Rl.

Großbürgerlich tafeln – **Respina**: Modarres St., Tel. 034 4421 6040, tgl. 11–15, 18–23 Uhr. Neues, intimes Gourmetrestaurant, Kristalllüster und Stofftischdecken verleihen dem Interieur einen luxuriösen Touch; neben Lamm und Kebab auch internationale Küche von Pastagerichten bis Bœf Stroganoff, auch Frühstück, nachmittags kleine Karte. Hauptgerichte 150 000–400 000 Rl.

Ausgezeichnetes Fastfood – **Iranian**: Modaress St., Tel. 034 4421 4363, tgl. 17–24 Uhr. Nicht ohne Grund stadtbekannt: feine Salate, Pizza, Burger, frittiertes Huhn, blitzblank, ultranette Bedienung, in der warmen Jahreszeit

Kerman und der Südosten

Dining Complex im Garten mit traditionellem Essen auf Holzbetten in luftigen Pavillons. Satt werden ab 140 000 Rl.
Auch für den späten Hunger – **Alborz:** Imam St., Tel. 034 4431 8000, tgl. 11–1(!) Uhr. Der erste Eindruck eines schnöden Fast-Food-Schuppens täuscht, nach hinten hinaus überrascht ein weitläufiger Garten, schattig, im Winter geheizte Palmwedelhütten, tadellose Kebabs, Khoresht, Fischgerichte (Lachs), Halim und etwa zehn verschiedene Pizzas. Gerichte ab 120 000 Rl.

Verkehr

Flug: Vom kleinen **Airport** (BXR) starten tgl. Direktflüge nach Teheran.
Bahn: Bams **Bahnhof** liegt südlich der Neustadt, ca. 10 km von der Zitadelle entfernt. Der tägliche Nachtzug Teheran–Zahedan stoppt hier am frühen Morgen.
Bus: Direkte Verbindungen bestehen u. a. nach Kerman (3 Std.), Zahedan und Bandar-e Abbas (4 Std.), nach Isfahan (11 Std.) und Teheran (21 Std.).

Jiroft ▶ R 17

Rund 25 km südlich der Stadt **Jiroft,** etwa 260 km von Kerman entfernt, liegt nahe der Fernstraße nach Bandar-e Abbas die wohl aufsehenerregendste archäologische Grabungsstätte Irans der jüngeren Zeit. Im Jahre 2001 hatte in der nur 650 m über dem Meer am Fluss Halil Rud gelegenen Ebene, die Iraner wegen ihrer extremen Schwüle und Fruchtbarkeit Hend-e Kutschek, Klein-Indien, nennen, eine Springflut Überreste einer prähistorischen Siedlung freigespült. Es kam zu Raubgrabungen und Plünderungen, in deren Folge zahlreiche mit ungewöhnlich kunstvollen Mustern und Motiven verzierte Keramiken und Chloritgefäße im Antiquitätenhandel auftauchten.

Die rätselhaften Artefakte wurden von den iranischen Kulturbehörden konfisziert, bald darauf nahmen Wissenschafter den Fundort unter die Lupe, und stellten fest, dass man es mit einer bronzezeitlichen Stadt aus dem späten 3. Jt. zu tun hatte. Vergleiche mit anderen bedeutsamen Fundorten im Südosten wie Shahr-e Suchte, Tepe Yahya oder Shahdad wurden angestellt die Mutmaßung geäußert, man habe Zeugnisse einer eigenständigen Kultur entdeckt, die als Brücke zwischen den frühen Elamern im Westen und der Indus-Zivilisation im Osten fungierte. Einige Wissenschaftler sehen in den Siedlungsresten die Hauptstadt des legendären, in einem sumerischen Keilschrifttext erwähnten Reiches von Aratta. Andere Thesen setzen sie in Zusammenhang mit dem geheimnisvollen, in babylonischen Urkunden erwähnten Stadtstaat Marhasi. Fest zu stehen scheint, dass die Jiroft-Kultur, wie manche Forscher sie bereits nennen, in ihren Hervorbringungen – Schrift, Gefäße, Grabbeigaben etc. – auf Augenhöhe mit den frühen Hochkulturen Mesopotamiens agierte.

Konar Sandal

Der über Metalltreppen jederzeit frei zugängliche Hauptfundort, benannt nach dem nahe gelegenen Dorf **Konar Sandal** كنر صندل, umfasst zwei Hügel: Der südliche, als Sandal B bezeichnete, barg eine zweigeschossige, über einer Grundfläche von 13,5 ha errichtete **Zitadelle.** Bei Grabungen am 1,5 km weiter nördlich gelegenen Sandal A wurde eine 17 m hohe, aus 4 Mio. Lehmziegeln geschichtete **Terrassenanlage** mit einer quadratischen Basis von fast 400 m Seitenlänge freigelegt. Diese zikkuratartige Struktur datiert aus der Zeit um 2200 v. Chr., ist also noch ungefähr 100 Jahre älter als die berühmte, äußerst frühe Zikkurat der sumerischen Stadt Ur.

Archäologisches Museum

Saheli St., Di–So 9–13, 15–19 Uhr, 100 000 Rl.
Etliche Kostbarkeiten aus dem Boden von Konar Sandal haben ihren Weg ins Teheraner Nationalmuseum gefunden. Doch mehrere Hundert Objekte, darunter faszinierend fein aus Chlorit und Marmor gearbeitete und mit Figurenschmuck dekorierte Gefäße, kann man im kleinen, aber feinen **Muze-ye Bastanshenasi** begutachten, das im Stadtzentrum direkt neben dem meist trockenen Flussbett des Halil Rud steht.

Übernachten, Essen & Trinken

Modern und in Ordnung – **Arman:** Jiroft, Jiroft-Kerman-Road, Ecke Beheshti Blvd., Tel. 034 4331 9997. Sauberes, ambitioniert designtes Mittelklassequartier an der nördlichen Stadteinfahrt, auch gute Möglichkeit zum Mittag- und Abendessen. DZ 1,2 Mio. Rl.

Geheimtipp auf dem Land – **Qaleh Nou:** Qaleh Nou, Shahid Sayad Shirazi, Masjid St., Zufahrt über die Nebenstraße Richtung Anbar-Abad/Konar Sandal (östlich der Hauptroute nach Bandar-e Abbas), 3 km südl. von Jiroft beim Hotelschild nach links, noch 1 km, Tel. 0913 720 5334. Für alle, denen Authentizität über Komfort geht: eine Ökolodge als Naturidyll, 5500 m^2 Obst- und Palmenhaine mit Datteln und Zitrusfrüchten, Bio-Hausmannskost mit organischem Gemüse aus eigenem Gewächshaus und selbst gebackenem Brot; essen, chillen, schlafen in strohgedeckten Pavillons (im Schlafsack 15 000 Rl.); im Haus 2 Suiten (für max. 10 Pers., 1 Mio. Rl.) und 2 Zimmer (für max. 4 Pers., 300 000 Rl.), Gemeinschaftsbad/-WC, alles sehr schlicht, aber sauber. Wegen der schwierigen Anfahrt und der Sprachbarriere ist der Aufenthalt aber nur in Begleitung eines Einheimischen ratsam. Betreiber Ismael Salari organisiert auch Klettertouren im nahen Hochgebirge; Ausrüstung ist ausleihbar.

Verkehr

Anfahrt nach Jiroft von Kerman per **Bus;** weiter nach Konar Sandal per **Taxi.**

Von Kerman in Richtung Norden

Karawanserei Chah-e Kuran ▶ Q 13

Die Fahrt von Kerman Richtung Norden quer durch die Dasht-e Lut in die 520 km entfernte Stadt Tabas strapaziert zwar gehörig das Sitzfleisch, macht aber mit einer Landschaft von grandioser Monotonie bekannt. Unterwegs lohnen außerdem mehrere reizvolle Dörfer einen Zwischenstopp. Der erste gilt allerdings

Chah-e Kuran bot Karawanenhändlern noch bis weit ins 20. Jh. sicheren Unterschlupf

einem solitären Baudenkmal. 175 km nördlich von Kerman und 35 km vom Städtchens **Ravar** راور entfernt steht westlich der Hauptstraße, von dieser zu sehen und über ein kurzes, unbefestigtes Sträßchen auch mit normalem PKW erreichbar, die **Karawanserei Chah-e Kuran** کاروانسرای چاه کوران. Sie wurde mitsamt dem Wachturm oben auf dem Felskamm in qadscharischer Zeit erbaut und bis weit ins 20. Jh von Fernhändlern genutzt, die mit ihren Kamelen zwischen Kerman und Mashhad unterwegs waren. Heute ist sie verwaist, beeindruckt aber durch ihre Lage in einer Berglandschaft, deren Mineralienreichtum für ein einzigartiges Farbenspiel sorgt.

Nayband und Ziyaratgah
▶ Q 12

Es folgt ein Streckenabschnitt von kaum überbietbarer Unwirtlichkeit. Geröll, Sand, uferlose Salzflächen mit flirrenden Fata Morganen am Horizont, selbst im Frühjahr und Herbst extreme Hitze, entlang der schnurgeraden Straße entsprechend viele zerschlissene LKW-Reifen … Und dann, nach 140 km, linker Hand an einem Berghang, die große Überraschung: **Nayband** ده نای‌بند ناییند, eine von Reisenden noch weitgehend unentdeckte Bilderbuchoase mit Dattelpalmhainen, Obstgärten und sattgrünen Terrassenfeldern vor dem Hintergrund turmartiger Lehmhäuser.

Unbedingt sollte man auch ins Nachbardorf **Ziyaratgah** ده زیارتگاه hinauffahren und dort durch die Palmenhaine streifen. Der Blick von der Anhöhe über das Tal Richtung Wüste ist wunderschön.

Esfahak ▶ Q 10

Zwei Straßengabelungen später, eine halbe Autostunde hinter **Deyhuk,** lohnt das Dorf **Esfahak** اصفهک einen letzten Stopp. Sein historischer Kern, ein Musterbeispiel ländlicher Lehmarchitektur, lag seit dem großen Erdbeben von 1978 entvölkert darnieder, wird seit Kurzem jedoch mit viel Liebe renoviert. Erste kleine Privathotels haben eröffnet. Ein Erkundungsgang lohnt.

Tabas ▶ Q 10

Schließlich dann das Ziel, die berühmte Oasenstadt **Tabas**: Sie wirkt auf die Sinne wie ein Wunder – eine grüne Insel inmitten eines unermesslichen Sand- und Steinmeeres in der Grenzzone zwischen Dasht-e Kavir und Dasht-e Lut. Die Jahre 1978/79 bildeten für diesen früheren Karawanenstützpunkt in zweierlei Hinsicht eine Zäsur. Zuerst brachte ein Erdbeben der Stärke 7,9 auf der Richter-Skala 22 000 Einwohnern den Tod und fast die gesamte Bausubstanz zum Einsturz. Im darauffolgenden April gelangte der Ort in die Weltnachrichten, als die US-Armee im Umland ihr streng geheimes Kommandounternehmen zur Befreiung des in Teheran in Geiselhaft genommenen Botschaftspersonals einfädelte. Es endete für die Supermacht in einem Fiasko.

Mausoleum von Hussein ibn Musa al-Kazem
Rund um die Uhr frei zugänglich

Inzwischen ist die Stadt wiederaufgebaut. Sie zählt immerhin 35 000 Einwohner, Tendenz weiter wachsend, und besitzt sogar eine neue architektonische Attraktion: Das **Imamzadeh Hussein ibn Musa al-Kazem** امامزاده حسین ابن موسی الکاظم, Grabmal für einen jüngeren Bruder des in Mashhad ruhenden Imams Reza, ist in seinen Ausmaßen und mit seinem reichen Fliesendekor sehr imposant und kann auch von Nicht-Muslimen besucht werden.

Golshan-Garten
Tgl. 5–24 Uhr

An der Peripherie der Oasenstadt erstrecken sich Getreidefelder. Orangenplantagen und weitläufige Dattelhaine, im Zentrum wuchert in mehreren Parks üppige Vegetation. Botanisches Aushängeschild ist der **Bagh-e Golshan** باغ گلشن, in dessen zentralem Wasserbecken sogar zwei Pelikane fröhlich vor sich hin paddeln. Der Garten wurde unter der Herrschaft der Afsharen-Dynastie, um 1730, angelegt, und folgt dem klassischen Muster persischer Paradiesgärten mit zwei zentralen, kreuzförmigen Wasserläufen.

Von Kerman in Richtung Norden

Übernachten

Ruhiges Motel – **Bahman:** Shohada Blvd., am Weg Richtung Imamzadeh, Tel. 056 328 25 951/2. Mehr Motel als Hotel, mit 16 Suiten, jede mit eigenem Eingang, voll ausgestatteter Küche, europäischem WC. Gesicherter Parkplatz, aber kein WLAN, kein Frühstück für Individualreisende, 3-Bett-Suite 1,16 Mio. Rl., 5-Bett-Suite mit 2 Zimmern 1,3 Mio. Rl.

Im Bannkreis des Heiligen – **Amir:** Imamzadeh Sq., Südseite, Tel. 056 32 835 555. Die Bewertung mit einem Stern täuscht, das Haus ist durchaus in Ordnung. Drei der 21 Zimmer bieten Aussicht auf das Imamzadeh, Straßenlärm inklusive, die übrigen sind ruhiger. 3-Bett-Zimmer 1,05 Mio. Rl., 4-Bett-Zimmer 1,2 Mio. Rl., kein Frühstück.

Gartenhotel an der Peripherie – **Narenjestan:** Moallem Sq., am Ende des Shohaday-e Gomnam Blvd., 5 km östl. der Stadt an der Straße nach Kharvan, Tel. 056 3282 1091. Ende 2017 eröffnete, weitläufige Anlage mit 10 Suiten im Zentralgebäude und 10 Cottage-Pavillons, Restaurant, traditionelles Teehaus, bewachte Parkmöglichkeit. Cottages für 2 Pers. mit Gemeinschaftsdusche/-WC je nach Lage 500 000–800 000 Rl., Suiten mit eigenem Sanitärraum 1,2 Mio. Rl., jeweils inkl. Frühstück.

Essen & Trinken

Vorzüglich – **Hezaro-yek Shab:** Imamzadeh Sq., Südseite, Tel. 056 3282 9621, tgl. 12–15.30, 19.30–23 Uhr. Modernes, geräumiges, sehr sauberes Restaurant mit zuvorkommendem Service und ausgezeichneten Lammgerichten, auch verschiedene Kebabs, Fisch etc., Hauptgericht 250 000–350 000 Rl.

Verkehr

Bahn: Tabas liegt an der Eisenbahnstrecke, die von Mashhad bis nach Yazd bzw. Bandar Abbas führt.

Von Tabas nach Mashhad
▶ Q–S 6–10

Von Tabas, dieser Fata Morgana, die keine ist, sind es noch sieben bis acht Stunden (560 km) im Auto oder Bus bis nach Mashhad (s. S. 474). Diesen zweiten Abschnitt der Strecke von Kerman bzw. Yazd durch die Provinz Razavi-Khorasan bis hinauf in deren Hauptstadt säumen mehr Orte als die Fernstrecke nach Kerman. Die Sehenswürdigkeiten kann man allerdings an einer Hand abzählen: **Ferdows** فردوس bei Km 190 besitzt, obwohl vom Erdbeben 1978 ebenfalls stark betroffen, noch eine interessante Medrese aus safawidischer und eine Freitagsmoschee aus seldschukischer Zeit, **Gonabad** گناباد (70 km weiter) eine 800 Jahre alte Freitagsmoschee und in **Kashmar** کشمر (80 km nach Gonabad links abbiegen, dann noch 50 km) stehen zwei schön renovierte Imamzadehs.

Abstecher nach Birjand
▶ S 11

Eine ungleich höhere Dichte an Attraktionen bietet **Birjand,** die Hauptstadt der Provinz Süd-Khorasan. Mit knapp 200 000 Einwohnern ist sie die größte Stadt im weiten Umkreis und nach Mashhad und Zahedan die bedeutendste in Irans äußerstem Osten. Birjands Geschichte begann vor 4000 Jahren. Schon unter den Parthern und Sassaniden diente es als Bollwerk gegen Angreifer aus dem Osten. Später war es als Grenzfestung und zentrale Kreuzung von Fernhandelsrouten von Bedeutung, aber auch als letzte Zuflucht für verfolgte religiöse Minderheiten. Seit jeher und bis heute bekannt ist Birjand als Herkunftsort erlesener Teppiche und Anbaugebiet besonders qualitätvollen Safrans.

Akbariyeh-Garten

Garten und Museum tgl. 8–19 Uhr, 150 000 Rl.
Unter den Sehenswürdigkeiten ganz vorne rangiert der **Bagh-e Akbariyeh** باغ اکبریه. Er wurde in mehreren Etappen zur Zeit der Zand-Dynastie und der Qadscharen angelegt, misst 4,5 ha und genießt, weil er dem klassischen Muster des persischen Paradiesgartens folgt (s. Thema S. 59), seit 2011 den Status eines UNESCO-Weltkulturerbes. Im größeren seiner beiden Herrenhäuser hat man ein **regionalgeschichtliches Museum** موزۀ باستان‌شناسی و مردم‌شناسی eingerichtet.

Kerman und der Südosten

WANDERN IM UMLAND VON TABAS

Tour-Infos
Lage/Anfahrt: Zufahrt zu beiden Zielen im PKW problemlos möglich. Die letzten 5 km bis zur Schlucht bei Azmighan sind Schotterstraße.
Dauer: jeweils 2–4 Std.
Schwierigkeitsgrad: einfach

Unterkunft: In **Azmighan** ازميغان und **Kharvan** خروان gibt es Privatquartiere, man muss sich vor Ort durchfragen.
Wichtige Hinweise: In den extrem heißen Sommermonate meiden, genügend Trinkflüssigkeit mitnehmen. In beiden Schluchten sind wasserfeste Sandalen hilfreich.

Das Umland von **Tabas** wirkt auf den ersten Blick wüst und leer. Doch in manchen Tälern liegen üppig-grüne Oasen verborgen. In zwei davon kann man den Besuch mit kurzen, landschaftlich sehr reizvollen – und vergleichsweise kühlen – Schluchtenwanderungen koppeln.
Ein inzwischen viel frequentiertes Ausflugsziel ist die **Morteza-Ali-Quelle** چشمه آبگرم مرتضی علی (Cheshm-ye Abgarm-e Morteza Ali) in der Schlucht **Kal-Sardar**. Der Weg dorthin führt von Tabas ostwärts, am Hotel Narenjestan und später an einem Stausee vorbei, 18 km weit bis zum Dorf **Kharvan**. Dem Schild nach rechts Richtung »Morteza Ali Spa« folgend, zweigt nach einer 360-Grad-Kurve und weiteren 2 km rechts ein Sträßchen ab. An seinem Ende, einem flachen Flussbett, an dem

Von Kerman in Richtung Norden

einige Picknickpavillons stehen, parkt man den Wagen und wandert – teils durch warmes Wasser watend – das sich verengende Tal hinauf, vorbei an kleinen Quellen und Wasserfällen, bis man nach ca. 45 Min. die Hauptquelle erreicht. Hier können Männer in natürlichen Pools ein Bad nehmen. Das stark mineralhaltige Wasser aus diesem Tal bildet seit jeher die Grundlage für die Versorgung der Gärten und Felder in und um Tabas. Mancherorts kann man im Fels noch Spuren von Kanalbauten aus sassanidischer Zeit erkennen. Auch spätere Generationen nutzten das kostbare Nass systematisch. Eindrucksvolles Indiz dafür ist der **Shah-Abbasi-Damm** سد شاه عباسی طبس, vor dem steht, wer etwa 30 Min. durch die nunmehr sehr enge, wildromantische Klamm weiterwandert. Seine mächtige, gekrümmte Mauer wurde im 17. Jh. errichtet, nachdem an derselben Stelle schon die mongolischen Herrscher 300 Jahre zuvor das Wasser hatten stauen lassen.

Eine weitere wunderschöne Schlucht, genannt **Kal-e Jeni** کال جنیکال جنی, Canyon der Geister, wartet 48 km nördlich von Tabas am hinteren Ausgang des Ortes **Azmighan**. Die Anfahrt erfolgt über die **Flughafenstraße,** auf Höhe des Bahnhofs geht es rechts auf Asphalt bis zum Ort, danach noch ca. 5 km auf guter Schotterstraße bis zum Eingang in die ca. 600 m lange, völlig unberührte Schlucht. Wind und Wasser haben bizarre Formen aus dem Fels geschmirgelt. Die Wände verengen sich stellenweise bis auf 1 m. Streckenweise muss man durch recht tiefes, herrlich klares Wasser waten. Der ca. 600 m lange Canyon ist völlig unberührt, bislang fehlt jegliche Infrastruktur. Nicht versäumen sollte man auch einen Spaziergang flussabwärts, in Dorfnähe, entlang der idyllischen Gärten, Felder und Palmenhaine.

Ein Tipp für Entdecker mit Faible für historische Lehmarchitektur ist das schon recht tief in der Dasht-e Kavir gelegene Dorf **Pir Hajat** mit der Pilgerstätte **Mazar-e Pir Hajat** مزار پیرحاجات, einem interessanten Kuppelbau aus seldschukischer Zeit. Man erreicht es, indem man von der Fernstraße Richtung Khur kurz nach **Robat-e Gur** رباطگور, 48 km westlich von Tabas, nach Norden abzweigt, über **Halvan** حلوان auf befestigter Straße.

Shokatiyeh-Schule

Tgl. 9–18 Uhr, 100 000 Rl.

Zeitgeschichtlich hoch interessant ist die **Shokatiyeh-Schule** مدرسه شوکتیه. Deren Gebäude wurde in den 1890er-Jahren als Hosseiniyeh und theologisches Seminar erbaut, jedoch schon kurz nach der Jahrhundertwende in eine säkulare Schule umgewandelt – nach dem Dar al-Fonun in Teheran und der Rashidiyeh in Tabriz damals die landesweit dritte ihrer Art.

Kolah Farangi

Tgl. 8–20 Uhr, frei zugänglich

Als ein inoffizielles Wahrzeichen fungiert **Kolah Farangi** کلاه فرنگی, ein im ausgehenden 18. Jh. über sechseckigem Grundriss erbauter Palast, der mit seinen sechs um eine Brunnenhalle (Howzkhaneh) gebauten, sich nach oben hin verjüngenden Etagen einer Zikkurat nachempfunden ist und heute als Sitz des Provinzgouverneurs dient.

Burg

Tgl. 8–24 Uhr, 100 000 Rl.

Den Blickfang im Stadtbild bildet die mächtige, von Rundtürmen eingefasste **Qaleh** قلعه, die in ihrer heutigen Form in safawidischer Zeit errichtet wurde, vor allem zum Schutz vor usbekischen Eindringlingen.

Infos

Guter Guide: Frau Zahra Mahmoodi (engl., Tel. 0901 920 3199, negar.desert@gmail.com).

Festungsruine Furg ▶ T 11

Tgl. 9–18 Uhr, 150 000 Rl.

Noch sehr viel beeindruckender ist die etwa 95 km östlich von Birjand gelegene, über 800 Jahre alte **Festungsruine Furg** قلعه یا ارگ تاریخی فورگ. Die Anfahrt erfolgt auf der Straße nach Zahedan über Mud, 20 km danach biegt man links in Richtung Asadiyeh ab.

Traditionsbewusste Belutschen wagen am Sandstrand von Chabahar ein Tänzchen

Übernachten, Essen & Trinken

Viersterneresort – **Mountains Grand Hotel:** Zolfaghari Tourist Village, Payambar-e Azam Blvd., Tel. 056 583 23 368-70, www.bmgh.ir. Wenige Autominuten südlich der Stadtgrenze in angenehm kühler Höhen- und Ruhelage, vor pittoresker Gebirgskulisse. Solider Komfort, ansprechendes Panoramarestaurant, weitläufige Gartenanlage mit Teichen. DZ ab 2,3 Mio. Rl.

Funktionell – **Tourism Hotel:** Imam Khomeini Sq., Tel. 056 3223 2039. Kein Ausbund an Charme und wenig atmosphärisch, aber ordentlich geführt und mit sauberen Zimmern. DZ 1,4 Mio. Rl.

Aktiv

Bei Einheimischen beliebte, an Feiertagen jedoch entsprechend überlaufene Ausflugsorte sind der nur 5 km südlich der Stadt gelegene **Stausee Band-e Darreh** und, ganz in der Nähe, der **Chardeh-Wasserfall.**

Verkehr

Flug: Der **Airport** (XBJ) liegt 5 km außerhalb der Stadt. Von dort starten regelmäßig Flüge nach Teheran und Mashhad.
Bus: Der **Busterminal** liegt im Nordosten der Stadt, am Mosafer Blvd., auf dem Weg Richtung Flughafen. Schienenanbindung besitzt Birjand keine.

Sistan und Belutschistan

Den von Touristen frequentierten Routen noch ferner liegt der äußerste Südosten Irans, die Doppelprovinz **Sistan und Belutschistan.** Ihr von Salzseen, sandigen Steppen und kahlen Gebirgszügen geprägtes Landschaftsbild, das extreme Klima und ihre Abgeschiedenheit machen sie zu einer unwirtlichen Region. Hinzu kommt die politische Instabilität: Aufgrund der Nähe zu Afghanistan und Pakistan tummeln sich hier Drogenschmuggler. Der Staat versucht zwar, ihnen das Handwerk zu legen.

Mehrere Zehntausend Soldaten und Polizisten, etwa ein Zehntel der iranischen Sicherheitskräfte, sind ständig zum Sichern der gefährdeten Grenze abkommandiert, und seit 1979 etliche Tausend im Kampf gegen die Banditen umgekommen. Zusätzlich destabilisierend wirken die Aktivitäten der **Dschundollah,** einer ihrem Selbstverständnis nach religiös motivierten Gruppe von Rebellen, die für die Interessen ihrer unterdrückten sunnitischen Glaubensbrüder, der **Belutschen,** zu kämpfen vorgibt. Das Siedlungsgebiet dieses Volkes, in der Antike als Gedrosien, später auch unter dem Namen Makran bekannt, erstreckt sich traditionell nach Südafghanistan und weit ins heutige Westpakistan hinein. Im ausgehenden 19. Jh. wurde es durch eine künstliche, später durch die Gründung des Staates Pakistans noch verfestigte Grenze zerteilt. Die »Soldaten Gottes« (Dschundollah) haben in Sistan und Belutschistan seit 2005 eine Reihe blutiger **Anschläge** verübt und werden von Irans Zentralregierung als terroristische Organisation bekämpft. Wirklich unter Kontrolle hat Teheran das dünn besiedelte und schwer zugängliche Gebiet aber nicht.

Wegen der **prekären Sicherheitslage** ist zurzeit von Reisen in die Region abzuraten. Zumal der in den 1970er-Jahren viel befahrene Hippie-Trail, die Route von Bam über Zahedan ins pakistanische Quetta und weiter Richtung Indien, nicht nur aus der Mode gekommen ist, sondern wegen der rigorosen Überwachung durch Uniformierte auch jeglichen Charme verloren hat. Von den sicherheitspolitischen Unwägbarkeiten im südwestlichen Pakistan ganz zu schweigen. Das Auswärtige Amt schreibt zu dem Thema: »In diesem Gebiet besteht ein erhebliches Entführungs- und Anschlagsrisiko. Dies betrifft insbesondere das Gebiet im Dreieck zwischen den Städten Zabol, Bam und Chabahar. Stabiler ist die Lage in der Hafenstadt Chabahar selbst, sofern der Luftweg für die Anreise genutzt wird.« Weiterhin rät es dringend davon ab, auf dem Landweg nach Pakistan oder Afghanistan zu reisen. Als Grund wird das erhebliche Überfall- und Entführungsrisiko auf der Strecke Zabol–Zahedan genannt.

Eine Reiseregion der Zukunft?

Solchen gegenwärtig berechtigten Warnungen zum Trotz besteht die Hoffnung, dass sich die Lage mittelfristig bessert und die bis jetzt vernachlässigte, bettelarme Doppelprovinz in späteren Buchauflagen guten Gewissens als Reiseziel beschreibbar sein wird. Denn neuerdings investiert die Teheraner Zentralregierung verstärkt in die Sicherheit der Region. Und erste Kampagnen zur touristischen Bewerbung auf dem Inlandsmarkt wurden bereits lanciert. Als Leitprojekt gilt der mit indischem Geld geplante, massive Ausbau des Hafens von Chabahar samt leistungsstarker Straßen- und Schienenanbindung bis hinauf nach Afghanistan. Damit will man dem kriegsversehrten Binnenland den Export seiner reichen Bodenschätze im großen Stil ermöglichen und im geostrategischen »Great Game« um großräumige Einflusszonen den Chinesen Paroli bieten, die auf pakistanischer Seite, in Gwadar, einen riesigen Hochseehafen gebaut haben.

Im Folgenden werden die allerwichtigsten Attraktionen dieser mit über 180 000 km² größten, jedoch nur von 2,8 Mio. Menschen bewohnten Provinz skizziert.

Zahedan, Zabol und Chabahar

Ihre Hauptstadt, **Zahedan,** ist eine gesichtslose, flache und staubige Stadt mit 850 000 Einwohnern. Touristisch ist sie nur insofern von Belang, als sie die letzte Station vor der 100 km entfernten Grenze zu Pakistan bei Mirjaveh/Taftan darstellt und Durchreisenden eine hilfreiche Infrastruktur bietet – Hotels, Einkaufsmöglichkeiten, ein Konsulat für pakistanische Visa sowie eine direkte Anbindung an das Eisenbahnnetz des Nachbarstaates. Bislang wenig attraktiv sind auch die beiden anderen Hauptorte der Region: **Zabol** (220 km weiter nördlich), das zudem unter besonders schlimmer Luftverschmutzung leidet, und der 770 km oder zwölf Busstunden entfernte, an der brütend heißen Küste des Golfs von Oman gelegene Freihandelshafen **Chabahar.**

Kuh-e Khajeh ▶V14

Hobbyarchäologen hat der Großraum jedoch allerlei Spannendes zu bieten. Besonders zwei Ruinenstätten in der Region Sistan, der im Altertum unter den Namen Drangiana und später Sakastan bekannten, äußerst fruchtbaren und bis zum Mongolensturm vergleichsweise dicht bevölkerten Beckenlandschaft im Norden, seien hier erwähnt: zum einen die Reste der parthisch-frühsassanidischen Siedlung **Kuh-e Khajeh** کوه خواجه. Sie liegt etwa 30 km südwestlich von Zabol auf einer Basaltinsel inmitten des Hamun-Sees und umfasst zwei Burgruinen sowie Fragmente einer Palastanlage und eines Feuerheiligtums. Im Winter, bei Niedrigwasser, ist sie für gewöhnlich zu Fuß zu erreichen. Im Frühjahr jedoch, wenn der im afghanischen Kuh-e-Baba-Massiv entspringende Fluss Helmand anschwillt, muss man in einem der *tuten,* der kleinen Boote aus Schilfrohr, übersetzen.

Shahr-e Sukhteh ▶V 14

Die zweite Ruinenstätte von Rang, genannt **Shahr-e Sukhteh** شهر سوخته, die ›verbrannte Stadt‹, erstreckt sich 60 km südlich von Zabol auf einem flachen Hügelrücken. Hier förderten italienische Archäologen in den 1960er-Jahren aus mehreren durch eine dicke Kruste aus salziger Tonerde konservierten Schichten Siedlungsreste aus dem 4. bis 2. Jt. zutage. Sie belegen die Existenz einer schon sehr früh ungewöhnlich großen Stadt mit einer stark arbeitsteiligen Gesellschaft, die bereits vor 5000 Jahren in regem kommerziellen und kulturellen Austausch mit Völkern Zentralasiens und Mesopotamiens, später auch mit Anrainern des Indus und vor allem mit den Elamitern stand. Unter den Funden: Grundmauern eines großen Gebäudekomplexes, der offenbar einem Feuer zum Opfer fiel (daher der Name der Stätte); weiterhin Keramik, Schmuck, Werkzeuge, eine Vielzahl von Lehmfiguren und ein mehr als 20 ha großer, aus Abertausenden Hockgräbern bestehender bronzezeitlicher Friedhof – der größte je in Vorderasien entdeckte.

Sistan und Belutschistan

Zwischen Zahedan und Chabahar

Unterwegs in Belutschistan fällt eine Reihe mächtiger Zitadellen ins Auge. Die wohl imposanteste überragt das Städtchen **Bampur,** westlich von Iranshahr. Sehenswert ist auch der etwa 800 Jahre alte **Friedhof** گورستان von **Haftad Molla** هفتاد ملا. Seine weiß getünchten Gräber ducken sich unweit der Stadt **Nokabad** in eine schmale Felsnische.

Nur 20 km östlich davon erhebt sich der **Kuh-e Taftan** کوه تفتان der mit einer Höhe von über 4000 m höchste unter den noch halbaktiven Vulkanen Irans. Die Natur ist in großen Teilen der Doppelprovinz so gut wie unberührt und dort, wo es das vielerorts fehlende Wasser gibt, äußerst fruchtbar.

Speziell entlang der Küste, im Großraum von Chabahar, erweist sie sich streckenweise von berückender Schönheit. Hier, am Golf von Oman, erheben sich die **Marsberge** کوههای مریخی (Kuhha-ye Merikhi), die zu den beeindruckendsten Erosionslandschaften Irans zählen.

Im Hinterland gibt es Schlammvulkane تپه گل‌فشان (Tape-ye Gelfeshan) und noch von Krokodilen bevölkerte Flüsse, etwa den **Sarbaz** سرباز. Und mancherorts reichen von Palmen durchsetzte Sanddünen bis direkt an das türkisfarbene Meer.

Verkehr

Flug: Am bequemsten ist, auch wegen der enormen Distanzen, das Flugzeug. Zahedan, Zabol und Chabahar werden mehrmals wöchentlich von Teheran aus direkt angeflogen, Zahedan auch von einigen anderen iranischen Großstädten. Von Zahedan besteht eine Flugverbindung ins pakistanische Qetta und nach Chabahar, das man seinerseits auch von Dubai und Muscat ansteuern kann.

Bahn: Per Bahn ist, von Kerman und Bam aus, nur Zahedan erreichbar. Die Weiterfahrt nach Pakistan ist prinzipiell möglich.

Bus: Mit Bussen sind alle Städte und auch kleinere Ortschaften erreichbar. Doch ihre Benützung ist für westliche Individualreisende, deren Präsenz sich wie ein Lauffeuer herumspricht, ohne einheimische Begleitung aus Sicherheitsgründen nicht ratsam.

Haftad Molla, der »Friedhof der Sieben Geistlichen«

Kapitel 5

Der Nordosten

Der heiligste Ort Irans und vermutlich der größte Schrein der Welt: Das Mausoleum von Reza Ali, dem Achten Imam, in Mashhad, der Metropole des Nordostens, ist in diesem Landesteil ohne Zweifel der größte Besuchermagnet. Doch sein Glanz sollte die anderen Attraktionen nicht völlig überstrahlen. Denn die Region, identisch mit einem Teil der historischen Kulturlandschaft Khorasan, birgt eine Reihe weiterer Höhepunkte, die den langen Weg aus Teheran oder dem zentralen Hochland lohnen.

So erblickten etliche der größten persischen Dichter hier das Licht der Welt und starben auch hier. Die Gräber etwa von Attar und Omar Khayyam in Nishapur oder des Nationaldichters Firdausi in Tus gelten Literaturfreunden entsprechend als Wallfahrtsorte. Entlang der Route der einstigen Seidenstraße haben sich im Abstand von Tagesetappen mächtige Karawansereien und in den Handelsstädten auch einige der ältesten Moscheen des Landes erhalten. An der turkmenischen Grenze, in Kalat, schuf sich der Feldherr Nadir Schah seinen Sonnenpalast, und an der afghanischen Grenze warten einzigartige Windmühlen sowie der grandiose Grabkomplex eines Sufi-Mystikers auf Besucher.

Auch die Natur hält, obwohl sie auf den ersten Blick mit ihren kahlfelsigen Bergketten und trockenen Sandsteppen eher abweisend wirkt, Überraschungen bereit. Ein einzigartiges Farbenspektakel z. B. in Form der Sinterterrassen von Badab-e Surt oder eine von seltenen Tierarten bevölkerte Wüste mit beeindruckenden Dünenlandschaften wie im Khar-Turan-Nationalpark. Dann wären da noch die weltberühmten Türkise aus den Minen des Binalud-Gebirges, die man, roh oder in Ringe gefasst, zuhauf in den Basaren der Städte findet. Und natürlich der Safran, Irans Rotes Gold – seine Ernte im Herbst mitzuverfolgen ist ein Erlebnis, das jede Reise zusätzlich würzt.

Sinterterrassen von Badab-e Surt: Ein zauberhaftes Farbenspiel
belohnt für die Reise in diesen abgelegenen Winkel Irans

Auf einen Blick: Der Nordosten

Sehenswert

Khar-Turan-Nationalpark: Intensiv die Schönheit der Großen Wüste und mit etwas Glück sogar einige ihrer vierbeinigen oder geflügelten Bewohner erleben kann man auf einer Tour in dieses 14 000 km² große Schutzgebiet. Schlicht, aber sehr stimmungsvoll ist die Übernachtung in einer der entlegenen Oasen (s. S. 469).

Nishapur: Die einstige Hauptstadt der Provinz Khorasan ist nicht nur seit jeher für ihre reichen Türkisminen bekannt, sondern auch für die Gräber zweier unsterblicher Dichter: des Mystikers Farid ad-Din Attar und des auch als Universalgelehrter zu Weltruhm gelangten Omar Khayyam (s. S. 471).

⭐ **Mashhad**: Das Mausoleum von Ali Reza, dem Achten Imam, gilt als größter Schrein der Welt und spiritueller Mittelpunkt Irans. Sein Besuch hinterlässt auch bei Nicht-Muslimen unauslöschliche Eindrücke (s. S. 474).

Schöne Routen

Nach Kalat-e Naderi: Ein Tagesausflug von Mashhad nordwärts an die turkmenische Grenze zum Palast des Feldherrn und Afsharen-Herrschers Nadir Schah führt durch eine streckenweise wunderschöne Gebirgskulisse. Unterwegs sollte man unbedingt einen Zwischenstopp am Grab des Nationaldichters Firdausi in Tus einlegen (s. S. 486).

Richtung afghanische Grenze: Die – übrigens völlig gefahrlose – ein- bis zweitägige Rundfahrt von Mashhad in den äußersten, mehrheitlich von Sunniten bewohnten Nordosten offenbart eine zusätzliche Facette Irans. Highlight beim Sightseeing ist das Mausoleum des Sheikh Ahmad in Torbat-e Jam (s. S. 488). Im Herbst kann man zudem die Safranernte mitverfolgen (s. S. 492).

Meine Tipps

Karawanserei-Hotel Miyandasht: Unterwegs auf der Fernstraße Teheran–Mashhad, findet man in allen Städten moderne Unterkünfte. Authentischer ist die Übernachtung in diesem 400 Jahre alten Gemäuer, das nach langem Leerstand kürzlich als schmuckes Hotel wiedereröffnet wurde (s. S. 469).

Windmühlen von Nashtifan: In dem kleinen Dorf im äußersten Osten wartet ein faszinierendes Beispiel genialisch-praktischer Gebrauchsarchitektur auf Entdeckung – ein ganzes Ensemble hölzerner Mühlen samt Lehmhäusern für die Mahlwerke, wie sie früher in der windreichen Region Süd-Khorasan zuhauf in Betrieb waren (s. S. 490).

Ein Besuch in Mashhad ist besonders an Aschura ein eindrucksvolles Erlebnis

Sinterterrassen von Badab-e Surt: Ausflug zu einem einzigartigen Fest der Farben, inszeniert von Mutter Natur in einem entlegenen Hochtal mithilfe stark mineralhaltiger Quellen (s. S. 466).

Von Teheran nach Mashhad

Diese 900 km lange Strecke führt, der uralten Route der Seidenstraße folgend, am Nordrand der Dasht-e Kavir entlang durch überwiegend wüste Landschaft. Für Abwechslung sorgen alte Handelstädte wie Semnan und Damghan. Für seine Dichtergräber und Türkise berühmt ist Nishapur. Ausflüge ins Hinterland, etwa zu den Sinterterrassen von Badab-e Surt oder in den Khar-Turan-Nationalpark, versprechen besondere Naturerlebnisse.

Khorasan, »Land der aufgehenden Sonne«, heißt die Großregion im Nordosten Irans seit jeher. Sie reichte zu Zeiten der persischen Großreiche weit über das heutige Staatsgebiet hinaus bis nach Zentralasien und Nordafghanistan. In ihren jetzigen Grenzen umfasst die Region Khorasan, die 2004 aus verwaltungstechnischen Gründen in drei Provinzen, Nord-, Razavi- und Süd-Khorasan zergliedert wurde, insgesamt eine Fläche von über 300 000 km² – fast ein Fünftel des iranischen Bodens. Sie ist damit nur wenig kleiner als Deutschland, freilich mit ihren offiziell nicht einmal 8 Mio. Einwohnern ungleich dünner besiedelt.

Die Lebensader dieses Großraums war seit Menschengedenken die **Seidenstraße,** jene insgesamt 14 000 km lange Transkontinentalverbindung von China bis ans Mittelmeer, die nicht nur als Handelsweg für begehrte Güter, sondern auch als Kulturbrücke zwischen Morgen- und Abendland diente, über die Erfindungen und neue Gedanken ausgetauscht wurden. Ihre Hauptroute verlief von China durch Zentralasien nach Nishapur, weiter über Damghan, Semnan und Ray, von wo ein Strang nördlich über Tabriz nach Konstantinopel, ein zweiter, südlicher über Hamadan, Bagdad und Palmyra nach Antiochia beziehungsweise Damaskus und Kairo führte. Ihre alte Trasse ist mehr oder weniger identisch mit der modernen Fernstraße, auf der heute zwischen Teheran und Mashhad, der Hauptstadt Khorasans, der Überlandverkehr rollt. Und auf der die Mehrheit der Überlandreisenden sich dem Nordosten des Landes annähert. Sie verläuft zunächst durch die Provinz Semnan, dort, wo die Ausläufer des Elburs-Gebirges auf die Große Salzwüste Dasht-e Kavir treffen.

Durch die Provinz Semnan

Für die Fahrt von Teheran in die Provinzhauptstadt Semnan stehen prinzipiell zwei Routen zur Auswahl. Die kilometermäßig kürzere führt, zeitweise mit Blick auf den Damavand, durch die Ausläufer des südöstlichen Elburs-Gebirges nach Firuzkuh und von dort Richtung Südosten. Über weite Strecken geradliniger, als Autobahn ausgebaut und deshalb bequemer zu befahren – wenn auch 20 km länger – ist die in der Ebene über Pakdasht und Garmsar verlaufende Fernstraße Nummer 44.

Varamin ▶ J 8

Ein erster kurzer Abstecher führt, 40 km hinter Teheran Richtung Süden abbiegend, in die Kleinstadt **Varamin.** Von ihrer Blütezeit als Handelsposten im 13. und 14. Jh. zeugen einige Grabtürme und Mausoleen. In ihrer schlichten Strenge beeindruckend ist die **Freitagsmoschee** مسجد جامع, eine der frühesten Vier-Iwan-Anlagen des Landes. Der erhaltene Kuppelraum ist mit Stuckfriesen, Ziegel- und Fliesenornamenten verziert.

Durch die Provinz Semnan

Semnan ▶ L 7

Einen etwas längeren Aufenthalt lohnt **Semnan,** Hauptstadt des gleichnamigen Verwaltungsbezirks. 650 000 Einwohner verteilen sich auf einer Fläche von der Größe des Freistaates Bayern. Im Laufe seiner bewegten Vergangenheit wurde Semnan immer wieder erobert und zerstört, im Zentrum blieben aber einige historische Bauten erhalten.

Altes Stadttor

Wahrzeichen von Semnan ist das dreiteilige **Darwazeh-ye Arg** دروازه ارگ, das am Nordrand der Altstadt in der Mitte eines umtosten Kreisverkehrs an der Taleqani-Straße steht. Mit seinen bunten Fliesen und der zierlich-verspielten Silhouette erweist es sich als typisch qadscharisch. Über dem Durchgang ist der mythologische Kampf Rostams gegen den Weißen Dämon dargestellt.

Freitagsmoschee
Ganztägig geöffnet

Die am Südrand des Basars gelegene **Masjed-e Jame** مسجد جامع soll bereits im 8. Jh. gegründet worden sein, aus dieser Zeit sind in der Nordosthalle der Moschee noch einige Säulen erhalten. Der heutige Bau stammt aber überwiegend aus timuridischer Zeit (frühes 15. Jh.). Deutlich älter, nämlich seldschukisch, sind der schöne Stuck-Mihrab vis-à-vis dem Eingang in die Gebetshalle und das etwas abseits stehende Minarett mit seinen für das 11. Jh. typischen Ziegelornamenten und dem kufischen Schriftband.

Soltani-Moschee
Tgl. 8–13, 16.30–19.30 Uhr

Erst im 19. Jh. unter Fath Ali Schah errichtet, also für iranische Verhältnisse extrem jung, ist die 200 m östlich gelegene **Masjed-e Imam** مسجد سلطانی, ehemals Masjed-e Soltani. Sie wird heute auch als Medrese genutzt. Ihre vier Iwane gruppieren sich um einen begrünten Innenhof und sind mit farbigen Glasurziegeln verkleidet, ebenso wie die durch doppelgeschossige Arkaden gegliederten Verbindungstrakte.

Hazrat-Museum
Tel. 023 3333 1204, tgl. außer Fr 9–12, 15–19 Uhr, 100 000 Rl.

In der Markthalle des Basars, die ein originelles, fast alpin anmutendes Holzdach gegen Sonne und die seltenen Niederschläge schützt, führt ein niedriges Tor in das ehemalige **Hamam-e Pahneh** حمام پهنه, ein im 15. Jh. errichtetes Badehaus. Seine Räumlichkeiten wurden zu einem ansprechenden **Volkskundemuseum** موزه مردم‌شناسی umfunktioniert. Aus der Vielzahl an Exponaten ragen Architekturbilder und Modelle der Grabtürme in Damghan sowie archäologische Funde vom dortigen Grabungshügel, dem Tepe Hissar, heraus.

Übernachten

Die folgenden beiden Unterkünfte eignen sich als Basisquartier für einen früh startenden Ausflug nach Badab-e Surt.
… in Sangesar:
Komfortabel – **Darband:** Sangesar Park St., Sangesar,16 km nördlich von Semnan, Tel. 023 3366 9611-15, www.hoteldarband.com. Der recht gediegene Kasten thront hoch über der Hauptstraße nach Shahmirzad, an der Zufahrt zur – tagsüber immer zugänglichen – Darband-Tropfsteinhöhle. Absolut ruhig, unterschiedlich große Zimmer, schöne Aussicht, gutes Restaurant. DZ inkl. Frühstück 2,25 Mio. Rl.
… in Shahmirzad:
Preisgünstiger Geheimtipp – **Farhangian:** Chashm St. (Zufahrt über Imam Sq.), Shahmirzad, knapp 30 km nördlich von Semnan, Tel. 023 3366 4114, 3366 6045. Am Nordrand des Städtchens zu Füßen der Felswand sehr ruhig in einem Garten gelegen, dient dieser ungewöhnliche Rundbau eigentlich als Seminarquartier für Lehrer. Die geräumigen Suiten sind jedoch auf Tagesbasis mietbar. Suite mit 2 Betten plus 3 Matratzen 700 000 Rl.

Essen & Trinken

Zu Recht populär – **Mashahir:** Qods St., an der Westseite des Mashahir Sq., Tel. 023 3334 6829, tgl. 7–24 Uhr, durchgehend warme Küche. Markenzeichen dieses beliebten Souterrainlokals sind seine kuriose Einrichtung mit 3D-Reliefs von Persepolis und ein Palmen-

SINTERTERRASSEN VON BADAB-E SURT

Start: Semnan oder Damghan
Lage/Anfahrt: Luftlinie etwa auf halbem Weg zwischen Damghan und Sari; der Ort ist nur mit dem Pkw erreichbar; genaue Route von Damghan oder Semnan s. unten. Anfahrt auch aus Sari über Kiyasar möglich.

Dauer: Fahrzeit für eine Strecke ca. 90 Min., Gehzeit vom Parkplatz 30–40 Min.
Schwierigkeitsgrad: einfach
Wichtiger Hinweis: Proviant muss mitgebracht werden, nur zur Hochsaison betreiben Anrainer einige ambulante Getränkebuden.

Zugegeben, eine Handvoll ähnlicher **Sinterterrassen** gibt es auf der Welt – die Mammoth Hot Springs im Yellowstone-Nationalpark etwa, jene im westtürkischen Pamukkale oder an Kroatiens Plitvicer Seen. Aber so tief in den Farbtopf gegriffen hat Mutter Natur nur in dieser abgelegenen Ecke Irans, im Grenzgebiet zwischen den Provinzen Semnan und Mazandaran. Man stelle sich vor: ein fast menschenleeres Hochtal, gut 1800 m über dem Meer. Hoch droben auf einem Abhang treten zwei warme Mineralquellen zutage. Das Wasser der einen ist stark salz- und kohlensäurehaltig – *badab* bedeutet übersetzt Gas-Wasser. Es soll zudem eine heilkräftige Wirkung haben, vor allem bei Rheuma und Hautkrankheiten. Viele Ausflügler nehmen daher in den größeren Teichen am Rand des Geländes ein Bad und bestreichen mit dem Schlamm ihre Hände.
Die zweite Quelle weist einen extrem hohen Gehalt an Eisenoxid auf. Seit Jahrtausenden fließen die beiden Wasser den Berg hinab. Bei der Abkühlung kristallisieren Kalksedimente aus, formen Terrassen aus Travertin, denen das Eisen eine je nach Jahres- und Tageszeit zwischen Gelb, Orange und Rostrot changierende Färbung verleiht. Weil sich die Mineralien oben, nahe der Quelle ablagern, wird das Wasser zum Tal hin klarer, verwandelt sich **Badab-e Surt** باداب سورت in eine fantastische Spiegeltreppe, deren Stufen Himmel und Sonnenstrahlen reflektieren.
Noch ist der Ort bei Ausländern kaum bekannt, Iraner jedoch kommen zu den Ferienzeiten immer zahlreicher. Schon ist die Umgebung von Geländewagenreifen zerfurcht, werden an den schmalen Sinterdeichen erste Schäden sichtbar. Was den Ort bisher einigermaßen schützt, sind seine Abgeschiedenheit und die spärliche Beschilderung. Die ersten Etappen der Anfahrt sind noch problemlos zu bewerkstelligen: Von **Semnan** führt der Weg über **Mahdishahr** مهدی‌شهر nach **Shahmirzad** شهمیرزاد, dort hält man sich rechts und überquert einen Pass, um kurz nach **Foulad Mahalleh** فولادمحله links Richtung **Kiyasar** کیاسر abzubiegen. Von **Damghan** nähert man sich Badab-e Surt über **Cheshmeh Ali** چشمه علی. Aber dass es 13 km nach der Vereinigung der beiden Straßen, in **Valuyeh Sofla** ولویه سفلی, vis-à-vis der Polizeikontrolle rechts abgeht, muss man wissen. Das verrät kein Schild. Von dort führt eine gute Asphaltstraße 25 km geradeaus, ehe links ein Schild den Weg zum Dorf **Orest** weist. An der Weggabelung kann man den PKW parken und in Pick-up-Taxis umsteigen. Oder man fährt rechts und dann gleich wieder links, dem Schild »Sort Spring« folgend. 6 km noch auf holpriger Schotterstraße, dann ist kurz nach einem Weiler, an einer durch einen Autoreifen markierten Gabelung Schluss. Die Pick-ups quälen sich hier die steile, desolate Piste hoch. Angesichts der beeindruckenden Bergnatur lohnt es, die letzte Wegetappe zu Fuß zurückzulegen.

teich mit Brunnen in der Mitte. Alles was auf den Tisch kommt ist köstlich, besonderer Leckerbissen: Tahchin Sangsari, im Ofen gebackenes Safranrisotto mit Geschnetzeltem und Joghurt, für etwa 250 000 Rl.

Volkstümlich – **Majlis Afroos:** Qods St. (nordöstliche Ausfallstraße), nahe Imam Reza Sq., neben der Polizeistation, Tel. 023 3334 1441-2, Frühstück 7–11, Mittagessen 11–15, Abendessen 19–22 Uhr. Beliebt bei Familien, daher etwas laut und hektisch, aber herzhafte Kost, Spezialität: Lammkeule und -kebab. Hauptgerichte 200 000–270 000 Rl.

Verkehr

Bahn: Vom Bahnhof ca. 1,5 km südlich des Zentrums verkehren mehrmals täglich Schnellzüge nach Teheran bzw. Mashhad.

Damghan ▶ M 6

Über Jahrhunderte hinweg Hauptstadt regionaler Provinzen, heutzutage freilich eher provinziell ist die Stadt **Damghan,** 105 km nordöstlich der Hauptroute gelegen. Sie ist berühmt für ihre qualitätvollen Pistazien. Als wichtiger Handelsposten stand sie wie Semnan mehrfach im Zentrum von Kampfhandlungen. Etliche schwere Erdbeben taten ein Übriges. Es erstaunt, dass an einem so geschundenen Ort einige der wertvollsten Zeugnisse früher iranischer Baukunst erhalten blieben. Eindrucksvoll ist die um 920 errichtete, in qadscharischer Zeit renovierte Stadtmauer.

Tarikhaneh-Moschee

So–Fr 8–12, 15–18 Uhr, 150 000 Rl.
Höhepunkt einer Stadtbesichtigung ist die **Masjed-e Tarikhaneh** مسجد تاریخانه, Irans ältester erhaltener islamischer Sakralbau. Die Anlage, die etwa 500 m südöstlich des Hauptplatzes (Meydan-e Imam) liegt, stammt im Kern aus der Zeit um 760. Mit ihrem weitläufigen, an drei Seiten von Arkaden gesäumten Hof und den von mächtigen Rundpfeilern gestützten Gebetssaal gleicht sie früharabischen Vorbildern. Das hohe, mit Ziegelornamenten verzierte Minarett stammt aus dem 11. Jh.

Freitagsmoschee

Ein weiteres, etwa 30 m hohes Ziegelminarett aus seldschukischer Zeit ragt keine zehn Gehminuten nordöstlich jenseits der Hauptstraße auf. Es gehört zur **Masjed-e Jame** مسجد جامع, die im 19. Jh. neu erbaut wurde, und bietet ein weiteres Superlativ: Sein Inschriftenband aus glasierten Ziegeln gilt als ältestes erhaltenes Beispiel in Iran für diese Dekorationstechnik.

Grabtürme

Den Schlüssel für den Pir-e Alamdar bewahrt der Wärter der Tarikhaneh-Moschee, Hr. Arabozorg Emadi, Tel. 0919 333 0393, 50 000 Rl.
Einer der ältesten Grabtürme des Landes ist der keine 100 m entfernt stehende **Pir-e Alamdar** برج پیرعلمدار aus dem Jahr 1026. Im Inneren verläuft unter der flachen Kuppel ein strahlend blaues Inschriftenband. Auffallend schöne Ziegelornamente schmücken das Äußere, ebenso wie beim nur wenig jüngeren **Chehel Dokhtaran** چهل دختران (»Turm der 40 Töchter«), der nahe dem Imam-Platz emporragt.

Tepe Hissar

Im Südosten der Stadt liegt, von der Bahnstation über ein Sträßchen erreichbar, die Grabungsstätte **Tepe Hissar** تپه حصار. Schon zwischen den Weltkriegen förderten auf diesem kargen, vom Schienenstrang zerteilten Hügelgelände amerikanische Archäologen bis zu 7000 Jahre alte Siedlungsreste zutage. Zum Vorschein kam bei der Gelegenheit auch eine imposante Ruine aus sassanidischer Zeit. Die wertvollsten Fundstücke, Keramiken aus dem 4. und 3. Jt. sowie Schmuck, Gold- und Silbergefäße aus dem 3. und 2. Jt. sind im Nationalmuseum in Teheran zu sehen.

Übernachten & Essen

Tadellos – **Tourist Inn:** In der Nordecke des Mellat Park, Shomal Blvd., Tel. 023 3524 2070, www.ittic.com. Adrettes Haus in Motelbauweise, ansprechende Zimmer, ebensolches Restaurant. DZ 1,8 Mio. Rl.

Zweckdienlich – **Amir:** Barzesh Sq. (am großen Fußballpokal im Kreisverkehr erkennbar),

Tel. 023 523 222. Das wird keine unvergessliche Nacht. Aber ein Dach überm Kopf, ein sauberes Bett und Sanitärräume sowie Essen sind gewährleistet. DZ 900 000 Rl.

Verkehr
Bahn: Vom Bahnhof im Südosten der Stadt verkehren mehrmals täglich Schnellzüge nach Teheran bzw. Mashhad.

Sharud und Bastam ▶ N 6

Die Stadt **Shahrud**, 165 km nordöstlich von Damghan an der Hauptstraße nach Mashhad gelegen, ist eine dynamische Industrie- und Universitätsstadt mit über 150 000 Einwohnern. Sieht man vom recht netten **Basar** und dem **ethnologischen Museum** موزه مردم‌شناسی mit Funden aus Tepe Hissar ab, gibt es nicht viel Sehenswertes. Doch man muss nur auf der Straße Richtung Gonbad-e Kabus (s. S. 172) 7 km nordwärts fahren. Dort steht im vermutlich schon vor 2500 Jahren gegründeten **Bastam** eine seldschukische, um 1300 erneuerte **Freitagsmoschee** مسجد جامع, flankiert von einem ebenfalls aus mongolischer Zeit stammenden, reich verzierten **Grabturm** برج کاشانه بسطام. 30 vertikale Rippen gliedern die Fassade. Die Ortschaft ist in ihrer Gesamtheit von Wehrmauern aus qadscharischer Zeit umgeben.

Sheikh-Bayazid-Mausoleum
Gelände tgl. von Sonnenaufgang bis 22 Uhr, Grabbau 8–12 Uhr

Hauptattraktion von Bastam ist aber zweifellos das **Aramgah-e Sheikh Bayazid** مقبره بایزید بسطامی. Dieser bis heute hochverehrte Mystiker und Dichter lebte und arbeitete im 9. Jh. Um sein schlichtes, im Hof unter freiem Himmel gelegenes Grab entstand im Laufe der Zeit ein verwinkelter Gebäudekomplex – ein reizvolles Sammelsurium aus Grabstätten, Moscheen, Koranschulen, Gebets- und Schlafsälen. Fotogene Blickfänge sind das Mausoleum des Ilkhaniden-Herrschers Ghazan Khan und das Imamzadeh Mohammed, zwei von türkisfarben gefliesten Kegeldächern bekrönte Grabbauten aus dem 13./14. Jh.

Übernachten
... in Sharud:

Gepflegt – **Paramida:** Daneshgar Blvd., westlich der Stadt von der Autobahn abzweigen, das Hotel liegt gleich an der Stadteinfahrt auf der rechten Seite, Tel. 023 3239 3841-9, www.hotelparamida.com. Großer Komplex mit einzelnen Pavillons, die Rezeption befindet sich im ersten rechts bei der Einfahrt, sehr komfortabel ausgestattete Suiten, Swimmingpool, Restaurant im für Feste konzipierten Haupttrakt. Suite für 2 Pers. 3,5 Mio. Rl.

... in Bastam:

Propere Mittelklasse – **Tourist Inn:** Shahid Motahari Park, Shahid Beheshti Blvd., am Ende der vom Heiligtum weiterführenden Pinienallee, dem Taleghani Blvd., hinter dem Spielplatz, Tel. 023 325 222 62, www.ittic.com. Freundlich-helle Anlage mit nur 15 Zimmern, in ruhiger Lage und von Grün umgeben, gutes Restaurant. DZ 1,65 Mio. Rl.

Essen & Trinken
... in Sharud:

Exzellent – **Haft Khan:** Ferdowsi St. zwischen Azadi und Imam Reza Sq., nahe der nördlichen Stadtausfahrt Richtung Bastam, Tel. 023 3222 2440, tgl. 7–1(!) Uhr durchgehend warme Küche. Modernes, schickes Ambiente, klassische Musik im Hintergrund, professioneller Service, Speisen in großer Auswahl und ausgezeichneter Qualität; nicht ganz billig, aber ein Gedicht: Lammkeule mit Reis (um 450 000 Rl.), zur Verfügung steht auch ein Apartment für 4 Pers. (um 2,5 Mio. Rl.). Hauptgerichte ab 180 000 Rl.

Qaleh-ye Bala ▶ O 6

Ein landschaftlich reizvoller, speziell für Wüstenliebhaber lohnender Schlenker führt 13 km östlich von Mayamey von der Hauptroute südwärts durch eine staubtrockene Ebene nach **Biyarjomand** بیارجومند. Von dort den Wegweisern Richtung Kharturan خارتوران und Kashmar nach Osten folgend, gelangt man, weiterhin auf tadellosem Asphaltband, nach 18 km über Khankhodi خانخودی nach **Qaleh-ye Bala** قلعه بالا. Das mit seinen terrassierten Lehmhäusern malerisch am Fuß ei-

Durch die Provinz Semnan

KARAWANSEREI-HOTEL MIYANDASHT

Aufgrund des gnadenlosen Klimas und der häufigen Überfälle war der Karawanenhandel bis in das 20. Jh. hinein ein zwar einträgliches, aber riskantes Geschäft. Den Händlern, die durch die menschenfeindlichen Steppen und Wüsten zogen, boten außerhalb der wenigen Städte und Oasen lediglich Karawansereien Schutz. Entlang der ehemaligen Seidenstraße säumen noch etliche solcher wehrhaften, einst im Abstand von Tagesetappen errichtete Raststationen die Schnellstraße, viele davon ließ um 1600 Schah Abbas errichten. Auf gut erhaltene Exemplare trifft man z. B. in **Deh Namak** ده نمک, (gut 40 km hinter Garmsar), und Richtung Osten weiterreisend in **Lasjerd** لاسجرد und **Ahovan** آهوان.

Die imposanteste Anlage, eine Gruppe von drei Karawansereien, die einst über 2000 Reisenden Platz boten, steht an der Strecke von Shahrud nach Sabzevar, 45 km östlich von **Mayamey** میامی, in **Miyandasht** میاندشت. Die mit Abstand größte, einen safawidischen Bau, hat man sorgsam renoviert, sie wird nun wieder ihrem ursprünglichen Zweck entsprechend genutzt. Die Zimmer beziehen historische Mauern und Ziegelgewölbe ein und sind trotz der Lage an der Hauptstraße ruhig. Dazu gibt es ein gutes Restaurant und eine Verkaufsausstellung für Kunsthandwerk. Gastrobetrieb von Nowruz bis Ende Okt., Hotelbetrieb ganzjährig, Tel. 095 1173 1515, 0912 473 8779, www.miandasht. com, DZ 800 000 Rl.

---

nes Bergmassivs gelegene Dorf hat sich in den letzten Jahren zu einem populären Ausflugsziel entwickelt. Schon sind die Straßen säuberlich gepflastert, verkaufen Bewohnerinnen an Ständen Souvenirs. Die ersten Lokale haben eröffnet und eine Reihe privater Quartiere steht Übernachtungsgästen zur Verfügung. Ein Dorfspaziergang eröffnet erhebende Ausblicke über die Gärten ins extrem kahle Umland, und die Fahrt ins 35 km entfernte **Naturreservat** bei **Delbar** دلبر die Möglichkeit zur Begegnung mit seltenen Tieren.

Khar-Turan-Nationalpark
▶ N 6

All das ist freilich nur ein Vorspiel für das Wüstenerlebnis, das im Hinterland wartet. Die gesamte Nordostecke der Dasht-e Kavir, der Großraum westlich der Strecke Sabzevar–

Bardeskan, von wo man ebenfalls zufahren kann, ist eine extrem aride Zone mit karger Steppe, Salzseen und spektakulären Sanddünen. Ihre Oasensiedlungen – **Ahmadabad** احمدآباد etwa, **Zamanabad** زمان‌آباد, **Solhabad** صلح‌آباد und **Rezaabad** قضاآباد – sind trotz ihrer Abgeschiedenheit gut durch Straßen erschlossen und in den letzten Jahren zu Treffpunkten von Offroad-Abenteurern und Freunden unberührter Wüstennatur geworden. Das Gebiet gehört zum **Nationalpark Khar Turan** پارک ملی خارتوران. Dieser ist mit 14 000 km^2 der zweitgrößte Nationalpark Irans und eines der letzten Rückzugsgebiete für den Asiatischen Gepard (s. S. 28). Die Chancen auf eine Begegnung mit dieser scheuen Raubkatze sind freilich gering. Auch den hier heimischen Leopard, den Karakal oder Wüstenluchs wird man kaum zu Gesicht bekommen, mit einiger Wahrschein-

Von Teheran nach Mashhad

Berauschende Gottessuche: Omar Khayyams Mausoleum ist einem Weinkelch nachempfunden

lichkeit aber eine Herde von persischen Wildeseln, Gazellen, wilde Ziegen und Bussarde, Falken, Geier und Adler.

Übernachten
... in Qaleh-ye Bala:
Zimmer mit Aussicht – **Mahmud Ajami:** am Ende des Dorfzentrums links hügelan, Tel. 0912 373 2651, 0918 882 0510. Willkommen im Haus des Bürgermeisters, dem höchstgelegenen im Dorf. Traditionelle Zimmer, sauber, mit Matratzen auf Teppichen, toller Fernblick von der Terrasse, schmackhafte Hausmannskost. 1 Mio. Rl. pro Pers. inkl. VP.

Nach Sabzevar ▶ O–Q 6

Östlich von Shahrud bietet die Straße über die folgenden 300 km kaum Nennenswertes. Fast schnurgerade und bestens ausgebaut führt sie an den nördlichen Ausläufern der Dasht-e Kavir entlang. Nur einige Karawansereien, ein Imamzadeh und ein schönes Ziegelminarett, beide nach 270 km in **Sabzevar,** und eine Handvoll gesichtsloser Orte mit ebensolchen Kebab-Stuben unterbrechen für kurze Zeit die Monotonie. Nicht ohne Grund pflegten in früheren Zeiten die Karawanenhändler von diesem Teilstück der Seidenstraße als der »Etappe des Horrors« zu sprechen.

Übernachten
... in Sabzevar:
Ideal für Durchreisende – **Kamelia:** Sarbedaran Sq. bzw. Blvd., am westlichen Stadtrand, gleich bei der Autobahn, Tel. 057 44222 0001, info@kameliahotel.com. Modernes Mittelklassehaus, gut geführt, mit nettem Restaurant, in der Lobby bietet die **Reiseagentur Kamelia Seir** (Tel. 0915 313 9984, Alizadeh 437@yahoo.com) organisierte Trips in die Wüste, speziell in den Khar-Turan-Nationalpark. DZ 2,2 Mio. Rl.

Von Nishapur Richtung Osten

Nishapur ▶ S 6

Wirklich spannend wird es auf der Hauptstrecke erst wieder 112 km vor Mashhad, in **Nishapur** (auch Neyshabur). Die zu Füßen des Binalud-Gebirges gelegene Siedlung wurde vom Sassanidenkönig Shapur I. im 3. Jh. n. Chr. gegründet. 200 Jahre später, unter Yazdgerd, stieg sie kurzfristig zur Residenzstadt auf. Fortan sollte Niv-e Shapur, »Schapurs gutes Werk«, über Jahrhunderte Hauptstadt Khorasans und eine blühende Handelsmetropole bleiben. Die Seldschuken machten die Stadt zu einem der intellektuellen Zentren der islamischen Welt – mit mehreren Medresen, reichhaltig bestückten Bibliotheken und zwei Universitäten, an denen Geistesgrößen wie der Theologe, Philosoph und Mystiker al-Ghasali lehrten. Außerdem besaß Nishapur damals weithin berühmte Keramikmanufakturen.

Im ausgehenden 12. und frühen 13. Jh. bereiteten turkmenische Plünderer, mehrere Erdbeben und schließlich die Mongolen der Glanzzeit ein Ende. Nishapur wurde zwar nach jeder Zerstörung wieder aufgebaut, stand jedoch fortan immer mehr im Schatten des Pilgermagneten Mashhad. Heute zählt es wieder eine Viertelmillion Einwohner, die vorrangig von Landwirtschaft und Bergbau leben. Berühmt ist Nishapur für seine Türkisminen (s. Tipp S. S. 473) und für mehrere Gräber bedeutender Persönlichkeiten.

Mausoleen von Mohammad Mahruq und Omar Khayyam

Ganzjährig tgl. 8–22 Uhr, 150 000 Rl.

Erster Anlaufpunkt ist für gewöhnlich der am südöstlichen Stadtrand gelegene **Bagh-e Mahrugh**. In dieser Parkanlage ehrt das mit safawidischen Fliesen dekorierte **Grabbau von Mohammad Mahruq** آرامگاه محمد محروق aus dem 13. Jh. einen Nachfahren des Siebten Imams.

Vor allem aber steht hier, flankiert von einem durchaus sehenswerten **Museum,** das **Mausoleum von Omar Khayyam** آرامگاه عمر خیام, ein moderner Bau von 1963. Ob einem die filigrane Betonkonstruktion gefällt, ist Geschmackssache – originell ist sie allemal. Ihr Schöpfer, der iranische Architekt Houshang Seyhoun, empfand ihre Form einem umgestülpten Weinkelch nach. Er spielte damit auf zwei zentrale Motive aus Khayyams dichterischem Werk an: die unvermeidliche Vergänglichkeit aller Dinge und den roten Rebensaft als ein den Menschen zumindest zeitweise von seinen Zweifeln und Wahrnehmungsgrenzen befreiendes Lebenselixier. Weit wichtiger noch als die Architektur ist freilich der geistige Gehalt der Stätte. Denn im Westen mag ›Omar, der Zeltmacher‹ vor allem für jene teils freigeistig-frivolen, teils mystisch-pantheistischen Vierzeiler berühmt sein, die Edward Fitzgerald im 19. Jh. kongenial ins Englische übersetzte. Iraner hingegen verehren in dem 1125 verstorbenen Universalgelehrten vor allem den genialen Astronomen und Mathematiker, der eine (allerdings nie verwirklichte) Kalenderreform sowie für eine Vielzahl fundamentaler Probleme der Algebra und Geometrie revolutionierende Lösungen ersann.

Grabmäler von Farid ad-Din Attar und Kamal-ol-Molk

Ganzjährig tgl. 8–20 Uhr, 150 000 Rl.

Nur 1 km westlich steht in einem kleineren, ebenfalls sehr gepflegten Park das **Grabmal von Farid ad-Din Attar** فریدالدین عطار, einem weiteren großen Mystiker und Dichter. Der Autor des »Parlaments der Vögel«, eines Schlüsselwerks der Sufi-Literatur, tat – vermutlich unter dem Schwerthieb eines Mongolenkriegers – um 1220 in Nishapur seinen letzten Seufzer. Er ruht in einem türkisblau-weiß-gelb gefliesten, im 17. Jh. über achteckigem Grundriss errichteten Kuppelbau.

Gleich daneben erhebt sich das **Mausoleum von Kamal-ol-Molk** کمال الملک, ein weiterer Bau von Seyhoun aus den frühen 1960er-Jahren. Der Maler (1847–1940) und Gründer einer Kunstschule gilt als Wegbereiter der modernen Kunst in Iran und ist bei seinen Landsleuten höchst angesehen.

Von Teheran nach Mashhad

Übernachten & Essen

Luxusbleibe – **Amiran Grand:** Imam Khomeini Ave., gegenüber Melli Park, Tel. 051 4333 8222, www.amirangc.com. Nichts für Traditionalisten mit schmalen Brieftaschen, aber ideal zum Verwöhnen zwischendurch. Internationales Viersterne-Plus-Haus als Teil eines 2016 eröffneten, ultramodernen Shopping- und Bürokomplexes, mit mehreren eleganten Restaurants, großem Pool- und Spa-Bereich, professionell gemanagt. DZ ab 4 Mio. Rl.

Nettes Gartenhotel – **Kamal Ol Molk:** Modares St. nahe Khayyam Sq., Tel. 051 4221 8630. Angenehme Bleibe in der Nähe des Kamal-ol-Molk-Mausoleums mit hellen, geräumigen Zimmern; traditionelles Restaurant, charmantes Gartencafé, aber auch Küchen für Selbstversorger. Außenbereich sehr grün, aber in etwas gewöhnungsbedürftigem, rustikalem Blockhütten-Styling, großer Freiluftpavillon mit Holzbetten zum Chillen. Das Hotel vermittelt auch geführte Touren in die Wüste oder nach Abyaneh. DZ 2,1 Mio. Rl.

Essen & Trinken

Guter Autobahnstopp – **Eram:** gut 20 km östlich von Nishapur, am Ostrand der Ortschaft Qadamgah, links der Autobahn nach Mashhad, Tel. 051 431 224 983, tgl. 6–24 (!) Uhr durchgehend warme Küche. Tadellose Standardkost, u. a. Chelo Kebab, Lamm mit Reis und Huhn mit Berberitzenreis. Hauptgerichte ab 160 000 Rl.

Einkaufen

Souvenirs – Auf dem Gelände des **Omar-Khayyam-Mausoleums** lädt nicht nur ein nettes Teelokal zur Einkehr, es gibt auch allerlei zu kaufen: Eine Galerie bietet Türkise feil (s. Tipp S. 473), ein kleiner, aber feiner Buch- und CD-Laden führt sogar ins Deutsche übersetzte Lyrik von Omar Khayyam im Sortiment. Nur im Frühsommer im Angebot ist in Flaschen abgefüllter Rhabarbersaft, eine örtliche Spezialität.

Fundgruben für Souvenirs sind auch der zentrale **Basar** und die Kunsthandwerksläden in der **Schah-Abbas-Karawanserei.**

Verkehr

Bahn: Der **Bahnhof** liegt am Südrand der Innenstadt, wenige Taximinuten von den Gräbern entfernt. Der Nachtzug aus Teheran hält hier frühmorgens – ein gutes Timing für die Besichtigungen und die Weiterfahrt am selben Tag nach Mashhad.

Bus: Vom **Busterminal** am südöstlichen Stadtrand, unmittelbar neben der Autobahn, fahren regelmäßig Busse und Sammeltaxis nach Mashhad und Sabzevar/Teheran.

Fushenjan ▶ S 6

Zu sehen gibt es dort nichts, für religionsgeschichtlich Interessierte mag es aber interessant sein: Im Dorf **Fushenjan** ca. 10 km östlich von Nishapur soll um die Mitte des 13. Jhs. Haji Bektash Vali geboren worden sein. Der Sufi-Mystiker gab dem Derwischorden der Bektashiyya Namen und geistiges Fundament und wird vor allem von Millionen türkischer Aleviten sehr verehrt.

Qadamgah ▶ S 6

Einen weiteren Stopp vor Mashhad kann man 20 km östlich von Nishapur in **Qadamgah** قدمگاه einlegen, dem »Ort des Fußes«. Nur einen Katzensprung von der Autobahn entfernt, wölbt sich hier ein safawidischer Kuppelbau über einem schwarzen Stein mit zwei Fußabdrücken. Die Spuren soll Imam Reza höchstpersönlich hinterlassen haben. Das erklärt, warum die Bauherren an Fliesenschmuck nicht sparten.

Karawanserei Fakhr-e Davud ▶ S 6

56 km östlich von Nishapur und 65 km vor Mashhad zweigt von der Autobahn eine kurze Stichstraße Richtung Norden ab, an deren Ende man die safawidische **Karawanserei Fakhr-e Davud** کاروانسرای فخر داوود erreicht. Bastionen verleihen ihr einen wehrhaften Charakter. Ihre Räumlichkeiten nutzen heute Behörden, man darf sich aber umsehen und in der Regel auch auf das Dach steigen.

Von Nishapur Richtung Osten

TÜRKISE AUS NISHAPUR

Nishapur ist schon seit der Antike für seine **Türkise** berühmt. Von hier gelangte das blaugrüne Mineral vermutlich zum ersten Mal nach Europa. Der **Berg Ali Mersai** nahe der Stadt zählt mit jenen auf der Sinai-Halbinsel zu den ältesten bekannten Fundstätten überhaupt. Die hiesigen Türkisminen sind seit über 2000 Jahren in Betrieb und gelten nach wie vor als die ergiebigsten der Welt.

Als Schmuckstein, vor allem in Ringe gefasst, sind Türkise beliebte Souvenirs. Esoterisch Interessierte sprechen dem Halbedelstein **heilkräftige** und **magische Eigenschaften** zu. So wird er gerne als Talisman verwendet, der Gesundheit, Liebe, Wohlstand und Glück bringen soll. Reisende tragen ihn als Amulett, da er angeblich hilft, unterwegs Gefahren abzuwehren und eine sichere Ankunft zu gewährleisten.

Quellen für Qualitätsstücke sind die einschlägigen Läden rund um den Großen Schrein in Mashhad, vor allem im Reza-Basar. In Nishapur kauft man gut in der **Schah-Abbas-Karawanserei** und im zentralen **Basar**. Eine gut sortierte Schmuckgalerie befindet sich aber auch auf dem Gelände des **Omar-Khayyam-Mausoleums.** Nicht 100-prozentig auszuschließen ist das Restrisiko, als Laie einem Trickser auf den Leim zu gehen, der synthetisch hergestellte Steine als echte verkauft.

Der Handel mit Türkisen ernährt in Nishapur heute wie damals seinen Mann

Mashhad und Umgebung

Publikumsmagnet in Irans zweitgrößter Stadt ist das Mausoleum Ali Rezas, des Achten Imams. Der Lokalaugenschein am spirituellen Nabel des Landes ist auch für Nicht-Muslime ein beeindruckendes Erlebnis. Außerdem lassen sich von Mashhad aus lohnende Ausflüge ins Umland unternehmen, etwa nach Torqabeh, Shandiz, Kang und zum Grab Firdausis in Tus.

Mashhad ▶ T 6

Cityplan: S. 479
Mashhad, die rund 3 Mio. Einwohner zählende Hauptstadt der Provinz Razavi-Khorasan, ist nicht nur das spirituelle Herz Irans, sondern dank ihrer fruchtbaren Umgebung und rasch wachsenden Industrie hinter dem Großraum Teheran auch sein zweitwichtigster Wirtschaftsstandort. Eines sei vorweggestellt: Obwohl Mashhad 2017 als eine der offiziellen ›Hauptstädte der islamischen Kultur‹ gefeiert wurde, ist es in seiner Gesamtheit nicht übermäßig einladend. Die Stadt liegt auf knapp 1000 m Seehöhe im breiten Tal des Flusses Kashaf Rud, das im Norden wie im Süden von hohen Gebirgszügen eingefasst wird. Im Sommer meist sehr heiß, im Winter beißend kalt mit Schnee oft von November bis März, ist sie trotz diverser Parks von fahler Grundfarbe, weitgehend flach und eher gesichtslos. Abgesehen vom Heiligen Bezirk um das Grab des Achten Imams bietet Mashhad kaum nennenswerte Sehenswürdigkeiten. Ein Besuch des Haram-e Razavi hinterlässt jedoch unvergessliche Eindrücke – nicht nur wegen der baulichen Pracht, sondern auch wegen der speziellen Geistigkeit, die die Anlage verströmt.

Geschichte

Der Begriff *mashhad,* »Stätte des Martyriums«, bezeichnet bei den Zwölfer-Schiiten generell das Grab eines ihrer Imame. So heißt etwa die Grabmoschee des in Kerbela gefallenen Sohnes von Ali im irakischen Najaf Mashhad Husayn. Fehlt die nähere Bestimmung, ist mit Mashhad stets das Grab Ali Rezas und der um diese Keimzelle gewachsene, gleichnamige Ort im Nordosten Irans gemeint. Letzterer, heute die reiche Hauptstadt der Provinz Razavi-Khorasan, hieß ursprünglich Sanabad und war ein unscheinbares Dorf. Ein solches wäre er wohl geblieben, hätte den Achten Imam im Jahre 818 nicht just hier sein Tod ereilt. Schon 809 war der Kalif Harun ar-Raschid auf einem Kriegszug in Sanabad gestorben und begraben worden. Neun Jahre später machte sein Nachfolger Mamun in Begleitung seines Schwiegersohnes und künftigen Erben Ali Reza auf dem Weg von Merw nach Bagdad hier Station, als Letzterer völlig unerwartet starb. Und zwar, so will es zumindest die Legende, an vergifteten Trauben, die ihm der Kalif hatte überbringen lassen. Prompt galt Reza beim Volk als Märtyrer. Über dem Grab entstand ein Mausoleum, das in den folgenden Jahrhunderten etliche Male zerstört und wieder aufgebaut wurde.

Als vom 15. bis zum 17. Jh. das persische Safawidenreich immer wieder Krieg gegen die Osmanen führte, war es für die Schahs stets ein Ärgernis, wenn wohlhabende Schiiten mit wertvollen Geschenken im Gepäck über die südwestliche Grenze ins Feindesland zogen – nach Najaf und Kerbela, Samarra und Bagdad, wo Ali und Hussein bzw. der Siebte, Neunte, Zehnte und Elfte Imam begraben liegen. Vielleicht war dies, neben der generellen Stärkung des Schiismus als neuer Staatsreligion und ihrer eigenen Profilierung gegenüber dem Volk als wahre ›Vorkämpfer des Glaubens‹, ein Mitgrund dafür, dass sie die beiden weniger bedeutenden, aber auf heimischem Boden gelegenen Grabmoscheen in Qom und Mashhad aufwerteten. Im Falle von Mashhad war es besonders Schah Abbas I., der die Grabkammer mit einer goldenen Kuppel bekrönen, Minarett und Haupt-Iwan vergolden, mehrere zusätzliche Herbergen und Koranschulen bauen ließ und der Stadt damit ihren bis heute gültigen Rang als die religiöse Metropole des Landes verlieh. Zu Hilfe kam ihm, dass damals ein örtlicher Mullah ›zufällig‹ den bis dahin ›wenig bekannten‹ Ausspruch des Siebten Imams entdeckte, demzufolge ein Besuch am Grab seines Sohnes 70 000-mal größere Gnade bringe als selbst eine Wallfahrt nach Mekka.

Gegenwart

Das Heiligtum liefert Mashhad heute mehr denn je seine eigentliche Raison d'être, strömen doch aus dem ganzen Land, aber auch aus Zentralasien, Pakistan, dem Libanon und anderen Regionen, in denen Schiiten leben, Jahr für Jahr an die 30 Mio. Pilger herbei, um Seelenenergie zu tanken. Zugleich blickt die Stadt auf eine weltliche Karriere zurück: So diente sie dem Begründer der Afscharen-Dynastie Nadir Schah von 1736 bis 1747 als Residenz, was ihrer baulichen Infrastruktur zugute kam.

Für einen Modernisierungsschub sorgte auch Schah Reza Pahlevi. Mit der ihm eigenen Kompromisslosigkeit ließ er in den 1930er-Jahren zur Schaffung breiter Boulevards Schneisen in die alte Bausubstanz schlagen. Die kurz nach dem Zweiten Weltkrieg fertiggestellte Bahnlinie nach Teheran und mehr noch der Mitte der 1990er-Jahre eröffnete Schienenstrang zur turkmenischen Grenze bei Sarakhs machten Mashhad zu einer Drehscheibe des Güterverkehrs. Vorwiegend freilich lebt die Stadt, die in den 1980er-Jahren Hunderttausenden Kriegsflüchtlingen aus dem Grenzgebiet zum Irak und aus Afghanistan zur neuen Heimat wurde, von Landwirtschaft, Textil-, Metall- und Lebensmittelindustrie, Automobil- und Teppichproduktion. Motor dieser stürmischen Entwicklung ist Astan-e Quds-e Razavi –

WISSENSWERTES FÜR DEN SCHREINBESUCH

Prinzipiell können auch Nicht-Muslime jeden der insgesamt sieben Haupteingänge in das Gelände des Imam-Reza-Heiligtums benutzen. Praktischerweise betritt man das Areal jedoch am Ende der Shirazi-Straße im Nordwesten. Denn gibt man sich dort gegenüber einem Torwächter als nicht-muslimischer Gast aus dem Ausland zu erkennen, wird man von ehrenamtlichen, äußerst zuvorkommenden, englischsprachigen Helfern abgeholt und in das gleich rechts um die Ecke, im Ghadir-Hof gelegene **Empfangsbüro für Touristen** (Revaq Qadir) geführt. Dort erhält man Auskünfte und kostenloses Informationsmaterial, sogar eine deutschsprachige Bildbroschüre, und kann ein Video über das Heiligtum ansehen. Von hier starten auch regelmäßig einstündige auf Englisch gehaltene **Führungen** durch das Areal. Manchmal werden auch deutschsprachige Führungen angeboten. Nicht-Muslime haben **Zutritt in die Mehrzahl der Höfe und in alle Museen,** nicht aber in den Schrein und die angrenzenden Grabräume und auch nicht in die Goharshad-Moschee.

Vor Betreten des Haram hat man sich, seit 1994 in dem Areal eine Bombe 27 Pilger tötete, am Eingang einer peniblen **Sicherheitskontrolle** zu unterziehen und Taschen sowie Kameras in Verwahrung zu geben. Handys mit Kamerafunktion können merkwürdigerweise mitgenommen und auf dem Gelände auch zum Fotografieren genutzt werden. Frauen unterliegen strikter **Tschador-Pflicht** (Achtung, anderswo besorgen und mitnehmen, da nicht ausleihbar!).

Mashhad und Umgebung

jene mehr als 1000 Jahre alte »Stiftung des heiligen Bezirks des Imam Reza«, der rund die Hälfte des Immobilienbesitzes in Mashhad sowie große Teile der umliegenden Region gehören. Sie kontrolliert eine eigene Freihandelszone, besitzt Hotels, Fabriken, Banken und Baukonzerne, beschäftigt Abertausende Menschen und besitzt ein immenses – aller Wahrscheinlichkeit nach auf keine Weise versteuertes – Vermögen von Abermilliarden Dollar.

Imam-Reza-Heiligtum 1

Info-Tel. für Touristen 051 3200 2800, www.imamrezashrine.com, Gelände 24 Std. zugänglich, Museen tgl. 8–12, zentrales Museum 8–17 Uhr, Zutritt und Führungen gratis, Sammelticket Museen 10 000 Rl.

Der heilige Bezirk, **Haram-e Motahar-e Razavi** حرم مطهر رضوى, liegt im Schnittpunkt von vier schnurgeraden Hauptstraßen und bildet mit seiner strahlenden Goldkuppel das unübersehbare Zentrum der Stadt. Im Laufe der Jahrhunderte ist rund um den heutigen baulichen Kern aus dem 12. Jh. ein gigantischer Komplex aus mehr als zwei Dutzend Gebäuden gewachsen – Moscheen, Koranschulen, Verwaltungsbüros, Gästehäuser, Armenküchen und ein Spital –, die durch vier riesige Innenhöfe miteinander verbunden und seit ein paar Jahren von einer über 1km langen, vierspurigen unterirdischen Ringstraße samt Tiefgaragen eingefasst sind.

Der gesamte heilige Bezirk ist dank des Reichtums der Stiftung in tadellosem Erhaltungszustand und wird ständig mit kostbarsten Materialien weiter ausgebaut. Nacht für Nacht reinigen die *khuddam,* die Diener des Astan-e Quds-e Razavi, Rezas Grabmal und besprengen es mit Rosenwasser. Sog. *hoffaz* rezitieren ohne Unterlass den Koran. Und tagtäglich werden für die Pilger besondere Süßigkeiten gebacken und tausende Besucher, auch Nicht-Muslime, in einem Restaurant gleich hinter dem Eingang großzügig verköstigt. Für das Gratis-Mahl benötigt man nur einen der Jetons, die in Hotels, am Flughafen und an diversen anderen Orten an Neuankömmlinge kostenlos verteilt werden.

Imam-Reza-Mausoleum

Den räumlichen und spirituellen Mittelpunkt des Komplexes bildet naturgemäß das **Mausoleum Imam Rezas** حرم امام رضا. Es liegt an der südwestlichen Seite des von doppelstöckigen Arkaden und vier mächtigen Iwanen gesäumten Alten Hofes, dem **Sahn-e Enqelab.** Das Fliesendekor des Nordost-Iwans aus dem 17. Jh. sucht im Iran seinesgleichen. Das Innere des Südwest-Iwans ließ Nadir Shah im 18. Jh. vollständig mit Gold verkleiden. Die Grabkammer selbst ist mit funkelnden Spiegel- und Fliesenmosaiken ausgelegt. Sowohl der Eingangs-Iwan als auch das darüber befindliche Minarett und die mächtige Kuppel sind von einer 2 cm dicken Goldschicht überzogen. Ein fast 2 m hohes Inschriftenband verläuft um den Tambour. Der eigentliche Sarkophag ist 10 m lang und wird von einem

goldenen Gitter eingefasst, das täglich Tausende von Gläubigen voller Ehrfurcht und Inbrunst mit Händen und Lippen berühren. Faszinierend zu beobachten ist draußen auf dem Enqelab-Hof der nicht enden wollende Strom von Pilgern, unter ihnen viele Rollstuhlfahrer, Behinderte, aber auch Männer mit Särgen auf den Schultern, die gekommen sind, um Linderung ihrer Leiden bzw. Segen für den Verstorbenen zu erbitten.

Goharshad-Moschee

Im Südwesten direkt an das Mausoleum angrenzend erhebt sich die **Goharshad-Moschee** مسجد گوهرشاد. Benannt wurde sie nach ihrer Erbauerin, der Lieblingsfrau des im frühen 15. Jh. regierenden Timuridenherrschers Shahrokh. Mit ihren vier Iwanen, der von zwei Minaretten flankierten blauen Kuppel und dem vielfarbigen, florale und geometrische Muster bildenden Fliesendekor gilt sie als einer der prächtigsten Sakralbauten Irans. Allerdings handelt es sich nur noch bei einigen Bauteilen um Originale.

Museen

Das zentrale **Astan-e Quds-e Razavi Museum** موزه آستان قدس رضوی präsentiert, auf vier Geschosse verteilt, Architekturelemente und Weihgaben, u. a. kostbare Keramiken, Kalligrafien, Lackarbeiten, Lesepulte, safawidische Waffen, Gebetsnischen, die 500 Jahre alten vergoldeten Tore des Schreins und prachtvolle Alams (bei Prozessionen getragene Standarten) sowie, in einer eigenen Gemäldegalerie, auch Bilder europäischer Genre-, Veduten- und Stilleben-Maler. Außerdem gibt es ein **Anthropologisches**

Glitzernde Gigantomanie: Das Heiligtum von Mashhad gilt als größter Schrein der Welt

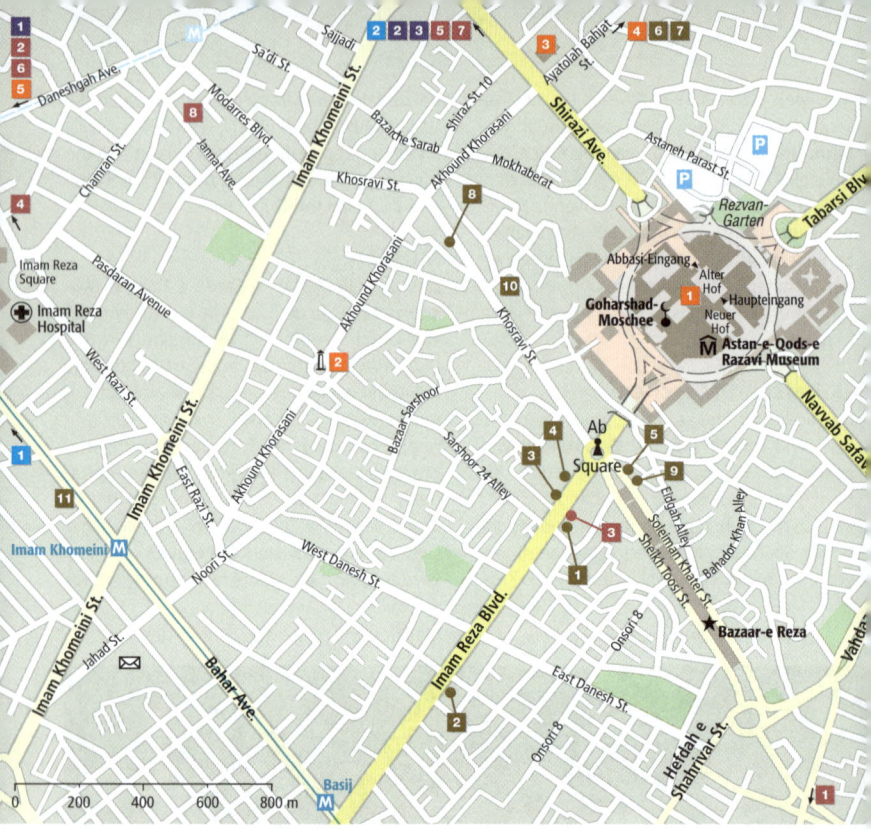

Museum موزه مردم‌شناسی, ein **Koranmuseum** mit mehr als hundert handgeschriebene Kostbarkeiten und ein exquisit bestücktes **Teppichmuseum** موزه فرش.

Grüner Grabturm und Nadir-Shah-Mausoleum

Nadir-Shah-Mausoleum tgl. 9 Uhr bis 30 Min. vor Sonnenuntergang, 150 000 Rl.

Außerhalb des Heiligen Bezirks verdienen in Mashhad zwei Bauten nähere Betrachtung: Zum einen der ca. 1 km westlich des Schreins auf einem kleinen Platz an der Akhound Khorasani gelegene **Grüne Grabturm** 2 (Gonbad-e Sabz) – ein gut erhaltenes Mausoleum aus safawidischer Zeit mit grüner Kuppel. Es ist leider meistens geschlossen. Zum anderen, in einem Park an der Shirazi-Straße, das moderne **Nadir-Shah-Mausoleum** 3 mit einer Statue des kriegerischen Herrschers, der Mashhad von 1736 bis 1747 zu seiner Hauptstadt machte. Ein kleines **Museum** zeigt Waffen aus seiner Epoche.

Khajeh-Rabi-Mausoleum 4

Tagsüber frei zugänglich, erreichbar per Taxi oder Bus vom Meydan-e Kuh-e Sangi

4 km nördlich des Stadtzentrums steht inmitten eines zum Märtyrerfriedhof umfunktionierten Garten **Boqeh-ye Khajeh Rabi** آرامگاه خواجه ربیع, das über achteckigem Grundriss erbaute Mausoleum von Khajeh-Rabi. Den Kuppelraum dieses Baus, dessen Architekt übrigens auch den legendären Taj Mahal im indischen Agra schuf, zieren Wandmalereien und wunderschöne Inschriften des Meisterkalligrafen Reza Abbasi aus dem 16. Jh.

Mashhad

Sehenswert
1. Imam-Reza-Heiligtum
2. Grüner Grabturm
3. Nadir-Shah-Mausoleum
4. Khajeh-Rabi-Mausoleum
5. Museum zur Geschichte der Region Khorasan

Übernachten
1. Almas 1
2. Almas 2
3. Javad
4. Mashhad
5. Atrak
6. Tabaran
7. Diplomat
8. Iran
9. Razavieh
10. Noor
11. Vali's Homestay

Essen & Trinken
1. Baba Ghodrat
2. Moein Darbari
3. Ali
4. Naseem
5. Pesaran-e Karim
6. Grill House
7. Ace Burger
8. Hezardestan

Abends & Nachts
1. Sugar (Shekar) Café
2. Fenjon

Aktiv
1. Kuh-e Sangi Park
2. Mellat Park
3. Water Waves Land

Museum zur Geschichte der Region Khorasan 5

Mitte 2017 stand die Eröffnung eines **Museums zur Geschichte der Region Khorasan** موزه تاریخی مشهد kurz bevor. Praktische Details waren noch ungeklärt. Aber die prononciert moderne Architektur des Baus an der Westseite des Kuh-e-Sangi-Parks – eine zeitgenössische Interpretation von Nadir Shahs Sonnenpalast – verheißt Spannendes.

Moderne Skulpturen

Einen charmanten Zusatzaspekt liefern, über die Stadt verstreut, eine Vielzahl künstlerisch hochwertiger **moderner Skulpturen.** Jedes Jahr kurz vor Nowruz findet unter den örtlichen Bildhauern ein Wettbewerb statt, bei dem die Bevölkerung über eine Online-Umfrage die gelungensten auswählt.

Infos

Visa für Transitreisende: Generalkonsulat von Turkmenistan, Imam Khomeini St. 34, nahe Dahe Day Sq., Tel. 051 3854 7066, **Generalkonsulat von Afghanistan,** Akhund-e Khorasani St. 23, Tel. 051 3854 4829.
Englischsprachiger Guide: Mohammad Kaffash, Tel. 0915 305 2874, m.kaffash.ghouchani@gmail.com.

Übernachten

Für die Unterbringung der Pilgermassen sorgen in Mashhad im Nahbereich des Schreins mehrere Hundert Hotels. Mehr als in jeder anderen Stadt kommt es saisonal zu extremen Preisschwankungen. In der Nebensaison sollte man unbedingt versuchen, einen deutlichen Rabatt *(takhfif)* auszuhandeln.
Pompöse Großhotels – **Almas 1** 1 **und Almas 2** 2 **:** beide: Imam Reza St., Tel. 051 380-58, für Reservierungen -57, www.hotelalmas.com. Zwei Zwillingshäuser unter einem Namen und Management, 5 Gehminuten vom Westtor des Schreins entfernt. Glamourös aufgedonnerte Entrees, aber professionell geführt, gepflegt, Rundum-Service vom Gratis-Airport-Shuttle bis zum Beauty- und Massagesalon für Sie und Ihn, traditionelles Teehaus, Coffeeshop, Royal Restaurant. Die Qualität der Zimmer schwankt überdurchschnittlich, aber für das Gebotene unterm Strich preisgünstig. DZ 3,7 Mio. Rl.
Elegant – **Javad** 3 **:** Imam Reza Ave., bei Alley 3, Tel. 051 3222 4135, www.javadhotel.com. Nobelhotel mit echten vier Sternen, keine 5 Min. zu Fuß vom Schrein, geschmackvolles, modern-reduziertes Interieur, Komfortausstattung, feines Frühstück und Restaurant, Old-Style-Coffeeshop, das aufmerksame Management spricht fließend englisch, nach Zimmern in oberen Stockwerken mit Schrein-Blick fragen! DZ ab 3,5 Mio. Rl.

Mashhad und Umgebung

Bewährt ohne Pomp – **Mashhad** 4 : Imam Reza Ave., Tel. 051 322 22 666, www.mashhad-hotel.com. Pionier unter den bürgerlich-gehobenen Hotels der Stadt, Mitte der 1970er-Jahre eröffnet, behagliches Ambiente mit dezentem Schick, Gym, Beauty-Salon, Spa nur für Frauen, recht gemütliches Restaurant. EZ 2,5 Mio. Rl., DZ 3,4 Mio. Rl.

Hochwertige Mittelklasse – **Atrak** 5 : Beit ol-Moghadas Sq., Tel. 051 3364 7093-9, www.atrakhotel.com. Elegantes Ambiente, professionelles Personal, zentrale Lage, 2 Gehminuten vom Westtor des Haram. Im Bar-Restaurant auf dem Dach (tgl. 16–23.30 Uhr) gibt es schmackhaftes Essen und leckere Kaffees, Mocktails und Milkshakes, dazu einen traumhaften Blick auf die Minarett- und Kuppellandschaft des nahen Schreins. EZ 1,57 Mio. Rl., DZ 2,35 Mio. Rl., VIP-Suiten bis 25 Mio. Rl.

Modern und sehr schick – **Tabaran** 6 : Ayatollah Bahjat Rd. 139, nahe Kashani St., Zarineh Crossing, Tel. 051 320 28. Neue Luxusadresse mit extrem gutem Preis-Leistungs-Verhältnis, Rezeptionisten hilfsbereit, aber (noch?) etwas unbedarft, exzellentes Restaurant, ein Hit: das opulente Frühstücksbüfett im 8. Stock mit Stadtpanorama und Open-Air-Terrasse, EZ 1,3 Mio. Rl., DZ ab 2,2 Mio. Rl.

Ideal für Zugreisende – **Diplomat** 7 : Railway Sq., Tel. 051 33011, www.33011.ir. Gepflegtes Dreisternehaus direkt gegenüber dem Bahnhof, auch praktisch für Neuankömmlinge, die sich nicht auf den chaotischen Innenstadtverkehr einlassen wollen. Behagliche Zimmer, einwandfreies Restaurant, in der Lobby Coffeeshop und Fast-Food-Laden, Gartenbereich, Indoorpool. EZ 1,3 Mio. Rl., DZ 2 Mio. Rl.

Sympathisch – **Iran** 8 : Andarzgu St., Tel. 051 3222 8010. 10 Gehminuten zum Schrein, saubere Standardzimmer, vorzügliches Essen, üppiges Frühstück, hilfsbereites Personal. Der Wermutstropfen: langsames WLAN und Lärm von der Straße. DZ 2 Mio. Rl.

Tadellos – **Razavieh** 9 : Beit ol-Moghadas Sq., Tel. 051 3365 3611. Freundlich-helles Ambiente, wohnliche Lobby mit Shops, schnörkellos möblierte Zimmer, gut geführt, im Vergleich sehr günstig. Als erstes Hotel der Stadt ISO-9001-zertifiziert. DZ ab 1,9 Mio. Rl.

Nicht übel – **Noor** 10 : Khosravi No St., Tel. 051 3223 2970. Mittelklassehotel mit rundum gut funktionierendem Service, weiträumige, helle Lobby, Rezeptionisten fließend englischsprachig und kompetent, auch die Zimmerausstattung ist in Ordnung, günstig selbst zur religiösen Hauptsaison. DZ 1,8 Mio. Rl., Apartment mit Küche für Selbstversorger ab 2,1 Mio. Rl.

Warmherzig, familiär – **Vali's Homestay** 11 : 38th Alley, Malek-a-Shoara-ye Bahar St., nahe Lashkar Sq., 150 m von der Metro-Station Imam Khomeini entfernt, Tel. 051 3851 6980, 0915 100 1324, valishomestay.com. Familiengeführte Unterkunft auf Backpacker-Basis, ein DZ (900 000 Rl.) plus großer Schlafraum mit Matratzen auf Teppich (380 000 Rl/Pers.), behaglich und sauber, Gemeinschaftsbad/-WC, schnelles WLAN, gute Hausmannskost (pro Mahlzeit 180 000 Rl.). Gastgeber Vali, halb Teppichhändler, halb Guide, ist in reisetechnischen Fragen, etwa bei der Beschaffung von Bus- und Flugtickets, Visa für Turkmenistan oder Begleitung für Ausflüge ins Binalud-Gebirge, sehr hilfsbereit und kompetent, spricht gut englisch und auch ein wenig deutsch.

Essen & Trinken

Vorzüglich tafeln – **Baba Ghodrat** 1 : Kuy-e Karagaran, Sadr St. 16, Tel. 051 3344 0803, tgl. 12–16, 19–24 Uhr. Traditionslokal in einer umgebauten Karawanserei, man isst stilecht auf Teppichpodesten unter mächtigen Ziegelgewölben, privatim in separierten Nischen, diverse klassische Spezialitäten, am besten aber die saftigen Kebabs ordern, angeschlossen: Kunsthandwerksmarkt mit zwei Dutzend Läden, geräumiger, effektvoll illuminierter Innenhof. Hauptgerichte 380 000–600 000 Rl.

Schlemmeradresse – **Moein Darbari** 2 : Shahrak-e Nofel Lowshatow 16, nahe Kalantary Expway, 15–20 Taximinuten westlich des Schreins, Tel. 051 3878 3777, So–Fr 12–15.30, 18.30–23 Uhr. Gesellige Kneipenstimmung trotz Glitzerambiente mit Spiegelwänden, klassisch-persische Küche in Riesenportionen, probieren: Shishlik Mashhadi oder Lammkeule, effiziente, freundliche Bedienung, die wenigen Minuten, die man manchmal trotzdem auf einen der begehrten Sitzplätze warten

Mashhad

muss, bestätigen den exzellenten Ruf und lohnen. Hauptgerichte 320 000–500 000 Rl.

Volkstümlich – **Ali** 3 : Imam Reza St., zwischen Imam Reza Alley 2 und 4, Tel. 051 385 166-1, tgl. 11–16, 18–24 Uhr. Souterrainlokal, das teurer ist, als es auf den ersten Blick wirkt, dafür ist das Essen wirklich vorzüglich. Zur Auswahl stehen diverse Kebabs, Ghorm-e Sabzi, Lachs 230 000 Rl., Lamm mit Reis in diversen Variationen 310 000–450 000 Rl.

Libanese – **Naseem** 4 : Assadolla Zadeh St., Tel. 051 3848 4010, tgl. 12–16.30, 19–24 Uhr. Abwechslung zu Chelo Kebab gefällig? Hier isst man in Gesellschaft arabischer Pilger, zwar von grellem Neonlicht beschienen auf Plastiktischdecken, dafür aber sehr gut – Shawarma, Kubbideh am Spieß, vor allem aber Mezze, das typisch levantinische, zu großen Teilen vegetarische Vorspeisen-Potpourri, von Ful und Falafel über Hummus bis Taboulé und Tahine, dazu Joghurt und frisch gebackenes Brot. Mezze plus Hauptspeise ca. 300 000 Rl./Pers.

Fleischlastig – **Pesaran-e Karim** 5 : Farhad St. 22, nahe Sajjad Blvd., Tel. 051 374 5053, www.pesaranekarim.com, tgl. 12–15, 19–21 Uhr. Der Lammmuskel (Chelo Mahicheh), das T-Bone-Steak oder das 500 Gramm-Lamm-Shishlik, am besten geordert mit Baghali Polo, Kräuterreis mit Saubohnen, zergehen förmlich auf der Zunge. Kein Wunder, züchtet Ali Atami, der Betreiber dieses vielfach ausgezeichneten Restaurants, doch seit Jahrzehnten seine eigenen Schafe, und zwar seit Langem schon organisch. Man sitzt behaglich und bezahlt, gemessen an der Top-Qualität, nicht wirklich viel. Hauptgerichte 170 000–470 000 Rl.

Pizzeria – **Grill House** 6 : Abouzar Ghaffari Blvd., nicht weit vom Kuh-e Sangi Park, Tel. 051 3845 5510. Der Name ist irreführend, denn hier serviert man Pizzas, keine T-Bone-Steaks, knusprige Basis, üppiger Belag, auch zum Mitnehmen – die bald 30-jährige Erfahrung schmeckt man. Ab 130 000 Rl.

Fast Food at its best – **Ace Burger Fast Food** 7 : Ghazi Tabatabaei Blvd., Tel. 051 3726 1050, tgl. 11–24 Uhr. McDonald's auf Iranisch: Cheese und Chicken Burger, Coke und Pommes, schnell, hygienisch einwandfrei, preisgünstig und heillos fett, aber auf Holz- statt Plastikmöbeln und natürlich ohne Schweinefleisch. 120 000–170 000 Rl.

Ein Teehaus als Museum – **Hezardestan** 8 : Jannat St., Fußgängerzone parallel zum Modarres Blvd., Tel. 051 3222 2943. Traditionelles Chaikhaneh mit Teppichen, Gemälden und Kalligrafien an den Wänden, historischen Musikinstrumenten, Uhren etc. stimmungsvoll ausstaffiert, vielerlei gute Tees, zu denen Trockenfrüchte und andere Süßigkeiten serviert werden, allerdings nur mittelmäßiges Essen, abends oft traditionelle Livemusik.

Einkaufen

Souvenirs und Devotionalien – Wie rund um die großen christlichen Wallfahrtsstätten entwickelten sich auch in Mashhad nahe dem Heiligtum ausgedehnte Marktviertel. Deren Herzstücke bilden die beiden rechts und links von der Khosravi-No- bzw. Andarzgu-Straße abgehenden **Basare Bozorg** بازار بزرگ und **Sarshur** بازار سرشور. Beliebte Einkaufsreviere sind auch der südlich angrenzende, 800 m lange und durchgehend überdachte **Bazar-e Reza** بازار رضا sowie die Gassen rund um den **Meydan-e Fakaleh Ab.** Diese Märkte haben nichts vom Zauber der berühmten Basare in Isfahan, Tabriz oder Yazd. Doch lohnen ihre Lebendigkeit, die Vielfalt der Menschentypen und ihr Warenangebot sehr wohl einen Bummel: In den Läden stapeln sich Souvenirs und Devotionalien aller Art – gelber und roter Safran zum Beispiel (s. Thema S. S. 492), Jacken aus Schafsfell, Parfüm, Rosenöl, Türkise aus Nishapur (s. Tipp S. 473), Goldschmuck, Silberwaren, weiterhin glückverheißende Aqiq-Ringe und Fatima-Hände, Bildposter von Märtyrern, schwarze Flaggen für die Trauerprozessionen sowie die *mohr* genannten, aus geweihtem Sand gepressten Gebetssteine und natürlich fantastische Teppiche. Letztere finden sich in großer Auswahl u. a. im **Bazar-e Fash** بازار فرش an der Imam-Reza- und im **Saray-e Saeed** سرای سعید an der Andarzgu-Straße. Äußerst beliebt (wenn auch wohl nicht jedermanns Geschmack) sind Erinnerungsbilder, auf denen die Pilger vor Tapetenbildern des Schreins, aber auch kitschigen Alpengipfeln oder Karibikstränden posieren.

Aschura – Buße tun für alles Unrecht der Welt

Beim großen Trauerfest zu Aschura rund um den zehnten Tag des Monats Muharram gedenken die Schiiten alljährlich hingebungsvoll ihres größten Märtyrers, Imam Hussein. Den Höhepunkt der Feierlichkeiten bilden überall im Land Prozessionen und gemeinschaftliche Selbstgeißelungen. Dabei können die Leidenschaften oft extrem hochkochen. Das kollektive Ritual vom Straßenrand aus mitzuverfolgen, ist dennoch auch für Nicht-Muslime problemlos möglich und ein unvergessliches Erlebnis.

Fromme Schiiten empfinden, was die Geschichte ihres Glaubens, aber auch ihr eigenes religiöses Selbstverständnis betrifft, das Massaker von Kerbela als Schlüsselereignis. Nachdem im Jahr 661 ihr Anführer Ali, Schwiegersohn des Propheten Mohammed und vierter Kalif, ermordet worden war (s. Thema S. 50), hatte man zunächst Alis Sohn Hasan und nach dessen Abdankung seinen jüngeren Bruder Hussein zum Imam erklärt. Hussein wurde nach einem schlecht organisierten Versuch, die verhasste Erbdynastie der Omajjaden zu stürzen, von seinen Verbündeten schmählich im Stich gelassen. Bei Kerbela, nahe der irakischen Wüstenstadt Kufa, wurden er und ein Grüppchen Getreuer von Soldaten des in Damaskus residierenden Kalifen Yazid I. umzingelt. Am zehnten Tag des Monats Muharram im Jahr 680 kam es schließlich zur Schlacht, bei der Hussein und seine Anhänger von den zahlenmäßig heillos überlegenen Gegnern niedergemetzelt wurden. Die mangelnde Solidarität ihrer Vorfahren im Glauben beklagen die Schiiten bis heute auf hochemotionale Art und Weise.

Schon vom Beginn des heiligen Monats an, dem ersten im islamischen Kalender, kann man landauf, landab kleinen Umzügen begegnen. Die Menschen wirken von der tiefen Verzweiflung über Husseins Tod wie von einer Art geistigem Fieber erfasst. Millionenfach strömen sie in die Moscheen und in spezielle Versammlungshallen, Hosseiniyeh oder Tekiyeh genannt, um von Predigern oder Geschichtenerzählern mit flammender Rhetorik – ›saftigen Zungen‹, wie man auf Farsi sagt – die dramatischen Ereignisse von einst geschildert zu bekommen. An unzähligen Straßenständen wird kostenlos Tee ausgeschenkt, werden Utensilien für die kommenden Zeremonien – Fahnen, Trommeln und Tschinellen, Stirnbänder, Tücher und Zandschirs, kleine, metallene Kettenbündel – feilgeboten. Doch so richtig Bahn bricht sich die kollektive Untröstlichkeit über das vor mehr als 13 Jahrhunderten erlittene Unrecht erst zu Tasua und Aschura, dem neunten und zehnten Tag von Muharram. Dann herrscht in den Straßen schon am frühen Morgen ungewöhnliches Getriebe. Transparente, die die immerwährende Bereitschaft ihrer Träger zu Opfer und Tod bekunden, werden entrollt, schwarze und rote Flaggen gehisst. Ab Mittag formieren sich die ersten Aeyat, Trauergruppen. Es sind Zivilisten aus allen Bevölkerungsschichten, vom Tagelöhner bis zum Akademiker, aber auch Abordnungen der Basij-Miliz und der Revolutionswächter Sepah-e Pasdaran. Sie alle verschmelzen nach und nach zu mancherorts kilometerlangen Kolonnen kollektiven Kummers.

Die Männer und Knaben – weibliche Wesen marschieren höchstens ganz am Rande mit – sind komplett in Schwarz gekleidet. Manche haben ihre Köpfe kahl geschoren, andere Gesicht und Kleidung zum Zeichen der Demut mit Lehm beschmiert. Wieder andere tragen martialisch anmutende historische Monturen mit Schild, Helm und Kettenhemd. Auch werden aufwendig geschmückte Utensilien mitgetragen: eine Art weiße Sänfte z. B. als Sinnbild für das kleine Zelt von Husseins sechs Monate altem, ebenfalls massakrierten Sohn Ali al-Asghar und das Alam, ein mit

Längst unblutig, aber immer noch hochemotional: die Trauerumzüge zu Aschura

allerlei symbolträchtigen Wimpeln und Federn, metallenen Zungen, Schwertern und Tierfiguren bestückter Lebensbaum, dessen Zentnergewicht reihum muskulöse Burschen stemmen, um ihre Bußfertigkeit unter Beweis zu stellen.

Seufzend, stöhnend und schleppenden Schrittes bewegt sich die Menge zum Klang wuchtiger Trommeln und rhythmischer Gesänge, die von Lautsprecherwagen übertragen werden, vorwärts. Unablässig bekunden Vorsänger in melodischen Worten über Megafon die Treue zu den Märtyrern (womit sie auch die toten Soldaten vergangener Kriege meinen). Und unablässig antwortet die Menge im Refrain: »Hussein, Hussein. Unser Herz ist immer mit dir!« Ein Teil der Klagenden schlägt sich zum Zeichen der Buße mit der flachen Hand, ein dumpfes, eindringliches Pochen erzeugend, wieder und wieder auf die Brust. Der Rest geißelt sich ebenso unablässig mit Zandschirs den Rücken. Diese Kettengeißeln waren früher mit Eisenstacheln besetzt, sodass ähnlich wie bei den Osterprozessionen fanatischer Katholiken in Mexiko oder auf den Philippinen reichlich Blut floss. Nicht selten ritzten sich Extremisten sogar mit Messern die Stirn. Inzwischen sind solche Exzesse verboten und die Gläubigen malträtieren zumindest öffentlich ihre – nunmehr bekleideten – Rücken, ohne Spuren zu hinterlassen.

Am geistigen Gehalt der Zeremonie hat diese Zähmung freilich nichts geändert: »Kerbela« wird nicht nur retrospektiv als historisches Unrecht, nämlich der endgültige Ausschluss der Prophetenfamilie von der politischen Führung, empfunden, sondern vielmehr prinzipiell als moralisches Versagen und somit eine Art ewige Erbsünde jeder menschlichen Existenz, für die es wenigstens einmal im Jahr symbolhaft Sühne zu leisten gilt. Husseins Los steht als Gleichnis für das Weltgeschehen schlechthin, seine Person für die Unschuld, das Gute und Gerechte. Und sein Widerstand – gerade auch unter den Schiiten Irans – für das überall stets berechtigte, ja erforderliche Aufbegehren gegen Unterdrückung und Tyrannei.

Mashhad und Umgebung

Abends & Nachts
Ein Hauch Bohème – **Sugar (Shekar) Café 1** : Ahmadabad St., Ecke Mollasadra St. 4, Tel. 051 3842 0131, tgl. 8.30–24 Uhr. Hier geben sich Upper-Class-Familien und Studenten ein Stelldichein, genießen den auf dutzenderlei Arten, von Ristretto bis Latte, zubereiteten Lavazza-Café, diverse Tees, Fruchtsäfte, Kuchen, Eiscremes, aber auch ein opulentes Frühstück sowie Suppen, Nudelgerichte, Steak und Grillhuhn. Hauptgerichte 190 000–340 000 Rl.

Szene-Coffeeshop – **Fenjon 1** : Sajjad Blvd., Tel. 0939 520 35 66, tgl. 10–24 Uhr. Abhängen mit Mashhads trendiger Jugend, große Auswahl an Kaffees, Tees, Kuchen, außerdem Nudelgerichte und diverse Snacks, ungewöhnliches Plus: großer Open-Air-Gartenbereich. Hauptgerichte 140 000–220 000 Rl.

Aktiv
Erholungszonen – **Kuh-e Sangi Park 1** : am Ende der Shariati Ave., tagsüber frei zugänglich. Weitläufige Grünoase am südlichen Stadtrand mit Wasserfällen, Spiel- und Picknickplätzen, kleinem Lunapark, Imbissständen, Kunsthandwerksläden, vom Hügel schönes Stadtpanorama. Gleichermaßen beliebtes Gegenstück: der **Mellat Park 2** im Westen der Stadt, am Vakilabad Blvd.

Spaßbad – **Water Waves Land 3** : Andisheh St. 83, nahe Asiaei Hwy., ganzjährig für Männer So, Di, Do, Fr, für Frauen Sa, Mo, Mi jeweils 9–23 Uhr. Riesiger Indoor-Wasserpark mit mehreren Rutschen, Sprudeln, Sportschwimmbecken u. v. m., Eintritt 600 000 Rl.

Spritztouren ins Binalud-Gebirge – Nordwestlich der Stadt liegen, auf mehrere Täler verteilt, eine Reihe populärer Ausflugsorte, in deren kühleres Klima sich die Mashhadis gerne an Sommerwochenenden flüchten, wo zahlreiche Teestuben und rustikale Open-Air-Restaurants zur Einkehr laden und man auch schöne Wanderungen unternehmen kann. Der Stadt am nächsten, von der Metro-Endstation in einer kurzen Taxi- oder Minibus-Fahrt erreichbar und wegen seiner vielen Lokale bei Ausflüglern besonders beliebt sind **Torqabeh** طرقبه یا ترقبه und, ein Stück taleinwärts, **Jaghargh** جاغرق. Zwei Täler weiter locken, ebenfalls gespickt mit Einkehrmöglichkeiten, die Dörfer **Shandiz** شاندیز, **Abardeh** ابرده und, bereits relativ tief in den Bergen, **Zoshk** زشک. Am gebirgigsten und mit seinen pittoresken Terrassenhäusern aus Lehm sozusagen Khorasans Antwort auf Masuleh, das viel fotografierte Vorzeige-Bergdorf der Provinz Gilan, ist die kleine, auf 1700 m Höhe gelegene Ortschaft **Kang** کنگ. Alle Dörfer sind von Mashhad aus mehrmals täglich mit öffentlichen Bussen erreichbar; Details am besten im Hotel erfragen.

Verkehr
Flug: Der **Mashhad International Airport** (MHD) liegt 5 km südlich des Stadtzentrums und wird von allen Großstädten des Landes nonstop angeflogen. Internationale Verbindungen bestehen u. a. nach Istanbul, Dubai, Doha, Kuwait, Muscat, Tbilissi und Delhi. Ein Taxi vom Imam-Reza-Schrein sollte nicht mehr als 150 000 Rl. kosten. **Fluggesellschaften:** Turkish Airlines, Tel. 0511 844 32 17-19; Qatar Airways, Tel. 051 3766 4101-6; Emirates, Tel. 0912 086 3217.

Bahn: Der modern und großzügig gestaltete **Bahnhof** liegt 2 km nördlich des Schreins. Mehrmals tgl. Verbindungen nach Teheran, tagsüber mit dem »Pardis«-Express (Abfahrt in beide Richtungen frühmorgens, Fahrzeit 7,5 Std., 840 000 Rl.), nachts mit dem Luxuszug »Fadak« (Abfahrt jew. 17.22 Uhr, Ankunft kurz nach 3 Uhr, Fahrpreis 2,1 Mio. Rl.). Alle zwei Tage bedient ein Nachtzug die Strecke Yazd–Mashhad, Abfahrt in Yazd 19.05, Ankunft in Mashhad 9.25 Uhr (860 000 Rl.). Der »Fadak« verkehrt auch auf der Strecke Mashhad–Qom. Mehrmals pro Woche verkehrt ein Zug zwischen Mashhad und Kerman (14–16 Std.), 2 x wöchentlich über Teheran, Tabriz und Jolfa bis in die aserbeidschanische Enklave Nachitschewan, außerdem tägliche Verbindung über Merv in die turkmenische Hauptstadt Ashgabat mit Umsteigen im Grenzort Sarakhs.

Bus: Der **Imam Reza Bus Terminal,** einer der größten im Land, liegt 4 km südöstlich des Schreins am Kalantary Expressway. Von hier fahren Direktbusse, meist über Nacht, in fast alle Großstädte im Land, weiterhin via Torbat-e Jam und Taybad in die afghanische Stadt Herat, nicht aber nach Turkmenistan. Busse in die Städte Quchan und Bojnurd im Nordwesten starten im **Meraj-Terminal,** nahe dem nordwestlichen Stadtrand unweit des Tus Blvd. bzw. Meraj Sq.

Überlandtaxis: Da die Bahnlinie **nach Afghanistan** aus Sicherheitsgründen seit Längerem geschlossen ist, bieten auf der knapp 400 km langen Strecke nach Herat, der ersten Großstadt jenseits der Grenze, zahlreiche Taxis ihre Dienste an. Die Strecke via **Grenzübergang Dogharun** nahe Taybad gilt zwar prinzipiell als sicher, dennoch sollte man sich zuvor nach der aktuellen Sicherheitslage erkundigen. EU-Bürger benötigen ein Visum. Verlässliche Taxi-Transfers besorgen z. B. Hr. Jalil Ahmed Hassanzadeh, Tel. 0915 308 43 06, und Fa. Afghan Heart, rezaie786@gmail.com. Start: Mashhad Busterminal, Dauer ca. 5 Std., 700 000 Rl/Pers., 2,8 Mio. Rl/Pkw.

Stadtverkehr: Mashhad hat eine **Metro** mit derzeit 24 Stationen. Sie verbindet den Flughafen direkt mit dem Stadtzentrum und dem Schrein. Das öffentliche **Bussystem** ist flächendeckend und gut organisiert, allerdings nur auf Farsi beschriftet. Angesichts der niedrigen Preise für Taxis sind diese vorzuziehen.

Umgebung von Mashhad

Tus ▶T 6

Die rund 25 km nördlich von Mashhad gelegene Siedlung **Tus** ist eine achaimenidische Gründung. Sie gelangte im Mittelalter zu beträchtlicher Bedeutung, ehe sie von den Mongolen und, nach einem Intermezzo als Residenz der Ilkhane, von den Truppen Timurs verwüstet und in der Folge von Mashhad in den Schatten gestellt wurde. Ruinenfelder und Reste der Stadtmauer sowie der Zitadelle vermitteln noch eine Ahnung von der einstigen Größe. Berühmt ist der längst zu einem besseren Dorf geschrumpfte Ort heute vornehmlich als Geburtsstätte etlicher großer Männer: Aus Tus stammten der Großwesir und geniale Staatsmann **Nizam al-Molk** (1018–1092), der Theologe, Mystiker und Philosoph **Al-Ghasali** (1058–1111), der weltbekannte Astronom und Mathematiker **Nasir al-Din al-Tusi** (1201–1274) sowie Persiens bedeutendster epischer Dichter, der Schöpfer des »Königsbuches« (»Shahnameh«) – **Abul Qasim Mansur Firdausi** (s. S. 66).

Firdausi-Mausoleum

Tgl. 8–20, im Winter bis 17.30 Uhr, 200 000 Rl.

Das **Grabmal Firdausis** ist heute dann auch die wichtigste Sehenswürdigkeit. Es wurde 1934, zum 1000. Geburtstag des Meisters inmitten einer weitläufigen Parkanlage errichtet und passt in seiner strengen Monumentalität eher zum ästhetischen Zeitgeist der Zwischenkriegszeit unter Reza Shah, als zur feinsinnigen Literatur des Bestatteten. Der auf einem gewaltigen Podest thronende Würfel aus Marmor mutet neoklassizistisch an. In vielen Dekordetails, etwa den Stierkapitellen über den Säulen oder dem zoroastrischen Flügelsymbol, ist jedoch das achämenidische Vorbild offensichtlich. Sockel und Scheintüren schmücken Verse aus dem »Shahnameh«. Die Friese entlang der Treppe in die Grabkammer sowie an deren Wänden illustrieren Szenen aus dem »Königsbuch«.

Nur ein paar Schritte entfernt zeigt ein **Museum** موزه Memorabilia mit Bezug auf Firdausi und sein Werk, aber auch in Tus getätigte archäologische Funde aus frühislamischer Zeit.

Gonbad-e Haruniyeh

Tgl. 8 Uhr bis kurz vor Sonnenuntergang, 150 000 Rl.

Etwa 1 km weiter südöstlich steht direkt an der Straße ein weiteres Mausoleum – **Gonbad-e Haruniyeh** گنبد هارونیه. Der Volksglaube sieht in dem überkuppelten Ziegelbau das Grab des legendären Kalifen Harun ar-Raschid. Einiges deutet jedoch darauf hin, dass es sich bei dem Bau um die (wesentlich jüngere) letzte Ruhestatte Al-Ghasalis handeln könnte.

Richtung Turkmenistan und Afghanistan

Der nordöstliche Winkel des heutigen Iran bildete einst die Kernzone der geschichtsträchtigen Region Khorasan, entsprechend gibt es eine Reihe singulärer Baudenkmäler. Reizvolle Ziele für Tagesausflüge sind Nadir Schahs Sonnenpalast in Kalat, das Mausoleum von Sheikh Jami in Torbat-e Jam, die Koranschule von Khargerd und die Windmühlen von Nashtifan.

Nördlich und östlich von Mashhad

Kalat-e Naderi ▶ T 5

Sonnenpalast tgl. 7.30 Uhr bis Sonnenuntergang, 80 000 Rl.

Einen ganzen Tag sollte man für den Besuch von **Kalat-e Naderi** کلات نادری reservieren. Gut 140 km weit führt die Straße von Mashhad durch eine streckenweise wunderschöne Bergszenerie über **Amir Abad** امیرآباد und **Qaleh Now** قلعه نو ins Grenzgebiet zur Republik Turkmenistan. Nach Überwindung eines Passes erreicht man eine spektakuläre Schlucht, in deren rechte Felswand Nadir Schah, der Begründer der Afscharen-Dynastie, vor gut 250 Jahren eine Inschrift meißeln ließ. Weiter oben noch gut sichtbar sind mehrere Türme, die damals den Taleingang bewachten. Am Ende des 500 m langen Straßentunnels öffnet sich ein fruchtbares Hochtal – hier schuf Nadir Schah nach der Rückkehr von seinem Indienfeldzug für sich und seine immense Beute einen Rückzugsort, der in der Folge zum Ort Kalat-e Naderi anwuchs. Ca. 5 km vom westlichen Taleingang entfernt steht, von einem Garten eingefasst, Kakh-e Korshid, der **Sonnenpalast** des maßlosen Herrschers – ein über achteckigem Grundriss errichteter Bau aus rosafarbenem Sandstein mit einem fensterlosen Rundturm im Zentrum. Seine Fassaden sind mit Steinreliefs – indisch inspirierte Pflanzen- und Fruchtmotive – verziert, die Innenwände, manchen Palästen der Safawiden in Isfahan nicht unähnlich, mit farbenprächtigen Wandmalereien überzogen. Im Souterrain hat man ein **Ethnologisches Museum** eingerichtet.

Durchaus besuchenswert ist wegen ihrer farbenprächtigen Kuppel die zwei, drei Gehminuten östlich stehende **Blaue Moschee** مسجد گنبد کبود *(Masjed-e Gonbad Kabud)*. 3 km weiter erhebt sich ein beeindruckender, zur Zeit der Seldschuken errichteter **Damm** سد.

Turm von Akhanjan ▶ T 6

Auf dem Rückweg lohnt ein Abstecher zum **Mil-e Akhanjan** میل اخنجان یا اخنگان. Man fährt, knapp 20 km vor Mashhad, vom Autobahnkleeblatt die Schnellstraße westwärts Richtung Tus und nach 2 km wieder rechts. Zwei Dörfer weiter, nach 7 km, sieht man linker Hand, umgeben von Feldern, den achteckigen Grabturm stehen (Anfahrt von Tus: knapp 10 km Richtung Nordosten). Den aus dem 15. Jh. stammenden Bau krönt ein auffälliges Zeltdach mit Bändern aus türkisblauen, schwarzen und terrakottafarbenen Ziegeln. Auch in die Vertiefungen der Fassade waren früher farbige Fliesen eingelegt. Der Überlieferung wurde in dem Bau Gohartaj, die Schwester von Goharshad (s. S. 477) beigesetzt.

Nördlich und östlich von Mashhad

Turm von Radkan ▶ S 5

Zu einem weiteren interessanten Turm muss man eine gehörige Wegstrecke zurücklegen: 80 km nordwestlich von Mashhad, 20 km nach der Stadt **Chenaran,** führt von der Hauptroute Richtung Quchan rechts ein Sträßchen knapp 10 km weit nach Radkan, von dort erreicht man auf einem Feldweg südostwärts fahrend **Mil-e Radkan** میل رادکان. Die Meinung herrscht vor, der 24 m hohe, außen runde, innen zwölfeckige Ziegelbau mit seinem konischen Dach und den 36 Dreiviertelsäulen an der Außenwand sei Mitte des 13. Jhs. auf Betreiben von Nasiraddin Tusi errichtet worden. Gut möglich, dass der berühmte, am Hof des Mongolenherrschers Hülägü in Maragheh (s. S. 215) tätige Astronom auch hier wertvolle Daten gesammelt hat, um seine wegweisenden Berechnungen der Äquinoktien anstellen zu können.

Abstecher nach Sarakhs
▶ U 5

Nicht ohne Reiz ist schließlich auch ein Ausflug nach **Sarakhs,** Irans nordöstlichstem Ort an der turkmenischen Grenze. Auf der Fahrt dorthin folgt man der uralten Karawanenroute Richtung Zentralasien durch dünn besiedeltes Weideland. Hie und da passiert man Dörfer, die noch Ensembles archaischer Lehmkuppelhäuser aufweisen – besonders fotogen schon nach gut 20 km, in **Abravan** آبروان.

Und auch zwei prächtige Karawansereien bekommt man zu Gesicht. Jene von **Robat-e Mahi** رباط ماهی liegt 66 km hinter Mashhad direkt an der Hauptstraße. Noch weit imposanter ist knapp 60 km vor Sarakhs, von dem Dorf Shurlukh aus über ein 7 km langes, unbefestigtes Sträßchen erreichbar, **Robat-e Sharaf** رباط شرف. In seldschukischer Zeit entstanden, fungierte der Komplex als wichtige Station an der Route zwischen den alten Kapitalen Nishapur und Merw. Ihr außergewöhnlich reicher Ziegel- und Stuckdekor ließ bei Experten den – bislang unbestätigten – Verdacht aufkommen, es habe sich bei der Anlage vielleicht gar nicht um eine Fernhandelsstation, sondern um ein königliches Jagdhaus gehandelt.

Sarakhs selbst, 175 km östlich von Mashhad an der Grenze gelegen, weist außer dem **Mausoleum** für den Sufi-Weisen **Sheikh Loqman Baba** آرامگاه شیخ لقمان بابا keine historischen Baudenkmäler auf. Der massive Kuppelbau aus dem 11. Jh. steht 3 km außerhalb auf freiem Feld. Umso bedeutender ist die gegenwärtige Rolle der Stadt als Wirtschaftsstandort und Warenumschlagplatz – Mitte der 1990er-Jahre wurde Sarakhs zur Freihandelszone erklärt und gleichzeitig die Bahnstrecke von Mashhad in die turkmenische Baumwollmetropole Mary, das alte Merw, eröffnet. Beidseits der Grenze hofft man nun mit gutem Grund auf die Entstehung einer ›neuen Seidenstraße‹, die letztlich Zentralasien und China mit Iran, der Türkei und dem Westen verknüpfen soll. Tatsächlich sind in jüngerer Zeit in Sarakhs bereits zahlreiche Lager- und Fabrikhallen, Büro- und Geschäftshäuser aus dem Boden gewachsen.

Übernachten

In Ordnung – **Doosty:** Ghadir Sq., Tel. 051 3452 0093. Pseudo-postmoderner Kasten, etwa 15 Gehminuten vom Grenzübergang entfernt, sauber, mittelprächtig ausgestattet, Restaurant mit erfreulichem Preis-Leistungs-Verhältnis. DZ 1,1 Mio. Rl.

Verkehr

Busse und **Sammeltaxis** verkehren etwa alle 1–2 Std. zwischen Mashhad und Sarakhs (Fahrtdauer ca. 3 Std.). Der **Zug** benötigt für die Strecke etwa die gleiche Zeit. Allerdings liegt der Bahnhof unbequeme 7 km südöstlich vor der Stadt. Keine Weiterfahrt im selben Zug infolge der größeren Spurbreite turkmenischer Schienen. Die Grenzformalitäten dauern 2–3 Std. Da der Grenzposten spätestens um 17 Uhr schließt und es im turkmenischen Zwillingsort Saraghs kein akzeptables Hotel gibt, sollte man rechtzeitig ankommen, damit genügend Zeit für die Weiterfahrt, am besten im Bus oder Sammeltaxi, nach Mary (200 km, 2–4 Std.) bleibt.

Für Reisende, die von Mashhad aus die turkmenische Hauptstadt **Ashgabat** ansteuern, ist **Bajgiran,** 70 km nördlich von Quchan, der iranische Grenzübergang der Wahl.

Richtung Turkmenistan und Afghanistan

Von Mashhad Richtung Süden

Torbat-e Jam ▶ U 7

Empfehlenswert ist eine – in puncto politischer Sicherheit völlig unbedenkliche – Tagesfahrt in Richtung afghanischer Grenze, nach **Torbat-e Jam.** Empfehlenswert nicht so sehr wegen der Landschaft. Die ist über weite Strecken flach, staubig-steppig, wenig einladend. Reizvoll aber ist die Atmosphäre. Die Männer dieser knapp 100 000 Einwohner zählenden Stadt (Frauen sind im öffentlichen Raum auffallend wenig präsent) verströmen mit ihren weißen Turbanen und langen weißen Bärten einen Hauch des alten Orients, lassen die Nähe Afghanistans spüren. Woran das liegt? Vielleicht daran, dass hier, 165 km südöstlich von Mashhad, sunnitische Muslime die Bevölkerungsmehrheit stellen. Vielleicht auch am Sufismus, der islamischen Mystik, die hier besonders tief verwurzelt und bis heute sehr lebendig ist.

Mausoleum des Sheikh Ahmad Jami

Haupthof Sa–Do 8–18 Uhr, Fr nur Mittagsgebet; Haupttor im Eingangs-Iwan rechts Sonnenaufgang bis 12 Uhr mittags; die übrigen Gebäude sind versperrt; ehrenamtlicher Schlüsselwart und gerne, aber nur auf Farsi, auch Guide ist Mohammad Sediq Jami Ahmadi, wenn ausnahmsweise abwesend: Tel. 0935 339 81 59, Eintritt frei, Spende/Trinkgeld erbeten

Kristallisationspunkt für diese spirituelle Stimmung ist das **Aramgah-e Sheikh Jami** آرامگاه شیخ جامی, das Mausoleum von Sheikh Ahmad Jami. Der hochverehrte, 1141 verstorbene Sufi-Meister und Dichter ruht, wie es sich für einen Weisen gehört, in einem schlichten Grab im Schatten eines uralten Pistazienbaumes. Doch rundherum ist im Laufe der Jahrhunderte ein prächtiges Pilgerheiligtum entstanden – ein weitläufiger Gebäudekomplex, zu dem mehrere Moscheen, eine Medrese, Gebetshallen, begrünte Höfe und ein ehemaliges Khanaqah, ein Sufi-Kloster, gehören.

Unmittelbar hinter dem Grab erhebt sich der fast 30 m hohe, über 650 Jahre alte und im frühen 17. Jh. mit herrlichen Mosaikfliesen verzierte **Eingangs-Iwan.** In ihm führt eine Türe rechts über einen Hof in die sogenannte **Neue Moschee** mit einer in ilkhanidischer Zeit kunstvoll bemalten Kuppel. Vom selben Hof gelangt man in die gut 100 Jahre ältere, mit schönen doppelstöckigen Ziegelarkaden versehene **Atiq-Moschee.** Ein besonderes Schmuckstück aber ist, durch die im Iwan linke Tür erreichbar, die **Kermani-Moschee.** Einst als Versammlungsraum von Sufis genutzt, birgt sie einen herrlich stuckierten

Von Mashhad Richtung Süden

Sunnitische Volksgläubigkeit erlebt man im Mausoleum von Torbat-e Jam

Mihrab, Muqqarnas und kalligrafische Friese. In Vitrinen liegt eine Sammlung kostbarer Korane, unter anderem ein goldverziertes Exemplar, das der indische Großmogul Aurangzeb dem Schrein zum Geschenk machte.

Robat Karim
Sa–Do 7–13, 15–17 Uhr, 100 000 Rl.
Die historische Karawanserei beherbergt neben dem **Tourismusbüro** ein **Volkskundemuseum** موزه مردم‌شناسی, das mit zahlreichen Dioramen traditionelle Berufe, aber auch die reiche Musik- und Folkloretradition (s. S. 490) der Stadt veranschaulicht.

Info
Kultur- und Tourismusbehörde (Miras-e Farhangi): im Robat Karim, 3rd Alley an der Beheshti St., Tel. 05252 47 90, Sa–Do 8–14 Uhr.

Übernachten, Essen & Trinken
Sympathisch – **Pardisan:** Imam Khomeini Blvd., nahe der 34th Alley, Tel. 051 5252 3498, hotelpardisan.jaam@gmail.com. Gepflegtes Mittelklassequartier, zuvorkommend geführt, erfreuliches Restaurant (tgl. 11–23 Uhr, Tel. 051 5252 1194). Hier hat man häufig Gelegenheit, Hochzeiten oder Familienfeste mit Livemusik mitzuerleben, DZ ab 800 000 Rl.

Neu und tadellos – **Esmati:** Imam Khomeini Blvd., Tel. 051 5254 3731. 2017 eröffnetes, entsprechend unbeanspruchtes Haus, etwas steril, aber sehr funktionell. Gutes Restaurant mit iranischer Küche. EZ 900 000 Rl., DZ ab 1,2 Mio. Rl. Das in anderen Quellen genannte **Hotel Sima** ist minderwertig und nur notfalls, bei extremem Sparbedarf eine Option.

Abends

Lautenmusik – Torbat-e Jam ist berühmt für seine **Dotar,** eine in der gesamten historischen Region Khorasan populäre, zweisaitige Verwandte der indischen Langhalslaute Sitar. Mit etwas Glück kann man in halb privatem Rahmen einen **Abend mit traditioneller Musik und Tanz** erleben. Kontakt, allerdings nur auf Farsi: Hr. Faruk Kiani, Tel. 0915 1282 2445.

Verkehr

Vom Terminal am Nordostende des Imam Khomeini Blvd. verkehren regelmäßig **Busse** nach Mashhad (ca. 2,5 Std.) bzw. Taybad (1 Std.). Die Station für **Sammeltaxis** liegt in der Verlängerung des Khomeini Blvd. etwa 1 km außerhalb der Stadt. Weiterfahrt nach Afghanistan s. S. 484.

Sangbast ▶T 6

Auf dem Rückweg legen unermüdliche Grabturm-Pilger noch knapp 40 km vor Mashhad, in **Sangbast,** einen Zwischenstopp ein. Dort stehen inmitten eines freien, von archäologischen Plünderern zerwühlten Feldes, der fast 1000 Jahre alte, mit Ziegeldekor verzierte **Mil-e Ayaz** ميل اياز und unmittelbar daneben das **Mausoleum von Arslan Jazeb,** seines Zeichens Wesir von Sultan Mahmud al-Ghaznawi. Das Ensemble ist auch deshalb bemerkenswert, als es das einzige architektonische Relikt der Ghaznawiden auf heutigem iranischen Boden darstellt. Diese turkstämmige, von ehemaligen Militärsklaven der in Buchara residierenden Samaniden begründete Dynastie regierte vom späten 10. bis zum Ende des 12. Jh. von der heute zentralafghanischen Stadt Ghazni aus über ein riesiges, sämtliche östlichen Länder Irans umfassendes Reich.

Über Taybad nach Torbat-e Heydariyeh

Taybad ▶U 8

Kann man einen zusätzlichen Tag aufbringen, sollte man, anstatt von Torbat-e Jam schnurstracks nach Mashhad zurückzukehren, eine kleine Rundfahrt weiter in den Süden der Provinz Razavi-Khorasan anschließen. Erste Station ist nach einstündiger Fahrt durch öde Geröllwüste **Taybad.** Hauptattraktion ist hier, neben den Safran-Shops in der zentralen Einkaufsstraße, das **Mausoleum von Sheikh Zayn al-Din Taybadi** مقبره شیخ زین‌الدین, im Volksmund auch als Grab des Maulana (arab. für »Unser Meister«) bezeichnet. Blickfang ist ein kolossaler Eingangs-Iwan, der sowohl in seiner Dimension als auch der Pracht des türkisblauen Fliesenschmucks durchaus dem Vergleich mit dem des Jami-Mausoleums in Torbat standhält. Er wurde gemeinsam mit dem dahinter gelegenen, leider oft versperrten Grabsaal Mitte des 15. Jhs. errichtet.

Karat ▶U 8

Folgt man der Straße nach Südwesten, Richtung Birjand, sieht man nach knapp 30 km, am Ortsende von **Karat,** rechter Hand über der Straße den **Mil-e Karat** میل کرات stehen, ein über 800 Jahre altes Ziegelminarett. Es ist 25 m hoch und in eher desolatem Zustand, aber sehenswert als ein weiteres Beispiel dafür, wie man speziell in seldschukischer Zeit religiöse und profane Funktion kombinierte: Solche Türme wurden auch als Wegmarken für Karawanenhändler, in diesem Fall unterwegs zwischen Torbat und Qaen, genutzt.

Nashtifan ▶U 8

Die Windmühlen sind jederzeit frei zugänglich
Auf ein Ensemble äußerst ungewöhnlicher Konstruktionen stößt man auf einer Hügelkuppe am Westrand von **Nashtifan,** einem kleinen Ort 70 km südwestlich von Taybad

Über Taybad nach Torbat-e Heydariyeh

nahe der Straße nach Khaf (7 km nach der 90-Grad-Kurve links ab). Es handelt sich um **Windmühlen,** wie sie früher vielerorts in den windreichen Regionen Süd-Khorasans und Sistans in Gebrauch waren. Sie bestehen aus mehreren senkrechten Holzflügeln, die sich bei Wind dank Segeln drehen. Eingerahmt sind sie von starken Lehmwänden, die den Düseneffekt verstärken. In den Lehmhäuschen, auf denen die hölzernen Windmühlen stehen und von denen eines gegen einen kleinen Obolus zu besichtigen ist, befindet sich das eigentliche Mahlwerk. Der schwere Stein wird durch den zentralen Schaft der Konstruktion über Tag, einen durch Metallringe verstärkten Baumstamm, in Drehung gebracht – ein so einfaches wie effizientes Wirkprinzip.

Khargerd ▶ T 8

Medrese tgl. 8–14 Uhr, zu anderen Zeiten den Schlüsselwart, Hr. Basalqeh, Tel. 0915 759 0832, kontaktieren, Eintritt frei

Zurück auf der Hauptstraße, sind es nur weitere 7 km Richtung Khaf bis zum nächsten Highlight: In **Khargerd** führt gleich an der Ortseinfahrt linker Hand eine Freifläche auf ein grandioses Gebäude zu, die **Medrese Ghiasiyeh** مدرسه غياثيه. Die theologische Lehranstalt, gegen Mitte des 15. Jhs., zu Zeiten des Timuridenherrschers Shahrokh, im Auftrag seines hier geborenen Wesirs erbaut, ist ungemein geschmackvoll mit türkiser und dunkelblauer Keramik dekoriert und in erfreulich gutem Erhaltungszustand. Faszinierend auch ihr Bauplan, für den übrigens derselbe Mann verantwortlich zeichnete, der auch die Gowharshad-Moschee im Schrein von Mashhad entwarf: Entlang der durch den Eingangs-Iwan definierten zentralen Achse sind zwei Gebäudehälften symmetrisch gespiegelt. Jede besitzt einen mit Muqqarnas verzierten Kuppelsaal, wobei der rechte als Moschee, der linke als Koranschule fungierte. Sehr harmonisch gestaltet ist auch der geräumige Innenhof mit seinen vier Iwanen und den doppelstöckigen Arkaden, hinter deren ebenfalls mit Fliesen verzierten Fassaden die Studenten in ihren Zellen wohnten.

Nur wenige Hundert Meter weiter, ebenfalls in Khargerd, stand eine **Nizamiyeh** نظاميه, eine jener im 11. Jh. von Nizam al-Molk, dem visionären Großwesir der Seldschuken, ins Leben gerufenen Hochschulen, an denen sämtliche Wissenschaften jener Zeit auf allerhöchstem Niveau unterrichtet wurden. Von dem Lehrgebäude sind nur noch kümmerliche Mauerreste zu sehen. Doch immerhin handelt es sich um das letzte dieser für die gesamte islamische Welt des Mittelalters so wegweisenden Wissenszentren, von dem überhaupt noch irgendein materieller Rest erhalten ist.

Torbat-e Heydariyeh
▶ S 7

Ein letzter Stopp noch in **Torbat-e Heydariyeh,** um den – leider nur unregelmäßig geöffneten – **Grabbau des Qotboddin Heydar** مزار قطب‌الدين حيدر, eines hochverehrten Sufi-Mystikers aus dem 13. Jh., zu besuchen oder in der zentralen Ferdausi-Straße in einem der einschlägigen Läden Safran zu kaufen. Immerhin gilt die Stadt als Zentrum des Safrananbaus (s. Thema S. 492) und das Rote Gold ist hier deutlich preiswerter als in Mashhad oder in Touristenbasaren anderswo im Land. Auf der letzten Etappe zurück nach Mashhad (135 km) kann man dann die hier besonders farbenprächtigen geologischen Formationen bewundern oder die vielen Windräder auf den Hügeln, die beweisen, dass auch in diesem an fossilen Brennstoffen so überreichen Land energiepolitisch zumindest ansatzweise ein neuer Wind weht.

Übernachten, Essen & Trinken

Alternativlos – **Baradaran:** Shohada Sq., Tel. 051 5223 6531-3. Weil es kein anderes Hotel in der Stadt gibt, muss dieses hier Erwähnung finden, obwohl die Zimmer äußerst schlicht ausgestattet, ziemlich heruntergekommen und außerdem laut, weil straßenseitig sind. Immerhin hat es ein Restaurant, mit Stahlrohrmöbel, mit dem üblichen Kebab-Sortiment, tgl. 8–16, 18–23 Uhr, DZ mit WC auf dem Gang 500 000 Rl., mit WC/Bad im Zimmer 600 000 Rl.

Safran – Irans »rotes Gold«

Der überwiegende Teil des Safrans dieser Welt stammt aus dem Nordosten Irans. Das Geschäft mit dem kostbaren Gewürz ist eine Säule der Landwirtschaft, hat aber seine Tücken. In den Basaren der Region ein paar Gramm als Mitbringsel oder Zutat für die eigene Küche daheim zu kaufen, ist freilich unbedenklich und sehr anzuraten.

In der Region Khorasan, dem Großraum zwischen Mashhad und Birjand, kann man sie alle Jahre wieder in den späten Oktober- und frühen Novembertagen sehen: Abertausende Frauen und Männer, die – bevorzugt frühmorgens – in langen Reihen gebückt und mit Eimern bewehrt über die Felder wandern. Es ist die Erntesaison für das neben den Pistazien berühmteste Agrarprodukt Irans – den Safran. Über 3000 Jahre reicht die Tradition der Herstellung dieses Gewürzes hierzulande zurück, das die Einheimischen stolz als ihr »rotes Gold« bezeichnen, und für das man als europäischer Endverbraucher daheim im Delikatessenladen pro Gramm in Topqualität tatsächlich mehr bezahlt als für das Edelmetall Gold.

Es zu gewinnen ist eine ebenso mühevolle wie lohnende Arbeit: Etwa 70 000 der zartvioletten Blüten des Echten Safran-Krokus *(Crocus Sativus)* muss man per Hand, anders geht es nicht, pflücken und anschließend aus jeder einzelnen, ebenfalls per Hand, die im Durchschnitt drei roten Staubfäden zupfen, bis man nach dem Trockenvorgang ein Kilogramm vorliegen hat. Für das bekommt der Bauer vom Zwischenhändler in der nächsten Stadt dann, je nach Güte der Ware und Geschick beim Verkaufen, zwischen 1200 und 1500 Euro. Betrüblich wenig, wenn man bedenkt, dass Neghin oder Momtaz, die beiden erlesensten Sorten, im Feinkostgeschäft in Deutschland bis zu zehnmal so viel kosten. Das Gefeilsche in den Basaren von Städten wie Taybad, Torbat-e Heidariyeh oder Ghaem ist entsprechend heftig, und es in diesen Wochen zu beobachten ein Erlebnis.

Viele Iraner schwören auf die Wirkung von Safran als Antidepressivum, als Mittel gegen Alzheimer und Krebs. Tatsache ist, dass er nicht nur zu medizinischen Zwecken, sondern auch als Kosmetikum und Farbstoff Verwendung findet. Einst pflegten Persiens Könige mit Safran gefärbte Schuhe und Gewänder zu tragen. Unverzichtbar ist er bis heute als Zutat der persischen Küche, etwa für Reis, Kuchen und Suppen, denen er ein feines Aroma verleiht. Im Land seiner Herkunft liebt man es außerdem, den Tee damit anzureichern. Und eine der beliebtesten Süßspeisen, *Scholeh-sard*, ein mit Zucker und Rosenwasser hergestellter und mit Zimt bestreuter Reispudding, wird mit Safran gelb gefärbt.

300 Tonnen Safran werden weltweit im Jahr produziert. Etwa 90 % kommen aus Iran, und mehr als zwei Drittel davon aus dem nordöstlichen Landesteil. Nach der Einigung im Atomstreit und der Aufhebung der meisten Sanktionen hat sich das Exportvolumen stark erhöht. Sogar direkt in die USA wird das »rote Gold« (wie übrigens auch Pistazien, Kaviar und Teppiche) nach vieljähriger Unterbrechung seither wieder ausgeführt. Und die iranischen Erzeuger sehen hoffnungsvoll in die Zukunft. Zumal die Preise seit 2016 schon beträchtlich gestiegen sind. In den Jahren zuvor hatte es starke Einbußen gegeben. Zum einen war den Iranern vor der östlichen Haustür Konkurrenz durch afghanische Bauern erwachsen. Die haben, nachdem ihnen der Anbau von Mohn, dem verpönten Rohstoff für Heroin, vergällt worden war, vielfach auf den ähnlich lukrativen Safran umgesattelt.

Mühevolle Kleinarbeit: Um Safran zu gewinnen, müssen die roten Staubfäden des Crocus Sativus einzeln per Hand gezupft werden

Das größere Problem brachten aber Vorgänge in Spanien. Dort wird das kostbare Gewürz zwar – was ist eine Paella ohne eine Prise davon? – traditionell auch hergestellt, aber nur in einer Jahresmenge von cirka 1,5 Tonnen. Wundersamerweise wird jedoch der Weltmarkt mit einer vielfachen Menge von Safran »Made in Spain« überschwemmt. Die Jahresproduktion betrug in Spitzenzeiten 100 Tonnen und mehr. Des Rätsels Lösung: Man importiert den in der Gewinnung ungleich kostengünstigeren iranischen Safran und etikettiert ihn um. Wobei die Qualität zu wünschen übrig lässt. Einer Studie der britischen Zeitung »Independent« zufolge stammen 40 bis 90 % des vermeintlichen spanischen Edelprodukts nicht aus der Blüte, sondern von anderen Teilen des Krokus. Fakt ist, dass auch die sanktionsgeplagten Iraner selbst von dieser Umgehung des Embargos profitierten und dass einige besonders clevere Unternehmer sogar vor Ort, in Spanien, bei dem Schwindel mitmischten.

Wer sich freilich in der Herkunftsregion des echten, gesetzeskonform deklarierten iranischen Safrans im Basar mit ein paar Gramm eindecken will, kann und sollte das ganz unbesorgt tun. Vorsicht ist nur dann geboten, wenn einem eines der charakteristischen flachen Döschen oder gar ein Säckchen mit gelbem oder rötlichem Pulver als Schnäppchen zum Dumpingpreis angedient wird. Dann nämlich ist die Wahrscheinlichkeit hoch, dass es sich um gemahlenen Kurkuma oder, falls die Fäden eher wie eingerollte Blätter aussehen, um »falschen Safran«, die ebenfalls aromalosen Blütenblätter der Färberdistel, handelt.

Kulinarisches Lexikon

Allgemeines

garson! mizban!	Herr Ober!
mikhaham …	Ich möchte …
nusheh-e jan!	Guten Appetit!
beh salamaty!	Prost!
kart-e qaza, lotfan.	Die Speisekarte, bitte.
hesab, lotfan.	Die Rechnung, bitte.
chizi bedun-e gusht darid?	Haben Sie etwas ohne Fleisch?
liste qazaha	Menü
ghaza	Essen (allgemein)
sobhaneh	Frühstück
nahar	Mittagessen
sham	Abendessen
pish ghaza	Vorspeise
desser	Nachspeise
sup, ash	Suppe
salad	Salat
resturan	Restaurant
chaikaneh	Teehaus
forushgah, super, baghali	Lebensmittelgeschäft
kard	Messer
changal	Gabel
ghashogh	Löffel
boshghab	Teller
fenjan	Tasse
dastmal-e kaghazi	Serviette
chalal dandan	Zahnstocher
twalet, dastshui	Toilette

Fisch und Fleisch

gusht	Fleisch
kebab	Fleischspieß
gusfand	Hammel
morgh, jujeh	Huhn
barreh	Lamm
gaw	Rind oder Kalb
mahi	Fisch
meygu	Shrimps

Gemüse

sabzijat	Gemüse
torshi	eingelegtes Gemüse
bademjan	Auberginen
lubia sabz	Grüne Bohnen
lubia, baqala	Saubohnen
nokhod	Erbsen
xiyar	Gurke
havij	Karotten
sib zamini	Kartoffeln
sir	Knoblauch
adas	Linsen
zeytun	Oliven
felfel sabz	Paprika
goje farrangi	Tomaten
piyaz	Zwiebeln
sabzi khordan	frische Kräuter und Blätter

Obst

miveh	Obst
sib	Apfel
mowz	Banane
golabi	Birne
xorma	Datteln
tut farangi	Erdbeeren
anjir	Feige
albalu	Sauerkirsche
talebi	Netz-, Honigmelone
kharbozeh	Zuckermelone
henduneh	Wassermelone
porteghal	Orange
holu	Pfirsich
alu abi	Pflaumen
angur	Weintrauben
limu torsh	Zitronen

Verschiedenes

nun	Brot
tokhme morgh	Ei
nimru	Spiegelei
omlet	Omelett
serkeh	Essig
roghan	Öl
mast	Joghurt
panir	Käse
khaviyar	Kaviar
berenj	Reis, roh
chelo	weißer Reis, gekocht

polo	mit anderen Zutaten vermischter Reis
bastani	Eiscreme
namak	Salz
felfel	Pfeffer
shekar	Zucker
advieh	Gewürzmischung

Getränke

nushidani	Getränke
mae'shair	alkoholfreies Bier
sharbat, ab miweh	Fruchtsaft
dough	Joghurtgetränk
qahwe	Kaffee
shir	Milch
nushabe	Softdrink
chai	Tee
ab	Wasser
ab-madani	Mineralwasser

Regionale Spezialitäten

nun-e lavash	dünnes Fladenbrot
nun-e sangak	dünnes ovales, auf Kieselsteinen gebackenes Weißbrot
nun-e taftun	dünnes rundes, weiches Fladenbrot
nun-e barbari	Weißbrot, dick, oval, mit Kreuzkümmel und Sesam bestreut
zeytun parvardeh	marinierte Oliven mit Nüssen und Granatapfelsauce
mast-o-xiyar	Gurkenjoghurt
beryani	gegrilltes Lamm
kalam polo	Lammfleisch mit Weißkraut und Reis
kufte tabrizi	Hackfleischklöße
jujeh kebab	Hühnerstücke vom Holzofen, mariniert
chelo kebab	gegrilltes Rind- oder Lammfleisch am Spieß mit Reis
kebab-e kubideh	Hackfleisch am Spieß
kebab-e jigar	Leber-Kebab
kaleh pacheh	Eintopf aus Hammelfüßen und -köpfen
gheymeh nesar	Reisplatte mit Rindfleisch
ghalieh mahi	Löwenfisch
mahi sefid	Weißfisch
ghorm-e sabzi	»Grüner« Eintopf aus Bohnen, Kräutern, Lammfleisch
tahchin-e morgh	Gelber Reiskuchen, u. a. aus Kartoffeln und Huhn
tadig-e sib zamini	Kartoffelgratin
shirin polo	Reis mit Mandeln, Pistazien, Orangenschale, Huhn
mirza ghasemi	Auberginenpüree
halim bademjan	zerstampfte Auberginen mit Molke/Rahm
kuku sabzi	Eiersoufflé mit Spinat und Kräutern
khoresht	Fleischragout, serviert mit Reis
khoresht-e fesenjan	Hühner- und Lammfleisch mit Granatapfelsirup, Walnüssen
khoresht-e gheymeh	Lamm- und Kalbfleisch mit Linsen auf Tomatensauce
khoresht ghorm-e sabzi	Fleischragout mit Bohnen und Kräutern
khoresht-e albalu	Fleischragout mit Sauerkirschen
khoresht-e beh	Lammragout mit Quitten und Schälerbsen
sholeh-zard	Reispudding mit Rosenwasser, Mandelsplittern, Safran, Zimt
gaz	eine Art weißer Nougat aus Eischnee
faludeh	gefrorene Glasnudeln mit Sirup
pashmak	eine Art Zuckerwatte
pulak	Scheiben aus karamellisiertem Zucker

Sprachführer

Farsi hat 32 Buchstaben und wird wie das Arabische von rechts nach links geschrieben. Substantive werden mit ihnen nachgestellten Wörtern, etwa Adjektiven, besitzanzeigenden Fürwörtern oder anderen Substantiven durch eine Genitiv-Deklination, die sogenannte Ezafeh-Konstruktion, verbunden. Diese wird in der Umschrift, wenn sie auf einen Vokal folgt, mit -ye, nach einem Konsonanten mit -e, wiedergegeben.

Konsonanten:

- **ch** tsch, Zischlaut wie in »deutsch«
- **dj** wie g im Wort »Ingenieur«
- **ey** wie a im Englischen, etwa in »made«
- **h** wird stets aspirativ ausgesprochen
- **kh** auch x, Rachenlaut wie in »Buch«
- **j** dsch, wie im Wort »Dschungel«
- **ow** gedehntes ou wie in »Show«
- **q** auch gh, kehliger Laut zwischen k und r
- **sh** wie im Wort »Schule«
- **y** j, wie im Englischen »yes«
- **z** stimmhaftes s wie in »Samstag«
- **zh** weicher Zischlaut wie in »Genie«

Allgemeines

ja	baleh
nein	na, nakheyr
Entschuldigung	bebakhshid
danke	mamnun
vielen Dank	kheyli mamnun
bitte (fragend)	lotfan, khahesh mikonam
bitte (anbietend)	befarmayid
Hilfe	komak
auf Wiedersehen	khoda hafez
guten Tag	salam, vaqt be kheyr
guten Morgen	sobh bekheyr
guten Abend	asr bekheyr
gute Nacht	shab bekheyr
kalt	sard
warm	garm
neu	now
alt	atiq, kohne, qadim
Kilo (halbes)	(nim) kilo
Liter	litr
Stadt	shahr, shahrestan
Hafen	bandar
Meer	darya
See	daryacheh
Küste, Strand	kenare, sahel
Quelle	cheshmeh
Berg	kuh
Schlucht	tangeh
Garten	bagh

Unterwegs

Busterminal	terminal otobus
Bushaltestelle	istgahe otobus
Bahnhof	Istgah-e rah ahan
Zug	qatar, teran
Schlafabteil	kupe-ye chab
Esswagon	kupe-ye qazachori
Flughafen	forudgah
Flugzeug	hava peyma
Taxi	taksi, savari
Schiff	keshti
Fahrrad	do-charkhe
Benzin	benzin
Tankstelle	pomp-e benzin
Reisepass	gozarnameh, passport
Koffer	chamedan
Fahrkarte	belit
Straße	khiaban
Gasse	kutcheh
Kreuzung	chahar-rah
Platz	meydan
Stadtzentrum	markaz-e shahr
Brücke	pol
Eingang	worud
Ausgang	khoruj, khoruji

Zeit

Samstag	shanbeh
Sonntag	yekshanbeh
Montag	doshanbeh
Dienstag	seshanbeh
Mittwoch	chaharshanbeh
Donnerstag	panjshanbeh
Freitag	jomeh

Minute	daqiqe	Schlüssel	kelid
Stunde	saat	Toilettenpapier	kaqaz twalet
Tag	ruz	Handtuch	holeh
Woche	hafte	Seife	sabun
heute	emruz	Zahnbürste	meswak
gestern	diruz		
morgen	farda		
übermorgen	pas farda		

Zahlen

1	yek	17	hefdah
2	do	18	hedjdah
3	se	19	nusdah
4	chahar	20	bist
5	pandj	21	bist-o-yek
6	shesh	30	si
7	haft	40	chehel
8	hasht	50	pandjah
9	noh	60	shast
10	dah	70	haftad
11	yazdah	80	hashtad
12	davazdah	90	navad
13	sizdah	100	sad
14	chahardah	200	devist
15	panzdah	300	sisad
16	shanzdah	1000	hezar

Notfall

Arzt	doktor, pezeshk
Zahnarzt	dandan pezeshk
Apotheke	daru-khaneh
Krankenhaus	bimarestan
Schmerzen	dard
Polizei	polis
Botschaft	sefarat

Übernachten

Zimmer	otaq
Einzelzimmer	yek-takhteh
Doppelzimmer	do-takhteh
mit Dusche und WC	ba dush wa twalet

Die wichtigsten Sätze

Allgemeines

Herzlich willkommen!	Khosh amadid!
Wie geht es Ihnen?	Haletan chetoreh?
Sehr gut.	Kheyli khub.
Danke, gut.	Mersi, khubam.
Wie heißen Sie?	Esm-e shoma chist?
Ich heiße …	Man … hastam.
Sprechen Sie Englisch/Deutsch?	Englisi/almani baladid?
Ich komme aus Deutschland/Österreich/der Schweiz.	Man almani/otrishi/suisi hastam.
Ich spreche kein Persisch.	Farsi balad nistam.
Was kostet (das) …?	Gheymat-e (in) … chand-e?
Ich brauche …	… lazem daram.
Ist es möglich …?	… momken-e?
Wie spät ist es?	Sa'at chand-e?
Geh weg!	Boro!
Herzlichen Glückwunsch!	Mobarak bashe!
Gute Besserung!	Afiat bashe!

Unterwegs

Wie komme ich nach/zu/in …?	Chetori be … berawam?
Wohin fahren Sie	Shoma kodja mirawid?
Halten Sie bitte an.	Lotfan, negah-darid.
Haben Sie ein Zimmer?	Otaq-e khali darid?
Wo ist eine Toilette?	Twalet/dastshui kodjast?

Register

Abadan 264
Abaqa 218
Abarkuh 429
Abbas I. 42, 46, 189, 205, 210, 240, 268, 323, 326, 340, 341, 346, 348, 352, 355, 381, 391, 397
Abbasiden 41, 46
Abbas II. 308, 346, 355, 359
Abbasi, Reza 64, 349, 478
Abyaneh 403
Achämeniden 21, 38
Achter Imam 200
Afscharen 43, 46
Agha Mohammad Khan 43, 115, 168
Ahmad Abad 415
Ahmadi, Farhad 261
Ahmadinejad, Mahmud 36, 47, 388
Ahvaz 248
Akhanjan-Turm 486
Alam Kuh 84, 165
Alamut-Festung 184
Alamut-Tal 184
Alexander der Große 21, 39, 46, 228, 254, 263, 289, 290
Al-Ghasali 485
Ali, Imam 46, 50, 187, 311
Ali-Sadr-Höhle 230
Alkohol 90
Allahverdi Khan 276
Al-Mahdi, Muhammad ibn Hasan 33, 51, 133, 388
Al-Molk, Nizam 66, 123, 485
Alvand 231
Amir Kabir 43, 123, 397
Amol 167
Anarak 410
Andimeshk 261
Anreise 73
Apadana 57
Apotheken 97
Aqda 414
Aq Qala 172
Arak 390
Arasbaran-Schutzgebiet 204
Architektur 56
Ardabil 188
Ardakan 302, 415

Ardashir I. 40, 185, 300, 301, 434
Ardashir II. 236
Ardestan 406
Arghun 187, 194
Arisman 406
Armand 86
Artaban V. 300, 301
Artaxerxes I. 290, 296
Artaxerxes II. 291
Artaxerxes III. 291
Arvand Rud 24
Ärztliche Versorgung 97
Asaluyeh 316
Aschura 88, 95, **482**
Ashuradeh 172
Assassinen 51, 181, 184, 380
Astyages 39, 232, 288
Atashkuh (Feuerberg) 263
Attar 67, 471
Auskunft 90, 100
Ausrüstung 98
Auto 77
Avicenna (Abu Ali Sina) 228
Aziran 373

Babak-Festung 204
Baba Taher 228
Babol 167
Babolsar 166
Badab-e Surt 466
Baden 89
Bahaismus 52
Bahn 75
Bahram IV. 235
Bahram V. 306
Bakhtegan-See 306
Balvard 433
Bam 433, 446
Bampur 459
Bandar-e Abbas 323
Bandar-e Anzali 158
Bandar-e Lengeh 316
Bandar-e Siraf 315
Bandar-e Torkaman 171
Barm-e Firuz 302
Barrierefrei reisen 90
Barssian 373
Barzak 89
Basar **30**, 93
Bastam 210, 468

Bayzai, Bahram 69
Bazargan 208
Bazm 307
Behshahr 167
Behzad, Hossein 65
Behzad, Kamaleddin 64
Bergsteigen 84
Bergwandern 85
Bevölkerung 21, 48
Birjand 453
Bisheh 243
Bisheh-Wasserfall 241, 243
Bisotun 232
Boraq-Schlucht 302
Borazjan 314
Bus 76
Bushehr 312
Buyiden 42, 154

Camping 80
Canyoning 86
Chabahar 458
Chak Chak 428
Chalakrud 166
Chaldareh-Waldpark 166
Chaldiran 208
Chaldiran, Schlacht von 42, 209, 355
Chal-Nakhjir-Höhle 403
Chalus 166
Chelgerd 379
Chellegah 302
Chogha Zanbil 56, **251**
Chosrau I. 41
Chosrau II. 236, 239
Christentum 52
Couchsurfing 80

Damavand 20, 23, 84, **150**
Damghan 58, 467
Darab 308
Darabgerd 308
Darakeh 149
Darband 149
Darbandsar 86
Darius I. 39, 46, 231, 232, 233, 254, 256, 288, 290, 296
Darius II. 296
Darius III. 39, 308
Dasht-e Kavir 20, 22, **410**

Der Haupteintrag ist **fett** hervorgehoben.

Dasht-e Lut 20, 22
Dashti 373
Delvar 314
Dena-Gebirge 24, 305
Dez 20, 24, 251, 253
Dezful 259
Dikin 184
Dizin 86
Djabrail 189
Dorud 243
Dosiran 300
Drogen 92
Dschingis Khan 42, 46, 181, 268
Dur-Untash 251
Dzordzor, Marienkapelle 210

Einkaufen 93
Einreise 72
Eishäuser (Yakhdan) 60
Ekbatana 38, 46, 225
Elam 38, 46, 252, 254
Elamiter 21, 38, 251, 253, 262
Elburs-Gebirge 20, 23, 154
Elektrizität 95
Erdöl 21, 29, 47, 235, 248, 262, 264, **266**
Esfahak 452
Essen 81
Estahban 306
Etesami, Parvin 68
Ezhyeh 373

Fahraj 430, 449
Fallschirmspringen 85
Familie 53
Farah Diba 47, 122, 126, 128, 129, 135, 149, 280
Farahzad 411
Farshchian, Mahmoud 65, 135
Fatemeh Masumeh 380
Fath Ali 43, 47, 115, 122, 127, 140, 381
Fath ol-Mobin 265
Fauna 28
Feiertage 95
Fereydun Kenar 166
Feste 88
Film 68, 100
Firdausi 49, 64, 66, 233, 370, 485
Firuzabad 300

Flora 25
Flug 75
Fotografieren 95
Frauen 55, 95
Fuman 158
Fushenjan 472

Gahar-See 241
Gambil-Schlucht 304
Ganj-Nameh-Tal 231
Garmab 230
Garmarud 184
Garmeh 412
Gartenkunst 59
Gaumata 233
Gavkhuni-Feuchtgebiet 374
Gaz 373
Geiselaffäre 44
Gerash 311
Geschichte 21, 38
Gesundheit 97
Ghalat 287
Ghazan 194
Ghaznawiden 41
Ghurtan 373
Golestan-Nationalpark 86, **173**
Golpayegan 391
Gomishan 172
Gonbad-e Qabus 172
Gondishapur 259
Gorgan (Stadt) 168
Gosfandsara 150
Gotarzes II. 233
Gotur Shur 193
Gougad 391
Grenzübergänge 74
Große Mauer von Gorgan 172
Gur (Ardashir Khurreh) 301

Hafis 49, 52, 67, 271, **273**
Haft Tepe 253
Haji Bektash Vali 472
Hamadan 225
– Alavian-Grabbau 227
– Avicenna-Grab 228
– Baba-Taher-Mausoleum 228
– Hegmataneh-Hügel 226
– Mausoleum von Esther und Mordechai 227
– Steinerner Löwe 228

Hasankif 165
Hasanlu Tepe 214
Hengam 24, 86, 334, **335**
Hormuz 24, 326
Hostels 80
Hovzdal 305
Hülägü 42, 214, 215
Hussein, Imam 46, 88, 140, 187, 236

Ilkhaniden 42, 46, 194, 214, 215, 218
Imanshahr 377
Impfungen 97
Iran-Irak-Krieg 44, 47, 195
Isfahan 58, **340**
– 33-Bogen-Brücke 357
– Ali-Moschee 346
– Ali-Qapu-Torpalast 352
– Armenierviertel Neu-Jolfa 360
– Armenischer Friedhof 361
– Armenisches Museum 360
– Basar der Kupferschmiede 354
– Bethlehem-Kirche 361
– Chahar-Bagh-Allee 353
– Chahar-Bagh-Medrese 356
– Chehel Dokhtaran 346
– Chehel Sotun 355
– Chubi-Brücke 358
– Darozziafe 346
– Feuertempel 360
– Freitagsmoschee 341
– Großer Basar 347
– Hakim-Moschee 346
– Hamam Ali Qoli Agha 347
– Hasht-Behesht-Palast 356
– Historischer Friedhof 362
– Imam-Ali-Platz 346
– Imam-Khomeini-Galerie 359
– Imam-Moschee 351
– Imam-Platz 348
– Jüdisches Viertel 345
– Kenisa-ye Molla Yacob 346
– Khadju-Brücke 358
– Lotfollah-Moschee 349
– Mardavij-Taubenturm 363
– Mausoleum von Harun-e Velayat 346
– Menar-e Sareban 346
– Monar-e Jonban 359

Register

- Museum für dekorative Kunst 354
- Museum für Zeitgenössische Kunst 354
- Musikmuseum 362
- Nazhvan-Park 369
- Palastbezirk 353
- Qaiseriyeh-Tor und -Basar 349
- Safawidische Ölpresse 348
- Seyyed-Moschee 346
- Shahrestan-Brücke 359
- Sofeh-Berg 363
- Stadtbibliothek 356
- Vank-Kathedrale 360
- Vogelpark 369
Ismail I. 42, 189, 194, 208, 209, 355, 380
Iwan 57
Izeh 262

Jahrom 311
Jamkaran 388
Jashk, Salzberg 314
Javaher-Deh 166
Jiderzar 304
Jiroft 450
Jolfa 205
Judentum 52

Kahak 389
Kahkaran 304
Kakan 303
Kalaleh 172
Kalat-e Naderi 486
Kaleno 165
Kaleybar 204
Kamal-ol-Molk 65, 471
Kambyses II. 39, 46, 233, 288
Kameltrekking 85
Kamfiruz 302, 304
Kandehei 300
Kandovan 205
Kangavar 57, 232
Karaftu-Höhle 219
Karat 490
Karawanserei Chah-e Kuran 451
Karawanserei Fakhr-e Davud 472
Karawanserei Madar-e Shah 379

Karawanserei Qasr-e Bahram 401
Karim Khan Zand 43, 122, 269, 275, 280
Karkheh 20, 24, 253
Karshahi-Festung 405
Karten 98
Karun 20, 24, 248, 258
Kashan 89, 391
- Abbasian-Haus 395
- Agha-Bozorg-Moschee und Medrese 394
- Ameriha-Haus 396
- Basar 391
- Borujerdi-Haus 395
- Fin-Garten 397
- Freitagsmoschee 393
- Grabanlage Kwajeh Taj ad-Din 394
- Hamam Sultan Amir Ahmad 396
- Imam-Khomeini-Medrese 393
- Jalali-Festung 396
- Mausoleum von Habib ibn Musa 391
- Mir-Emad-Moschee 391
- Puppen- und Spielzeugmuseum 396
- Shahzadeh Ibrahim 397
- Sheibani-Museum 394
- Tabatabai-Haus 395
- Tepe Sialk 396
- Timche Amin al-Dowleh 393
- Timche Hossein-e Bakhshi 393
Kaspisches Meer 24
Katalehkhour-Höhle 230
Kaviar 158, **160**
Kelarabad 166
Kelardasht-Hochtal 165
Kerman 434
- Basar 435
- Chahar Suq 437
- Eishaus des Moayedi 438
- Fathabad-Garten 438
- Freitagsmoschee 435
- Ganj-Ali-Khan-Komplex 436
- Gonbad-e Jabaliyeh 439
- Gonbad-e Moshtaqieh 435
- Gonbad-e Sabz 437
- Hamam-e Ganj Ali Khan 437

- Hamam-e Ibrahim Khan 437
- Harandi-Garten-Museum 439
- Imam-Moschee 437
- Karawanserei 436
- Moschee Ganj Ali Khan 436
- Museum der geheiligten Verteidigung 438
- Pamenar-Moschee 437
- Qaleh-ye Dokhtar 439
- Sanati-Museum 438
- Zoroastrisches Museum 435
Kermanshah 235
Khaled Nabi 175
Khamenei, Ali 21, 47
Khamenei, Ayatollah 33
Kharanaq 429
Khargerd 491
Khar-Turan-Nationalpark 469
Khatami, Mohammad 35, 47, 415
Khayyam, Omar 67, 471
Khazarabad 167
Khomeini, Ayatollah 21, 32, 44, 47, 137, 138, 359, 384, 386, 390
Khomeyn 390
Khonj 311
Khorasan 20
Khormiz 432
Khorramabad 239
Khorramdin, Babak 204
Khorramshahr 263, 265
Khoy 210
Khuzestan 20, 24
Kiarostami, Abbas 68
Kinder 98
Kish 24, 86, **317**
Kleidung 98
Klettern 84
Klima 24, 99
Kokjeh 172
Komehr 302
Konar Sandal 450
Konstitutionelle Revolution 43
Kordestan 220
Kordkuy 170
Kork 449
Krankenversicherung 97
Ktesiphon 40, 46
Kuh-e Hezar 24, 84
Kuh-e Karkas 84

Der Haupteintrag ist **fett** hervorgehoben.

Kuh-e Khajeh 458
Kuhrang 86
Kuhrud-Gebirge 24
Kunst 56
Kurangun-Relief 300
Kurden 220
Kyros II. 21, 39, 46, 232, 254, 288, 289

Lahijan 163
Lak 239
Lalejin 231
Lar 310
Larak 86
Literatur 66, 100
Lorestan 239
Lotf Ali Khan Zand 125, 269
Luren 239

Mahan 443
Maharlu-See 306
Mahmudabad 166
Makhmalbaf, Mohsen 68
Maku 208
Mannäer 214, 218
Maragheh 215
Marand 205
Maranjab 400
Margun-Wasserfall 302
Mashhad 474
– Astan-e Quds-e Razavi Museum 477
– Goharshad-Moschee 477
– Grüner Grabturm 478
– Imam-Reza-Heiligtum 476
– Khajeh-Rabi-Mausoleum 478
– Kuh-e Sangi Park 484
– Mellat Park 484
– Museum zur Geschichte der Region Khorasan 479
– Nadir-Shah-Mausoleum 478
Mashhad-e-Ardehal 402
Masjed-e Soleyman 29, **262**
Masuleh 158
Matinabad 405
Meder 21, 38, 46, 139, 225, 232
Medien 102
Mehriz 432
Mehrjui, Dariush 69
Mesr 411

Meybod 414
Meymand 432
Mietwagen 77
Minab 328
Miniaturmalerei 63
Mirza Kuchek Khan 155
Mithridates I. 262
Mithridates II. 233
Miyandasht 469
Miyankaleh-Halbinsel 169
Mohammadiyeh 408
Mohammad Reza Pahlevi 44, 47, 122, 128, 134, 135, 289, 290
Mongolen 21, 42
Moscheen 58
Mossadegh-Krise 44
Mossadegh, Mohammad 44, 47, 266
Mulla Sadra 276, 389
Murcheh Khort 377
Museum des bäuerlichen Erbes von Gilan 157
Musik 62

Nachtleben 102
Naderi, Amir 69
Nadir Shah 43, 46, 257, 268, 312
Nain 407
Najafabad 377
Namakabrud 166
Naqsh-e Rajab 297
Naqsh-e Rostam 57, **295**
Narmashi 449
Nashtifan 490
Nasir ad-Din 43, 47, 115, 122, 123, 126, 136, 280
Nasir ad-Din Tusi 215
Natanz 406
Natur 22
Nayband 452
Nebukadnezar I. 38
Neyriz 306
Nishapur 471
Niyasar 89, 401
Nizami 64, 67, 233
Nokabad 459
Norduz 207
Nowruz 89
Now Shahr 166

Nur 166

Öffnungszeiten 103
Ohadi Maraghehi 216
Oljaitu 187
Oljaitu-Mausoleum (Soltaniyeh) 187
Ol-Molk, Kamal 65, 119, 122, 126
Ol-Molk, Nizam 345
Omajjaden 41, 46
Orumiyeh 211
Orumiyeh-See 213
Oshtoran 24, 84
Ost-Aserbaidschan 194

Pahlevi-Dynastie 21, 43
Palangan 224
Paragliding 85
Parther 21, 40, 46, 232, 233, 248, 262, 263, 340, 447
Pasargadae 57, **288**
Persepolis 57
Perser 38
Persischer Golf 24
Pir Bakran 377
Politik 21, 35
Pollur 150
Pooladkaf 302
Post 103

Qadamgah 472
Qadscharen 21, 43, 47
Qaleh-ye Bala 468
Qamsar 89, 402
Qara Qoyunlu 194, 195, 225
Qareh Kelisa 208
Qashqai-Nomaden 307
Qasr-e Shirin 239
Qazvin 181
Qeshm 24, 86, **329**
Qoli Khan 268, 276
Qom 380
– Alter Basar 386
– Gonbad-e Sabz 387
– Heiligtum der Fatemeh Masumeh 383
– Imamzadeh Ali ibn Jafar 387
– Imamzadeh Ibrahim 387
– Khomeini-Haus 384

Register

- Marashi-Najafi-Bibliothek 384
- Museum der islamischen Gelehrten 386
- Neuer Basar 386

Radfahren 85
Radkan-Grabturm (Gorgan) 170
Radkan-Turm 487
Rafsandjani, Akbar Hashemi 35
Rafting 86
Ramadan 88, 95
Ramsar 165
Rasht 154
Rayen 446
Reghez-Canyon 86
Reisekasse 104
Reiseleiter 105
Reisezeit 99
Reiten 86
Religion 21, 49
Reynch 150
Reza Khan 43, 47, 122, 155
Reza Shah Pahlevi 43, 47, 134, 220, 243
Rigan 449
Rig-e Jenn 410
Rouhani, Hassan 21, 34, 37, 47
Rudaki 66
Rudbakar 165
Rudkhan, Burgruine 159
Rumi 49, 52, 67

Saadi 49, 52, 67, 272, 278
Sabah, Hassan 380
Sabalan 24, 84, 190, **192**
Sabzevar 470
Safawiden 21, 42, 46, 154, 189, 209
Saffariden 41
Safi ad-Din 42, 189
Safran 492
Sahand 24, 84, 194, 205, 215
Salman Shahr 166
Samaniden 41
Sammeltaxis 77
Sanai 67
Sanandaj 221
Sangbast 490
Sarakhs 487

Saravand 241
Sar-e Pol-e Zahab 239
Sareyn 190
Sari 167
Sarvestan 306
Saryazd 431
Sassaniden 21, 40, 46, 257, 296
Saveh 388
Schia **50**
Schwule und Lesben 105
Sefid Rud 159
Seldschuken 21, 41, 46
Seleukiden 40, 46
Semnan 465
Sepidan 302
Shabil 193
Shadegan-Feuchtgebiet 264
Shahrak 185
Shahr-e Sukhteh 458
Shahriyar 197, 200
Shalamcheh 265
Shams-e Tabrizi 211
Shams Kalayeh 185
Shapur I. 181, 248, 258, 259, 298, 471
Shapur II. 236
Shapur III. 236
Sharud 468
Shemshak 86
Shiraz 268
- Afif-Abad-Garten 280
- Atiq-Moschee 277
- Chamran-Park 282
- Chehel-Tanan-Garten 280
- Delgosha-Garten 280
- Eram-Garten 280
- Gahvare-ye Did 269
- Hafis-Mausoleum 271
- Haft-Tanan-Garten 280
- Imamzadeh Ali ibn Hamzah 272
- Jahan-Nama-Garten 280
- Karim-Khan-Zitadelle 272
- Khan-Medrese 276
- Koran-Tor 270
- Meshkinfam-Kunstmuseum 278
- Naranjestan-Garten 279
- Nazir-ol-Molk-Moschee 278
- Pars-Museum 275

- Saadi-Mausoleum 272
- Shah-Cheragh-Mausoleum 276
- Shohada-Moschee 278
- Wakil-Bad 276
- Wakil-Basar 275
- Wakil-Moschee 276
Shir Kuh 84
Shish Pir 305
Shool Bozi 304
Shushtar 257
Sicherheit 105
Siebener-Schiiten 51
Siebter Imam 395, 405
Sirjan 433
Si Sakht 305
Skifahren 86
Soltaniyeh 58, 187
Sorkhrud 166
Souvenirs 93
Sprache 49, 106
Staatsstruktur 21, 32
St. Stephanos 205
St. Thaddäus 207
Sufismus 52
Sufiyan 205
Susa (Shush) 38, 46, **253**

Tabas 452, 454
Tabriz 194
- Ali-Shah-Festung 197
- Amir-Nezam-Haus 198
- Basar 198
- Behnam-Haus 197
- Blaue Moschee 195
- Dichtermausoleum 200
- El-Goli-Park 200
- Eynali 203
- Freitagsmoschee 198
- Golestan-Park 200
- Haus der Verfassung 198
- Ost-Aserbaidschan-Museum 195
- Rathaus 195
- Saheb-ol-Amr-Moschee 200
- Salmasi-Haus 197
- Seyyed-Hamzeh-Mausoleum 200
- Shahriyar-Museum 197
Taftan 24

Der Haupteintrag ist **fett** hervorgehoben.

Tahmasp I. 181, 182, 189
Takht-e Soleyman 216
Tang-e Bostanak 304
Tang-e Reghez 310
Tauchen 86
Taxis 77
Taybad 490
Tee 163
Teheran 114
– Azadi-Turm 128
– Chitgar Park 180
– Dar al-Funun 123
– Ebrat-Museum 120
– Ehem. US-Botschaft 127
– Filmmuseum 138
– Friedensmuseum 120
– Glas- und Keramikmuseum 127
– Golestan-Palast 121
– Großer Basar 124
– Hassan-Abad-Platz 120
– Haus der Künstler 127
– Imam-Khomeini-Mausoleum 138
– Imam-Khomeini-Moschee 125
– Imamzadeh Yahya 125
– Imamzadeh Zeyd 125
– Iranisches Nationalmuseum 116
– Jamshidiyeh-Park 149
– Juwelenmuseum 126
– Khomeini-Wohnhaus 137
– Laleh-Park 128
– Malek-Museum 119
– Masoudieh-Palast 126
– Melli-Bank 123
– Milad-Turm 131
– Moghadam-Museum 121
– Motahhari-Moschee 125
– Museum der Heiligen Verteidigung 133
– Museum für Post und Kommunikation 119
– Museum für Zeitgenössische Kunst 128, **129**
– Negarestan-Garten 126
– Niavaran-Kulturzentrum 137
– Niavaran-Palastanlage 135
– Oudlajan 125
– Pamenar 125
– Parlament 126
– Qasr-Museum und -Garten 134
– Reza-Abbasi-Museum 133
– Saadabad-Palastanlage 134
– Saray-e Kazemi 125
– Shahr-Park 120
– Stadtfriedhof 139
– Tabiat-Brücke 132
– Technologiemuseum 117
– Teppichmuseum 128
– Tor zum Nationalgarten 119
– Vali-Asr-Straße 131
– Zeit-Museum 138
Teimareh-Felsen 391
Telefonieren 106
Tepe Nush-e Jan 56, **232**
Timur 42, 46, 268, 341
Tizab-Schlucht 302
Tochal 86, 149
Toghrol I. 140
Toiletten 106
Tonekabon 166
Torbat-e Heydariyeh 491
Torbat-e Jam 488
Tourismus 21, 32
Trinkgeld 106
Tus 485
Tutli Tamak 173

Übernachten 78
Untash Napirisha 251, 254
Uraman-Tal 223
Urartäer 210, 214

Varamin 464
Varzaneh 375
Veranstaltungen 88
Verhaltenstipps 91
Verkehrsmittel 75
Verkehrsregeln 77

Wasserknappheit 26
Weiße Revolution 44
West-Aserbaidschan 194
Windtürme (Badgir) 60
Wirtschaft 21, 29

Xerxes I. 39, 46, 231, 290, 293, 296

Yasuj 305
Yazd 416
– Basar 418
– Dowlatabad-Garten 418
– Feuertempel 421
– Freitagsmoschee 417
– Gefängnis des Alexander 418
– Grabmoschee der Zwölf Imame 418
– Imamzadeh Jafar 418
– Lariha-Haus 418
– Mausoleum des Seyyed Rokn al-Din 417
– Museum der zoroastrischen Geschichte und Kultur 421
– Spiegel- und Lichtmuseum 421
– Tekiyeh Amir Chaqmaq 420
– Türme des Schweigens 421
– Unterirdische Mühle 418
– Wassermuseum 421
Yazdegerd I. 227
Yazdegerd III. 41, 140, 429

Zabol 458
Zaghmarz 169
Zagros-Gebirge 21, 23
Zahedan 458
Zand-Dynastie 43, 46
Zanjan 185
Zard Kuh 84
Zarivar-See 224
Zavareh 407
Zayandeh Rud 25, 26
Zeit 107
Zendan-e Soleyman 218
Zeynavand 169
Ziarat 170
Zikkurat 56, 252
Zisternen (Ab Anbar) 60
Ziwiyeh-Festung 219
Ziyar 373
Ziyaratgah 452
Zoroastrismus 416, 421, **422**
Zurkhaneh **370**
Zuschauersport 107
Zwölfer-Schia 42, 46, 49
Zwölfer-Schiiten 51
Zwölfter Imam 21, 33, 51, 133, 388

Abbildungsnachweis/Impressum

Abbildungsverzeichnis

Getty Images, München: S. 294 (EyeEm); 180/181 (Keribar)
Huber-Images, Garmisch-Partenkirchen: S. 344, 403, 425 (Graefenhain); 22/23, 61 (Harscher)
iStock.com, Calgary (Kanada): S. 237 (AG-ChapelHill)
laif, Köln: S. 54, 64, 79, 84, 87 u., 110, 120/121, 293, 336, 350/351 (Denger); 323 (De Pue); 267 (DESJARDINS/RAPHO); 129 (Glaescher); 132, 278 (hemis.fr/Bibikow); 371 (hemis.fr/Lafforgue); 411 (hemis.fr/Rieger); 399 (hemis.fr/Seux); 144/145 (Keystone Schweiz); 19, 199, 202, 420, 435 (Le Figaro Magazine/Martin); 135, Umschlagrückseite M. (VU); 152 (VU/Loulou d'Aki); 67, 109, 124, 238, 244, 249, 358/359 (Zuder)
Matin Lashkar, Teheran: S. 260
Look, München: Titelbild, S. 71 M., 115, 277, 328, 354, 444/445, Umschlagklappe vorn (age photostock); 59, 71 o., 176, 257, 394/395 (Design Pics); 347 (Leue); 281, 381, Umschlagrückseite u. (robertharding); 71 u. (TerraVista)
Mauritius Images, Mittenwald: S. 460 (Alamy/Fischer); 274 (Alamy/Forenza); 285 (Alamy/kpzfoto); 230 (Alamy/Manley); 192 (Alamy/Nowicki); 250 (Axiom RF/Langer); Umschlagrückseite o. (imagebroker/Katz)
Bernd G. Schmitz, Köln: S. 87 o. li., 102
Majid Orafa, Isfahan: S. 456/457, 459
Shutterstock.com, Amsterdam (NL): S. 155 (Bluemoon 1981); 139 (Catay); 431 (Ikpro); 374 (NataliaMilko); 254/255 (Nikazar); 220/221 (Radiokafka)
Walter M. Weiss, Wien: S. 9, 27, 31, 33, 36, 40, 45, 51, 57, 82 o. li., 82 o. re., 82 u., 87 o. re., 94 o., 94 u., 107, 156, 161, 171, 186, 191, 206, 209, 214, 217, 224, 229, 234, 241, 242, 273, 296/297, 307, 309, 317, 330/331, 361, 362, 367, 385, 386, 400, 408, 412, 423, 428, 440, 447, 451, 454, 463, 470, 473, 476/477, 483, 488/489, 493
Wikimedia Creative Commons: S. 174/175 (Javaheri/CC-BY-SA 3.0)

Zitat
S. 108: Nicolas Bouvier, Die Erfahrung der Welt, Aus dem Französischen von Trude Fein und Regula Renschler, Lenos Verlag, Basel 2001

Kartografie
DuMont Reisekartografie, Fürstenfeldbruck
© DuMont Reiseverlag, Ostfildern

Umschlagfotos
Titelbild: Heiligtum der Fatemeh Masumeh in Qom; Umschlagklappe vorn: Wakil-Moschee in Shiraz; Umschlagrückseite oben: Einsames Haus und Bäume im Kuhrud-Gebirge

Danksagung: Besonderer Dank geht an Diane Naar-Elphee für ihre Hilfe bei der Kartenerstellung und an Farsin Banki, der die Ortsnamen ins Persische übertrug und abglich. Dank auch an Hamid Mahmoudnia, Majid Orafa, Alireza Ahadi und Reza Daneshvar für ihren Beistand während der vielen Rechercheaufenthalte. Kheyli mamnun!

Hinweis: Autor und Verlag haben alle Informationen mit größtmöglicher Sorgfalt geprüft. Gleichwohl sind Fehler nicht vollständig auszuschließen. Alle Angaben erfolgen ohne Gewähr. Bitte schreiben Sie uns! Über Ihre Rückmeldung zum Buch und über Verbesserungsvorschläge freuen sich Autor und Verlag:
DuMont Reiseverlag, Postfach 3151, 73751 Ostfildern, E-Mail: info@dumontreise.de

1. Auflage 2018
© DuMont Reiseverlag, Ostfildern
Alle Rechte vorbehalten
Autor: Walter M. Weiss
Lektorat: Anja Lehner; Bildredaktion: Susanne Troll
Grafisches Konzept: Groschwitz/Tempel, Hamburg
Printed in Poland